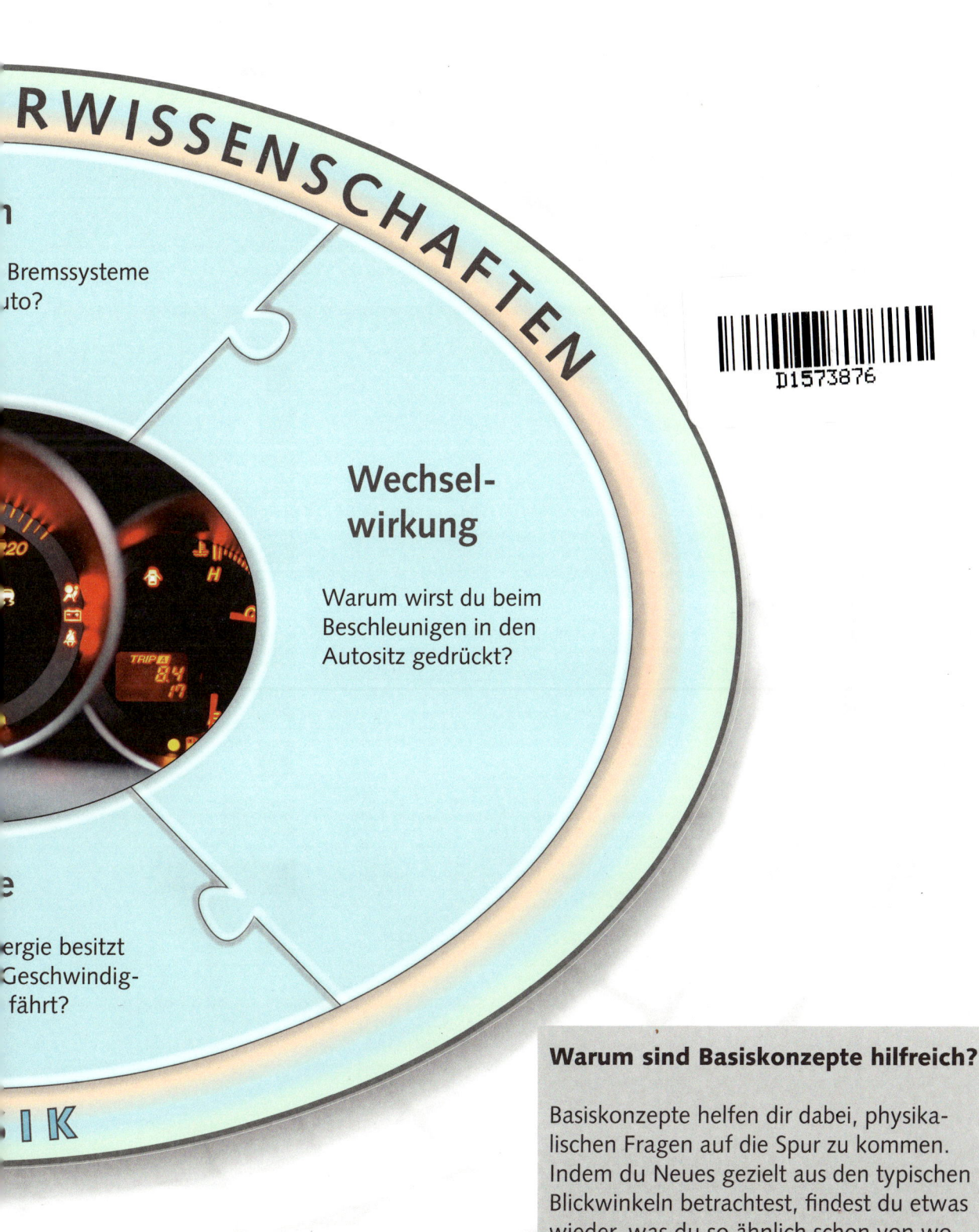

Warum sind Basiskonzepte hilfreich?

Basiskonzepte helfen dir dabei, physikalischen Fragen auf die Spur zu kommen. Indem du Neues gezielt aus den typischen Blickwinkeln betrachtest, findest du etwas wieder, was du so ähnlich schon von wo anders her kennst. So verbindest du Neues mit dem, was du schon weißt, kannst es leichter verstehen und behalten.

Gefahrstoffsymbole – neu und alt

Einfache Bildsymbole geben Hinweise auf Gefahren, die von Chemikalien ausgehen. Gab es bislang national verschiedene Symbole, wird seit 2009 weltweit das global harmonisierte System (GHS) eingeführt.

Die neun Gefahrenklassen werden nochmals unterteilt in bis zu fünf Gefahrenkategorien. So entfällt das bisherige Symbol des Kreuzes mit der Kennzeichnung für gesundheitsschädliche oder reizende Stoffe. Je nach Gefahrenpotenzial ist das Symbol für Ätzwirkung, Gesundheitsgefahr oder das Ausrufezeichen einzusetzen und auf dem Etikett die Kategorie anzugeben.

Neu sind die Bildsymbole mit Gasflasche, Ausrufezeichen und die Gesundheitsgefahr – ein Mensch mit Stern.

Das Ausrufezeichen wird weiter aufgeschlüsselt. Hierbei spielt die Stärke der Gefährdung eine größere Rolle als die Art der Gefahr. Ebenso muss die Gesundheitsgefahr durch weitere Angaben genauer beschrieben werden. So kann eine Substanz toxisch, krebserregend oder Allergie auslösend sein.

Das Ausrufezeichen entfällt, wenn schon stärkere gesundheitliche Gefahren wie Giftigkeit angeführt wurden.

Auf Etiketten gibt es zusätzliche Signalwörter, die den Grad der Gefährdung anzeigen.

Gefahr für schwerwiegende Gefahrenkategorien
Achtung für weniger schwerwiegende Gefahrenkategorien

neues Symbol	Bezeichnung	Erläuterungstext	altes Symbol	Gefahrenbezeichnung
	explosiv	Stoffe, die explodieren können.		explosionsgefährlich
	entzündbar, Kategorie 1	Stoffe, die sich an der Luft von allein entzünden können.		hochentzündlich
	entzündbar, Kategorie 2	Stoffe, die schon durch kurzzeitige Einwirkung einer Zündquelle entzündet werden können.		leichtentzündlich
	entzündbar, Kategorie 3	Stoffe, die sich beim Erwärmen selbst entzünden können.	–	–
	oxidierend, Kategorie 1, 2, 3	Stoffe, die einen Brand oder eine Explosion verursachen oder verstärken.		brandfördernd
	komprimierte Gase	Komprimierte Gase stehen unter Druck. Vor direkter Sonneneinstrahlung schützen.	–	–
	ätzend, Kategorie 1	Stoffe, die das Hautgewebe an der betroffenen Stelle innerhalb weniger Minuten vollständig zerstören können oder bei Kontakt mit den Augen Schäden verursachen.		ätzend
	ätzend, Kategorie 2	Stoffe, die auf der Haut nach mehrstündiger Einwirkung deutliche Entzündungen hervorrufen können.		reizend
	akute Toxizität, Kategorie 1	Stoffe, die beim Verschlucken oder Einatmen oder bei Aufnahme durch die Haut schwere Gesundheitsschäden oder gar den Tod bewirken können.		sehr giftig
	akute Toxizität, Kategorie 2	Stoffe, die beim Verschlucken oder Einatmen oder bei Aufnahme durch die Haut schwere Gesundheitsschäden bewirken können.		sehr giftig oder giftig
	akute Toxizität, Kategorie 3	Stoffe, die beim Verschlucken oder Einatmen oder bei Aufnahme durch die Haut beschränkte Gesundheitsschäden hervorrufen können.		giftig oder gesundheitsschädlich
	akute Toxizität, Kategorie 4	Stoffe, die beim Verschlucken oder Einatmen oder bei Aufnahme durch die Haut chronische Gesundheitsschäden hervorrufen können.		gesundheitsschädlich
	Gesundheitsgefahr, Kategorie 1A, 1B, 2	Stoffe, die beim Verschlucken oder Einatmen oder bei Aufnahme durch die Haut krebsauslösend sind.	–	–
	Gesundheitsgefahr gezielte Organtoxizität, Kategorie 1, 2	Stoffe, die beim Verschlucken oder Einatmen oder bei Aufnahme durch die Haut krebsauslösend sind.	–	–
	gezielte Organtoxizität, Kategorie 3	Stoffe, die bei Aufnahme Unwohlsein oder leichte Beschwerden bewirken können.	–	–
	Gesundheitsgefahr atemwegssensibilisierend, Kategorie 1	Stoffe, die beim Einatmen allergische Reaktionen bewirken können.	–	–
	hautsensibilisierend, Kategorie 1	Stoffe, die auf der Haut allergische Reaktionen bewirken können.	–	–
	umweltgefährlich, Kategorie 1, 2, 3	Stoffe, die selbst oder in Form ihrer Umwandlungsprodukte geeignet sind, sofort oder später Gefahren für die Umwelt herbeizuführen.		umweltgefährlich

Dieter Cieplik

ERLEBNIS Physik 2

Ein Lehr- und Arbeitsbuch

7.–10. Schuljahr

Schroedel

ERLEBNIS Physik 2 7.–10. Schuljahr

Herausgeber:
Dieter Cieplik

Autoren:

H. Michael Carl
Dieter Cieplik
Michael Dahl
Thomas Heppel
Horst-Dietmar Kirks
Rainer Mennenga

Torsten Schleip
Ursula Schmidt
Ralf Schrader
Siegfried Schulz
Albert Steinkamp
Heide Suk

Hans Tegen
Reiner Wagner
Reinhard Wendt-Eberhöfer
Erwin Werthebach

Berater:
Horst-Dietmar Kirks
Hans Tegen

Redaktion:
Iliane Kleine-Boymann

Illustrationen:
Tom Menzel
Heike Möller

Fotos:
Michael Fabian
Hans Tegen

Grundlayout:
Atelier *tiger*color Tom Menzel

Umschlaggestaltung:
SINNSALON, Büro für Konzept und Gestaltung

© 2011 Bildungshaus Schulbuchverlage
    Westermann Schroedel Diesterweg Schöningh Winklers GmbH, Braunschweig
    www.schroedel.de

Das Werk und seine Teile sind urheberrechtlich geschützt. Jede Nutzung in anderen als den gesetzlich zugelassenen Fällen bedarf der vorherigen schriftlichen Einwilligung des Verlages. Hinweis zu § 52 a UrhG: Weder das Werk noch seine Teile dürfen ohne eine solche Einwilligung gescannt und in ein Netzwerk eingestellt werden. Dies gilt auch für Intranets von Schulen und sonstigen Bildungseinrichtungen.
Auf verschiedenen Seiten dieses Buches befinden sich Verweise (Links) auf Internet-Adressen. Haftungshinweis: Trotz sorgfältiger inhaltlicher Kontrolle wird die Haftung für die Inhalte der externen Seiten ausgeschlossen. Für den Inhalt dieser externen Seiten sind ausschließlich deren Betreiber verantwortlich. Sollten Sie bei dem angegebenen Inhalt des Anbieters dieser Seiten auf kostenpflichtige, illegale oder anstößige Inhalte treffen, so bedauern wir dies ausdrücklich und bitten Sie, uns umgehend per E-Mail davon in Kenntnis zu setzen, damit beim Nachdruck der Verweis gelöscht wird.

Druck A[1] / Jahr 2012
Alle Drucke der Serie A sind inhaltlich unverändert.

Satz: media service schmidt, Hildesheim
Repro: westermann druck GmbH, Braunschweig
Druck und Bindung: Westermann Druck GmbH, Zwickau

ISBN 978-3-507-**77097**-3

Inhaltsverzeichnis

Die vier Kompetenzbereiche 8
Methode: Sicherheitsregeln in der Physik 10
Methode: Internetrecherche – gewusst wie 12
Methode: Ein Referat vorbereiten und halten . . . 13
Methode: Einen Sachtext lesen 14
Methode: Arbeitsergebnisse präsentieren 15

Licht und Bild 16
Reflexion und Absorption 18
Streifzug: Was ist Licht? 19
Licht fällt auf einen Hohlspiegel 20
Pinnwand: Hohlspiegelbilder 21
Pinnwand: Parabolspiegel –
die besseren Hohlspiegel 22
Wölbspiegel und ihre Bilder 23
Brechung des Lichtes 24
Totalreflexion 26
Pinnwand: Anwendung der Glasfasertechnik . . . 27
Das Brennglas ist eine Lupe 28
Linsen erzeugen Bilder 29
Pinnwand: Bildentstehung an der Sammellinse . . 30
Zerstreuungslinsen 32
☺ Linsenkombinationen 33
Fernrohre 34
☺ Das Mikroskop 35
☺ Formeln beschreiben die Abbildung 36
☺ **Streifzug:** Elektronen-
und Rastertunnelmikroskop 38
Streifzug: Projektoren 39
Wie sehen wir? 40
Korrektur von Sehfehlern 41
Streifzug: Das Auge ist kein Fotoapparat 42
Streifzug: Die Entwicklung der Fotografie 43
Lernen im Team: Bau von optischen Geräten . . . 44
Farben 46
Spektralfarben 47
Streifzug: Photonen und Farben 47
Pinnwand: Infrarot – Ultraviolett 48
Streifzug: Infrarot zeichnet Bilder und wärmt . . . 49
Farbsubtraktion 50
Farbaddition 51
☺ **Streifzug:** Farben in der Malerei 52
☺ **Streifzug:** Le pointillisme 52
☺ **Streifzug:** Farbfehler von Linsen 53
Streifzug: Der Regenbogen 54
Praktikum: Regenbogenfarben – künstlich erzeugt 55
Auf einen Blick 56
Zeig, was du kannst 57

Das Weltall – unendliche Weiten 58
Geozentrisch oder heliozentrisch? 60
Pinnwand: Verschiedene Weltbilder
bedeutender Astronomen 62
Methode: Umgang mit dem Fernrohr 63
Blick in das Weltall 64
Unser Sonnensystem 66
Das Planetensystem 67
Methode: Visitenkarten von
Himmelskörpern erstellen 68
Luna – der Mond der Erde 69
Was ist ein Zwergplanet? 70
Pinnwand: Entfernungen im Weltall 70
Der nördliche und der südliche Sternenhimmel . . 71
Pinnwand: Nördlicher Sternenhimmel 72
Streifzug: Spektroskopie 73
☺ Die scheinbare Himmelskugel 74
☺ **Praktikum:** Die drehbare Sternkarte 76
Streifzug: Entstehung und Aufbau des Weltalls . . 77
Streifzug: Von der Supernova
zum schwarzen Loch 78
☺ **Streifzug:** Science-Fiction 79
Streifzug: Raumfahrt – Wie alles begann 80
Pinnwand: Mythologie – Astrologie – Astronomie . 81
Auf einen Blick 82
Zeig, was du kannst 83

**Basiskonzepte: Optische Instrumente
und die Erforschung des Weltalls** 84

Messungen im elektrischen Stromkreis . 86
Elektrische Ladung 88
Negative und positive Ladung 89
Das elektrische Feld 90
Streifzug: Woher kommen die Elektronen? 91
Elektronen sind Ladungsträger 92
Pinnwand: Elektrische Erscheinungen 93
Die elektrische Spannung 94
Die elektrische Stromstärke 95
Vielfachmessgeräte 96
Messen mit dem Vielfachmessgerät 97
Praktikum: Bau eines analogen Messgerätes . . . 98
Lernen im Team: Anzeigegeräte für Elektrizität . . 99
Stromstärken in Reihen- und Parallelschaltung . . 100
Praktikum: Messung der Stromstärken
in Reihenschaltungen 100
Praktikum: Messung der Stromstärken
in Parallelschaltungen 101
Spannungen in Reihen- und Parallelschaltung . . 102
Praktikum: Messung der Spannungen
in Reihenschaltungen 102
Praktikum: Messung der Spannungen
in Parallelschaltungen 103
Gleichstrom und Wechselstrom 104
Streifzug: Elektrische Energiequellen 105
Wie entstehen Blitz und Donner? 106
Streifzug: Erfindung des Blitzableiters 107
Methode: Informationen suchen 108
Methode: Erstellen einer Sachmappe 109
Gefahren durch Blitzschlag 110

Streifzug: Die Entfernung eines Gewitters 111
Spannung und Stromstärke hängen zusammen . . 112
Der elektrische Widerstand 113
Eine Formel für den Widerstand 114
Methode: Fehlerbetrachtung 115
Pinnwand: Widerstände und ihre Anwendung . . 116
Streifzug: Messen von Widerständen 118
Der Widerstand eines Leiters
ist temperaturabhängig 119
☺ Widerstände in der Reihenschaltung 120
☺ Widerstände in der Parallelschaltung 121
☺ Streifzug: Berechnung von Widerständen . . . 122
Streifzug: 2000 Jahre Geschichte der Elektrizität . 123
Kurzschluss und Überlastung im Stromkreis 124
Pinnwand: Kurzschluss und Sicherungen 125
Schutzmaßnahmen im elektrischen Stromkreis . . 126
Pinnwand: Welche Schutzmaßnahme wirkt? . . . 127
Elektrische Leistung und elektrische Energie . . . 128
Streifzug: Energiemanagement 130
Pinnwand: Gleich viel Licht für weniger Geld . . . 131
Streifzug: Die Energierechnung 131
Pinnwand: Berechnung der elektrischen
Leistung und der elektrischen Energie 132
Pinnwand: Batterien –
Energienutzung und Umweltbelastung 134
Auf einen Blick 136
Zeig, was du kannst 137

⬤ Basiskonzepte: Stromkreise 138

Kräfte 140
Die Geschwindigkeit 142
Die gleichförmige Bewegung 143
Streifzug: Was haben Knoten
mit Geschwindigkeit zu tun? 143
Methode: Grafische Darstellung von
gleichförmigen Bewegungen 144
Pinnwand: Schnell und langsam 145
Kräfte bewirken Bewegungen und Verformungen 146
Kräfte ändern Bewegungen 147
Pinnwand: Erwünschte und unerwünschte Reibung 148
Rückstoß – eine besondere Kraft 149
Elastische und plastische Körper 150
Streifzug: Crash-Tests 151
Der Kraftmesser 152
Praktikum: Kraftmesser – selbst gebaut 153
☺ Das hookesche Gesetz 154
☺ Plastisch oder elastisch? 155
Streifzug: Lianenspringer 155
☺ Praktikum: Hookesches Gesetz
oder plastische Verformung? 156
Methode: Umgang mit Wertetabellen und Grafen 157
Methode: Diagramme mit dem Computer erstellen 158
Streifzug: Materialprüfung 159
Kraft ist eine gerichtete Größe 160

Pinnwand: Addition und Subtraktion von Kräften 161
Pinnwand: Kräfteparallelogramme 162
Streifzug: Kräftezerlegung 163
Die Erdanziehungskraft ist Ursache
der Gewichtskraft 164
Gewichtskraft und Masse 165
Die träge Masse 166
Streifzug: Rückhaltesysteme 167
Feste und lose Rollen 168
Der Flaschenzug 169
Der zweiseitige Hebel 170
Der einseitige Hebel 171
Methode: Ein Informationsplakat entsteht 172
Methode: Eine Folie handschriftlich erstellen . . . 173
☺ Die schiefe Ebene 174
☺ Pinnwand: Anwendung der schiefen Ebene . . 175
Die Goldene Regel der Mechanik 176
Pinnwand: Anwendung zur
Goldenen Regel der Mechanik 177
Lernen im Team: Hebel und Rollen
in der Technik und in der Natur 178
Mechanische Energie 180
Einsatz von Energie 181
Die mechanischen Energieformen 182
Umwandlungen mechanischer Energien 183
☺ Streifzug: Bungee-Springen 184
☺ Streifzug: Schwimmtraining 184
Pinnwand: Energienutzung – im Wandel der Zeit 185
Energie geht nicht verloren 186
Ein Maß für die effektive Energienutzung 187
Mechanische Leistung 188
Pinnwand: Spitzenleistungen in Technik und Natur 189
Auf einen Blick 190
Zeig, was du kannst 191

⬤ Basiskonzepte: Kräfte und Maschinen 192

Elektrische Energie 194
Die elektromagnetische Induktion 196
Induktion durch Drehbewegung 197
Streifzug: FARADAY and the discovery of induction . 197
Der Gleichstrom-Elektromotor 198
Der Kommutator 199
Der Trommelanker 200
Praktikum: Ein Elektromotor – selbst gebaut . . . 201
Der Nabendynamo – ein Generator 202
Generator und Elektromotor im Einsatz 203
Pinnwand: Elektrizität durch Induktion 204
Lernen im Team: Bau von Elektrofahrzeugen . . . 205
☺ Das dynamoelektrische Prinzip 206
Streifzug: WERNER VON SIEMENS 207
Der Transformator 208
Spannungs- und Stromstärkenübersetzung 209
Hochstrom- und Hochspannungstransformator . . 210
Pinnwand: Transformatoren im Einsatz 211

Inhaltsverzeichnis

Der Transport elektrischer Energie 212
Energieübertragung vom Kraftwerk zur Steckdose 214
Pinnwand: Der Widerstand
einer Hochspannungsleitung 215
Auf einen Blick 216
Zeig, was du kannst 217

Fossile und regenerative Energieversorgung 218
Energie und Energiewandler 220
Streifzug: Zwei Männer mit derselben Idee 221
Kohle speichert die Sonnenenergie
seit Jahrmillionen 222
Streifzug: Einheimische Braun- und Steinkohle . . 223
Das Kohlekraftwerk 224
Energieausnutzung 226
Streifzug: Heizwert und Umweltaspekte 227
Verbrennungsmotoren 228
Verbrennungsabgase belasten die Umwelt 230
Streifzug: Der Abgaskatalysator 231
Abgase verändern das Klima der Erde 232
Theoretische Modelle
helfen bei der Klimaforschung 233
Das Hybridauto 234
Streifzug: Brennstoffe vom Acker 235
Die Brennstoffzelle 236
Streifzug: Funktionsweise einer Brennstoffzelle . . 237
Pinnwand: Anwendung
der Wasserstofftechnologie 238
Pinnwand: Die Geschichte der Brennstoffzelle . . 239
Sonnenkollektoren 240
Praktikum: Bau eines Sonnenkollektors 241
Solaranlagen und ihr Wirkungsgrad 242
Streifzug: Elektrische Energie nur mit Solarzellen . 243
Pinnwand: Erneuerbare Energien
und ihre Nutzung 244
Nachwachsende Rohstoffe – Vor- und Nachteile . 246
Methode: Gespräche leiten 247
Streifzug: Pro und contra Windkraftanlagen 248
Praktikum: Bau eines Solarbootes 249
Kraft-Wärme-Kopplung 250
Streifzug: Ostritz – eine energieautarke Gemeinde 251
Kraftwerke im Vergleich 252
Das Verbundnetz der Bundesrepublik Deutschland 254
Verteilung des Energiebedarfs über einen Tag . . 255
Lernen im Team: Energiesparen mit Verstand . . . 256
Auf einen Blick 258
Zeig, was du kannst 259

Lernen im Team:
Energieversorgung eines Wohnhauses 260

Basiskonzepte: Elektrische Energieversorgung 266

Radioaktivität und Kernenergie 268
Natürliche radioaktive Strahlung 270
Streifzug: Die Entdecker der Radioaktivität 271
Messung radioaktiver Strahlung 272
Ein Funken und Knacken 273
Allgemeine Schutzmaßnahmen 274
Streifzug: Strahlenschutz 274
Pinnwand: Geräte zur Anzeige
radioaktiver Strahlung 275
Elementarteilchen und Isotope 276
Arten radioaktiver Strahlung 278
Eigenschaften radioaktiver Strahlung 279
Der Zerfall dauert seine Zeit 280
Streifzug: Mit Radioaktivität das Alter bestimmen 281
Streifzug: Strahlen nutzen 282
☺ Streifzug: Zu Besuch im Teilchenzoo 283
Atome lassen sich spalten 284
Kettenreaktion – unkontrolliert oder kontrolliert . . 285
Das Kernkraftwerk 286
Sicherheitssysteme im Kernkraftwerk 288
Streifzug: Ein Unglück verändert die Welt 289
Wohin mit dem radioaktiven Abfall? 290
Vergleich Kernkraftwerk – Kohlekraftwerk 291
Methode: Sammeln von Fakten
zur Meinungsbildung 292
Streifzug: Simulationen 293
Streifzug: Kernfusion 294
Streifzug: Strahlen schädigen 295
Streifzug: Vom Manhattan-Project zum Fat Man . 296
Funktionsweise der Atombombe 297
Auf einen Blick 298
Zeig, was du kannst 299

Basiskonzepte:
Kernenergie und Radioaktivität 300

Informationsübertragung 302
Elektronische Bauteile erobern unsere Umwelt . . 304
Leiter und Halbleiter 305
Leitungsvorgänge in Halbleitern 306
Halbleiterdioden im Stromkreis 308
Pinnwand: Dioden im Einsatz 309
Leuchtdioden 310
Pinnwand: Anwendungen von Leuchtdioden . . . 311
Der Transistor 312
Schwellenspannung des Transistors 313
Arbeitspunkt des Transistors 314
Streifzug: Vorgänge im Transistor 315
☺ Streifzug: Vom Sand zum Transistor 316
Lernen im Team: Bau eines Radios 318
☺ Solarzellen – Halbleiter als Energiewandler . . . 320
☺ Streifzug: Bauarten von Solarzellen 321
☺ Praktikum: Energie für den Akku 322
☺ Pinnwand: Mini-Solarkraftwerke 323
Analoge und digitale Daten 324

Pinnwand: Datenspeicher 325
Rezeptoren und Sensoren 326
Datenübertragung mit Wärme 327
Datenübertragung mit Licht 328
Pinnwand: Anwendung der Farbsubtraktion . . . 329
Datenübertragung mit Schall 330
Erste Schritte des Fernsehens 331
Praktikum: Übertragung von Bildern 331
Pinnwand: Anwendung der Farbaddition . . . 332
Pinnwand: Vom Elektronenstrahl zum Flüssigkristall 333
Pinnwand: Röhre, TFT, Plasma oder OLED? 334
Wirtschaftsfaktor Computertechnik 335
Streifzug: Computerschrott 335
Mit Licht Informationen übertragen 336
Praktikum: Sprechen durch Lichtleiter . . . 337
Elektromagnetische Schwingungen und Wellen . . 338
Streifzug: Von der Theorie zur Praxis . . . 339
Die Ausbreitung hertzscher Wellen 340
Streifzug: Datenübertragung durch Funk . . 342
☺ Streifzug: Das elektromagnetische Spektrum . . 343
Auf einen Blick 344
Zeig, was du kannst 345

Basiskonzepte: Informationsübertragung . . . 346

Bewegte Körper und ihre Energie 348
Im Moment schneller oder langsamer
als im Durchschnitt 350
Streifzug: Geschwindigkeitskontrollen
im Straßenverkehr 352
Streifzug: Geschwindigkeitserfassung am Fahrzeug 353
Die gleichmäßig beschleunigte Bewegung 354
Pinnwand: Berechnungen rund
um die Beschleunigung 356
Grafische Darstellung von Bewegungen 357
☺ Die verzögerte Bewegung 358
☺ Von Hundert auf Null – das dauert! 359
☺ Streifzug: Faustregeln im Straßenverkehr . . . 360
Bewegungsenergie steigt schneller
als die Geschwindigkeit 361
Streifzug: Sicherheitssysteme bei Krafträdern . . . 362
Pinnwand: Bremssysteme 363
Der freie Fall 364
☺ Der freie Fall – mathematisch 365
Methode: Erstellen von Folien am PC 366
Methode: Präsentieren von Folien mit dem PC . . 367
☺ Streifzug: Fallschirmspringen 368
☺ Streifzug: Parabelflug –
schwerelos im freien Fall 368
Streifzug: Galileo Galilei 369
Kraft, Masse, Trägheit 370
Kraft und Beschleunigung 371
Newtons Gesetze der Mechanik – überall 372
Streifzug: Sir Isaac Newton 373
Methode: Referate in schriftlicher Form erstellen . 374

Methode: Eine wissenschaftliche Entdeckung
vorstellen 375
Pinnwand: Kraftwirkung verschiedener Antriebe . 376
Bewegung und Energie 378
Berechnung der potenziellen
und kinetischen Energie 380
☺ Streifzug: Crash-Test bei 100 $\frac{km}{h}$ . . . 382
Pinnwand: Energieumwandlungen 383
Energieerhaltung 384
Pinnwand: Der Gesamtwirkungsgrad 385
☺ Kreisbewegungen 386
☺ Streifzug: Die Zentralkraft im Einsatz . . . 387
Streifzug: Die Gravitation 388
Streifzug: Felder im Vergleich 389
Auf einen Blick 390
Zeig, was du kannst 391

Druck in Flüssigkeiten und Gasen 392
Der Schweredruck 394
☺ Streifzug: Der Luftdruck und das Vakuum . . . 395
Druck ist nicht nur Kraft 396
Pinnwand: Druck-Messgeräte 397
☺ Die Luft hält uns unter Druck 398
☺ Streifzug: Das Barometer
und die Wettervorhersage 399
☺ Unterdruck 400
☺ Überdruck 401
Kraftübertragung in Luft und Wasser 402
Pinnwand: Kraftübertragung in Arbeitsgeräten . . 403
Das hydrostatische Paradoxon 404
Der Schweredruck in der Anwendung 405
Praktikum: Bestimmen der Dichte eines Stoffes . . 406
Methode: Teamarbeit präsentieren 407
Körper im Wasser 408
Praktikum: Der Auftrieb in Flüssigkeiten 409
Pinnwand: Schweben im Wasser 410
Praktikum: Belastbarkeit von Booten 411
Auf einen Blick 412
Zeig, was du kannst 413

Basiskonzepte:
Bewegungen und ihre Ursachen 414

Anhang
Lösungen zu „Zeig, was du kannst" 416
Stichwortverzeichnis 424
Namensverzeichnis 428
Übersicht: Methoden/Lernen im Team 429
Schaltzeichen 429
Bildquellenverzeichnis 430
Tabellen zur Physik 432
Nuklidkarte
Gefahrstoffsymbole – neu und alt

Inhaltsverzeichnis

Methode — Hier findest du Methoden, die dir helfen, naturwissenschaftliche Themen zu verstehen und zu bearbeiten.

Pinnwand — Hier findest du zusätzlich Bilder und Informationen zum jeweiligen Thema und Aufgaben, die du selbstständig bearbeiten und lösen kannst.

Streifzug — Hier findest du Informationen zu Themen, die auch in anderen Bereichen von großer Bedeutung sind. Zusätzliche Inhalte sind mit einem Smiley 😊 gekennzeichnet.

Praktikum — Hier findest du Versuche, Aufträge und Bastelanleitungen, die du selbstständig oder mit deinen Mitschülerinnen und Mitschülern ausführen kannst.

Lernen im Team — Hier findest du Themenvorschläge für die Arbeit in Gruppen. Eine Gruppe bearbeitet jeweils einen Vorschlag. Am Ende stellt jede Gruppe ihre Ergebnisse vor.

Auf einen Blick — Hier findest du die Inhalte des Kapitels in kurzer und übersichtlicher Form dargestellt.

Zeig, was du kannst — Hier findest du vielfältige Aufgaben zum Wiederholen und Vertiefen der Inhalte des Kapitels. Die Lösungen stehen am Ende des Buches.

- ■ Wichtige Inhalte werden durch Merksätze hervorgehoben.
- 😊 Inhalte dieser Seiten stellen Zusatzangebote zum Unterricht dar.
- 💿 Dieses Symbol führt dich zu den Basiskonzept-Seiten am Ende jedes großen Themenfeldes.

Kennzeichnung der Aufgaben:

 Diese Aufgabe kannst du mit deinem Vorwissen oder mit den Informationen aus dem Buch beantworten.

 Dieses Symbol kennzeichnet eine Aufgabe, bei der du beobachten, untersuchen oder experimentieren musst.

 Um diese Aufgabe zu lösen, nutze weitere Informationsquellen wie Fachbücher, Lexika oder das Internet. Manchmal beinhalten diese Aufgaben auch Arbeitsaufträge, die außerhalb des Klassenzimmers zu erfüllen sind.

 Diese Kennzeichnung gilt für anspruchsvollere Aufgaben oder Teilaufgaben, bei denen du vorhandenes mit neuem Wissen vernetzen musst.

Die vier Kompetenzbereiche

Dieses Buch soll dir nicht nur physikalisch-naturwissenschaftliches Fachwissen, sondern auch darüber hinausgehende Fertigkeiten und Fähigkeiten, die **Kompetenzen,** vermitteln. Hier findest du neben den Kompetenzen Beispiele für Seiten im Buch, die dir eine bestimmte Kompetenz vermitteln. Seiten, die hervorgehoben sind, eignen sich besonders gut zum Erwerben der jeweils angegebenen Kompetenz.

Du kannst Aufgaben und Probleme fachbezogen lösen.
(Umgang mit Fachwissen)
1. Du kannst Grundgedanken und -prinzipien der Physik auf Beispiele anwenden, um Erklärungen zu finden.
   → **S. 26 f., 34 f., 88 ff.,** 104, 226, 280 f.
2. Du kannst dein Fachwissen nutzen, um physikalische Fragen zu beantworten.
   → S. 30 f., **74 ff.,** 116 f., **164 ff., 402 f.,** 408 f.
3. Du kannst aus Informationen zu einzelnen Beispielen Grundregeln ableiten und diese dann auf andere Beispiele anwenden.
   → S. 22, **100 ff.,** 124 f., **276 f., 400 f.**
4. Du kannst Beobachtungen aus dem Alltag mit deinem Fachwissen verbinden und sie so erklären. → S. 23, **46 ff.,** 93, **106 ff., 129 ff.,** 145, **177 ff.,** 282, 311, **405**

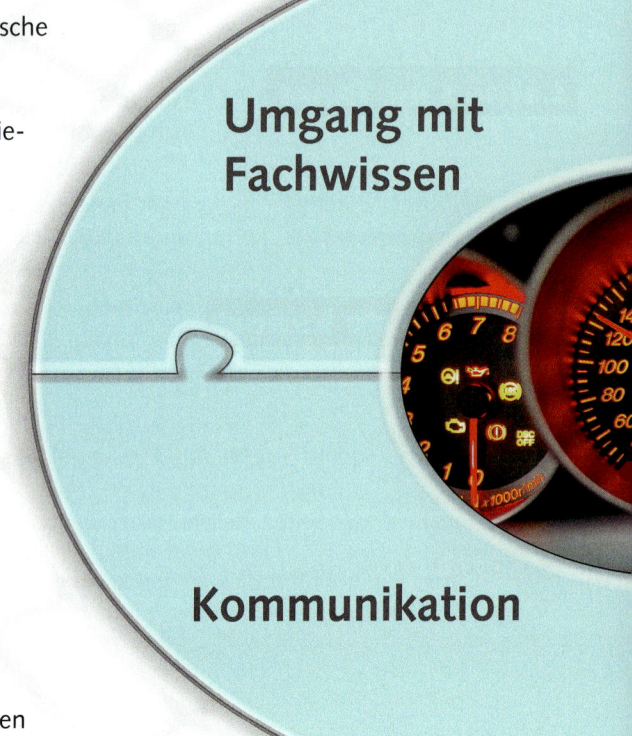

Du kannst Informationen austauschen.
(Kommunikation)
1. Du kannst physikalische Inhalte schriftlich darstellen → **S. 276 f.,** 320 f., **374, 380 ff.,** 394
2. Du kannst Informationen aus Texten, Tabellen oder Grafiken entnehmen und auswerten.
   → **S. 233, 308 ff.,** 357
3. Du kannst dir zu Untersuchungen Aufzeichnungen machen und damit später detailliert berichten.
   → **S. 113, 142 f.,** 172 f., 304, 396
4. Du kannst Daten in Form von Tabellen und Diagrammen aufzeichnen und dazu auch den PC benutzen. → **S. 154 ff.,** 313 f., 365
5. Du kannst Informationen recherchieren, diese einschätzen, zusammenfassen und auswerten. → **S. 12, 14, 68 f.,** 108, 250 ff.
6. Du kannst aus allgemeinen Informationen Rückschlüsse darauf ziehen, wie du dich in konkreten Situationen verhalten sollst. → **S. 10 f.,** 63, 126 f.
7. Du kannst physikalische Sachverhalte beschreiben, präsentieren und begründen.
   → **S. 13, 15, 109,** 284 f.
8. Du kannst dich bei Diskussionen in andere Standpunkte versetzen und diese mit deinen eigenen Ansichten vergleichen. → **S. 248, 292**
9. Du kannst bei Arbeiten im Team sinnvolle Teilaufgaben festlegen und diese zuverlässig ausführen.
   → S. 205, **260 ff.,** 407

Inhaltsverzeichnis

Du kannst physikalische Fragen stellen, mit Experimenten nach Antworten suchen und diese deuten. (Erkenntnisgewinnung)

1. Du kannst physikalische Fragen stellen und diese in Teilfragen zerlegen.
→ S. 40 f., 132 f., **160 ff., 371**
2. Du kannst Beobachtungen so beschreiben, dass sie noch nicht bewertet oder gedeutet werden. → S. 119, **146, 278 f.**, 326
3. Du kannst Vermutungen formulieren und Möglichkeiten angeben, wie du diese Vermutungen überprüfen könntest. → **S. 120 f., 203**
4. Du kannst Bedingungen erkennen, die ein Versuchsergebnis beeinflussen und sie im Experiment verändern oder konstant halten. → S. 28, 55, 119, **128 f.**, 147 f., **174, 188, 196 ff.**
5. Du kannst Untersuchungen und Experimente selbstständig durchführen und mögliche Fehlerquellen angeben. → **S. 115, 152 f.**, 358
6. Du kannst aus Informationen zu Beobachtungen und Messwerten auf Zusammenhänge und Gesetzmäßigkeiten schließen.
→ **S. 144**, 149, **157, 354 f.**
7. Du kannst etwas erklären, indem du passende Modelle aussuchst, nutzt und deren Grenzen beachtest. → **S. 30 ff.**, 305
8. Du kannst Modelle verwenden, um Sachverhalte zu beschreiben und Untersuchungsergebnisse zu erklären oder vorherzusagen.
→ **S. 67, 91, 306 f.**, 338
9. Du kannst anhand historischer Beispiele zeigen, dass Regeln oder Vorstellungen mit der Zeit weiterentwickelt werden.
→ **S. 60 ff.**, 123, 185, **206 f.**, 239, 271, **339, 375**

Du kannst überlegt und begründet urteilen. (Bewertung)

1. Du kannst eigene Bewertungen begründen, indem du Kriterien festlegst und nachvollziehbar gewichtest. → **S. 81**, 171, 182, **252 f.**
2. Wenn es in einer Situation mehrere Entscheidungssituationen gibt, kannst du Kriterien und Argumente nutzen und abwägen und so zu einer gut begründeten Entscheidung kommen.
→ **S. 97, 110 f.**, 167, **248, 376 f.**
3. Du kannst bei schwierigen Entscheidungen auch das „Große Ganze" im Blick behalten und entscheidest begründet und überlegt. → **S. 134 f., 230 ff.**, 247, **256 f., 288 ff.**, 292

Sicherheitsregeln in der Physik

Sicherheitsvorkehrungen im Fachraum
Informiere dich über
- das richtige Verhalten bei Unfällen, bei Feuer und bei Feueralarm.
- den Ort des Not-Aus-Schalters.
- den Ort und den Inhalt des Erste-Hilfe-Kastens.
- den Ort des Feuerlöschers und der Feuerlöschdecke.
- den Ort des Notausganges.
- den Verlauf des Flucht- und Rettungsweges.
- den Ort des Sammelplatzes.

Richtiges Verhalten im Fachraum
- In naturwissenschaftlichen Räumen darf nicht getrunken und gegessen werden.
- Jacken und Mäntel müssen an der Garderobe aufgehängt werden.
- Die Schultaschen sollen so abgestellt werden, dass sie nicht zu Stolperfallen werden.
- Bewahre bei Feuer und Unfällen Ruhe. Verlasse den Fachraum auf dem vorgeschriebenen Flucht- und Rettungsweg und gehe zügig bis zum Sammelplatz.

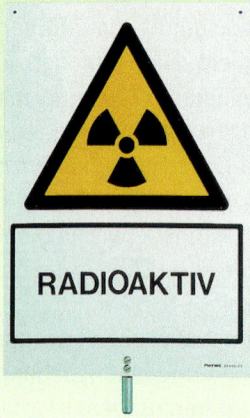

Sicherheit beim Umgang mit radioaktiven Stoffen
- Bei der Verwendung von radioaktiven Stoffen muss die Strahlenschutzverordnung (StrlSchV) eingehalten werden. Ansprechpartner ist der bestellte Strahlenschutzbeauftragte der Schule.
- Jede unnötige Einwirkung von ionisierenden Strahlen auf den menschlichen Körper oder Verunreinigung (Kontamination) von Mensch und Umwelt mit radioaktiven Stoffen muss vermieden werden.
- Schülerinnen und Schülern ist das Experimentieren mit Bauart zugelassenen Präparaten gestattet, die unterhalb der Freigrenze nach der StrlSchV liegen. Diese Präparate strahlen weit unterhalb der zugelassenen Grenzwerte.
- Werdende oder stillende Mütter dürfen keine Versuche durchführen, aber bei Demonstrationsversuchen zusehen, wenn sie durch geeignete Schutzmaßnahmen gesichert sind. Ein geeigneter Schutz ist die Bleischürze.

Die Bedeutung der farbigen Schilder
Die Hinweisschilder zur Unfallverhütung, zur Sicherheit und zur Hilfe sind unterschiedlich farblich gekennzeichnet.

Rot: Hinweisschilder für den Gefahrenfall

Orange: Allgemeine Gefahrensymbole

Gelb: Warnzeichen

Grün: Rettungszeichen

Methoden

Arbeiten mit dem Stromversorgungsgerät
1. Vergewissere dich, dass der Drehknopf auf Null gestellt ist.
2. Verwende nur Kabel ohne sichtbare Schäden an der Isolierung.
3. Schließe die elektrischen Leitungen an die richtigen Anschlüsse an.
4. Beginne mit dem Experimentieren erst, wenn die Lehrerin oder der Lehrer den Versuchsaufbau abgenommen hat.
5. Erhöhe die Spannung mittels des Drehknopfes in kleinen Schritten.
6. Schülerinnen und Schüler mit einem Herzschrittmacher müssen bei Versuchen mit induktiven Magnetfeldern Abstand halten.

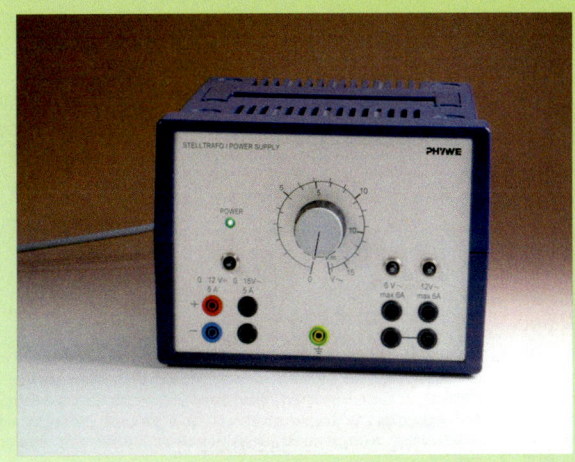

Tipps für das Experimentieren
1. Lies die Arbeitsaufträge vor Versuchsbeginn sorgfältig und vollständig durch.
2. Besprich die Versuchsanordnung mit deinen Mitschülerinnen und Mitschülern.
3. Stelle alle Geräte vor Versuchsbeginn bereit. Benutze sie erst nach ausdrücklicher Erlaubnis.
4. Baue alle Geräte übersichtlich und standsicher auf.
5. Bewege die Geräte während des Versuches nicht unnötig.

Wichtige Geräte für die Sicherheit

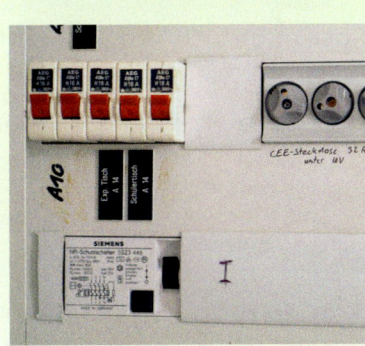

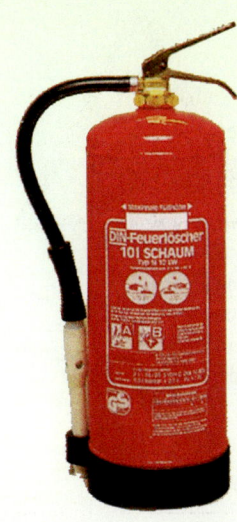

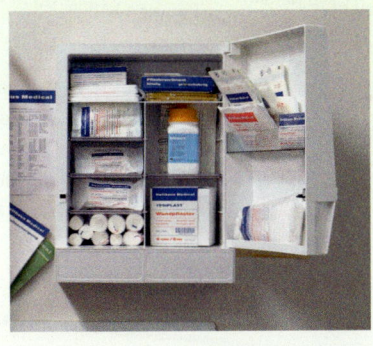

Verhalten beim Experimentieren
1. Beim Experimentieren mit offener Flamme musst du eine Schutzbrille tragen. Lange Haare müssen zusammengebunden werden.
2. Schalte bei Versuchen mit elektrischem Strom die Schaltung erst dann ein, wenn die Lehrerin oder der Lehrer sie abgenommen hat.
3. Verlasse während des Versuches möglichst nicht den Platz deiner Gruppe, damit andere Gruppen bei ihrer Arbeit nicht gestört werden.
4. Hinterlasse nach jedem Experiment den Arbeitsplatz sauber und aufgeräumt.
5. Gib die Versuchsgeräte in die dazu bestimmten Kästen und Fächer zurück.

Internetrecherche – gewusst wie

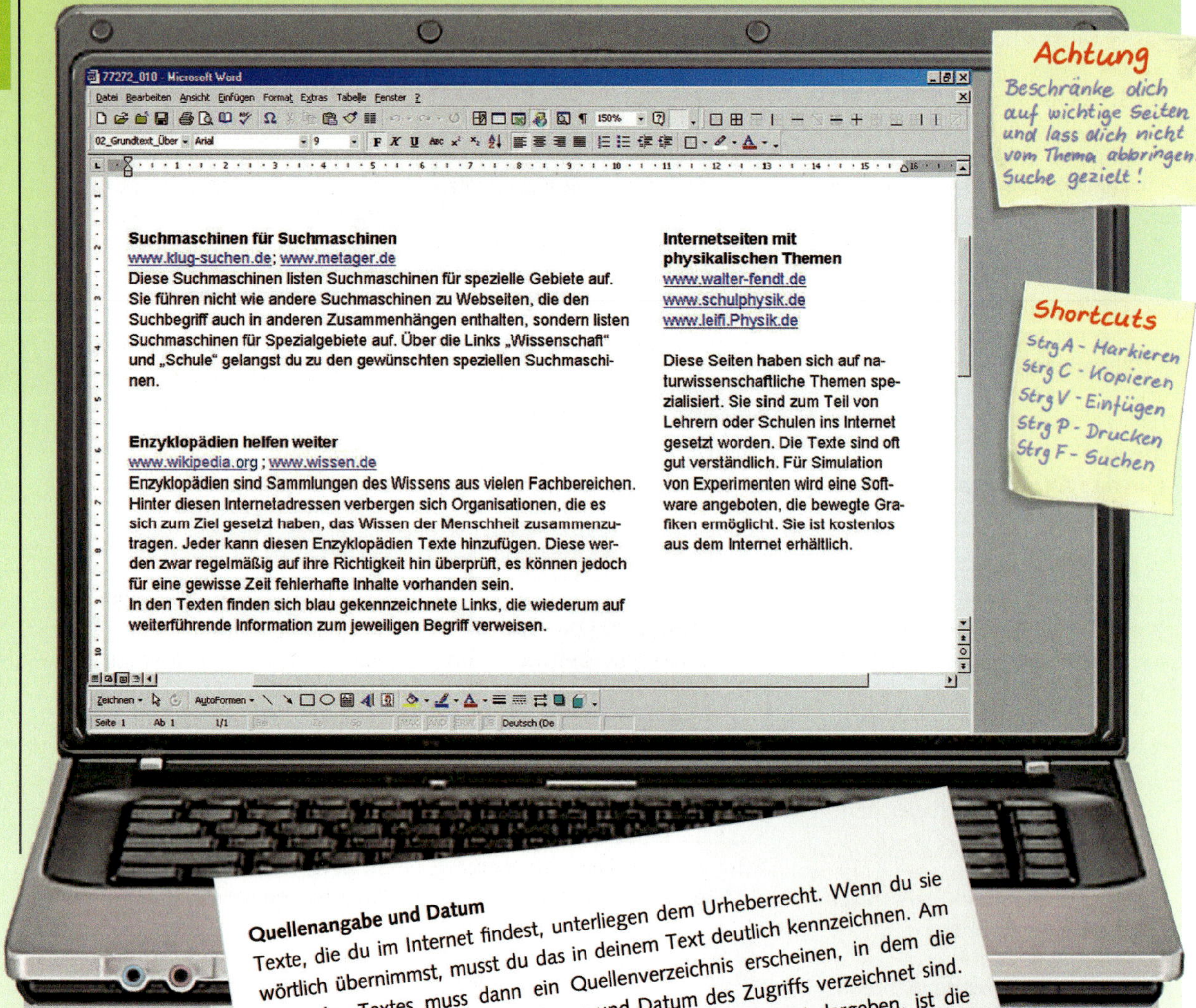

Suchmaschinen für Suchmaschinen
www.klug-suchen.de; www.metager.de
Diese Suchmaschinen listen Suchmaschinen für spezielle Gebiete auf. Sie führen nicht wie andere Suchmaschinen zu Webseiten, die den Suchbegriff auch in anderen Zusammenhängen enthalten, sondern listen Suchmaschinen für Spezialgebiete auf. Über die Links „Wissenschaft" und „Schule" gelangst du zu den gewünschten speziellen Suchmaschinen.

Enzyklopädien helfen weiter
www.wikipedia.org ; www.wissen.de
Enzyklopädien sind Sammlungen des Wissens aus vielen Fachbereichen. Hinter diesen Internetadressen verbergen sich Organisationen, die es sich zum Ziel gesetzt haben, das Wissen der Menschheit zusammenzutragen. Jeder kann diesen Enzyklopädien Texte hinzufügen. Diese werden zwar regelmäßig auf ihre Richtigkeit hin überprüft, es können jedoch für eine gewisse Zeit fehlerhafte Inhalte vorhanden sein.
In den Texten finden sich blau gekennzeichnete Links, die wiederum auf weiterführende Information zum jeweiligen Begriff verweisen.

Internetseiten mit physikalischen Themen
www.walter-fendt.de
www.schulphysik.de
www.leifi.Physik.de

Diese Seiten haben sich auf naturwissenschaftliche Themen spezialisiert. Sie sind zum Teil von Lehrern oder Schulen ins Internet gesetzt worden. Die Texte sind oft gut verständlich. Für Simulation von Experimenten wird eine Software angeboten, die bewegte Grafiken ermöglicht. Sie ist kostenlos aus dem Internet erhältlich.

Achtung
Beschränke dich auf wichtige Seiten und lass dich nicht vom Thema abbringen. Suche gezielt!

Shortcuts
Strg A - Markieren
Strg C - Kopieren
Strg V - Einfügen
Strg P - Drucken
Strg F - Suchen

Quellenangabe und Datum
Texte, die du im Internet findest, unterliegen dem Urheberrecht. Wenn du sie wörtlich übernimmst, musst du das in deinem Text deutlich kennzeichnen. Am Ende des Textes muss dann ein Quellenverzeichnis erscheinen, in dem die Quellen mit genauer Internetadresse und Datum des Zugriffs verzeichnet sind.
Auch bei Übernahmen, die nur den Inhalt eines Textes wiedergeben, ist die Quellenangabe sinnvoll.
Beachte: Die Angabe einer Suchmaschine ist keine Quellenangabe.

Es ist nicht alles Gold, was glänzt
In das Internet kann jeder Texte setzen, egal ob sie wahr oder falsch sind. Deshalb ist es wichtig zu entscheiden, welche Seiten genommen werden sollen. Hochschulen, Schulen und bekannten Institutionen kannst du in der Regel vertrauen.

Verdächtige Seiten
Hin und wieder gelangst du auf Seiten, die Gewalt, Straftaten oder sexuelle Inhalte darstellen. Ziehe dann sofort einen Erwachsenen zu Rate. Er kann dafür sorgen, dass der Anbieter angezeigt wird. Schließe auch niemals ohne Zustimmung deiner Eltern Verträge im Internet ab. Gib keine privaten Daten, Telefonnummern oder Bankverbindungen an. Auch Preisausschreiben sind oft ein Vorwand, um an deine persönlichen Daten zu kommen und sie dann an Andere weiterzugeben.

Methoden

Ein Referat vorbereiten und halten

Thema finden
Jörn soll im Physikunterricht ein Referat über sein Hobby Lego®-Technic halten. Er weiß, dass er ein Thema finden muss, das seine Mitschülerinnen und Mitschüler interessiert.
Dazu hat er sich den Baukasten für den Mini-Gabelstapler ausgesucht.

Informationen suchen
Für seinen Vortrag sucht er Material in den Begleitheften und Büchern, die er von Lego® besitzt. Weitere Texte und Bilder findet er im Internet.

Bilder, Filme, Poster und Exponate machen den Vortrag anschaulich und wecken Interesse. Er verwendet nur Material, mit dem er selbst vertraut ist, und prüft, ob die Texte fehlerfrei sind.

Gliederung anlegen
Anhand seiner Materialsammlung überlegt sich Jörn, welche Teile des umfangreichen Themas er darstellen will.
Er schreibt eine Gliederung des Referates auf.
Für den endgültigen Text verfährt er nach folgendem Schema:

- Finde einen interessanten Einstieg.
- Nenne wesentliche Informationen zum Thema.
- Formuliere am Schluss eine Zusammenfassung.
- Gib eventuell einen Ausblick.

Zeitrahmen festlegen
Vor dem Referat bespricht Jörn mit der Physiklehrerin, wie viel Zeit ihm zur Verfügung steht. Eventuell muss er jetzt noch Programmpunkte streichen oder hinzufügen.

Stichpunkte für den Vortrag
Da er den Vortrag frei halten will, legt er sich einige Karteikarten an, auf denen die wichtigsten Stichpunkte in der vorgesehenen Reihenfolge vermerkt sind. Er nummeriert die Karten, damit sie nicht durcheinander geraten.

Präsentation
Um den Vortrag zu halten, benötigt er die Karteikarten, eine Uhr und das vorbereitete Anschauungsmaterial.
Bei der Präsentation beachtet er folgende Punkte:

- Sprich frei, laut und deutlich.
- Schaue deine Zuhörer an.
- Ermögliche Allen eine gute Sicht auf die Exponate.
- Halte dich an die vereinbarte Zeit.
- Stelle dich auf mögliche Fragen ein.

Das schriftliche Referat
Für das Referat in schriftlicher Form hat Jörn den Text ausformuliert. Er hat darauf geachtet, dass die Arbeit nicht überfrachtet ist. Der Text ist unterteilt in Einleitung, Hauptteil und Schluss. Texte, die er wörtlich aus Büchern oder dem Internet übernommen hat, kennzeichnet er mit einer Quellenangabe.

Zum Schluss überprüft er noch einmal die Rechtschreibung und die Grammatik und achtet auf eine ansprechende äußere Form seiner Arbeit.

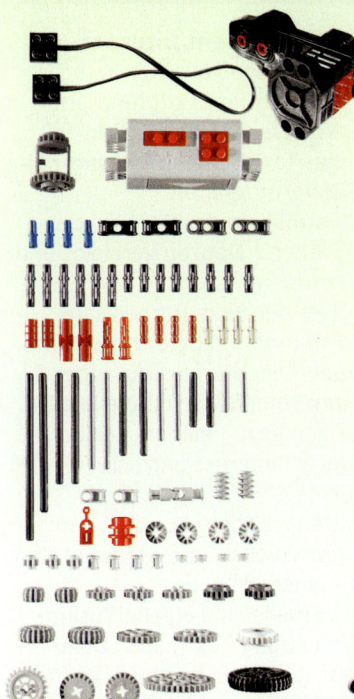

1 Motor Set

2 Rough Terrain Crane

3 Mini-Gabelstapler

Einen Sachtext lesen

Texte aus einem Buch

1. Verschaffe dir einen Überblick über die Seite. Achte dabei auf
   – den Zusammenhang zwischen der Überschrift und den Bildern
   – die Gliederung des Textes
   – die Hervorhebung von Wörtern
   – die Einleitung und die Zusammenfassung
   – die Erklärung der Abbildungen durch eine Bildunterschrift
2. Lies den Text vollständig durch. Notiere dir Fragen. Gehe noch einmal die einzelnen Abschnitte durch. Nenne die hervorgehobenen Begriffe.
3. Schreibe die hervorgehobenen Begriffe auf einen Notizzettel und erkläre sie noch einmal in Stichworten.
4. Formuliere schriftlich eine kurze Zusammenfassung.

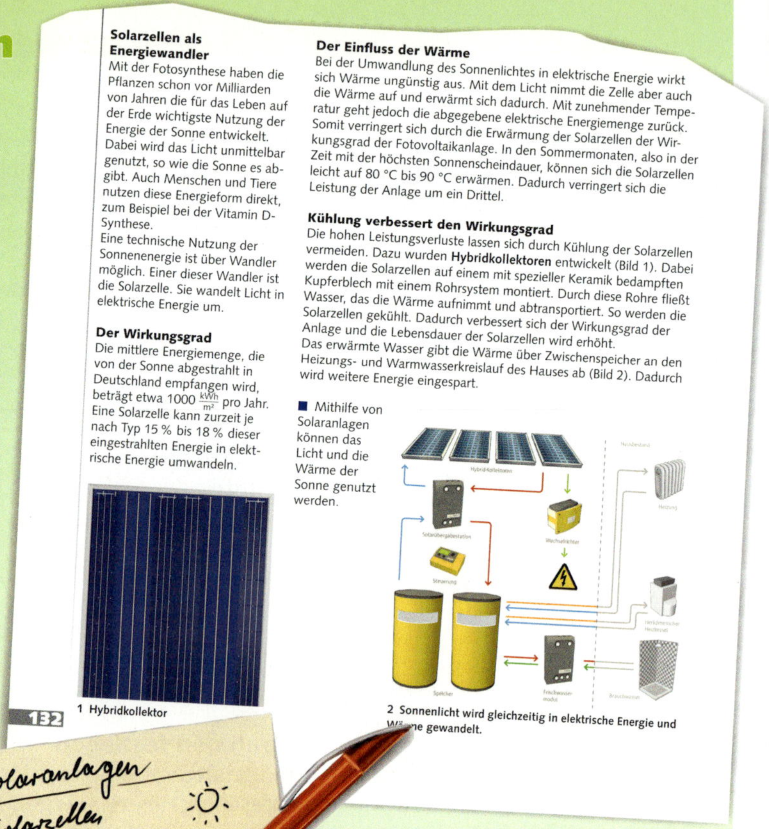

Solarzellen als Energiewandler
Mit der Fotosynthese haben die Pflanzen schon vor Milliarden von Jahren die für das Leben auf der Erde wichtigste Nutzung der Energie der Sonne entwickelt. Dabei wird das Licht unmittelbar genutzt, so wie die Sonne es abgibt. Auch Menschen und Tiere nutzen diese Energieform direkt, zum Beispiel bei der Vitamin D-Synthese.
Eine technische Nutzung der Sonnenenergie ist über Wandler möglich. Einer dieser Wandler ist die Solarzelle. Sie wandelt Licht in elektrische Energie um.

Der Wirkungsgrad
Die mittlere Energiemenge, die von der Sonne abgestrahlt in Deutschland empfangen wird, beträgt etwa 1000 $\frac{kWh}{m^2}$ pro Jahr. Eine Solarzelle kann zurzeit je nach Typ 15 % bis 18 % dieser eingestrahlten Energie in elektrische Energie umwandeln.

Der Einfluss der Wärme
Bei der Umwandlung des Sonnenlichtes in elektrische Energie wirkt sich Wärme ungünstig aus. Mit dem Licht nimmt die Zelle aber auch die Wärme auf und erwärmt sich dadurch. Mit zunehmender Temperatur geht jedoch die abgegebene elektrische Energiemenge zurück. Somit verringert sich durch die Erwärmung der Solarzellen der Wirkungsgrad der Fotovoltaikanlage. In den Sommermonaten, also in der Zeit mit der höchsten Sonnenscheindauer, können sich die Solarzellen leicht auf 80 °C bis 90 °C erwärmen. Dadurch verringert sich die Leistung der Anlage um ein Drittel.

Kühlung verbessert den Wirkungsgrad
Die hohen Leistungsverluste lassen sich durch Kühlung der Solarzellen vermeiden. Dazu wurden **Hybridkollektoren** entwickelt (Bild 1). Dabei werden die Solarzellen auf einem mit spezieller Keramik bedampften Kupferblech mit einem Rohrsystem montiert. Durch diese Rohre fließt Wasser, das die Wärme aufnimmt und abtransportiert. So werden die Solarzellen gekühlt. Dadurch verbessert sich der Wirkungsgrad der Anlage und die Lebensdauer der Solarzellen wird erhöht.
Das erwärmte Wasser gibt die Wärme über Zwischenspeicher an den Heizungs- und Warmwasserkreislauf des Hauses ab (Bild 2). Dadurch wird weitere Energie eingespart.

■ Mithilfe von Solaranlagen können das Licht und die Wärme der Sonne genutzt werden.

1 Hybridkollektor

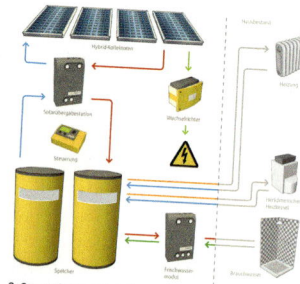

2 Sonnenlicht wird gleichzeitig in elektrische Energie und Wärme gewandelt.

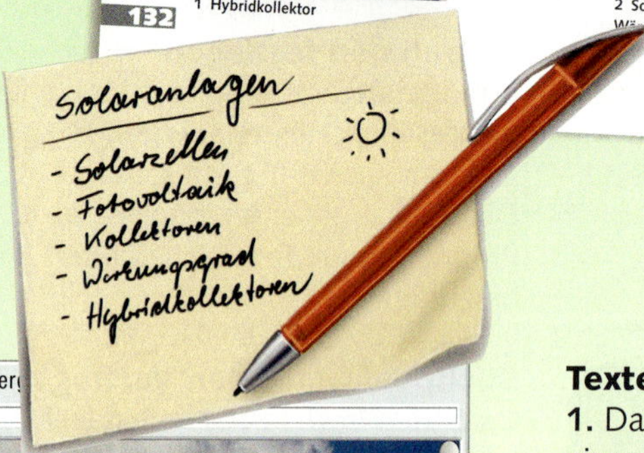

Solaranlagen
- *Solarzellen*
- *Fotovoltaik*
- *Kollektoren*
- *Wirkungsgrad*
- *Hybridkollektoren*

Texte aus dem Internet

1. Das Lesen von Texten auf einer Website ist oft mühsam.
   – Kopiere den wichtigsten Teil des Textes in ein Textverarbeitungsprogramm.
   – Formatiere das Blatt so, dass Platz für Notizen verbleibt und drucke es aus.
2. Lies den Text aufmerksam durch und unterstreiche Begriffe, deren Bedeutungen dir unbekannt sind. Suche dir die Erklärungen dazu in einem Lexikon oder im Internet und schreibe sie auf.
3. Kennzeichne die wichtigen Informationen in Textabschnitten mit einem Marker.
4. Verfasse eine eigene Zusammenfassung des Textes. Dazu kannst du den Text auch am Bildschirm bearbeiten. Beachte dabei die Rechte des Urhebers.

Methoden

Arbeitsergebnisse präsentieren

Methode

1. Möglichkeit: Demonstrationsversuche
Das Licht der Sonne wird mithilfe einer Solarzelle in elektrische Energie umgewandelt. Doch das können wir nicht direkt wahrnehmen. In einem **Demonstrationsversuch** mit einer Solarzelle lässt sich das aber leicht zeigen. Die Zuschauer werden von der Betrachtung des Phänomens zu seiner Erklärung geführt.

1 Wandlung von Licht in elektrische Energie

3 Pro und contra – Windkraftanlagen

3. Möglichkeit: Rollenspiele
Unterschiedliche Gesichtspunkte zu einem Thema lassen sich in einem **Rollenspiel** präsentieren. Physikalisch-technische Zusammenhänge, die auch einen gesellschaftlichen Bezug haben, werden auf diese Weise anschaulicher.

4. Möglichkeit: Computerpräsentation
Als Ergänzung zu einem Vortrag kannst du den Computer einsetzen. Für die Präsentation benötigst du ein Programm und einen Beamer. Mit dem **Präsentationsprogramm** erstellst du am Bildschirm Folien, mit denen du Informationen darstellen kannst.

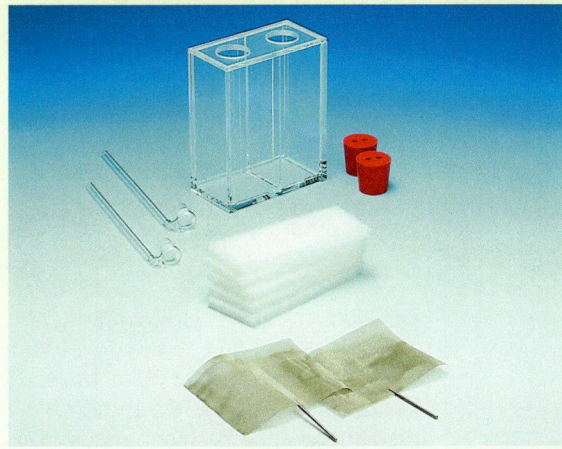

2 Bauteile für ein Brennstoffzellen-Modell

2. Möglichkeit: Modelle bauen
Manchmal lassen sich physikalische Zusammenhänge besser erschließen, wenn für ihre Darstellung ein **Modell** gebaut wird. Es ist das eingeschränkte Abbild der Wirklichkeit. Für das Modell können vorgefertigte oder selbst erstellte Bauteile verwendet werden.

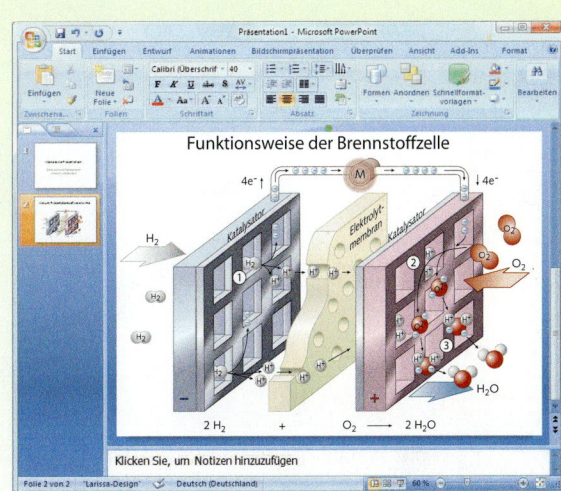

4 Eine Präsentation unterstützt den Vortrag.

Licht und Bild

Wie musst du die Lupe halten, damit du etwas vergrößert siehst? Warum vergrößert eine Lupe, was vergrößert sie?

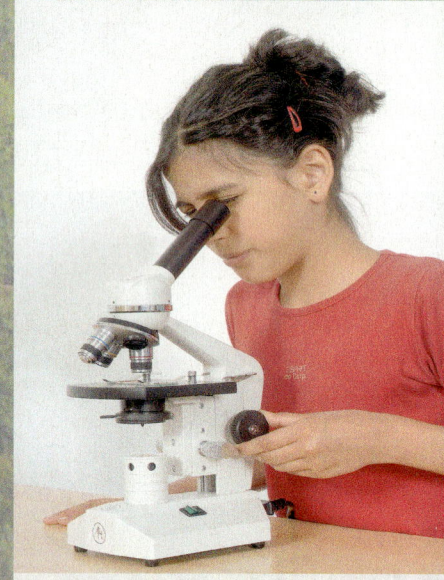

Mit nur einem Auge sehen – und trotzdem siehst du das Kleine groß. Wie ist ein Mikroskop gebaut und wie gehst du damit richtig um?

Nicht wackeln – sonst wird es nichts mit dem Sehen. Wie kann ein gekrümmtes Stück Kunststoff beim Sehen helfen? Wie arbeiten Kontaktlinsen und Brillengläser?

Zu viel Sonne kann unserer Haut schaden. Mit welchen Sonnenschutzmitteln kannst du dich vor der gefährlichen UV-Strahlung schützen? Wie lange darfst du in der Sonne bleiben?

Das ist aber ein wackliger Regenbogen. Wie entstehen diese Farben beim Regenbogen? Sie heißen Spektralfarben. Was sind das für Farben?

Reflexion und Absorption

🔍 **1.** Lege ein Tafellineal auf den Boden. Stelle an das eine Ende des Lineals senkrecht einen großen Spiegel. An das andere Ende stelle deine Schultasche. Schreibe alle Eigenschaften des Bildes auf, das du im Spiegel sehen kannst.

🔍 **2.** Lenke das Licht einer Lichtquelle mithilfe eines Taschenspiegels auf ein vorher bestimmtes Objekt. Veranschauliche den Lichtweg durch einen Bindfaden. Formuliere das dazu gültige Gesetz.

🔍 **3. a)** Lege jeweils in einen schwarzen und weißen Schuhkarton ein Thermometer und bestrahle beide geschlossenen Kartons mit einer starken Lampe.
b) Was zeigen die Thermometer an? Vergleiche die Messwerte und begründe die Unterschiede.

✏️ **4.** Welche Beobachtungen bezüglich der Temperatur kannst du machen, wenn du im Hochsommer eine schwarze Hose und ein weißes T-Shirt anhast? Erkläre die Beobachtungen.

📝 **5.** Lege eine Tabelle an und nenne möglichst viele Beispiele aus dem täglichen Leben für die Verwendung
a) heller Farben, damit sich Gegenstände nicht erwärmen,
b) dunkler Farben, damit sich Gegenstände erwärmen.

📖 **6.** Fertige ein Energieflussdiagramm für einen Sonnenkollektor auf einem Hausdach an.

Reflexion am ebenen Spiegel

Fällt ein Lichtbündel im spitzen Winkel auf einen ebenen Spiegel, wird es gemäß dem **Reflexionsgesetz** reflektiert.

Im Auftreffpunkt des Lichtes wird auf dem Spiegel eine Senkrechte errichtet, das Einfallslot. Zwischen einfallendem Lichtbündel und Einfallslot entsteht der Einfallswinkel α. Dieser ist maßgleich mit dem Reflexionswinkel β, der zwischen reflektiertem Lichtbündel und Einfallslot gebildet wird. Einfallendes Lichtbündel, Einfallslot und reflektiertes Lichtbündel liegen dabei immer in einer Ebene.

$$\sphericalangle \alpha = \sphericalangle \beta$$

An weißen und sehr glatten Oberflächen wird fast das gesamte auffallende Licht reflektiert. Diese Flächen erwärmen sich deshalb auch kaum.

Absorption

Nicht alle Oberflächen reflektieren auftreffendes Licht fast vollständig. Die rauen Dachpfannen eines Hauses haben eine dunkle Oberfläche. Diese ermöglicht es, dass ein Teil des Lichtes aufgenommen, also absorbiert wird. Bei diesem Vorgang gibt das Licht einen Teil seiner Energie an die Oberfläche des Daches ab. Es entsteht also eine Wechselwirkung zwischen dem Licht und der Materie. Das Dach erwärmt sich dabei umso stärker, je dunkler es ist.

■ Je dunkler und rauer die Oberfläche eines Körpers ist, desto mehr Licht wird absorbiert. Der Anteil des reflektierten Lichts wird dabei geringer. Durch die Absorption des Lichtes erwärmt sich die Oberfläche.

Optische Instrumente und die Erforschung des Weltalls → S. 84/85

Licht und Bild

Was ist Licht?

Streifzug

Die Natur des Lichtes – Teilchen
Schon immer bestand unter den Gelehrten Interesse an der Frage, woraus Licht eigentlich besteht. Bekannte Physiker wie ALBERT EINSTEIN (1879–1955) und MAX PLANCK (1858–1947) haben sich mit der Erforschung des Lichtes beschäftigt. Da Licht für das menschliche Auge nicht wahrnehmbar ist, existiert nur ein Modell. Es besagt, dass Licht aus kleinsten Teilchen besteht, den **Photonen.** Es handelt sich um nicht teilbare, aber unterschiedlich große Energieportionen. Sie werden **Quanten** genannt. Die Lichtquanten des roten Lichtes haben einen kleineren Energiegehalt als die Lichtquanten des blauen Lichtes.

Die Natur des Lichtes – Welle
Gleichzeitig hat das Licht auch noch eine zweite Eigenschaft. Ein Photon kann als **Welle** betrachtet werden. Unterschiedliche Wellen zeichnen sich durch unterschiedliche **Wellenlängen** aus. Die Wellenlänge bestimmt die Farbe des Lichtes.

Je kürzer die Wellenlänge ist, umso größer ist der Energiegehalt des Photons. Photonen mit großem Energiegehalt können auch viel Energie abgeben.

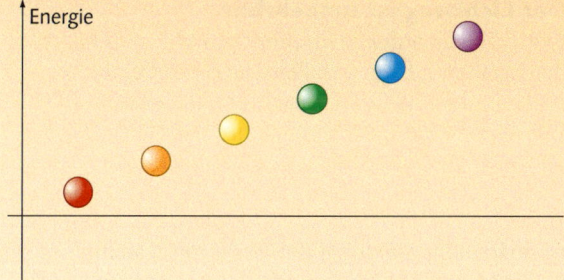

1 Der Energiegehalt der Photonen bestimmt die Farbe.

2 Die Wellenlänge bestimmt die Farbe des Lichts.

Wie schnell ist Licht?
Schon in der Antike interessierte die Gelehrten die Antwort auf die Frage, ob Licht eine Geschwindigkeit habe oder ob es sich sofort an jedem Ort befinde. So experimentierten Wissenschaftler mit Laternen, deren Licht von einem Berg zum anderen scheinen sollte (Bild 3A). Der Betrachter auf dem zweiten Berg hatte die Aufgabe, sofort ein Zeichen zu geben, wenn er den Lichtschein sah.

Dieses Messverfahren hatte den Fehler, dass die Entfernungen zwischen Start und Ziel zu gering waren. Deshalb führten sie zu keinem brauchbaren Ergebnis. So setzte sich zuerst einmal die Meinung durch, dass das Licht keine Geschwindigkeit habe.

Erst OLE ROEMER (1644–1710) erkannte im 17. Jahrhundert die Bedeutung des Messfehlers. Bei seinen Beobachtungen des Jupitermondes Io bemerkte er, dass die Verfinsterung des Mondes verspätet eintrat, wenn die Erde sich weiter vom Jupiter entfernt befand (Bild 3B). Er nutzte die großen Entfernungen im Weltraum und ermittelte eine Lichtgeschwindigkeit von 227 000 $\frac{km}{s}$.

Die erste Messung der Lichtgeschwindigkeit auf der Erde
Im Jahre 1849 gelang dem Franzosen ARMAND HIPPOLYTE FIZEAU (1819–1896) die erste experimentelle Geschwindigkeitsmessung des Lichtes auf der Erde. Er verlängerte die Versuchsstrecke mithilfe von Umlenkspiegeln (Bild 3C). So errechnete er eine Lichtgeschwindigkeit von 314 390 $\frac{km}{s}$.
Der heute bekannte Wert für die Lichtgeschwindigkeit in Luft beträgt $c = 299\,711\,\frac{km}{s}$.

1. Der Jupiter ist von der Erde maximal 968 061 600 km entfernt. Wie lange braucht das von ihm reflektierte Licht, um bis zu uns zu gelangen?

2. Recherchiere im Internet, wie groß die Lichtgeschwindigkeit in Wasser ist.

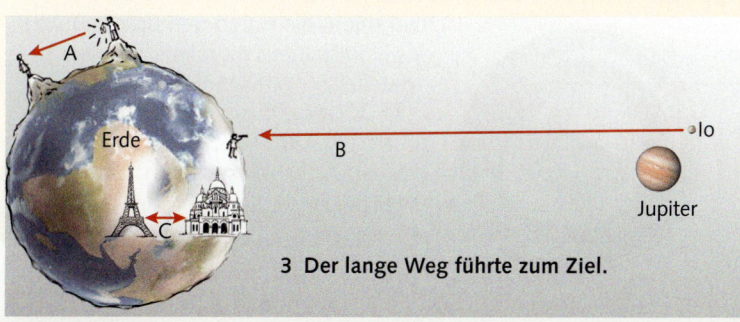

3 Der lange Weg führte zum Ziel.

Licht fällt auf einen Hohlspiegel

🔍 **1.** Lass auf einen Hohlspiegel ein schmales Lichtbündel
a) parallel zur optischen Achse,
b) durch den Brennpunkt F,
c) durch den Krümmungsmittelpunkt des Hohlspiegels einfallen.

📖 **2.** Fertige jeweils eine Zeichnung an, die den Lichtverlauf für die drei Fälle von Versuch 1 darstellt.

🔍 **3.** Lass ein breites, paralleles Lichtbündel parallel zur optischen Achse auf den Spiegel fallen. Miss die Temperatur in dem Punkt, wo sich das reflektierte Licht trifft. Erkläre den Namen dieses Punktes.

🔍 **4.** Bringe eine Lichtquelle im Brennpunkt an. Erkläre die Beobachtungen.

📝 **5.** Informiere dich im Internet, wie ein Hohlspiegel als Sonnenherd genutzt werden kann. Wo muss sich der Topf zum Kochen befinden?

📖 **6.** Erkläre die Funktionsweise von Scheinwerfern und Reflektoren in Scheinwerfern mithilfe des Strahlenverlaufs am Hohlspiegel.

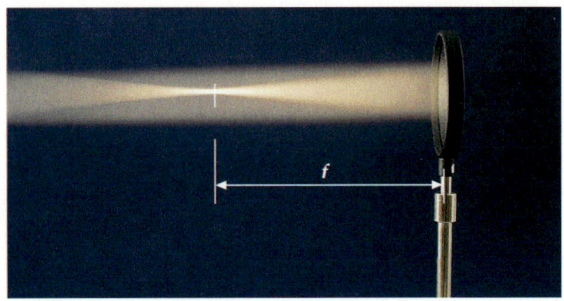

1 Paralleles Licht fällt auf einen Hohlspiegel.

Der Hohlspiegel
Ein Teil einer Kugelinnenfläche, die verspiegelt ist, heißt **Hohlspiegel** oder auch **Konkavspiegel**. Der Mittelpunkt der Kugel, aus der der Spiegel geschnitten wurde, heißt **Krümmungsmittelpunkt M**. Die Verbindungslinie zwischen M und dem Spiegel ist die **optische Achse**. Auf ihr befindet sich zwischen M und dem Spiegel der **Brennpunkt F** (lat.: fokus). Die Entfernung zwischen dem Brennpunkt F und dem Spiegel heißt **Brennweite f** (Bild 1).

Ausgezeichnete Lichtstrahlen am Hohlspiegel
Zur geometrischen Konstruktion der Lichtverläufe wird das Modell Lichtstrahl angewandt. Dazu werden drei **ausgezeichnete Lichtstrahlen** genutzt (Bild 2).

Fallen Lichtstrahlen parallel zur optischen Achse auf den Spiegel, werden sie durch den Brennpunkt F auf der optischen Achse reflektiert. Solche Strahlen heißen **achsenparallele Strahlen**.

Fällt ein Lichtstrahl durch den Brennpunkt auf den Hohlspiegel, so wird er parallel zur optischen Achse reflektiert. Dieser Strahl heißt **Brennpunktstrahl**.

Der Lichtweg ist umkehrbar
Steht eine Lichtquelle im Brennpunkt F, reflektiert der Hohlspiegel ein paralleles Lichtbündel. Brennpunktstrahlen werden zu achsenparallelen Strahlen. Das Gleiche gilt auch umgekehrt: Achsenparallele Strahlen werden zu Brennpunktstrahlen. Der Lichtweg ist also umkehrbar.

Lichtstrahlen, die durch den Krümmungsmittelpunkt M auf den Hohlspiegel fallen, werden in sich selbst reflektiert. Diese heißen **Mittelpunktstrahlen**.

→ achsenparalleler Strahl   F – Brennpunkt
→ Brennpunktstrahl f – Brennweite
→ Mittelpunktstrahl   M – Krümmungsmittelpunkt

2 Ausgezeichnete Strahlen am Hohlspiegel

■ Hohlspiegel reflektieren achsenparallele Lichtbündel durch einen Punkt, den Brennpunkt F. Die Entfernung des Brennpunktes vom Spiegel heißt Brennweite f.

Lichtstrahlen, die durch den Brennpunkt F des Hohlspiegels einfallen, werden parallel zur optischen Achse reflektiert. Der Lichtweg ist umkehrbar.

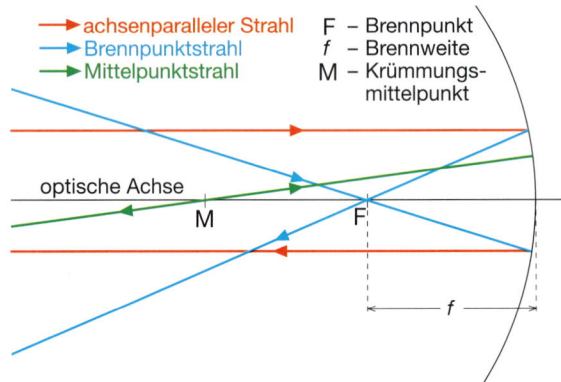

3 Der Eisportionierer – ein Hohlspiegel

Hohlspiegelbilder

G = Gegenstandsgröße
g = Gegenstandsweite
B = Bildgröße
b = Bildweite
F = Brennpunkt
f = Brennweite
M = Krümmungsmittelpunkt
r = Krümmungsradius ($r = 2f$)
S = Scheitelpunkt des Spiegels

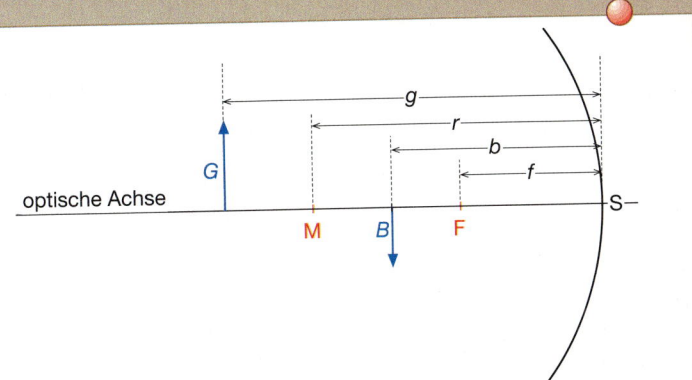

1. Führe alle Versuche durch, deren Aufbau du den Konstruktionen entnehmen kannst.

Der Gegenstand befindet sich zwischen F und dem Hohlspiegel.

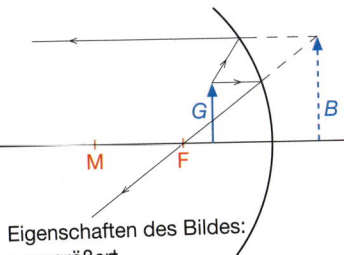

Eigenschaften des Bildes:
- vergrößert
- aufrecht
- virtuell

A

Der Gegenstand befindet sich auf F.

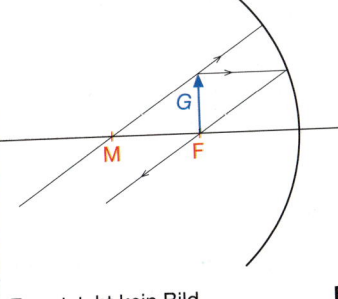

Es entsteht kein Bild. **B**

Der Gegenstand befindet sich zwischen M und F.

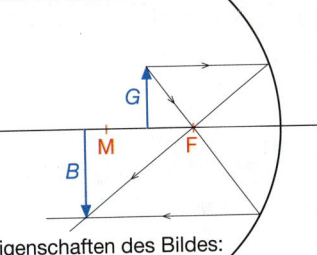

Eigenschaften des Bildes:
- vergrößert
- umgekehrt
- reell

C

Bilder, die du konstruieren, aber nicht auffangen kannst, heißen **virtuell**. Bilder, die sich auf einem Schirm auffangen lassen, heißen **reell**.

Hinweis: Die genaue Konstruktion gelingt nur für achsennahe Strahlen, also für kleine Gegenstände.

2. Warum eignen sich Hohlspiegel nicht für die Betrachtung der Umwelt?

3. Erkläre, warum kein Bild entstehen kann, wenn sich der Gegenstand auf F befindet.

Der Gegenstand befindet sich außerhalb der doppelten Brennweite.

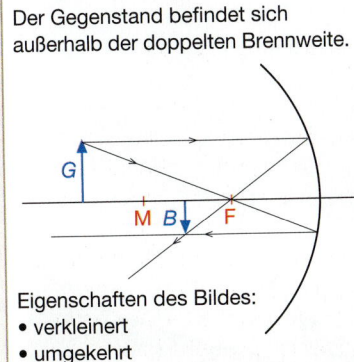

Eigenschaften des Bildes:
- verkleinert
- umgekehrt
- reell

E

Der Gegenstand befindet sich auf M.

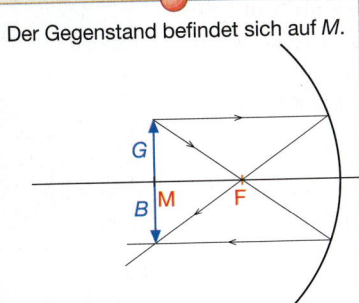

Eigenschaften des Bildes:
- gleich groß
- umgekehrt
- reell

D

4. Kosmetikspiegel sind Hohlspiegel.
a) Was siehst du im Spiegel, wenn sich dein Gesicht im Abstand der Brennweite befindet?
b) In welchem Abstand muss sich dein Gesicht befinden, damit du es vergrößert siehst?

Parabolspiegel – die besseren Hohlspiegel

Spiegel, die nach innen gewölbt sind und anders als ein Hohlspiegel auch achsenferne Parallelstrahlen durch den Brennpunkt reflektieren, heißen **Parabolspiegel.**

Solche Spiegel werden als Reflektoren in Scheinwerfern von Fahrrädern oder Autos genutzt. Die Lampe befindet sich jeweils im Brennpunkt des Parabolspiegels. Sie sendet nach allen Seiten Licht aus, das der Spiegel parallel nach vorne reflektiert.

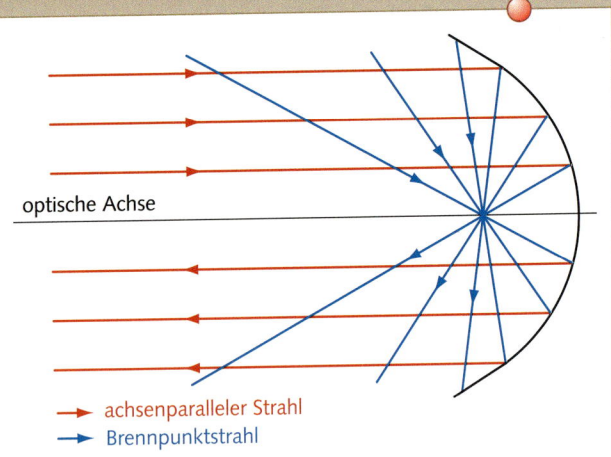

→ achsenparalleler Strahl
→ Brennpunktstrahl

Dish-Stirling-Verfahren

In der Nähe von Würzburg wurde im Jahr 2004 zum ersten Mal in Deutschland ein Parabolspiegel aufgestellt, der das Sonnenlicht einfangen soll, um elektrische Energie zu erzeugen.
Der Spiegel hat einen Durchmesser von 8,5 m. Er besteht aus 12 dünnen, parabolisch gekrümmten Elementen. Daher rührt auch der Name Dish. Im Englischen wird damit ein schüsselförmiger Spiegel bezeichnet. Dieser reflektiert das parallel einfallende Sonnenlicht in den Brennpunkt des Spiegels. Mithilfe eines Nachführsystems wird der Parabolspiegel immer optimal zum Lauf der Sonne eingestellt.
Im Brennpunkt entstehen sehr hohe Temperaturen, die über einen Wärmetauscher an einen mit Helium gefüllten Stirlingmotor abgeben werden. Das Gas erreicht dabei eine Temperatur von bis zu 650 °C. Damit werden zwei Kolben angetrieben, deren Bewegung in elektrische Energie umgewandelt wird.

Desertec

Um die drohende Energiekrise zu bekämpfen, sollen in den sonnenreichen Wüstenregionen des südlichen und östlichen Mittelmeerraumes große Sandflächen mit Parabolspiegeln überbaut werden. Diese sammeln das Sonnenlicht in einer Röhre und erhitzen darin eine Flüssigkeit bis zum Sieden. Die entstehenden Gase treiben Dampfturbinen an und über Generatoren wird elektrische Energie gewonnen. Diese soll sowohl in den Erzeugerländern genutzt als auch nach Europa exportiert werden. Bis zum Jahr 2050 sollen so ungefähr 15 % des europäischen Bedarfs an elektrischer Energie gedeckt werden.

Wölbspiegel und ihre Bilder

🔍 **1.** Lass drei parallele Lichtbündel auf einen Wölbspiegel fallen. Formuliere deine Beobachtungen.

📖 **2.** Zeichne den Strahlenverlauf von Versuch 1 in dein Heft. Verlängere die reflektierten Strahlen über den Spiegel hinaus. Welchen Punkt erhältst du?

📖 **3.** Zeichne eine optische Achse und das Schnittbild eines Wölbspiegels mit dem Radius $r = 7$ cm. Markiere den Krümmungsmittelpunkt M. Zeichne einen Lichtstrahl, der auf der optischen Achse auf den Spiegel fällt und einen dazu parallelen Strahl in 1,5 cm Entfernung. Konstruiere die reflektierten Strahlen. Der Radius dient dabei als Einfallslot.

1 Verkehrsspiegel sorgen für Übersicht.

📖 **4.** Betrachte das Foto des Wölbspiegels in Bild 1. Welche Eigenschaften hat das Bild, das im Spiegel entsteht?

📝 **5.** Ein Rückspiegel, mit dem die Fahrgäste in einem Bus beobachtet werden, und ein Kosmetikspiegel sind gewölbte Spiegel. Welche Spiegelform bietet sich jeweils an? Begründe deine Entscheidung.

📖 **6.** Wie wird ein Lichtstrahl reflektiert, der auf den scheinbaren Brennpunkt F′ zuläuft? Vergleiche mit dem Brennpunktstrahl am Hohlspiegel.

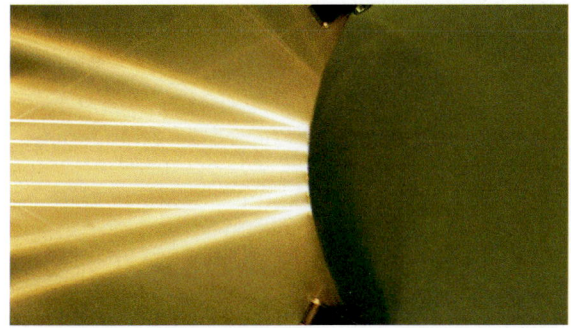

2 Lichtverlauf am Wölbspiegel

Ausgezeichnete Strahlen am Wölbspiegel

Gewölbte Spiegel, deren Außenseite verspiegelt ist, heißen **Wölbspiegel** oder **Konvexspiegel**. Sie werden beispielsweise an unübersichtlichen Straßeneinmündungen angebracht.

Fällt auf einen Wölbspiegel ein Mittelpunktstrahl, wird dieser in sich selbst reflektiert. Achsenparallele Strahlen reflektiert der Wölbspiegel nach außen von der optischen Achse weg. Verlängerst du die reflektierten Strahlen über den Spiegel hinaus, treffen diese sich in einem Punkt auf der optischen Achse. Dieser Punkt ist vergleichbar mit dem Brennpunkt des Hohlspiegels. Er wird **scheinbarer Brennpunkt F′** genannt. Strahlen, die in Richtung zum scheinbaren Brennpunkt auf den Spiegel fallen, werden parallel zur optischen Achse reflektiert.

Bilder am Wölbspiegel

Auch am Wölbspiegel gilt das Reflexionsgesetz. Mit seiner Hilfe kannst du die Bilder wie am ebenen Spiegel konstruieren. Der Radius des Kreises des Kugelspiegels ist dabei das Einfallslot.

Alle Bilder am Wölbspiegel sind aufrecht, verkleinert und virtuell. Sie entstehen scheinbar hinter dem Spiegel. Du kannst sie also nicht mithilfe eines Schirmes auffangen.

■ Ein außen verspiegelter Kugelspiegel heißt **Wölbspiegel**. Er zerstreut auftreffende Lichtbündel und erzeugt aufrechte, verkleinerte, virtuelle Bilder. Er besitzt einen scheinbaren Brennpunkt F′ hinter dem Spiegel.

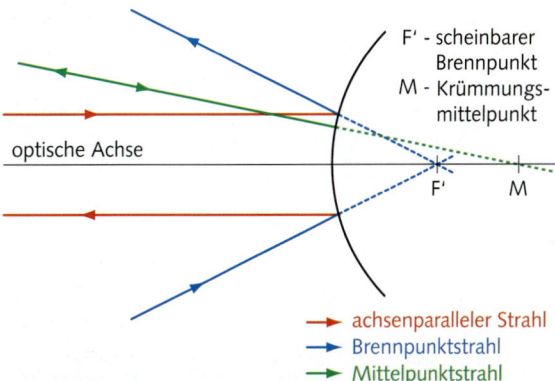

3 Ausgezeichnete Strahlen am Wölbspiegel

Brechung des Lichtes

🔍 **1.** Stelle einen Stab in ein leeres Becherglas, das vor dir auf dem Tisch steht. Fülle langsam Wasser in das Glas und beobachte den Stab. Blicke dabei schräg von oben auf den Stab.

🔍 **2. a)** Blicke von der Seite so in eine Tasse, dass du den Boden nicht mehr sehen kannst. Lege eine Münze auf den Boden. Was beobachtest du, wenn du Wasser in die Tasse gießt?
b) Prüfe, ob du mit anderen klaren Flüssigkeiten zum gleichen Ergebnis kommst.

1 Triffst du die Münze?

🔍 **3. a)** Peile wie in Bild 1 die Münze auf dem Boden durch ein Rohr an. Lass nun einen dünnen Stab durch das Rohr gleiten. Hast du die Münze getroffen?
b) Skizziere den Weg des Lichtes von der Münze zu deinem Auge.
c) Wie musst du die Einstellung des Rohres verändern, damit du die Münze triffst?

📖 **4.** Beschreibe, wie ein eingetauchtes Paddel aussieht. Erkläre deine Beschreibung.

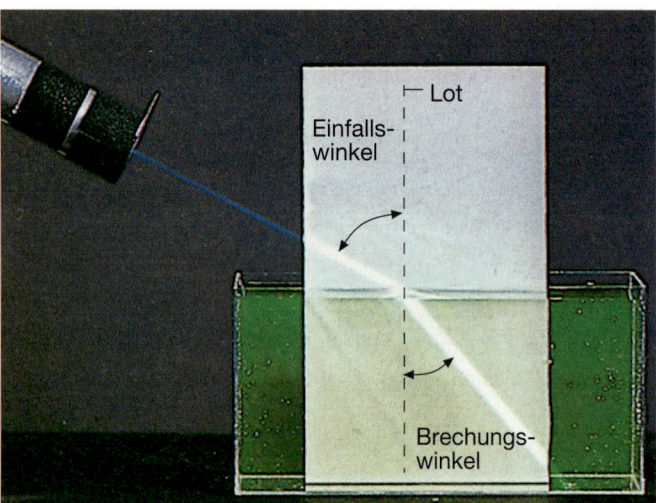

2 Licht geht von Luft in Wasser.

🔍 **5.** Lass ein schmales Lichtbündel wie in Bild 2 schräg auf eine Wasseroberfläche fallen. Verändere den Einfallswinkel und beschreibe die Veränderung des Brechungswinkels.

🔍 **6.** Führe die in den Bildern 3A und 3B dargestellten Experimente mit verschiedenen Einfallswinkeln durch. Formuliere jeweils einen Je-desto-Satz für den Zusammenhang zwischen Einfalls- und Brechungswinkel.

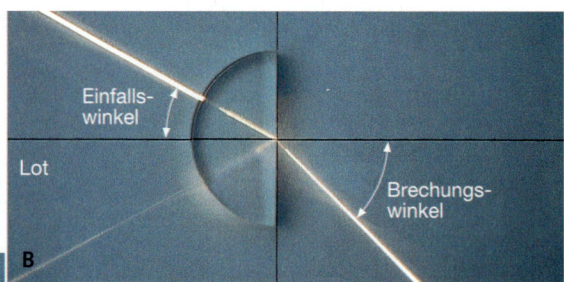

B *Licht geht von Glas in Luft.*

🔍 **7. a)** Lege einen Spiegel auf den Boden einer Glaswanne. Lass ein Lichtbündel so auf die Wasseroberfläche fallen, dass es am Spiegel reflektiert wird. Vergleiche den Einfallswinkel mit dem Winkel, unter dem das Licht aus dem Wasser wieder austritt.
b) Skizziere den Verlauf des Lichtes.

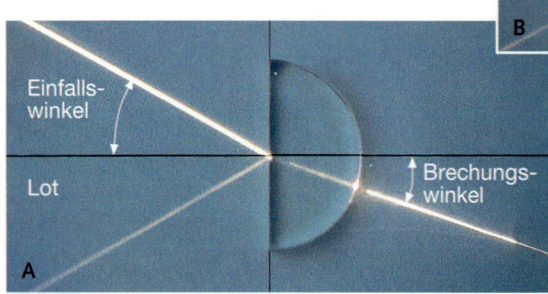

3 A *Licht geht von Luft in Glas;*

Licht und Bild

Licht verändert seine Richtung

Manche Indianer haben Fische mit Speeren gefangen. Dazu gehört sehr viel Erfahrung, denn der Fisch befindet sich nicht da, wo er gesehen wird. Zeichnest du den Weg des Lichtes, stellst du fest, dass der Lichtstrahl an der Wasseroberfläche abgeknickt sein muss. Das Abknicken wird umso stärker, je flacher das Licht auftrifft. Dieser Vorgang wird als **Brechung** des Lichtes bezeichnet.

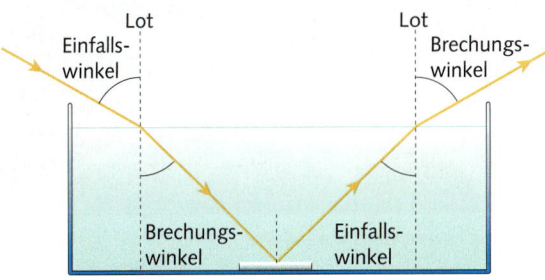

4 Darstellung des Lichtweges

Zum Lot hin oder vom Lot weg

Auch bei der Brechung des Lichtes werden die Winkel zwischen Lichtstrahl und Lot gemessen. Der Winkel zwischen einfallendem Licht und Einfallslot heißt **Einfallswinkel**, der zwischen Lot und gebrochenem Licht heißt **Brechungswinkel**.

Beim Übergang des Lichtes von Luft in Wasser ist der Einfallswinkel größer als der Brechungswinkel. Denselben Zusammenhang kannst du beim Übergang des Lichtes von Luft in Glas beobachten. In beiden Fällen wird das Licht **zum Lot hin** gebrochen. Betrachtest du jeweils den umgekehrten Lichtweg, so ist der Einfallswinkel kleiner als der Brechungswinkel, das Licht wird **vom Lot weg** gebrochen.

■ Licht wird beim Übergang von Luft in Wasser oder in Glas zum Lot hin gebrochen. Beim Übergang von Wasser oder Glas in Luft wird es vom Lot weg gebrochen.

Wenn du Gegenstände betrachtest, die sich unter Wasser befinden, scheint sich ihre Lage verändert zu haben. Das Licht, das von den Körpern ausgeht, wird an der Wasseroberfläche gebrochen und gelangt so in dein Auge. Das Gehirn geht jedoch von einer geradlinigen Ausbreitung des Lichtes aus. Es verlegt den Ausgangspunkt des Lichtes an den Ort, wo es ohne Brechung herkommen würde. Deshalb scheint die Münze in Bild 5 angehoben zu sein.

Zweifache Brechung

Legst du einen Glasquader auf eine Buchseite, so erscheint die Schrift parallel verschoben. Das von der Buchseite reflektierte Licht wird dabei zweimal gebrochen. Beim Übergang von Luft in Glas erfolgt an der Unterseite der Glasplatte eine Brechung zum Lot hin. An der Oberseite der Glasplatte erfolgt beim Übergang in die Luft eine Brechung vom Lot weg.

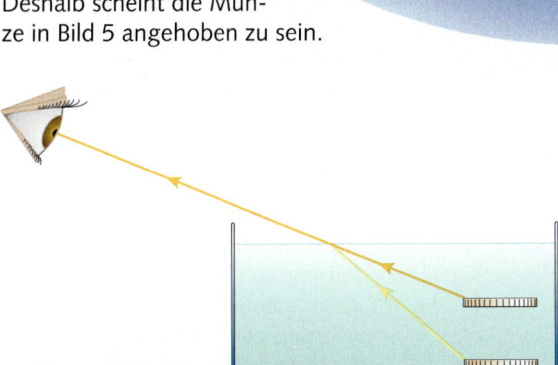

5 Scheinbar angehobene Münze

6 Zweifache Brechung

Optische Instrumente und die Erforschung des Weltalls → S. 84/85

Totalreflexion

🔍 **1.** Lass ein schmales Lichtbündel auf die runde Seite eines Licht durchlässigen Halbzylinders fallen. Das Licht muss dabei auf den Mittelpunkt der geraden Seite treffen. Untersuche, wie sich der Brechungswinkel verändert, wenn du den Einfallswinkel vergrößerst.

📖 **2.** Welche Arten der Lichtablenkung treten in Versuch 1 auf?

📖 **3.** Beschreibe den Verlauf der Lichtbündel A bis H in Bild 1.

📖 **4.** Erläutere den Vorgang der Totalreflexion.

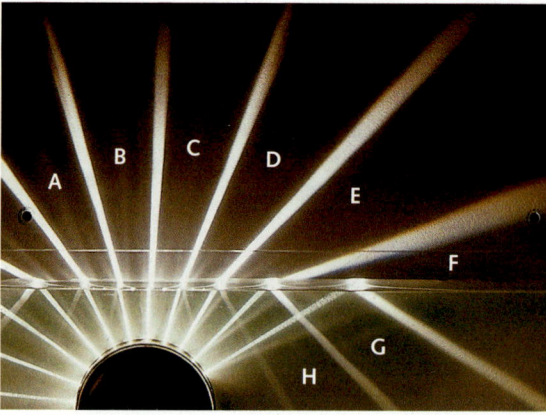

1 Der Lichtweg wird verändert.

📖 **5.** Erkläre, warum die Spitzen der Lampe in Bild 2 besonders hell leuchten.

📖 **6.** Warum kann keine Totalreflexion auftreten, wenn das Licht von Luft in Wasser oder Glas übergeht?

📝 **7.** Erkundige dich, wo Glasfasern in der Technik benutzt werden.

2 Glasfaserlampe

Erst Brechung, dann Reflexion
Wenn Licht von Wasser oder Glas in Luft übergeht, wird es vom Lot weg gebrochen. Dabei gibt es einen bestimmten Einfallswinkel, bei dem der gebrochene Lichtstrahl genau an der Wasser- oder Glasoberfläche entlangläuft. Vergrößerst du den Einfallswinkel weiter, wird das Licht plötzlich nicht mehr gebrochen, sondern wie an einem Spiegel an der Grenzfläche vollständig reflektiert. Dieser Vorgang heißt **Totalreflexion**.
Der Einfallswinkel, bei dem der Brechungswinkel 90° beträgt, wird **Grenzwinkel** genannt. Für den Übergang von Wasser in Luft beträgt der Grenzwinkel etwa 49°.

■ Totalreflexion tritt auf, wenn Licht aus Wasser oder Glas in Luft übergeht und der Einfallswinkel größer ist als der Grenzwinkel.

Glasfasertechnik
Glasfasern sind lange, sehr dünne Fasern, die aus Glas bestehen. Sie entstehen, wenn geschmolzenes Glas zu dünnen Fäden gezogen wird.

Bei der Lampe in Bild 2 tritt das Licht unten in die Glasfäden ein und wird an den Innenflächen der Fasern totalreflektiert. Daher leuchten nur die Enden der Fäden, wo das Licht wieder austritt.
Glasfaserkabel werden nicht nur für die Weiterleitung von Licht, sondern auch für die Übertragung von Informationen mithilfe von Licht genutzt.

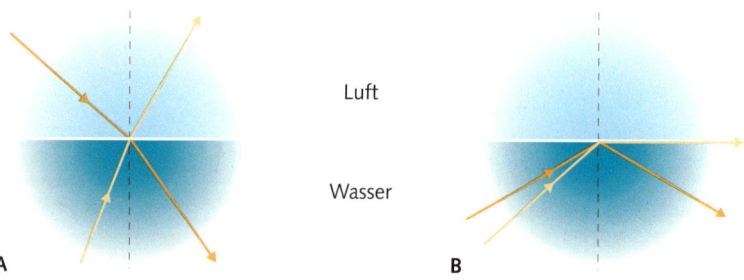

3 **A** Totalreflexion ist nicht möglich; **B** Totalreflexion ist möglich.

Optische Instrumente und die Erforschung des Weltalls → S. 84/85

Licht und Bild

Anwendung der Glasfasertechnik

Pinnwand

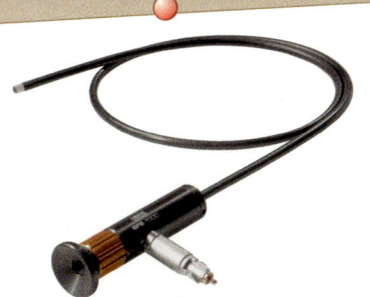

Das **Endoskop** ist ein Gerät, mit dem von außen nicht einsehbare Bereiche eines Körpers untersucht werden. In Endoskopen werden Glasfasern sowohl zur Bildübertragung als auch zur Beleuchtung benutzt.

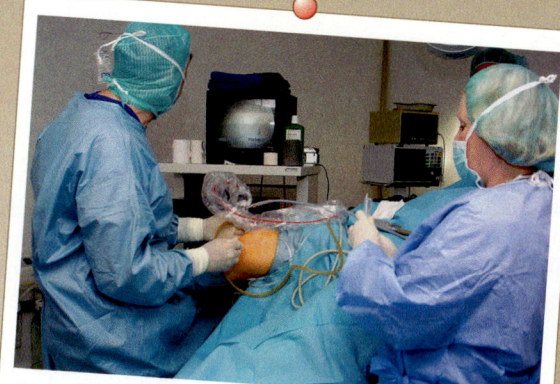

Durch Endoskope können Schäden oder Abnutzungserscheinungen an der Knorpelschicht in Gelenken betrachtet werden.

Mithilfe von **Glasfaserkabeln** werden weltweit Telefongespräche übertragen. Dazu müssen die Kabel auch auf dem Boden der Ozeane verlegt werden.

1977 In den USA wird zum ersten Mal ein Glasfaserkabel zur kostenpflichtigen Datenübertragung eingesetzt.
1979 In das Telefonfernnetz zwischen Frankfurt und Oberursel (15,4 km) wird eine Glasfaserstrecke eingebaut. Es können 480 Gespräche gleichzeitig übertragen werden.
1980 In Großbritannien wird ein Unterwasser-Glasfaserkabel über 9,5 km durch Loch Fyne verlegt.
1984 Ein Glasfaserkabel mit 60 Fasern kann zwischen Hamburg und Hannover 1920 Gespräche gleichzeitig übertragen.
1988 Das erste Glasfaser-Transatlantik-Kabel wird am 14. Dezember in Betrieb genommen. Es ist 6 700 km lang und kann bis zu 7 560 Gespräche gleichzeitig übertragen.
2000 In Laboratorien gelingt es, eine Datenmenge, die 100 000 000 Telefongesprächen entspricht, durch eine einzige Glasfaser zu senden.

1. Überlege, warum eine Untersuchung mit einem Endoskop für den Patienten sehr schonend ist.

2. a) Endoskope werden auch für die Untersuchung von Hohlräumen in Maschinen eingesetzt. Welche Vorteile ergeben sich für die Betreiber von Fluglinien, wenn die Triebwerke der Flugzeuge endoskopisch untersucht werden?
b) Recherchiere im Internet nach weiteren technischen Anwendungen von Endoskopen.

Das Brennglas ist eine Lupe

🔍 **1.** Halte eine Lupe ins Sonnenlicht und versuche damit Papier zu entzünden. Beschreibe deine Vorgehensweise.

🔍 **2. a)** Lass wie in Bild 1 paralleles Licht auf eine Linse fallen. Den Lichtweg kannst du mit Wasserdampf sichtbar machen. Was passiert mit dem Licht an der Linse?
b) Begründe den Begriff Brennpunkt.
c) Welcher Abstand heißt Brennweite?

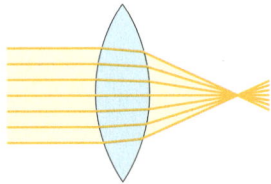

🔍 **3. a)** Lege einen linsenförmig gekrümmten Glaskörper auf ein weißes Blatt Papier. Lass am Papier entlang paralleles Licht auf den Glaskörper fallen. Bestimme die Brennweite.
b) Wiederhole den Versuch mit einer Linse mit anderer Krümmung.
c) Formuliere den Zusammenhang zwischen Krümmung und Brennweite.

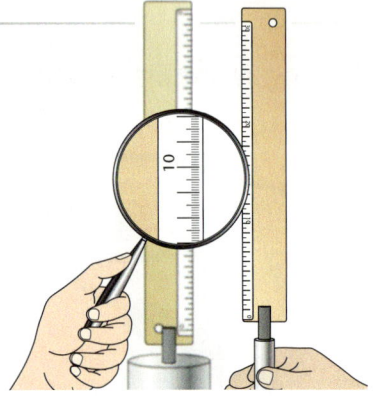

2 Die Vergrößerung einer Lupe

🔍 **4. a)** Betrachte wie in Bild 2 das linke Lineal durch eine Sammellinse mit kleiner Brennweite. Halte daneben ein weiteres Lineal im Abstand von 25 cm vom Auge. Schaue mit dem linken Auge auf das linke und mit dem rechten Auge auf das rechte Lineal. Beschreibe, was du beobachtest.
b) Bestimme, wie viele mm-Striche des rechten Lineals zwischen zwei mm-Strichen des linken Lineals liegen, welches du durch die Lupe gesehen hast.
c) Wie groß ist die Vergrößerung?

🔍 **5. a)** Wiederhole Versuch 4 mit Linsen unterschiedlicher Brennweiten.
b) Vergleiche Vergrößerungen und Brennweiten und formuliere einen Je-desto-Satz.

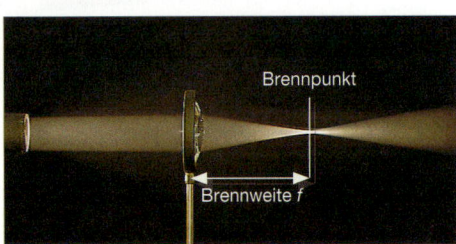

1 Licht wird gebündelt.

Das Brennglas
Mithilfe des Sonnenlichtes kannst du Papier entzünden. Dazu benötigst du ein **Brennglas**. Dies ist ein gewölbter Glaskörper, der in der Mitte dicker ist als am Rand. Er sammelt das Licht der Sonne auf einen kleinen Lichtfleck und heißt **Sammellinse** oder auch **Konvexlinse**. In Bild 1 siehst du eine Sammellinse zusammen mit dem Verlauf des einfallenden Lichtes einer Experimentierleuchte. Die einfallenden parallelen Lichtbündel werden hinter der Linse in einem Punkt gesammelt. Das ist der **Brennpunkt F**. Der Abstand von der Mitte der Linse bis zum Brennpunkt ist die **Brennweite f**. Sie wird in mm oder cm angegeben.

Die Lupe
Eine Sammellinse, mit der kleine Gegenstände vergrößert zu sehen sind, heißt **Lupe**. Zum Vergrößern musst du die Lupe in einem Abstand zum Gegenstand halten, der etwa der Brennweite der Linse entspricht. Von der Brennweite der Linse hängt auch die **Vergrößerung V** ab. Bei einer Brennweite von $f = 5$ cm siehst du den Gegenstand um einiges größer als bei einer Betrachtung aus 25 cm Entfernung. Das ist die Entfernung, bei der ein normalsichtiger Mensch die Gegenstände ohne Anstrengung sehen kann und heißt **deutliche Sehweite**.
Die Vergrößerung V kannst du berechnen, in dem du den Quotienten aus deutlicher Sehweite und Brennweite f der Lupe bildest.

$$V = \frac{25\ \text{cm}}{f}\ ;\ f\ \text{in cm}$$

■ Eine Linse, die in der Mitte dicker ist als am Rand, heißt Sammellinse. Sie sammelt parallel einfallendes Licht im Brennpunkt F. Der Abstand von der Mitte der Linse zum Brennpunkt heißt Brennweite f.

So bekommst du paralleles Licht:
1. Richte das Licht einer Taschenlampe mit einstellbarem Reflektor auf eine Wand. Drehe den Kopf der Lampe so lange, bis der Lichtfleck auf der Wand möglichst klein ist.
2. Bei einer Experimentierleuchte benutzt du eine Vorsatzlinse, einen **Kondensor**. Verschiebe die Lampe im Gehäuse, bis du auf einer weit entfernten Wand das Bild der Wendel der Lampe siehst.

Licht und Bild

Linsen erzeugen Bilder

🔍 **1.** Baue den Versuch aus Bild 1A auf. Verschiebe die Linse zwischen Kerze und Schirm, bis du ein scharfes Bild auf dem Schirm siehst. Beschreibe das Bild.

🔍 **2. a)** Wiederhole Versuch 1, vergrößere und verkleinere jedoch den Abstand zwischen Kerze und Schirm. Beschreibe deine Beobachtungen.
b) Bei welcher Stellung von Kerze, Linse und Schirm erhältst du das größte Bild?

📖 **3.** Betrachte in Bild 1B die Lichtbündel, die vom Fuß und von der Spitze der Lichtquelle ausgehen. Begründe mit deren Verlauf, warum das Bild umgekehrt auf dem Schirm erscheint.

🔍 **4. a)** Lass wie in Bild 2 paralleles Licht auf einen Glaskörper fallen, der in der Mitte dünner ist als am Rand.
b) Beschreibe den Verlauf des Lichts und begründe die Bezeichnung Zerstreuungslinse.

📖 **5.** Warum gehören die Linsen in Bild 3A zu den Sammellinsen?

📖 **6.** Begründe anhand von Bild 2 und Bild 3B, dass Zerstreuungslinsen keine reellen Bilder erzeugen können.

📖 **7.** Beschreibe Gemeinsamkeiten und Unterschiede beim Verlauf des Lichtes an einer Sammellinse und an einer Zerstreuungslinse.

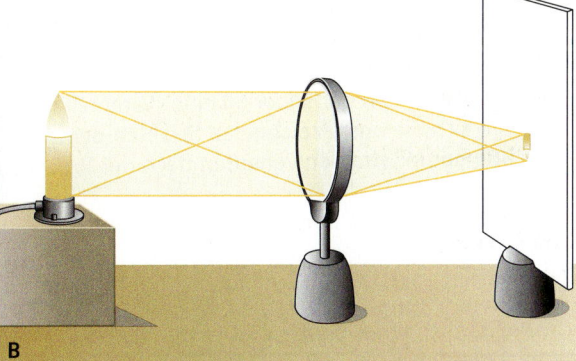

1 Eine Sammellinse erzeugt Bilder. **A** *Versuchsaufbau;* **B** *Verlauf zweier Lichtbündel*

Sammellinsen erzeugen Bilder

Mit einer Sammellinse kannst du von einer leuchtenden Kerze ein Bild auf einem Schirm erzeugen. Die Kerze sendet Licht auf die Sammellinse und diese lässt die einzelnen Lichtbündel wie in Bild 1B auf den Schirm fallen. Dabei werden oben und unten und rechts und links vertauscht. So entsteht bei passendem Abstand der Linse zu Kerze und Schirm ein reelles, scharfes Bild.

Das Bild kann kleiner oder größer sein als die leuchtende Kerze. Die Größe hängt ab vom Abstand zwischen Kerze und Schirm.

Linsenformen

Eine Sammellinse kann drei verschiedene Formen haben (Bild 3A).
Eine Linse, die in der Mitte dünner ist als am Rand, kann alleine keine Bilder erzeugen. Lässt du auf diese Linse paralleles Licht fallen, wird das Licht so gebrochen, dass es hinter der Linse auseinanderstrebt (Bild 2). Diese Linsenart heißt **Zerstreuungslinse.** Sie kommt ebenfalls in drei Formen vor (Bild 3B).

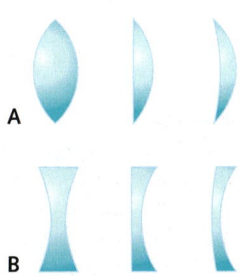

3 A *Sammellinsen;* **B** *Zerstreuungslinsen*

2 Paralleles Licht fällt auf Zerstreuungslinse.

■ Sammellinsen erzeugen reelle Bilder. Die Größe ist von den Abständen zwischen Gegenstand, Linse und Schirm abhängig. Zerstreuungslinsen erzeugen keine reellen Bilder.

Optische Instrumente und die Erforschung des Weltalls → S. 84/85

Bildentstehung an der Sammellinse

Die Bildentstehung an Sammellinsen lässt sich mit dem nebenstehenden Versuchsaufbau überprüfen. Dazu musst du die Brennweite der Linse kennen. Setze vor die Lampe eine Blende mit einem „L" als leuchtenden Gegenstand.

1. Überprüfe alle hier gezeichneten Konstruktionen in Versuchen. Die jeweilige Stellung des Gegenstandes kannst du den Zeichnungen der Fälle 1 bis 5 entnehmen.

① Licht, das auf eine Sammellinse fällt, wird an beiden Grenzflächen gebrochen. Zur Vereinfachung beim Zeichnen genügt es, eine einmalige Brechung an der **Mittelebene** durchzuführen.
Zur Konstruktion der Bilder an einer Sammellinse lassen sich die **ausgezeichneten Strahlen** benutzen:
② **Brennpunktstrahlen** verlaufen nach der Brechung achsenparallel.
③ **Achsenparallele Strahlen** werden nach der Brechung zu Brennpunktstrahlen.
④ **Mittelpunktstrahlen** werden nicht gebrochen.

Die Strahlen eines parallelen Lichtbündels laufen nach der Brechung auf einen Punkt zu. Ein solches Lichtbündel heißt **konvergent**. Die von einem Punkt ausgehenden Strahlen bilden dagegen ein divergentes Lichtbündel.

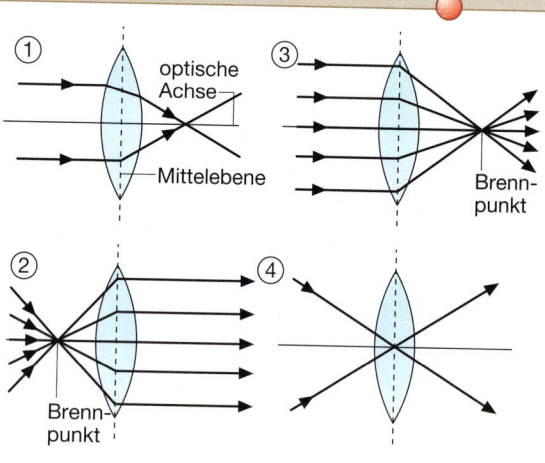

Mit den ausgezeichneten Strahlen lassen sich die **Bildpunkte** eines Gegenstandes konstruieren. Dabei genügt es, zwei Strahlen zu benutzen. Der dritte Strahl dient der Überprüfung. Den Bildpunkt eines Punktes des Gegenstandes erhältst du als Schnittpunkt der gebrochenen Strahlen hinter der Linse.

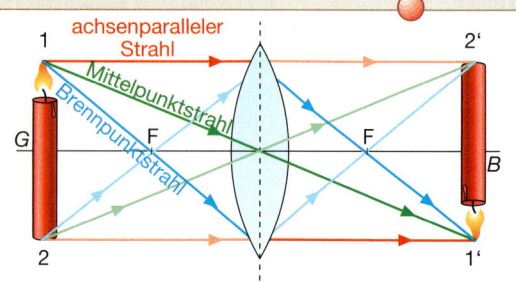

Die Lage des Bildes an einer Sammellinse ist immer abhängig von der Lage des Gegenstandes zur Linse. Die entsprechenden Abstände lassen sich in Bezug auf die Brennweite f angeben. Die rechts konstruierten Bilder an einer Sammellinse lassen sich übersichtlich in einer Tabelle zusammenfassen.

Fall	g	b	B	Bemerkungen	Anwendung
1	$g > 2f$	$f < b < 2f$	$B < G$	Bild wird kleiner	Fotoapparat
2	$g = 2f$	$b = 2f$	$B = G$	1:1-Abbildung	
3	$f < g < 2f$	$b > 2f$	$B > G$	Bild wird größer	Diaprojektor
4	$g = f$			kein Bild	
5	$g < f$		$B > G$	virtuelles Bild	Lupe

Licht und Bild

1. Der Gegenstand steht außerhalb der doppelten Brennweite: $g > 2f$

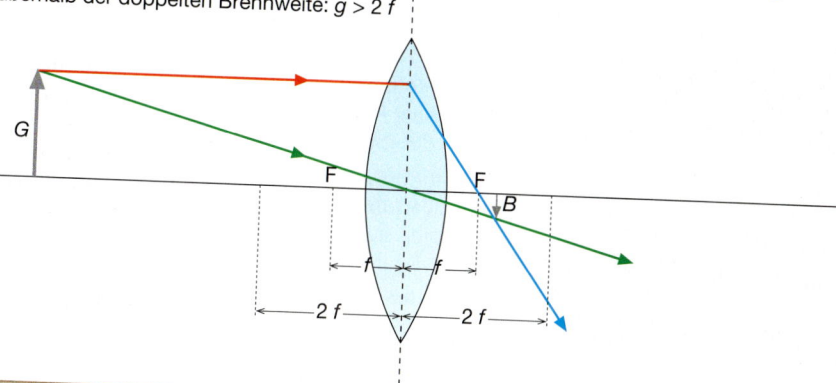

2. Der Gegenstand steht in der doppelten Brennweite: $g = 2f$

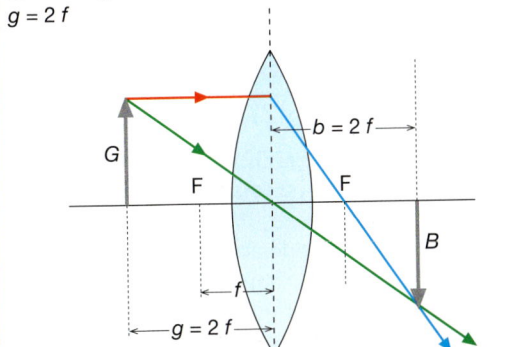

4. Der Gegenstand steht im Brennpunkt F: $g = f$

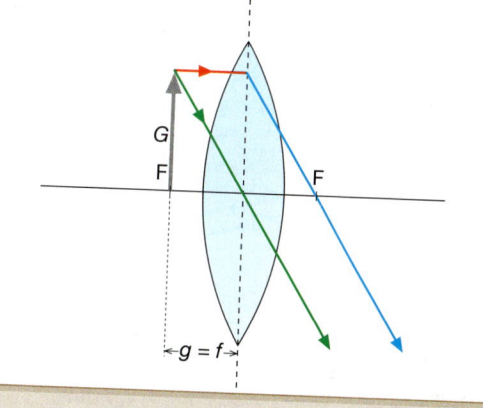

3. Der Gegenstand steht innerhalb der doppelten und außerhalb der einfachen Brennweite: $2f > g > f$

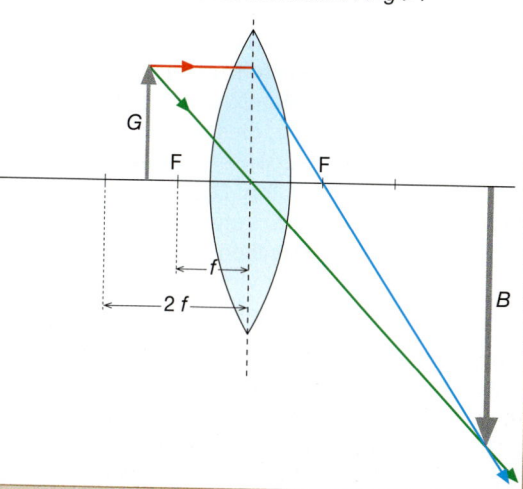

5. Der Gegenstand steht innerhalb der einfachen Brennweite: $g < f$

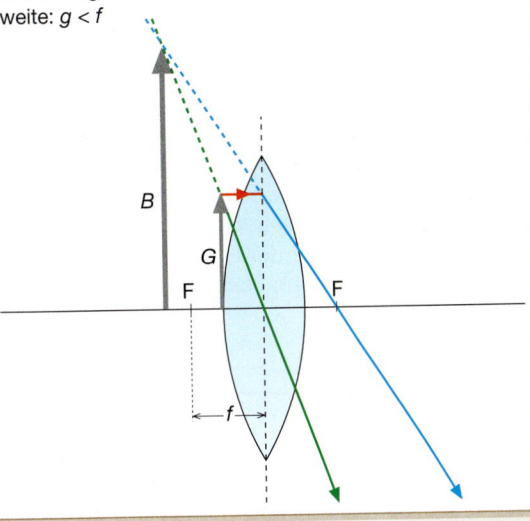

2. Konstruiere das Bild eines Gegenstandes an einer Sammellinse mit der Brennweite $f = 2$ cm, wenn die Gegenstandsweite g das Fünffache der Brennweite beträgt ($g = 5f$).

Zerstreuungslinsen

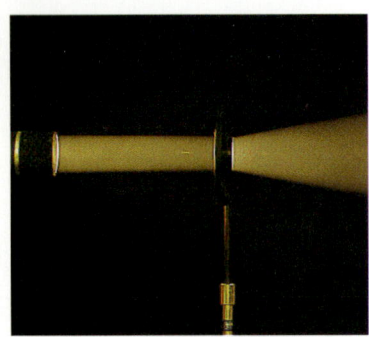

1 Licht und Zerstreuungslinse

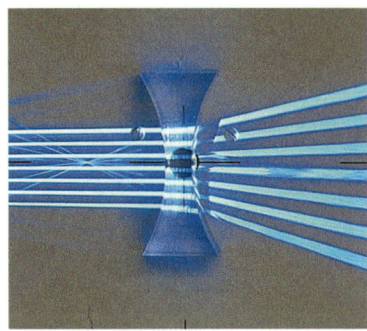

2 Lichtbündel

🔍 **2. a)** Lass wie in Bild 2 das Licht durch eine Linse streifend auf ein Blatt Papier fallen und zeichne die Randstrahlen ein.
b) Verlängere die in a) gefundenen Randstrahlen rückwärts auf dem Papier. Was stellst du fest?

🔍 **3.** Lass das Licht eines leuchtenden Pfeils durch eine Zerstreuungslinse auf einen Schirm fallen. Was stellst du fest?

📖 **1.** Beschreibe den Verlauf des Lichtes in Bild 1 vor und hinter der Linse.

📖 **4.** Ein Gegenstand ist 2 cm groß. Er steht 6 cm vor der Mittelebene einer Zerstreuungslinse mit $f = -3$ cm auf der optischen Achse. Konstruiere sein Bild mithilfe der ausgezeichneten Strahlen.

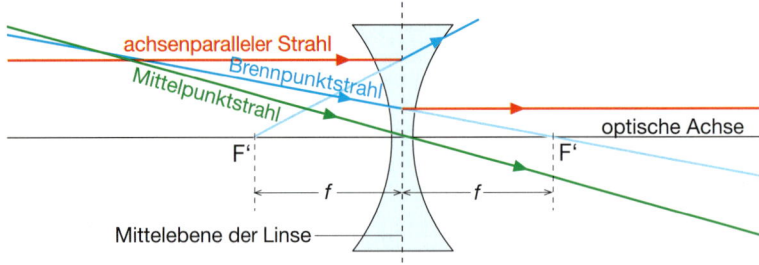

3 Ausgezeichnete Strahlen an einer Zerstreuungslinse

Scheinbarer Brennpunkt und Brennweite

Zerstreuungslinsen werden auch **Konkavlinsen** genannt. Fällt paralleles Licht auf eine Zerstreuungslinse, so erweitert sich das Lichtbündel hinter der Linse kegelförmig, es ist **divergent** (Bild 1). Verlängerst du die Randstrahlen des Lichtbündels rückwärts, ergibt sich ein Schnittpunkt. Dieser Punkt heißt **scheinbarer Brennpunkt F′**.
Der Abstand des scheinbaren Brennpunktes bis zur Mittelebene der Linse heißt auch bei der Zerstreuungslinse Brennweite f. Weil der scheinbare Brennpunkt vor der Linse liegt, wird die Brennweite mit einem negativen Wert angegeben, zum Beispiel $f = -10$ cm.

Ausgezeichnete Strahlen bei der Zerstreuungslinse

Bild 3 zeigt, dass der von links einfallende achsenparallele Strahl so gebrochen wird, dass er scheinbar vom linksseitigen Brennpunkt kommt. Der von links einfallende Brennpunktstrahl verlässt die Linse als achsenparalleler Strahl. Der Mittelpunktstrahl verläuft durch den Mittelpunkt der Linse, er wird nicht gebrochen.

Bildkonstruktion mithilfe der ausgezeichneten Strahlen

An der Konstruktion in Bild 4 siehst du, dass es bei der Zerstreuungslinse kein reelles Bild geben kann. Das virtuelle Bild kannst du konstruieren, indem du die gebrochenen Strahlen rückwärts verlängerst. Es ist immer kleiner als der Gegenstand und es steht aufrecht.

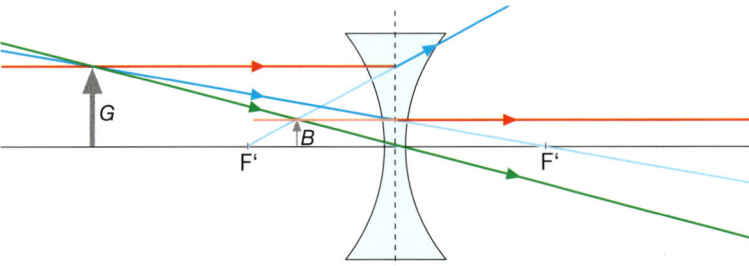

4 Bildkonstruktion an einer Zerstreuungslinse

■ Bei der Abbildung eines Gegenstandes mit einer Zerstreuungslinse gibt es ein virtuelles Bild. Es ist immer kleiner als der Gegenstand und es steht aufrecht.

Linsenkombinationen

1. a) Baue den Versuch nach Bild 1 auf. Lass paralleles Licht auf die Linsenkombination fallen. Stelle die Lage des Brennpunktes fest und vergleiche sie mit den Einzelbrennweiten die auf den Linsenfassungen angegeben sind. Schreibe auf, was du herausgefunden hast.
b) Erkläre das Ergebnis des Versuchs a) mithilfe des Strahlenverlaufs in Bild 1.

2. a) Baue den Versuch nach Bild 2 auf. Wähle eine Zerstreuungslinse mit $|f_2| < |f_1|$. Vergleiche die Brennweiten.
b) Wiederhole Versuch a). Wähle diesmal eine Zerstreuungslinse mit $|f_2| > |f_1|$. Vergleiche die Ergebnisse. Welche Aussagen kannst du treffen?

Die Brennweite einer Linsenkombination

Die Wirkungsweise einer Sammellinse oder einer Zerstreuungslinse bei der Abbildung von Gegenständen kennst du. Wie aber wirken zwei Linsen auf das auftreffende Licht? Fällt paralleles Licht auf zwei Sammellinsen, die dicht nebeneinander stehen, brechen beide die auftreffenden Strahlen so, als ob nur eine Sammellinse mit kürzerer Brennweite vorhanden wäre (Bild 1). Die Brennweite des Linsensystems f_{Syst} lässt sich errechnen:

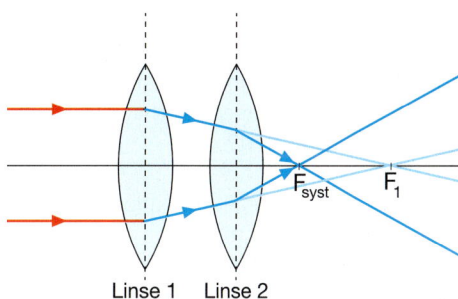

1 Zwei Sammellinsen

Linsen können auch durch ihre **Brechkraft D** beschrieben werden. Sie wird wie beim Augenoptiker in Dioptrien (dpt) gemessen. Es gilt:

$$D = \frac{1}{f}; f \text{ in m}$$

Einheit: $\frac{1}{1\,m} = 1$ dpt

Beispiel: $f = 0{,}25$ m
$D = 1{:}0{,}25$ m
$D = 4$ dpt

$$\frac{1}{f_{Syst}} = \frac{1}{f_1} + \frac{1}{f_2} \text{ oder } D_{Syst} = D_1 + D_2$$

Die Brennweite f_{Syst} des Systems aus zwei Sammellinsen ist immer kürzer als die kürzeste Brennweite der Einzellinsen.
Besteht das Linsensystem aus einer Sammellinse mit der Brennweite f_1 und einer Zerstreuungslinse mit der Brennweite f_2 wie in Bild 2, ergibt sich als Brennweite f_{Syst} des Systems:

$$\frac{1}{f_{Syst}} = \frac{1}{|f_1|} - \frac{1}{|f_2|} \text{ oder } D_{Syst} = |D_1| - |D_2|$$

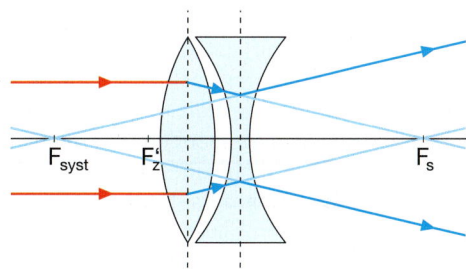

2 Sammellinse und Zerstreuungslinse

Die Gesamtbrennweite f_{Syst} hängt davon ab, ob der Betrag von f_1 größer ist als der Betrag von f_2 oder umgekehrt. Das System kann also wie eine Sammellinse oder wie eine Zerstreuungslinse wirken.

■ Eine Linsenkombination aus zwei Sammellinsen wirkt wie eine Sammellinse. Eine Linsenkombination aus einer Sammel- und einer Zerstreuungslinse wirkt entweder wie eine Sammellinse oder wie eine Zerstreuungslinse.

Zoomobjektiv

Die Zusammensetzung eines Zoomobjektives ist in Bild 3 zu sehen. Die Veränderung der Brennweite – das „Zoomen" – geschieht durch Verschieben des inneren Linsensystems. Dadurch erfolgt die Einstellung des Objektivs von der Stellung „Weitwinkel" bis zur Stellung „Tele".
Das Objektiv eines optischen Gerätes besteht fast immer aus mehreren Linsen. Die Linsen können sich in der Brennweite unterscheiden, sie können aber auch aus unterschiedlichen Glassorten gefertigt sein.

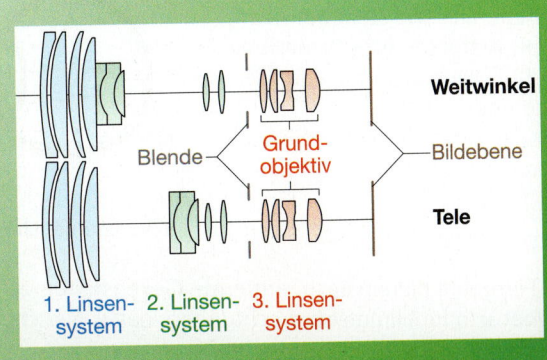

3 Aufbau eines Zoomobjektives

Fernrohre

🔍 **1. a)** Baue ein Fernrohr wie in Bild 1 auf. Benutze als vordere Linse eine Sammellinse mit $f = 40$ cm. Bilde einen weit entfernten Gegenstand auf der Mattscheibe ab. Betrachte dieses Zwischenbild mit einer Sammellinse mit $f = 10$ m oder $f = 5$ cm. Bringe sie im Abstand der Brennweite vor die Mattscheibe.
b) Entferne die Mattscheibe, nachdem du das Zwischenbild scharf gestellt hast, und vergleiche das Bild mit dem Zwischenbild aus Versuch a).

1 Ein selbst gebautes Fernrohr

🔍 **2. a)** Ersetze beim Fernrohr aus Versuch 1 das Okular durch eine Zerstreuungslinse mit $f = -20$ cm oder $f = -10$ cm.
b) Betrachte den Gegenstand aus Versuch 1 erneut. Was hat sich am Bild geändert?

📖 **3.** Welche Aufgaben haben Objektiv und Okular beim astronomischen Fernrohr?

📖 **4.** Bei welchem Fernrohr ist das Netzhautbild größer als bei der Beobachtung ohne Fernrohr?

📖 **5.** Wodurch unterscheiden sich astronomisches und galileisches Fernrohr?

Das astronomische Fernrohr

Um Gegenstände, die weit von dir entfernt sind, besser erkennen zu können, benutzt du ein **Fernrohr**. Ob es ein Schiff am Horizont oder ein Stern am Nachthimmel ist, du möchtest die Gegenstände vergrößert sehen. Bild 3 zeigt den Aufbau eines **astronomischen Fernrohrs**. Das **Objektiv**, eine Sammellinse mit großer Brennweite, erzeugt ein verkleinertes Zwischenbild des Gegenstandes. Um ein großes Zwischenbild zu erzielen, wird ein Objektiv mit großer Brennweite gewählt, das Fernrohr wird dadurch entsprechend lang. Mit dem **Okular**, einer Lupe, siehst du dieses Bild stark vergrößert. Allerdings hat das Objektiv rechts und links, oben und unten vertauscht. Das Bild steht auf dem Kopf. Astronomische Fernrohre sind für Beobachtungen auf der Erde ungeeignet.
Für die **Vergrößerung** V des astronomischen Fernrohres gilt:

$$V_{ges} = f_{Objektiv} : f_{Okular}$$

Das galileische Fernrohr

Zur Beobachtung eines entfernten Gegenstandes auf der Erde eignet sich ein Fernrohr, bei dem du als Okular eine Zerstreuungslinse benutzt. Die Zerstreuungslinse hebt die Wirkung der Augenlinse auf. Das vom Objektiv erzeugte Bild entsteht also gleich auf der Netzhaut. Es ist größer, als wenn du den Gegenstand mit bloßem Auge betrachten würdest. Ein solches Fernrohr heißt **galileisches Fernrohr**, benannt nach dem italienischen Astronomen GALILEO GALILEI (1564–1642).

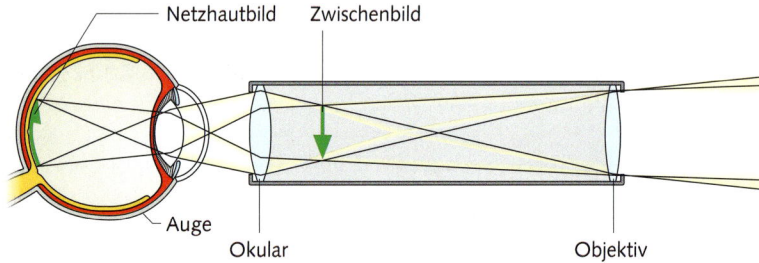

2 Verlauf der Lichtbündel im astronomischen Fernrohr

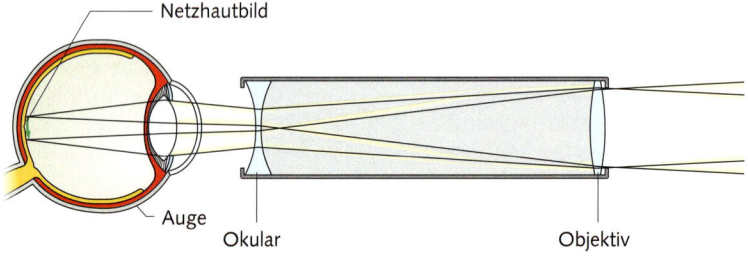

3 Verlauf der Lichtbündel im galileischen Fernrohr

■ Fernrohre dienen dazu, entfernte Gegenstände vergrößert abzubilden. Das astronomische Fernrohr eignet sich für Himmelsbetrachtungen, das galileische Fernrohr auch für Beobachtungen auf der Erde.

Licht und Bild

😉 Das Mikroskop

📖 **1.** Wo sind beim Mikroskop Objektiv und Okular?

🔍 **2. a)** Baue wie in Bild 1 ein Mikroskop auf. Lege eine Briefmarke auf den Stativfuß und beleuchte sie von schräg oben. Benutze als untere Linse eine Sammellinse mit $f = 5$ cm. Bilde damit die Briefmarke scharf auf der Mattscheibe ab.
b) Betrachte das Zwischenbild mit einer Sammellinse mit $f = 10$ cm aus 10 cm Entfernung von der Scheibe.
c) Entferne die Mattscheibe. Vergleiche das Bild mit dem vorigen Bild auf der Mattscheibe.

✏️ **3.** Welche Möglichkeiten gibt es, bei einem Mikroskop den betrachteten Gegenstand zu beleuchten?

📖 **4.** Nenne Gemeinsamkeiten und Unterschiede von astronomischem Fernrohr und Mikroskop.

📖 **5.** Bei manchen Mikroskopen lässt sich der Objekttisch, bei anderen der Tubus verschieben. Was wird dadurch jeweils verändert?

1 Ein selbst gebautes Mikroskop

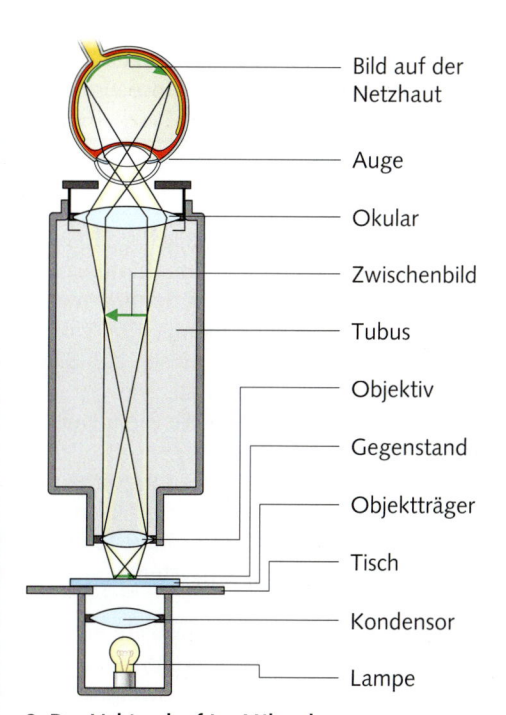

2 Der Lichtverlauf im Mikroskop

Beschriftungen: Bild auf der Netzhaut – Auge – Okular – Zwischenbild – Tubus – Objektiv – Gegenstand – Objektträger – Tisch – Kondensor – Lampe

■ Beim Mikroskop wird das vom Objektiv vergrößerte Zwischenbild zusätzlich durch das Okular vergrößert.

Der Aufbau des Mikroskops
Ein optisches Gerät, mit dem du sehr kleine Gegenstände vergrößert betrachten kannst, ist das **Mikroskop.** Es besteht, wie das astronomische Fernrohr, aus zwei Sammellinsen, aber mit sehr kleinen Brennweiten. Den Aufbau des Mikroskops und den Verlauf des Lichtes kannst du Bild 2 entnehmen.

Bilder am Mikroskop
Das Objektiv erzeugt ein **Zwischenbild** vom Gegenstand. Das Zwischenbild entsteht im Rohr, dem Tubus. Es ist schon wesentlich größer als der Gegenstand auf dem Objekttisch. Das Zwischenbild wird durch das Okular, eine Lupe, betrachtet und erscheint so noch einmal vergrößert. Mit zwei Rändelschrauben kann der Abstand zwischen Gegenstand und Objektiv, die Gegenstandsweite, verändert werden. So lässt sich das Bild scharf stellen.

Vergrößerung beim Mikroskop
Die **Gesamtvergrößerung** eines Mikroskops ergibt sich aus dem Produkt der Vergrößerung des Objektivs und der Vergrößerung des Okulars. Es gilt:

$$V_{ges} = V_{Objektiv} \cdot V_{Okular}$$

Trägt das Objektiv die Angabe 1 : 25, so vergrößert es 25-fach. Beim Okular kann als Vergrößerung x6 angegeben sein. Beim gewählten Beispiel ergibt sich als Gesamtvergrößerung $V = 6 \times 25 = 150$. Der Gegenstand erscheint also 150-fach vergrößert.

Formeln beschreiben die Abbildung

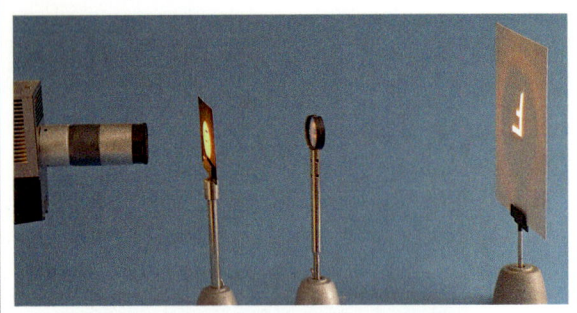

1 Wie groß wird das F auf dem Schirm abgebildet?

🔍 **1. a)** Stelle wie in Bild 1 eine beleuchtete F-Blende im Abstand von 0,9 m vor eine Sammellinse mit der Brennweite $f = 0{,}3$ m. Bilde die F-Blende auf dem Schirm scharf ab.
b) Notiere die Werte der Gegenstandsweite g, der Blendengröße G, der Bildweite b sowie der Bildgröße B in einer Tabelle.

Gegen-stands-weite g	Größe der F-Blende G	Bild-weite b	Bild-größe B	$\frac{b}{g}$	$\frac{B}{G}$
0,9 m					

c) Wiederhole die Messungen mit den Gegenstandsweiten 0,8 m; 0,7 m … 0,4 m.
d) Berechne die Werte der beiden letzten Spalten und vergleiche ihre Werte. Was stellst du fest?

📖 **2. a)** Übertrage die Messwerte für g und b aus Versuch 1 in die Tabelle und berechne die Werte der anderen Spalten.

Gegen-standsweite g	Bild-weite b	$\frac{1}{g}$	$\frac{1}{b}$	$\frac{1}{g}+\frac{1}{b}$	$\frac{1}{f}$
0,9 m					

b) Vergleiche die Werte der vorletzten Spalte mit dem Kehrwert der Brennweite. Formuliere das Ergebnis.

📖 **3.** Berechne Bildweite und Bildgröße, wenn in Versuch 1 eine Linse mit einer Brennweite von 0,2 m eingesetzt wird. Du benötigst dazu die Gesetzmäßigkeiten, die du in Versuch 1 und Aufgabe 2 herausgefunden hast.

📖 **4.** Der Fotoapparat in Bild 2 ist mit einem Objektiv mit einer Brennweite von 50 mm ausgerüstet. Der Baum ist 20 m entfernt und 3 m hoch, er soll fotografiert werden.
a) Berechne, welchen Abstand das Objektiv vom Bildsensor haben muss.
b) Berechne, wie groß der Baum auf dem Bildsensor abgebildet wird.
c) Wiederhole die Berechnungen aus a) und b) für ein Teleobjektiv mit einer Brennweite von 100 mm.

2 Ein Baum wird fotografiert.

📖 **5.** Eine Sammellinse erzeugt von einem 2 m großen Gegenstand 21 cm hinter der Linse ein scharfes 10 cm großes Bild. Berechne
a) die Gegenstandsweite,
b) die Brennweite der Linse.

🔍 **6.** Baue einen Versuch wie in Bild 1 auf. Ersetze aber die Linse durch 2 unmittelbar hintereinander aufgestellten Sammellinsen mit der Brennweite von jeweils 20 cm. Stelle die F-Blende 12,5 cm von der Mitte zwischen den beiden Linsen auf. Bilde die F-Blende auf dem Schirm scharf ab.
a) Miss die Bildweite und berechne die Brennweite des Linsensystems.
b) Wähle als zweite Linse eine Zerstreuungslinse mit einer Brennweite von −100 cm, stelle die F-Blende im Abstand von 40 cm auf. Miss die Bildweite und berechne die Brennweite des Linsensystems.

📖 **7.** Wie groß ist das scharf eingestellte Bild eines 20 cm großen Gegenstandes, wenn
a) die Bildweite gleich der Gegenstandsweite ist?
b) die Bildweite doppelt so groß ist wie die Brennweite der Linse ($b = 2f$)?
c) die Bildweite 3-mal so groß ist wie die Brennweite der Linse ($b = 3f$)?
d) die Bildweite 4-mal so groß ist wie die Brennweite der Linse ($b = 4f$)?

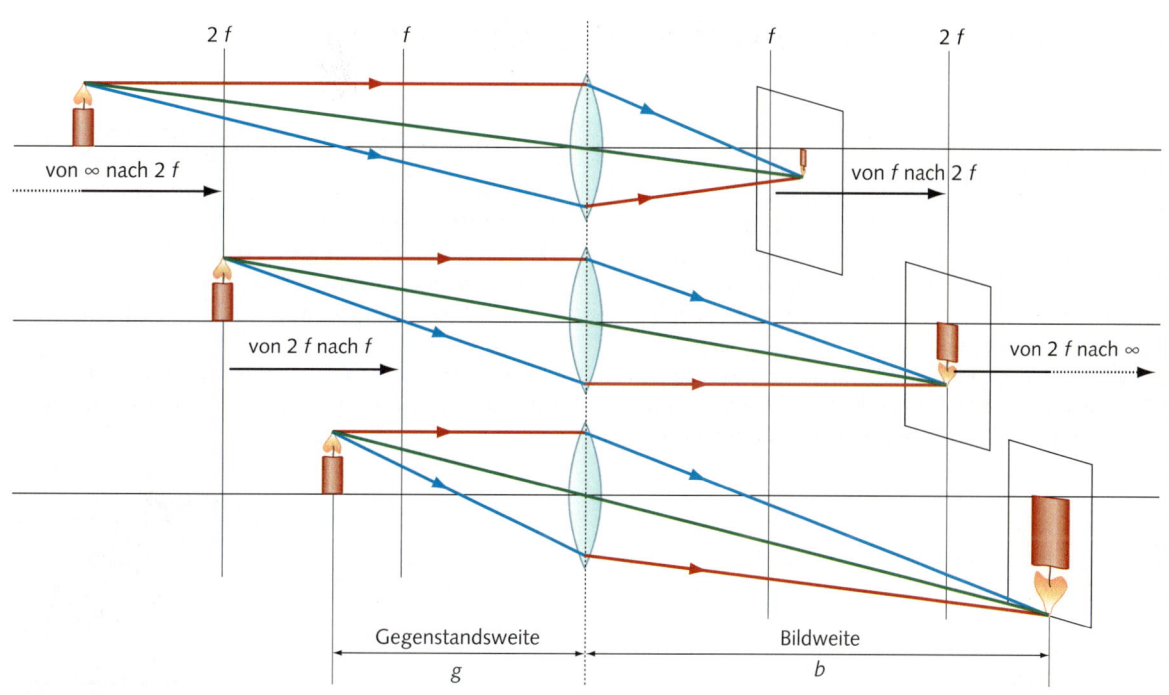

Licht und Bild

3 Gegenstandsweite und Bildweite bestimmen die Größe des Bildes.

Gegenstandsweite, Bildweite und Bildgröße hängen voneinander ab

Zur Konstruktion der Bilder an Sammellinsen werden Brennpunktstrahlen, Mittelpunktstrahlen und achsenparallele Strahlen verwendet.

Bild 3 zeigt, dass durch Verändern der Gegenstandsweite die Bildweite und die Bildgröße beeinflusst werden. Je näher der Gegenstand an die Linse gerückt wird, desto größer werden Bildweite und Bild. Mithilfe der grafischen Darstellung einer Abbildung wie in Bild 4 können Formeln entwickelt werden, die den Zusammenhang zwischen Gegenstandsgröße G, Bildgröße B, Gegenstandsweite g und Bildweite b beschreiben.

Abbildungsmaßstab

Aus der Ähnlichkeit von $\triangle$ LMN und $\triangle$ NOP in Bild 4 ergibt sich $\frac{B}{G} = \frac{b}{g}$. Der Quotient $\frac{B}{G}$ wird **Abbildungsmaßstab A** genannt. Das **Abbildungsgesetz** beschreibt diesen Zusammenhang:

$$A = \frac{B}{G} = \frac{b}{g}$$

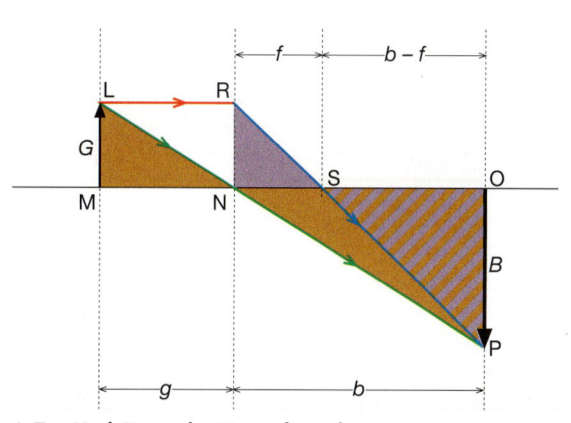

Das Linsengesetz

Aus der Ähnlichkeit von $\triangle$ RNS und $\triangle$ SOP ergibt sich:

$\frac{B}{G} = \frac{b-f}{f}$ $\quad | \frac{B}{G} = \frac{b}{g}$

$\Rightarrow \frac{b}{g} = \frac{b-f}{f}$

$\Leftrightarrow \frac{b}{g} = \frac{b}{f} - \frac{f}{f}$

$\Leftrightarrow \frac{b}{g} = \frac{b}{f} - 1 \quad | : b$

$\Leftrightarrow \frac{1}{g} = \frac{1}{f} - \frac{1}{b} \quad | + \frac{1}{b}$

$$\frac{1}{f} = \frac{1}{g} + \frac{1}{b}$$

Diese Gleichung ist das **Linsengesetz**.

4 Zur Herleitung der Linsenformel

Die Abbildung im Fotoapparat

Der Abstand, den Bildsensor und Objektiv in einem Fotoapparat haben müssen, wenn ein entfernter Gegenstand abgebildet werden soll, hängt von der Brennweite des Objektivs ab. Er lässt sich mithilfe der Linsenformel errechnen.
Die Bildgröße auf dem Bildsensor kann mit der Abbildungsformel errechnet werden.

■ Abbildungsgesetz: $A = \frac{B}{G} = \frac{b}{g}$. Dabei ist A der Abbildungsmaßstab.
Linsengesetz: $\frac{1}{f} = \frac{1}{g} + \frac{1}{b}$.

Elektronen- und Rastertunnelmikroskop

Das Elektronenmikroskop
Die Vergrößerungen, die mit Lupe und Lichtmikroskop erreicht werden können, sind für viele wissenschaftliche Untersuchungen nicht ausreichend. So konnte der Zellkern mit einem Lichtmikroskop abgebildet werden. Die Untersuchung des Zellinneren war aber nicht möglich. Durch die Eigenschaften des Lichtes war eine weitere Steigerung der Vergrößerungswerte unmöglich. Um auch die Feinstrukturen von Zellen oder die Oberflächenstrukturen von Stoffen untersuchen zu können, suchten die Wissenschaftler nach neuen Methoden der Mikroskopie.

Das erste nicht mit Licht arbeitende Mikroskop bauten die beiden deutschen Wissenschaftler ERNST RUSKA (1906–1988) und MAX KNOLL (1897–1969) im Jahr 1931. Bei dem von ihnen entwickelten **Elektronenmikroskop** werden zur Erzeugung des Bildes anstelle des Lichtes Elektronenstrahlen benutzt. Elektronen sind elektrisch geladene kleine Teilchen. Die geschliffenen Glaslinsen des Lichtmikroskopes müssen beim Elektronenmikroskop durch besondere Linsen ersetzt werden. Diese Linsen haben magnetische Eigenschaften und können so den Elektronenstrahl durch ihre anziehende oder abstoßende Wirkung steuern.

Heute sind mit einem Elektronenmikroskop 500 000-fach vergrößerte Abbildungen möglich. Besonders große Bedeutung erlangte das Elektronenmikroskop bei der Erforschung von Krankheiten, die durch Viren hervorgerufen werden. Diese Krankheitserreger sind für die genaue Untersuchung mit Lichtmikroskopen zu klein.

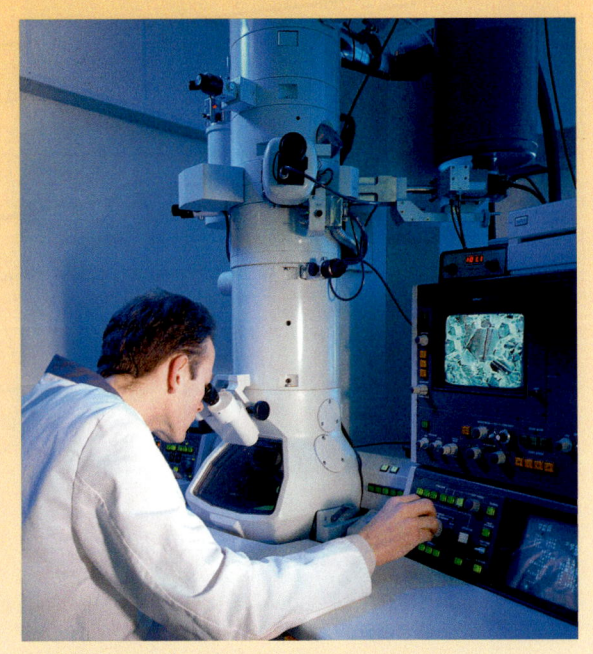

1 Elektronenmikroskop

Das Rastertunnelmikroskop
Genau wie das Elektronenmikroskop arbeitet auch das **Rastertunnelmikroskop** nicht mit Licht, sondern mit Elektrizität.
Diese Mikroskope werden oft zur Untersuchung von Materialoberflächen eingesetzt. Durch eine spitze Sonde wird die Oberfläche des Materials abgetastet. Der Abstand zwischen der Sonde und der Oberfläche beträgt nur winzige Bruchteile von 1 mm. Aus den Daten, die die Sonde beim Abtasten übermittelt, errechnet ein Computer das Bild der Oberfläche mit sehr großer Genauigkeit. Dieses Bild wird dann auf dem Bildschirm des Computers dargestellt.
Ein großer Vorteil dieser Methode besteht darin, dass das untersuchte Material nicht zerstört wird. Außerdem können Rastertunnelmikroskope nicht nur in unserer natürlichen Umwelt, also in Luft, genutzt werden. Ihr Einsatz ist auch im Vakuum und in Flüssigkeiten möglich. Viele chemische oder biologische Untersuchungen können so unter natürlichen Bedingungen durchgeführt werden.

1986 erhielten HEINRICH ROHRER (*1933) und GERD BINNING (*1947) für die Erfindung des Rastertunnelmikroskopes gemeinsam mit ERNST RUSKA für die Erfindung des Elektronenmikroskopes den Nobelpreis für Physik.

2 Rastertunnelmikroskop

Licht und Bild

Projektoren

Tageslichtprojektoren

Ein **Tageslichtprojektor** vergrößert Bilder auf einer Folie und projiziert sie an eine Wand. Bild 1 zeigt die einzelnen Projektorteile sowie den Verlauf des Lichtes. Eine Glasplatte dient als Auflagefläche für die Folie. Unter der Glasplatte befindet sich der **Kondensor,** der von einer darunter liegenden Lampe beleuchtet wird. Er leitet das ganze Licht vom Objekt zum Objektiv. Als Kondensor wird eine spezielle stufenförmige Linse, die **Fresnellinse,** verwendet. Zur besseren Ausleuchtung der Folie wird das nach unten abgestrahlte Licht durch einen Hohlspiegel zusätzlich auf die Folie gelenkt.

Das die Folie durchdringende Licht trifft auf den Projektionskopf. Darin befinden sich eine Sammellinse und darüber ein Spiegel, der die auffallenden Lichtbündel auf die Leinwand umlenkt. Die verwendete Sammellinse bildet die Folie vergrößert, umgekehrt und seitenverkehrt auf die Leinwand ab. Damit das Bild lesbar wird, muss die Folie entsprechend auf die Glasplatte aufgelegt werden. Je nach Entfernung von der Wand musst du den Projektionskopf verstellen, um das Objekt scharf auf der Wand abzubilden.

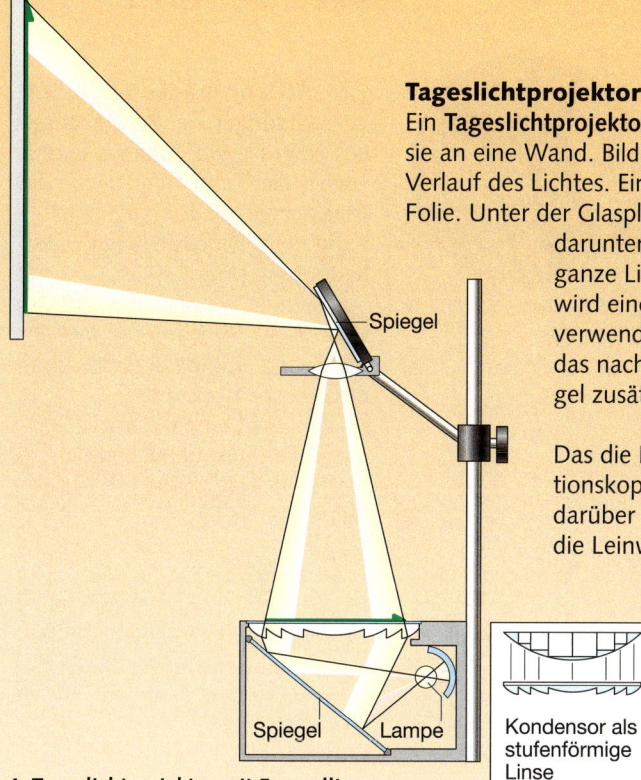

1 Tageslichtprojektor mit Fresnellinse

Beamer

Mit einem **Beamer** (beam, engl.: Lichtstrahl) lassen sich Bilder und Filme projizieren. Herzstück des Beamers ist ein Halbleiterchip von der Größe 2,5 cm x 3,3 cm, auf dem in 1024 Spalten und 768 Zeilen 786 432 kleine Spiegel eingeätzt sind. Diese Spiegel werden durch elektrische Signale hin- und hergekippt, die vom Computer oder vom Videowandler erzeugt werden. Eine starke Lampe beleuchtet die Spiegel, die das Licht je nach Kippzustand in ein Linsensystem oder ins Abseits reflektieren. Jeder Spiegel stellt einen Bildpunkt, ein Pixel, dar. Das reflektierte Licht erzeugt auf der Projektionsfläche ein Bild. So siehst du das Bild, das sonst auf dem Monitor oder dem Fernsehschirm entstanden wäre. Damit Farbe ins Bild kommt, werden die Spiegel sehr schnell nacheinander mit den drei Grundfarben Rot, Grün und Blau beleuchtet. Die Farben werden durch ein sich schnell drehendes Farbrad erzeugt.

Das menschliche Auge kann einzelne Lichteindrücke nur dann getrennt wahrnehmen, wenn nicht mehr als 16 Eindrücke pro Sekunde entstehen. Alle Lichteindrücke werden 0,1 s lang gespeichert. Die Farbscheibe dreht sich so schnell, dass 25 Bilder je Sekunde auf der Leinwand entstehen. Dadurch siehst du ein zusammenhängendes Bild.

Das Auge gibt die Farben richtig wieder, weil diese durch Farbmischung auf der Netzhaut entstehen. Die Scharfeinstellung des Bildes erfolgt wie bei den anderen Projektoren durch Verstellen des Objektivs.

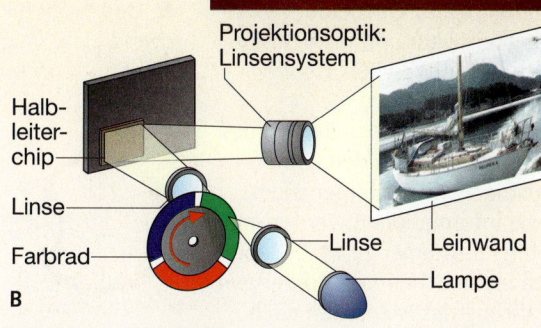

2 Beamer. A *Gerät;* **B** *Arbeitsweise*

Wie sehen wir?

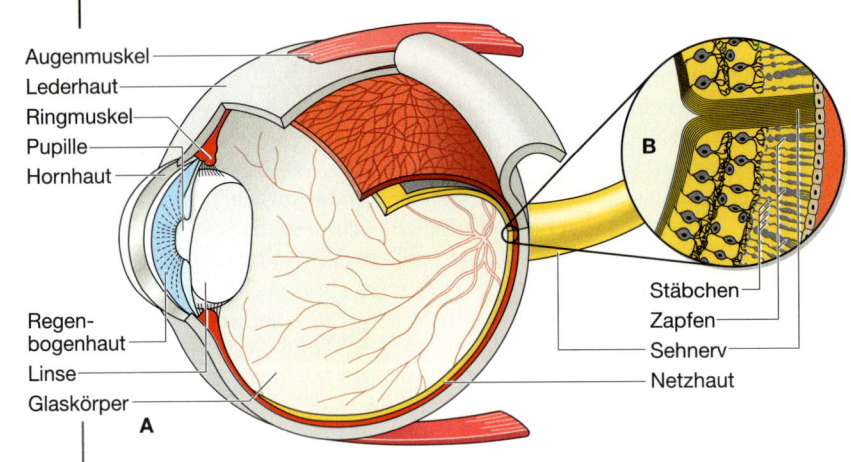

Augenmuskel
Lederhaut
Ringmuskel
Pupille
Hornhaut
Regenbogenhaut
Linse
Glaskörper

B
Stäbchen
Zapfen
Sehnerv
Netzhaut

A

1 Auge. A *Aufbau,* B *Netzhaut*

📖 **1.** Schreibe aus Bild 1 die Bezeichnungen der Bestandteile des Auges in eine Tabelle. Ordne jeweils die Funktion zu. Hebe die Teile hervor, die für die Entstehung eines Bildes im Auge von Bedeutung sind.

📖 **2. a)** Welche Aufgabe für das Sehen erfüllen die Stäbchen und welche die Zapfen?
b) Wie sieht die Welt von Menschen aus, bei denen die Zapfen der Netzhaut ihre Aufgabe nicht erfüllen?

🔍 **3. a)** Betrachte den Umschlag des Schulbuches bei abnehmender Helligkeit. Was kannst du über die Farben des Bildes aussagen?
b) Was siehst du bei Dunkelheit? Begründe deine Antwort.

📝 **4.** Was kannst du tun, um eine sehr kleine Schrift noch lesen zu können?

📝 **5. a)** Welche Bedeutung hat der Sehwinkel für das Sehen?
b) Wie ändert er sich mit zunehmender Entfernung?

Das menschliche Auge

Den Aufbau des Auges kannst du Bild 1 entnehmen. Licht, das von einem Gegenstand ausgeht und ins Auge fällt, wird von der Hornhaut und der Linse gebrochen. Es trifft an der Augenrückwand auf die **Netzhaut.** Diese besteht aus den **Sehzellen.** Das sind etwa 125 Millionen **Stäbchen** und 5 Millionen **Zapfen.**

Auf der Netzhaut entsteht ein umgekehrtes, seitenverkehrtes und reelles Bild. Die Stäbchen nehmen Unterschiede der Helligkeit wahr und melden sie über den Sehnerv ans Gehirn.

Die unterschiedlichen Farben des Bildes werden von den Zapfen registriert und weitergemeldet. Diese Informationen werden im Gehirn zusammengesetzt. Dabei wird entsprechend der bisherigen Erfahrung des Menschen auch die Richtung des Bildes korrigiert.

Die Leistung des Auges hat Grenzen

Das gesunde Auge kann Gegenstände aus der Nähe und aus der Ferne wahrnehmen. Je mehr Licht vom Gegenstand ins Auge fällt, desto stärker werden die Sinneszellen gereizt. Wenn es dunkel wird, stellen die farbempfindlichen Zapfen die Arbeit ein. Die empfindlichen Stäbchen arbeiten weiter. Daher kannst du im Dämmerlicht zwar keine Farben mehr unterscheiden, trotzdem siehst du alle Gegenstände entsprechend der Lichtstärke in verschiedenen Grautönen.

Eine zweite Grenze des Auges liegt in der Größe des Netzhautbildes. Du erkennst einen Gegenstand noch, wenn von ihm ausgehende Lichtbündel auf mindestens vier benachbarte Sehzellen fallen. Deshalb darf ein Gegenstand nicht zu klein sein oder zu weit vom Auge weg stehen. Je kleiner die Entfernung zum Gegenstand ist, desto größer ist das Netzhautbild (Bild 2). Die äußeren Strahlen, die durch den Mittelpunkt der Linse laufen, bilden den **Sehwinkel.** Je größer der Sehwinkel ist, desto größer ist das Bild auf der Netzhaut.

■ Das Auge bildet mithilfe von Hornhaut und Augenlinse bei ausreichend Licht Gegenstände auf die Netzhaut ab. Der Gegenstand darf nicht zu klein und nicht zu weit entfernt sein.

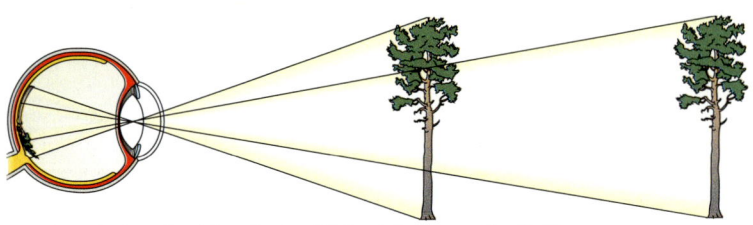

2 Sehwinkel und Bildgröße in Abhängigkeit von der Entfernung

Korrektur von Sehfehlern

📖 **1.** Beschreibe den Unterschied zwischen Kurzsichtigkeit und Weitsichtigkeit.

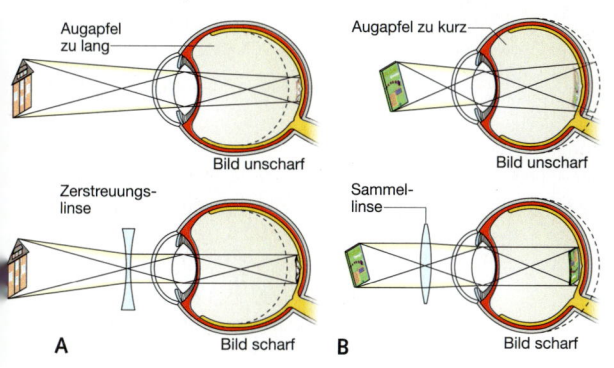

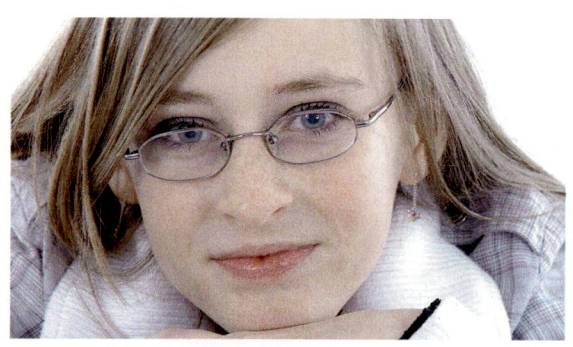

1 A *Kurzsichtigkeit*, B *Weitsichtigkeit*

2 Eine Brille hilft beim Sehen.

✏️ **2.** Kontaktlinsen besitzen andere Brennweiten als entsprechende Brillengläser. Woran liegt das?

Die ersten Brillen

Bei vielen Menschen kann das Linsensystem des Auges Gegenstände nicht scharf auf die Netzhaut abbilden. Es liegt ein **Sehfehler** vor. Sehfehler lassen sich mit physikalischen Mitteln beheben.
Erste optische Hilfen wurden schon 1270 von Mönchen aus Quarz oder Bergkristall geschliffen. Sie stellten halbkugelförmige Lesesteine her, die die Schrift vergrößerten. Als Rohmaterial wurde Beryll benutzt, ein durchsichtiger Halbedelstein. Daraus entstand der Name **Brille**. Gegen Ende des 13. Jahrhunderts wurden die ersten Linsen aus Glas gegossen und als Sehhilfe verwendet.

Kurz- und Weitsichtigkeit

Zwei Arten von Sehfehlern können mit Brillen behoben werden. Bei der **Kurzsichtigkeit** ist der Augapfel zu lang. Es können nur Gegenstände nahe dem Auge scharf gesehen werden. Mit einer Zerstreuungslinse wird die Brennweite vergrößert. Bei **Weitsichtigkeit** ist der Augapfel zu kurz. Es können nur Gegenstände in der Ferne scharf erkannt werden. Eine Sammellinse verkleinert die Brennweite und korrigiert das Bild.

Kontaktlinsen

Kontaktlinsen gab es bereits Ende des 19. Jahrhunderts. Sie wurden aus Glas geschliffen und durch das Augenlid gehalten. Seit 1946 gibt es die heute üblichen Kontaktlinsen, die direkt auf der Hornhaut sitzen. Sie werden von einem Tränenfilm gehalten.

Harte Kontaktlinsen

Sie werden in einer Form aus zwei Glasstempeln aus Kunststoffgranulat hergestellt und anschließend nur noch am Rand bearbeitet. Jede Linse benötigt einen speziell für den Nutzer passenden Stempel. Auf einer Seite wird der Stempel der Krümmung der Hornhaut des Trägers angepasst. Die andere Seite wird so bearbeitet, dass die Linse die richtige Brennweite hat.

Weiche Kontaktlinsen

Sie werden aus zunächst hartem Kunststoff hergestellt. In einer Kochsalzlösung nehmen sie dann Wasser auf und werden dadurch weich.

Sehfehlerkorrektur durch Laser

Mithilfe eines Lasers können Teile der Hornhaut abgetragen werden. Dadurch ändert sich die Gesamtbrennweite des Systems Hornhaut-Linse. Zunächst wird die Oberfläche der Hornhaut mit Laserstrahlen vermessen. Aus diesen Daten errechnet ein Computer die notwendigen Änderungen, um die Krümmung der Hornhaut zu korrigieren. Ein Computerprogramm steuert anschließend den Arbeitslaser. Durch diesen wird die Oberfläche der Hornhaut abgetragen und diese in die richtige Form gebracht.

■ Durch Veränderung des Augapfels entstehen Sehfehler wie Kurz- und Weitsichtigkeit. Sehfehler können durch Verwendung von Linsen aus Glas oder Kunststoff behoben werden.

Das Auge ist kein Fotoapparat

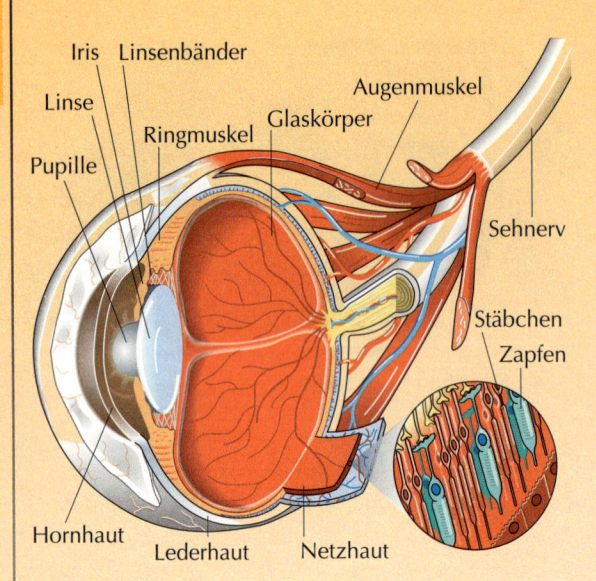

1 Aufbau des Auges

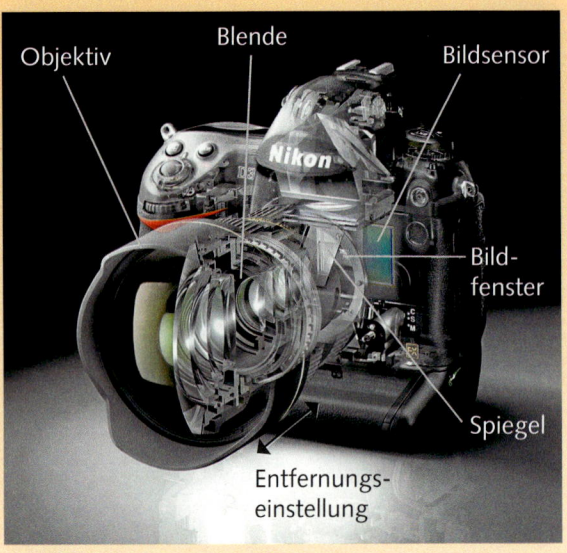

2 Aufbau des Fotoapparates

Aufbau und Funktion des Auges
Das **Auge** ist fast kugelförmig. Es ist mit einer durchsichtigen Masse, dem Glaskörper, gefüllt. Die Außenwand des Augapfels wird von der zähen Lederhaut gebildet. Sie geht vorn in die durchsichtige Hornhaut über. Dahinter liegt die Regenbogenhaut, auch Iris genannt. Sie lässt in der Mitte eine veränderbare Öffnung frei, die Pupille. Ihre Größe hängt von der Helligkeit ab. Hinter ihr liegt die Augenlinse. Hornhaut und Augenlinse bilden die Gegenstände auf die Netzhaut ab. Dort werden Helligkeit und Farben durch lichtempfindliche Sinneszellen, die Stäbchen und Zapfen, aufgenommen und als elektrische Impulse durch den Sehnerv in das Sehzentrum des Gehirns geleitet.

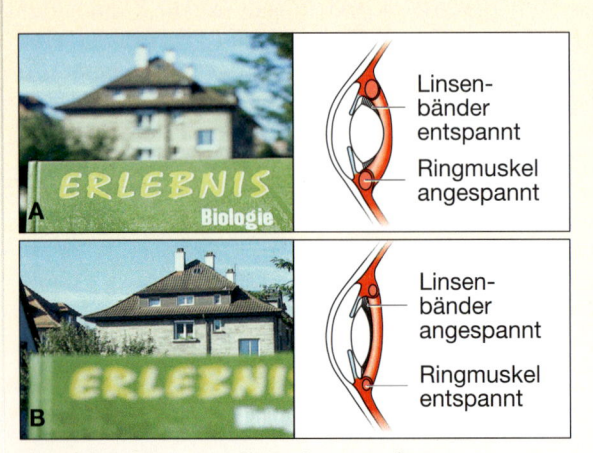

Aufbau des Fotoapparates
Ein **Fotoapparat** hat zwar äußerlich nur wenig Ähnlichkeit mit einem Auge, doch findest du leicht die Teile, die denen beim Auge entsprechen.

Das Objektiv, das die Gegenstände auf die Kamerarückwand abbildet, entspricht der Hornhaut mit der Augenlinse. Die verstellbare Blende im Kameraobjektiv, die die Lichtmenge regelt, entspricht der Iris. Der Bildsensor in einer Digitalkamera entspricht der Netzhaut.

Vergleich Auge–Fotoapparat
Ein wesentlicher Unterschied zwischen Auge und Kamera ist die Scharfeinstellung. Bei der Kamera wird das Objektiv verschoben, beim Auge wird dazu die Augenlinse verändert. In der Naheinstellung, zum Beispiel beim Lesen oder Schreiben, wird die Linse durch den Ringmuskel stark gekrümmt. In der Ferneinstellung werden die Linsenbänder gespannt und die Linse wird flach gezogen.

Die Kamera ist dem Auge in der Bildqualität zwar überlegen. Doch zusammen mit dem Gehirn leistet das Auge unvergleichlich mehr, denn das eigentliche Sehen findet im Sehzentrum des Gehirns statt. Hier werden die Sinneswahrnehmungen der Sehzellen wie von einem Super-Hochleistungscomputer verarbeitet und bewertet. Hier entsteht dann das, was wir als sichtbares Bild unserer Umwelt erkennen.

3 Nah- und Ferneinstellung der Augenlinse

Licht und Bild

Die Entwicklung der Fotografie

1 „Blick aus dem Fenster" – Niépce, 1826

2 Die 1. Kamera von Daguerre um 1837

3 „Boulevard du Temple" – Daguerre, 1839

Die Anfänge der Fotografie
Die erste brauchbare Fotografie gelang dem Franzosen Joseph N. Niépce (1765–1833) im Jahr 1826. Das Bild entstand auf einer Zinkplatte, die er mit lichtempfindlichem Asphaltlack beschichtet hatte. Es musste acht Stunden lang belichtet werden.

Später tat sich Niépce mit Louis J. M. Daguerre (1787–1851) zusammen, einem geschäftstüchtigen Theatermaler. Der entdeckte im Jahr 1837, dass eine versilberte Kupferplatte lichtempfindlich wurde, wenn er sie mit Ioddampf behandelte. Allerdings musste er das Bild nach der Aufnahme erst noch mit Quecksilberdampf sichtbar machen.

4 Das Atelier von Talbot, 1844

Daguerres Bilder waren von guter Qualität. Sie brauchten nur noch einige Minuten lang belichtet zu werden. Daguerre wurde deshalb von vielen als der eigentliche Erfinder der Fotografie gefeiert. Doch sein Verfahren hatte auch Nachteile. Jedes Bild war ein Einzelstück und konnte nicht vervielfältigt werden. Außerdem war es sehr gesundheitsschädlich, mit den giftigen Iod- und Quecksilberdämpfen zu arbeiten.

Ein Negativ, viele Positive
Die endgültige Lösung fand der Engländer William H. F. Talbot (1800–1877). Als Bildträger benutzte er Papier, das er mit Silbersalz bestrichen hatte. Er erfand die Entwicklung der Fotoschicht, wodurch die Empfindlichkeit mehr als hundertfach gesteigert wurde. Auch setzte er als erster Fixiersalz ein, dadurch wurden die Bilder haltbar.
Doch von besonderer Bedeutung war, dass Talbots Fotografien **Negative** waren, von denen beliebig viele Abzüge als Positive hergestellt werden konnten.

Digitale Fotografie
Heute dominiert die digitale Fotografie mit ihren hochaufgelösten Bildern. Die chemische Behandlung der Fotos ist überflüssig geworden und die Umwelt wird geschont.

5 Was wird bleiben – die „klassische" Fotografie ...

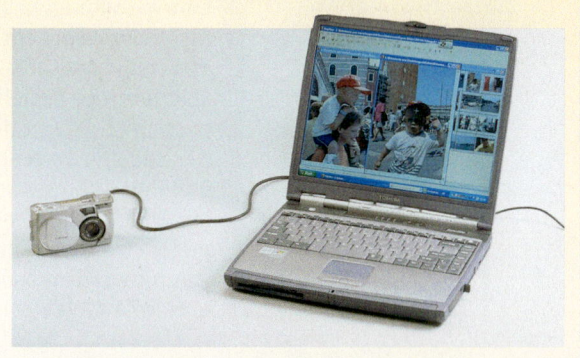

6 ... oder die digitale Fotografie?

Lernen im Team

Bau von optischen Geräten

Optische Geräte sind von jeher auch Meisterwerke der Feinmechanik. Ihr Bau hat eine lange Tradition. Einer der ersten Naturforscher, der optische Geräte baute, war der Italiener GALILEO GALILEI (1564–1642). Er gilt als der Erfinder des galileischen Fernrohres.

Heute stellt das Weltraumteleskop Hubble die neueste Entwicklung dar. Optische Geräte wie Fernrohr, Mikroskop, Kaleidoskop oder Lochkamera könnt ihr selbst bauen. Preiswerte Linsen könnt ihr beim Optiker oder in Läden für Bastelbedarf erwerben.

Gruppe 1: Kaleidoskop
Mit einem **Kaleidoskop** lassen sich kleine Gegenstände betrachten, die mehrfach abgebildet werden und dabei ein symmetrisches Muster ergeben. Beim Drehen des Kaleidoskopes entstehen immer neue Muster.
Das Kaleidoskop besteht aus einem Rohr, in dem mehrere Spiegel unter einem bestimmten Winkel zueinander angeordnet sind.

Kleine Gegenstände wie Glasperlen, farbige Papierschnipsel oder Glasbruchstücke werden in einen Pappring gelegt, dessen Querschnittsflächen mit Transparentpapier und Klarsichtfolie verschlossen werden. Dieser Ring wird an einem Ende in das Rohr eingesetzt. Das andere Ende wird mit einer passenden Sammellinse verschlossen. Jetzt könnt ihr in die zauberhafte Welt der tausend Spiegelbilder eintauchen. Dabei gleicht kein Bild dem anderen.

Gruppe 2: Periskop
Ein **Periskop** oder Sehrohr wie in Bild 1 gestattet dem Benutzer den Blick um die Ecke, ohne dass er selbst gesehen wird. Für die Herstellung werden in einem Vierkantrohr aus Pappe an den Enden zwei Spiegel unter einem Winkel von 45° zur Längsrichtung des Rohres eingesetzt. Die Spiegelflächen sind parallel zueinander. Damit könnt ihr eure Umwelt um die Ecke betrachten.

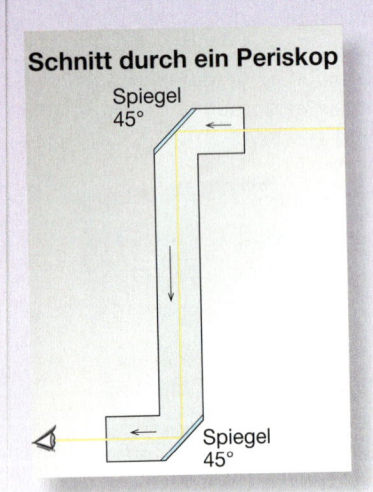

Schnitt durch ein Periskop
Spiegel 45°
Spiegel 45°

Gruppe 3: Fernrohr
Für ein **Fernrohr** benötigt ihr zwei Linsen mit unterschiedlichen Brennweiten. Das Brennweitenverhältnis sollte etwa 1:10 betragen, beispielsweise 3 cm für das Okular und 30 cm für das Objektiv.
Das Fernrohr besteht aus zwei genau ineinander passenden Papphröhren. Die eine kann lichtdicht in der anderen verschoben werden. Am freien Ende des äußeren Rohres wird die Objektivlinse eingesetzt. Das Okular wird am Ende des inneren Rohres eingesetzt. Durch Verschieben der Rohre gegeneinander kann der Abstand der Linsen genau aufeinander abgestimmt werden, sodass ein scharfes Bild entsteht. Damit könnt ihr euch entfernte Objekte 10fach vergrößert anschauen.

Licht und Bild

Gruppe 4: Mikroskop

Mit einem **Mikroskop** lassen sich kleine Gegenstände vergrößert betrachten. Ihr benötigt zwei Linsen mit kurzer Brennweite, zum Beispiel 4 cm für das Objektiv und 3 cm für das Okular. Es werden zwei Kartonröhren verwendet, die gut ineinander passen. Zwei schmale Ringabschnitte von der inneren Röhre dienen als Halterung für die Objektivlinse. Der erste wird 1 Zentimeter vom Rand innen in das äußere, größere Rohr geklebt. Dann folgt die Objektivlinse. Sie wird durch den zweiten Ring, der ebenfalls eingeklebt wird, gehalten. Die Okularlinse muss innen in dem freien Ende des inneren Rohres befestigt werden. Hierfür eignet sich Heißkleber. Damit können innen, etwa 5 mm vom Rand, 4 Klebepunkte gesetzt werden. Nach dem Erkalten wird darauf die Linse gesetzt. Sie lässt sich dann mit weiteren Klebepunkten befestigen. Da die Gesamtvergrößerung durch das Mikroskop von den Brennweiten der Linsen abhängt, müssen vor dem Einsetzen der Linsen ihre Positionen aufeinander abgestimmt werden. Der Brennpunkt der Okularlinse muss sich etwa an der Stelle befinden, an der das Objektiv ein Zwischenbild erzeugt. Das Scharfstellen erfolgt durch Verändern des Abstandes zwischen Gegenstand und Objektiv. Als erstes Untersuchungsobjekt eignet sich die Haut einer Zwiebel.

Gruppe 5: Lochkamera mit Linse

Eine Lochkamera mit einer Linse wie in Bild 3 erzeugt ein helles Bild, das sich gut betrachten lässt. Die Linse sollte eine Brennweite von 10 cm bis 20 cm haben.

Für die Lochkamera werden zwei ineinander verschiebbare Papprohren benötigt. Auf die innere wird eine Mattscheibe aus Transparentpapier geklebt. Ein kurzer Rohrabschnitt der inneren Röhre dient als Halterung für die Linse und die Blende. Die Linse lässt sich gut mit Heißkleber befestigen. Für die Blende eignet sich schwarzes Papier. Daraus könnt ihr eine Schiebeblende mit verschiedenen Öffnungen herstellen. Die kleinste sollte etwa 3 mm betragen.

Diese Lochkamera kann noch zu einer einfachen Fotokamera weiterentwickelt werden. Dazu muss eine zweite Halterung für Fotopapier geschaffen werden. Darauf wird das Bild festgehalten. Das Fotopapier muss im Dunkeln eingelegt und in einem gesonderten Vorgang entwickelt werden.

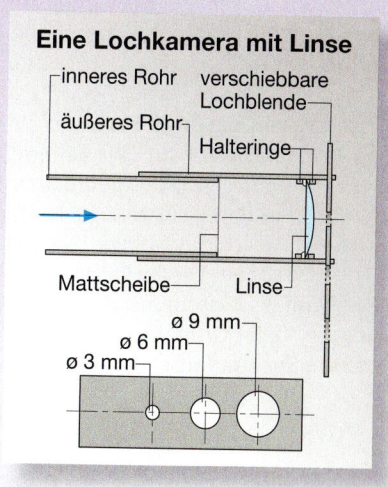

2 Optische Geräte. **A** *Kaleidoskop*, **B** *Periskop*, **C** *Fernrohr*, **D** *Mikroskop*, **E** *Lochkamera mit Linse*

Farben

1. a) Das Prisma in Bild 1 wird mit weißem Licht angestrahlt. Wie könnten die Farben entstanden sein?
b) Wo hast du schon ähnliche farbige Lichter gesehen?

2. Baue den Versuch nach Bild 2 auf. Verschiebe den Schirm, bis du Licht auffangen kannst. Betrachte das Farbband und nenne die Farben.

3. Vergleiche die farbigen Lichter aus Versuch 2 mit einem Regenbogen. Was stellst du fest?

4. Wiederhole Versuch 2. Lass im Dunkeln das Licht hinter dem Prisma auf einen Zinksulfidschirm fallen. Schalte die Lampe aus und betrachte den Schirm. Was stellst du fest?

5. Wiederhole Versuch 2. Halte neben das Rot des Farbbandes außerhalb des Spektrums ein rußgeschwärztes empfindliches Thermometer. Was stellst du nach einigen Minuten fest? Was schließt du daraus?

6. Zeichne das Spektrum in dein Heft. Trage auch die Bereiche Infrarot und Ultraviolett ein.

1 Ein Prisma verändert das Licht.

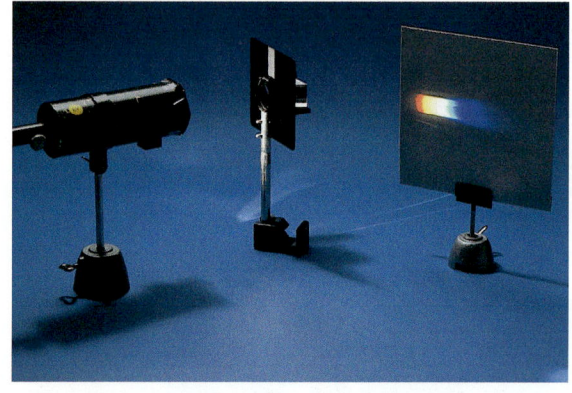

2 Ein Prisma wird mit weißem Licht beleuchtet.

Ein besonderer Glaskörper
Hinter geschliffenen Glasfiguren siehst du oft farbiges Licht. Wie die Farben zustande kommen, lässt sich mit einem **Prisma** untersuchen. Das ist ein Glaskörper mit einer dreieckigen Grundfläche und ebenen Seitenflächen.

Das Prisma erzeugt Farben
Wenn weißes Licht auf eine Seitenfläche des Prismas fällt, wird es gebrochen und dabei in farbiges Licht zerlegt. Hinter dem Prisma lässt sich das farbige Licht als Farbband auffangen. Dieses Farbband heißt **Spektrum.** Es besteht aus den Farben Rot, Orange, Gelb, Grün, Blau und Violett. Dies sind die **Spektralfarben.**

Vom Auge nicht wahrnehmbares Licht
Neben dem Rot und Violett eines Spektrums gibt es noch Licht, das wir nicht wahrnehmen können. Es liegt außerhalb des Farbbandes. Das nicht wahrnehmbare Licht neben dem Rot heißt **Infrarot (IR),** das neben dem Violett heißt **Ultraviolett (UV).** Das Infrarotlicht ist nichts anderes als Wärmestrahlung. Sie lässt sich mit einem Thermometer nachweisen. Das ultraviolette Licht lässt im Dunkeln zum Beispiel einen Zinksulfidschirm aufleuchten.

3 Das Spektrum

■ Weißes Licht wird durch ein Prisma in die Spektralfarben Rot, Orange, Gelb, Grün, Blau, Violett zerlegt. Außerhalb des Spektrums liegen die für das Auge nicht wahrnehmbaren Farben Infrarot und Ultraviolett.

Optische Instrumente und die Erforschung des Weltalls → S. 84/85

Spektralfarben

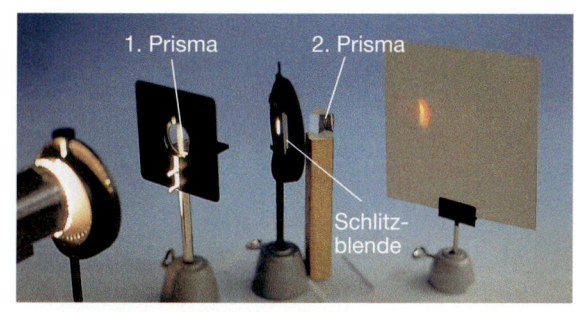

1 Spektralfarbe fällt auf ein Prisma.

🔍 **1. a)** Baue den Versuch nach Bild 1 auf. Blende eine Spektralfarbe mit einer Schlitzblende aus und lass das Lichtbündel auf ein zweites Prisma fallen. Beschreibe deine Beobachtung.
b) Wiederhole den Versuch mit einer anderen Spektralfarbe. Was stellst du fest?

🔍 **2.** Erzeuge ein Spektrum und bilde mit einer Sammellinse die zweite Fläche des Zerlegungsprismas wie in Bild 2 auf einen Schirm ab. Beschreibe das Bild.

📖 **3.** Begründe, dass Spektralfarben im weißen Licht enthalten sind.

📖 **4.** Welche zwei Folgerungen ergeben sich, wenn rotes Licht durch ein Prisma in andere Farben zerlegt werden kann?

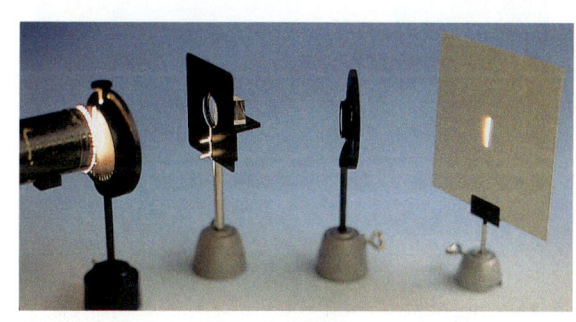

Eigenschaften der Spektralfarben

Spektralfarben treten auf, wenn weißes Licht von einem Prisma zerlegt wird. Welche Eigenschaften haben sie?
Lässt du ein Lichtbündel einer einzelnen Spektralfarbe auf ein weiteres Prisma fallen, wird das Bündel erneut aus der geraden Richtung abgelenkt (Bild 1). Die Farbe bleibt aber erhalten, es entsteht keine neue Farbe. Auch bei den anderen fünf Spektralfarben kannst du diese Eigenschaft beobachten. Spektralfarben lassen sich durch ein Prisma nicht weiter zerlegen.

Eine weitere Eigenschaft der Spektralfarben ergibt sich, wenn du eine Sammellinse in das Spektrum hältst und eine Fläche des Prismas auf einem Schirm abbildest. Die sechs Spektralfarben ergeben zusammen wieder Weiß (Bild 2). Daraus kannst du schließen, dass sie im weißen Licht enthalten sind.

2 Spektralfarben werden vereinigt.

Licht eines Lasers

Eine Eigenschaft der Spektralfarben hat auch das Laserlicht. Fällt ein Laserstrahl auf ein Prisma, wird er abgelenkt, aber nicht zerlegt. Laserlicht ist also einfarbig, der Fachausdruck lautet **monochromatisch**.

■ Spektralfarben sind nicht zerlegbar. Die sechs Spektralfarben ergeben zusammen Weiß. Laserlicht ist monochromatisch, es kann nicht zerlegt werden.

Photonen und Farben

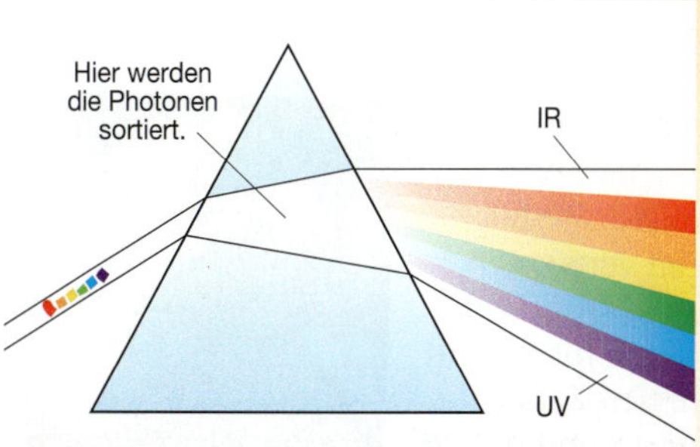

3 Ein Prisma zerlegt den Photonenstrom.

Photonen sind Energiepakete. Sie erzeugen auf der Netzhaut des Auges eine Lichtempfindung. Es gibt verschiedene Arten von Photonen. Jede Sorte erzeugt im Auge eine ganz bestimmte Farbempfindung. Die Photonen selbst unterscheiden sich in der Menge der Energie. Photonen, die den Lichteindruck rot erzeugen, sind Energiepakete mit wenig Energie. Solche, die den Eindruck blau erzeugen, sind Energiepakete mit sehr viel Energie. Ein Prisma zerlegt den Photonenstrom. Energiearme Photonen werden wenig, energiereiche Photonen werden stark abgelenkt.

Infrarot – Ultraviolett

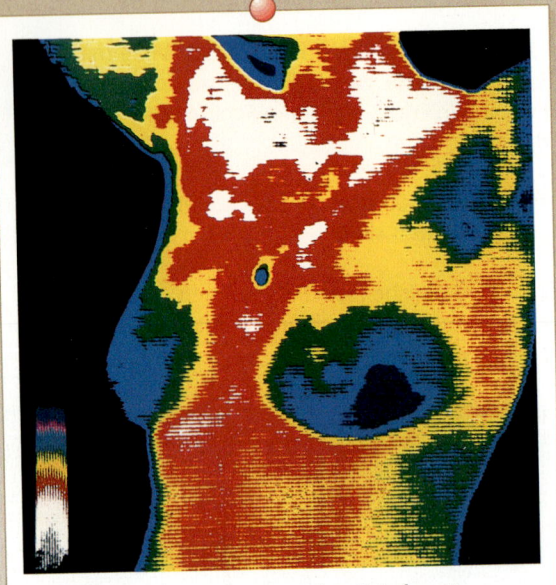

Blutgefäßsysteme lassen sich mit **Infrarot-Strahlung** untersuchen, die der Körper aussendet. Gesunde Gefäße unterscheiden sich in der Wärme-Abstrahlung von erkrankten. Die IR-Strahlung wird aufgefangen und über einen Bildschirm sichtbar gemacht. Die Stärke der Strahlung wird dabei in verschiedene Farben umgesetzt. Fettgewebe ist schlecht durchblutet und sieht auf der Aufnahme blau aus.

1. Überlege, wofür Infrarotlampen in der Medizin noch eingesetzt werden.

Ultraviolettes Licht wird in die drei Bereiche A, B und C eingeteilt.
UV A-Licht sorgt beim Menschen für die Bräunung der Haut. Bei zu starker Bestrahlung lässt es die Haut jedoch schnell altern.
UV B-Licht ist wichtig zur Bildung von Vitaminen, zum Beispiel von Vitamin D. Es kann aber auch zu Sonnenbrand führen, besonders wenn die Haut noch nicht genug gebräunt ist. Du musst sie zum Schutz mit Sonnencreme entsprechend dem Lichtschutzfaktor einreiben.
UV C-Licht wird von der Ozonschicht über der Erde verschluckt.

2. Erkundige dich nach dem Lichtschutzfaktor in Sonnenschutzmitteln. Was bedeutet er?

Schwarzlichtlampen senden UV-Strahlung aus. Sie lassen im Dunkeln weiße Hemden und Blusen, Zähne, Nagellack und auch Make-up fahl weiß aufleuchten. Deshalb sind sie in Diskotheken und bei Theatervorstellungen sehr beliebt. UV-Strahlung macht auch Wäsche „weißer als weiß". Vollwaschmittel enthalten nämlich optische Aufheller. Das sind Stoffe, die den vom Auge nicht wahrnehmbaren UV-Anteil des Sonnenlichtes in wahrnehmbares Licht umwandeln.

3. Wie müsste eine „Schwarzlichtlampe" richtig heißen?

IR-Fernbedienungen werden in der Unterhaltungselektronik verwendet. Sie senden Infrarotlicht aus. Als Strahlungsquelle dienen häufig Infrarotleuchtdioden. Mit ihnen werden die Informationen übertragen. Der Empfänger besteht aus einer Fotodiode. Er kann mit der Fernbedienung gesteuert werden.

Für den **Zahnerhalt** werden neben Amalgam Kunststoffe für Füllungen verwendet. Die Kunststoff-Füllung wird Schicht für Schicht direkt in den Zahn eingebracht und mittels UV-Licht ausgehärtet.

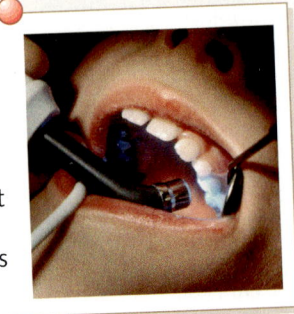

Licht und Bild

Infrarot zeichnet Bilder und wärmt

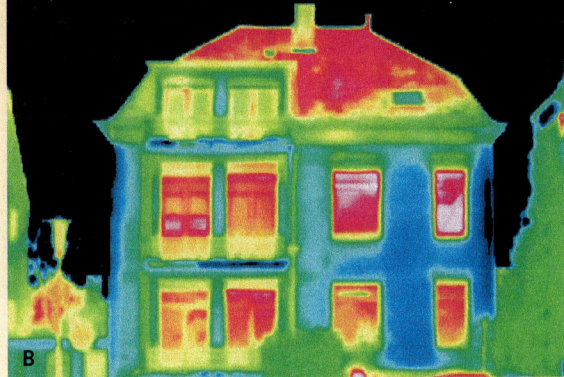

Mithilfe der Infrarotstrahlung können auch Bewegungen von Menschen und Tieren im Dunkeln wahrgenommen werden (Bild 2). Dabei werden die von den Lebewesen ausgesandten IR-Strahlen von speziellen Digitalkameras aufgenommen und als Bilder auf einem Leuchtschirm dargestellt.
Pflanzen strahlen ebenfalls Infrarotstrahlung ab. Dadurch lassen sich beispielsweise Anbauflächen oder Waldschäden überwachen.

2 Nächtliche Wanderer

1 A Farbaufnahme; B IR-Aufnahme

Die Infrarot-Fotografie
Infrarotstrahlen sind Wärmestrahlen. Sie können auf zwei Arten zum Fotografieren genutzt werden: Entweder sendet der Körper direkt Infrarotlicht in die Kamera oder das Infrarotlicht wird von einer Lampe ausgesendet und vom Körper reflektiert.
Als Wärmestrahlung tritt Infrarotlicht immer auf. Zum Fotografieren eignet sich nur das IR-Licht, das von einem Körper mit sehr viel höherer Temperatur abgestrahlt wird. Dieses IR-Licht muss nahe am Rot des Spektrums liegen.
Zum Beleuchten eines Gegenstandes wird IR-Licht von einer Blitzlichtlampe mit Filter ausgesandt. Der Filter lässt nur IR-Licht hindurch. Die von Gegenständen reflektierten IR-Strahlen werden von speziellen Aufnahmegeräten verstärkt. Das Objektiv der Kamera kann dasselbe sein wie zum herkömmlichen Fotografieren.
Mit Infrarotaufnahmen lassen sich Wärmeverluste an Häusern sichtbar machen. Die unterschiedlichen Temperaturen werden durch unterschiedliche Farben erkennbar. So werden Energielecks sichtbar (Bild 1).

Infrarot als Wärme
In der Medizin wird Infrarot-Strahlung zur Behandlung eingesetzt. Sie dringt tief in das Gewebe ein, hemmt Entzündungen und fördert die Durchblutung der Haut. So wird sie bei der Behandlung von Nasennebenhöhlenentzündungen, bei Muskelverspannungen, rheumatischen Erkrankungen und Mittelohrentzündungen genutzt. Die IR-Strahlung wird bei Neugeborenen eingesetzt. Das schützt sie vor Unterkühlung.
IR-Strahlung findet auch in der Tierhaltung verwendet. Die Infrarotlampe wärmt in Aufzuchtställen Küken und Ferkel (Bild 3).

3 Ferkel unter Rotlicht

📖 **1.** Überlege, wo Infrarotlampen zum Wärmen eingesetzt werden.

Farbsubtraktion

🔍 **1.** Lass ein Spektrum auf die Grenze zwischen einem roten und einem weißen Karton fallen. Welche Farben des auffallenden Lichtes siehst du jeweils, welche nicht? Beschreibe deine Beobachtungen.

🔍 **2.** Mische im Malkasten oder aus Tuben je zwei verschiedene Farben zusammen. Notiere die Ausgangsfarben und die Mischfarbe.

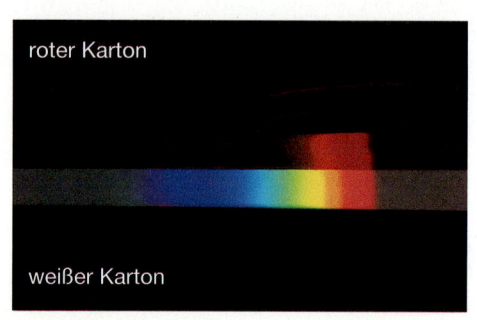

🔍 **3. a)** Beleuchte eine rote Glasscheibe mit weißem Licht. Welches Licht lässt die Scheibe hindurch, welches wirft sie zurück?
b) Wiederhole Versuch a) mit einer grünen Glasscheibe.
c) Erkläre, wieso die farbigen Glasscheiben Farbfilter genannt werden.

📖 **4.** Welche Farbfilter müsstest du wählen, damit am Ende kein Licht hindurch kommt?

📝 **5. a)** Erkläre, wie eine Körperfarbe zustande kommt.
b) Wie sähe unsere Welt in rotem Licht aus?

🔍 **6. a)** Betrachte Bild 2 mit einer Lupe. Aus welchen Farben sind die einzelnen Punkte zusammengesetzt?
b) Betrachte Bild 2 aus großer Entfernung. Welchen Bildeindruck hast du jetzt?

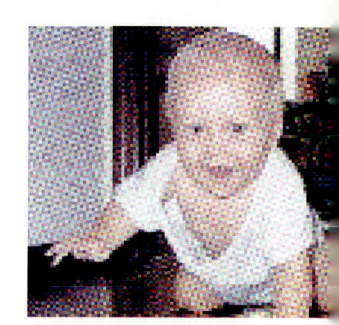

1 Ein farbiger Karton absorbiert Farben.

2 Farbbilder bestehen aus farbigen Punkten.

Einzelne Farben und alles wird bunt

Beleuchtest du einen roten Karton mit einem Spektrum, verschluckt der Karton die farbigen Lichter grün bis violett. Nur Rot ist noch zu sehen. Würdest du den roten Karton mit grünem Licht bestrahlen, könntest du ihn überhaupt nicht sehen. Ein roter Karton wirft also nur den roten Teil des weißen Lichts ins Auge zurück.

Die Farbe, in der uns ein Körper erscheint, heißt **Körperfarbe**. Der Karton erscheint rot, weil er aus dem weißen Licht alle Farben außer Rot entfernt oder subtrahiert. Dieser Vorgang wird daher **Farbsubtraktion** genannt. Körperfarben kommen durch Farbsubtraktion zustande.

Blau und Gelb ergibt Grün

Aus zwei Farben eines Malkastens kannst du eine dritte mischen. Wenn du die Farben Gelb und Blau mischst, bekommst du Grün. Aus Rot und Blau wird Violett. Wie ergibt sich jeweils die dritte Farbe? Fällt weißes Licht auf eine blaue Farbpaste, so verschluckt die Paste Rot, Orange und Gelb. Die gelbe Paste verschluckt zusätzlich Blau und Violett. Von den sechs Spektralfarben bleibt also nur noch Grün übrig.
Auch farbige Glasscheiben filtern aus dem weißen Licht durch Farbsubtraktion Farben heraus. Ein blaues **Farbfilter** nimmt Rot, Orange und Gelb heraus. Es lässt nur Blau hindurch. Gleichzeitig reflektiert es nur Blau, sodass du es als blaues Filter siehst.

Entstehung von farbigen Bildern

Durch die Zusammensetzung von Farbpunkten entstehen auch **Farbbilder** (Bild 2). Sie werden mit Gelb, Rot und Blau und zusätzlich mit Schwarz gedruckt. Jede Farbschicht nimmt aus dem auffallenden weißen Licht ihren jeweiligen Anteil heraus. Was von den sechs Spektralfarben reflektiert wird, gelangt schließlich in dein Auge.

■ Die Körperfarbe kommt durch Farbsubtraktion zustande. Dabei wird aus dem weißen Licht ein bestimmter Farbanteil verschluckt.

3 Beim Mischen entstehen neue Farben.

Licht und Bild

Farbaddition

🔍 **1.** Betrachte mit einer Lupe eine weiße Stelle auf dem Bildschirm eines Fernsehgerätes. Welche Farben kannst du erkennen?

🔍 **2.** Lass wie in Bild 2 ein Spektrum auf einen Schirm fallen. Sammle das Licht hinter dem Prisma mit einer Sammellinse zu Weiß. Blende mit einem dünnen Papierstreifen eine Farbe aus. Notiere die ausgeblendete Farbe und die Farbe, die du auf dem Schirm siehst.

🔍 **3.** Setze vor je eine Lampe einen Rot-, Grün- und Blaufilter. Lass wie in Bild 3 jeweils zwei farbige Lichtflecke übereinanderfallen. Notiere die Farben. Welche Farbe ergibt sich, wenn alle drei farbigen Lichtflecke übereinanderliegen?

📖 **4.** Suche jeweils die Paare farbiger Lichter, die bei Farbaddition Gelb, Purpur und Türkis ergeben.

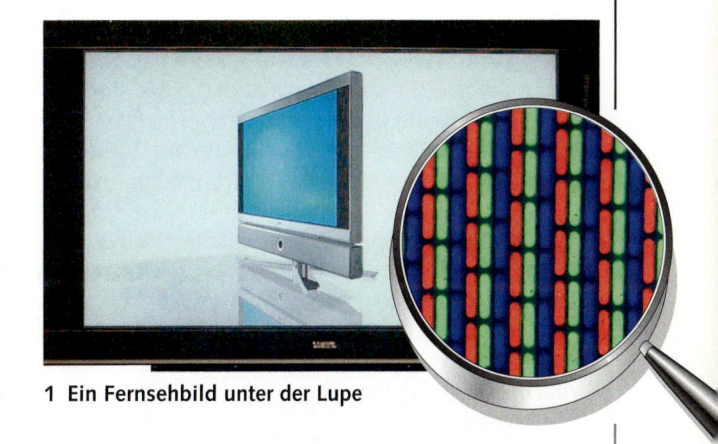

1 Ein Fernsehbild unter der Lupe

📖 **5.** Warum werden die Farben Rot, Grün und Blau bei der Farbaddition Grundfarben genannt?

📖 **6.** Nenne alle Paare von Komplementärfarben.

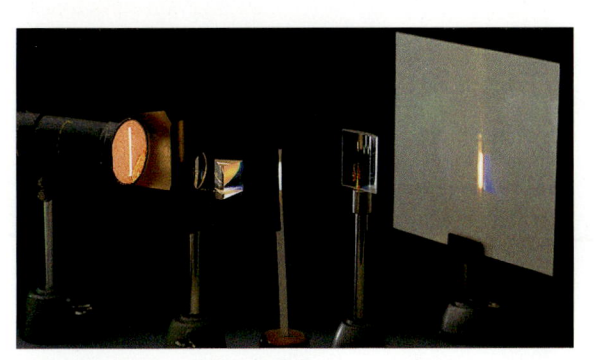

2 Ein Spektrum wird verändert.

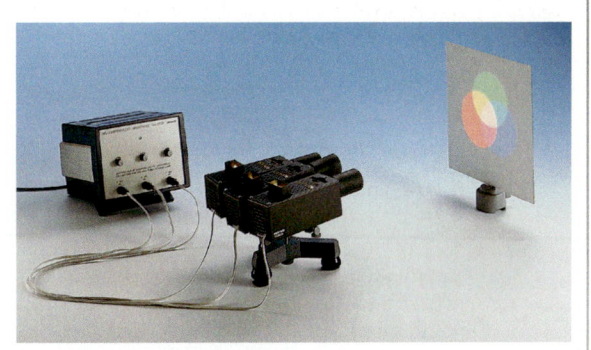

3 Drei Farben addieren sich.

Farbige Lichter addieren sich

Ein farbiges Fernsehbild setzt sich aus vielen einzelnen farbigen Rechtecken zusammen. Betrachtest du eine einzelne weiße Stelle auf dem Bildschirm genauer, so findest du nebeneinander drei leuchtende Rechtecke in den Farben rot, grün und blau. Jedes Rechteck des Bildschirms sendet entsprechend farbiges Licht aus. Im Auge werden die einzelnen Farben zu dem Gesamteindruck Weiß zusammengesetzt. Bei entsprechender Entfernung vom Bildschirm siehst du nur einen weißen Bildpunkt. Dieser Vorgang heißt **Farbaddition**. Auch für die Erzeugung der verschiedenen anderen Farben durch Farbaddition genügen die Farben Rot, Grün und Blau. Je nach der Helligkeit der drei farbigen Lichter ergeben sich die unterschiedlichen Farbtöne.

■ Wenn farbige Lichtbündel auf die gleiche Stelle fallen, ergibt sich durch Farbaddition eine neue Farbe. Komplementärfarben ergänzen sich durch Farbaddition zu Weiß.

Komplementärfarben

Wenn du die sechs Spektralfarben mit einer Sammellinse vereinigst, erhältst du Weiß. Blendest du eine Farbe aus und vereinigst die anderen Fünf, ergibt sich eine andere Farbe. Sie ist bereits im Spektrum enthalten. Gibst du die ausgeblendete Farbe wieder frei, hast du erneut Weiß. Die beiden Farben, die sich zu Weiß ergänzen, heißen **Komplementärfarben**. Entsprechende Farbpaare findest du in Bild 4.

4 Komplementärfarben

Streifzug

😉 Farben in der Malerei

Farbkreis und Simultankontrast

„In der Kunst wird beinahe niemals Farbe als das wahrgenommen, was sie physikalisch ist", behaupten die Künstler. Für sie sind die Grundfarben Gelb, Magenta und Cyan wichtig. Aus den Pigmenten dieser Farben lassen sich alle Mischfarben herstellen. Viele Maler entwickelten **Farbkreise** und begründeten die Farbenlehre.

Die Farbwahrnehmung des menschlichen Auges ist von der Farbumgebung abhängig. Ein heller Hintergrund führt dazu, dass der Gegenstand in den Vordergrund des Bildes rückt und heller wirkt. Vor dunklem Hintergrund wird ein Gegenstand scheinbar nach hinten verschoben und wirkt dunkler. Auch der Farbton ändert sich. Ein blaugrüner Streifen in grünem Umfeld wirkt bläulich, in blauem Umfeld wirkt er grünlich. Das Auge ist bestrebt, zu jeder Farbe gleichzeitig die Komplementärfarbe zu sehen. Sieht das Auge die Farbe Gelb, bildet es als **Simultankontrast** die Farbe Violett (Bild 2).

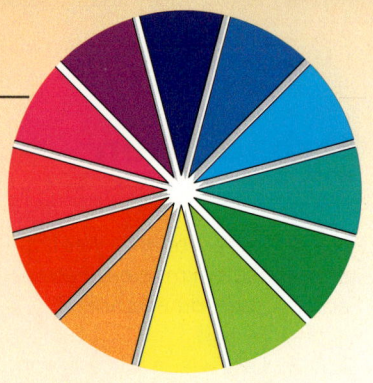

1 Farbkreis

2 Simultankontrast

Streifzug

😉 Le pointillisme

3 GEORGES SEURAT: Un dimanche après – midi à l'Île de la Grande Jatte (1884–1886)

4 PAUL SIGNAC: Le déjeuner (1886–1887)

A la fin du XIXe siècle, les impressionnistes sont de plus en plus nombreux. Une partie crée ses propres expositions. Ils essaient de traduire les scènes de vie quotidienne ou les paysages de la manière la plus réaliste possible en peignant par „petites touches". Le jeune artiste GEORGES SEURAT admire les peintres impressionnistes. Il est fasciné par leur façon de peindre. Seurat a lu les études sur la lumière du physicien JAMES CLERK MAXWELL et de son ami CHARLES HENRY, qui dirige un laboratoire de physiologie des sensations. En 1883, il commence l'étude pour sa première grande composition de deux à trois mètres. Elle s'appelle «Une baignade à Asnières». Pour cette étude, il réalise une série de dessins sur les rives de la Seine. Dans un second temps, dans son atelier, il «décompose» les couleurs de son modèle pour peindre avec ses petits points de couleurs primaires et complémentaires. Le nouveau style s'appelle le **pointillisme**.
En 1884, il expose le tableau au Salon des artistes indépendants: il déconcerte, mais il retient l'attention de certains jeunes artistes comme PAUL SIGNAC ou CAMILLE PISSARO. Durant l'été de cette même année, il entreprend la réalisation d'une de ses peintures les plus connues: «Un dimanche après-midi à l'Île de la Grande Jatte». Mais il y a aussi des peintres qui refusent le **confettisme,** par exemple EDGAR DEGAS ou EUGÈNE MANET.

essayer – versuchen; la manière – die Art; admirer – bewundern; diriger – leiten; décomposer – zerlegen; indépendant – unabhängig; déconcerter – verwirren; retenir – auf sich ziehen; réfuser – ablehnen, verweigern

Licht und Bild

Farbfehler von Linsen

Sammellinse besteht aus vielen Prismen

Die Abbildung eines Gegenstandes durch eine Linse beruht darauf, dass die Linse das einfallende Licht bricht. Dabei tritt aus zwei Gründen ein Farbfehler auf, der besonders beim Fotografieren sehr störend wäre.
Der eine Grund liegt darin, dass weißes Licht aus Spektralfarben besteht. Der zweite Grund ist darin zu sehen, dass du dir jede Linse aus vielen Prismen zusammengesetzt denken kannst (Bild 1).
Jedes Prisma zerlegt das weiße Licht in die Spektralfarben. Weil die einzelnen Prismen das Licht aber verschieden stark ablenken, kommt es zu dem Farbfehler bei der Abbildung.

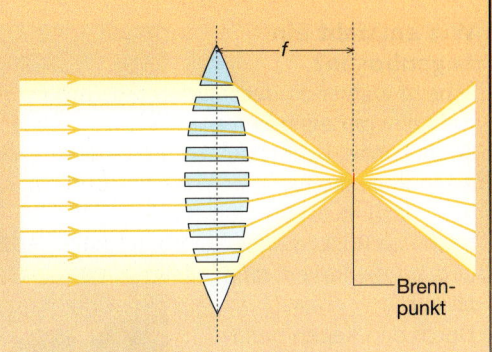

1 Eine Linse besteht aus Prismen.

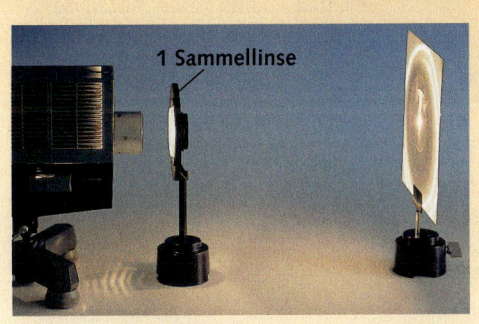

2 Farbiges Wendelbild

Farbiger Hof

Der Farbfehler ist deutlich zu sehen, wenn du die Wendel einer Lampe scharf auf einen Schirm abbildest (Bild 2). Das Bild ist dabei von einem farbigen Hof umgeben. Setzt du vor die Lampe ein Rotfilter und anschließend ein Blaufilter, musst du den Schirm etwas verschieben, um jeweils ein scharfes Bild zu erhalten.

Mehrere Brennpunkte

Den Grund dafür erkennst du, wenn du die abbildende Linse in der Mitte mit einer Blende abdeckst. Du kannst dann zwei Brennpunkte feststellen, wenn paralleles Licht auf die Linse fällt. Der Brennpunkt F_r des roten Anteils des Lichtes liegt weiter von der Linse entfernt als der des blauen Anteils F_{bl}. Auf dem Auffangschirm siehst du in der Stellung F_r einen Lichtfleck, dessen äußerer Rand rot gefärbt ist. In der Stellung F_{bl} ist dieser äußere Rand blau (Bild 3).
Ohne Abdeckung der Linse wirkt jedes Teilprisma auf das weiße Licht mit Farbzerlegung, was zu der insgesamt farbigen fehlerhaften Abbildung führt.

3 Brennpunkte verschiedener Farbanteile

Korrektur des Farbfehlers

Der Farbfehler lässt sich zum größten Teil aufheben, wenn zur Abbildung verschiedene Linsensysteme eingesetzt werden. Das können zwei Sammellinsen in geringem Abstand zueinander sein (Bild 4). Du könntest auch eine Sammel- und eine Zerstreuungslinse benutzen, die aus verschiedenen Glassorten bestehen. Die Wahl der Brennweiten hängt davon ab, wohin der Gegenstand abgebildet werden soll.

📖 **1.** Stelle zusammen, wie Farbfehler bei Linsen auftreten und korrigiert werden können.

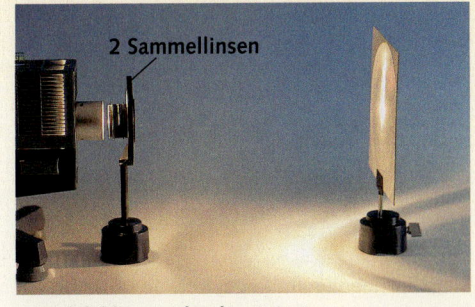

4 Farbfehler werden korrigiert.

Streifzug

Der Regenbogen

Wie entsteht ein Regenbogen?

Scheint während oder nach einem Regenschauer die Sonne, kannst du einen Regenbogen sehen. Dazu musst du die Sonne im Rücken haben und auf die Regenwand blicken.

Durch den Regen befinden sich in der Luft viele kleine Wassertröpfchen. Fällt das Licht der Sonne auf einen solchen Regentropfen, so wird es beim Übergang in den Tropfen gebrochen. Verschiedene Farben werden unterschiedlich stark gebrochen. Das einfallende Sonnenlicht wird in die Spektralfarben zerlegt. An der Rückwand des Tropfens wird das farbige Licht reflektiert. Das reflektierte Licht wird beim Verlassen des Wassertropfens ein weiteres Mal gebrochen (Bild 1A).

Wenn du einen Regenbogen siehst, treffen aus unzählig vielen Regentropfen Lichtbündel in dein Auge. Bei einer einmaligen Reflexion im Wassertropfen entsteht der **Hauptregenbogen**. Du nimmst von oben nach unten die Farben Rot, Orange, Gelb, Grün, Blau und Violett wahr.

Nicht nur ein Bogen, sondern zwei!

Manchmal siehst du oberhalb des Hauptregenbogens einen weniger hellen **Nebenregenbogen**. Bei ihm ist die Anordnung der Farben umgekehrt zum Hauptregenbogen. Außen befindet sich violettes Licht und innen rotes Licht. Die Farbreihung ist umgekehrt, weil die Lichtbündel innerhalb des Wassertropfens zweimal reflektiert werden (Bild 1B).

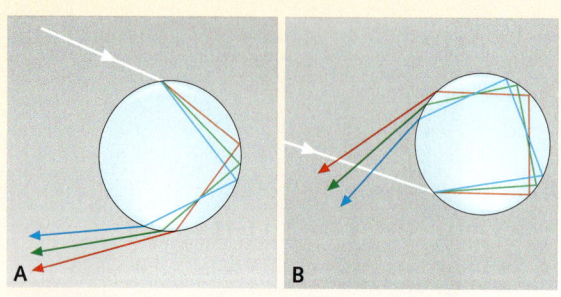

1 Farbzerlegung am Regentropfen. **A** *Hauptregenbogen*, **B** *Nebenregenbogen*

Warum ist der Regenbogen gebogen?

Da du den Regentropfen unter einem bestimmten Winkel betrachtest, gelangt aus dem Tropfen eine bestimmte Farbe in dein Auge. Im Winkel von 42,3° zum einfallenden Sonnenlicht siehst du besonders den roten Anteil des Lichtes, bei 40,7° den violetten Teil. Die Lichtbündel einer Farbe bilden jeweils den gleichen Winkel mit der Richtung des Sonnenlichtes. Die Lichtbündel liegen damit auf dem Mantel eines Kegels, dessen Spitze im Auge des Beobachters liegt. Entsprechend bildet jede Farbe einen Kreisbogen (Bild 2).

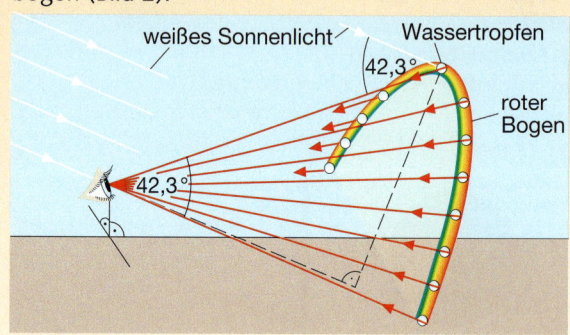

2 Ein Regenbogen ist gekrümmt.

Sonderformen

Sehr selten können Sonderformen des Regenbogens beobachtet werden. Bei besonders kleinen Tropfen entsteht durch Farbüberlagerung ein weißer Bogen, der so genannte **Nebelbogen**. Bei besonders tiefen Temperaturen entsteht ein Eisbogen, im Mondlicht ein **Mondbogen**. Bei Reflexion des Regenbogens an einer Wasseroberfläche entsteht ein **Spiegelbogen**. In Nähe der Pole kann der **Zirkumzenitalbogen** beobachtet werden.

1. Veranschauliche die oben aufgeführten Sonderformen des Regenbogens mit Bildmaterial und fertige ein Plakat an.

Licht und Bild

Regenbogenfarben – künstlich erzeugt

Praktikum

3. Regenbogen – künstlich erzeugt

Material
- Experimentierleuchte mit Kondensor $f = 100$ mm
- Spalt
- Stehkolben
- Wasser

Durchführung
Stelle den Spalt dicht vor die Experimentierleuchte (Bild 1). Fülle den Stehkolben mit Wasser und stelle ihn vor den Spalt. Schaue von der Lampe aus in den Stehkolben und beschreibe deine Beobachtung.

1 Regenbogen – künstlich erzeugt

1. Die Farben des Regenbogens
Ähnlich wie an kleinen Wassertropfen entstehen die Spektralfarben auch bei der Brechung an Glaskörpern oder Kristallen.

Material
- Experimentierleuchte
- Svarowski®-Figur
- Schirm

Durchführung
Lass das weiße Licht einer Lichtquelle auf die Figur fallen. Notiere die dabei entstehenden Farben. Was stellst du fest?

2. Regenbogen in der Natur
Regenbögen sind bei Sonnenschein auch an Springbrunnen oder Wasserfällen zu beobachten. Einen solchen Regenbogen kannst du selbst erzeugen.

Material
- Experimentierleuchte
- Gartenschlauch mit Wasseranschluss

Durchführung
Lass im Licht einer starken Lampe oder bei Sonnenschein vor einem dunklen Hintergrund mit einem Gartenschlauch Wasser in der Luft fein verrieseln. Notiere deine Beobachtungen.

4. Farben an dünnen Schichten
Die Zerlegung weißen Lichtes in die Spektralfarben kann auch an dünnen Schichten beobachtet werden. Hier kommt es durch Reflexionen und Brechungen sowie Überlagerung des Lichtes zu farbigen Effekten. Bei Veränderung des Betrachtungswinkels ändern sich die Farbeffekte.

Material
- Experimentierleuchte
- flache Schale mit Wasser
- Pipette
- Sonnenblumenöl
- Geschirrspülmittel

Durchführung
Gib einige Tropfen Sonnenblumenöl auf die Wasseroberfläche. Beleuchte anschließend die Oberfläche mit der Experimentierlampe. Variiere dabei auch den Beleuchtungswinkel. Beschreibe deine Beobachtungen. Wiederhole den Versuch mit Geschirrspülmittel.

55

Auf einen Blick

Licht und Bild

Physikalische Größen
G – Gegenstandsgröße
g – Gegenstandsweite
B – Bildgröße
b – Bildweite
F – Brennpunkt
f – Brennweite

Reflexionsgesetz: $\angle \alpha = \angle \beta$. Einfallendes und reflektiertes Lichtbündel sowie Einfallslot liegen in einer Ebene.

ebener Spiegel
- Vorderseite und Rückseite im Bild vertauscht
- virtuelles, aufrechtes Bild
- $g = b$; $G = B$

Hohlspiegel
- besitzt Brennpunkt F und Brennweite f
- achsennahe Parallelstrahlen werden durch den Brennpunkt F reflektiert
- virtuelles oder reelles und aufrechtes oder umgekehrtes Bild, abhängig von g
- B abhängig von g

Wölbspiegel
- besitzt scheinbaren Brennpunkt F´ und Brennweite $f´$
- virtuelles, aufrechtes Bild
- $G > B$

Brechung
Beim Übergang von Luft in Wasser oder von Luft in Glas wird das Licht zum Lot hin gebrochen. Beim umgekehrten Übergang erfolgt die Brechung vom Lot weg.

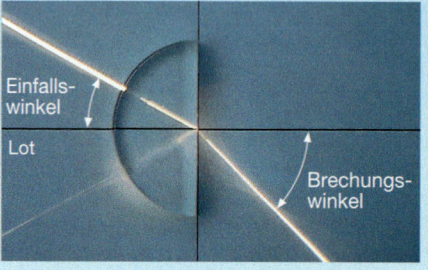

Einfallswinkel
Lot
Brechungswinkel

Einfallswinkel >42°
Lot

Totalreflexion
Wenn Licht von Wasser oder Glas in Luft übergeht, kann Totalreflexion auftreten. Dazu muss der Einfallswinkel größer sein als der Grenzwinkel.

Glasfasertechnik

Sammellinse
- Glaskörper, der in der Mitte dicker ist als am Rand
- $g > f \Rightarrow$ reelles, umgekehrtes Bild; B abhängig von g
- $g = f \Rightarrow$ kein Bild
- $g < f \Rightarrow$ virtuelles, aufrechtes Bild; $G < B \Rightarrow$ **Lupe**
- Brille: Korrektur von **Weitsichtigkeit**

Zerstreuungslinse
- Glaskörper, der in der Mitte dünner ist als am Rand
- virtuelles, aufrechtes Bild
- $G > B$
- Brille: Korrektur von **Kurzsichtigkeit**

Astronomisches Fernrohr
- Objektiv: Sammellinse mit großer Brennweite f
- Okular: Sammellinse (Lupe)
- umgekehrtes Bild

Galileisches Fernrohr
- Objektiv: Sammellinse
- Okular: Zerstreuungslinse
- aufrechtes Bild
- Beobachtungen auf der Erde

Mikroskop
- Objektiv: Sammellinse mit sehr kleiner Brennweite f
- Okular: Sammellinse (Lupe)
- aufrechtes Bild

Das Spektrum
Weißes Licht wird durch ein Prisma in die **Spektralfarben** zerlegt. Sie lassen sich nicht weiter zerlegen. Das Farbband heißt **Spektrum**.

Farbaddition
Treffen farbige Lichter auf eine Stelle, ergibt sich durch **Farbaddition** eine neue Farbe. Beim Fernsehbild ergibt sich Weiß durch Addition von Rot, Grün und Blau.

Farbsubtraktion
Jeder Gegenstand erscheint im weißen Licht in seiner **Körperfarbe**. Sie kommt durch **Farbsubtraktion** zustande.

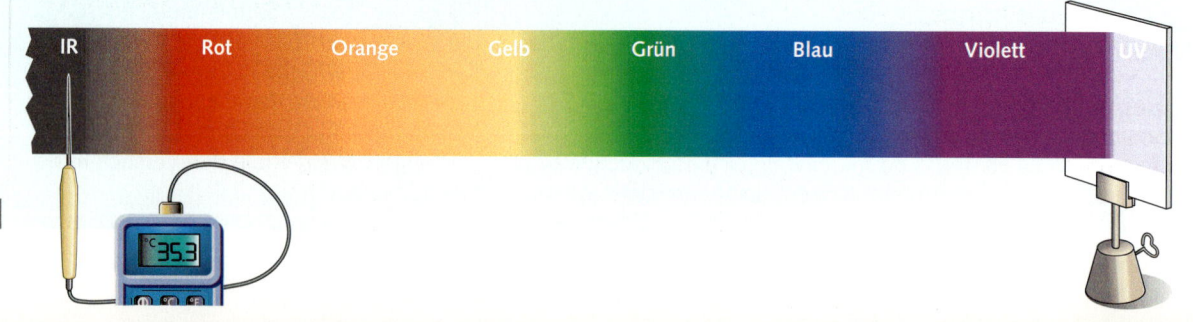

IR — Rot — Orange — Gelb — Grün — Blau — Violett — UV

Licht und Bild

Zeig, was du kannst

1. Zeichne einen 2 cm großen Pfeil, der aufrecht vor einem ebenen, senkrecht stehenden Spiegel steht. Die Entfernung zwischen Pfeil und Spiegel beträgt 5 cm. Konstruiere das Spiegelbild.

2. a) Wie heißen die ausgezeichneten Strahlen am Hohlspiegel?
b) Beschreibe ihren Verlauf vor und nach der Reflexion.

3. Ein Gegenstand wird aus großer Entfernung auf einen Hohlspiegel zu geschoben. Wie verändert sich das Bild?

4. Welche Eigenschaften haben Bilder an Wölbspiegeln?

5. In welchem Punkt hinter dem Wölbspiegel treffen sich die Verlängerungen aller Strahlen, die zur Konstruktion eines Bildes benutzt werden?

6. Warum sieht ein Gegenstand, der zur Hälfte in Wasser eintaucht, anders aus als in Luft? Beschreibe das Aussehen.

7. a) Wie werden achsenparallele Strahlen an einer Sammellinse gebrochen?
b) Wie wird ein Lichtstrahl gebrochen, der durch den Brennpunkt auf die Linse fällt?
c) Was passiert nach der Brechung mit dem Mittelpunktstrahl?

8. a) Zeichne eine Sammellinse, auf die paralleles Licht fällt.
b) Welcher besondere Punkt wird erkennbar?
c) Wie heißt seine Entfernung zur Linse?

9. Konstruiere das Bild eines Gegenstandes, der 3 cm groß ist, auf der optischen Achse steht und 4 cm von einer Sammellinse mit $f = 2$ cm entfernt ist.

10. Beschreibe den Verlauf von parallelem Licht, das durch eine Zerstreuungslinse fällt.

11. Zeichne von einem 3 cm großen Gegenstand jeweils das Bild, das von einer Zerstreuungslinse mit $f = -3$ cm erzeugt wird. Die Gegenstandsweite beträgt
a) 6 cm,
b) 3 cm,
c) 1,5 cm.

12. Berechne jeweils die Vergrößerung einer Lupe mit der Brennweite
a) $f = 1$ cm,
b) $f = 2,5$ cm,
c) $f = 4$ cm,
d) $f = 50$ cm.

13. Berechne jeweils die Brennweite einer Lupe, die
a) 2-fach,
b) 5-fach,
c) 10-fach vergrößert.

14. Bei einem normalsichtigen Menschen ist der Augapfel fast rund. Beschreibe den Augapfel von kurzsichtigen und weitsichtigen Menschen. Begründe daran jeweils die Form der Brillengläser.

15. a) Erkläre den Unterschied zwischen einem astronomischen und einem galileischen Fernrohr.
b) Wie könntest du ein astronomisches Fernrohr umbauen, sodass es auch zur Erdbeobachtung geeignet wäre?

16. Stelle die Bauteile des Mikroskops und ihre Aufgaben in einer Tabelle zusammen.

17. Bei einem Mikroskop mit 12-er Okular ist das 40-iger Objektiv eingestellt. Berechne die Gesamtvergrößerung.

18. Vergleiche den Aufbau von Mikroskop und Fernrohr.

19. Beschreibe einen Versuch, mit dem du ein Spektrum bekommen kannst.

20. Nenne mögliche Gefahren, die von UV-Strahlung ausgehen. Wie kannst du dich davor schützen?

21. Weise nach, dass sich Spektralfarben nicht weiter zerlegen lassen. Beschreibe den Aufbau des Versuches.

22. Erkläre, wie
a) Farbsubtraktion,
b) Farbaddition zustande kommt.
c) Nenne jeweils Beispiele.

23. Erkläre den Begriff Körperfarbe.

24. In welcher Reihenfolge siehst du die Farben beim Haupt- und Nebenregenbogen?

25. a) Warum erscheint der Himmel blau?
b) Wie entstehen das Morgenrot und das Abendrot?

Das Weltall – unendliche Weiten

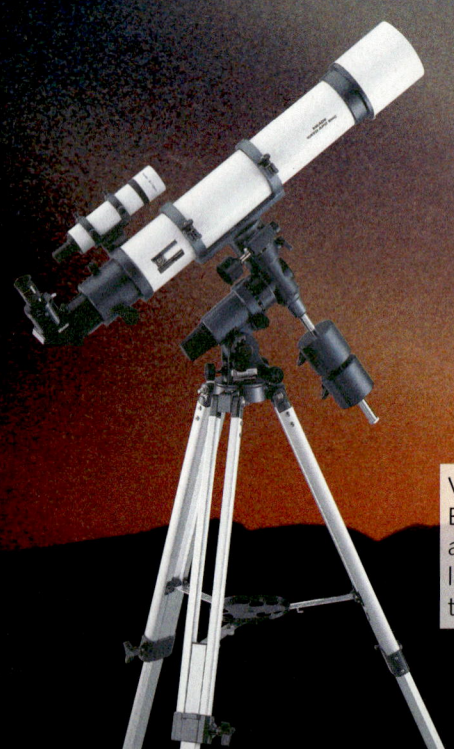

Vergrößert oder verkleinert ein Fernrohr? Es gibt Fernrohre, mit denen siehst du auf der Erde alles verkehrt herum. Wieso lassen sich diese für Himmelsbeobachtungen einsetzen?

Der Vollmond steht über dem Horizont der Erde. Warum ist die Mondoberfläche von der Erde aus immer so gut zu erkennen? Was stellen die hellen und dunklen Flecken auf dem Mond dar?

Die Erde geht über dem Mond auf. Warum ist die Erdoberfläche nicht so gut erkennbar wie die des Mondes? Was stellen die weißen Flecken auf der Erde dar? Welchen Einfluss hat der Mond auf die Erde?

Geozentrisch oder heliozentrisch?

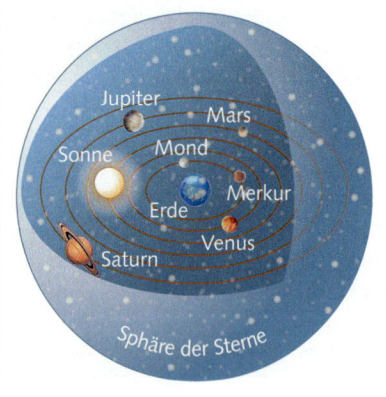

1 Geozentrisches Weltbild

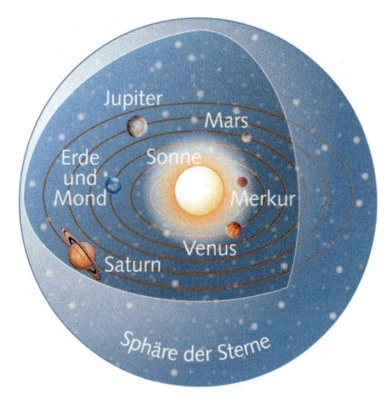

2 Heliozentrisches Weltbild

📖 **1.** Vergleiche die Darstellungen des Weltalls in den Bildern 1 und 2. Welche Gemeinsamkeiten und welche grundlegenden Unterschiede kannst du erkennen?

📖 **2.** Erkläre, wie der wesentlichste Unterschied im Namen der Weltbilder ausgedrückt wird.

✍ **3.** Informiere dich, welche Gottheiten in den verschiedenen Kulturen für die Bewegung der Sonne verantwortlich gemacht wurden.

🔍 **4. a)** Beobachte die Stellung der Sonne im Verlauf eines Tages mehrmals vom selben Standort aus. Was stellst du fest?
b) Beobachte den Mond im Verlauf eines Abends mehrfach vom selben Standort aus. Wie hat sich seine Stellung verändert?
c) Welche Schlussfolgerungen könntest du aus deinen Beobachtungen ziehen?

✍ **5. a)** Welche anderen wissenschaftlichen Erkenntnisse führten zu Auseinandersetzungen mit der Kirche?
b) Welche Forschungen der Gegenwart führen zu starken gesellschaftlichen Diskussionen?

Entwicklung bis zum Mittelalter

Das Wissen der Menschen über die Himmelskörper, ihre Stellung zueinander und die wirkenden Gesetze ist in einem langen Prozess stetig gewachsen. Ausgangspunkt waren dabei immer Beobachtungen. Die Menschen versuchten, die ihnen oft rätselhaften Erscheinungen zu erklären, und zu verstehen, wie die Welt entstanden ist. Bei diesen Erklärungsversuchen spielten die Götter eine sehr große Rolle.

Während dieser Zeit wurden viele Gesetzmäßigkeiten erkannt. So konnte bereits THALES VON MILET (628–546 v. Ch.) den Zeitpunkt einer Sonnenfinsternis berechnen. Die Möglichkeit, Himmelsereignisse vorherzuberechen, führte zu einem ersten Zweifel am Wirken von Göttern.

Das geozentrische Weltbild

Der griechische Astronom CLAUDIUS PTOLEMÄUS (um 150 n. Chr.) fasste die bisherigen Erkenntnisse und Beobachtungen im **geozentrischen oder ptolemäischen Weltbild** zusammen.
PTOLEMÄUS geht von einer kugelförmigen Erde aus, die sich ruhend im Mittelpunkt des Universums befindet. Die Sonne, die Sterne, der Mond und die damals bekannten Planeten bewegen sich auf Kreisbahnen um die Erde herum (Bild 1). Das geozentrische Weltbild stimmte mit den philosophischen und vor allem mit den religiösen Vorstellungen der Menschen überein und wurde über Jahrhunderte als gültig anerkannt.

Das heliozentrische Weltbild

Im 15. und 16. Jahrhundert ließen sich die astronomischen Beobachtungsdaten und Berechnungsdaten jedoch oft nicht mehr in Übereinstimmung bringen. NIKOLAUS KOPERNIKUS (1473–1543) erkannte schließlich, dass die Widersprüche in einem falschen Weltbild begründet waren. Seine Überlegungen führten zum **heliozentrischen oder kopernikanischen Weltbild.** Dabei steht die ruhende Sonne im Zentrum des Universums. Die Erde wird hinter Merkur und Venus an dritter Stelle eingereiht (Bild 2). Die Planeten bewegen sich auf Kreisbahnen um die Sonne. Nur der Mond bewegt sich um die Erde.

■ Im geozentrischen Weltbild ruht die Erde im Mittelpunkt des Weltalls. Sonne, Mond, Sterne und Planeten bewegen sich auf Kreisbahnen um die Erde.

Optische Instrumente und die Erforschung des Weltalls → S. 84/85

Das Weltall – unendliche Weiten

Die kopernikanische Wende

KOPERNIKUS erkannte außerdem, dass die von der Erde aus beobachteten täglichen Bewegungen der Himmelskörper nur **scheinbare Bewegungen** sind. Diese konnte er mit der Eigenrotation der Erde erklären. Da der Beobachter auf der Erde an dieser Rotation unbemerkt teilnimmt, erscheint es ihm so, als ob sich die anderen Himmelskörper bewegen.

Obwohl KOPERNIKUS von der Richtigkeit seines Weltbildes überzeugt war, konnte er es nicht endgültig beweisen. Er hat jedoch durch viele Rechnungen gezeigt, dass sich die von der Erde aus beobachteten Bewegungen der Himmelskörper auch mit einem heliozentrischen Ansatz erklären lassen. Damit setzte er sich über die enge, mittelalterliche Auffassung, nach der die Erde und der Mensch im Mittelpunkt des Weltalls stehen, hinweg. KOPERNIKUS war sich der Gefährlichkeit seiner neuen Ideen bewusst. Um keinen Bruch mit der Kirche zu provozieren, veröffentliche er sein Werk „De revolutionibus orbium coelestium" (lat.: „Über die Umläufe der Himmelskörper") erst kurz vor seinem Tod. Wie von ihm befürchtet, war damit der Grundstein für einen schweren Konflikt zwischen Kirche und Naturwissenschaft gelegt.

Der Widerstand der Kirche

Den Kirchenvertretern widerstrebte der Gedanke, dass die Erde und der Mensch nicht Mittelpunkt des Universums sein sollen. Schon im Altertum waren es in erster Linie Priester, die den Himmel beobachteten und ihre Erkenntnisse daraus zogen. Auch in der christlichen Welt des Mittelalters waren die meisten Gelehrten gleichzeitig Theologen. Es war allgemein üblich, weltliche Erscheinungen und Naturphänomene durch Studium und Auslegung der Bibel zu erklären.

Das geozentrische Weltbild geht von einem endlichen Universum aus und steht in Übereinstimmung mit der Schöpfungsgeschichte der Bibel. Eine Anerkennung der kopernikanischen Gedanken würde eine grundsätzliche Neuinterpretation vieler Bibelstellen bedeuten. Außerdem ließ die neue Theorie auch die Vorstellung eines unendlichen Weltalls zu, was für die Vertreter der Kirche einer Infragestellung Gottes gleichkam.

JOHANNES KEPLER

KOPERNIKUS hat in seinem Modell die Kreisbahn zur Beschreibung der Planetenbewegung beibehalten. Die Widersprüche zwischen Beobachtungs- und Berechnungsdaten konnte er deshalb nicht beseitigen. Dies gelang erst dem deutschen Mathematiker, Astronomen und Theologen JOHANNES KEPLER (1571–1630). Bei der Auswertung der umfangreichen Beobachtungsdaten des Dänen TYCHO BRAHE (1546–1601) entdeckte er, dass sich die Planeten auf Ellipsen um die Sonne bewegten. Mit der Entdeckung der Gesetze der Planetenbewegung hatte KEPLER die Richtigkeit des heliozentrischen Weltbildes mathematisch bewiesen. Durch die Kirche wurden jedoch weder Berechnungen noch Messungen als Beweise für neue Erkenntnisse anerkannt.

3 GALILEO GALILEI vor der Inquisition im Vatikan 1632

„Und sie bewegt sich doch!"

Diesen Satz soll GALILEO GALILEI (1564–1642) kurz vor seinem Tod gesagt haben. GALILEI war einer der hartnäckigsten Verfechter des neuen Weltbildes. Seine Entdeckung der vier größten Jupitermonde und der Nachweis, dass sich diese um den Jupiter und nicht um die Erde bewegen, war ein weiterer Beweis für die Richtigkeit des heliozentrischen Weltbildes. Außerdem bestätigten seine Beobachtungen mit dem von ihm entwickelten Fernrohr die Berechnungen von KEPLER.

Obwohl GALILEI niemals die Bibel, sondern nur deren Auslegung kritisierte und auch die Existenz Gottes nie in Frage stellte, wurde er zweimal vor einem Inquisitionsgericht wegen Verbreitung ketzerischer Lehren angeklagt. 1633 wurde er dazu verurteilt, seinen Lehren öffentlich abzuschwören. Anschließend stand er bis zu seinem Tod unter Hausarrest. Erst am 31.10.1992 wurde er durch Papst JOHANNES PAUL II. offiziell rehabilitiert.

■ Im heliozentrischen Weltbild ruht die Sonne im Mittelpunkt des Planetensystems. Alle Planeten und auch die Erde bewegen sich auf elliptischen Bahnen um die Sonne. Der Mond bewegt sich um die Erde.

Verschiedene Weltbilder bedeutender Astronomen

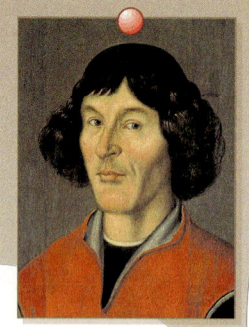

Claudius Ptolemäus

Ptolemäus (um 150 n. Chr.) lebte in Alexandria in Ägypten, das zu der Zeit eine Hochburg der griechischen Kultur war. Er entwickelte ein Weltbild, das mit den Beobachtungen der Planetenbewegungen am Himmel im Einklang war. Ptolemäus war aber nicht nur Astronom, sondern auch Mathematiker und Geograf. Er übernahm die Vorstellung von der Kugelform der Erde von Eratostenes (um 250 v. Chr.) und berechnete den Erdumfang, aber nur mit 28350 km. Seine Erkenntnisse und die seiner Zeit fasste Ptolemäus in verschiedenen Büchern zusammen, die im Mittelalter unter dem Namen „Almagest" in Europa erschienen und für viele Jahrhunderte die Standardwerke der Mathematik, Astronomie und Geografie waren. So hatte Christoph Kolumbus (1451-1506) mit den bekannten Folgen auf seiner Reise nach Indien die Erdumfangsberechnung des Ptolemäus übernommen.

Nikolaus Kopernikus

Kopernikus (1473-1543) lebte als Domherr in Frauenburg (heute Fromrok) in Ostpreußen. Angeregt durch die Schriften des griechischen Philosophen Aristarchos (3. Jh. v. Chr.), der schon die Sonne als Mittelpunkt der Drehbewegungen der Planeten sah, entwickelte er das heliozentrische Weltbild. Seine Überlegungen schrieb er 1507 in dem Buch „De revolutionibus orbium coelestium" (Über die Umläufe der Himmelskörper) nieder. Da zu seiner Zeit aber das geozentrische Weltbild von Ptolemäus unangreifbar zu sein schien, fürchtete er bei einer Veröffentlichung des Werkes den Spott der Gelehrten. Erst auf Anraten und Drängen seines geistlichen Vorgesetzten und auf Bitten von Papst Paul III gab Kopernikus 1543 kurz vor seinem Tod das Werk zur Veröffentlichung frei.

Johannes Kepler

Kepler (1571-1630) wurde in Württemberg in Weil der Stadt geboren, ging nach seinem Studium der Mathematik nach Graz, später als Gehilfe des Astronomen Tycho Brahe (1546-1601) nach Prag. Nach Brahes Tod bearbeitete er die umfangreichen Aufzeichnungen, die Brahe bei seinen Himmelsbeobachtungen gemacht hatte, und fand nach jahrelanger Rechenarbeit 1609 die ersten beiden der nach ihm benannten Gesetze der Planetenbewegung. Das dritte Gesetz der Planetenbewegung fand er 1618.
Durch seinen Einfluss als Wissenschaftler gelang es ihm, seine wegen Hexerei angeklagte Mutter vor Folter und Scheiterhaufen zu retten. Er erstellte, zu seiner Zeit keineswegs unüblich für Astronomen, gegen Entgelt Horoskope. So fertigte er Horoskope für den Feldherrn Wallenstein an, der aber die zugesagte Bezahlung für das letzte Horoskop verweigerte. Kepler wollte den ausstehenden Betrag und andere Forderungen auf dem Reichstag in Regensburg einklagen, starb aber dort kurz nach seiner Ankunft.

---

1. Erkläre den Unterschied zwischen Astronomie und Astrologie.

2. Worin besteht der Unterschied der Weltbilder von Ptolemäus, Kopernikus und Kepler?

Das Weltall – unendliche Weiten

Umgang mit dem Fernrohr

Bevor du mit deinem **Fernrohr** astronomische Objekte beobachten kannst, musst du dich mit seinem Umgang vertraut machen. Ein Fernrohr besteht aus drei Teilen, dem **Stativ,** der **Montierung** und dem **optischen Tubus.**
– Das Stativ trägt die Montierung und das Teleskop. Es besteht meist aus einem Holz- oder Aluminiumdreibein.
– Die Montierung besteht aus zwei beweglichen Achsen, die die Ausrichtung und Bewegung des Instrumentes ermöglichen.
– Im Tubus befinden sich die abbildenden Linsen des Objektivs und die Vergrößerungslinsen des Okulars.

Methode

Umgang mit dem Fernrohr
Fernrohre sind sehr empfindliche Instrumente. Du darfst beim Transport des Fernrohres nirgends anstoßen. Bei der Montage des Teleskoprohres musst du sehr vorsichtig sein. Die Linsen musst du immer staubfrei halten und du darfst nie mit den Fingern auf die Linsen fassen. Ist in den Tubus Feuchtigkeit eingedrungen, musst du diese langsam verdunsten lassen, indem du das Fernrohr in die Nähe einer Heizung stellst.

Vor dem Beobachten
Übe den Umgang mit dem Fernrohr zuerst an Objekten auf der Erde. Informiere dich dann über günstige Beobachtungszeiträume für die astronomischen Objekte, die du beobachten möchtest. Wähle einen Beobachtungsort, von dem aus du einen großen Himmelsausschnitt betrachten kannst und an dem wenig störendes Licht einfällt. Stelle dein Fernrohr frei zugänglich auf. Vor Beginn deiner Beobachtung muss sich das Fernrohr der kühlen Nachttemperatur anpassen. Auch dein Auge benötigt eine gewisse Zeit, um sich an die Dunkelheit zu gewöhnen.

Kennwerte
Die wichtigsten Kennwerte deines astronomischen Fernrohres sind seine Öffnung und die Brennweite. Die Öffnung bestimmt das Lichtsammel- und Auflösungsvermögen des Fernrohres. Je größer die Öffnung ist, desto mehr Licht kann es sammeln. Dadurch können mehr Einzelheiten aufgelöst und schwächer leuchtende Sterne abgebildet werden. Durch eine größere Öffnung wird aber auch die Beeinträchtigung durch Luftunruhen größer. Diese entstehen in der Erdatmosphäre an den Grenzen von Luftschichten mit unterschiedlichen Temperaturen. Die Brennweite des Objektivs bestimmt die Größe des Fernrohrbildes. Je größer sie ist, um so weniger muss das Bild mit dem Okular nachvergrößert werden.

Blick in das Weltall

📖 **1.** Beim Einprägen der Namen der Planeten kann dir der Satz „**M**ein **V**ater **e**rklärt **m**ir **j**eden **S**onntag **u**nsere **N**achbarplaneten." helfen. Überlege dir eine andere Eselsbrücke.

📖 **2. a)** Die Planeten sind auf dieser Seite in einem bestimmten Maßstab gezeichnet. Bestimme den Maßstab. Beachte dabei, dass der wahre Durchmesser der Erde 12742 km beträgt.
b) Berechne die Durchmesser der anderen Planeten.

🔍 **3.** Drucke dir aus dem Internet eine Sternkarte mit den wichtigsten Sternbildern aus. Befestige mit Heftklammern ein passendes Stück Papier hinter der Sternkarte. Stich mit einer Nadel die markierten Sterne einzelner Sternbilder durch. Halte das Papier gegen das Licht und versuche Sternbilder auch ohne Verbindungslinien zu erkennen.

Merkur
Venus
Erde
Mars
Jupiter

Die Astronomie

Wenn du in einer wolkenlosen Nacht zum Himmel blickst, kannst du den Mond und viele helle Lichtpunkte, die **Sterne** und **Planeten** sehen.
Die Abhängigkeit der Menschen von ihrer natürlichen Umgebung führte dazu, dass bereits die Menschen der Steinzeit den Nachthimmel aufmerksam beobachteten. In dieser frühen Geschichte der Menschheit hat die Wissenschaft **Astronomie** ihren Ursprung. Zu dieser Zeit hatten die Beobachtungen des Himmels für die Menschen vor allem praktische Bedeutung. Sie dienten der Einteilung der Zeit und bestimmten so den Lebensrhythmus. Außerdem benutzten die Menschen den Sternhimmel zur Orientierung auf der Erde.

Sterne und Sternbilder

Der überwiegende Teil der hellen Lichtpunkte, die du am Nachthimmel beobachten kannst, sind Sterne. Sterne sind **selbstleuchtende Körper.** Der einzige Stern, den du auch am Taghimmel sehen kannst, ist unsere Sonne. Sie ist eine riesige Gaskugel und besteht größtenteils aus Wasserstoff und Helium. Obwohl sie etwa 150 Millionen km von der Erde entfernt ist, ist sie der uns nächste Stern. Der Stern mit der zweitkleinsten Entfernung hat bereits einen Abstand von 40 Billionen km von der Erde. Weil die Sterne so weit entfernt sind, kannst du sie nur als kleine Lichtpunkte sehen. Viele dieser Lichtpunkte scheinen direkt nebeneinander zu liegen. Diese scheinbar benachbarten Sterne wurden schon sehr frühzeitig von den Menschen gedanklich zu **Sternbildern** verbunden. Die von der Erde aus sichtbaren Sterne und Sternbilder werden auf einer **Sternkarte** abgebildet (Bild 2).

> **Maßstab**
> Die großen Entfernungen im Weltall müssen für die Darstellung in einem Bild verkleinert werden. Dazu wird ein **Maßstab** benutzt, wie du ihn von Landkarten her kennst. Die Angabe 1:1000 (lies: eins zu eintausend) bedeutet, 1 cm im Bild entspricht 1000 cm = 10 m in der Wirklichkeit.

Das Weltall – unendliche Weiten

Planeten

Im Gegensatz zu den Sternen leuchten die Planeten nicht selber. Du kannst sie als kleine Lichtpunkte sehen, weil sie von der Sonne beleuchtet werden. Planeten sind **beleuchtete Körper.** Sie besitzen die Form einer mehr oder weniger abgeplatteten Kugel und bewegen sich auf kreisähnlichen Bahnen um die Sonne. Diese Bahnen werden **Ellipsen** genannt. Unsere Sonne wird von acht Planeten umkreist. Diese Planeten bestehen aus sehr verschiedenen Stoffen und haben auch sehr verschiedene physikalische Eigenschaften. Der sonnennächste Planet ist der **Merkur,** gefolgt von **Venus,** die fast doppelt so weit von der Sonne entfernt ist. In der Reihenfolge des größer werdenden Sonnenabstandes folgen die Planeten **Erde, Mars, Jupiter, Saturn** und **Uranus.** Am weitesten von der Sonne entfernt ist der Planet **Neptun.**

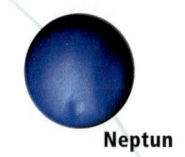

Neptun

Monde

Von den acht Planeten, die sich um die Sonne bewegen, werden sechs ebenfalls von kugelähnlichen Körpern umkreist. Diese Art von Himmelskörpern wird als **Mond** oder Trabant bezeichnet. In der Umgangssprache ist mit dem Begriff Mond fast immer der Begleiter des Planeten Erde gemeint. Monde sind ebenfalls beleuchtete Körper. Du kannst sie sehen, weil sie vom Licht der Sonne angestrahlt werden. Genau wie die Planeten haben auch ihre Monde sehr unterschiedliche Eigenschaften. Die Anzahl der Monde, die einen Planeten umkreisen, ist sehr verschieden. Die Planeten Merkur und Venus haben gar keinen Mond. Die Erde hat einen Mond, der Mars zwei, Jupiter und Saturn haben jeder dagegen etwa 60 Monde. Die meisten Monde sind nach Figuren der griechischen Sagenwelt benannt. Eine Ausnahme sind die Monde des Planeten Uranus. Sie erhielten ihren Namen nach Figuren aus den Werken des englischen Schriftstellers WILLIAM SHAKESPEARE (1564–1616).

Saturn

Uranus

Wo Licht ist, da ist Schatten!

Planeten und Monde werfen einen Schatten, da sie von der Sonne beleuchtet werden. Hinter jedem lichtundurchlässigen beleuchteten Körper entsteht ein dunkler Schattenraum.

Wird der Körper von einer ausgedehnten Lichtquelle wie unserer Sonne beleuchtet, ist der Schattenraum teilweise aufgehellt. Nur ein geringer Teil des Schattenraumes bleibt lichtfrei. Dieser lichtlose Raum heißt **Kernschatten,** der teilweise aufgehellte Bereich wird **Halbschatten** genannt (Bild 1).

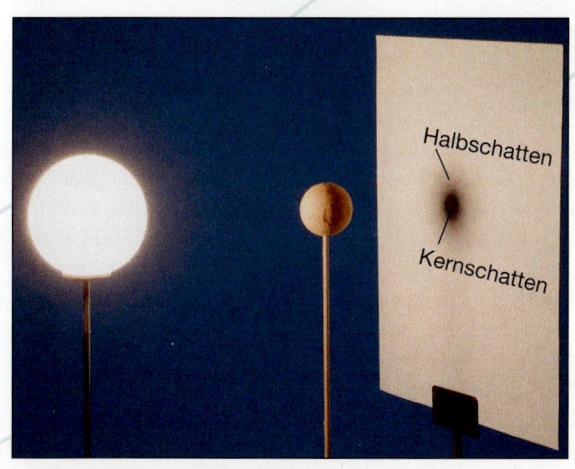

1 Verschiedene Schattenarten

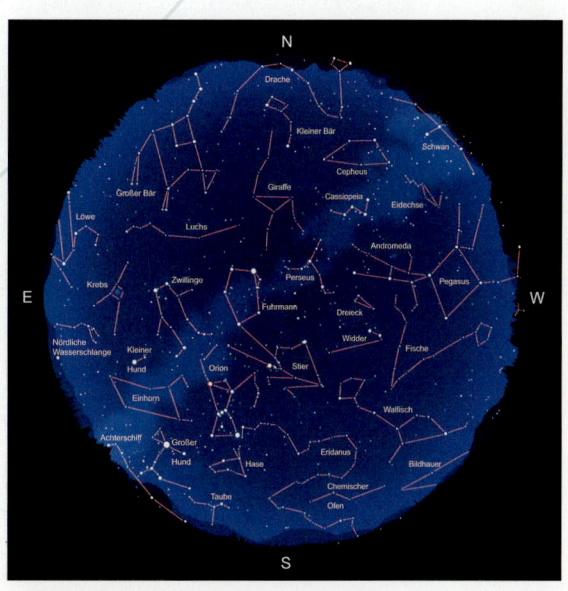

2 Sternbilder des Nordhimmels im Winter

65

Unser Sonnensystem

1. a) Wie heißen die Planeten in der Reihenfolge ihres Sonnenabstandes?
b) Sortiere die Planeten nach der Größe ihrer Durchmesser. Beginne mit dem kleinsten.

2. Erarbeite mit einem geeigneten Nachschlagewerk oder mithilfe des Internets eine Übersicht über die Anzahl der Monde der einzelnen Planeten.

3. a) Nenne alle Arten von Himmelskörpern in unserem Sonnensystem.
b) Worin unterscheidet sich die Sonne von den anderen Himmelskörpern im Sonnensystem?

Verschiedene Körper – ein System

Neben den Planeten und Monden wird die Sonne auch von kleineren Himmelskörpern umkreist. Diese kleineren Körper werden oft unter der Bezeichnung **Kleinkörper** des Sonnensystems zusammengefasst. Die Sonne und alle Körper, die sich um sie bewegen, bilden das **Sonnensystem.** Unser Sonnensystem ist wiederum Teil eines noch größeren Systems, einer **Galaxie.** Eine Galaxie ist eine Anhäufung von vielen Milliarden Sternen. Die Galaxie, zu der unser Sonnensystem gehört, heißt **Milchstraße.**

Kleinkörper

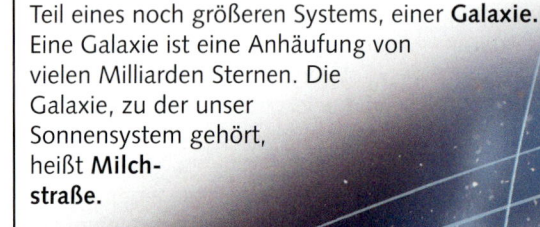

Zwischen den Planeten Mars und Jupiter befinden sich die Bahnen von wahrscheinlich mehr als einer Millionen **Asteroiden,** die sich um die Sonne bewegen. Sie haben eine sehr unregelmäßige Gestalt und drehen sich um ihre eigene Achse. Eisige Himmelskörper, die mit einer Gashülle umgeben sind, heißen **Kometen.** Sie kreisen ebenso wie Asteroiden auf ellipsenförmigen Bahnen um die Sonne. Im Gegensatz zu den Bahnen der Asteroiden sind die Bahnen der Kometen jedoch sehr lang gestreckt.

Auch **Meteore** sind kleine Himmelskörper. Sie können winzig wie Staubkörner sein, aber auch größere Gesteinsbrocken. Wenn sie beim Eindringen in die Erdatmosphäre verglühen, kannst du sie als **Sternschnuppe** sehen. Der Raum zwischen der Sonne und den Himmelskörpern scheint vollkommen leer zu sein. Es gibt dort aber sehr kleine Staubteilchen und verschiedene Gase.

Optische Instrumente und die Erforschung des Weltalls → S. 84/85

Das Weltall – unendliche Weiten

Das Planetensystem

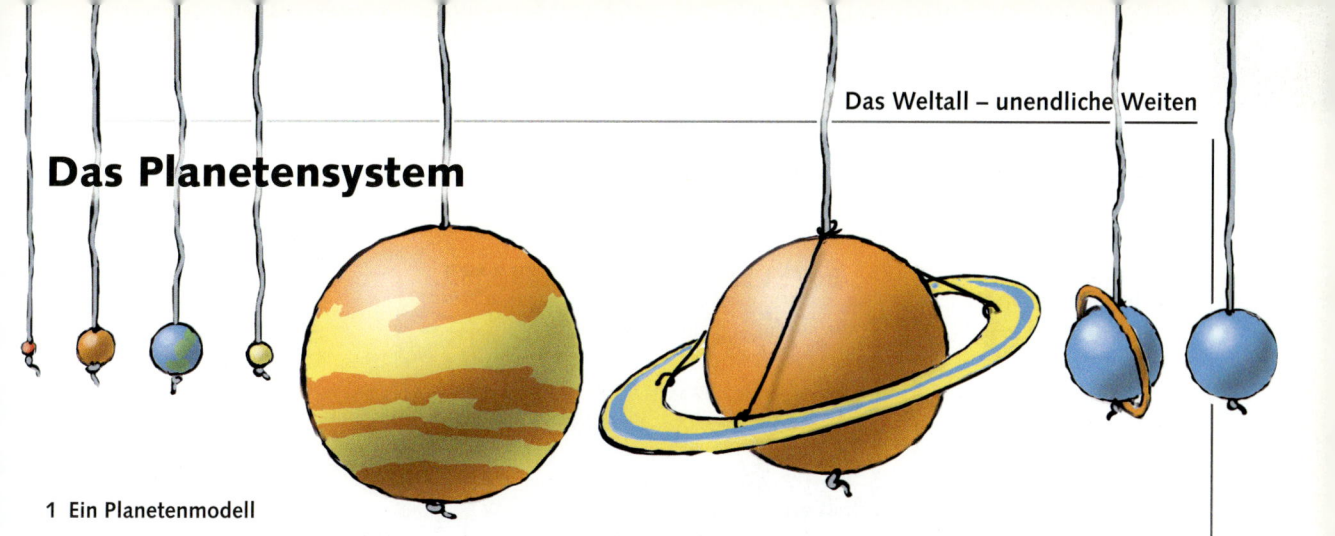

1 Ein Planetenmodell

1. a) Baue ein Modell wie in Bild 1. Runde die Werte der Durchmesser der Planeten so, dass du die Modellplaneten im Maßstab 1 : 1 000 000 000 herstellen kannst.
b) Welchen Maßstab musst du für die richtige Darstellung der Abstände zur Sonne benutzen?

2. a) Finde heraus, warum die Venus auch Morgen- oder Abendstern genannt wird.
b) Informiere dich auch über die Zeiträume, zu denen die anderen Planeten von der Erde aus beobachtet werden können.
c) Welche Planeten sind mit dem bloßen Auge nicht zu erkennen?

3. Ordne die Planeten
a) nach ihrem Radius.
b) nach ihrer Masse.
c) nach ihrer Dichte.
d) nach der Anzahl ihrer Monde.

4. Teile die Planeten mit den Ergebnissen aus Aufgabe 3 in Gruppen mit gleichen Eigenschaften.

Einteilung der Planeten

Die acht Planeten unseres Sonnensystems tragen Namen von Göttinnen und Göttern der Antike. Die Planeten bestehen aus verschiedenen Stoffen und unterscheiden sich erheblich in Masse, Dichte und Radius. Entsprechend ihrer unterschiedlichen physikalischen Eigenschaften werden die Planeten in **erdähnliche Planeten** und **jupiterähnliche Planeten** unterteilt. Gemeinsam bilden sie das **Planetensystem**, das ein Teil unseres Sonnensystems ist.

Dichte
Die **Dichte** ρ (griech. Buchstabe, gelesen rho) eines Stoffes erhältst du, wenn du die Masse m eines Körpers aus diesem Stoff durch sein Volumen V teilst.
Es gilt: $\rho = \frac{m}{V}$
$\rho_\text{Wasser} = 1 \,\frac{g}{cm^3}$, $\rho_\text{Gold} = 19{,}3 \,\frac{g}{cm^3}$

Erdähnliche Planeten
Diese Planeten ähneln in ihren Eigenschaften der Erde. Es sind Merkur, Venus und Mars (Bild 2). Sie besitzen eine geringe Masse, einen kleinen Radius und eine große Dichte. Da alle vier Planeten aus Gestein bestehen, werden sie auch **Gesteinsplaneten** genannt. Auch der innere Aufbau ähnelt dem der Erde. Es gibt Kern, Mantel und Kruste.

2 Der rote Planet: Mars

Jupiterähnliche Planeten
Diese Planeten haben wie der Jupiter einen großen Radius, eine große Masse und eine geringe Dichte. Es sind die Planeten Saturn (Bild 3), Uranus und Neptun. Alle vier Planeten bestehend überwiegend aus Gasen und werden auch **Gasplaneten** genannt. Ein besonds äußeres Merkmal der jupiterähnlichen Planeten ist das sie umgebende Ringsystem.

3 Von Ringen umgeben: Saturn

Visitenkarten von Himmelskörpern erstellen

Austausch von Informationen

Im privaten und geschäftlichen Bereich werden Visitenkarten ausgetauscht, um sich gegenseitig erste wichtige Informationen zu geben. Neben verschiedenen Telefonnummern und Adressen können das die Berufsbezeichnung, die Position im Unternehmen, ein Titel, das Firmenlogo oder die Mitgliedschaft in einem besonderen Gremium oder Verein sein.

1 Historische und moderne Visitenkarten

Visitenkarte – Steckbrief des Himmelskörpers

Dieses Prinzip kann auch für die Beschreibung von Himmelskörpern genutzt werden. Auf der Visitenkarte eines Himmelskörpers werden die charakteristischen physikalischen Daten und einige wenige, ganz spezielle Eigenschaften des Objektes genannt, welche den Himmelskörper eindeutig beschreiben und ihn von anderen Objekten unterscheiden. Eventuell können die Angaben durch eine Abbildung des Himmelskörpers ergänzt werden.

Physikalische Daten und besondere Merkmale

Um eine solche Visitenkarte zu erstellen, musst du zuerst die physikalischen Daten des Objektes zusammenstellen.
Für einen Planeten sind das beispielsweise Durchmesser, Masse, Rotationsdauer, Oberflächentemperatur, Umlaufzeit und die Anzahl der Monde. Eventuell kannst du auch den Namen der Monde hinzufügen.
Für einen Stern kannst du zusätzlich die Entfernung von der Erde und das Sternbild angeben, in dem er zu finden ist.
Auf der Karte eines Mondes musst du auch den Planeten nennen, den er umläuft.
Anschließend suchst du etwa vier bis fünf besondere Merkmale des Himmelskörpers, die du auf der Karte ergänzt.

Visitenkarte Erde
Art des Himmelskörpers: Planet

Physikalische Daten:
- Durchmesser — 12756 km
- Dichte — 5,52 $\frac{g}{cm^3}$
- Rotationsdauer — 1 Tag
- Umlaufzeit — 1 Jahr
- Oberflächentemperatur — -68 °C bis 58 °C
- Anzahl Monde — 1
- Name des Mondes — Luna

Besondere Merkmale:
- helle Wolken in der Atmosphäre
- hoher Sauerstoffanteil in der Atmosphäre
- Wasser im flüssigen Aggregatzustand vorhanden
- einziger Planet, auf dem bisher Leben nachgewiesen werden konnte

2 Visitenkarte eines Planeten

1. Erstelle und gestalte eine Visitenkarte
a) von dir,
b) von deiner Schule.

2. Erstelle Visitenkarten von folgenden Himmelskörpern:
a) Saturn,
b) Jupiter,
c) Wega,
d) Ganymed,
e) Pluto.

Luna – der Mond der Erde

1. Übertrage die folgende Tabelle in dein Heft und ergänze sie mithilfe von Nachschlagewerken.

Mond, lat. luna	
Radius	
Durchmesser	
Masse	
Volumen	
Dichte	
Fallbeschleunigung	1,62 $\frac{m}{s^2}$
Umdrehungsdauer	27,3 d
Oberflächentemperatur	
Abstand zur Erde	
Magnetfeld	nicht vorhanden
Alter	
Bahngeschwindigkeit	1,02 $\frac{km}{s}$

2. Suche im Internet oder im Atlas eine Mondkarte und finde damit die Namen einiger Hoch- und Tiefebenen sowie Krater heraus.

3. a) Zeichne auf einem DIN A4-Blatt einen Kreis als Umriss des Vollmondes. Beobachte in einer Vollmondnacht den Mond mit dem Fernglas und zeichne die dunklen Umrisse, die du erkennen kannst, in deine Zeichnung.
b) Vergleiche deine Zeichnung mit einer Mondkarte aus dem Internet oder Atlas. Versuche die Namen der dunklen Gebiete zu finden.
c) Welche Maria kannst du auch ohne Fernglas erkennen?

4. Warum benötigen die Astronauten auf dem Mond Funkgeräte, um sich zu verständigen?

Die Oberfläche des Mondes

Der Erdmond ist nach der Sonne das größte und hellste Objekt am Himmel. Schon mit bloßem Auge kannst du die Strukturen der Oberfläche erkennen. Besonders auffallend ist eine Teilung in helle und dunkle Flächen. Die hellen Gebiete sind **Hochländer,** die dunklen Gebiete sind **Tiefebenen,** die auch Maria genannt werden. Die Einzahl heißt Mare.
Außerdem gibt es auf dem Mond eine Vielzahl von **Kratern.** Die gesamte Oberfläche ist von einer grau-silbrigen Staubschicht, dem **Regolith,** überzogen.

Bewegungen des Mondes

Der Mond bewegt sich auf einer kreisähnlichen Bahn in etwa 28 Tagen um die Erde. Gleichzeitig ist er der ständige Begleiter der Erde auf dem Weg um die Sonne. Für eine Umkreisung der Sonne benötigen Erde und Mond 365,25 Tage. Außerdem dreht sich der Mond, wie nahezu alle Himmelskörper, um seine eigene Achse. Von der Erde aus siehst du immer die gleiche Seite des Mondes. Das liegt daran, dass auch die Zeit, die der Mond für eine Drehung um seine Achse benötigt, etwa 28 Tage beträgt.

Gezeiten – Folge der Gravitation

Die Bewegung des Mondes um die Erde und die Bewegung der Erde um die Sonne entstehen dadurch, dass sich Erde, Sonne und Mond gegenseitig anziehen. Diese Anziehung von Körpern, für die ausschließlich ihre Massen verantwortlich sind, heißt **Gravitation.** Die Gravitationskräfte zwischen Sonne, Erde und Mond bewirken nicht nur, dass sich Erde und Mond auf festen Bahnen bewegen. Sie haben auch einen großen Einfluss auf die Erdoberfläche.

Die Anziehungskräfte von Mond und Sonne lassen auf der Erde **Ebbe** und **Flut** entstehen. Hochwasser und Niedrigwasser wechseln dabei in einem Rhythmus von etwa 6 h und 12 min. Der sich stets wiederholende Ablauf von Ebbe und Flut wird als **Gezeiten** bezeichnet.

Optische Instrumente und die Erforschung des Weltalls → S. 84/85

Was ist ein Zwergplanet?

1. a) Informiere dich über die Massen, Radien und Dichten der Himmelskörper Pluto, Ceres und Eris.
b) Vergleiche diese Werte mit den Werten der erd- und jupiterähnlichen Planeten. Was stellst du fest?

2. Was unterscheidet den Zwergplaneten Pluto von den Zwergplaneten Ceres und Eris?

1 Zwergplanet: Pluto mit seinem Mond Charon

Zwergplaneten
Die Zwergplaneten stellen eine spezielle Gruppe von Himmelskörpern dar. Diese Gruppe wurde erst 2006 festgelegt. Die drei zu diesem Zeitpunkt bekannten Himmelskörper Pluto, Ceres und Eris gehörten bis dahin zu anderen Gruppen.

Zwergplaneten bewegen sich wie die Planeten um die Sonne. Sie weisen aber besondere physikalische Eigenschaften auf und können deshalb keiner Planetengruppe zugeordnet werden. Sie haben eine kleine Masse und einen kleinen Radius, aber eine geringe Dichte. So wurde der Zwergplanet Eris erst 2003 entdeckt. Er ist nach der griechischen Göttin der Zwietracht und des Streits benannt.

Pinnwand: Entfernungen im Weltall

Für die Angabe kleinerer astronomischer Längen wird die **Astronomische Einheit AE** genutzt. Sie entspricht der mittleren Entfernung von Erde und Sonne.
$$1 \text{ AE} = 149\,600\,000 \text{ km} = 149{,}6 \text{ Millionen km} = 149{,}6 \cdot 10^6 \text{ km}$$

Große astronomische Entfernungen werden durch die Einheit **Lichtjahr Lj** angegeben. Sie entspricht der Strecke, die das Licht innerhalb eines Jahres im Weltall zurücklegt.
$$1 \text{ Lj} = 63\,240 \text{ AE} = 9\,500\,000\,000\,000 \text{ km} = 9{,}5 \text{ Billionen km} = 9{,}5 \cdot 10^{12} \text{ km}$$

3. a) Stelle auf dem Schulhof gemeinsam mit acht Mitschülerinnen und Mitschülern die Entfernungen der Planeten innerhalb des Sonnensystems in einem Modell dar. Ein Schüler erhält ein großes Schild mit der Aufschrift „Sonne". Die anderen bekommen je ein Schild mit dem Namen eines Planeten.
b) Markiert die Bahnen, auf denen sich die Planeten um die Sonne bewegen, als Kreise. Dabei soll der Abstand Sonne-Erde 1 m entsprechen.
c) Informiert euch über die Richtung der Bewegung und über die Geschwindigkeit der einzelnen Planeten und stellt diese Bewegungen dar.
d) Ergänzt das Modell, indem ihr weitere Mitschüler bittet, andere Himmelskörper des Systems darzustellen.

Das Weltall – unendliche Weiten

Der nördliche und der südliche Sternenhimmel

1. Wie heißen die Hauptsterne der Sternbilder Löwe, Jungfrau, Bootes, Zwillinge, Orion, Großer Hund, Kleiner Hund, Stier, Schwan, Adler, Leier, Fuhrmann, Skorpion und Walfisch?

2. Wie unterscheiden sich die Namen der Sternbilder am südlichen von denen am nördlichen Sternenhimmel?

1 Orions Kampf mit dem Stier

Fixstern oder Wandelstern?
Die Menschen benutzten den Sternenhimmel zur Orientierung. Dazu mussten sie den Himmel in wieder erkennbare Strukturen einteilen. Die meisten der beobachtbaren Sterne schienen ihren Ort nicht zu verändern, deshalb wurden sie **Fixsterne** genannt. Die wenigen, die ihren Ort änderten, hießen **Wandelsterne**. Wir wissen heute, dass diese Wandelsterne die Planeten sind.

Sternbilder
Fixsterne, die am Nachthimmel benachbart erscheinen, wurden zu **Sternbildern** zusammengefasst. Die so entstandenen 48 Sternbilder des klassischen Sternenhimmels sind mit der Mythen- und Sagenwelt der Antike verbunden. 1928 wurde durch die Internationale Astronomische Union der Himmel in 88 exakt voneinander abgegrenzte Sternbilder eingeteilt. Davon sind 30 nur am nördlichen und 47 nur am südlichen Himmel zu sehen. Die einzelnen Sterne eines Bildes werden mit griechischen Buchstaben bezeichnet. Dabei erhält der hellste Stern den Buchstaben α (Bild 2). Die hellsten und auffälligsten Sterne haben aber oft auch eigene Namen. Diese Sterne werden auch **Hauptstern** des Sternbildes genannt.

Der nördliche Sternenhimmel
Der überwiegende Teil der Sternbildnamen am Nordhimmel entstammt der griechischen Sagen- und Götterwelt. Hauptmotiv der Bilder ist die Auseinandersetzung mit der Natur. Meist befinden sich Tiere oder Fabelwesen in der Nähe eines menschlichen Helden.
Ein Beispiel ist die Sage von Orion und dem Skorpion. Orion ging oft mit seinen beiden Hunden zur Jagd. Er war ein gutmütiger und furchtloser Jäger. Einem von seinen Hunden gehetzten Hasen gewährte er Schutz. Gegen einen rasenden Stier kämpfte er mit seiner Keule. Eines Tages wurde er durch den Stich eines Skorpions tödlich verwundet und vom Gott der Heilkunst Asklepios wiedererweckt. Zeus erschlug Asklepios, verwandelte dann aber Orion, Asklepios und den Skorpion in Sterne. Damit Asklepios nie wieder Gelegenheit hat, Orion wiederzuerwecken, ordnete er die Sterne so an, dass sie niemals gleichzeitig zu sehen sind. Stehen die Sternbilder des Orion und seiner Hunde über dem Horizont, so sind die Bilder des Skorpion und des Asklepios (Wasserschlange) nicht zu sehen.

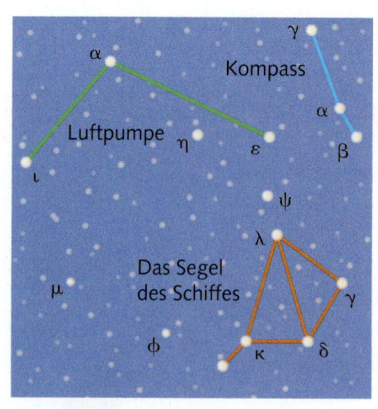

2 Sternbilder des Südhimmels

Der südliche Sternenhimmel
Die Sternbilder des südlichen Himmels wurden zumeist von Seefahrern geprägt. Sie benötigten Sternkarten, um sich in den unbekannten Gewässern der Südhalbkugel besser orientieren zu können. Die Namen der Bilder entstammen der Welt der Seefahrt oder entstanden nach der vorgefundenen Tierwelt. Beispiele dafür sind die Sternbilder Sextant, das Segel des Schiffes, Paradiesvogel oder Schwertfisch.

■ Sternbilder sind Verbindungen auffälliger, scheinbar nebeneinander liegender Sterne. Es gibt insgesamt 88 Sternbilder. Die Sterne eines Bildes werden entsprechend ihrer Helligkeit mit griechischen Buchstaben bezeichnet. Einige Sterne haben eigene Namen.

Nördlicher Sternenhimmel

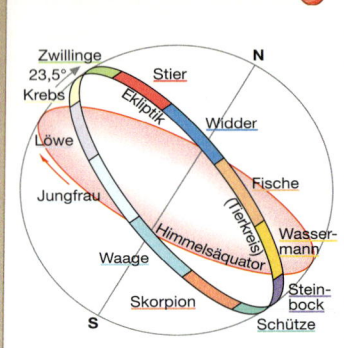

Tierkreissternbilder

Infolge der Bewegung der Erde um die Sonne sind im Verlauf des Jahres verschiedene Sternbilder sichtbar. Die von der Erde aus zu beobachtende scheinbare Sonnenbewegung beschreibt eine gedachte Linie durch die 12 Sternbilder des **Tierkreises**. Die Linie heißt **Ekliptik**.

Sternenhimmel im Sommer

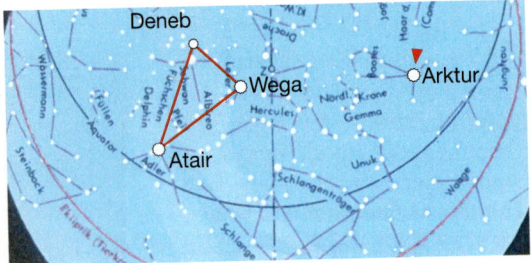

Blickst du nach Süden, erkennst du das **Sommerdreieck.** Es entsteht, wenn du die Sterne Deneb (Schwan), Wega (Leier) und Atair (Adler) miteinander verbindest. Rechts neben der Wega ist auch der helle Arktur (Bootes) zu erkennen.

Sternenhimmel im Frühjahr

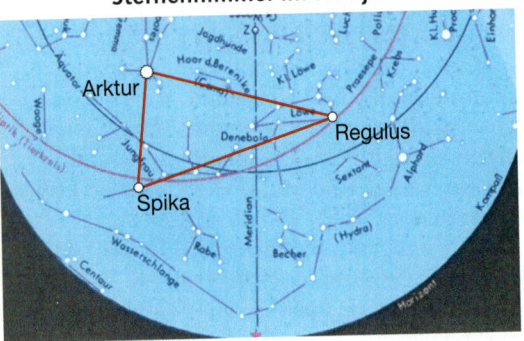

Unterhalb des großen Wagens findest du das auffällige Frühlingsbild Löwe mit dem Stern Regulus. Links unter dem Schwanz des Löwen erkennst du die Jungfrau mit dem Stern Spika. Ein dritter heller Stern ist Arktur, den du unterhalb des Deichselkrümmung des Großen Wagens im Sternbild Bootes siehst. Verbindest du diese drei Sterne, erhältst du das **Frühlingsdreieck.**

Sternenhimmel im Herbst

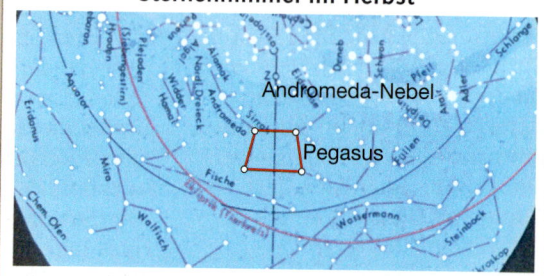

Am Herbsthimmel kannst du das **Pegasus-Viereck** gut erkennen. Der linke, obere Stern gehört zum Sternbild Andromeda, die anderen drei gehören zum Sternbild Pegasus. Im Sternbild Andromeda kannst du außerdem einen nebelartigen Lichtfleck erkennen, den **Andromedanebel**. Dieser Nebel ist das entfernteste Objekt, das du mit bloßem Auge sehen kannst. Es handelt sich dabei um eine entfernte Galaxie, die aus Milliarden von Sternen besteht.

Es gibt einige Sternbilder und Sterne, die du während des ganzen Jahres beobachten kannst. Sie gehen nicht auf und unter. Diese Sterne heißen **Zirkumpolarsterne**.

1. Welche Sterne und Sternbilder gehören zu den Zirkumpolarsternen des nördlichen Sternenhimmels?

2. Finde heraus, wie du mithilfe des Sternenhimmels ohne Kompass die Nordrichtung bestimmen kannst.

3. Erläutere den Unterschied zwischen den Begriffen Sternbilder des Tierkreises und Tierkreiszeichen.

Sternenhimmel im Winter

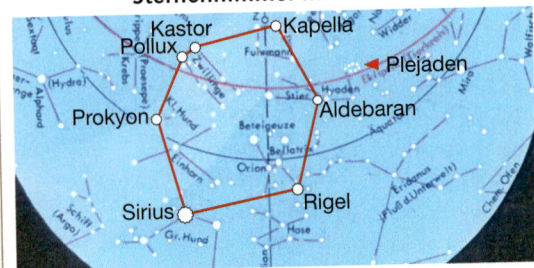

In unmittelbarer Nähe des auffälligsten Winterbildes Orion findest du die Bilder Zwillinge, Fuhrmann, Stier sowie Großer und Kleiner Hund. Verbindest du den Stern Rigel mit den Hauptsternen der anderen fünf Bilder, erhältst du das **Wintersechseck**. Im Sternbild Stier kannst du auch das Siebengestirn, die sieben hellen Sterne der **Plejaden,** erkennen.

Das Weltall – unendliche Weiten

Spektroskopie

Streifzug

Weit weg, aber doch erforscht!
Der Stern Wega im Sternbild Leier ist neben den Sternen Deneb (Schwan) und Atair (Adler) einer der hellsten Sterne am Sommerhimmel. Mit einer Entfernung von etwa 26 Lj ist Wega ein relativ naher Stern. Für eine direkte Untersuchung des Sterns mit einer Raumsonde ist die Entfernung jedoch zu groß. Trotzdem konnten Wissenschaftler viele physikalische Eigenschaften des Sterns wie die Oberflächentemperatur, die Masse, die Dichte und seine Drehgeschwindigkeit bestimmen. Auch die chemischen Elemente, aus denen Wega besteht, sind bekannt. Diese Informationen erhalten Astronomen mithilfe der **Spektroskopie**.

Wie alles begann
1859 entdeckten GUSTAV ROBERT KIRCHHOFF (1824–1887) und ROBERT WILHELM BUNSEN (1811–1899), dass die Flamme eines Gasbrenners durch verschiedene chemische Elemente unterschiedlich gefärbt wird. Gleichzeitig erkannten sie, dass die Färbung bei demselben Element immer wieder auftritt, dass sie also für das Element charakteristisch ist.

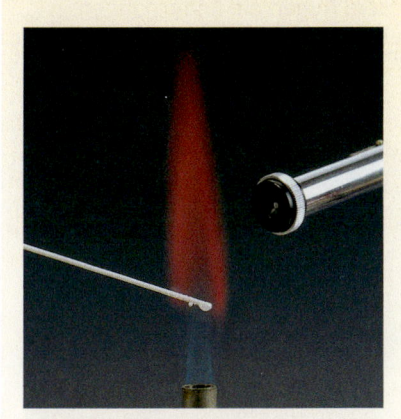

1 Leuchtendes Lithium wird durch ein Spektroskop betrachtet.

Das Messgerät
Mit einem **Spektroskop** kann das Licht von natürlichen oder künstlichen Lichtquellen zerlegt werden. Dabei fällt das Licht durch das Eingangsrohr auf einen regulierbaren Spalt und wird auf das Objektiv weitergeleitet. Diese Linse hat die Aufgabe, das Licht parallel auszurichten. Das Licht fällt anschließend auf ein Glasprisma und wird gebrochen. Das dabei entstehende Spektrum kann im Spektroskop beobachtet werden.

A — Sonnenlicht
— Lithium
— Natrium
B — Quecksilber

2 A *Kontinuierliches Spektrum;* **B** *Linienspektren*

Verschiedene Spektren
Je nach Art der Lichtquelle entstehen beim Spektroskopieren sehr verschiedenen Spektren (Bild 2).
Wird das Licht einer Glühlampe oder das Sonnenlicht zerlegt, entsteht ein Spektrum aus allen Spektralfarben, die fließend ineinander übergehen. Alle glühenden festen Körper und Metallschmelzen erzeugen ein solches **kontinuierliches Spektrum.**

Ganz andere Spektren entstehen, wenn das Licht einer Natriumdampflampe oder einer Quecksilberdampflampe zerlegt wird. Bei Natrium ist im Spektrum eine gelbe Doppellinie zu sehen, bei Quecksilber jeweils eine gelbe, grüne, blaue und violette Linie. Spektren, die aus einzelnen Linien bestehen, werden als **Linienspektren** bezeichnet. Diese Spektren sind für leuchtende Gase charakteristisch.
Das bei der Zerlegung entstehende Spektrum ist für jedes Element einzigartig. Deshalb kann durch Untersuchung der Spektren die chemische Zusammensetzung von Körpern ermittelt werden.

Astro-Spektroskopie
Astronomen untersuchen mithilfe von spektroskopischen Verfahren die Strahlung, die von kosmischen Objekten ausgesandt wird. So wird etwa das von Sternen ausgestrahlte Licht spektroskopisch zerlegt. Aus den dabei entstehenden Spektrallinien können die Wissenschaftler ablesen, aus welchen chemischen Elementen der Stern besteht oder wie hoch die Temperatur auf seiner Oberfläche ist.

1. a) Informiere dich über die physikalischen Eigenschaften von Wega, Deneb und Atair.
b) Aus welchen chemischen Elementen bestehen die Sterne?

2. Informiere dich über die Entdeckung des chemischen Elementes Helium.

Die scheinbare Himmelskugel

1. Erkläre mithilfe eines geeigneten Nachschlagewerkes den Unterschied zwischen dem natürlichen und dem mathematischen Horizont.

2. a) Beobachte am Abend den Sternenhimmel mit bloßem Auge. Skizziere von deinem Beobachtungsort aus den natürlichen Horizont, beispielsweise hohe Bäume oder Gebäude. Trage in deine Skizze besonders auffällige Sterne und Sternbilder in verschiedenen Höhen über dem Horizont ein.
Notiere auch den Zeitpunkt deiner Beobachtung.
b) Vergleiche deine Skizze mit den Skizzen einiger Mitschüler. Was stellt ihr fest?

3. Suche im Internet je eine Karte des nördlichen und des südlichen Sternenhimmels. Wo befinden sich der Himmelsnordpol und der Himmelssüdpol?

Scheinbar oder echt?
Im Verlauf eines Tages ist die Sonne in verschiedenen Himmelsrichtungen zu sehen. Auch die Sterne scheinen ihren Ort im Verlauf einer Nacht zu verändern. Ursache dieser **scheinbaren Bewegungen** ist die echte Bewegung der Erde. Durch die Rotation der Erde und ihre Bewegung um die Sonne blickst du zu verschiedenen Zeiten unter verschiedenen Richtungen auf die Himmelskörper.
Auch die Sterne eines Sternbildes befinden sich nur scheinbar in der gleichen Höhe über uns (Bild 1). Sie sind oft viele Milliarden Kilometer voneinander entfernt.

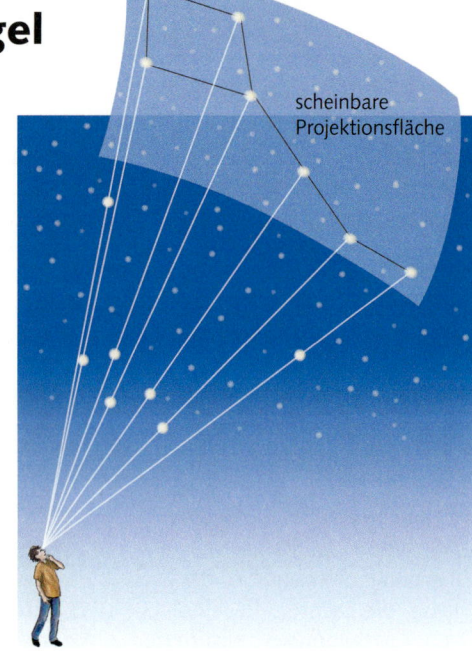

1 Entstehung eines Sternbildes

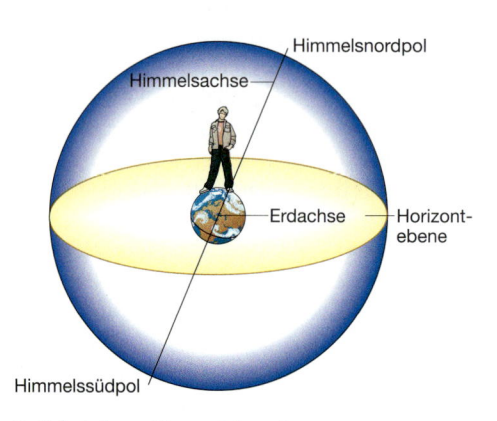

2 Scheinbare Himmelskugel

Über dem Horizont
Der Beobachter auf der Erde befindet sich im Zentrum einer gedachten Kreislinie, die den sichtbaren Teil der Erdoberfläche von dem für ihn unsichtbaren Teil trennt. Diese gedachte Kreislinie ist der **Horizont.** Der sichtbare Teil des Himmels wölbt sich wie eine Halbkugel um den Beobachter (Bild 2).
In der Nacht scheinen Sterne, Mond und Planeten nebeneinander an der Innenfläche der Halbkugel, der **scheinbaren Himmelskugel,** zu liegen. Das erscheint uns so, weil unsere Augen die Entfernungen zwischen den Himmelskörpern nicht abbilden können.

Das Modell scheinbare Himmelskugel
Die scheinbare Himmelskugel wird als Modell zur Beschreibung des sichtbaren Himmels genutzt. Auch die scheinbaren Bewegungen von Sonne, Mond, Planeten und Sternen lassen sich mithilfe des Modells gut beschreiben. Dabei ist die wirkliche Lage der Himmelskörper zueinander nicht zu erkennen.

In einem **Planetarium** werden durch einen Projektor die Abbilder von Himmelskörpern an eine halbkugelförmige Kuppel projiziert. Diese Kuppel entspricht der scheinbaren Himmelskugel (Bild 3).

3 Bau mit scheinbarer Himmelskugel

Das Weltall – unendliche Weiten

4. a) Durch welche Bewegung entstehen auf dem Foto in Bild 4 die Sternspuren?
b) Wo befindet sich der Himmelsnordpol?

5. a) Welches ortsunabhängige Koordinatensystem gibt es in der Astronomie?
b) Worin besteht der Vorteil zum Horizontsystem?

4 Sternspuren auf der scheinbaren Himmelskugel

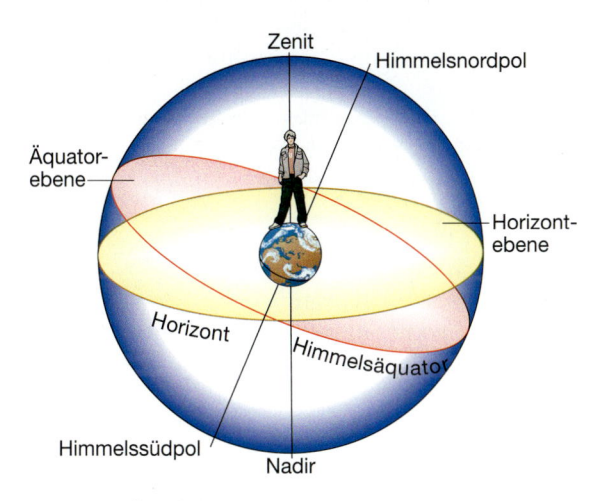

5 Zenit und Nadir

Wo befindet sich der Stern?

Ein Koordinatensystem der Astronomie ist das **Horizontsystem**. Wie bei allen Koordinatensystemen wird der genaue Ort eines Himmelskörpers mithilfe von Koordinaten angegeben. Im Horizontsystem werden dafür zwei Winkel genutzt: **Azimut a** und **Höhe h** (Bild 6).
Der Winkel Azimut a gibt die Himmelsrichtung an, unter der der Himmelskörper zu sehen ist. Es ist der Winkel zwischen Süden und dem Sternfußpunkt. Der Sternfußpunkt ist der Punkt auf dem Horizont, über dem sich der Stern befindet. Für das Azimut sind alle Werte zwischen 0° und 360° möglich.
Die Höhe h ist der als Winkel angegebene Abstand des Himmelskörpers vom Horizont. Die Höhenlinien des Horizontsystems liegen parallel zum mathematischen Horizont. Sie werden zum Zenit hin immer kleiner. Ein Himmelskörper kann in Höhen zwischen 0° und 90° liegen.

Das Horizontsystem ist ein ortsabhängiges Koordinatensystem. Die ermittelten Koordinaten sind abhängig vom Breitengrad, auf dem sich der Beobachter befindet.

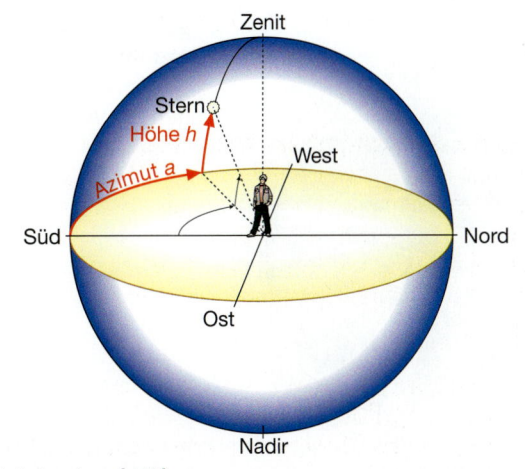

Punkte und Linien an der Himmelskugel

Zur besseren Orientierung werden Punkte und Linien auf der scheinbaren Himmelskugel festgelegt (Bild 5). Die Horizontebene grenzt die scheinbare Himmelskugel nach unten ab. Auf ihr werden die Himmelsrichtungen eingetragen. Jeder Himmelsrichtung wird eine Gradzahl zugeordnet: Süd 0°, West 90°, Nord 180°, Ost 270°. Der Punkt senkrecht über dem Beobachter ist der **Zenit**. Der nicht sichtbare Gegenpunkt zum Zenit heißt **Nadir**. Er befindet sich senkrecht unter dem Beobachter.

Die Erde rotiert einmal täglich um ihre eigene Achse. Dort, wo die Drehachse auf die scheinbare Himmelskugel trifft, liegt der **Himmelsnordpol**. Bei Beobachtung des Sternenhimmels bewegen sich die Gestirne auf Kreisbahnen um den Himmelsnordpol. Er kann leicht gefunden werden, da sich in seiner Nähe der Polarstern befindet.

■ Der Zenit ist der Punkt senkrecht über dem Beobachter. Der Nadir ist der Punkt senkrecht unter dem Beobachter.
Die Position eines Sterns zu einem bestimmten Zeitpunkt kann durch die Angabe der Winkel Azimut a und Höhe h am Standort des Beobachters eindeutig bestimmt werden.

6 Azimut und Höhe

Die drehbare Sternkarte

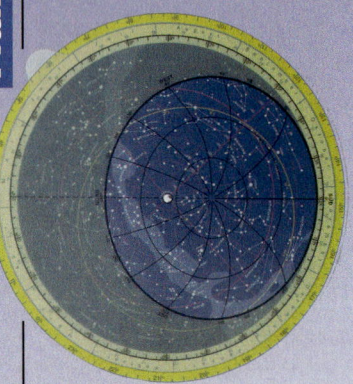

1 Drehbare Sternkarte

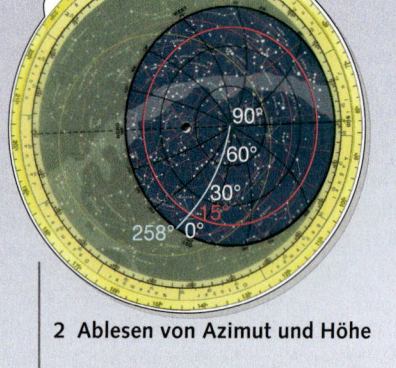

2 Ablesen von Azimut und Höhe

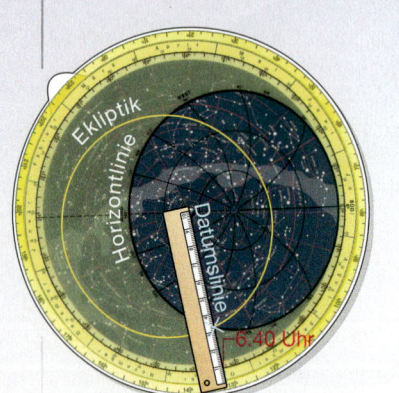

3 Einstellen des Aufgangspunktes

1. Stelle die drehbare Sternkarte so ein, dass der Sternhimmel des 20. März um 22 Uhr zu sehen ist. Welche Sternbilder sind am Süd-, Ost-, West- und Nordhimmel und in der Nähe des Zenits zu sehen?

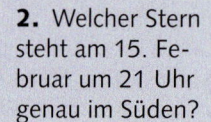

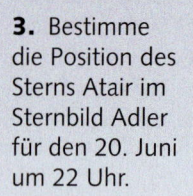

2. Welcher Stern steht am 15. Februar um 21 Uhr genau im Süden?

3. Bestimme die Position des Sterns Atair im Sternbild Adler für den 20. Juni um 22 Uhr.

4. Bestimme den Sonnenaufgang und Sonnenuntergang sowie die maximale Höhe der Sonne für den 20. April.

Aufbau der Sternkarte
Mit einer **drehbaren Sternkarte** kann der Sternhimmel für einen bestimmten Ort zu einem beliebigen Zeitpunkt dargestellt werden. Sie liefert Informationen zur Position und zur Auf- und Untergangszeit von Sonne und Sternen. Die Sternkarte besteht aus einer Grundscheibe mit Datumsangabe und dem Sternenhimmel für Berlin (52,5° nördlicher Breite), einer drehbaren Deckscheibe mit einem durchsichtigen Bereich, in dem der sichtbare Teil des Sternenhimmels zu sehen ist, sowie einer Stundenteilung.

Bestimmen der Sternposition
Bestimme mit der Sternkarte die Position des Arktur im Sternbild Bootes für den 10. November um 5 Uhr (Bild 2). Beachte, dass die Azimutlinien gekrümmt verlaufen.
1. Stelle am Datumsring die angegebene Uhrzeit ein.
2. Suche den Stern im sichtbaren Bereich der Karte.
3. Schätze die Gradzahlen für den Azimut und die Höhe ab: $a = 258°$, $h = 15°$.

Umgekehrt kann zu einer gegebenen Position der Stern bestimmt werden.
Welcher Stern befindet sich am 20. Mai um 22 Uhr unter dem Azimut von 257° und der Höhe von 42°?
1. Stelle am Datumsring die angegebene Uhrzeit ein.
2. Suche den Stern, der sich unter den angegebenen Koordinaten befindet: Wega im Sternbild Leier.

Bestimmen der Daten für die Sonne
Bestimme die Auf- und Untergangszeit und die maximale Höhe der Sonne. Wichtig für die Ermittlung der Zeiten ist der Schnittpunkt von der Ekliptik und der Verbindungslinie vom Drehpunkt zum Datum auf der Grundscheibe, der **Datumslinie** (Bild 3).
1. Lege ein Lineal so auf die Sternkarte, das der Drehpunkt und das Datum 10. Oktober verbunden werden. Suche den Schnittpunkt des Lineals mit der Ekliptik.
2. Drehe für den Sonnenaufgang die Linie des Osthorizonts in den Schnittpunkt. Lies die Aufgangszeit am Datum ab: 6:40 Uhr.
3. Drehe die Mittagslinie in den Schnittpunkt und lies die maximale Höhe ab: 31°.
4. Drehe für den Sonnenuntergang die Linie des Westhorizonts in den Schnittpunkt. Lies die Zeit am Datum ab: 17:20 Uhr.

Das Weltall – unendliche Weiten

Entstehung und Aufbau des Weltalls

Streifzug

Entstehung des Weltalls

Das **Universum** ist unvorstellbar groß. Eine Reise zum nächsten Stern Proxima Centauri ist mit den heutigen technischen Mitteln nicht möglich, denn sie würde ungefähr 32000 Jahre dauern.
Das Wort Universum ist abgeleitet vom lateinischen Wort universus und bedeutet sämtlich. Zum Universum gehören die gesamte Materie und Energie sowie Raum und Zeit. Die bekannteste Theorie, die die Entstehung des Weltalls beschreibt, ist die **Urknalltheorie**, der Big Bang (englisch: großer Knall). Mit dieser Theorie wird die gemeinsame Entstehung von Materie, Raum und Zeit beschrieben. Erstmals veröffentlicht wurde die Theorie 1927 von Georges Lemaître (1894-1966). Edwin Hubble (1889-1953) entdeckte 1929 die Expansion des Weltalls, den ersten Beleg für die Theorie vom Urknall. Durch die Zerlegung des Lichtes verschiedener Galaxien konnte Hubble nachweisen, dass sich die Galaxien voneinander weg bewegen.

A

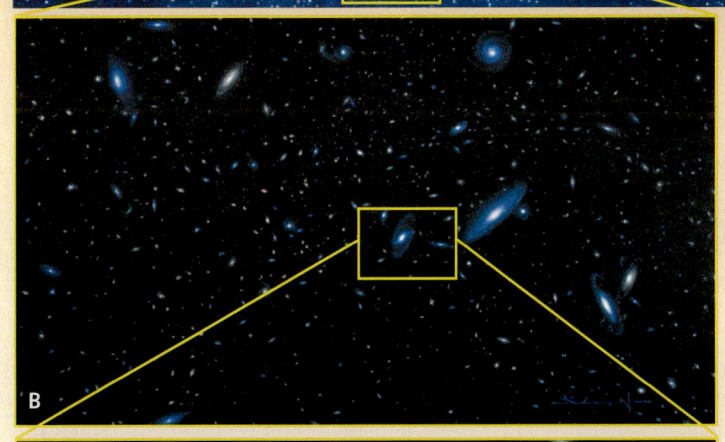

B

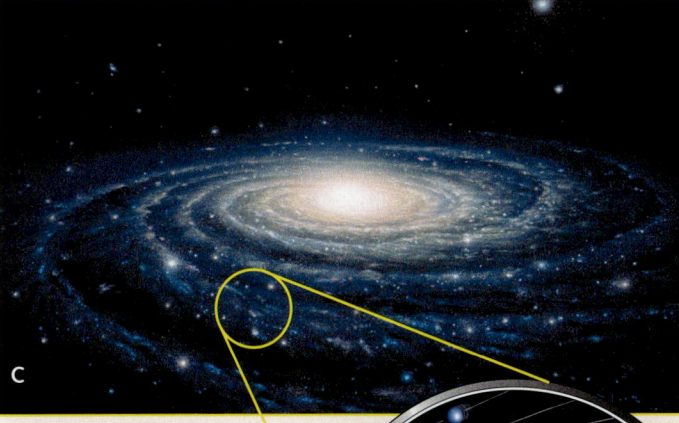

C

1 Aufbau des Weltalls.
A *Das Universum besteht aus Superhaufen,*
B *Galaxien bilden Galaxienhaufen,*
C *Die Milchstraße ist eine Spiralgalaxie,*
D *Unser Sonnensystem*

D

Aufbau des Weltalls

Die Auswertung von Beobachtungsergebnissen führte zu einer Einteilung des Universums in geordnete räumliche Strukturen. Jede übergeordnete Struktur umfasst die vorherige, die Strukturen sind **hierarchisch** angeordnet. **Superhaufen** sind die größten für uns erkennbaren Strukturen im Universum. Sie setzen sich aus vielen **Galaxienhaufen** zusammen. Im Bild 1A stellt jeder Punkt einen Galaxienhaufen dar, der mehrere tausend Galaxien umfassen kann.

Auch unsere Milchstraße ist Teil eines Superhaufens, des Virgo- oder lokalen Superhaufens. Dessen Zentrum bildet der Virgo-Galaxienhaufen, die **lokale Gruppe.** Zum lokalen Superhaufen zählen neben der lokalen Gruppe die zahlreichen Galaxiengruppen in unserer kosmischen Nachbarschaft. Unsere Milchstraße gehört zu einer lokalen Gruppe, die nur etwa 20 Galaxien umfasst (Bild 1B).

Es gibt spiralförmige Galaxien wie unsere Milchstraße (Bild 1C) und scheibenförmige elliptische Galaxien. Planeten umkreisen mit ihren Monden einen Stern. Die Erde, sieben weitere Planeten, deren Monde und viele Kleinkörper umkreisen den Stern Sonne. Diese Himmelskörper bilden gemeinsam unser **Sonnensystem** (Bild 1D). Unser Sonnensystem gehört zur Galaxie Milchstraße und befindet sich am Rande eines Seitenarms dieser spiralförmigen Galaxie.

Von der Supernova zum schwarzen Loch

Sterne – Helligkeit und Leuchtfarbe
Die Sterne sind genau wie die Sonne riesige selbstleuchtende Gaskugeln. Unsere Sonne gehört zu den kleineren Sternen. Viele Sterne am Nachthimmel leuchten eigentlich viel heller als die Sonne. Das können wir aber nicht sehen, weil die Entfernungen sehr groß sind. Dass viele Sterne außerdem viel heißer sind als die Sonne, können wir an ihrer Leuchtfarbe erkennen. Nicht so heiße Sterne leuchten rot oder orange. Sehr heiße Sterne leuchten blau.

Tod eines Sterns
Alle Sterne haben nur eine begrenzte Lebenszeit. Am Ende dieser Zeit, die einige Milliarden Jahre beträgt, explodiert der Stern. Dabei leuchtet er extrem hell auf. Diese Erscheinung wird **Supernova** genannt. Ein Teil der Sternmaterie wird durch die Explosion in das Weltall geschleudert. Der Rest ballt sich wieder zu einem „Klumpen" zusammen. Was für eine Art Klumpen dabei entsteht, ist davon abhängig, wie groß die Masse des Sterns war.

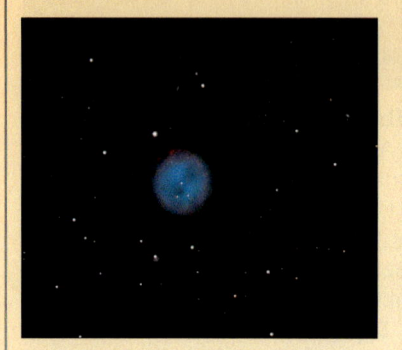

1 Weißer Zwerg im Eulennebel

2 Neutronenstern im Krebsnebel

Weiße Zwerge
Aus nicht so schweren Sternen wie unsere Sonne wird nach der Supernova ein **weißer Zwerg.** Die Masse ist fast so groß wie die des Sterns vor der Explosion. Er ist aber viel kleiner. Seine Materie ist also extrem dicht zusammengepresst. Dabei steigt die Temperatur stark an, weswegen der Materierest weiß leuchtet. Die Leuchtkraft ist jedoch sehr gering.
In Bild 1 siehst du einen weißen Zwerg als Zentralstern im Eulennebel Messier97 (M97). Der Nebel ist zwischen 5000 und 18 000 Jahre alt und ungefähr 1300 Lj bis 4600 Lj von der Erde entfernt. Sein Durchmesser beträgt rund 4 Lj.

Neutronensterne
Aus schwereren Sternen wird am Ende ihres Lebens ein **Neutronenstern.** Nach der Explosion besteht der tote Stern nur noch aus Neutronen. Neutronensterne rotieren mit einer sehr großen Geschwindigkeit. Sie leuchten nicht mehr, senden aber andere Strahlung aus, die auf der Erde mit speziellen Instrumenten gemessen werden kann. Diese Strahlen kommen im Sekundentakt auf der Erde an. Da es so scheint, als ob Neutronensterne in einem An-Aus-Rhythmus pulsieren, heißen sie auch **Pulsare.**
In Bild 2 siehst du den Krebsnebel M1 im Sternbild Stier. Dieser Nebel ist ein Überrest einer Supernova-Explosion im Jahr 1054. Im Zentrum befindet sich ein Neutronenstern, der in 33 ms einmal um seine Achse rotiert.

Schwarze Löcher
Auch ein **schwarzes Loch** kann der Rest eines toten Stern sein, der vor der Supernova besonders schwer war. Diese stellaren (lat.: stella – der Stern), schwarzen Löcher haben eine Masse, die 8-mal bis 15-mal so groß ist wie die Masse der Sonne. Die Materie des Sterns wird durch die Explosion so stark zusammengepresst, dass ihre Dichte unendlich groß ist. Dadurch ist die Anziehungskraft, die von einem solchen toten Stern ausgeht, so groß, dass nichts seine Umgebung verlassen kann und alles, was in seine Nähe kommt, eingesaugt wird. Diese extrem große Anziehungskraft wirkt sogar auf das Licht. Daher die Bezeichnung schwarzes Loch. In Bild 3 siehst du ein schwarzes Loch, um dessen Zentrum heiße Materieklumpen mit $30\,000\,\frac{km}{s}$ rasen.
Auch im Zentrum unserer Milchstraße vermuten die Astronomen ein schwarzes Loch mit einer millionen- bis milliardenfachen Masse der Sonne.

3 Schwarzes Loch

Das Weltall – unendliche Weiten

Science-Fiction

Streifzug

Nicht weg zu denken aus Literatur und Fernsehen

In der Unterhaltungsbranche ist Science-Fiction bei Zuschauern und Lesern sehr beliebt. Raumschiffe wie in Bild 1 fliegen mit Warp-Geschwindigkeit durch den Weltraum. Astronauten werden auf ferne Planeten gebeamt und treffen dort auf fremde Lebensformen. Aliens nehmen mit überlegener Technik Kontakt mit der Menschheit auf.

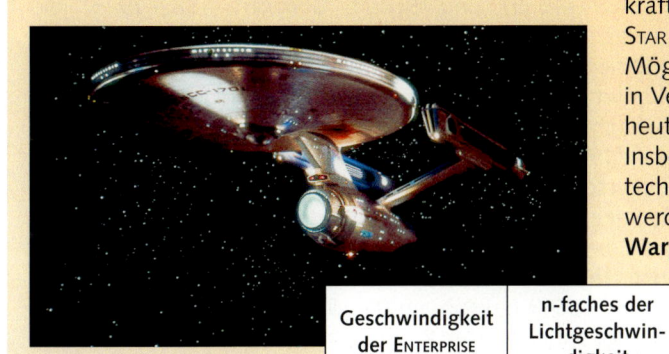

1 Raumschiff ENTERPRISE

Beamen – eine Transportmöglichkeit?

Ein häufig benutztes Transportverfahren in Science-Fiction-Filmen ist das **Beamen**. Die zu beamende Person oder das Objekt werden gescannt und danach von Strahlen in kleinste atomare Teilchen zerlegt. Der entstandene Materiestrom wird an den Zielort gesendet und dort nach den gescannten Informationen wieder zusammengesetzt. Das scheint nicht nur unangenehm zu sein, sondern auch gefährlich. Wenn auf dem Transportweg Informationen verloren gehen, wird die Person falsch oder unvollständig zusammengesetzt.

Auch wenn die Theorie logisch klingt, es gibt zwei Gründe, die die Umsetzung unmöglich macht. Es wären ungeheuer große Mengen an Energie nötig, um eine Person in einen Materiestrom zu zerlegen. Zum anderen gibt es noch keinen Speicher, der alle Informationen (10^{28} kB) für das Zusammensetzen aufnehmen könnte. Die Datenübertragung würde hunderte von Milliarden Jahre dauern.

JULES VERNE – ein Vordenker

Was in utopischen Romanen, Filmen und Fernsehserien beschrieben und dargestellt wird, entspringt oft der Fantasie. Doch nicht alles ist so unmöglich, wie es im ersten Moment erscheint. Der französische Schriftsteller JULES VERNE (1828–1905) gilt als einer der Begründer der Science-Fiction-Literatur. Doch viele der von ihm beschriebenen Utopien, wie der Flug zum Mond oder die Nutzung der Atomkraft, sind heute Wirklichkeit geworden. Die erste STAR TREK-Crew der 1960iger Jahre wurde um die Möglichkeit, über einen gesamten Planeten hinweg in Verbindung zu bleiben, beneidet. Auch das ist heute Realität.

Insbesondere in den Science-Fiction-Filmen werden technische Vorgänge gezeigt, die utopisch bleiben werden. Die Raumschiffe fliegen mit mehrfacher **Warp-Geschwindigkeit** durch das All. Der mexikanische Physiker MIGUEL ALCUBIERRE (geb. 1964) entwickelte 1994 das theoretische Konzept des Warp-Antriebs. Für die technische Umsetzung wäre so viel Energie nötig, wie die Sonne in 10 Milliarden Jahren erzeugt. Sie ist also unmöglich.

Geschwindigkeit der ENTERPRISE	n-faches der Lichtgeschwindigkeit
Voller Impuls	0,25
Warp 1	1
Warp 2	10
Warp 3	39
Warp 4	102
Warp 7	656
Warp 9	1516

2 CAPTAIN KIRK und seine Mannschaft im Transportraum

Die Zukunft liegt in der Entwicklung der Antriebstechnik

Ob wir jemals in der Lage sein werden, zu fremden Sonnensystemen zu reisen, hängt von der Entwicklung der Antriebstechnik ab. Im Jahre 2020 könnte es soweit sein, dass ein Raumfahrzeug unseren Nachbarplaneten Mars in etwa 5 Monaten erreicht. Proxima Centauri, der Stern mit der nach der Sonne geringsten Entfernung zur Erde ist 4,2 Lj von uns entfernt. Mit den heutigen technischen Möglichkeiten würde ein Flug zu diesem Sonnensystem über 30 000 Jahre dauern.

79

Streifzug

Raumfahrt – Wie alles begann

„... tri, dwa, odin, nol" – am 12.04.1961 startete zum ersten Mal ein Raumschiff mit einem Menschen an Bord ins Weltall. Der Russe Juri Gagarin (1934–1968) war der erste Kosmonaut, sein Raumschiff hieß Wostock 1. Die Geschichte der Raumfahrt begann jedoch viel früher.

Die Grundlagen
Zu Beginn des 20. Jahrhunderts fanden Konstantin Ziolkowski (1857–1935), Hermann Oberth (1894–1989) und Robert Goddart (1882–1945) die Grundlagen der Raketentechnik. Während und nach dem 2. Weltkrieg entstanden Raketenwaffen großer Reichweite und Nutzlast. Die Forschung war in dieser Zeit vor allem durch den deutschen Wissenschaftler Wernher von Braun (1912–1977) geprägt. Die Ergebnisse der militärischen Forschung wurden zur Grundlage für die spätere zivile Raketennutzung.

Unbemannte Raumfahrt
In der damaligen UdSSR begann am 04.10.1957 die Geschichte der unbemannten Raumfahrt mit dem Start des **Satelliten** Sputnik 1. Wenige Monate später, am 31.01.1958, startete der erste amerikanische Satellit Explorer 1. Satelliten umkreisen die Erde auf einer Umlaufbahn. Sie werden mit Trägerraketen ins All transportiert und dort ausgesetzt. Heute umkreisen mehrere hundert aktive Beobachtungs-, Nachrichten-, Forschungs- und Spionagesatelliten sowie die Raumstation ISS die Erde.
Am 02.01.1959 startete vom russischen Weltraumbahnhof Baikonur die erste **Raumsonde.** Ihr Ziel war der Mond. Im Gegensatz zu Satelliten verlassen Raumsonden das Schwerkraftfeld der Erde und fliegen zu entfernten Himmelskörpern. Sie sind genau wie Satelliten unbemannt und werden von der Erde aus und vom Bordcomputer gesteuert.

Bemannte Raumfahrt
Die ersten bemannten Weltraumflüge hatten das Ziel, die Erde zu beobachten und neue Technologien zu testen. Ein wichtiger Höhepunkt in der Geschichte der bemannten Raumfahrt waren die Flüge der amerikanischen Apollo-Mission. Im Dezember 1968 umkreisten erstmals drei Astronauten mit ihrem Raumschiff Apollo 8 den Mond. Am 21.07.1969 betrat der Amerikaner Neil Armstrong (*1930) als erster Mensch den Mond. Insgesamt sechsmal landeten bis 1971 amerikanische Astronauten auf dem Mond.

1. Recherchiere mithilfe des Internets und mit geeigneten Nachschlagewerken:
a) Welche Himmelskörper wurden durch Raumsonden untersucht?
b) Aus welchen Ländern nahmen Astronauten an Raumfahrtmissionen teil?
c) Welche unbemannten und bemannten Weltraummissionen sind in den nächsten Jahren geplant?

2. Stelle die Ergebnisse deinen Mitschülerinnen und Mitschülern in einem Referat vor.

Das Weltall – unendliche Weiten

Mythologie – Astrologie – Astronomie

Pinnwand

Mythologie: Die Jungfrau Persephone

Das Sternbild Jungfrau gehört zu den 48 antiken Sternbildern, die Claudios Ptolemäus (um 150 n. Chr.) beschrieben hat.
Die bekannteste Geschichte über dieses Sternbild ist die der Jungfrau Persephone. Persephone ist die Tochter von Demeter, der Göttin der Fruchtbarkeit, und Zeus. Eines Tages wurde sie vom Gott der Unterwelt Hades in sein Reich, den Hades, entführt. Demeter war darüber so traurig, dass alle Pflanzen auf den Feldern und die Bäume vertrockneten. Damit nun nicht alle Menschen verhungern, musste der Göttervater Zeus eingreifen. Er entschied, dass Persephone zwei Drittel des Jahres bei ihrer Mutter auf der Erde und ein Drittel bei Hades in der Unterwelt leben soll.
Diese Geschichte erschien den Menschen des alten Griechenland durchaus glaubhaft, denn immer wenn die Jungfrau in der Unterwelt war, wurde es kalt und regnerisch (Herbst und Anfang Winter). War sie aber wieder auf der Erde, wurden alle Wiesen grün und der Frühling begann.

Astrologie: Das Sternzeichen Jungfrau

Die von der Erde aus sichtbare scheinbare Sonnenbewegung beschreibt eine Bahn durch 12 Sternbilder. Diese 12 Sternbilder tragen dieselben Namen wie die 12 astrologischen Tierkreiszeichen. Der Tierkreis ist die Grundlage für die Erstellung von Horoskopen. Astrologen gehen davon aus, dass die Position der Planeten und der Sonne zum Zeitpunkt der Geburt entscheidenden Einfluss auf den Charakter eines Menschen hat.
Menschen, die im Zeitraum vom 24. August bis 23. September geboren werden, kommen im Sternzeichen Jungfrau zur Welt. Die Jungfrau gehört zu den Erdzeichen, sie stellt die Ernteeinbringer dar. Nach astrologischer Deutung sind in diesem Zeichen Geborene intelligent, kritisch, realistisch, zielstrebig, vernünftig, arbeitsam, zuverlässig und bringen oft Dinge zu Ende, die andere angefangen haben. Sie sind außerdem bescheiden, aber sehr auf ihr äußeres Erscheinungsbild bedacht.

Astronomie: Das Sternbild Jungfrau

Zu den Hauptaufgaben der Astronomie gehört die Untersuchung von Himmelskörpern, also auch von Sternen. Das Sternbild Jungfrau ist das zweitgrößte Sternbild am Himmel. Von Mitteleuropa aus kann es im Frühjahr beobachtet werden. Der hellste Stern des Sternbildes heißt Spica (lat.: Kornähre). Er ist 272 Lj von der Erde entfernt. Der von der Erde aus sichtbare Lichtpunkt ist aber kein einzelner Stern, sondern ein System aus mindestens vier Sternen. Der weißleuchtende Hauptstern Spica leuchtet 2300-mal so hell wie die Sonne.

1. Recherchiere im Internet nach weiteren Geschichten über Sternbilder.

2. Nach welchen Göttinnen und Göttern sind die Planeten unseres Sonnensystem benannt?

3. Recherchiere, welche Charaktereigenschaften dem Sternzeichen, in dem du geboren wurdest, zugeschrieben werden. Kannst du diese Eigenschaften bei dir feststellen?

4. a) Lies und vergleiche die Horoskope einer Tageszeitung für alle Sternzeichen. Was stellst du fest?
b) Wiederhole die Aufgabe für zwei oder mehrere Zeitungen vom selben Tag.
c) Wiederhole die Aufgabe mit Wochen- oder Monatshoroskopen.

Auf einen Blick

Das Weltall – unendliche Weiten

Weltbilder der Astronomie
Die Astronomie ist die Naturwissenschaft, die den Aufbau und die Materie des Weltalls untersucht.

Im geozentrischen Weltbild ruht die Erde im Mittelpunkt des Universums. Sonne, Mond, Sterne und Planeten bewegen sich auf Kreisbahnen um die Erde.

Im heliozentrischen Weltbild ruht die Sonne im Mittelpunkt des Planetensystems und wird von den Planeten auf elliptischen Bahnen umlaufen. Der Mond bewegt sich um die Erde. Die Erde rotiert in 24 h einmal um ihre eigene Achse.

Das Sonnensystem
Alle Körper, die sich auf Bahnen um einen Stern bewegen, bilden ein **Sonnensystem.** Es sind neben dem Stern die Himmelskörper Planeten, Zwergplaneten, Monde, Asteroide, Meteore und Kometen.

Unser Sonnensystem ist Teil der Milchstraße (Galaxie), der lokalen Gruppe (Galaxienhaufen) und des lokalen Superhaufens.

Das Planetensystem
In unserem Sonnensystem bewegen sich die acht **Planeten** Merkur, Venus, Erde, Mars, Jupiter, Saturn, Uranus und Neptun auf Ellipsenbahnen um den **Stern** Sonne. Die Planeten werden nach Masse, Radius und Dichte in **erdähnliche und jupiterähnliche Planeten** unterteilt.

Der Mond
Auf dem Mond gibt es Hochflächen, Tiefebenen und Krater. Der Mond ist von einer Staubschicht, dem **Regolith,** überzogen.

Gravitation und ihre Auswirkungen
Sonne, Erde und Mond ziehen sich gegenseitig an. Diese Anziehung von Körpern, für die nur ihre Massen verantwortlich sind, heißt **Gravitation.** Durch die Gravitationskräfte bewegt sich der Mond in etwa 28 Tagen einmal um die Erde und die Erde mit dem Mond in 365,25 Tagen einmal um die Sonne. Dabei bewegen sich Erde und Mond auf festen Bahnen.

Die Gravitationskräfte zwischen Sonne, Erde und Mond erzeugen die Gezeiten. Dabei dauern Ebbe und Flut jeweils 6,2 h.

Der Sternenhimmel
Sternbilder sind Verbindungen auffälliger, scheinbar nebeneinander liegender Sterne. Der Sternenhimmel ist in 88 Sternbilder eingeteilt.

Mithilfe der **Spektroskopie** wird das vom Stern ausgestrahlte Licht untersucht. Aus den charakteristischen Spektren lassen sich physikalische und chemische Eigenschaften des Sterns ablesen.

Das Weltall – unendliche Weiten

Zeig, was du kannst

1. a) Was beinhaltet die Wissenschaft Astronomie?
b) Wie haben sich die Aufgaben der Astronomie verändert?

2. Wie haben sich die Beobachtungsmethoden der Astronomen im Laufe der Jahrhunderte verändert?

3. Vergleiche das geozentrische und das heliozentrische Weltbild.

4. Nenne die acht Planeten unseres Sonnensystems in der richtigen Reihenfolge von der Sonne aus gesehen.

5. Erläutere die Längenangaben Astronomische Einheit und Lichtjahr.

6. Erstelle eine Tabelle mit den wesentlichen Eigenschaften der Erde.

7. Wodurch kommt der Tag-Nacht-Rhythmus auf der Erde zustande?

8. Wie groß ist die Umlaufzeit der Erde um die Sonne?

9. Welche Jahreszeit herrscht auf der Südhalbkugel, wenn auf der Nordhalbkugel Herbst ist?

10. Wie heißen die Oberflächenstrukturen des Mondes?

11. Wodurch entstehen die Gezeiten?

12. Wie oft pro Tag entsteht an einem Küstenort Niedrigwasser, wie oft Hochwasser?

13. Informiere dich über den Unterschied zwischen einer Nippflut und einer Springflut.

14. Wie lang ist der Zeitraum zwischen zwei Niedrigwasserständen?

15. Beschreibe, wie du dich am Sternenhimmel zu den verschiedenen Jahreszeiten orientieren kannst.

16. Erkläre den Begriff Ekliptik.

17. Nenne die Sternbilder des Tierkreises.

18. a) Erläutere die Struktur des Aufbaus des Weltalls.
b) Ordne die Erde in diese Struktur ein.
c) Nenne die Körper unseres Sonnensystems.

19. Das folgende Bild zeigt einen Leoniden-Meteorschauer. Erläutere die Unterschiede von Meteoren, Meteoroiden und Meteoriten.

20. Nenne die verschiedenen Strukturen, die eine Galaxie haben kann.

21. Zu welcher Galaxienart gehört die Milchstraße?

22. Beschreibe den Aufbau einer Spiralgalaxie.

Wechselwirkung

Optische Instrumente und System

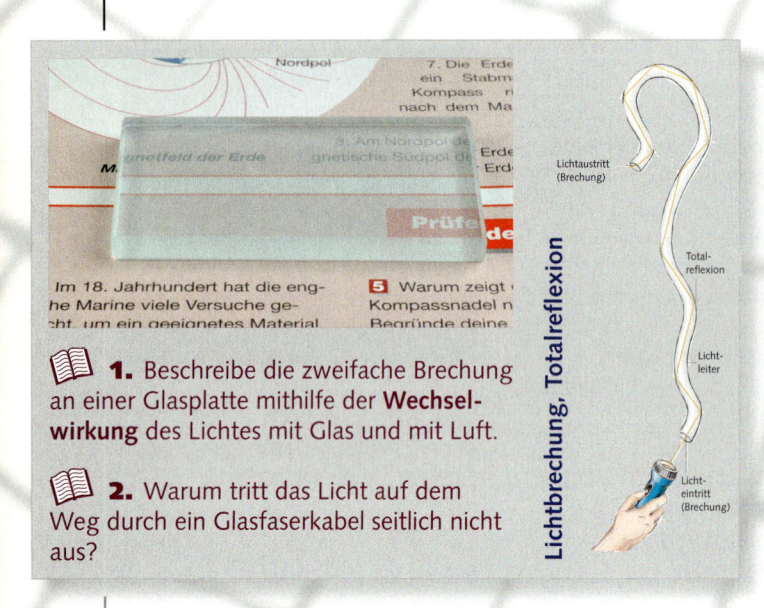

Linsen, Bildentstehung

📖 **4. a)** Beschreibe, wie mit dem **System** Gegenstand-Sammellinse-Schirm ein Bild erzeugt werden kann.
b) Beschreibe die Eigenschaften des Bildes.

Lichtbrechung, Totalreflexion

📖 **1.** Beschreibe die zweifache Brechung an einer Glasplatte mithilfe der **Wechselwirkung** des Lichtes mit Glas und mit Luft.

📖 **2.** Warum tritt das Licht auf dem Weg durch ein Glasfaserkabel seitlich nicht aus?

Himmelsobjekte

📖 **5.** Worin besteht der Unterschied zwischen einem **Planetensystem** und einem **Sonnensystem**?

Gravitation

📖 **3.** Welche Folgen der **Wechselwirkung** zwischen Erde und Mond werden auf der Erde deutlich?

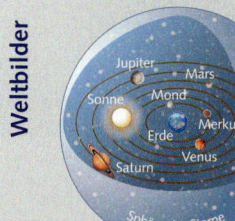

Weltbilder

📖 **8.** Wie hat die Kirche die Entwicklung der Weltbilder aufgenommen und beeinflusst?

Die Erforschung des Weltalls

Basiskonzepte

Energie

Struktur der Materie

Sonnenenergie

9. Wie sollten Häuser
a) in warmen Regionen,
b) in kalten Regionen der Erde gestaltet sein? Nimm zur Beantwortung der Frage die Basiskonzepte **Energie** und **Wechselwirkung** zu Hilfe.

Massenanziehung

6. Warum bewegen sich alle Himmelskörper in unserem **Sonnensystem** um die Sonne?

Materie im Weltall

7. Welche **Materie** befindet sich im
a) Planetensystem,
b) Sonnensystem?

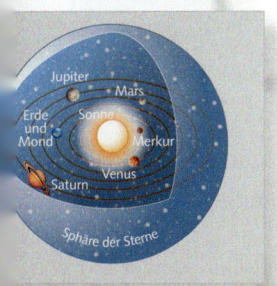

Farbspektrum

10. IR- und UV-Strahlung liegen außerhalb des für das Auge wahrnehmbaren Bereiches des Lichtes. Wie kannst du diese **Energien** trotzdem nachweisen?

Messungen im elektrischen Stromkreis

Wie kann die elektrische Stromstärke oder die elektrische Spannung mit einem Vielfachmessgerät gemessen werden?

Elektrischer Widerstand – physikalische Größe und elektrisches Bauteil. Was ist der elektrische Widerstand und wozu werden elektrische Widerstände benötigt? Welche Bedeutung haben die farbigen Ringe an den Widerständen?

Mithilfe des Elektrizitätszählers wird die Menge der genutzten Energie bestimmt. Wie wird die Energie berechnet? Wie wird eine Energierechnung, die die Kosten für die Energie zeigt, gelesen?

Elektrische Ladung

🔎 **1.** Reibe einen Bernstein mit einem Seidentuch und nähere ihn frisch gewaschenen Haaren oder Papierschnipseln. Beobachte, beschreibe und vermute, welche physikalischen Kräfte wirken.

🔎 **2.** Reibe verschiedene Gegenstände aus Kunststoff mit einem Wolltuch. Nähere die Gegenstände kleinen Papierschnipseln. Beobachte erneut, beschreibe und deute das Versuchsergebnis.

🔎 **3.** Lege eine Kunststofffolie auf eine trockene Unterlage, reibe sie mit einem Wolltuch und berühre verschiedene Stellen der Folie mit einer Glimmlampe (Bild 3B). Was beobachtest du?

🔎 **4.** Reibe die Kunststofffolie aus Versuch 3 mit unterschiedlichen Materialien. Prüfe jeweils mit der Glimmlampe an verschiedenen Stellen auf der Folie nach, ob elektrische Ladung entstanden ist. Beschreibe das Ergebnis.

🔎 **5.** Reibe unterschiedliche Körper mit dem gleichen Reibmaterial und prüfe jeweils mit der Glimmlampe. Protokolliere die Unterschiede zwischen Versuch 4 und Versuch 5.

📖 **6.** Deute die elektrischen Erscheinungen, die beim Kämmen von Haaren und beim Gehen auf dem Teppichboden entstehen können.

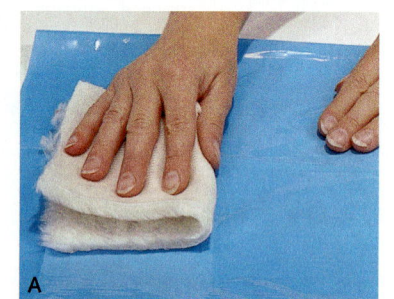

1 Aufgeladene Haare

2 Bernstein elektrisch geladen

3 Folie aufladen und prüfen

Knisternde Spannung
Du stehst vor dem Spiegel und willst deine frisch gewaschenen Haare kämmen, aber es wird keine richtige Frisur. Es knistert und die Haare stehen dir zu Berge. Du gehst über den Teppichboden, greifst an eine Türklinke aus Metall und bekommst einen „Schlag". Es heißt dann, die Luft ist aufgeladen oder du bist aufgeladen.

Hier ist Elektrizität im Spiel. Sie entsteht durch die Reibung von zwei Körpern aus unterschiedlichen Stoffen aneinander. Dadurch werden auf der Oberfläche des einen Körpers viele Elektronen entfernt und dem anderen Körper hinzugefügt. Auf beiden Stoffen entsteht dann auf der Oberfläche **elektrische Ladung**.

Nachweis der Ladung
Papierschnipsel werden von einem geriebenen Bernstein angezogen. Magnetische Wirkung kann es nicht sein, weil beide Stoffe nicht magnetisiert werden können. Mit einer **Glimmlampe** (Bild 3 B) kann nachgewiesen werden, dass es sich um elektrische Ladung handelt. Die Glimmlampe leuchtet auf, wenn du damit einen elektrisch geladenen Körper berührst.
Kann auf der Oberfläche eines Körpers keine elektrische Ladung nachgewiesen werden, dann ist er **elektrisch neutral**.

Elektron – Bernstein
Die Erscheinung der elektrischen Ladung war den Griechen im Altertum schon bekannt. Sie wussten, dass Bernstein verschiedene Stoffe anzieht oder abstößt. Bernstein heißt auf griechisch Elektron. Die Worte Elektrizität und Elektron sind also von Bernstein abgeleitet.

■ Körper sind elektrisch geladen, wenn entweder Elektronen hinzugefügt oder entfernt werden. Viele Körper, vor allem solche aus Kunststoffen, können durch Reibung elektrisch aufgeladen werden.
Ein Nachweisgerät für elektrische Ladung ist die Glimmlampe.

Stromkreise → S. 138/139

Messungen im elektrischen Stromkreis

Negative und positive Ladung

🔍 **1.** Reibe einen Kunststoffstab mit einem Wolllappen. Berühre den Stab an mehreren Stellen mit einer Glimmlampe. Was beobachtest du?

🔍 **2.** Wiederhole Versuch 1 mit einem Acrylglasstab und Watte. Was beobachtest du jetzt? Vergleiche und deute die Ergebnisse aus den Versuchen 1 und 2.

🔍 **3.** Besprühe zwei Tischtennisbälle mit Bronze und hänge sie in 10 cm Abstand an 60 cm langen Zwirnsfäden auf. Lade einen Kunststoffstab durch Reibung auf und streife seine Ladung an den Bällen ab. Wiederhole den Versuch mehrmals und beschreibe deine Beobachtung.

🔍 **4.** Trage auf einen Ball aus Versuch 3 die elektrische Ladung eines geriebenen Hartgummistabes auf. Trage auf den anderen Ball die Ladung eines geriebenen Acrylglasstabes auf. Wie reagieren die beiden Bälle jetzt? Beschreibe.

🔍 **5. a)** Trage auf das Elektroskop mit einem Teller die elektrische Ladung
• eines geriebenen Acrylglasstabes,
• eines geriebenen Hartgummistabes auf.
b) Beschreibe und begründe deine Beobachtungen.

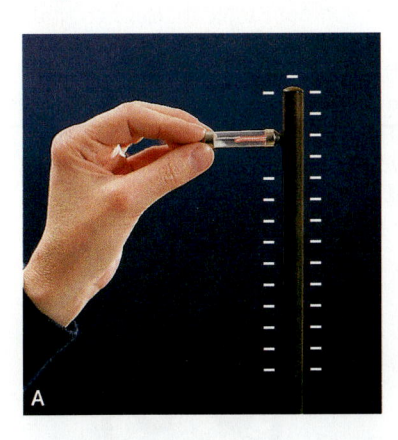

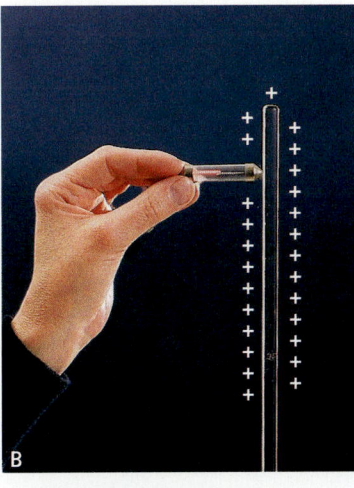

2 Elektroskop

1 A *Elektronenüberschuss;*
B *Elektronenmangel*

Glimmlampe als Nachweisgerät

Durch ihren besonderen Aufbau kann eine Glimmlampe nicht nur anzeigen, ob ein Körper elektrisch geladen ist. Sie zeigt auch an, ob auf den Körper Elektronen aufgetragen oder von ihm entfernt wurden.

Die Glimmlampe hat in ihrem Innern zwei voneinander getrennte Drähte. Wenn Elektronen vom geladenen Körper abfließen, leuchtet der Draht auf, der diesem Körper näher ist. Auf dem Körper herrscht **Elektronenüberschuss**. Der Körper ist an dieser Stelle **elektrisch negativ geladen,** denn die Elektronen sind **negativ geladene Teilchen.** Wenn Elektronen auf den Körper fließen, leuchtet in der Glimmlampe der Draht auf, der dem Körper ferner ist. Auf dem Körper herrscht **Elektronenmangel.** Er war **elektrisch positiv geladen.**

Abstoßen und anziehen

Zwei Tischtennisbälle, die nahe beieinander aufgehängt sind, stoßen sich gegenseitig ab, wenn sie mit gleicher Ladung aufgeladen werden. Sind die beiden Tischtennisbälle unterschiedlich aufgeladen, ziehen sie sich an. Je stärker die Aufladung ist, desto deutlicher ist die Abstoßung oder die Anziehung zu beobachten.

Die Abstoßung bei gleicher Ladung wird beim **Elektroskop** ausgenutzt. Der bewegliche Zeiger im Innern des Gerätes lädt sich mit der gleichen Ladung auf wie der Haltestab, an dem er angebracht ist. Je mehr Ladung aufgetragen wird, desto stärker schlägt der Zeiger aus, weil sich Zeiger und Haltestab abstoßen.

■ Körper können elektrisch negativ oder positiv geladen oder elektrisch neutral sein. Negative elektrische Ladung bedeutet Elektronenüberschuss, positive Ladung Elektronenmangel. Gleiche elektrische Ladungen stoßen sich ab, entgegengesetzte Ladungen ziehen sich an.

Stromkreise → S. 138/139

Das elektrische Feld

🔍 **1. a) Demonstrationsversuch:** Ein Bandgenerator wird eingeschaltet und auf die negativ geladene Kugel werden Watteflöckchen geworfen.
b) Beschreibe die Bahnen der Flöckchen und trage das Verhalten der Flöckchen in eine Zeichnung ein.
c) Begründe das Verhalten der Watteflöckchen.

🔍 **2. a) Demonstrationsversuch:** In eine Petrischale wird Rizinusöl gegossen und Grieß wird hineingerührt.
In die Schale werden zwei verschieden geformte Metallelektroden gestellt, die mit einem Hochspannungsnetzgerät verbunden sind. Als Elektroden werden nacheinander verwendet:
– Zwei runde Elektroden mit unterschiedlicher elektrischer Ladung.
– Zwei runde Elektroden mit gleicher elektrischer Ladung.
– Eine runde Elektrode und eine Plattenelektrode mit unterschiedlicher elektrischer Ladung.
– Eine runde Elektrode und eine Plattenelektrode mit gleicher elektrischer Ladung.
– Zwei parallele Platten mit unterschiedlicher elektrischer Ladung.
– Zwei parallele Platten mit gleicher elektrischer Ladung.
b) Fertige für die einzelnen Versuche jeweils eine Zeichnung an.

📖 **3. a)** Zeichne das Magnetfeld eines Bügelmagneten.
b) Drehe den Magneten mit seinem Magnetfeld in Gedanken um 90° aus dem Blatt heraus. Betrachte die elektrischen Felder auf dieser Seite. Mit welchem hat das Magnetfeld des Bügelmagneten Ähnlichkeit? Worin unterscheiden sich die Felder? Begründe deine Entscheidung.

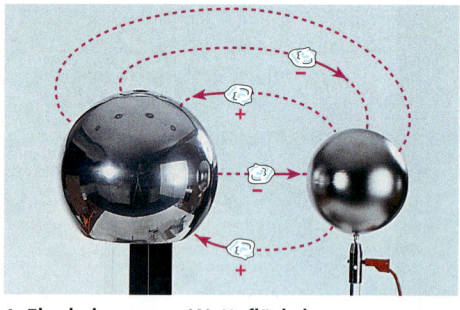

1 Flugbahnen von Watteflöckchen

Die Entstehung des elektrischen Feldes
Watteflöckchen nehmen von der negativ geladenen Kugel eines Bandgenerators Elektronen auf. Sie sind dann negativ geladen. Dadurch werden sie von der Kugel abgestoßen und fliegen auf einer gekrümmten Bahn zu der positiv geladenen Kugel. Dort geben die Watteflöckchen Elektronen ab, werden elektrisch positiv und von dieser Kugel abgestoßen. Sie fliegen auf einer gekrümmten Bahn zurück zur ersten Kugel und der Vorgang beginnt von vorn. Die Watteflöckchen bewegen sich in einem **elektrischen Feld,** das sich zwischen den beiden unterschiedlich geladenen Kugeln aufgebaut hat.

Das Modell Feldlinien
Die Bahnen werden als Linien dargestellt, die von der Kugeloberfläche senkrecht abgehen und zur anderen Kugel führen. Dort treten sie senkrecht ein. Sie kreuzen und berühren sich nicht. Diese Linien heißen **Feldlinien.** Sie bilden ein physikalisches Modell, mit dem das elektrische Feld grafisch einfach dargestellt werden kann.

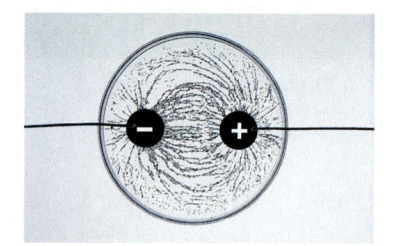

2 Elektrisches Feld zwischen ungleich geladenen Elektroden

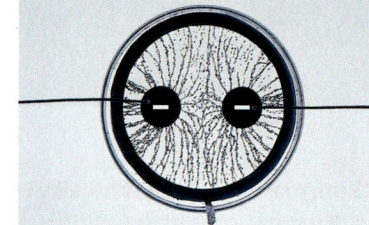

3 Elektrisches Feld zwischen gleich geladenen Elektroden

Darstellen elektrischer Felder
Das elektrische Feld kann mithilfe von Grießkörnern gezeigt werden. Die Grießkörner sind in Rizinusöl frei beweglich und richten sich linienförmig aus. Sie zeigen das elektrische Feld an.

Zwischen elektrisch ungleich geladenen Körpern zeigen sich durchgehende Feldlinien (Bild 2). Zwischen gleich geladenen Körpern wie in Bild 3 ergeben sich parallele Feldlinien an, die sich nicht miteinander verbinden.

■ Zwischen elektrisch geladenen Körpern entstehen elektrische Felder. Diese lassen sich durch Grießkörner sichtbar machen.

Stromkreise → S. 138/139

Messungen im elektrischen Stromkreis

Woher kommen die Elektronen?

Kern-Hülle-Modell des Atoms

Atome, aus denen alle Stoffe bestehen, besitzen einen positiv geladenen **Atomkern** und eine negativ geladene **Atomhülle**. Sie wird durch die Elektronen gebildet, die sich sehr schnell um den Kern bewegen. Die Anzahl der negativ geladenen Elektronen und die der positiven Ladungen im Kern ist gleich groß. Dadurch ist das Atom nach außen hin elektrisch neutral.

Durch die unterschiedlichen Ladungen entstehen Anziehungskräfte. Sie sind genauso groß wie die Kräfte, die durch die schnelle Bewegung der Elektronen entstehen. Das Atom ist in einem stabilen Zustand. Durch äußere Einwirkung wie Reiben des Körpers mit einem Wolltuch können jedoch Elektronen, die weit vom Kern entfernt sind, vom Atom abgetrennt werden. Der übrig bleibende **Atomrumpf** ist dann positiv geladen, weil die negativen Ladungen der herausgerissenen Elektronen fehlen.

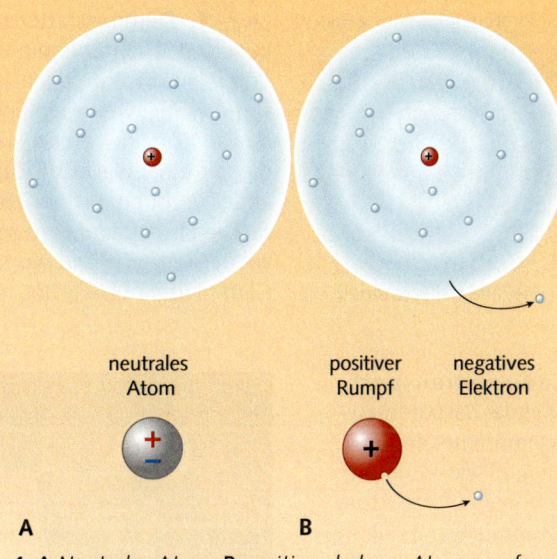

1 A *Neutrales Atom;* **B** *positiv geladener Atomrumpf*

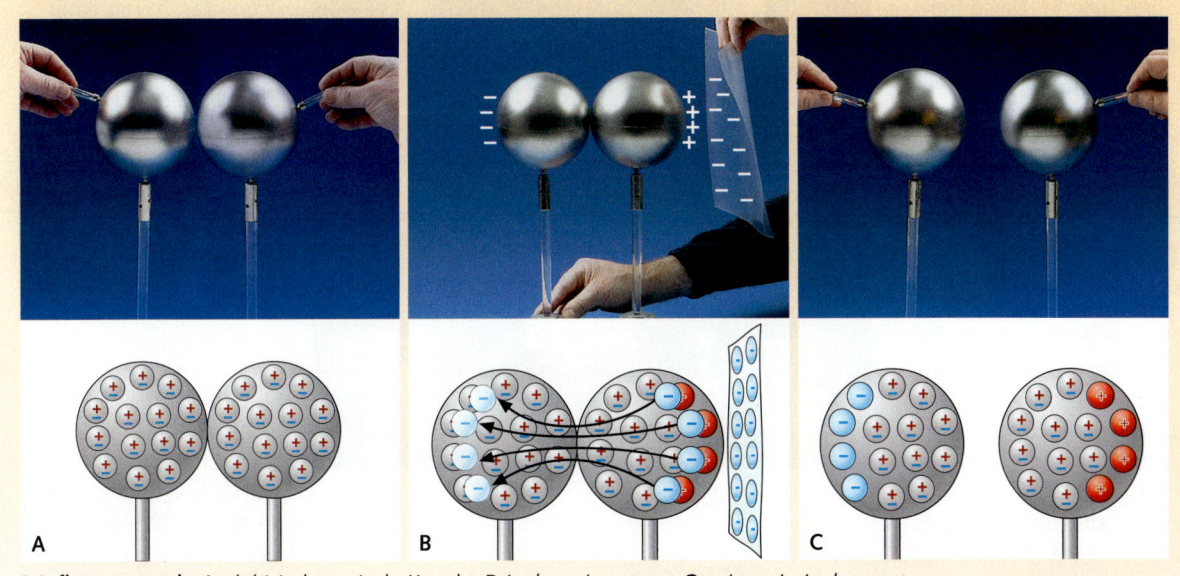

2 Influenzversuch. A *elektrisch neutrale Kugeln;* **B** *Ladungstrennung;* **C** *getrennte Ladungen*

Influenz

Die beiden Metallkugeln in Bild 2 berühren sich. Sie sind elektrisch neutral, das heißt, auf ihren Oberflächen sind gleich viele positive und negative Ladungen. Wird der rechten Kugel eine negativ geladene Kunststofffolie genähert, so werden durch Abstoßungskräfte Elektronen von der rechten auf die linke Kugel geschoben. Werden die Kugeln dann voneinander entfernt, bleibt der jeweilige Ladungszustand auf ihnen erhalten, auch wenn die Folie weggenommen wird. Auf der linken Kugel besteht Elektronenüberschuss, sie ist negativ geladen. Auf der rechten Kugel besteht Elektronenmangel, sie ist positiv geladen. Mit einer Glimmlampe lassen sich die unterschiedlichen Ladungen auf den Metallkugeln nachweisen.

Die Trennung von Ladungen durch eine elektrische Kraft, die von außen auf einen leitenden Körper einwirkt, heißt **Influenz**.

Stromkreise → S. 138/139

Elektronen sind Ladungsträger

Atomrümpfe, positiv geladen

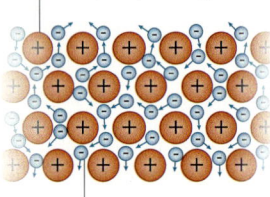

freie Elektronen

1 Metalle: Gittermodell

🔍 1. Demonstrationsversuch: a) Zwei Metallkugeln werden über ein Hochspannungsgerät unterschiedlich geladen (Bild 2A). Ihr Ladungszustand wird jeweils mit einer Glimmlampe überprüft.
b) Die Kugeln werden nun durch eine Stricknadel, die mit einer isolierten Zange gehalten wird, miteinander verbunden (Bild 2B).
c) Die Stricknadel wird mit der isolierten Zange wieder entfernt und die Kugeln werden mit einer Glimmlampe überprüft.

📖 2. Beschreibe deine Beobachtungen aus Versuch 2 und erkläre sie.

🔍 3. Ersetze das Hochspannungsgerät aus Bild 2 durch ein Stromversorgungsgerät. Verbinde die beiden Kugeln über eine Lampe (3,5 V│0,2 A) in einer Fassung. Was zeigt die Lampe an?

Ladungstransport

Metalle bestehen aus Atomen, bei denen einige Elektronen nicht sehr fest an das Atom gebunden sind. Sie können sich innerhalb des Metalls frei bewegen (Bild 1). Diese **freien Elektronen** sind die Ursache für die Leitfähigkeit von Metallen. Wird an den elektrischen Leiter eine Spannung angelegt, entsteht ein gerichteter **Elektronenfluss**. Am Minuspol der Stromquelle ist Elektronenüberschuss. Dadurch werden die Elektronen im Leiter angestoßen und es entsteht ein **Ladungstransport** vom Minuspol zum Pluspol hin, denn dort herrscht Elektronenmangel. Dieser Ladungsausgleich ist der **elektrische Strom**.

2 A Laden; **B** Entladen

Elektrisch neutral
Hältst du einen geriebenen Acrylglasstab an ein Elektroskop, zeigt es einen Ausschlag. Berührst du dann das geladene Elektroskop mit einem geriebenen Hartgummistab, geht der Ausschlag zurück.
Die Wirkungen beider elektrischer Ladungen heben sich also gegenseitig auf. Ein nach außen elektrisch neutraler Körper enthält genau so viele positive wie negative Ladungen.

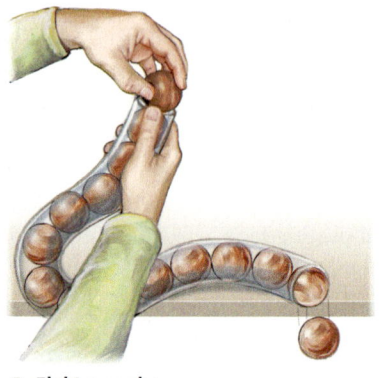

3 Elektronenbewegung

Elektronenbewegung

Die Elektronen bewegen sich bei geschlossenem Stromkreis in einem Kupferdraht mit einer Geschwindigkeit von 0,4 $\frac{mm}{s}$. Sie bewegen sich also sehr langsam. Das Weiterleiten der Ladungen im Leiter erfolgt dagegen mit einer Geschwindigkeit von ungefähr 200 000 $\frac{km}{s}$.

Diese unterschiedlichen Geschwindigkeiten werden dir am Modell in Bild 3 klar. Die Kugeln sollen Elektronen und die Röhre einen Leiter darstellen. Sobald oben in die Röhre eine Kugel eingeschoben wird, fällt unten sofort eine heraus. Bis die gerade hineingesteckte Kugel am Ende der Röhre angelangt ist, müssen aber viele Kugeln nachgeschoben werden.

■ In einem elektrischen Leiter gibt es frei bewegliche Elektronen, die sich durch den Leiter bewegen können und so Ladung transportieren. Dadurch entsteht ein Elektronenfluss. Das ist der elektrische Strom.

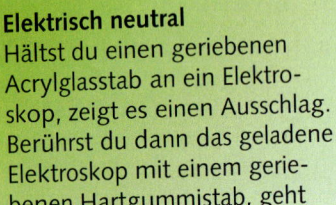

Stromkreise → S. 138/139

Messungen im elektrischen Stromkreis

Elektrische Erscheinungen

Pinnwand

Der **atlantische Zitterrochen** lebt auf dem Meeresboden. Seine Nahrung sind kleine Fische. Um an seine Beute zu kommen, hat er eine erstaunliche Fähigkeit entwickelt. Er jagt sie, indem er sich über sie wirft. Durch kurze, starke Stromstöße betäubt er die Beutetiere und macht sie so orientierungslos.

Ein Autofahrer steigt aus seinem Fahrzeug aus. Beim Schließen der Tür bekommt er einen elektrischen Schlag. Durch seine Bewegungen auf dem Sitz hatte er sich elektrisch aufgeladen. Beim Aussteigen erhält der Fahrer einen elektrischen Schlag, weil sich die elektrischen Ladungen ausgleichen.

Der **Zitteraal** kann bis zu 2,4 m lang und bis 45 kg schwer werden. Er kann Stromstöße aussenden, die sogar ein Pferd betäuben könnten. Der positive Pol befindet sich am Kopf des Aals, der negative am Schwanz. Durch die Stromstöße werden die Beutetiere betäubt oder sogar getötet.

Kommst du nahe an den Bildschirm eines Röhrenfernsehgerätes, so hörst du es knistern. Jedes Knistern ist eine elektrische Entladung, du spürst einen leichten elektrischen Schlag. Der Schlag ist nicht schmerzhaft, aber er ist doch spürbar. Auch hier werden elektrische Ladungen ausgeglichen.

1. Welche Tiere jagen ihre Beute mithilfe von Elektrizität?

2. Warum gibt es nur im Wasser Tiere, die ihre Beute mithilfe von Elektrizität jagen?

3. Bei welcher Wetterlage ist die Aufladung von Personen besonders stark?

Die elektrische Spannung

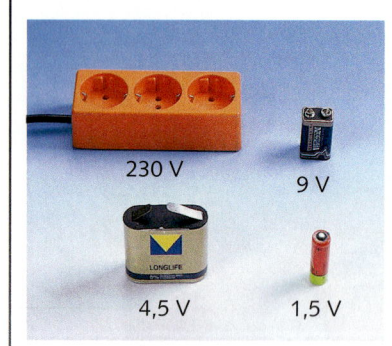

1. Bezeichne die Stromquellen in Bild 1 und nenne je ein Beispiel für ihren Einsatz.

2. Vergleiche den Wasserkreislauf in Bild 3 mit dem elektrischen Stromkreis in Bild 2.

3. Schau dir die Typenschilder oder Aufdrucke bei verschiedenen elektrischen Geräten an. Notiere, welche Angaben zur elektrischen Spannung aufgedruckt sind.

1 Stromquellen (230 V, 9 V, 4,5 V, 1,5 V)

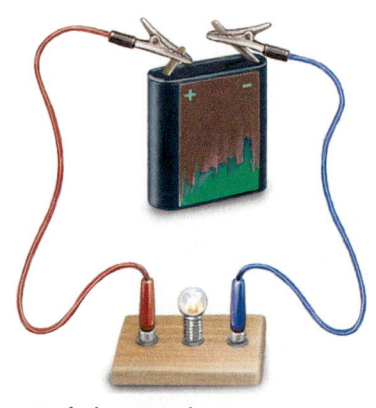

2 Einfacher Stromkreis

3 Wasserkreislauf als Modell eines elektrischen Stromkreises

■ Die elektrische Spannung U ist die Fähigkeit der Stromquelle, Elektronen anzutreiben. Sie wird in Volt (V) angegeben. Die Höhe der Spannung ist das Maß für die Stärke des Antriebes, mit dem die Elektronen durch den Stromkreis fließen.

Spannungen

Überlandleitungen	380 kV
Ortsnetz	20 kV
Haushaltssteckdose	230 V
Autobatterie	12 V
Blockbatterie	9 V
Flachbatterie	4,5 V
Mignonzelle	1,5 V
Knopfzelle	1,55 V
Solarzelle	500 mV

Umrechnung: 1 kV = 1000 V
1 V = 1000 mV

Richtige Spannung – gutes Ergebnis

Schließt du eine 230 V-Lampe an eine 9 V-Batterie an, so leuchtet die Lampe nicht. Würdest du aber eine 3,5 V-Lampe an die Blockbatterie anschließen, würde die Wendel schmelzen.
Damit Lampen hell leuchten, aber nicht zerstört werden, musst du die Stromquelle mit der jeweils richtigen Voltzahl wählen. Die Voltzahl gibt den Wert der **elektrischen Spannung** der Stromquelle an.
Die Batterie hat wie jede Stromquelle zwei Anschlüsse, einen Plus- und einen Minuspol. Am Minuspol herrscht Elektronenüberschuss, am Pluspol Elektronenmangel. Dieser Ladungsunterschied ist das Maß für die Größe der elektrischen Spannung. Eine hohe Spannung bedeutet einen großen Ladungsunterschied zwischen Plus- und Minuspol.
Die elektrische Spannung wird mit dem Formelzeichen U angegeben und in der Einheit **Volt (V)** gemessen.

Modell Wasserkreislauf – elektrischer Stromkreis

Einen Stromkreis kannst du mit einem Wasserkreislauf vergleichen. Die Wasserschraube ist der Antrieb und sorgt für den Wasserfluss. Sie ist mit der Batterie vergleichbar. Die Batterie ist der Antrieb für die Elektronen. Das Wasser im Modell fließt schneller, wenn es von größerer Höhe kommt. Es hat dann mehr Energie zum Antreiben des Wasserrades. Im Stromkreis wäre das eine höhere Ladungsdifferenz zwischen den Polen, damit mehr Energie für den Antrieb der Elektronen vorhanden ist. Die Spannung ist also das Maß für die Antriebsstärke der Elektronen.

Die elektrische Stromstärke

📖 **1.** Entnimm Bild 2 die Angaben über die Stromstärken.

📖 **2.** Welche Stromstärke zeigt das Messgerät in Bild 3 an?

📖 **3.** Warum ist es nicht sinnvoll, bei der Stromstärke die Anzahl der fließenden Elektronen anzugeben?

📖 **4.** Rechne jeweils in die nächst kleinere Einheit um: 1,53 A; 0,078 mA; 425 mA; 0,007 A.

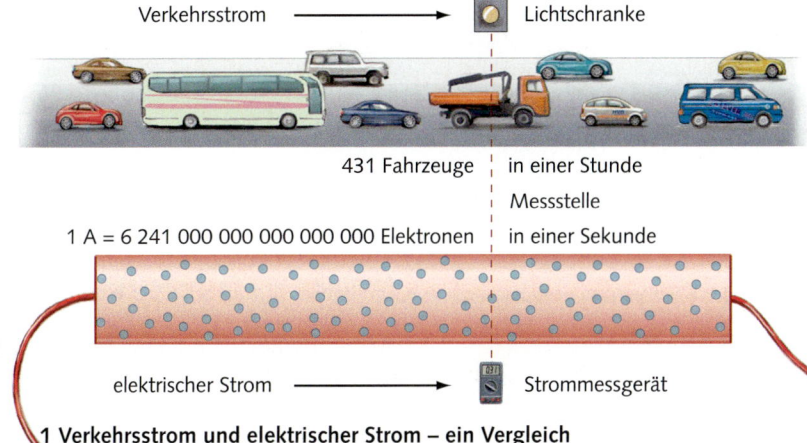

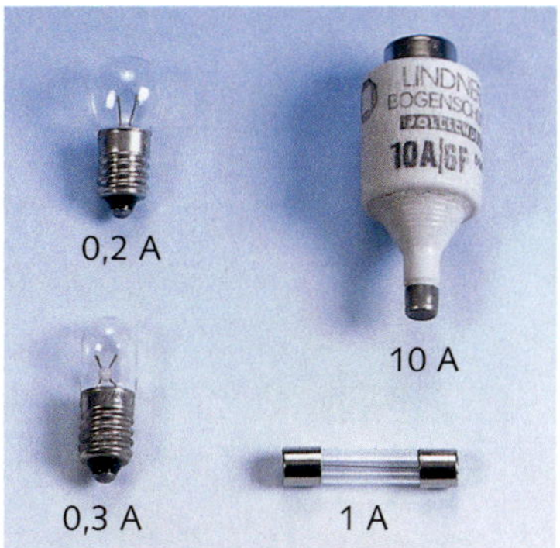

2 Lampen und Sicherungen (0,2 A; 10 A; 0,3 A; 1 A)

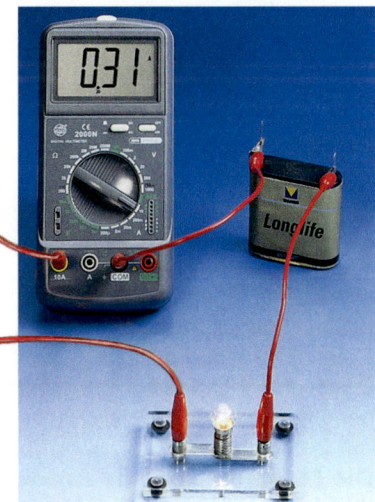

1 Verkehrsstrom und elektrischer Strom – ein Vergleich
- Verkehrsstrom → Lichtschranke
- 431 Fahrzeuge in einer Stunde
- Messstelle
- 1 A = 6 241 000 000 000 000 000 Elektronen in einer Sekunde
- elektrischer Strom → Strommessgerät

Viele oder wenige Elektronen

Der Ladungsausgleich beim Fließen von Elektronen im Stromkreis lässt sich mit einem Strommessgerät messen. Dabei wird nicht ein Zustand – die Ladungsdifferenz zwischen Plus- und Minuspol – gemessen, sondern die Menge der fließenden Elektronen. Je mehr Elektronen pro Sekunde durch einen bestimmten Leiterquerschnitt fließen, desto größer ist die **elektrische Stromstärke**. Das Formelzeichen für die Stromstärke ist *I*, die Einheit für die Stromstärke ist **Ampere (A)**. Die Stromstärke 1 A gibt an, dass in einer Sekunde 6 Trillionen 241 Billiarden (6.241.000.000.000.000.000) Elektronen durch den Leiterquerschnitt fließen. Bei 2 A wären es in 1 s dann doppelt so viele.

Das Messen der Stromstärke kannst du mit dem Zählen von Fahrzeugen vergleichen. Dabei wird die Anzahl der Fahrzeuge erfasst, die an einer bestimmten Stelle in einer Stunde in einer Richtung vorbeifahren. Das Ergebnis ist die Stärke des Verkehrsstromes. Im elektrischen Stromkreis zeigt ein Strommessgerät die Stärke des elektrischen Stromes an. Daraus könntest du berechnen, wie viele Elektronen in 1 s durch die Messstelle fließen.
Bei einer Glühlampe gibt der aufgedruckte Wert für die Stromstärke an, wie groß der Strom im Stromkreis ist, wenn sie hell leuchtet. Wenn die zulässige Stromstärke überschritten wird, unterbricht eine Sicherung den Stromkreis. Eine Sicherung ist so gebaut, dass sie immer nur eine bestimmte Stromstärke zulässt. Diese zulässige Stromstärke ist auf der Sicherung aufgedruckt.

3 Digitales Strommessgerät

■ Die Stromstärke *I* gibt an, wie viele Elektronen in einer Sekunde durch den Leiterquerschnitt fließen. Ihre Einheit ist Ampere (A).

Stromstärken

Blitz bis zu	1 000 000 A
Überlandleitung	1 000 A
Kochplatte	10 A
Toaster	5,2 A
Mikrowellenherd	2,6 A
Stereoanlage (160 W)	695 mA
Glühlampe (60 W)	261 mA
Taschenlampe	100 mA
Kopfhörer	1 mA
Taschenrechner	200 µA

Umrechnung: 1 A = 1000 mA
              1 mA = 1000 µA

Vielfachmessgeräte

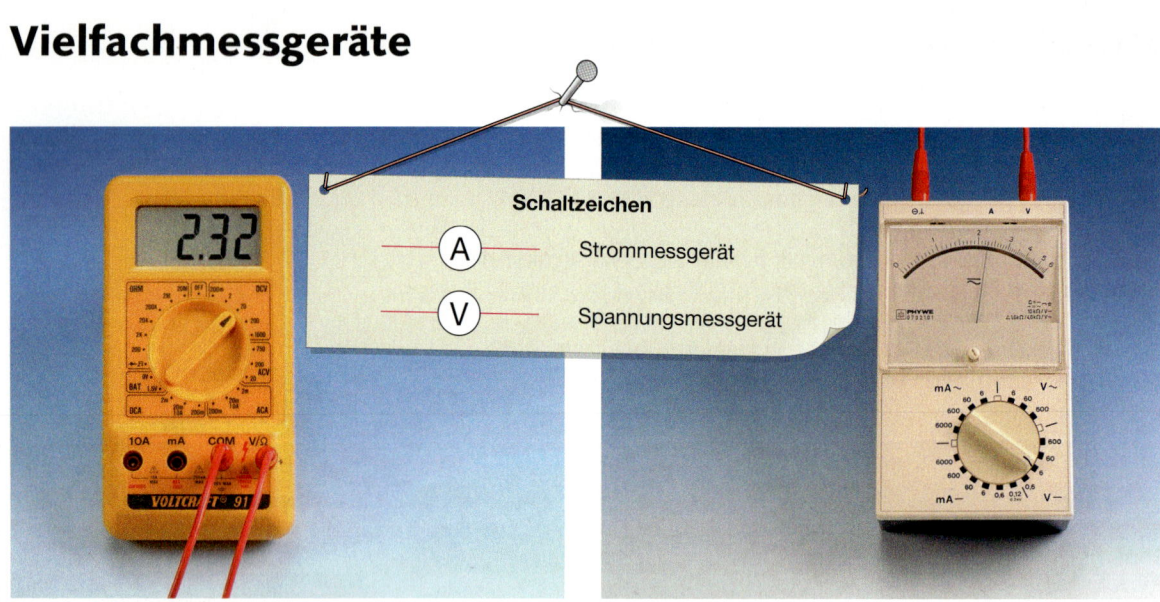

Schaltzeichen
- (A) Strommessgerät
- (V) Spannungsmessgerät

1 Digitales Messgerät

2 Analoges Messgerät

Digitale Vielfachmessgeräte
Für die Messung von elektrischen Stromstärken und Spannungen werden Messgeräte eingesetzt. Kann ein solches Messgerät zusätzlich noch den ohmschen Widerstand bestimmen, heißt ein solches Gerät **Vielfachmessgerät**.
Ein **digitales Vielfachmessgerät** kann neben dem Messen elektrischer Größen auch zur Bestimmung von Temperaturen eingesetzt werden. Einige Geräte besitzen eine Schnittstelle, um die Übertragung von Daten auf einen Rechner zu ermöglichen. Alle digitalen Messgeräte benötigen eine Batterie als eigene Stromquelle für ihren Betrieb.

Die Messbereiche und Anzeige
Das digitale Vielfachmessgerät besitzt je zwei Buchsenpaare für die Messung der elektrischen Stromstärke und der elektrischen Spannung. Die Buchse **A** stellt dabei die Verbindung zum Stromkreis bei der Messung der Stromstärke her. Die Buchse **V** ist für Spannungsmessungen vorgesehen. Die Buchsen A oder V werden mit dem Pluspol der Stromquelle verbunden. Der Minuspol ist für beiden Messbereiche der gleiche und hat das Symbol **COM**.
Mithilfe des Drehschalters werden die **Messbereiche** eingestellt. Die Gleichstrommessbereiche haben die Symbole **DCA** für die Stormstärkemessung und **DCV** für die Spannungsmessung. Für Messungen im Wechselstrombereich gelten entsprechend die Symbole **ACA** für die Stromstärke und **ACV** für die Spannung. Die einzelnen Messbereiche haben eine Teilung in ganzen Zehnerpotenzschritten.

Hast du einen Messbereich gewählt, so gibt die dort stehende Zahl den möglichen Höchstwert an. Wenn du eine größere Stromstärke oder Spannung messen willst, musst du den Drehknopf auf den höheren Messbereich einstellen. Bei niedrigeren Messwerten musst du entsprechend auf einen niedrigeren Messbereich umstellen. Die Messwerte kannst du gut sichtbar als Dezimalzahl auf dem **Display** mit **LCD-Anzeige** (**L**iquid **C**rystal **D**isplay) ablesen.

Analoge Vielfachmessgeräte
Die elektrische Stromstärke und Spannung kannst du auch mit einem **analogen Vielfachmessgerät** messen. Die passenden Buchsenpaare sind oben am Gerät angebracht. Auch ist hier der Minuspol für die Messung von Stromstärke und Spannung gleich. Vor dem Messen muss der Zeiger auf Null stehen.

Die Anzeige der Messwerte
Bei der Wahl der Messbereiche mithilfe des Drehschalters musst du darauf achten, dass du immer mit dem größten Messbereich beginnst. Nachdem du den passenden Messbereich gefunden hast, wird sich der Zeiger beim Messen auf einen bestimmten Punkt auf der Skala zwischen 0 und 6 einstellen. Den Messwert ermittelst du durch das Ablesen auf der Skala und unter Beachtung des gewählten Messbereichs.

■ Mit einem Vielfachmessgerät lässt sich die Stromstärke oder die Spannung messen. Mit einem Drehschalter werden verschiedene Messbereiche eingestellt.

Messen mit dem Vielfachmessgerät

1. In der folgenden Tabelle sind die Zeigerstellungen unterschiedlicher Messungen angegeben. Übertrage die Tabelle in dein Heft und ergänze sie.

	eingestellter Messbereich	abgelesene Zeigerstellung	Messwert
a)	6000 mA	3,0	3000 mA
b)	60 mA	1,7	
c)	600 mA	0,45	
d)	6 mA	1,5	
e)	6 V	1,5	
f)	60 V	0,9	
g)	600 mV	4,8	
h)	600 V	2,3	

2. Miss nacheinander die Spannung einer Flachbatterie, einer Blockbatterie, einer Mignonzelle und einer Knopfzelle. Wähle den Messbereich, der einen möglichst genauen Messwert liefert.

3. a) Für einen Versuch soll das Stromversorgungsgerät auf 6 V– eingestellt werden. Überprüfe mit einem analogen Messgerät, ob das Stromversorgungsgerät den erforderlichen Wert liefert. Beschreibe dein Vorgehen.
b) Wiederhole a) mit einem digitalen Messgerät. Beschreibe die Unterschiede beim Vorgehen im Vergleich zu a).

4. a) Baue einen einfachen Stromkreis mit Lampe auf. Miss jeweils die Spannung und die Stromstärke.
b) Zeichne die Schaltpläne zu a).
c) Baue den Stromkreis mit beiden Messgeräten auf. Was zeigen die Messgeräte nach dem Ausschalten an?

5. a) Zeichne einen Schaltplan mit zwei Lampen in Reihe, einem Schalter und einem Strommessgerät.
b) Zeichne in den Schaltplan ein Spannungsmessgerät ein.

6. Wie musst du reagieren, wenn bei einem analogen Messgerät der Zeiger
a) über den Höchstwert der Skala ausschlägt?
b) über die Null nach links ausschlägt?

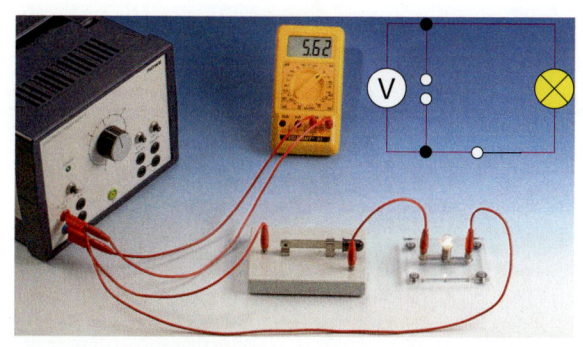

1 Messen der Spannung

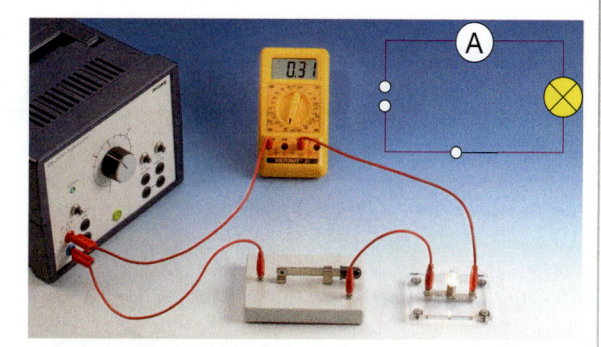

2 Messen der Stromstärke

Schritt für Schritt zum Messwert
1. Kläre, ob die Spannung oder die Stromstärke gemessen werden soll.
2. Wähle am Messgerät die richtigen Buchsen aus.
3. Stelle fest, ob die Stromquelle Gleich- oder Wechselspannung liefert.
4. Stelle den geeigneten größten Messbereich ein.
5. a) Zum Messen der **elektrischen Spannung** musst du das Messgerät **parallel** zum Stromkreis an den Polen der Stromquelle anschließen.
   b) Zum Messen der **elektrischen Stromstärke** musst du den Stromkreis an einer Stelle öffnen und das Messgerät **in Reihe** in den Stromkreis einbauen.

Achtung: Ändere den Messbereich beim Messen der Stromstärke nur bei geöffnetem Stromkreis.

■ Bei der Messung der elektrischen Spannung wird das Messgerät parallel zur Stromquelle geschaltet. Bei der Messung der elektrischen Stromstärke wird das Messgerät in Reihe in den Stromkreis eingebaut.

Digitales Messgerät: Lies den Messwert ab. Achte auf die Einheit.

Analoges Messgerät: Lies die Zeigerstellung ab. Beachte den Messbereich und notiere den Messwert mit der richtigen Einheit.

Stromkreise → S. 138/139

Praktikum

Bau eines analogen Messgerätes

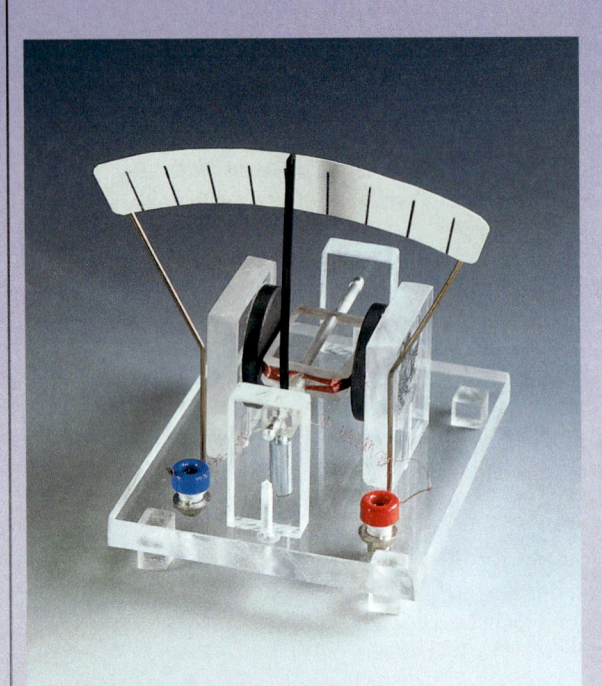

1 Messgerät mit drehbarer Magnetspule

Material
Platte aus Sperrholz oder Acrylglas, 10 mm stark, mindestens 15 cm x 8 cm
2 Scheibenmagnete, Durchmesser 30 mm
1 Aluminium-Stricknadel, Durchmesser 3 mm
Schweißdraht, 30 cm lang, Durchmesser 1,5 mm
2 Buchsen mit Schraubgewinde
isolierter Draht, 15 m lang, Durchmesser 0,1 mm
4 kleine Schrauben, 15 mm lang, Durchmesser 3 mm
1 Trinkhalm als Zeiger
1 dicke Schraube als Gegengewicht für den Zeiger
Karton für die Skala
Kleber, Lötkolben, Lötzinn

Folgende Einzelteile musst du nach dem Zuschneiden der Grundplatte (10 cm x 8 cm) aus dem restlichen Sperrholz oder Acrylglas herstellen:
4 Füße, 2 Halterungen für die Scheibenmagnete, 2 Lagerhalterungen für den Anker, die Ankerplatte, die Halterung für den Zeiger

Bei diesem Messgerät wirken die zwei verschiedenen Pole von zwei Scheibenmagneten und eine drehbare Spule als Elektromagnet zusammen. Die drehbare Spule heißt Anker. Wenn du sie mit einer Batterie verbindest, wird die Spule zum Elektromagneten. Durch ihr Magnetfeld wird sie von den Magnetfeldern der Dauermagnete ausgelenkt. Diese Auslenkung kannst du mithilfe eines Zeigers ablesen. Je größer der Strom ist, desto stärker ist die Auslenkung des Zeigers aus seiner Nulllage.

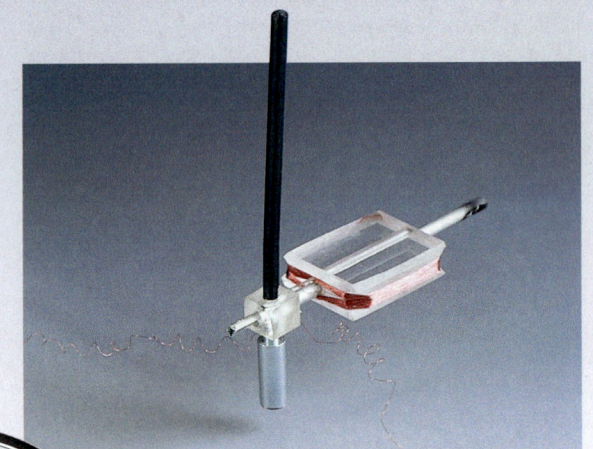

2 Ankerplatte mit Zeiger

Bauanleitung
So musst du die Achse der Ankerplatte formen, damit sich der Anker leicht bewegt. Mit einer Feile gibst du der Achse an beiden Enden eine dreieckige Form. Beim Einbau der Achse zeigt jeweils eine Dreiecksspitze nach unten.

Die Ankerplatte musst du in der Mitte längs durchbohren. Dann steckst du die Stricknadel durch die Bohrung und bringst die Halterung für den Zeiger an. Auf die Ankerplatte wickelst du 150 Windungen des lackisolierten Drahtes. Den Anker mit Magnetspule und Zeiger steckst du zwischen die Halterungen. Befestige sie mit Schrauben auf der Grundplatte. Unterhalb des Zeigers musst du in die Halterung eine dicke Schraube drehen, die den Zeiger in der Nulllage hält.

3 Lagerung der Ankerplatte

Messungen im elektrischen Stromkreis

Anzeigegeräte für Elektrizität

Lernen im Team

Viele elektrische Geräte enthalten als wichtigste Bauteile einen oder mehrere Magnete. In diesem Projekt sollt ihr Anzeigegeräte bauen, bei denen Dauer- und Elektromagnete zusammenwirken. Sie zeigen die Stromstärke in den Spulen an.

Gruppe 1:
Anzeigegerät mit Wechselwirkung
Bei diesem Anzeigegerät wirken die Magnetfelder von zwei Magneten zusammen. Das Magnetfeld des Elektromagneten wirkt auf das Magnetfeld des Dauermagneten. Dieser dreht sich dadurch in der Spule. Die Drehung lässt sich auf einen Zeiger übertragen. Das Anzeigegerät zeigt auch die Stromrichtung an.

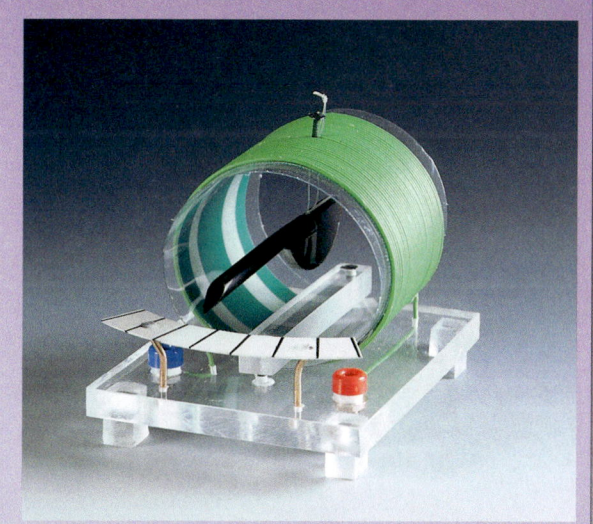

1 Anzeigegerät mit Spule und Dauermagnet

Gruppe 2: Ein Anzeiger mit Tauchfigur
Dieses Gerät besteht aus einer Spule, in der ein Holzmännchen mit Eisenkern verschwinden kann. Das Holzmännchen hängt an einer Feder. Wird der Stromkreis über die Spule geschlossen, so entsteht in der Spule ein Magnetfeld. Je höher die Stromstärke ist, desto stärker ist das Magnetfeld.

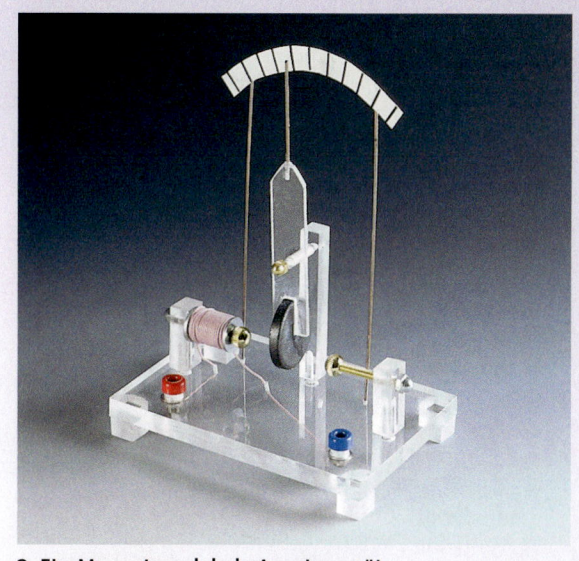

2 Anzeigegerät mit Spule und Eisenkern

Gruppe 3:
Anzeigen durch Anziehen und Abstoßen
Bei diesem Anzeigegerät nutzt ihr die Polregel des Magnetismus aus.
Der Scheibenmagnet am unteren Ende des Pendels reagiert auf das magnetische Feld der Spule. Welcher Magnetpol an den Spulenenden entsteht, hängt davon ab, wie die Spule an die Stromquelle angeschlossen wird.

3 Ein Magnetpendel als Anzeigegerät

Stromstärken in Reihen- und Parallelschaltung

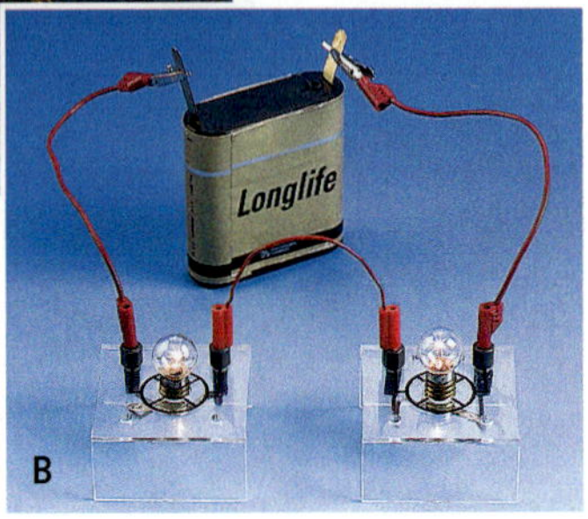

🔍 **1.** Lockere in einer Weihnachtsbaumbeleuchtung mit 10 Lampen eine einzelne Lampe. Beobachte und begründe, was passiert.

🔍 **2. a)** Wo können in einer Schaltung wie in Bild 1B Strommessgeräte eingesetzt werden?
b) Zeichne den Schaltplan mit Strommessgeräten so, dass die Stromstärken des gesamten Stromkreises und die Stromstärken an den einzelnen Lampen gemessen werden können.
c) Führe den Versuch durch. Protokolliere die Messwerte und deute die Ergebnisse.

Reihenschaltung
Die Lampen einer Weihnachtsbaumbeleuchtung sind manchmal hintereinander geschaltet. Bild 1 B zeigt den vereinfachten Aufbau dieser Schaltung.
Die Elektronen strömen nacheinander durch jedes Bauteil der Schaltung, wenn sie sich vom Minuspol zum Pluspol bewegen. Deshalb ist die Stromstärke an jeder Stelle der elektrischen Schaltung gleich.

$$\text{Reihenschaltung: } I_{ges} = I_1 = I_2$$

1 A Weihnachtsbaumbeleuchtung;
B Vereinfachte Schaltung

■ In einer Reihenschaltung ist die elektrische Stromstärke an jeder Stelle im Stromkreis gleich groß.

Praktikum: Messung der Stromstärken in Reihenschaltungen

1. a) Zeichne auf ein Sperrholzbrett den Schaltplan einer Reihenschaltung mit einer Flachbatterie, drei Glühlampen und vier Strommessgeräten.
b) Baue die Schaltung auf und befestige dabei die Fassungen mit Reißzwecken.
c) Schraube drei Glühlampen (3,7 V) ein. Lies die einzelnen Werte für die Stromstärken ab und trage sie in eine Tabelle ein.
d) Wiederhole den Versuch c) mit zwei Glühlampen (3,7 V) und einer Lampe (2,4 V).
e) Vergleiche die Messwerte in der Tabelle. Was stellst du fest?
f) Wiederhole Versuch c) mit 3 Lampen (1,5 V; 2,4 V; 3,7 V) und überprüfe damit deine bisherigen Ergebnisse.

Hinweis
Ein Lötkolben hat an seiner Spitze eine Temperatur von etwa 350 °C. Arbeite damit vorsichtig und achte darauf, dass du dir deine Finger nicht verbrennst.

Material
3 Glühlampen (3,7 V),
1 Glühlampe (2,4 V),
1 Glühlampe (1,5 V),
4 digitale Messgeräte,
Flachbatterie, Fassungen,
Sperrholzbrettchen 10 mm stark, Reißzwecken, Schaltdraht, Bronzeband, Lötkolben mit Lötzinn

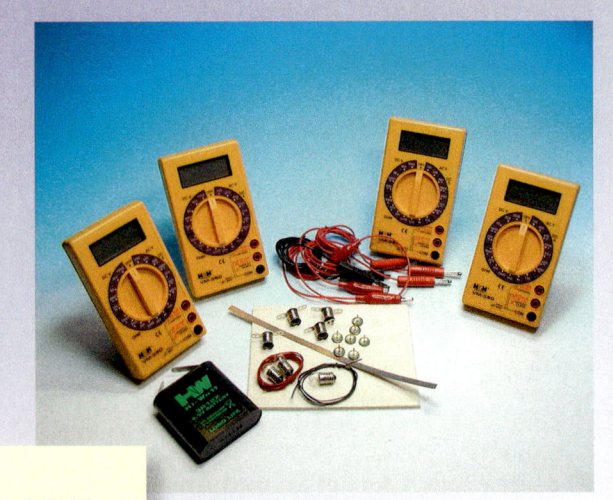

2 Materialien für eine Stromstärkemessung

I_{ges} in A	I_1 in A	I_2 in A	I_3 in A

Stromkreise → S. 138/139

Messungen im elektrischen Stromkreis

3. a) Untersuche eine Partybeleuchtung. Lockere einzelne Lampen und beobachte.
b) Begründe deine Beobachtung.

4. a) Wo können in einer Schaltung wie in Bild 3B Strommessgeräte eingesetzt werden?
b) Zeichne den Schaltplan für zwei parallel geschaltete Lampen mit Strommessgeräten. Die Stromstärken sollen im gesamten Stromkreis und an den beiden Lampen gemessen werden.
c) Protokolliere den Versuch und deute die Messergebnisse.

Parallelschaltung

In der Lichterkette einer Partybeleuchtung sind alle Lampen parallel geschaltet. Der Elektronenstrom verzweigt sich vor den Lampen. Für die Elektronen stehen am Verzweigungspunkt zwei verschiedene Wege zur Verfügung. Sie führen wieder zu einem gemeinsamen Endpunkt. In jedem der Teilstromkreise ist die Stromstärke von der Bauart der Lampe abhängig. Die Summe der Teilstromstärken ist so groß wie die Gesamtstromstärke.

> Parallelschaltung: $I_{ges} = I_1 + I_2$

■ In einer Parallelschaltung addieren sich die Teilstromstärken zur Gesamtstromstärke.

3 **A** *Partybeleuchtung;* **B** *Vereinfachte Schaltung*

Messung der Stromstärken in Parallelschaltungen

1. a) Zeichne auf ein Sperrholzbrettchen den Schaltplan einer Parallelschaltung mit einer Flachbatterie, drei Glühlampen und vier Strommessgeräten.
b) Baue die Schaltung auf und befestige dabei die Fassungen mit Reißzwecken.
c) Schraube drei Glühlampen (3,7 V) ein. Lies die einzelnen Werte für die Stromstärken ab und trage sie in eine Tabelle ein.
d) Wiederhole Versuch c) mit zwei Glühlampen (3,7 V) und einer Glühlampe (2,4 V).
e) Vergleiche die Messwerte in der Tabelle. Was stellst du fest?

4 Stromstärkenmessung in der Parallelschaltung

Material
3 Glühlampen (3,7 V), 1 Glühlampe (2,4 V),
4 digitale Messgeräte, Flachbatterie, Fassungen,
Sperrholzbrettchen 10 mm stark, Reißzwecken,
Schaltdraht, Bronzeband, Lötkolben mit Lötzinn

I_{ges} in A	I_1 in A	I_2 in A	I_3 in A	$I_1 + I_2$ in A

Stromkreise → S. 138/139

Spannungen in Reihen- und Parallelschaltung

1. Wo können in der Schaltung in Bild 1B Spannungsmessgeräte eingesetzt werden?

2. a) Zeichne den Schaltplan mit Messgeräten so, dass die Gesamtspannung und die Spannungen an den einzelnen Lampen gemessen werden können.
b) Baue den Versuch auf. Lies die Spannungswerte an den Messgeräten ab. Trage sie in eine Tabelle ein und deute sie.

Reihenschaltung
In einer Reihenschaltung teilt sich die anliegende Gesamtspannung U_{ges} auf die einzelnen Lampen auf. Für eine solche Reihenschaltung gilt:

$$\text{Reihenschaltung: } U_{ges} = U_1 + U_2$$

Bei unterschiedlichen Bauarten der Lampen sind die Spannungswerte ebenfalls unterschiedlich. Auch bei mehreren Lampen wird die Spannung entsprechend aufgeteilt. Die Addition der Beträge der einzelnen Spannungen ergibt aber immer, von Messfehlern abgesehen, den Betrag der Gesamtspannung.

■ In einer Reihenschaltung ist die Summe der Teilspannungen so groß wie die Gesamtspannung.

1 A Tulpen als Lichterkette;
B Vereinfachter Schaltplan

Messung der Spannungen in Reihenschaltungen

Praktikum

1. a) Zeichne auf ein Sperrholzbrettchen eine Reihenschaltung mit 3 Glühlampen und baue die Schaltung auf.
b) Schraube drei Glühlampen (1,5 V) ein und schließe die vier Spannungsmessgeräte an. Lies die einzelnen Werte für die Spannungen ab und trage sie in eine Tabelle ein.
c) Wiederhole den Versuch b) mit zwei Glühlampen (1,5 V) und einer Glühlampe (2,4 V). Notiere erneut die Werte.
d) Vergleiche die Messwerte in der Tabelle. Was stellst du fest?

Material
3 Glühlampen (1,5 V),
1 Glühlampe (2,4 V),
4 digitale Messgeräte,
Flachbatterie, Fassungen,
Sperrholzbrettchen 10 mm stark, Reißwecken, Nägel, Schaltdraht, Bronzeband, Lötkolben mit Lötzinn

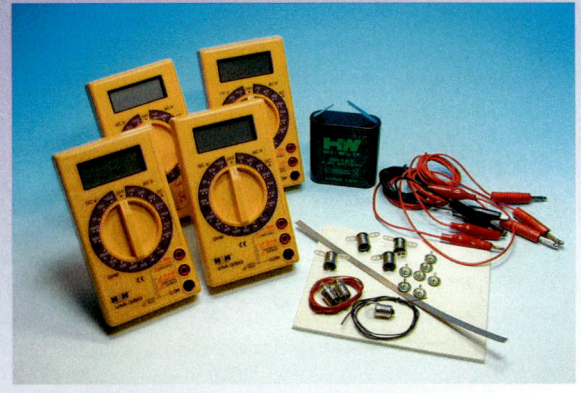

2 Materialien für eine Spannungsmessung

U_{ges} in V	U_1 in V	U_2 in V	U_3 in V	$U_1 + U_2$ in V

Messungen im elektrischen Stromkreis

3. a) Wo lässt sich in der Schaltung in Bild 3B eine Spannung messen?
b) Zeichne den Schaltplan mit Spannungsmessgeräten. Protokolliere die Messwerte des Versuches und deute die Ergebnisse.

4. Was würde geschehen, wenn die elektrischen Geräte in einem Zimmer in Reihe geschaltet wären?

5. Warum werden die Lampen einer Verkehrsampel für alle Farbzeichen mit der gleichen Spannung betrieben? Wie sind sie geschaltet?

Parallelschaltung

In einer Parallelschaltung bildet jede der angeschlossenen Lampen mit der Stromquelle einen eigenen Stromkreis. Deshalb liegt auch an jeder der Lampen die gleiche Spannung an. Für eine Parallelschaltung gilt:

Parallelschaltung: $U_{ges} = U_1 = U_2$

Die Parallelschaltung wird sehr häufig angewendet. Alle elektrischen Geräte in einem Haushalt sind parallel geschaltet, obwohl sich die Steckdosen an unterschiedlichen Stellen in der Wohnung befinden.

■ Bei der Parallelschaltung ist die Spannung an allen Bauteilen im Stromkreis gleich groß.

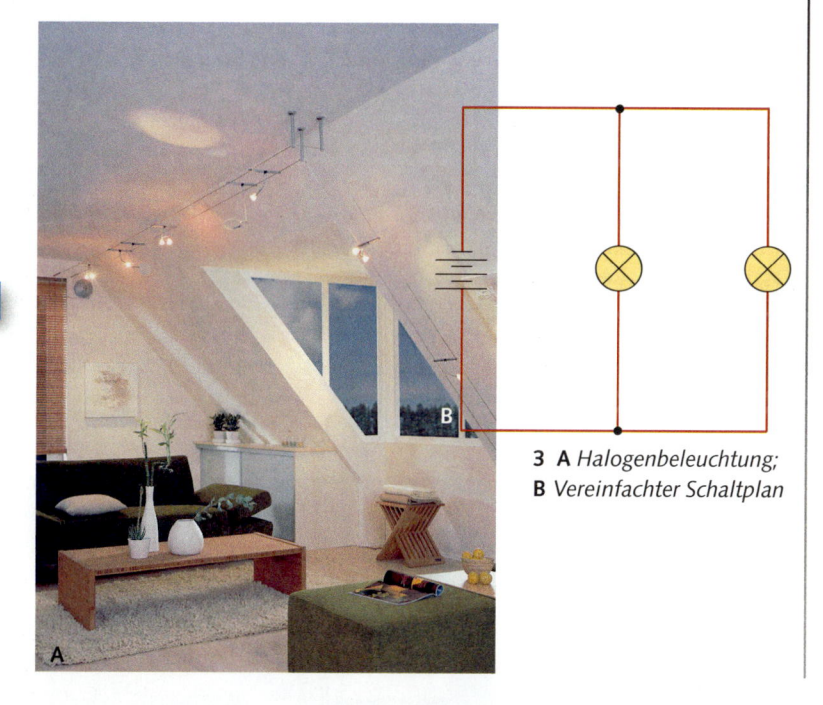

3 **A** Halogenbeleuchtung;
B Vereinfachter Schaltplan

Messung der Spannungen in Parallelschaltungen

Praktikum

1. a) Zeichne auf ein Sperrholzbrettchen den Schaltplan einer Parallelschaltung mit drei Glühlampen und baue die Schaltung auf.
b) Schraube drei Glühlampen (3,7 V) ein. Lies die einzelnen Werte für die Spannungen ab und trage sie in eine Tabelle ein.
c) Wiederhole Versuch b) mit zwei Glühlampen (3,7 V) und einer Glühlampe (2,4 V).
d) Vergleiche die Messwerte in der Tabelle. Was stellst du fest?
e) Wiederhole Versuch b) mit 3 verschiedenen Glühlampen (2,4 V; 3,7 V; 6 V) und überprüfe damit deine bisherigen Ergebnisse.

4 Spannungsmessung in der Parallelschaltung

U_{ges} in V	U_1 in V	U_2 in V	U_3 in V

Material
3 Glühlampen (3,7 V), 1 Glühlampe (2,4 V), 1 Glühlampe (6 V), 4 digitale Messgeräte, Flachbatterie, Fassungen, Sperrholzbrettchen 10 mm stark, Reißzwecken, Schaltdraht, Bronzeband, Lötkolben mit Lötzinn

103

Gleichstrom und Wechselstrom

🔍 **1.** Baue einen einfachen elektrischen Stromkreis mit einem Stromstärkemessgerät auf. Verwende ein Zeigerinstrument mit Mittelstellung. Vertausche die Anschlüsse und beobachte erneut.

🔍 **2.** Tausche die Batterie aus Versuch 1 gegen eine Fahrradlichtmaschine. Drehe das Antriebsrad langsam in eine Richtung. Vergleiche die Zeigerbewegung mit der Beobachtung aus Versuch 1.

🔍 **3. a)** Baue einen Stromkreis mit einer Lampe (3,7 V) und einer Flachbatterie auf. Schließe parallel zur Lampe ein Oszilloskop an. Beschreibe das Bild auf dem Oszilloskop.
b) Schließe den Stromkreis an den Wechselstromausgang eines Stromversorgungsgerätes an und wiederhole die Messung. Vergleiche das Bild auf dem Oszilloskop mit dem Bild aus a).

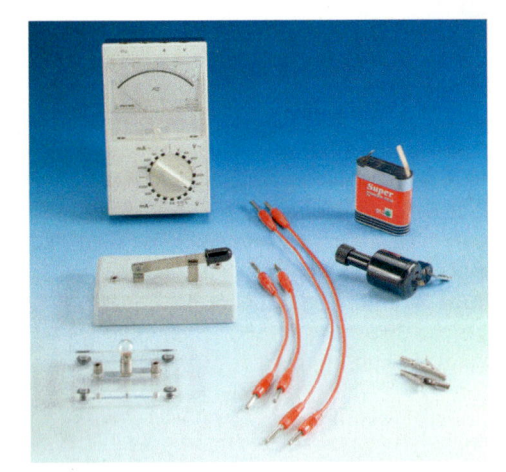

1 Batterie oder Fahrradlichtmaschine als Stromquelle

Batterie im Stromkreis
In einem geschlossenen Stromkreis mit einer Batterie als Stromquelle bewegen sich die Elektronen vom Minuspol in Richtung zum Pluspol. Diese Stromart heißt **Gleichstrom**.
Werden die Anschlüsse an der Batterie vertauscht, so wechseln auch die Elektronen die Bewegungsrichtung im Stromkreis. Als Antrieb für die Elektronen stellt die Batterie **Gleichspannung** zur Verfügung. Sie wird auf dem Oszilloskop als waagerechte Linie dargestellt.

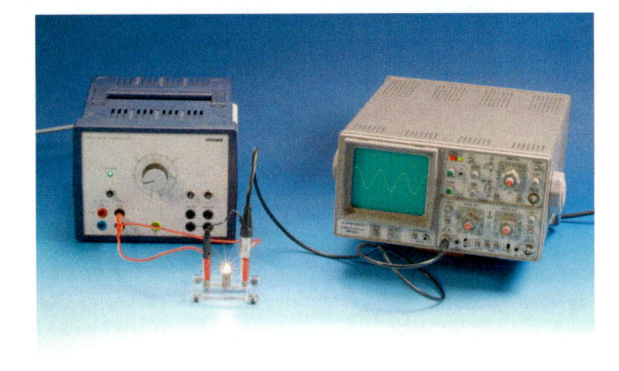

2 Stromkreis mit Lampe und Oszilloskop

Fahrradlichtmaschine im Stromkreis
Wenn die Stromquelle eine Fahrradlichtmaschine ist, wechseln Pluspol und Minuspol in schneller Folge. Damit ändert auch der Elektronenstrom ständig seine Richtung. Du erkennst es an der Hin- und Herbewegung des Zeigers am Messgerät. Es zeigt **Wechselstrom** an.
Auf dem Schirm eines Oszilloskops wird eine **Wechselspannung** als regelmäßige wellenförmige Kurve dargestellt. Sie wird **Sinuskurve** genannt.

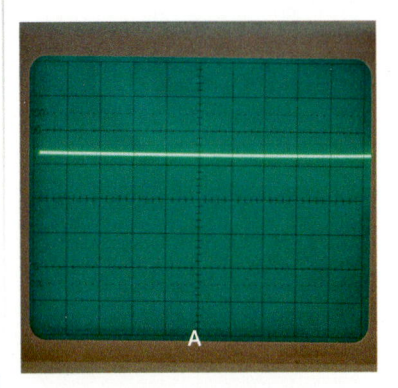

■ Das Oszilloskop zeigt eine Gleichspannung als waagerechte Linie an.
Eine Wechselspannung wird als Sinuskurve dargestellt.

3 Oszilloskop. A Gleichspannung; **B** Wechselspannung

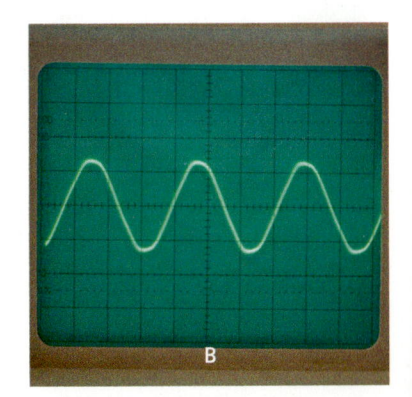

Messungen im elektrischen Stromkreis

Elektrische Energiequellen

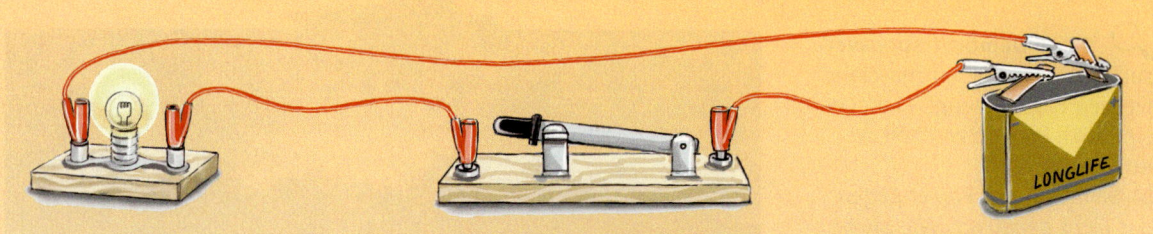

Streifzug

In einem elektrischen Stromkreis wird durch die Bewegung der Elektronen elektrische Energie übertragen. Die Batterie ist die Energiequelle und die Glühlampe ist ein Energiewandler. Während sich die Elektronen in einem geschlossenen Stromkreis bewegen, strömt die Energie nur in eine Richtung. In einem elektrischen Stromkreis ist die Richtung der Energie zwischen Quelle und Wandler nicht umkehrbar.

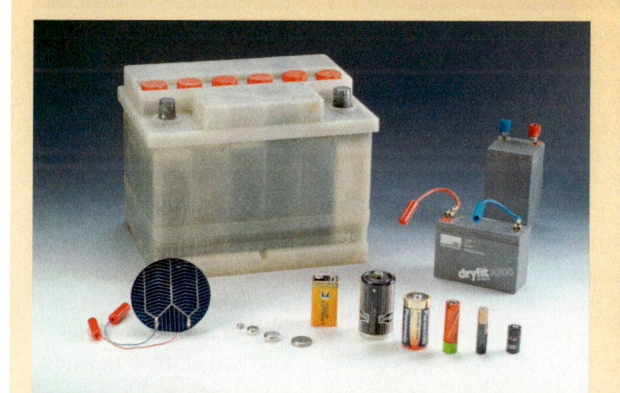

1 Gleichstromquellen

2 Generator als Wechselstromquelle

Gleichstromquellen
Alle Batterien sind **Gleichstromquellen.** Sie speichern Energie. Es gibt sie in unterschiedlichen Größen und mit verschiedenen elektrischen Spannungen. Hat eine Batterie ihre Energie abgegeben, muss sie über eine Sammelstelle entsorgt werden. Akkumulatoren, kurz Akkus genannt, sind ebenfalls Gleichstromquellen. Im Gegensatz zu Batterien können sie aber wieder aufgeladen werden.
Auch Solarzellen sind Gleichstromquellen. Sie können die elektrische Energie aber nicht speichern.

Wechselstromquellen
Der Generator einer Windkraftanlage muss sich drehen, damit er elektrische Energie erzeugen kann. Auch der Generator in einem Kraftwerk oder die Fahrradlichtmaschine dreht sich. Alle Geräte, die sich bei der Erzeugung elektrischer Energie drehen, sind **Wechselstromquellen.**

Generatoren können die elektrische Energie nicht speichern. Sie müssen sich in dem Moment drehen, in dem sie Energie abgeben sollen.

Physikalische Stromrichtung
Eine Batterie stellt die Elektronen am Minuspol zur Verfügung. Wird eine Batterie in einem Stromkreis angeschlossen, so wandern die Elektronen vom Minuspol in Richtung zum Pluspol. Dies ist die einzig mögliche Stromrichtung.

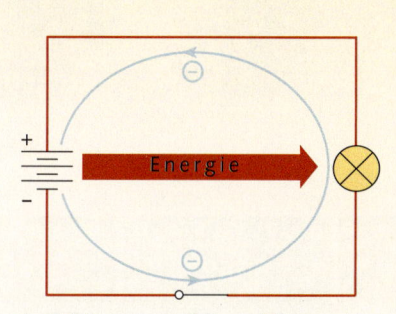

3 Elektronen- und Energiefluss

Technische Stromrichtung
Früher war über den elektrischen Strom nicht viel bekannt. Insbesondere wusste niemand, dass er durch Elektronen zustande kommt. Deshalb wurde willkürlich die Stromrichtung vom Pluspol zum Minuspol festgelegt. Techniker benutzen heute noch diese Sprechweise. Sie heißt daher **technische Stromrichtung.**

Wie entstehen Blitz und Donner?

🔍 **1. a) Demonstrationsversuch:** Mit der Influenzmaschine werden Blitze erzeugt. Dabei wird ein Stück Papier zwischen die Kugeln gehalten.
b) Schau dir das Papier gegen das Licht genau an. Was stellst du fest?

📝 **2.** Zähle Möglichkeiten auf, wo es im Alltag zu kleinen Entladungen oder Blitzen kommen kann.

1 Gewitterwolke mit Erdblitz

Große und kleine Blitze
Es blitzt und kracht. Ein Gewitter ist aufgezogen. Im Kleinen kannst du dies beobachten, wenn du mit den Fingern über den Schirm eines Bildröhren-Fernsehers streichst. Es knistert und im Dunkeln kannst du kleine Blitze sehen. Die Oberfläche der Bildröhre hat sich während des Betriebes elektrisch aufgeladen. Es haben sich geladene Teilchen an der Oberfläche angesammelt. Kommst du mit deinen Fingern dicht an die Bildröhre, können Ladungen überspringen. Es kommt zum Ladungsausgleich.

Ladungstrennung beim Gewitter
Vor einem Gewitter erhitzt die Sonne die Erde und die Luft darüber. Wenn aufsteigende warme Luft viel Wasserdampf enthält, kondensiert dieser in großen Höhen zu Wasser. Es entsteht eine Wolke, die immer höher wächst. Manchmal wird daraus eine Gewitterwolke. Im Innern dieser Wolke gibt es kräftige Aufwinde. Sie bewirken, dass Regentropfen so hoch nach oben geschleudert werden, dass sie zu Eis werden. Stoßen aufsteigende und hinabfallende Teilchen aus Wasser oder Eis aneinander, werden Ladungen getrennt (Bild 2A).

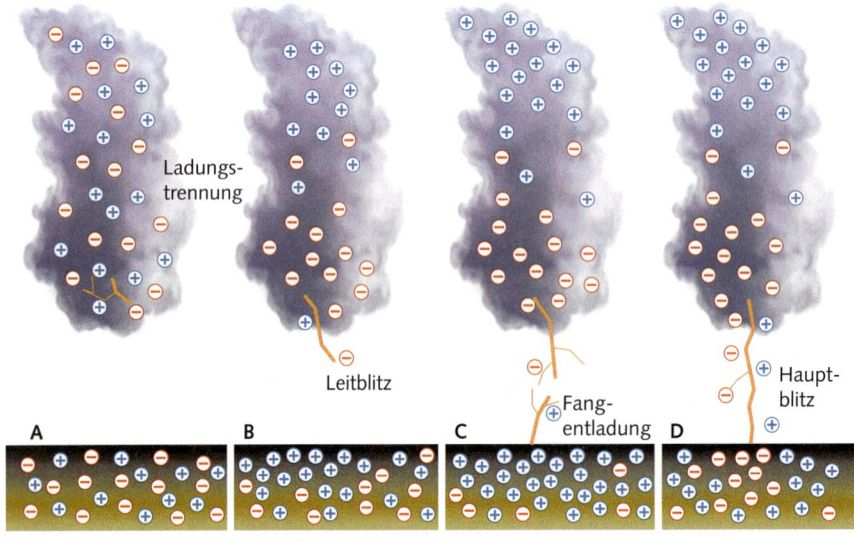

2 Die Vorgänge bei der Entstehung von Erdblitzen

Blitzentladungen
Zwischen den Bereichen mit unterschiedlicher elektrischer Ladung herrschen Spannungen von vielen Millionen Volt. Neun von zehn Blitzen finden innerhalb der Wolken statt. Es kommt aber auch zu Blitzen zwischen Wolke und Erde. An der Erdoberfläche sammeln sich Ladungen, die zur Ladung der Wolke entgegengesetzt sind. Ist die Spannung hoch genug, macht zunächst ein Leitblitz die Luft leitfähig (Bild 2B). Ihm wachsen vom Boden aus Fangentladungen entgegen (Bild 2C). Treffen sich beide, kommt es zur Hauptentladung, dem Hauptblitz (Bild 2D). Die auftretenden Stromstärken erreichen vermutlich weit über 100 000 A.
Der Blitz hat nur einen Durchmesser von etwa 12 mm, das grelle Licht lässt ihn breiter erscheinen. Seine Länge kann mehrere Kilometer betragen.

Messungen im elektrischen Stromkreis

Erfindung des Blitzableiters

Franklin erforscht Gewitter

Benjamin Franklin (1706–1790), ein amerikanischer Forscher und Politiker, vermutete eine Verbindung zwischen Gewitterblitzen und elektrischer Entladung. Franklin bespannte einen Drachen mit seidenem Tuch und befestigte an dessen oberem Ende einen spitzen Draht, der 30 cm über das Drachenkreuz hinausragte. Dieser Draht sollte das „elektrische Feuer" aus der Gewitterwolke ziehen und einen Eisenschlüssel „elektrifizieren". An diesem befand sich ein Büschel Seidenfäden. Er vermutete, dass sich die Seidenfäden durch die Aufladung voneinander abspreizen müssten.

1752 ließ Franklin bei einem Gewitter den Drachen steigen. Ein Blitz traf den Drachen und die Seidenfäden standen tatsächlich durch die elektrische Ladung nach allen Seiten gleichmäßig ab.

Mit diesem gefährlichen Experiment, bei dem Franklin nur durch einen glücklichen Zufall nicht ums Leben kam, hatte er den Beweis für die elektrischen Eigenschaften eines Blitzes erbracht.

Legende
(Wolke-Erde Blitze je km² und Jahr)
- 3,68 – 4,84
- 3,13 – 3,67
- 2,68 – 3,12
- 2,88 – 2,67
- 1,88 – 2,27
- 1,34 – 1,87
- 0,57 – 1,33

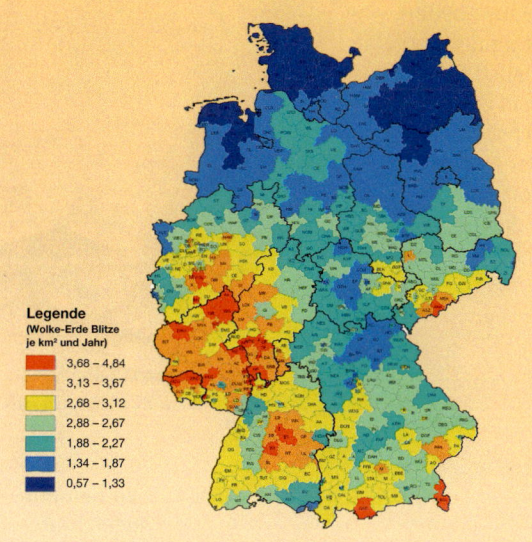

2 Blitzhäufigkeit in Deutschland

1 Franklins Experiment im Juni 1752

Energiegewinnung aus Blitzen?

Die Erde wird in jeder Sekunde von durchschnittlich 100 Blitzen getroffen. Über Deutschland werden jährlich ungefähr 1,5 Millionen Blitze registriert. Doch ihre elektrische Energie verschwindet ungenutzt. Die aus dieser Energie errechnete elektrische Leistung beträgt mehrere Milliarden Kilowatt. Alle Kraftwerke weltweit haben zusammen nur eine Leistung von 120 Millionen kW. Doch die Blitze dauern nur einige Millionstel Sekunden und es gibt noch keine Möglichkeit, diese gewaltige, kurzzeitig auftretende Energiemenge zu speichern. Deshalb können Blitze bis heute nicht zur elektrischen Energiegewinnung genutzt werden.

Der erste Blitzableiter

Um Gebäude vor Blitzeinschlag zu schützen, montierte Franklin eine Eisenstange auf dem Dach eines Hauses. Sie überragte den Schornstein deutlich. Diese Fangstange wurde entlang der Hauswand durch einen Draht mit dem Erdreich verbunden. Franklin beschrieb, warum dieser Aufbau vor Blitzeinschlag schützt. Er nimmt die Blitze auf und führt sie in das feuchte Erdreich ab. Die Gebäude bleiben unversehrt. Der **Blitzableiter** war erfunden. Heute haben viele Gebäude Blitzableiter und zum Teil sehr aufwändige Blitzschutzeinrichtungen. Öffentliche Gebäude und gefährdete Industrieanlagen müssen nach dem Gesetz einen Blitzschutz haben.

3 Blitzableiter auf einem Reetdach

Methode

Informationen suchen

Für Hausarbeiten, Referate und Projekte oder auch für Aktivitäten in deiner Freizeit brauchst du immer wieder Informationen. Du solltest in der Lage sein, diese selbstständig zu finden und auszuwerten.

Dabei geht es nicht nur darum, Fakten zu sammeln. Erst durch die Aufbereitung werden Informationen für dich nutzbar. Es ist jedoch oft schwierig, Wesentliches und Unwesentliches voneinander zu trennen.

1 Wissen heißt nicht nur wissen, wo es steht.

2 Bücher geben erste Informationen.

Suche zu deinem Thema im Stichwortverzeichnis oder Register am Ende des Lehrbuches passende **Stichworte.** Seitenangaben bringen dich direkt auf die entsprechenden Seiten. Lies diese Seiten und verschaffe dir Grundkenntnisse. Weitere Kenntnisse über das Thema kannst du dir mithilfe eines **Lexikons** verschaffen. Oft findest du hier auch Querverweise zu neuen Stichwörtern und kannst dein Wissen zum Thema schrittweise erweitern.

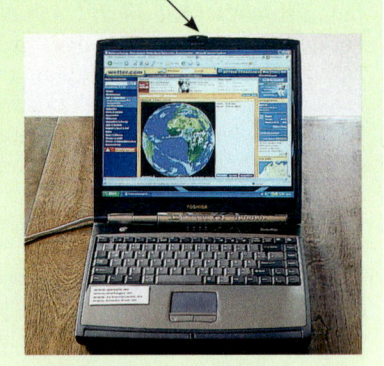

3 Millionen „vernetzter" Informationen

Verzeichnis der Quellen

Wenn du Informationen aus Büchern, Zeitschriften oder dem Internet nutzt, musst du das **Urheberrecht** beachten. Erstelle eine Übersicht über die genutzten Bücher, Zeitschriften und Internetseiten. Notiere bei Websites den Tag des Zugriffes, da diese häufig geändert werden.

1. Erstelle zum Thema Gewitter eine Stichwortliste. Suche Informationen im Lehrbuch.

2. Ergänze deine Liste durch weitere verwandte Begriffe wie Blitzableiter. Ergänze dein Wissen aus Sachbüchern.

3. Suche im Internet mithilfe von Suchmaschinen nach weiterführenden Informationen zu Begriffen wie Naturgewalten oder BENJAMIN FRANKLIN.

Zu vielen Themen gibt es **Sachbücher** in einer Bibliothek. Auch deine Lehrerin oder dein Lehrer kann dir Bücher empfehlen. Verschaffe dir zunächst mit dem Inhaltsverzeichnis oder dem Register einen Überblick.

Mit dem **Internet** steht dir ein sich ständig erneuerndes Nachschlagewerk zur Verfügung. Mit **Suchmaschinen** bekommst du eine Liste von Webseiten, die deinen eingegebenen Begriff enthalten. Das können sehr viele Seiten sein. Benutze deshalb mehrere **Suchwörter** und kombiniere diese. In einer Liste werden die betreffenden Seiten kurz beschrieben. Entscheide mit dieser Beschreibung, ob für dich brauchbare Informationen enthalten sein könnten. Nutze nur die Informationen, die für dein spezielles Thema von Bedeutung sind.

Ordne die erhaltenen Informationen und stelle Querverbindungen her. Ersetze Fremdwörter oder liefere eine Erklärung für sie. Fasse die wesentlichen Inhalte in Form von Merksätzen zusammen.

Messungen im elektrischen Stromkreis

Erstellen einer Sachmappe

Methode

Eine Sachmappe ist eine Materialsammlung zu einem bestimmten Sachgebiet. In ihr werden Informationen zusammengefügt, die aus verschiedenen Quellen stammen. Mit einer Sachmappe erstellst du ein persönliches Nachschlagewerk. Als Sachmappe eignet sich ein Ordner, dessen Inhalt immer wieder ergänzt werden kann.

Inhalt der Sachmappe
In eine Sachmappe zum Thema „Blitz und Donner" gehören persönliche Aufzeichnungen, Prospekte, Bilder, Diagramme, Zeitungsausschnitte und Ausdrucke von Texten, die von dir am Computer erstellt oder bearbeitet wurden. Auch Informationen, die nicht unmittelbar das Unterrichtsthema betreffen, können verwendet werden. So könnte erkundet werden, welche Vorstellungen die Menschen in früheren Zeiten von Blitzen hatten. Zur Veranschaulichung kann die Mappe mit selbst gezeichneten Bildern ergänzt werden.

1 So könnte eine Sachmappe aussehen.

Vorgehensweise beim Erstellen einer Sachmappe
- Sammle Materialien zum Thema „Blitz und Donner" und lege sie in Transparenthüllen. Wende dich an Einrichtungen, die mit Gewittern zu tun haben wie Wetterstationen oder Firmen, die Blitzableiter installieren.
- Sortiere die Materialien in zusammengehörende Bereiche wie Entstehung von Gewittern, Vorgänge beim Blitz, Verhaltensregeln bei Gewitter, Erlebnisberichte.
- Wähle die geeigneten Materialien aus.
- Wähle eine Form und ein Format für deine Sachmappe, zum Beispiel einen DIN A4-Ordner.
- Klebe kleinere Zeitungsausschnitte, Fotos und Blätter auf und schreibe Anmerkungen dazu.
- Gestalte die einzelnen Seiten übersichtlich und informativ. Verwende aussagekräftige Bilder. Achte darauf, nicht zu viele Informationen auf einmal zu präsentieren. Gib jeder Seite eine Überschrift.
- Gestalte ein Deckblatt und erstelle ein Inhaltsverzeichnis. Dazu musst du die Seiten nummerieren, wenn du deine Sammelmappe abgeschlossen hast.
- Erstelle eine Übersicht mit den Quellen, aus denen die Informationen stammen. Wenn du Internetseiten verwendet hast, gib auch das Zugriffsdatum an.

2 So entsteht eine Sachmappe.

Gefahren durch Blitzschlag

📝 **1.** Recherchiere im Internet oder in der Tageszeitung über Unglücksfälle durch Blitzschlag. Was haben alle Unfälle gemeinsam?

📝 **2.** Informiere dich darüber, wo du bei Gewitter besonders gefährdet bist. Überlege und notiere, wie du diese Gefahren vermeiden kannst.

📝 **3.** Wie kommt es zu der zerstörerischen Wirkung von Blitzen, die in Bäume einschlagen?

📖 **4.** Was haben eine lange Eisenstange, wie Benjamin Franklin sie als Blitzableiter benutzte, und ein Regenschirm gemeinsam?

Gefahren
Ein Gewitter bedeutet für dich vor allem dann Gefahr, wenn du dich im Freien aufhältst. Erdblitze schlagen bevorzugt in erhöhte Objekte ein. Das kann ein Baum, ein Mast oder du selbst kannst es sein, vor allem wenn du auf einem Hügel stehst. Dabei kann dich der Blitz direkt treffen. Eine andere Möglichkeit ist, dass der Blitz in ein Objekt einschlägt und dann auf dich überspringt. Trifft dich der Blitz, rufen die hohen Temperaturen Verbrennungen hervor. Die hohen Stromstärken sind lebensgefährlich.

Schrittspannung
Ein Blitz kann auch gefährlich sein, wenn er in deiner Nähe einschlägt. Die Spannung breitet sich im Boden kreisförmig um den Einschlagspunkt aus und nimmt dabei ab. Stehst du in diesem Bereich, baut sich zwischen deinen Füßen eine **Schrittspannung** auf. Ist sie über 60 V hoch, entsteht in deinem Körper eine gefährliche Stromstärke. Sie kann zum Herzstillstand führen. Gehst du mit geschlossenen Füßen in die Hocke, kannst du eine hohe Schrittspannung vermeiden.

1 Schrittspannung bei einem Naheinschlag

Verhalten bei Gewitter
Informiere dich vor Wanderungen über mögliche Wetteränderungen. Überrascht dich dennoch ein Gewitter im Freien, solltest du zu deinem eigenen Schutz Folgendes beachten:

- Meide die direkte Nähe von einzelnen Bäumen und Masten, von denen der Blitz auf dich überschlagen kann.
- Verlasse ungeschützte Plätze wie Fußballfelder.
- Benutze keinen Regenschirm.
- Verlasse so schnell wie möglich das Wasser, wenn du schwimmst oder Boot fährst.
- Bist du mit dem Fahrrad unterwegs, stelle es ab und entferne dich mindestens 3 m von ihm.
- Suche eine Mulde und gehe mit geschlossenen Füßen in die Hocke.

Erste Hilfe bei Blitzschlag
Ist ein Mensch durch einen Blitzeinschlag verletzt worden, musst du ärztliche Hilfe über den **Notruf 112** anfordern. Gleichzeitig müssen folgende Maßnahmen der Ersten Hilfe durchgeführt werden:

- Überprüfe Bewusstsein, Atmung und Kreislauf. Führe gegebenenfalls wiederbelebende Maßnahmen durch.
- Um den Kreislauf zu stabilisieren, lege dem Unfallopfer die Beine hoch. Bei Bewusstlosigkeit ist die stabile Seitenlage wichtig.
- Beruhige den Verletzten und lass ihn nicht allein.
- Decke das Opfer zum Schutz vor Auskühlung mit einer Decke oder Rettungsfolie zu.
- Decke Verbrennungen mit sterilem Verbandsmaterial ab.

Stromkreise → S. 138/139

Messungen im elektrischen Stromkreis

Schäden durch Blitzschlag
Viel häufiger als Menschen trifft der Blitz Gebäude und elektrische Anlagen. Ein direkter Blitzeinschlag kann die Balken eines Dachstuhls entzünden und dadurch einen Brand auslösen. Ein Einschlag in Freileitungen verursacht hohe Spannungen im Stromversorgungsnetz. Sie können Sicherungen, Leitungen oder Maschinen zerstören.
In der Wohnung können die Kabel in den Wänden verschmoren und Geräte wie Telefon oder Fernseher beschädigt werden. Ärgerlich kann eine gefährlich hohe Spannung im Computer sein, wenn dadurch wichtige Daten gelöscht werden.

Blitze werden mithilfe von Messgeräten registriert. Bei Versicherungsfällen kann auf diese Weise recht genau nachgewiesen werden, ob es zu einem bestimmten Zeitpunkt an einem Ort ein Gewitter mit Blitzeinschlägen gegeben hat.

Schutz für elektrische Anlagen
Der auf dem Dach angebrachte Blitzableiter kann die elektrische Ladung ableiten. Gegen zu hohe Spannungen, die durch das Leitungsnetz ins Haus kommen, ist er jedoch machtlos. Zum Schutz von Computer, Fernseher oder Stereoanlage helfen spezielle Einrichtungen wie **Überspannungsschutzstecker**.

2 Ein Blitzschlag hat die Hausinstallation zerstört.

■ Die gefährlichsten Aufenthaltsorte bei Gewittern sind erhöhte Stellen auf einer Ebene. Die Verhaltensregeln bei Gewitter müssen befolgt werden.

3 Eine spezielle Steckerleiste schützt die Geräte.

Die Entfernung eines Gewitters

Der Donner ist ein Knall
Die Luft wird im Blitzkanal auf 30 000 °C aufgeheizt. Bei dieser Temperatur leuchtet die Luft nicht nur grell, sie dehnt sich auch schlagartig aus. Dies hörst du als lauten Knall, wenn der Blitz in der Nähe einschlägt. Je weiter entfernt es blitzt, desto mehr wird der Schall durch Reflexionen zum rollenden Donner verändert.

Die Entfernung des Gewitters
Der Donner hilft dir, die Entfernung eines Gewitters zu bestimmen. Das Licht des Blitzes bewegt sich mit knapp 300 000 $\frac{km}{s}$. Der Schall erreicht nur eine Geschwindigkeit von 340 $\frac{m}{s}$ = 0,34 $\frac{km}{s}$. Er kommt also sehr viel später bei dir an als das Licht. Zählst du die Sekunden zwischen dem Blitz und dem Donner, kannst du die Entfernung leicht ausrechnen. In 3 s legt der Schall etwa einen Kilometer zurück.

4 Wolkenblitze in einer Gewitterwolke

1. a) Wie weit ist der Blitz entfernt gewesen, wenn zwischen Blitz und Donner 15 s vergangen sind?
b) Was bedeutet es, wenn du einen Blitz nur noch schwach siehst, aber keinen darauf folgenden Donner hörst?

2. Welche Auswirkungen hätte es für deine Wahrnehmung eines Gewitters, wenn sich der Schall genau so schnell ausbreiten würde wie das Licht?

Spannung und Stromstärke hängen zusammen

🔍 **1. a)** Baue einen Versuch zur Spannungs- und Stromstärkemessung mit einer Prüfstrecke auf. Verwende ein regelbares Stromversorgungsgerät. Spanne in die Prüfstrecke einen Konstantandraht mit einem Durchmesser von 0,2 mm und einer Länge von 1 m ein.
b) Erhöhe die Spannung von 0 V schrittweise um 1 V bis 6 V. Trage die Messergebnisse für Spannung und Stromstärke in eine Tabelle ein.
c) Errechne jeweils den Quotienten $\frac{U}{I}$.

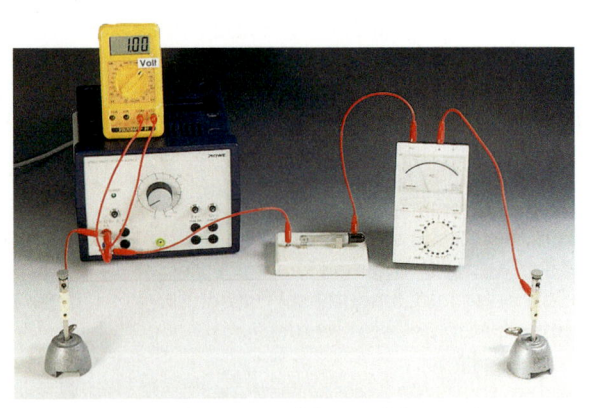

1 Messen von Spannung und Stromstärke

📖 **2. a)** Zeichne auf Millimeterpapier ein Spannung-Stromstärke-Diagramm mit den Messwerten aus Versuch 1.
b) Beschreibe den Verlauf des Grafen.
c) Lies aus dem Diagramm die zugehörigen Stromstärken für die Zwischenwerte 2,5 V; 3,4 V und 4,5 V ab. Berechne auch dafür die Quotienten $\frac{U}{I}$.
d) Vergleiche alle Quotienten. Was stellst du fest?

🔍 **3. a)** Wiederhole Versuch 1 mit einem Konstantandraht mit einem Durchmesser von 0,2 mm und einer Länge von 0,5 m. Berechne die Quotienten $\frac{U}{I}$ und zeichne den Grafen in das Koordinatensystem von Aufgabe 2.
b) Wiederhole Versuch a) mit einem Konstantandraht mit einem Durchmesser von 0,4 mm und einer Länge von 0,5 m. Zeichne den Grafen in das Koordinatensystem von Aufgabe 2.
c) Vergleiche die Grafen. Was stellst du fest?

Das ohmsche Gesetz

An einem Konstantandraht im Stromkreis kann der Zusammenhang zwischen der elektrischen Spannung und der Stromstärke untersucht werden. Dabei verändert sich die Stromstärke in gleichem Maße wie die Spannung. Bei doppelter Spannung verdoppelt sich auch die Stromstärke. Bei dreifacher Spannung verdreifacht sich die Stromstärke. Bei halber Spannung halbiert sich die Stromstärke. Die Spannung und die Stromstärke sind immer direkt proportional zueinander. Diese Proportionalität lässt sich in einem Spannung-Stromstärke-Diagramm wie in Bild 2 darstellen.
Die Quotienten der jeweiligen Wertepaare aus Spannung U und Stromstärke I haben immer den gleichen Wert. Es gilt:

$$I \sim U;\ \frac{U}{I} = \text{konstant}$$

Diese Gesetzmäßigkeit zwischen Spannung und Stromstärke wird **ohmsches Gesetz** genannt.

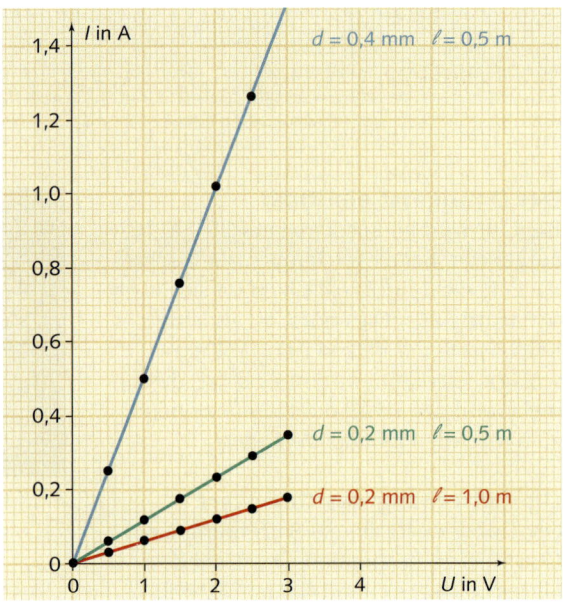

Auch bei anderen Drahtlängen oder Querschnitten bleibt der Quotient aus Spannung und Stromstärke jeweils konstant.

2 Spannung-Stromstärke-Diagramm

■ Ohmsches Gesetz: In einem Stromkreis sind Spannung und Stromstärke direkt proportional zueinander. Der Quotient aus Spannung und Stromstärke ist eine Konstante.

Der elektrische Widerstand

1. Baue einen Stromkreis mit Prüfstrecke auf. Spanne einen Konstantandraht mit einem Durchmesser von 0,2 mm und einer Länge von 1 m in die Prüfstrecke ein. Stelle am Stromversorgungsgerät eine Spannung von 4 V ein und lies die zugehörige Stromstärke ab. Notiere die Werte in einer Tabelle.

2. a) Wiederhole Versuch 1 für Drähte aus Eisen und aus Kupfer mit gleichem Querschnitt und gleicher Länge.
b) Vergleiche die Stromstärken in der Tabelle miteinander.
c) Welches Metall leitet den elektrischen Strom am besten?
d) Welches Metall hat den größten elektrischen Widerstand?

3. Bestimme mithilfe der Farbcodetabelle in Bild 2,
a) welche Farbenfolge ein Widerstand von 470 Ω hat.
b) welcher Widerstandswert sich aus der Farbenfolge rot – grün – braun ergibt.
c) welche Farbenfolge ein Widerstand von 56 kΩ hat.

Der elektrische Widerstand – eine physikalische Größe

In einem Stromkreis misst du bei gleicher Spannung und gleichen Maßen eine höhere Stromstärke für Drähte aus Kupfer als für Drähte aus Eisen oder Konstantan. Das bedeutet, dass die Elektronen besser durch Kupfer als durch Eisen fließen können. Kupfer hat eine bessere elektrische Leitfähigkeit als Eisen, weil Kupfer den Elektronen einen geringeren Widerstand als Eisen entgegensetzt. Der **elektrische Widerstand** eines Drahtes ist eine physikalische Größe. Das Formelzeichen für den elektrischen Widerstand ist **R**.

Die Maßeinheit des elektrischen Widerstandes ist das Ohm, geschrieben Ω (griechischer Buchstabe; gelesen: Omega).
Diese Einheit wurde zu Ehren des deutschen Physikers Georg Simon Ohm (1789–1854) gewählt. Größere Widerstände werden in Kilo-Ohm (kΩ) angegeben, 1 kΩ = 1000 Ω.

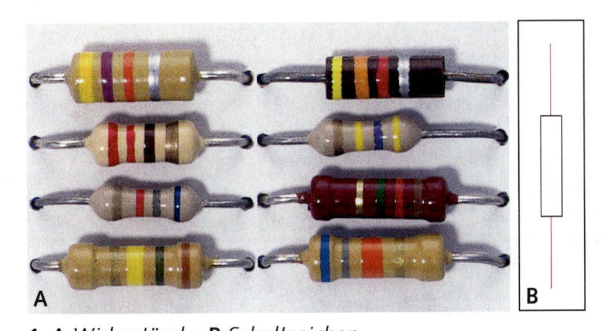

■ Je besser die elektrische Leitfähigkeit eines Drahtes oder eines anderen Bauteiles ist, desto kleiner ist sein Widerstandswert. Der elektrische Widerstand R wird in Ohm (Ω) angegeben.

1 A *Widerstände;* **B** *Schaltzeichen*

Farbe	1. Ring	2. Ring	3. Ring	4. Ring
schwarz	0	0		
braun	1	1	0	± 1 %
rot	2	2	00	± 2 %
orange	3	3	000	
gelb	4	4	0000	
grün	5	5	00 000	
blau	6	6	000 000	
violett	7	7	0 000 000	
grau	8	8	00 000 000	
weiß	9	9	000 000 000	
gold			: 10	± 5 %
silber			: 100	±10 %

2 Farbcodetabelle für Widerstände

Der elektrische Widerstand – ein elektrisches Bauteil

Mit dem Wort Widerstand wird auch ein Bauteil bezeichnet. Solche Bauteile können Drähte mit einem genau festgelegten Widerstandswert sein.
Die Bauteile in Bild 1 sind ebenfalls Widerstände. Ihr Körper besteht aus Keramik, dem ein leitender Stoff beigemischt wurde. Diese Bauteile werden als Strombegrenzer in Schaltungen eingebaut. Das Bild 1B zeigt das Schaltzeichen des elektrischen Widerstandes.

Der Wert des Widerstandes wird durch farbige Ringe angegeben. Mithilfe einer Farbcodetabelle wie in Bild 2 kannst du den Wert eines Widerstandes bestimmen. Der Ring mit dem geringsten Abstand von Rand des Widerstandes ist der erste Ring in der Tabelle. Der Ring auf der anderen Seite gibt die zulässige prozentuale Abweichung vom Standardwert an.

Eine Formel für den Widerstand

📖 **1.** Berechne die fehlende Größe.
a) $U = 4$ V, $R = 4$ Ω
b) $I = 0{,}62$ A, $R = 16{,}12$ Ω
c) $R = 0{,}85$ Ω, $\rho = 0{,}017 \frac{\Omega \cdot mm^2}{m}$, $A = 1{,}5$ mm²

✏️ **2.** Aus 1 kg Kupfer kann ein Draht mit einem Querschnitt von 1 mm² und einer Länge von 112 m hergestellt werden. Bei gleicher Masse und gleichem Querschnitt wäre ein Aluminiumdraht 370 m lang.
a) Informiere dich in einer Tageszeitung über die Weltmarktpreise von Kupfer und Aluminium. Bestimme danach den Materialwert des jeweiligen Leiters.
b) Berechne für die beiden Leiter jeweils den Preis und den Widerstand für eine Länge von 1 m.

Der elektrische Widerstand

Zur Berechnung des Widerstandes musst du an einer beliebigen Stelle des Grafen das Wertepaar für die Spannung und die Stromstärke ablesen. Den Widerstandswert R erhältst du, wenn du den Wert für die Spannung durch den Wert für die Stromstärke dividierst, weil I und U proportional zueinander sind.
Die mathematische Darstellung des ohmschen Gesetzes lautet in seinen drei Formen:

$$R = \frac{U}{I}; \quad U = I \cdot R; \quad I = \frac{U}{R}$$

Bei den Berechnungen musst du die Spannung in Volt (V) und die Stromstärke in Ampere (A) angeben. Dann erhältst du den Widerstand in Ohm (Ω).
Als **Maßeinheit** für den Widerstand ergibt sich $\frac{1V}{1A} = 1$ Ω.

Beispielaufgaben zum ohmschen Gesetz

1. An einen Stromkreis wird eine Spannung von 10 V angelegt. Das Strommessgerät zeigt 0,25 A an. Berechne den Widerstand.
geg.: $U = 10$ V, $I = 0{,}25$ A
ges.: R
Lös.: $R = \frac{U}{I}$
$R = \frac{10\ V}{0{,}25\ A}$
$\underline{\underline{R = 40\ \Omega}}$

Antwort: Der Widerstand beträgt 40 Ω.

2. Mit welcher Spannung muss ein Gerät betrieben werden, damit bei einem Widerstand von 460 Ω ein Strom von 0,5 A gemessen werden kann?
geg.: $R = 460$ Ω, $I = 0{,}5$ A
ges.: U
Lös.: $U = I \cdot R$
$U = 0{,}5\ A \cdot 460\ \Omega$
$\underline{\underline{U = 230\ V}}$

Antwort: Die Spannung muss 230 V betragen.

3. Bei einem Bügeleisen wird ein Widerstand von 46 Ω angegeben. Es wird mit 230 V betrieben. Wie groß ist dabei die Stromstärke?
geg.: $R = 46$ Ω, $U = 230$ V
ges.: I
Lös.: $I = \frac{U}{R}$
$I = \frac{230\ V}{46\ \Omega}$
$\underline{\underline{I = 5\ A}}$

Antwort: Die Stromstärke beträgt 5 A.

Beispielaufgaben zum spezifischen Widerstand

1. Ein Kupferdraht ist 125 m lang und hat einen Querschnitt von 1,5 mm². Wie groß ist sein Widerstand?
($\rho_{Kupfer} = 0{,}017 \frac{\Omega \cdot mm^2}{m}$)

geg.: $\ell = 125$ m, $A = 1{,}5$ mm²
ges.: R
Lös.: $R = \frac{\rho \cdot \ell}{A}$
$R = \frac{0{,}017 \cdot 125}{1{,}5}\ \Omega$
$\underline{\underline{R = 1{,}42\ \Omega}}$

Antwort: Der Kupferdraht hat einen Widerstand von 1,42 Ω.

2. Berechne den Widerstand eines Aluminiumdrahtes mit den gleichen Abmessungen.
($\rho_{Aluminium} = 0{,}028 \frac{\Omega \cdot mm^2}{m}$)

geg.: $\ell = 125$ m, $A = 1{,}5$ mm²
ges.: R
Lös.: $R = \frac{\rho \cdot \ell}{A}$
$R = \frac{0{,}028 \cdot 125}{1{,}5}\ \Omega$
$\underline{\underline{R = 2{,}33\ \Omega}}$

Antwort: Der Aluminiumdraht hat einen Widerstand von 2,33 Ω.

Der spezifische Widerstand

Für die Berechnung des Widerstandes eines Drahtes musst du wissen, aus welchem Material er besteht. Diese vom Material abhängige Größe heißt **spezifischer Widerstand.** Sein Formelzeichen ist ρ (gelesen: rho).
Bei der Berechnung des Widerstandes eines Drahtes unter Berücksichtigung des Materials und seiner Abmessungen gilt dann die Formel:

$$R = \frac{\rho \cdot \ell}{A}$$
ℓ – Länge des Leiters;
A – Querschnitt des Leiters

■ Der elektrische Widerstand eines Leiters lässt sich aus den Werten für die Spannung U und die Stromstärke I berechnen. Er ergibt sich auch aus den Werten der Abmessungen und aus seinem spezifischen Widerstand ρ.

ρ gilt für: Länge des Leiters $\ell = 1$ m; Querschnitt des Leiters $A = 1$ mm²

Messungen im elektrischen Stromkreis

Fehlerbetrachtung

Methode

Messfehler
Messwerte aus Experimenten sind immer mit gewissen Fehlern verbunden. Vor einer Messung musst du überlegen, welche Fehler möglich sind und wie du sie vermeiden oder gering halten kannst. Es gibt zwei Arten von Fehlern.

Zufällige Fehler
Sie treten beispielsweise durch ungeschicktes Ablesen von Messwerten auf. Für die Messung von Spannung oder Stromstärke kannst du ein Vielfachmessinstrument wie in Bild 1A benutzen. Blickst du zum Ablesen des Wertes nicht senkrecht zur Skala des Messgerätes, wird die Ablesung ungenau (Bild 1B). Dieser Fehler heißt **Parallaxenfehler.**

Systematische Fehler
Sie treten auf, wenn Messgeräte fehlerhaft anzeigen oder wenn nicht der passende Messbereich eingestellt wird. Bei einer Messung sollte immer mit dem höchsten Messbereich begonnen werden. Für einen kleineren Messbereich wird der Bereich mit dem größten Zeigerausschlag gesucht. Dann besteht gleichzeitig die größtmögliche Ablesegenauigkeit.

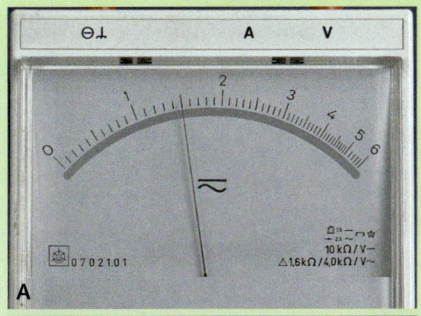

1 Messwerte ablesen. A *mit senkrechtem und* **B** *mit schrägem Blick auf den Zeiger;* **C** *digitale Anzeige*

Digitale Messgeräte
Messgeräte mit einer digitalen Anzeige zeigen den Wert in Ziffern an (Bild 1C). Dies ist für das Ablesen sehr bequem. Aber auch bei diesen Messgeräten muss auf den Messbereich geachtet werden. Je nach Gerätetyp erfolgt die Anzeige mit drei oder vier Stellen. Danach richtet sich wiederum die Genauigkeit der abgelesenen Werte. Der Messbereich muss so eingestellt werden, dass der Messwert möglichst genau angezeigt werden kann.

Es kommt auch vor, dass digitale Messgeräte einen völlig falschen Wert anzeigen. Das ist häufig dann der Fall, wenn die Spannung der Batterie des Messgerätes zu stark abgenommen hat. Die Batterie muss dann umgehend ausgetauscht werden.

Fehler in grafischen Darstellungen
Du kannst auch in einer grafischen Darstellung einen fehlerhaften Messwert erkennen. Überträgst du die gemessenen Werte aus Tabelle 3 in ein Koordinatensystem, so stellst du fest, dass sie nicht exakt auf einer Geraden liegen. Um das U-I-Diagramm zu erstellen, musst du eine Gerade zeichnen, die sich den Messpunkten möglichst gut anpasst. Dabei müssen die Abstände oberhalb und unterhalb der Geraden in der Summe gleich sein. Diese Gerade heißt **Ausgleichsgerade.** Messpunkte, die stark von dieser Geraden abweichen, bleiben unberücksichtigt.

2 *U-I-Diagramm*

3 Messwerttabelle

U in V	2,5	4,5	6,0	8,0	10,5	12,0	14,0
I in mA	42,0	77,5	123,0	156,5	60,0	238,0	278,0
R in Ω	59,5	58,1	48,8	51,1	175,0	50,4	50,4

Widerstände und ihre Anwendung

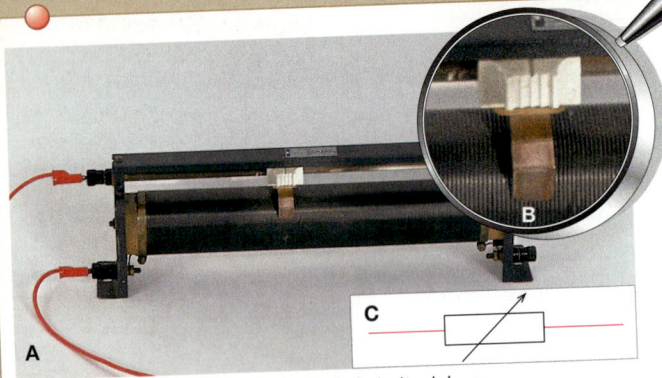

Mit **Schiebewiderständen** kann die Spannung oder die Stromstärke in einem Stromkreis eingestellt werden. Bei ihnen ist ein isolierter Draht auf ein Porzellan- oder Keramikrohr gewickelt. Mit einem verschiebbaren Abgriff kann die Länge des Widerstandsdrahtes im Stromkreis verändert werden. Dort, wo der Schleifkontakt über den Draht gleitet, ist dieser nicht isoliert (Bild B). Das Schaltzeichen für den regelbaren Widerstand siehst du in Bild C.

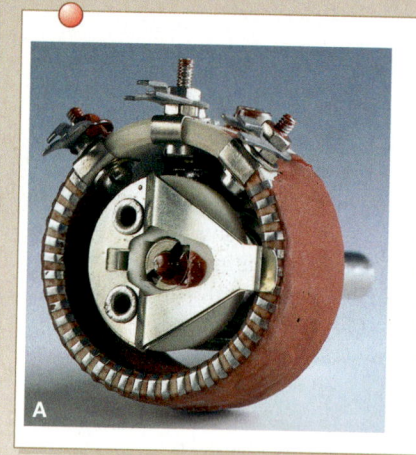

A Schiebewiderstand; **B** Abgriff; **C** Schaltzeichen

Bei dem regelbaren Widerstand in Bild A hat der Keramikkörper die Form einer Röhre. Darauf wurde der Widerstandsdraht gewickelt. Der dreieckige Schleifkontakt lässt sich mit einer Achse drehen. Zwischen der mittleren Klemme und dem Anfang des Widerstandsdrahtes kannst du den eingestellten Widerstandswert abgreifen. Regelbare Widerstände werden auch **Potentiometer** genannt.

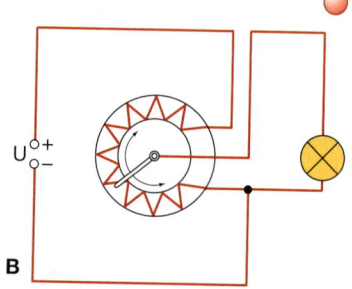

Die **Potentiometerschaltung** zeigt, dass die Spannung an der Lampe von der Position des Abgriffs abhängig ist.

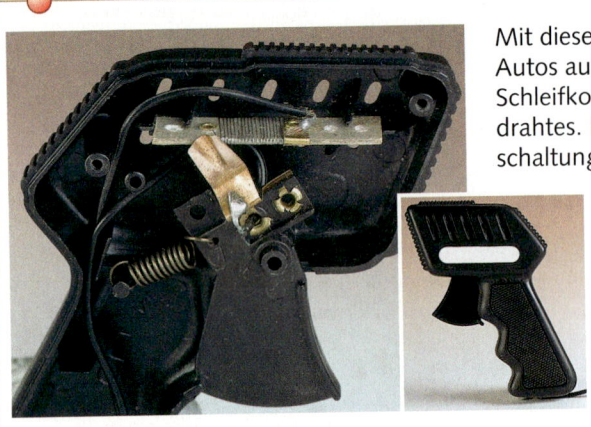

Mit diesem Handgriff kann die Geschwindigkeit eines Autos auf einer Modellrennbahn eingestellt werden. Ein Schleifkontakt bewegt sich entlang eines Widerstandsdrahtes. Draht und Schleifkontakt sind als Potentiometerschaltung in einen Stromkreis mit dem Motor des Modellautos geschaltet. Damit können die Größe des Widerstandes und somit die Spannung für die Fahrzeuge geändert werden.

1. a) Warum ist bei Schiebewiderständen der Widerstandsdraht isoliert?
b) Welche Größe wird durch das Verschieben des Abgriffs am Schiebewiderstand verändert?

2. Das Schaltzeichen für einen veränderlichen Widerstand enthält zusätzlich einen Pfeil. Wofür steht der Pfeil?

3. Finde weitere Geräte, die Potentiometer enthalten.

Messungen im elektrischen Stromkreis

In vielen Bausätzen und elektronischen Schaltungen werden **Leuchtdioden (LED)** als Kontroll- oder Anzeigelampen verwendet. Da Leuchtdioden nur mit einer kleinen Stromstärke betrieben werden dürfen, muss ein **Schutzwiderstand** vorgeschaltet werden. Er begrenzt die Stromstärke. So wird die LED nicht zerstört.

4. Begründe den Namen Schutzwiderstand für einen Widerstand, der einer Leuchtdiode vorgeschaltet ist.

A Leuchtdiode mit Schutzwiderstand; **B** Schaltzeichen

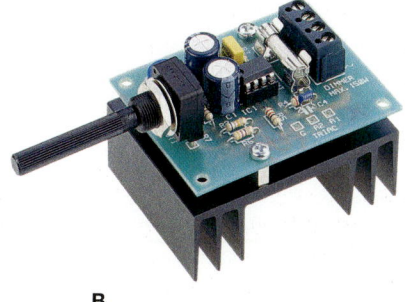

Bei **Drehwiderständen** kann das leitende Material aus einer Grafitschicht bestehen. Es ist auf einem Kunststoffträger aufgebracht. Durch diese Bauart sind die Potentiometer kleiner als Drahtwiderstände. Drehwiderstände werden in Schaltungen eingesetzt, mit denen sich die Helligkeit oder die Lautstärke einstellen lässt.

A Drehwiderstand; **B** Platine mit Drehwiderstand

5. Warum benötigt ein Potentiometer drei Anschlüsse?

Für die Regelung von Tonaufnahme oder -wiedergabe wird ein **Mischpult** eingesetzt. Darüber kann die Lautstärke geregelt werden. Auch eine Veränderung der Klangfarbe ist möglich. Das Zusammenspiel mehrerer Instrumente und Stimmen lässt sich so steuern.
In das Mischpult sind Schiebewiderstände eingebaut. Das eigentliche Leitermaterial besteht aus einer Grafitschicht auf einer Kunststoffschiene als Träger. Der Schiebeknopf bewegt einen Schleifkontakt über die Leiterschicht. Dadurch lässt sich die Höhe der Spannung verändern. Über eine elektronische Schaltung wird dieses Signal dann an die Lautsprecher weitergeleitet.

6. Worin besteht bei einem Mischpult der Vorteil eines Schiebereglers gegenüber einem Drehpotentiometer?

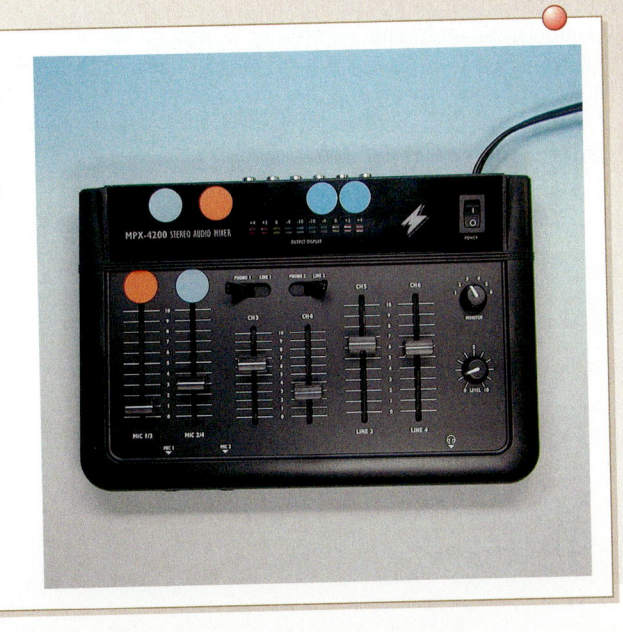

Messen von Widerständen

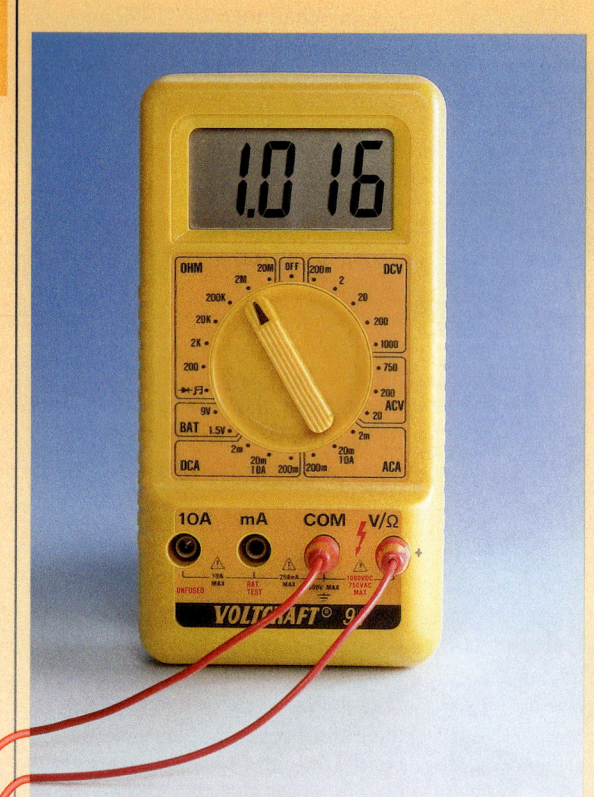

1 Vielfachmessgerät

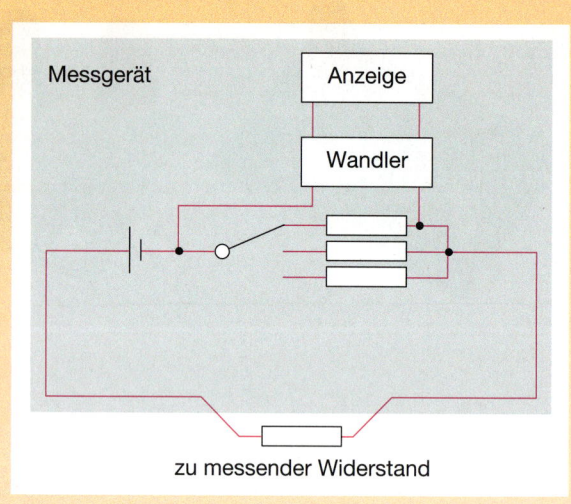

2 Schaltung zur Widerstandsmessung

Messgerät
Mit Vielfachmessgeräten lassen sich neben Spannung und Stromstärke auch die Werte von Widerständen messen. In Bild 1 steht der Wahlschalter eines solchen Gerätes auf diesem Bereich. Für eine Messung können geeignete Messbereiche eingestellt werden. Die Anzeige des gemessenen Widerstandswertes erfolgt auf dem Display.

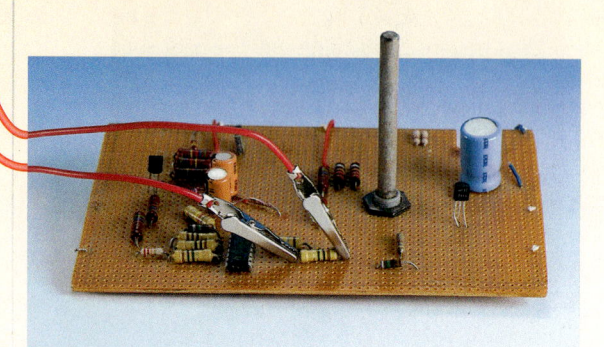

Messungen
Die Messung des elektrischen Widerstandes erfolgt in einem indirekten Verfahren. Die Basis dafür bietet die Spannungsmessung an einem Widerstand. Auf Bild 2 siehst du den Schaltplan für eine Widerstandsmessung. Das Messgerät muss zur Messung mit einer eigenen Stromquelle ausgestattet sein. Dies ist in der Regel eine Batterie im Gehäuse.

Für die Widerstandsmessung sind im Messgerät die Stromquelle und ein Widerstand in Reihe geschaltet. Ein elektronisches Bauteil stellt die Verbindung zur Anzeige her. Die Anschlüsse für den zu messenden Widerstand sind über Steckbuchsen und Kabel nach außen geführt.

Bei Verbindung der Anschlusskabel miteinander entsteht ein geschlossener Stromkreis. Die gesamte Spannung liegt an einem der gewählten Widerstände im Inneren des Messgerätes an. Ihren Wert wandelt das elektronische Bauteil so um, dass in der Anzeige 00,0 Ω erscheint.
Wird nun über die Messkabel ein äußerer Widerstand in den Kreis geschaltet, ändern sich – wie in einer Reihenschaltung – die Spannungsverhältnisse. Bedingt durch den zweiten Widerstand tritt jetzt am Widerstand im Messgerät eine andere Spannung auf. Ihr Wert wird umgewandelt und als Größe des zu bestimmenden Widerstandes auf der Anzeige ausgegeben.

Der Widerstand eines Leiters ist temperaturabhängig

1 Wie verändert sich der Widerstand beim Erwärmen?

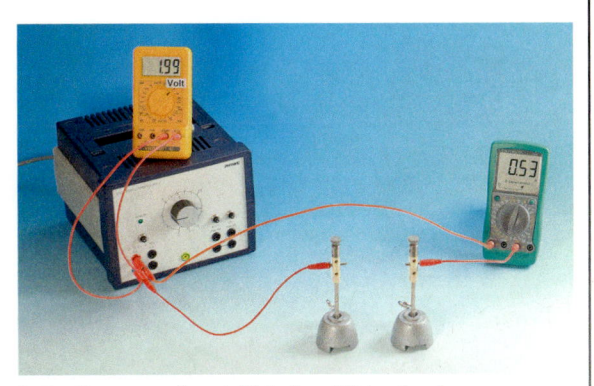

2 Bestimmung des elektrischen Widerstandes

🔍 **1.** a) Wickle einen 50 cm langen Eisendraht mit einem Durchmesser von 0,2 mm zu einer Wendel. Baue einen Versuch wie in Bild 1 auf und miss den Widerstand. Verwende dazu ein Vielfachmessgerät.
b) Erwärme die Drahtwendel vorsichtig mit einer Brennerflamme bis zur Rotglut. Beobachte dabei die Anzeige des Widerstandsmessgerätes. Was stellst du fest?

🔍 **2.** a) Baue den Versuch nach Bild 2 auf und spanne in die Prüfstrecke eine Wendel aus einem 50 cm langen Eisendraht mit einem Durchmesser von 0,2 mm. Erhöhe die Spannung schrittweise von 0 V um je 0,5 V bis zu einem Wert von 14 V. Notiere die Messwerte in einer Tabelle.
b) Errechne aus den Werten die Widerstandswerte.

U in V	I in A	R in Ω

🔍 **3.** a) Wiederhole Versuch 2 mit einem 50 cm langen Konstantandraht mit einem Durchmesser von 0,2 mm.
b) Vergleiche die berechneten Widerstandswerte aus den Versuchen 2 und 3.

📖 **4.** Zeichne mithilfe der Messwerte aus den Versuchen 2 und 3 ein Spannung-Stromstärke-Diagramm. Vergleiche die Grafen und interpretiere die Darstellung.

Widerstand und Temperatur

Der Widerstandswert eines elektrischen Leiters hängt von der Länge, dem Querschnitt und dem Material ab. Bei Leitern aus Eisen oder Kupfer ist der Widerstand zusätzlich von der Temperatur anhängig. Je höher die Temperatur steigt, desto größer ist auch der Widerstandswert. Bei Rotglut des Leiters ist er besonders hoch. Die Temperaturerhöhung kann durch Erwärmung von außen erfolgen (Bild 1). Sie kann aber auch durch eine hohe Stromstärke im Leiter wie in einer Glühlampe hervorgerufen werden.

Temperatur und Elektronenbewegung

Der elektrische Strom kommt durch das Wandern der Elektronen im Leiter zustande. Diese bewegen sich zwischen den Atomrümpfen im Metallgitter. Durch die Erwärmung des Stoffes schwingen die Atome jetzt heftiger. Dadurch erfahren die freien Elektronen mehr Zusammenstöße mit den Atomen und werden in ihrer Bewegung behindert. Das macht sich als Erhöhung des elektrischen Widerstandes bemerkbar.
Es gibt auch Materialien, deren elektrischer Widerstand nicht von der Temperatur abhängt wie die Legierung **Konstantan**. Sie besteht zu 55% aus Kupfer, zu 44% aus Nickel und zu 1% aus Mangan.

Widerstandsthermometer

Die Temperaturabhängigkeit von elektrischen Leitern wird beim Bau von elektrischen Thermometern genutzt. In einen Stromkreis mit konstanter Spannung wird ein elektrischer Leiter als Temperaturfühler mit einem Strommessgerät in Reihe geschaltet. Jeder gemessene Wert der Stromstärke entspricht einer bestimmten Temperatur. Damit lässt sich die Skala für die Stromstärke in eine Temperaturskala umwandeln.

■ Der Widerstand eines elektrischen Leiters ist von seiner Temperatur abhängig. Je höher die Temperatur ist, desto größer ist der Widerstand des Leiters. Eine Ausnahme bildet Konstantan.

Stromkreise → S. 138/139

Widerstände in der Reihenschaltung

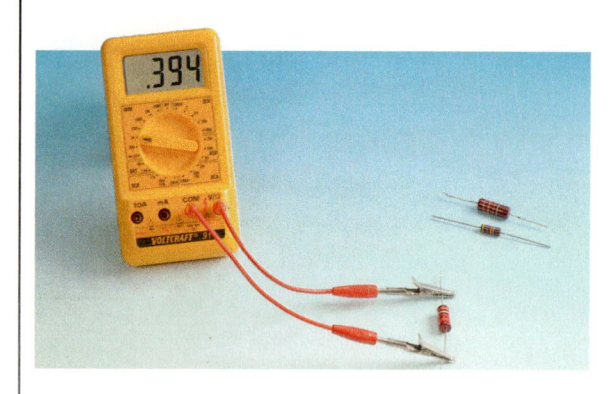

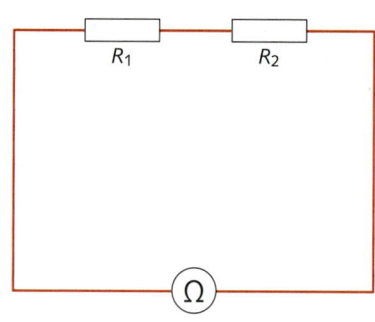

1 Widerstandsmessung in der Reihenschaltung

🔍 1. a) Miss mithilfe eines Vielfachmessgerätes die Widerstandswerte von drei Keramikwiderständen. Trage die Werte in eine Tabelle ein.
b) Bestimme die Werte für die Widerstände aus Versuch a) mit dem internationalen Widerstandsfarbcode. Trage sie ebenfalls in die Tabelle ein und vergleiche.

	R_1 in Ω	R_2 in Ω	R_3 in Ω
Wert aus Messung			
Wert nach Farbcode			

🔍 2. a) Schalte die Widerstände aus Versuch 1 in Reihe. Miss nacheinander den Widerstandswert über ein, zwei und drei Widerstände. Notiere die Werte.
b) Vergleiche die Messwerte mit den Ergebnissen aus Versuch 1. Was stellst du fest?

📖 3. Drei Widerstände mit den Werten 47 Ω, 220 Ω und 470 Ω sind hintereinander geschaltet. Berechne die Größe des Gesamtwiderstandes.

📖 4. Vier Widerstände mit den Werten 180 Ω, 1,2 kΩ, 560 Ω und 1,7 MΩ sind in Reihe geschaltet. Berechne den Wert des Ersatzwiderstandes.

📖 5. Der Ersatzwiderstand einer Schaltung beträgt 1240 Ω. Dabei hat R_1 einen Wert von 220 Ω, R_3 einen Wert von 470 Ω. Wie groß ist R_2?

Bestimmung des Widerstandes
Werden in einem Stromkreis Widerstände in Reihe geschaltet, fließen die Elektronen nacheinander durch alle Widerstände. Die Widerstände zusammen bestimmen die elektrische Stromstärke. Der Wert der Stromstärke verringert sich, wenn bei konstanter Spannung weitere Widerstände hintereinander in den Stromkreis geschaltet werden. Der Widerstand kann aus den Messungen von Spannung und Stromstärke errechnet werden.

Gesamtwiderstand berechnen
Ein einzelner Widerstand kann die gleiche Wirkung erzielen wie zwei andere. Das ist dann der Fall, wenn die Summe ihrer Widerstandswerte mit dem Wert des einzelnen Widerstandes übereinstimmt. Auch drei Widerstände können durch einen einzelnen Widerstand ersetzt werden, wenn sein Wert der Summe der Werte der drei einzelnen Widerstände entspricht. Die Summe der Werte der Einzelwiderstände ergibt den Wert des **Gesamtwiderstandes** R_{ges}. Der Gesamtwiderstand in einer Reihenschaltung mit drei Einzelwiderständen wird berechnet mit der Formel:

$$R_{ges} = R_1 + R_2 + R_3$$

Ersatzwiderstand messen
Anstelle von mehreren, hintereinander geschalteten Widerständen kannst du auch einen einzelnen Widerstand mit dem Wert des Gesamtwiderstandes verwenden. Er wird **Ersatzwiderstand** genannt. Anstelle einer Messung von Spannung und Stromstärke kann der Wert des Ersatzwiderstandes auch direkt bestimmt werden. Für die Messung müssen Anfang und Ende der Widerstände in Reihenschaltung mit dem Messgerät verbunden werden.

■ In der Reihenschaltung addieren sich die Werte der Einzelwiderstände zu einem Gesamtwiderstand.

Widerstände in der Parallelschaltung

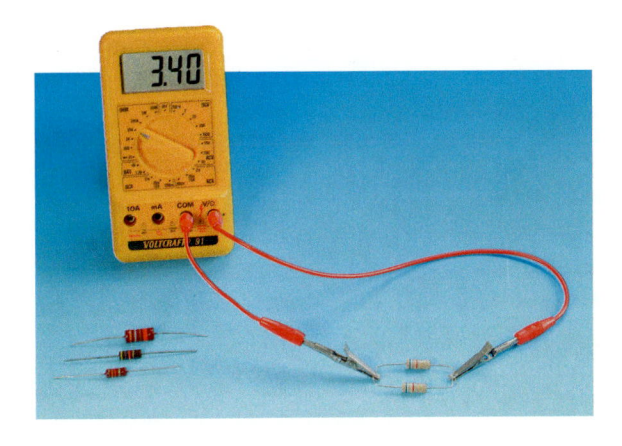

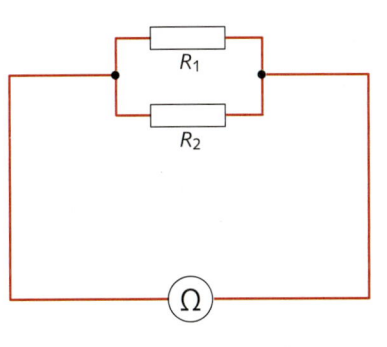

1 Widerstandsmessung in der Parallelschaltung

1. Bestimme die Widerstandswerte für zwei gleiche Keramikwiderstände mit dem Widerstandsfarbcode und notiere sie.

2. Schalte die Widerstände parallel. Bestimme mit einem Messgerät den Widerstandswert. Notiere den Wert in der Tabelle und vergleiche mit den Einzelwerten.

R_1 in Ω	R_2 in Ω	$R_1 \| R_2$ in Ω

3. Wiederhole Aufgabe 1 und Versuch 2 für zwei ungleiche Widerstände. Was stellst du fest?

4. a) Miss die Werte von drei ungleichen Widerständen.
b) Schalte die drei Widerstände parallel, miss ihren Gesamtwiderstand.
c) Vergleiche den Gesamtwiderstand mit den Werten der Einzelwiderstände. Was stellst du fest?

5. a) Drei Widerstände R_1 = 20 Ω, R_2 = 30 Ω und R_3 = 60 Ω sind parallel geschaltet. Schätze ab, welchen Wert der Widerstand haben muss, der sie ersetzen kann.
b) Berechne den Ersatzwiderstand. Beachte, dass du vor der Angabe des Gesamtwiderstandes nochmals den Kehrwert bilden musst.

Gesamtwiderstand berechnen

Bei einer Parallelschaltung von Widerständen im Stromkreis werden den fließenden Elektronen jeweils mehrere Stromwege angeboten. Bei gleicher Spannung können dann in der selben Zeit mehr Elektronen im Stromkreis fließen. Der Gesamtwiderstand verringert sich demnach mit jedem zusätzlich parallel geschalteten Einzelwiderstand.
Bei zwei gleich großen, parallel geschalteten Widerständen ergibt sich ein Gesamtwiderstand mit dem halben Wert der Einzelwiderstände. Sind die Widerstände ungleich groß, ist ihr Gesamtwiderstand kleiner als der kleinste der Einzelwiderstände. Dies gilt auch, wenn weitere Widerstände hinzugeschaltet werden. Der Gesamtwiderstand in einer Parallelschaltung mit drei Einzelwiderständen wird berechnet mit der Formel:

$$\frac{1}{R_{ges}} = \frac{1}{R_1} + \frac{1}{R_2} + \frac{1}{R_3}$$

Um den Wert für den Gesamtwiderstand R_{ges} zu erhalten, musst du die Kehrwerte addieren und nach der Addition den Kehrwert bilden.

Ersatzwiderstand messen

Neben der Berechnung des Ersatzwiderstandes und der Messung von Spannung und Stromstärke ist es ebenfalls möglich, den Gesamtwiderstand bei der Parallelschaltung mit einem Vielfachmessgerät direkt zu messen.

■ In einer Parallelschaltung verringert sich der Gesamtwiderstand mit jedem zugeschalteten Einzelwiderstand.

Berechnung von Widerständen

Widerstände in Reihenschaltungen

1. Zwei Widerstände mit 12 Ω und 18 Ω sind in Reihe geschaltet. Wie groß ist der Gesamtwiderstand?

$R_{ges} = R_1 + R_2$
$R_{ges} = 12\,\Omega + 18\,\Omega$
$R_{ges} = 30\,\Omega$

2. Zwei Widerstände mit 10 Ω und 40 Ω sind in Reihe an eine Stromquelle mit einer Spannung von 10 V angeschlossen. Wie groß ist die Stromstärke im Stromkreis?

1. Schritt: Berechnung des Gesamtwiderstandes R_{ges}
$R_{ges} = R_1 + R_2$
$R_{ges} = 10\,\Omega + 40\,\Omega$
$R_{ges} = 50\,\Omega$

2. Schritt: Berechnung der Stromstärke I
$I = \frac{U}{R}$ $I = \frac{10\,V}{50\,\Omega}$
$I = 0{,}2\,A$

3. Zwei Widerstände mit 40 Ω und 60 Ω liegen in Reihe an 12 V. Wie groß sind die Teilspannungen?

1. Schritt: Berechnung des Gesamtwiderstandes R_{ges}
$R_{ges} = R_1 + R_2$
$R_{ges} = 40\,\Omega + 60\,\Omega$
$R_{ges} = 100\,\Omega$

2. Schritt: Berechnung der Stromstärke I
$I = \frac{U}{R}$ $I = \frac{12\,V}{100\,\Omega}$
$I = 0{,}12\,A$

3. Schritt: Berechnung der Teilspannungen U_1 und U_2
$U_1 = I \cdot R_1$ $U_1 = 0{,}12\,A \cdot 40\,\Omega$
$U_1 = 4{,}8\,V$

$U_2 = I \cdot R_2$ $U_2 = 0{,}12\,A \cdot 60\,\Omega$
$U_2 = 7{,}2\,V$

Formeln für die Reihen- und Parallelschaltung

Reihenschaltung: Die Widerstandswerte ergeben durch Addition den Wert des Gesamtwiderstandes.

$$R_{ges} = R_1 + R_2 + R_3$$

Der Ersatzwiderstand ist so groß wie die Summe der Einzelwiderstandswerte.

In einer Reihenschaltung ist die Stromstärke überall konstant. Die Spannung wird im Verhältnis der Größe der Widerstände aufgeteilt. Die Werte der Teilspannungen addieren sich zum Wert der Gesamtspannung.

$$I_{ges} = I_1 = I_2 = I_3$$
$$U_{ges} = U_1 + U_2 + U_3$$

Parallelschaltung: Die Summe der Kehrwerte der Einzelwiderstandswerte ergibt den Kehrwert des Gesamtwiderstandes.

$$\frac{1}{R_{ges}} = \frac{1}{R_1} + \frac{1}{R_2} + \frac{1}{R_3}$$

Bei der Parallelschaltung ist die Spannung an allen Widerständen gleich. Die Gesamtstromstärke in einer Parallelschaltung teilt sich auf die einzelnen Widerstände auf. Durch den kleineren Widerstand fließt die größere Elektronenmenge. Der Wert der Gesamtstromstärke ist gleich der Summe der Werte der Einzelstromstärken.

$$U_{ges} = U_1 = U_2 = U_3$$
$$I_{ges} = I_1 + I_2 + I_3$$

Widerstände in Parallelschaltungen

1. Zwei Widerstände mit 12 Ω und 18 Ω sind parallel geschaltet. Wie groß ist der Gesamtwiderstand?

1. Schritt: Einsetzen
$\frac{1}{R_{ges}} = \frac{1}{R_1} + \frac{1}{R_2}$
$\frac{1}{R_{ges}} = \frac{1}{12\,\Omega} + \frac{1}{18\,\Omega}$

2. Schritt: Hauptnenner bilden
$\frac{1}{R_{ges}} = \frac{3}{36\,\Omega} + \frac{2}{36\,\Omega}$
$\frac{1}{R_{ges}} = \frac{5}{36\,\Omega}$

3. Schritt: Kehrwert bilden
$R_{ges} = \frac{36\,\Omega}{5}$
$R_{ges} = 7{,}2\,\Omega$

2. Zwei Widerstände mit 12 Ω und 18 Ω sind bei einer Spannung von 4,5 V parallel geschaltet. Wie groß sind die Teilstromstärken und die Gesamtstromstärke?

1. Schritt: Berechnung der Teilstromstärken I_1 und I_2

$I_1 = \frac{U}{R_1}$ $I_1 = \frac{4{,}5\,V}{12\,\Omega}$
$I_1 = 0{,}375\,A$

$I_2 = \frac{U}{R_2}$ $I_2 = \frac{4{,}5\,V}{18\,\Omega}$
$I_2 = 0{,}25\,A$

2. Schritt: Berechnung der Gesamtstromstärke I_{ges}
$I_{ges} = I_1 + I_2$
$I_{ges} = 0{,}375\,A + 0{,}25\,A$
$I_{ges} = 0{,}625\,A$

Zusatz:
Dieser Wert ergibt sich auch, wenn die Spannung durch den Wert des Ersatzwiderstandes geteilt wird.
$I_{ges} = \frac{U}{R_{ges}}$
$I_{ges} = \frac{4{,}5\,V}{7{,}2\,\Omega}$
$I_{ges} = 0{,}625\,A$

Messungen im elektrischen Stromkreis

2000 Jahre Geschichte der Elektrizität

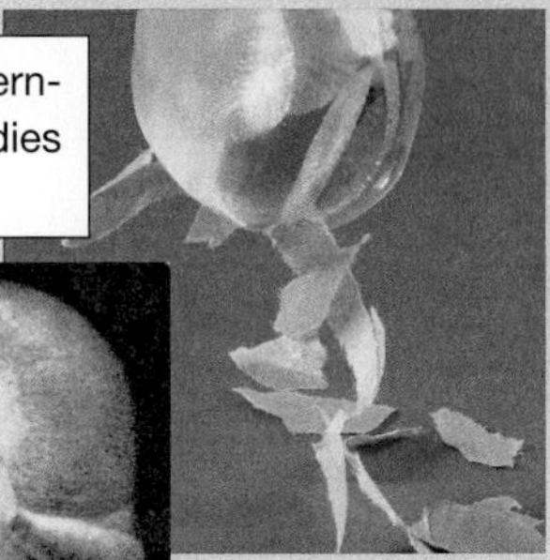

Streifzug

Elektron (griechisch) = Bernstein. Wird Bernstein gerieben, lädt er sich elektrisch auf; dies ist seit über 2000 Jahren bekannt.

GALVANI, LUIGI; Italiener, entdeckte etwa 1790, dass Froschschenkel zucken, wenn sie mit zwei verschiedenen Metallen in Berührung kommen; er nahm an, in den Muskeln sei „tierische Elektrizität". 
1737–1798

Batterie; Gerät, in dem auf chemischem Wege Elektrizität erzeugt wird; von VOLTA erstmals aus Kupfer- und Zinkplatten und Salzlösung hergestellt.

VOLTA, ALESSANDRO; Italiener, Gegner GALVANIS; konnte nachweisen, dass die Elektrizität nicht in den Muskeln von Fröschen ist, sondern erst entsteht, wenn verschiedene Metalle die Muskeln berühren; baute daraufhin 1800 die erste Batterie; führte NAPOLEON mit seiner Batterie elektrische Versuche vor.
Nach ihm ist die Einheit der elektrischen Spannung Volt (V) benannt.
1745–1827

OERSTED, CHRISTIAN; Däne; entdeckte um 1820 zufällig, dass ein elektrischer Gleichstrom eine Kompassnadel ablenkt.
1777–1851

AMPÈRE, ANDRÉ MARIE; Franzose; ging der Entdeckung OERSTEDS weiter nach; fand heraus, dass die Kompassnadel bei stärkerem Strom mehr ausschlägt, dass die Änderung der Stromrichtung auch den Ausschlag der Magnetnadel ändert und dass eine Leiterspule im Gleichstromkreis wie ein Stabmagnet wirkt.
Nach ihm ist die Einheit der elektrischen Stromstärke Ampere (A) benannt.
1775–1836

OHM, GEORG SIMON; Deutscher; entdeckte um 1825 den Zusammenhang zwischen Spannung und Stromstärke und nannte ihn Widerstand; er untersuchte auch die Abhängigkeit des Widerstandes von der Beschaffenheit des Leiters (Material, Länge, Durchmesser).
Nach ihm ist die Einheit des elektrischen Widerstandes Ohm (Ω) benannt.
1787–1854

Kurzschluss und Überlastung im Stromkreis

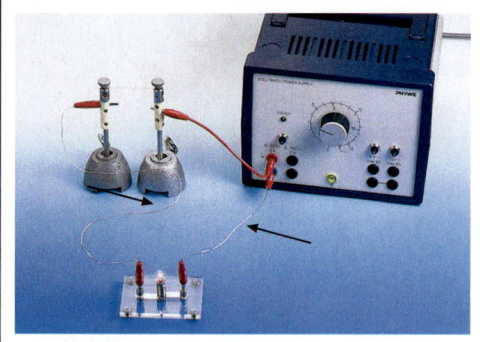

1 Kurzschluss

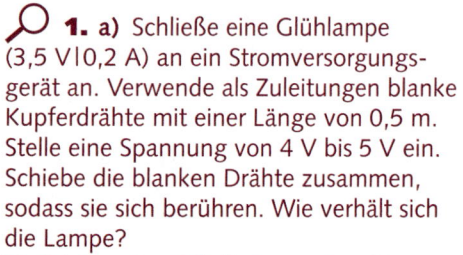

2 Ist der Stromkreis gesichert?

🔍 **1. a)** Schließe eine Glühlampe (3,5 V|0,2 A) an ein Stromversorgungsgerät an. Verwende als Zuleitungen blanke Kupferdrähte mit einer Länge von 0,5 m. Stelle eine Spannung von 4 V bis 5 V ein. Schiebe die blanken Drähte zusammen, sodass sie sich berühren. Wie verhält sich die Lampe?
b) Zeichne den Schaltplan zu dem Versuchsaufbau. Markiere darin den geschlossenen Stromkreis.
c) Baue in eine der Zuleitungen ein 4 cm langes Stück Eisendraht mit einem Durchmesser von 0,2 mm ein. Wiederhole Versuch a) und beobachte die Lampe und den Eisendraht.

📖 **2. a)** Berechne zu Versuch 1 a) die Widerstände der Glühlampe und der Kupferleitungen. Vergleiche die Werte.
b) Warum fließen die Elektronen in erster Linie durch den Teil des Stromkreises ohne Glühlampe?

🔍 **3.** Baue einen Stromkreis mit einer Glühlampe (3,5 V|0,2 A) auf. Schneide einen etwa 2 mm breiten und 100 mm langen Streifen von Aluminiumfolie aus einer Schokoladenpackung. Befestige ihn zwischen zwei Isolatoren im Stromkreis. Schalte nun nacheinander weitere Glühlampen parallel zur ersten Lampe in den Stromkreis. Beobachte dabei jeweils den Aluminiumstreifen.

📖 **4.** Welche Aufgabe kann in Versuch 3 der Aluminiumstreifen in dem Stromkreis übernehmen?

Kurzschluss
Wenn sich in einem Stromkreis die Zuleitungsdrähte leitend berühren, fließen die Elektronen direkt von der Hinleitung in die Rückleitung. Der Stromkreis besteht dann nur noch aus den Leitungen und der Stromquelle. Diese Schaltung wird als **Kurzschluss** bezeichnet.
Ein Kurzschluss kann zu einer starken Erwärmung oder sogar zum Glühen oder Schmelzen der Leitungen führen. Dies hat in einer Hausinstallation oder in einem Auto gefährliche Folgen. Die Leitungen verschmoren und es kann ein Brand ausgelöst werden.

Überlastung
Eine ähnliche Situation kann eintreten, wenn zu viele elektrische Geräte parallel in einen Stromkreis geschaltet werden. Es kommt zu einer **Überlastung** der elektrischen Leitungen. Für jedes Gerät ergibt sich eine einzelne Stromstärke. Diese Stromstärken addieren sich für die Hin- und Rückleitung. Mit der Erhöhung der Stromstärke steigt die Temperatur im elektrischen Leiter an. Dabei darf die Stromstärke einen zulässigen Wert nicht übersteigen.

Sicherung
Um die Gefahren bei Kurzschluss und Überlastung abzuwenden, muss der Stromkreis sofort geöffnet werden. Dies kann durch ein kurzes Leiterstück geschehen, das bei einer bestimmten Stromstärke schmilzt. Dieses Bauteil ist eine **Sicherung**. Eine solche Schmelzsicherung ist ein Leiterstück, das in einem Keramik- oder Glasröhrchen eingeschlossen ist. So wird ein Schaden durch das Schmelzen verhindert.

■ Wenn sich die Zuleitungsdrähte in einem Stromkreis berühren, entsteht ein Kurzschluss. Dabei werden die Leitungen stark erwärmt. Auch eine überhöhte Stromstärke durch zu viele angeschlossene Geräte überlastet die Leitungen. In beiden Fällen unterbricht eine eingebaute Sicherung den Stromkreis.

Messungen im elektrischen Stromkreis

Kurzschluss und Sicherungen

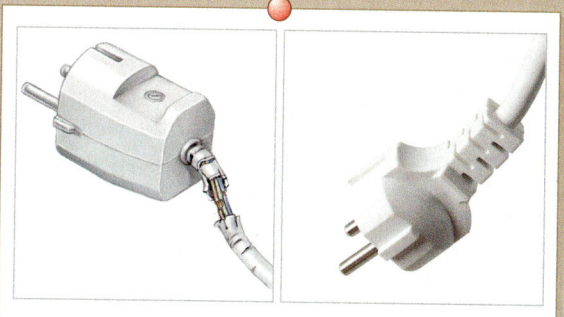

Pinnwand

Bewegliche Anschlusskabel oder Verlängerungskabel sind aus flexiblem Material hergestellt. Sie werden jedoch im Bereich des Anschlusses am Stecker häufig geknickt. Dadurch wird die Isolierung brüchig, die blanken Leiter berühren sich und es kommt zu einem Kurzschluss. Ein **Knickschutz** verhindert dies.

Beim Bohren eines Loches kann es leicht passieren, dass eine elektrische Leitung getroffen wird. Wenn der Bohrer dabei die Hin- und Rückleitung trifft, kommt es zu einem Kurzschluss. Deshalb sollte die Wandfläche vor dem Bohren immer mit einem **Kabelsuchgerät** nach verborgenen Leitungen abgesucht werden.

Das gesamte Leitungsnetz eines Hauses wird in dem **Hausanschlusskasten** abgesichert. Die Sicherungen sind ausgelegt für Stromstärken von 25 A und höher.

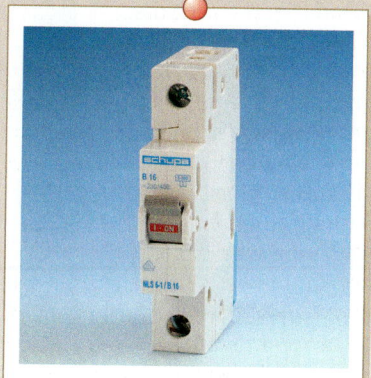

Die einzelnen Räume des Hauses werden durch 10 A- oder 16 A-**Sicherungsautomaten** geschützt.

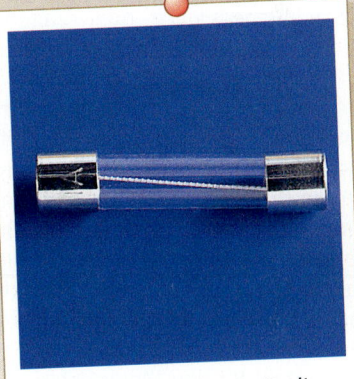

Elektrische Geräte wie Radio oder Fernseher werden durch **Feinsicherungen** vor Überlastung geschützt. Diese sind auf die maximal zulässige Stromstärke des Gerätes abgestimmt.

An Stelle von Schraubsicherungen findest du in den meisten **Sicherungskästen** heute Sicherungsautomaten. Wenn ein Automat wegen Überlastung oder Kurzschluss den Stromkreis unterbrochen hat, klappt der Schalthebel nach unten.
Ist die Ursache für das Auslösen beseitigt, kann der Schalthebel wieder nach oben gedrückt werden und der Stromkreis ist wieder geschlossen.

Für die Herstellung und das Betreiben von Elektrogeräten gibt es Sicherheitsvorschriften. Geräte, die diesen Vorschriften entsprechen, tragen das **VDE-Zeichen** (**V**erband **D**eutscher **E**lektrotechniker).

125

Schutzmaßnahmen im elektrischen Stromkreis

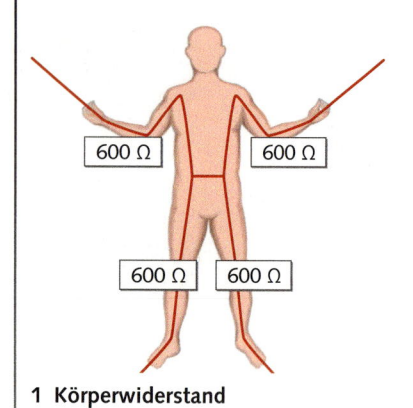

Ist der elektrische Strom gefährlich?
Immer wieder geschehen Unfälle mit elektrischem Strom. Die Gefahr tritt dann auf, wenn der menschliche Körper Kontakt zu blanken, Strom führenden Teilen bekommt, denn der menschliche Körper leitet den elektrischen Strom.
Die Leitfähigkeit des Menschen ergibt sich dadurch, dass alle Körperflüssigkeiten leitende Flüssigkeiten sind. Der Widerstand des Körpers beträgt ungefähr 1,2 kΩ, gemessen zwischen den Händen oder zwischen Hand und Fuß (Bild 1). Die Werte schwanken und sind abhängig davon, ob die Haut trocken oder feucht durch Schweiß ist. Schon eine Stromstärke von 10 mA kann gefährlich sein. Bei höheren Stromstärken kann es zur Beeinflussung des Herzschlages oder sogar zum Herzstillstand kommen.

1 Körperwiderstand

Gelb-grüner Schutzleiter
Für den Betrieb von Elektrogeräten genügt ein Kabel mit zwei Leitungen. Sie sind braun und blau gekennzeichnet und enden in einem Flach- oder Kragenstecker. Dieser Anschluss wird für Geräte mit einem schutzisolierten Gehäuse gewählt.

Für Geräte, die ein Metallgehäuse haben, hat das Anschlusskabel eine dritte Leitung. Sie ist gelb-grün gekennzeichnet und ist der **Schutzleiter.** Er wird vom Gerät über den Anschlussstecker durch die gesamte Installation zu einer Erdungsstange im Erdreich geführt. Berührt aufgrund eines Defektes im Inneren des Gerätes die braune Leitung das Metallgehäuse, so werden die Elektronen darüber zur Erde abgeleitet. Je nach Größe der Stromstärke spricht dann auch eine Sicherung an. Dennoch sind Stromstärken möglich, die bei Kontakt für den Menschen gefährlich sein können.

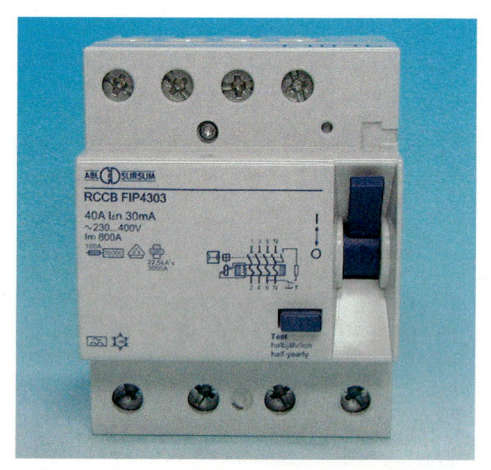

2 Fehlerstrom-Schutzschalter

FI-Schalter
Ein wesentlich besserer Schutz ist nur in Verbindung mit einem **Fehlerstrom-Schutzschalter,** auch **FI-** oder **RCD-Schalter** genannt, gegeben. Dieses Gerät vergleicht ständig die Stromstärken in der braunen und blauen Leitung. Fließt ein Teil der Elektronen durch den Schutzleiter, ist die Stromstärke in der blauen Leitung geringer als in der braunen. Jetzt unterbricht der Schutzschalter sofort den Stromkreis.

Das Gleiche geschieht, wenn ein Mensch ein schadhaftes Gerät anfasst. Dann fließen Elektronen über den Körper zur Erde ab und der Schutzschalter löst ebenfalls aus. FI-Schalter in der Hausinstallation reagieren ab einer Auslösestromstärke von 30 mA.

■ Gelb-grüner Schutzleiter, Fehlerstrom-Schutzschalter und Sicherungen schützen vor Gefahren, die vom elektrischen Strom ausgehen können.

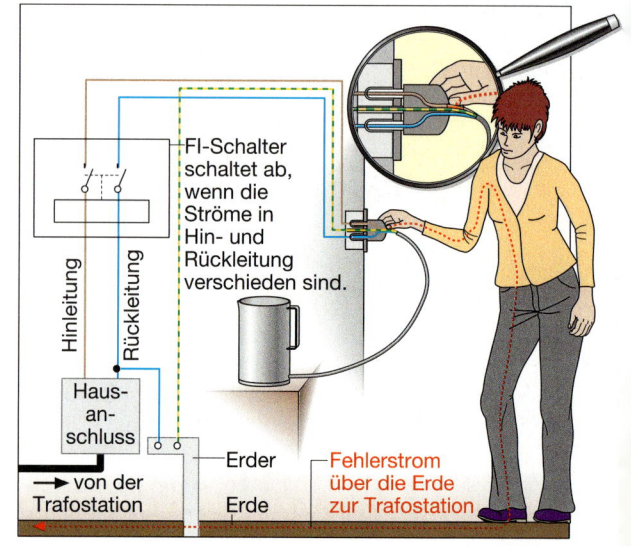

3 Ströme werden verglichen.

Messungen im elektrischen Stromkreis

Welche Schutzmaßnahme wirkt?

Pinnwand

In dem Bereich oberhalb von Steckdosen und Lichtschaltern sind elektrische Leitungen unter dem Putz verlegt. Wird dies beim Einschlagen eines Nagels nicht beachtet, kann es zu einem Kontakt des Nagels mit der Strom führenden Leitung und damit zu einem elektrischen Schlag kommen.

1. a) Wie hoch ist die elektrische Stromstärke, die für den Menschen gefährlich ist?
b) Welche Schutzmaßnahme kann einen andauernden Kontakt verhindern?
c) Durch welches Vorgehen kann eine Beschädigung der Leitungen verhindert werden?

Auf dem Schulfest sollen Waffeln gebacken werden. Dazu sind mehrere Waffeleisen an Dreifachsteckdosen angeschlossen.

3. a) Erkläre, warum die Anzahl der angeschlossenen elektrischen Geräte an der Kabeltrommel begrenzt sein muss.
b) Welche Schutzmaßnahme verhindert eine Überlastung des Anschlusskabels?

Die Heizwendel in einem Toaster ist nur durch einige Gitterstäbe abgeschirmt. Durch falsches Handeln ist ein elektrischer Kontakt möglich.

2. a) Was musst du beachten, wenn du eine eingeklemmte Brotscheibe aus dem Toaster entfernen musst?
b) Welche Schutzmaßnahme verhindert einen elektrischen Unfall?

Bei schutzisolierten Geräten sind alle elektrisch leitenden Teile durch ein Gehäuse aus Kunststoff abgekapselt. Deshalb führt das Anschlusskabel keinen Schutzleiter. Bei der Arbeit mit einer Heckenschere ist das Kabel besonders gefährdet.

4. a) Durch welche Maßnahmen können Beschädigungen des Anschlusskabels einer Heckenschere verhindert werden?
b) Welcher elektrische Fehler tritt auf, wenn dennoch ein Kabel versehentlich durchtrennt wird?
c) Welche Schutzmaßnahme wird hier wirksam?

Elektrische Leistung und elektrische Energie

1. Vergleiche die Angaben über elektrische Werte auf verschiedenen Lampen.

2. a) Baue einen Stromkreis mit einer Glühlampe (6 V | 3 W) auf. Stelle das Stromversorgungsgerät auf 6 V ein. Miss die Spannung U und die Stromstärke I.
b) Berechne das Produkt aus den Messwerten und vergleiche es mit den Angaben auf der Lampe.

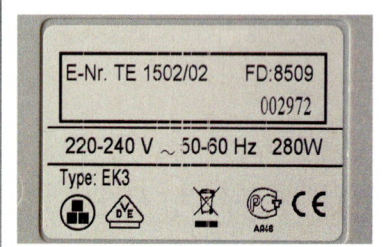

1 Typenschild
(E-Nr. TE 1502/02 FD:8509 002972; 220-240 V ~ 50-60 Hz 280 W; Type: EK3)

3. Ermittle in eurem Haushalt die Leistungen einiger Elektrogeräte anhand der Typenschilder. Lege dazu eine Tabelle an.

Gerät	Leistung P in W
Monitor	
Staubsauger	
Föhn	
Waschmaschine	
Fernsehgerät	

4. Haartrockner werden mit elektrischen Leistungen von 1000 W bis 2200 W angeboten. Nach welchen Gesichtspunkten würdest du einen Haartrockner auswählen?

5. Eine Waschmaschine hat bei Anschluss an 230 V eine elektrische Leistung von 3000 W. Muss sie mit einer Sicherung von 10 A oder von 16 A abgesichert werden?

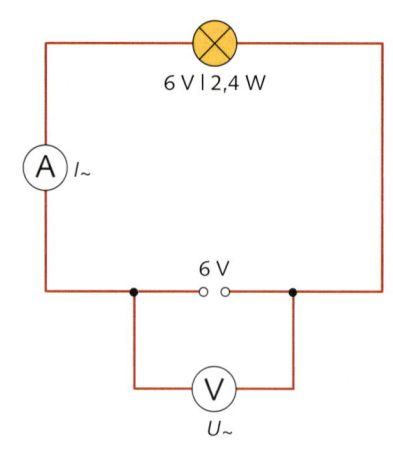

2 Energie im Stromkreis (6 V | 2,4 W)

6. a) Baue einen Versuch nach Bild 2 auf. Bestimme die Spannung und die Stromstärke.
b) Berechne die Menge der elektrischen Energie für 60 s. Dazu musst du die Messwerte aus a) mit der Zeit multiplizieren.
c) Führe den gleichen Versuch mit einer Glühlampe (3,8 V | 0,3 A) durch.
d) Vergleiche die Energiemengen der Versuche.

7. Schließe wie in Bild 4 eine Kochplatte über einen Elektrizitätszähler an das Stromversorgungsnetz an. Fülle Wasser in den Topf. Schalte die einzelnen Stufen der Kochplatte jeweils für 1 min ein und beobachte dabei den Zähler. Was stellst du fest?

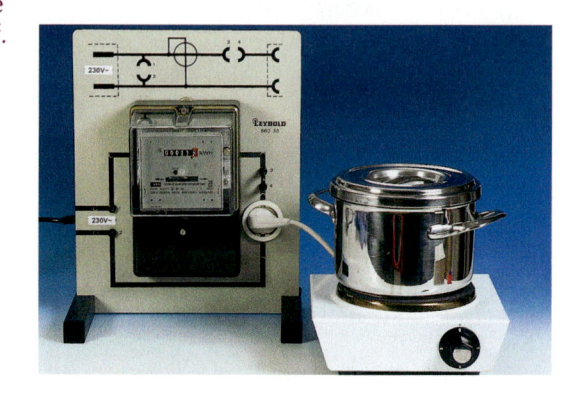

4 Messung mit dem Elektrizitätszähler

8. a) Schließe einen Haartrockner während der Benutzung für 5 min an ein Energiemessgerät an und lies die Energiemenge ab, die der Haartrockner umgewandelt hat.
b) Welche Energiemenge wird im Jahr benötigt, wenn der Haartrockner täglich 15 min benutzt wird?
c) Welche Kosten entstehen, wenn 1 kWh 25 Cent kostet?

9. Informiere dich im Internet über die aktuellen Anbieter für elektrische Energie in deiner Region. Ermittle den günstigsten Anbieter.

3 Internetseite: Tarifvergleich

10. Informiere dich über Vorteile der Verwendung von „intelligenten Elektrizitätszählern" für Energielieferanten und Energienutzer.

Stromkreise → S. 138/139

Messungen im elektrischen Stromkreis

Elektrische Leistung

Auf Lampen und elektrischen Geräten sind für deren Benutzung wichtige elektrische Werte angegeben. Ein Wert ist die elektrische Spannung U in V, bei der das Gerät oder die Lampe eingesetzt werden darf. Eine andere Angabe gibt die **elektrische Leistung P** in W des Gerätes oder der Lampe an.

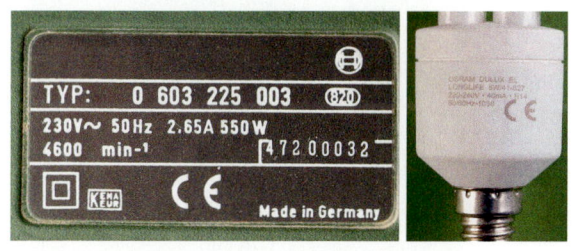

5 Information über wichtige elektrische Werte

Um die elektrische Leistung P zu bestimmen, musst du bei einer bestimmten Spannung U die Stromstärke I messen. Die elektrische Leistung P ergibt sich als Produkt der Werte der Spannung U und der Stromstärke I.

$$P = U \cdot I$$

Die elektrische Leistung P wird in der Einheit **Watt (W)** angegeben. Diese Einheit wurde zu Ehren des englischen Erfinders JAMES WATT (1736–1819) gewählt. Größere Leistungen werden in Kilowatt (kW), die Leistungen von Kraftwerken werden in Megawatt (MW) angegeben.

Elektrische Energie

Ein elektrisches Gerät wandelt elektrische Energie in Energie anderer Form um. Wie viel Energie umgewandelt wird, hängt von der Zeit t ab. Die **elektrische Energie E** ergibt sich als Produkt aus der Leistung P und der Zeit t. Die Einheit der elektrischen Energie ist eine **Wattsekunde (Ws).** Größere Energiewerte werden in Kilowattstunden (kWh) angegeben.

$$E = P \cdot t = U \cdot I \cdot t$$

Der Elektrizitätszähler

Die Bereitstellung und Nutzung von elektrischer Energie muss bezahlt werden. Dazu müssen Spannung, Stromstärke und Zeit gemessen werden. Diese Messungen werden von einem **Elektrizitätszähler** vorgenommen (Bild 6). Er ist direkt in die Leitung geschaltet, die vom Elektrizitätswerk kommt. Bei den bisher in Deutschland üblichen Zählern ist die im Fenster erkennbare Drehscheibe mit einem Zählwerk verbunden. Das zählt entsprechend der Umdrehungen der Scheibe, wie oft die Energiemenge 1 kWh durchgeflossen ist.

Im Juni 2008 beschloss die Bundesregierung im Rahmen des Klimaschutzpaketes, dass ab 2010 **intelligente Elektrizitätszähler** angeboten und in Neubauten installiert werden müssen. Diese Messgeräte melden per Internet viertelstündlich an den Lieferanten die Menge der genutzten Energie eines Haushaltes. Die Nutzer können diese Messungen sekundengenau am Computer verfolgen.
In Zukunft soll diese Messtechnik, verbunden mit entsprechender Regulierungssoftware, den Nutzern zum Beispiel die gezielte Einsatzsteuerung ihrer Großgeräte ermöglichen. Haushaltsgeräte mit hohen Energieaufnahmewerten können dann zu Zeiten niedriger Energiekosten genutzt werden.

6 Intelligenter und herkömmlicher Elektrizitätszähler

Elektrische Leistung

Formelzeichen: P
Formel: $P = U \cdot I$
Einheit: W (Watt)

Umrechnungen:
  1000 W = 1 kW
1 000 000 W = 1 000 kW = 1 MW

Elektrische Energie

Formelzeichen: E
Formel: $E = P \cdot t = U \cdot I \cdot t$
Einheit: Ws (Wattsekunde)

Umrechnungen:
  1000 Ws = 1 kWs
3 600 000 Ws = 3 600 kWs = 1 kWh

■ Die elektrische Energie wird mit einem Elektrizitätszähler gemessen.

Energiemanagement

Energiemanagement im Haushalt oder im Büro bedeutet, auf sparsamen Umgang mit Energie zu achten.
Nur etwa ein Fünftel des gesamten Energiebedarfs entfällt auf elektrische Energie. Da diese aber unter hohem Aufwand erzeugt und transportiert werden muss, ist sie die teuerste Energieform. Der bewusste Umgang mit elektrischer Energie ist nicht nur gut für die Umwelt, sondern er führt auch zu einer spürbaren Kosteneinsparung. Dazu reicht es aber nicht aus, Glühlampen gegen Energiesparlampen auszuwechseln.

Die Messung der Gesamtenergienutzung eines Haushaltes oder eines Büros erfolgt mit dem Elektrizitätszähler. Aus diesem Messwert können aber keine Rückschlüsse über die Energienutzung einzelner Geräte gezogen werden. Mithilfe eines **Energiemessgerätes** kann eine Übersicht über die Nutzung der Energie für einen Haushalt oder ein Büro erstellt werden.

Einsatz und Nutzen eines Energiemessgerätes

Für Haushaltsgroßgeräte wie Waschmaschinen und Geschirrspülmaschine können die Bedarfswerte für verschiedene Arbeitsprogramme bestimmt werden. Außerdem kann für Fernsehgeräte, Computerbildschirme, Stereoanlagen und andere Geräte gezielt die Menge der im Stand-by-Modus benötigten Energie gemessen werden. Für eine komplette Nutzungsbilanz muss aber auch überprüft werden, wie viel elektrische Energie die vielen kleinen Elektrogeräte benötigen, die uns den Alltag erleichtern. Kaffeemaschine, Bügeleisen oder Aktenvernichter können sich dabei genauso als Energieverschwender herausstellen wie ältere Kühlschränke und Drucker. Sollen Geräte mit niedrigem Wirkungsgrad gegen neue, sparsamere Geräte ausgetauscht werden, können **Energie-Labels** die Auswahl erleichtern.

1 Energiemessgerät im Einsatz

Verschiedene Energie-Labels

Rechner, Monitore, Drucker, Kopier- und Faxgeräte können mit dem schwedischen **TCO-Label** gekennzeichnet werden, wenn sie den geltenden Richtwerten für Energienutzung, Umweltverträglichkeit und Wiederverwertbarkeit entsprechen. Da die Anforderungen an dieses Label ständig verschärft werden, steht hinter dem Zeichen die Jahreszahl des angewandten TCO-Standards.

Die Kategorien des **EU-Labels** geben nicht den absoluten Energiebedarf des Gerätes an, sie ermöglichen aber den Vergleich von Haushaltsgeräten. Die Kategorie A der **Energieeffizienzklassen** steht für den geringsten, die Kategorie G für den höchsten Energiebedarf. Kühl- und Gefriergeräte mit besonders niedrigem Energiebedarf werden durch A+ oder A++ gekennzeichnet.

Sparsame Bürogeräte werden auch mit dem **Energy Star** ausgezeichnet. Grundlage für die Vergabe des Labels bilden Richtwerte für den Stand-by-Verbrauch.

2 Energie-Label. **A** *EU-Label;* **B** *TCO-Label;* **C** *Energy Star*

Stromkreise → S. 138/139

Messungen im elektrischen Stromkreis

Gleich viel Licht für weniger Geld

Bei der Beleuchtung von Wohn- und Arbeitsräumen kann durch den Einsatz von Energiesparlampen deutlich gespart werden. Energiesparlampen nutzen die elektrische Energie etwa fünfmal besser aus als Glühlampen. Beim Benutzen von Energiesparlampen wird also weniger elektrische Energie unerwünscht in Wärme umgewandelt. Dadurch können auch Energiesparlampen geringer Leistung für ausreichende Helligkeit sorgen (Bild 1).

Glühlampe	Energiesparlampe
20 W	4 W
25 W	5 W
40 W	8 W – 9 W
60 W	11 W
75 W	17 W
100 W	20 W
120 W	23 W

1 Leistungsvergleich Glühlampe und Energiesparlampe

1. a) Welche Glühlampen können in eurem Haushalt durch Energiesparlampen ersetzt werden?
b) Informiere dich über die Energiekosten, die in eurem Haushalt pro kWh entstehen.
c) Berechne die Einsparungen bei einer Nutzungsdauer von 1000 h pro Lampe. Ergänze die folgende Tabelle.
d) Begründe, warum in Zukunft der Verkauf von Glühlampen in Europa sehr stark eingeschränkt wird.

Gerät	Anzahl der Lampen	Glühlampe			Energiesparlampe			Einsparung
		Leistung	Energiebedarf	Kosten (0,25 $\frac{€}{kWh}$)	Leistung	Energiebedarf	Kosten (0,25 $\frac{€}{kWh}$)	
Deckenlampe	3	3 · 60 W	180 kWh	45,00 €	3 · 11 W	33 kWh	8,25 €	36,75 €

Die Energierechnung

Einmal im Jahr wird der Zählerstand am Elektrizitätszähler abgelesen. Die Nutzung elektrischer Energie muss dem Energie-Versorgungsunternehmen (EVU) bezahlt werden. Du kannst die Menge der genutzten Energie der Rechnung entnehmen. Damit kannst du auch die Gesamtkosten überprüfen. Dazu benötigst du einige Angaben von der Energierechnung.

Jetziger Stand:	30612 kWh
Vorjahresstand:	– 25585 kWh
Genutzte Energie	5027 kWh
Preis je 1 kWh: 0,25 €	
Arbeitsbetrag:	5027 · 0,25 € = 1256,75 €
Grundpreis:	79,20 €
Bereitstellungspreis:	63,70 €
Gesamtkosten:	1399,65 €
Mehrwertsteuer (19 %):	265,93 €
Gesamtbetrag:	1665,58 €

2. Warum sind die Bezeichnungen Stromzähler und Stromrechnung nicht korrekt?

ILNAG Aktiengesellschaft
Betteltinenweg 77 · Postfach 54321 · 33033 Boderparn

ENERGIERECHNUNG
Erläuterungen siehe Rückseite

ILNAG

	Rechnungsdatum	Bei Rückfragen wählen Sie bitte Tel. Nr.	Ihre Kunden-Nr. (bei Rückfragen bitte angeben)
JAHRESRECHNUNG 2011	14.01.2012	0 52 51 1234- 567	013.003.095.307.0

Post-Abr.-Nr.
48764   14
Herrn Frau Firma
GROSS-LANGMUTH ILIANE
WESTERWEG 23
33123 STRESSHAUSEN

	2010		Zähler-Nr.	bis	Zähler-Stände		2011	
	kWh	Tage			neu	alt	kWh	Tage
1	2	3			4	5	6	7
	6440	365	47277	31. 12. 2011	30612	25585	5027	365

Abrechnung

Zähler End-Nr.	Abrechnungszeitraum		Hinweis auf Änderung in Spalte	2011 kWh	Arbeitspreis €/kWh	Arbeitsbetrag €	Grundpreis €/Jahr	Bereitstellungspreis €	Gesamtkosten €	Mehrwertsteuer % €	Gesamtbetrag €
	vom	bis									
8	9		10	11	12	13	14	15	16	17	18
D 277	0101	3112		5027	0,25	1256,75	79,20	63,70	1399,65	265,93	1665,58

Pinnwand: Berechnung der elektrischen Leistung

Ein Monitor hat bei Dauerbetrieb eine Stromstärke von 0,38 A. Wie groß ist die elektrische Leistung?

geg.: $U = 230$ V, $I = 0{,}38$ A
ges.: P

Lösung: $P = U \cdot I$
$P = 230$ V $\cdot\ 0{,}38$ A
$P = 87{,}4$ W

Antwort: Der Monitor hat eine elektrische Leistung von 87,4 W.

In einem Kühlschrank ist das Kühlaggregat täglich 8 h in Betrieb. Es hat eine Leistung von 80 W. Berechne die täglichen Energiekosten, wenn 1 kWh 25 Cent kostet.

geg.: $P = 80$ W, $t = 8$ h, Preis = 25 $\frac{\text{Cent}}{\text{kWh}}$
ges.: Energiekosten

Lösung: $E = P \cdot t$
$E = 80$ W $\cdot\ 8$ h
$E = 640$ Wh $= 0{,}64$ kWh

Kosten $= 0{,}64$ kWh $\cdot\ 25 \frac{\text{Cent}}{\text{kWh}}$
Kosten $= 16$ Cent

Antwort: Die täglichen Energiekosten betragen 16 Cent.

In einem Haushalt sind an einem Tag 11 Lampen mit je 60 W für 5 h eingeschaltet. Der Herd mit 2400 W ist 1,5 h in Betrieb. Das Fernsehgerät hat eine Leistung von 75 W und wird 4 h genutzt. Wie groß ist der Gesamtenergiebedarf pro Tag?

geg.: 11 Lampen je $P = 60$ W, $t = 5$ h,
E-Herd $P = 2400$ W, $t = 1{,}5$ h,
Fernseher $P = 75$ W, $t = 4$ h
ges.: E_{ges}

Lösung: $E = P \cdot t$
Lampe: $E_L = P \cdot t$
$E_L = 60$ W $\cdot\ 5$ h
$E_L = 300$ Wh
E-Herd: $E_H = 2400$ W $\cdot\ 1{,}5$ h
$E_H = 3600$ Wh
Fernseher: $E_F = 75$ W $\cdot\ 4$ h
$E_F = 300$ Wh

$E_{ges} = 11 \cdot 300$ Wh $+ 3600$ Wh $+ 300$ Wh
$E_{ges} = 7200$ Wh $= 7{,}2$ kWh

Antwort: Der Gesamtenergiebedarf für den Haushalt an einem Tag beträgt 7,2 kWh.

---

12 Schülerinnen und Schüler haben sich am Wochenende zu einer LAN-Party zusammengefunden. Ihre PCs haben eine Leistung von je 127 W. Die Jugendlichen spielen 30 h ohne Unterbrechung. Wie hoch sind die Energiekosten, wenn 1 kWh 25 Cent kostet?

geg.: 12 Geräte mit je 127 W, $t = 30$ h,
Preis = 25 $\frac{\text{Cent}}{\text{kWh}}$
ges.: Energiekosten

Lösung: $E = P \cdot t$
$E = 127$ W $\cdot\ 30$ h $\cdot\ 12$
$E = 45\,720$ Wh $= 45{,}72$ kWh

Kosten $= 45{,}72$ kWh $\cdot\ 25 \frac{\text{Cent}}{\text{kWh}}$
Kosten $= 1143$ Cent
Kosten $= 11{,}43$ €

Antwort: Die Energiekosten betragen 11,43 €.

📖 **1.** Wie lange könnte der Kühlschrank für die Kosten der LAN-Party betrieben werden?

📖 **2.** Eine Waschmaschine hat im 95 °C-Waschgang einen Energiebedarf von 1,6 kWh. Durch Nutzung eines Warmwasseranschlusses kann dieser Wert auf 1,2 kWh gesenkt werden. Berechne für beide Anschlussarten die jährlich entstehenden Kosten bei 0,25 $\frac{€}{\text{kWh}}$, wenn dieses Programm wöchentlich einmal genutzt wird. Vergleiche und interpretiere deine Ergebnisse.

Messungen im elektrischen Stromkreis
und der elektrischen Energie

Viele Elektrogeräte benötigen einen Trafo. Die Trafos sind oft in das Steckernetzteil eingebaut und können nicht direkt ausgeschaltet werden. Das hat eine permanente Leistungsaufnahme zur Folge.
Messungen mit einem Energiemessgerät ergaben bei einer anscheinend ausgeschalteten Halogenstehlampe am Steckernetzteil eine Leistungsaufnahme von 12,5 W. Die Lampe wird täglich nur etwa 2 h genutzt. Die restliche Zeit befindet sie sich im Stand-by-Betrieb. Berechne die dadurch jährlich entstehenden Kosten bei 0,25 $\frac{€}{kWh}$.

geg.: P = 12,5 W, t = 22 h bei 365 d
Kosten 0,25 $\frac{€}{kWh}$
ges.: Kosten pro Jahr

Lösung: $E = P \cdot t$
$E = 12,5 \text{ W} \cdot 22 \text{ h} \cdot 365$
$E = 100\,375 \text{ Wh} = 100,375 \text{ kWh}$

Kosten = 100,375 kWh · 0,25 $\frac{€}{kWh}$
Kosten = 25,10 €

Antwort: Durch den Stand-by-Betrieb entstehen jährlich Kosten von 25,10 €.

Ein Steinkohlekraftwerk mit einer Leistung von 750 MW hat bei 12 h Betriebszeit einen Kohlebedarf von 2800 t. Nur 40% der in der Kohle gespeicherten Enegie können genutzt werden. Berechne die Kohlemenge, deren Energie ungenutzt als Wärme an die Umwelt abgegeben wird.

geg.: Grundwert (G) = 2800 t, p = 60 %
ges.: Prozentwert (W)

Lösung: $W = G \cdot p$
$W = 2800 \text{ t} \cdot \frac{60}{100}$
$W = 1680 \text{ t}$

Antwort: Das Kraftwerk gibt täglich die Wärme aus 1680 t Kohle an die Umwelt ab.

---

3. a) Eine 40 W-Glühlampe kann durchschnittlich 1000 h genutzt werden. Aber nur 5% der zugeführten Energie werden in Licht umgewandelt. Berechne, welche Energiemenge die Glühlampe in dieser Zeit aufnimmt und welche Kosten dadurch bei 0,25 $\frac{€}{kWh}$ entstehen.
b) Wie viel Energie wird von der Glühlampe in diesem Zeitraum umgewandelt?
c) Wie hoch sind die Kosten für das von der Glühlampe abgegebene Licht?

4. a) Eine 8 W-Energiesparlampe wird 1000 h genutzt. Sie kann 25% der zugeführten Energie nutzen. Wiederhole die Rechnungen aus Aufgabe 3 für die Energiesparlampe.
b) Vergleiche deine Ergebnisse mit denen aus Aufgabe 3. Welche Schlussfolgerungen kannst du ziehen?

5. Für die Raumheizung eines Wohnhauses ist eine Wärmeleistung von ca. 100 $\frac{W}{m^2}$ notwendig. Wie viele 100 W-Glühlampen mit einer Energienutzung von 5% wären notwendig, um eine 80 m² große Wohnung zu beheizen?

6. PC, Monitor und Drucker benötigen im Stand-by-Betrieb je 5 W. PC und Monitor werden täglich 3 h, der Drucker wird täglich 1 h genutzt. Berechne die durch den Stand-by-Betrieb jährlich entstehenden Kosten bei 0,25 $\frac{€}{kWh}$.

Eine Energiesparlampe mit 8 W und eine Glühlampe mit 40 W erzeugen die gleiche Helligkeit. Die Energiesparlampe kostet 4,50 €, die Glühlampe 50 Cent. Eine Energiesparlampe hält 10 000 h durch, eine Glühlampe 1000 h. Vergleiche die Kosten nach 5 000 h bei einem Energiepreis von 25 $\frac{Cent}{kWh}$.

geg.: P_1 = 8 W = 0,008 kW,
P_2 = 40 W = 0,04 kW, t = 5 000 h
ges.: Kostenvergleich der beiden Lampenarten

Lösung: Energiesparlampe:
0,008 kW · 5000 h · 0,25 $\frac{€}{kWh}$ = 10 €
Gesamtkosten: 10 € + 1 · 4,50 € = 14,50 €

Glühlampe:
0,04 kW · 5000 h · 0,25 $\frac{€}{kWh}$ = 50 €
Gesamtkosten: 50 € + 5 · 0,50 € = 52,50 €

Antwort: Trotz der höheren Anschaffungskosten ist der Einsatz der Energiesparlampe um 38 € günstiger.

Batterien – Energienutzung und Umweltbelastung

Batterien und Akkus sind nicht nur Energiespeicher, sondern auch Wandler. Die in ihnen gespeicherte chemische Energie wird durch eine chemische Reaktion in elektrische Energie umgewandelt. Als unerwünschte Energie entsteht dabei Wärme.

Batterien, die nicht wieder aufgeladen werden können, werden als **Primärbatterien** bezeichnet. Wieder verwendbare Batterien werden **Sekundärbatterien** oder **Akkumulatoren,** kurz **Akkus** genannt. Sekundärbatterien können nach der Entladung wieder aufgeladen werden. Ihr Einsatz ist ein wichtiger Beitrag zur Ressourcenschonung.

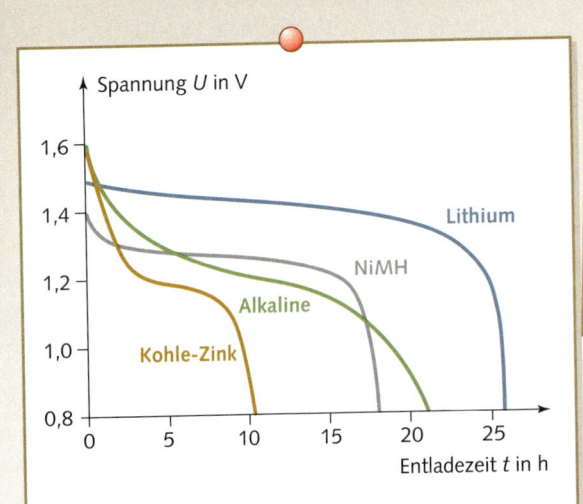

Während der Entladung behalten **Lithium-Ionen-Batterien** ihre hohe und stabile Spannung. Das gilt auch bei hoher Belastung und extremen Temperaturen. Außerdem haben sie im Vergleich zu anderen Batterien eine deutlich geringere Masse, können länger gelagert werden und können einen größeren Anteil der gespeicherten Energie nuzten. Diesen Vorteilen stehen vor allem die hohen Herstellungskosten gegenüber.

Mithilfe von **Solarladegeräten** können die Akkus mobiler Kleingeräte wie Handys, Organizer oder Digitalkameras jederzeit netzunabhängig aufgeladen werden.

Entladungskurven zeigen, wie schnell die Spannung einer Batterie beim Entladen absinkt. Um solche Kurven zu erstellen, werden Batterien bei jeweils gleicher Belastung fortlaufend entladen.

Ein bestimmter Anteil der Ladeenergie steht als Entladeenergie nicht zur Verfügung. Dieser Anteil wird als Wärme vom **Akku** abgegeben.

Akku	genutzte Ladeenergie
Ni-Cd	≈ 75 %
Li-Ion	≈ 80 %
Pb	≈ 70 %

Messungen im elektrischen Stromkreis

In allen Batterien und Akkus sind giftige **Schwermetalle** wie Cadmium, Quecksilber und Blei enthalten. Deshalb dürfen sie nicht in den Hausmüll geworfen werden. Durch die 1998 in Kraft getretene Batterieverordnung werden Hersteller und Handel verpflichtet, gebrauchte Batterien und Akkus zurückzunehmen. Verbraucher sind verpflichtet, diese zurückzugeben.

Batterierecycling findet in einer mehrstufigen Kette statt. An erster Stelle steht dabei die Sammlung gebrauchter Batterien. Eine Trennung entsprechend der Bestandteile ist dabei nicht notwendig. Die Sortierung erfolgt erst in den Verwertungsanlagen. Der Recyclingvorgang beginnt mit dem Trennen der einzelnen Bestandteile. Diese werden dann teilweise wieder für die Produktion neuer Batterien genutzt. Das gilt für das in Cadmium-Nickel-Batterien enthaltene Cadmium und für das Blei in Bleibatterien. Beim Recycling von Cadmium-Nickel-Batterien werden außerdem Stahl und Nickel gewonnen, die zur Herstellung von Edelstahl genutzt werden.

---

1. a) Vergleiche die Energieentladungskurven von Batterien.
b) Welcher Batterietyp eignet sich für elektronische Geräte, die eine stabile Spannung benötigen?

2. Nenne weitere Geräte, die mit Solarenergie betrieben werden können.

3. Informiere dich über die Regeln, die bei der Verwendung von Lithium-Ionen-Batterien unbedingt eingehalten werden müssen.

4. Informiere dich über den vor allem bei Ni-Cd-Akkus auftretenden Memory-Effekt und nenne Möglichkeiten, dem vorzubeugen.

5. a) Miss für verschiedene Akkus mit einem Energiemessgerät die zum Aufladen notwendige Energiemenge und trage die Werte in die Tabelle ein.

Gerät	Akkutyp	zugeführte Energie	nutzbare Energie
Handy			
MP 3-Player			

b) Bestimme die tatsächlich nutzbare Energiemenge des Akkutyps.
c) Berechne die bei einem Ladevorgang tatsächlich entstehenden Kosten bei 0,25 € pro kWh.
d) Überlege, wie oft du den Akku des entsprechenden Gerätes durchschnittlich aufladen musst, und berechne die Kosten für ein Jahr.
e) Berechne den durch unerwünschte Energieumwandlung entstehenden finanziellen Verlust.
f) Informiere dich über die Kosten für ein geeignetes Solarladegerät und berechne, wie oft du dafür den Akku mit einem Netzladegerät laden kannst.
g) Entscheide, ob die Anschaffung eines Solarladegerätes sinnvoll ist.

Auf einen Blick

Messungen im elektrischen Stromkreis

Ein Körper ist nach außen hin **elektrisch neutral,** wenn er genauso viele positive wie negative Ladungen enthält.

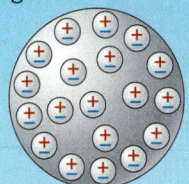

Ein Körper ist **elektrisch negativ** geladen, wenn auf seiner Oberfläche **Elektronenüberschuss** herrscht.

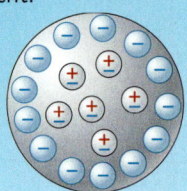

Ein Körper **ist elektrisch positiv** geladen, wenn auf seiner Oberfläche **Elektronenmangel** herrscht.

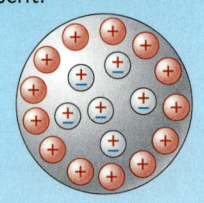

Zwischen elektrisch geladenen Körpern entsteht ein **elektrisches Feld,** das durch **Feldlinien** sichtbar wird.

Körper mit gleicher elektrischer Ladung stoßen sich ab.

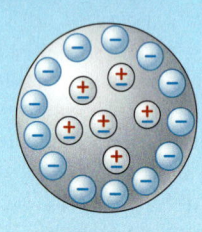

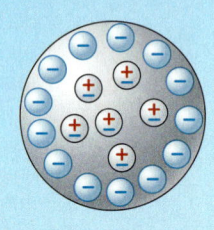

Körper mit unterschiedlicher elektrischer Ladung ziehen sich an.

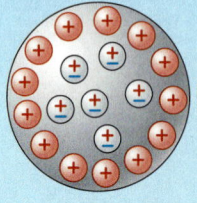

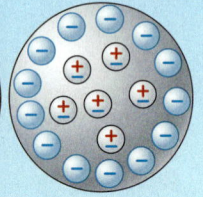

	Elektrische Stromstärke	Elektrische Spannung	Elektrischer Widerstand
Beschreibung	Maß für die Anzahl der Elektronen, die pro Sekunde durch den Querschnitt eines Leiters fließen.	Maß für die Stärke, mit der die Elektronen im Stromkreis angetrieben werden.	Den Zusammenhang zwischen Spannung und Stromstärke beschreibt das **ohmsche Gesetz.** Es gilt: $U \sim I$.
Formelzeichen	I	U	$\frac{U}{I}$ = konstant $\Rightarrow R = \frac{U}{I}$
Einheit	A (Ampere)	V (Volt)	$\frac{1V}{1A} = 1\,\Omega$
Reihenschaltung	$I_{ges} = I_1 = I_2 = I_3$	$U_{ges} = U_1 + U_2 + U_3$	$R_{ges} = R_1 + R_2 + R_3$
Parallelschaltung	$I_{ges} = I_1 + I_2 + I_3$	$U_{ges} = U_1 = U_2 = U_3$	$\frac{1}{R_{ges}} = \frac{1}{R_1} + \frac{1}{R_2} + \frac{1}{R_3}$
Batterien stellen **Gleichspannung** zur Verfügung. Im angeschlossenen Stromkreis entsteht **Gleichstrom.** Die Fahrradlichtmaschine liefert **Wechselspannung,** die im Stromkreis einen **Wechselstrom** verursacht.			Der Widerstand eines Leiters ist abhängig von Länge, Querschnitt, Material und seiner Temperatur.

Blitz und Donner
In Gewitterwolken werden Ladungen getrennt. Ist die Spannung hoch genug, kommt es zum **Ladungsausgleich.** Es blitzt.
Da sich beim Blitz die Luft schlagartig ausdehnt, entsteht ein Knall, der als Donner zu hören ist.

Elektrische Leistung
Alle elektrischen Geräte haben eine bestimmte elektrische Leistung. Sie ist auf dem Typenschild des elektrischen Gerätes angegeben.

Kurzschluss und Sicherungen
Wenn sich in einem Stromkreis die Leitungen direkt berühren, verursachen sie einen **Kurzschluss.**
Zur Verhinderung von elektrischen Unfällen werden Stromkreise durch **Sicherungen** oder durch einen **Fehlerstrom-Schutzschalter** geschützt.

Messung elektrischer Energie
Die Bereitstellung und Nutzung von elektrischer Energie muss bezahlt werden. Die Messungen werden von einem Elektrizitätszähler vorgenommen.

Name	Größe	Name der Einheit	Einheit	Gesetz	Umrechnungen
elektrische Leistung	P	Watt	W	$P_{el} = U \cdot I$	1 V · 1 A = 1 W; 1000 W = 1 kW 1000000 W = 1000 kW = 1 MW
elektrische Energie	E	Wattsekunde Kilowattstunde	Ws kWh	$E_{el} = P_{el} \cdot t$ $E_{el} = U \cdot I \cdot t$	1 Ws = 1 J; 1000 Ws = 1 kWs 1 kWh = 3,6 · 10^6 Ws

Messungen im elektrischen Stromkreis

Zeig, was du kannst

1. Wie kannst du nachweisen, dass ein Körper elektrisch geladen ist?

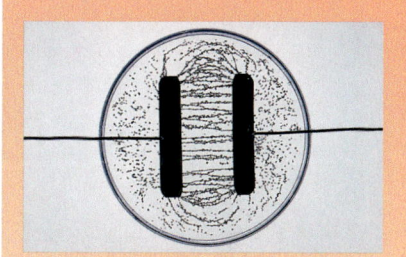

2. a) Wie sind die beiden Platten im Bild geladen? Was bedeuten die Linien?
b) Zeichne das Bild ab und ergänze die Ladung der Platten.

3. Welche Art Ladung bedeutet Elektronenüberschuss, welche Elektronenmangel?

4. Begründe die Aussage: Ladungsausgleich ist Elektronenstrom.

5. a) Wo befinden sich die unterschiedlichen Ladungen im Atom?
b) Warum ist das Atom nach außen hin elektrisch neutral?
c) Wie können einem Atom Elektronen entrissen werden?

6. a) Zeichne den folgenden Schaltplan in dein Heft. Kennzeichne die eingebauten Messgeräte.
b) Gib an, welche physikalischen Größen mit den Messgeräten gemessen werden.

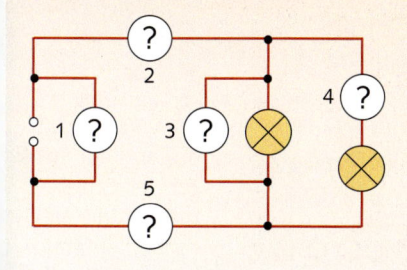

7. a) Zeichne den folgenden Schaltplan in dein Heft. Ergänze ein Strommessgerät, das die Gesamtstromstärke misst.
b) Ergänze die Spannungsmessgeräte, die die Spannungen an den Geräten messen.
c) Zeichne an die Leitungen Pfeile, die angeben, in welche Richtung die Elektronen fließen.

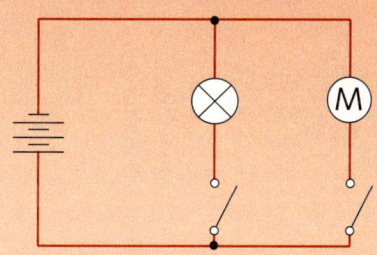

8. In einem Stromkreis sind drei Lampen mit 1,6 V; 2,4 V und 4,8 V in Reihe geschaltet. Welche Spannung muss an der Stromquelle eingestellt werden, damit jede Lampe die richtige Spannung erhält?

9. Vergleiche die Leitfähigkeit von 2 Leitern mit gleicher Länge und gleichem Querschnitt aus Kupfer und Konstantan. Welcher von beiden ist der bessere Leiter?

10. Welche Angabe macht der spezifische Widerstand eines Leiters?

11. Zwei Widerstände mit 10 Ω und 10 kΩ werden mit zwei weiteren gleich großen Widerständen in Reihe geschaltet. Der Gesamtwiderstand beträgt dann 100 kΩ. Wie groß sind die beiden Einzelwiderstände?

12. Welche Schutzmaßnahme schützt einen Stromkreis bei Kurzschluss oder Überlastung?

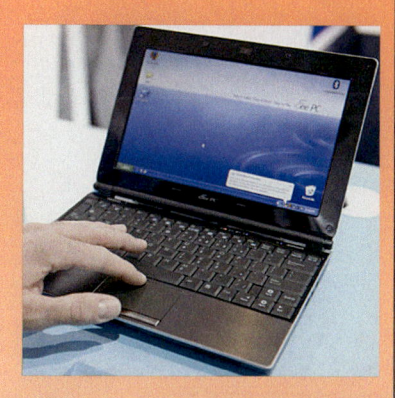

13. a) Der Akku eines Netbooks hat bei 12 V eine Stromstärke von 3 A. Berechne die elektrische Leistung.
b) Wie viel elektrische Energie benötigt das Netbook, wenn es 4 h genutzt wird?

14. Der Motor für eine kleine Pumpe hat bei einer Spannung von 230 V eine Stromstärke von 50 mA. Wie groß ist die elektrische Leistung des Motors?

15. Die elektrische Leistung einer Lampe wird auf dem Typenschild immer für eine bestimmte Spannung angegeben. Was ist zu erwarten, wenn du die Lampe in einem Stromkreis mit
a) kleinerer Spannung betreibst?
b) größerer Spannung betreibst?

16. Erläutere, was du unter einem intelligenten Energiezähler verstehst.

17. Welche Bedeutung hat die Angabe der Kategorien A bis G auf dem EU-Label?

18. a) Welche Arten von Batterien gibt es?
b) Worin unterscheiden sich die Arten?
c) Warum ist es wichtig, dass leere oder beschädigte Batterien nicht in den Hausmüll geworfen werden?

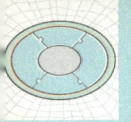

System

Struktur der Materie

Stromstärke, Reihenschaltung

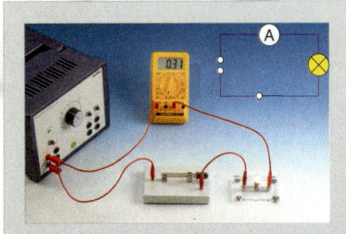

📖 **1.** Begründe mithilfe der Basiskonzepte **System** und **Struktur der Materie**, dass die elektrische Stromstärke im Stromkreis in Reihe zum elektrischen Gerät gemessen werden muss.

Spannung, Parallelschaltung

📖 **2.** Begründe mithilfe der Basiskonzepte **System** und **Struktur der Materie**, dass die elektrische Spannung im Stromkreis parallel zur Stromquelle gemessen werden muss.

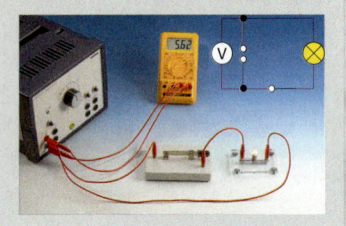

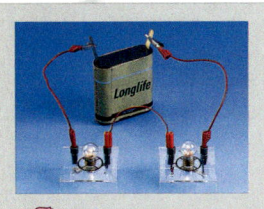

Stromstärke und Spannung in Reihen- und Parallelschaltungen

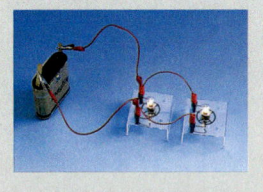

📖 **3.** In einer Reihenschaltung gilt $I_{ges} = I_1 = I_2$ und $U_{ges} = U_1 + U_2$, in einer Parallelschaltung dagegen $U_{ges} = U_1 = U_2$ und $I_{ges} = I_1 + I_2$. Erkläre die unterschiedlichen Zusammenhänge für Stromstärke und Spannung in den **Systemen** Reihen- und Parallelschaltung.

Widerstand in Reihen- und Parallelschaltung

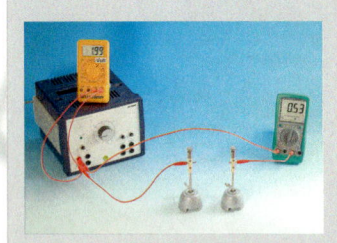

📖 **4. a)** Begründe mithilfe der Basiskonzepte **System** und **Struktur der Materie**, wodurch der elektrische Widerstand in einem elektrischen Stromkreis hervorgerufen wird.
b) Wie kann der elektrische Widerstand eines Stromkreises beeinflusst werden?

Eigenschaften von Ladungen

📖 **5.** Erkläre mithilfe der Eigenschaften von Ladungen das Verhalten des Elektroskops.

Kern-Hülle-Modell des Atoms

neutrales Atom — positiver Rumpf — negatives Elektron

📖 **6. a)** Beschreibe die **Struktur** eines Atoms.
b) Wie können sich Elektronen vom Atom lösen?

Atomrümpfe, positiv geladen

freie Elektronen

Gittermodell der Metalle

📖 **7.** Erkläre anhand der **Struktur** des Gittermodells die elektrische Leitfähigkeit der Metalle.

Basiskonzepte

kreise

Wechsel-wirkung

Energie

Spannungen bei Gewitter

Kräfte zwischen Ladungen

📖 **8.** Beschreibe die **Wechselwirkung** zwischen Haaren und Pullover. Welche Kräfte spielen hier eine Rolle?

📖 **10.** Warum sollst du dich mit geschlossenen Füßen in eine Mulde hocken, wenn du im Freien von einem Gewitter überrascht wirst?

Elektrisches Feld

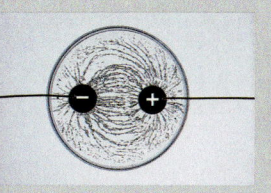

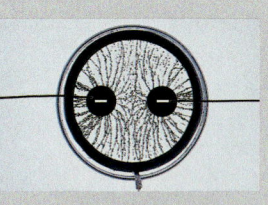

Elektrische Energie

📖 **11.** Warum ist es wichtig, beim Kauf eines Elektrogerätes auf das **Energie-Label** zu achten?

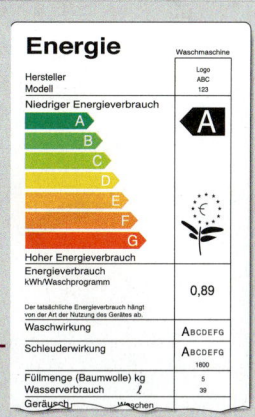

📖 **9.** Beschreibe die **Wechselwirkung** zwischen Grießkörnern und den Metallelektroden.

📖 **12.** Warum wird auf dem Typenschild eines elektrischen Gerätes die elektrische Leistung, aber nicht die elektrische **Energie** angegeben?

Elektrische Leistung

Sie fliegt auf und ab –
woher hat sie die Kraft dazu?

Container hin – Container her, ohne Rollen geht
es nicht. Was bewirken die Rollen?

Kräfte

Die Geschwindigkeit

1. Die Skifahrerin in Bild 1 will wie ihre Konkurrentinnen den Abfahrtslauf gewinnen. Was muss gemessen werden, um die Siegerin zu ermitteln?

2. Drei Schüler fahren mit dem Fahrrad aus dem Stand eine 30 m lange Strecke. Stoppe die benötigten Zeiten. Notiere die Zeiten jeweils in einer Tabelle.

Schüler	Strecke s	Zeit t
1	30 m	
2		
3		

3. Rolle auf dem Schulhof ein 50 m-Maßband ab. Drei Schülerinnen fahren mit dem Fahrrad nacheinander schnell am Band entlang. Ab einem festgelegten Startpunkt auf dem Maßband wird gemessen, wie weit die Schülerinnen nach 3 s jeweils gekommen sind. Notiere die zurückgelegten Strecken in der Tabelle.

Schüler	Strecke s	Zeit t
1		3 s
2		
3		

4. a) Ergänze die Tabellen aus den Versuchen 2 und 3 um eine weitere Spalte. Trage in diese Spalte den Quotienten aus s und t ein.
b) Wer ist der schnellste Fahrer und wer die schnellste Fahrerin? Begründe deine Antworten.

5. Gib folgende Geschwindigkeiten in $\frac{km}{h}$ an:
a) Pferderennen   15 $\frac{m}{s}$;
b) Motorradrennen 50 $\frac{m}{s}$;
c) Autorennen   65 $\frac{m}{s}$.

6. Begründe den Umrechnungsfaktor von $\frac{m}{s}$ in $\frac{km}{h}$.

Wer ist die Schnellste beim Rennen in Bild 1? Wird wie beim Abfahrtsrennen eine bestimmte Strecke vorgegeben, so ist die Fahrerin am schnellsten, die diese Strecke in kürzester Zeit schafft.
Ist dagegen eine bestimmte Zeit vorgegeben, gewinnt diejenige, die in dieser Zeit die längste Strecke zurücklegt. Jedes Mal ist die Gewinnerin mit der größten **Geschwindigkeit** gefahren.

Die Geschwindigkeit v hängt ab von der Strecke s und von der Zeit t, die für die Strecke gebraucht wird. Du kannst die Geschwindigkeit v berechnen, indem du den Wert der zurückgelegten Strecke s durch den Wert der dazu benötigten Zeit t dividierst.

$$v = s : t$$

Braucht ein 400 m-Läufer für seine Strecke s eine Zeit t von 50 s, so legt er in einer Sekunde 8 m zurück. Seine Geschwindigkeit beträgt also 8 $\frac{m}{s}$ (gelesen: 8 Meter pro Sekunde).

■ Die Geschwindigkeit v ergibt sich aus der zurückgelegten Strecke s und der dazu benötigten Zeit t.
Geschwindigkeit = Weg : Zeit; $v = s : t$.
Die Einheit ist $\frac{m}{s}$ oder $\frac{km}{h}$.

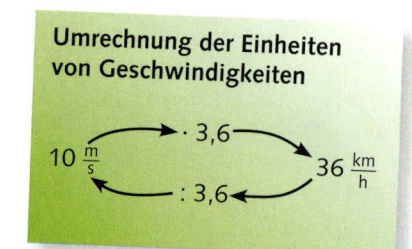

Umrechnung der Einheiten von Geschwindigkeiten

10 $\frac{m}{s}$ —·3,6→ 36 $\frac{km}{h}$
       ←:3,6—

Hinweis
Beachte, dass der Buchstabe „s" sowohl als Zeichen s für die Strecke als auch als Abkürzung s für die Einheit Sekunde dient.

1 Wird sie gewinnen?

2 Start-Ziel-Sieg

3 Heiße Reifen

Kräfte und Maschinen → S. 192/193

Kräfte

Die gleichförmige Bewegung

1. Miss bei einem Elektroauto wie in Bild 1 die Zeit für eine Strecke von 1 m, 2 m bis zu einer Strecke von 5 m. Übertrage die Tabelle ins Heft und vergleiche die Geschwindigkeiten.

Strecke s	Zeit t	Geschwindigkeit v
0 m	0 s	–
1 m		
2 m		

1 Zeiten für Teilstrecken werden gemessen.

2. Bewegen sich die Stufen einer Rolltreppe oben oder unten schneller? Begründe deine Antwort.

3. In einer Brezelbäckerei werden die Brezeln auf einem Band mit konstanter Geschwindigkeit durch den heißen Ofen gezogen.
Was muss geändert werden, wenn die Brezeln beim Backen heller oder dunkler werden sollen?

Viele Körper, die sich bewegen, ändern dabei häufig ihre Geschwindigkeit.
Der Schulbus fährt einmal langsamer, dann wieder schneller, er stoppt an einer Haltestelle und fährt wieder an. Er legt nicht in jeder Sekunde eine gleich lange Strecke zurück.
In der Pause schlenderst du einmal langsam, einmal schnell über den Schulhof. Plötzlich siehst du einen Schüler, dem du eine DVD geliehen hast. Du läufst zu ihm. Für jeden Meter Weg, den du zurücklegst, brauchst du unterschiedlich lange Zeiten.

Dagegen braucht der Koffer auf dem Transportband im Flughafen für jeden Meter, den er transportiert wird, eine gleich lange Zeit.
Hier werden in gleichen Zeitspannen gleich lange Wege zurückgelegt. Der Wert der Geschwindigkeit ändert sich nicht, er bleibt konstant. Diese Art von Bewegung heißt **gleichförmige Bewegung.**

■ Ein Körper bewegt sich gleichförmig, wenn die Geschwindigkeit gleich bleibt. Für gleich lange Wege braucht er gleich lange Zeiten.

Was haben Knoten mit Geschwindigkeit zu tun?

Streifzug

Wollte der Seemann früher die Geschwindigkeit des Schiffes bestimmen, so brauchte er dazu ein Logglas, ein Scherbrett und eine Logleine. In der Logleine, einem Seil, war jeweils im Abstand von 7 m ein Knoten. Das Scherbrett, ein dreieckiges Holzbrett, wurde so an der Logleine befestigt, dass es beim Messen der Schiffsgeschwindigkeit fast senkrecht im Wasser stand. Das Logglas war eine Sanduhr, die in 14 s ablief.

Der Seemann warf das Scherbrett ins Wasser und zählte die Anzahl der Knoten in der Leine, die durch seine Hand gingen, während die Uhr ablief. Zählte er elf Knoten, dann fuhr das Schiff mit einer Geschwindigkeit von elf Knoten, das sind etwa 20 $\frac{km}{h}$.

Die Geschwindigkeit von Schiffen wird heute noch in Knoten angegeben.
1 Knoten = 1 $\frac{Seemeile}{Stunde}$ = 1,852 $\frac{km}{h}$

2 Der Seemann zählt die Knoten.

Grafische Darstellung von gleichförmigen Bewegungen

Zeit-Geschwindigkeits-Diagramm für $v = 1{,}5\ \frac{m}{s}$

t in s	0	1	2	3	4
v in $\frac{m}{s}$	1,5	1,5	1,5	1,5	1,5

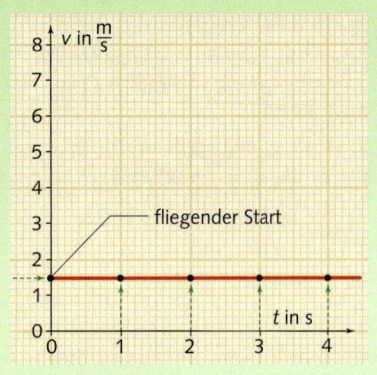

1 t-v-Diagramm

Zeichnen von Diagrammen

Aus einer Messreihe der Bewegung kannst du ein **Diagramm** erstellen. Dabei werden zwei Größen, die einander zugeordnet sind, grafisch dargestellt.

Zum Erstellen dieser Diagramme trägst du die gegebene Größe, in diesem Beispiel die Zeit t, auf der Rechtsachse ab.
Die dazugehörige gemessene Größe, die Geschwindigkeit v (Bild 1) oder die Strecke s (Bild 2), wird auf der Hochachse abgetragen.
Du überträgst die Wertepaare aus einer Wertetabelle in das Diagramm und verbindest die Punkte zu einem Grafen.

Zeit-Weg-Diagramm für $v = 2{,}0\ \frac{m}{s}$

t in s	0	1	2	3	4
s in m	0	2,0	4,0	6,0	8,0

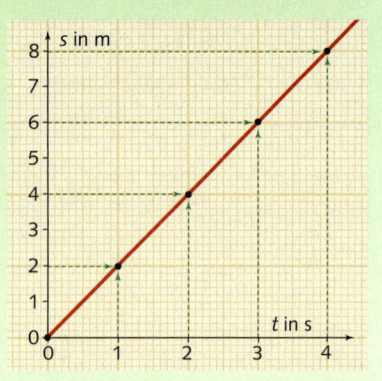

2 t-s-Diagramm

Bei der gleichförmigen Bewegung bleibt die Geschwindigkeit immer gleich. Der Graf im Zeit-Geschwindigkeits-Diagramm ist eine **Parallele zur Zeitachse**.

📖 **1.** Erstelle Wertetabellen und jeweils ein t-v-Diagramm und ein t-s-Diagramm für eine gleichförmige Bewegung mit einer Geschwindigkeit von $v = 3\ \frac{m}{s}$.

Bei der gleichförmigen Bewegung ist der zurückgelegte Weg proportional zur Zeit. Der Graf im Zeit-Weg-Diagramm ist eine **Ursprungsgerade**.

Ablesen von Werten aus einem Diagramm

Aus einem Diagramm kannst du zusammengehörige Wertepaare bestimmen.
So kannst du ablesen, welche Strecke im t-s-Diagramm in Bild 3 nach 2 s zurückgelegt worden ist. Dazu gehst du auf der Rechtsachse bei $t = 2$ s senkrecht nach oben, bis du den Grafen erreichst. Von diesem Punkt gehst du waagerecht zur Hochachse und kannst den dazugehörigen Wert $s = 1$ m ablesen. Der Gegenstand hat also in 2 s eine Strecke von 1 m zurückgelegt.
Du kannst auch bestimmen, welche Zeit für die Strecke $s = 3$ m benötigt wird. Auf der Hochachse gehst du bei $s = 3$ m waagerecht bis zum Grafen und dann senkrecht nach unten auf die Rechtsachse. Hier kannst du die dazugehörige Zeit $t = 6$ s ablesen. Der Gegenstand hat also 6 s für die Strecke von 3 m benötigt.

📖 **2. a)** Bestimme aus dem Diagramm die Zeiten für die Strecken 1,5 m, 2 m und 2,5 m.
b) Bestimme die Strecken für die Zeiten 1 s; 2,5 s und 3 s.

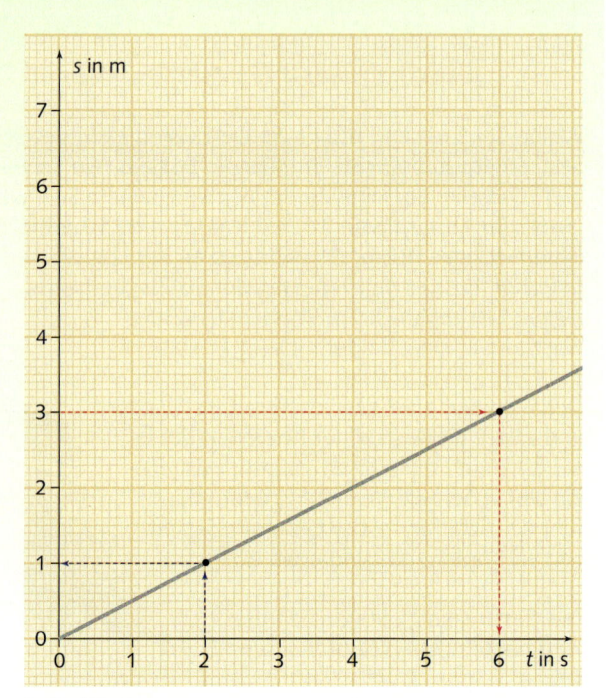

3 t-s-Diagramm

Kräfte

Schnell und langsam

Der Gepard ist unter den Landtieren der schnellste Jäger. Nach scharfem Sprint erreicht er aus der Ruhe eine Geschwindigkeit von bis zu 120 $\frac{km}{h}$. Diese Geschwindigkeit kann er aber nicht lange beibehalten.

1. Nenne andere Landtiere, die Geschwindigkeiten von über 90 $\frac{km}{h}$ erreichen können.

Weinbergschnecken wie auch andere Schnecken bewegen sich sehr langsam. Eine Weinbergschnecke legt in einem ebenen Gelände durchschnittlich 7 m in 1 h zurück.

2. Nenne Landtiere, die sich noch langsamer bewegen als Weinbergschnecken.

Der Seefahrer Sir FRANCIS BEAUFORT (1774–1857) (gesprochen: Fränzis Bohfohr) entwickelte 1806 eine Maßeinheit für Windstärken, die sich nach den Windgeschwindigkeiten richtete. Gleichzeitig beschrieb er die Wirkung des Windes an Land und auf See. Ihm zu Ehren ist die Einheit der Windstärke Beaufort (bft) genannt worden.

Windstärkenskala nach BEAUFORT				
Windstärke in bft	Bezeichnung	Windgeschwindigkeit in Knoten	in $\frac{m}{s}$	Auswirkungen des Windes an Land
0	Windstille	0 – <1	0 – <0,3	Rauch steigt gerade empor
1	leiser Zug	1 – <4	0,3 – <1,6	Zug des Rauches erkennbar
2	leichte Brise	4 – <7	1,6 – <3,4	Wind ist im Gesicht fühlbar
3	schwache Brise	7 – <11	3,4 – <5,5	Zweige bewegen sich
4	mäßige Brise	11 – <16	5,5 – <8,0	Staub hebt sich
5	frische Brise	16 – <22	8,0 – <10,8	kleine Bäume schwanken
6	starker Wind	22 – <28	10,8 – <13,9	Pfeiftöne an Drahtleitungen
7	steifer Wind	28 – <34	13,9 – <17,2	Gehen wird erschwert
8	stürmischer Wind	34 – <41	17,2 – <20,8	Gehen wird erheblich erschwert
9	Sturm	41 – <48	20,8 – <24,5	Schäden am Haus
10	schwerer Sturm	48 – <56	24,5 – <28,5	Bäume werden entwurzelt
11	orkanartiger Sturm	56 – <64	28,5 – <32,7	schwere Sturmschäden
12	Orkan	>64	>32,7	katastrophale Verwüstungen

3. Gib die Windgeschwindigkeiten in $\frac{km}{h}$ an.

4. Berechne die Geschwindigkeit eines 100 m-Rekordläufers.

5. Gib die Geschwindigkeiten von Gepard und Schnecke in $\frac{m}{s}$ an.

Kräfte bewirken Bewegungen und Verformungen

🔍 **1. a)** Fahre mit einem Fahrrad über Asphalt. Was stellst du dabei fest?
b) Beschreibe die gleiche Fahrt mit dem Fahrrad über Glatteis.

📝 **2.** Eine Seilbahn fährt zur Bergstation. Plötzlich fällt der Strom aus. Was passiert?

📝 **3.** Was bewirkt ein starker Wind, der auf das Segel eines Segelbootes trifft,
a) beim Segel,
b) beim Boot?

🔍 **4.** Drücke mit dem Daumen erst leicht, dann stärker auf einen Schwamm. Wie verändert sich der Schwamm dabei?

🔍 **5. a)** Hänge eine Stahlkugel an einem langen Faden in einem Glasgefäß auf, das du luftleer pumpen kannst. Nähere dem Gefäß in Höhe der Stahlkugel einen Magneten.
b) Pumpe die Luft aus dem Gefäß und nähere den Magneten.
c) Formuliere die drei Erkenntnisse aus diesen Versuchen.

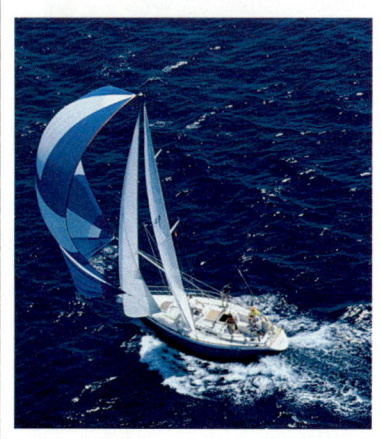

1 Zwei Wirkungen der Windkraft

Bei einer Fahrradfahrt musst du **Muskelkraft** aufwenden. Willst du schneller fahren, musst du mehr Kraft einsetzen. Anstrengend wird die Fahrt bei Gegenwind. Hier spürst du deutlich, dass eine weitere Kraft wirkt, die **Windkraft**. Sie wirkt deiner Muskelkraft entgegen. Daher wird sie **Gegenkraft** genannt.

Gegenkraft ist notwendig
Eine Gegenkraft ist immer vorhanden. So kommst du beim Anfahren nur vorwärts, wenn du die Straße unter dir wegschiebst. Weil das natürlich nicht geht, bewegt sich dein Fahrrad nach vorne.
Auf einer Ölspur ist das Radfahren schwierig, weil fast keine **Reibung** auftritt. Deshalb kommst du hier kaum vorwärts.

Verschiedene Kräfte
Bewegungen können noch durch andere Kraftarten bewirkt werden. So wird durch Windkraft der Rotor eines Windrades bewegt. Eine Liftkabine wird durch die **elektrische Kraft** des Elektromotors gegen die **Erdanziehungskraft** nach oben gezogen.
Bei Stromausfall wirkt nur die Erdanziehungskraft. Jetzt müssen die Notbremsen mit ihrer Bremskraft die Kabine in ihrer Position halten.

2 Hier wirkt elektrische Kraft.

Der Rückstoß
Liegt ein Gartenschlauch mit offenem Ende ausgerollt auf dem Rasen, tanzt das Ende des Schlauches hin und her, wenn du den Wasserhahn öffnest. Hier wird durch die Kraft des ausströmenden Wassers eine Kraft auf den Schlauch ausgeübt, der sich dadurch in Gegenrichtung bewegt.

Kraft eines Magneten
Ein Magnet kann Körper aus Eisen, Nickel oder Kobalt anziehen, wenn diese nicht abgeschirmt werden. Der Magnet übt eine **magnetische Kraft** auf den Körper aus, die nicht nur durch Glas, sondern sogar im luftleeren Raum wirkt. Deshalb könntest du alle Versuche mit Magneten auch im Vakuum durchführen.

Kraft kann noch mehr
Kraft kann außer Bewegung auch **Verformung** bewirken. Bei Sturm biegen sich die Bäume unter der Wirkung der Windkraft. Knetmasse nimmt eine andere Form ein, wenn du sie mithilfe deiner Muskelkraft knetest.

Die physikalische Größe
Physikalische **Kräfte** werden mit F bezeichnet. Dabei können durch einen Zusatz am Formelzeichen, den Index, die Kräfte unterschiedlich benannt werden. So könnte für elektrische Kraft F_E, für Muskelkraft F_M geschrieben werden. Die Maßeinheit für Kräfte ist **Newton (N)**. Dieser Name wurde zu Ehren des englischen Physikers SIR ISAAC NEWTON (1643–1727) gewählt.

■ Kräfte können Bewegungen und Verformungen bewirken. Dabei tritt immer eine Gegenkraft auf. Die Maßeinheit der Kraft F ist Newton (N).

Kräfte und Maschinen → S. 192/193

Kräfte ändern Bewegungen

1. Du näherst dich im Ruderboot einem Anlegesteg. Beschreibe, wie du das Boot abbremsen kannst.

2. Fahre mit dem Fahrrad eine Strecke mit gleichbleibender Geschwindigkeit. Wiederhole die Fahrt, bremse und beschleunige aber möglichst oft dabei. Erkläre, warum diese Fahrt für dich anstrengender ist als die erste.

2 Die Abkürzung – eine gute Idee?

3. Dein Freund ist mit dem Rad vorausgefahren. Du versuchst ihn jetzt einzuholen. Begründe, warum du dich mehr anstrengen musst als dein Freund.

4. Warum sind an Autorennstrecken zwischen Piste und Zuschauerabgrenzungen große Kiesflächen angelegt worden?

5. a) Du siehst in Bild 3 die hell glühende Bremsscheibe eines Autos auf einem Prüfstand. Der Test entspricht einer Schnellbremsung bei 180 $\frac{km}{h}$. Die Scheibe wurde bis zum Stillstand abgebremst. Warum glüht die Scheibe?
b) Beschreibe den gesamten Test, verwende dabei die Begriffe Kraft, Reibung, steigende Geschwindigkeit, abnehmende Geschwindigkeit.

1 Zum Glück gab es das Kiesbett!

3 Bremsscheibe auf dem Prüfstand

Kraft und Bewegung

Die Rinder in Bild 4 rennen über die Weide. Will ein Tier von hinten an die Spitze, so muss es schneller laufen als die anderen Rinder. Es muss dafür auch mehr Kraft einsetzen. Hat es die Spitze erreicht, kann es mit konstanter Geschwindigkeit weiterlaufen und braucht dann dafür weniger Kraft.
Muss die Herde wegen eines Hindernisses plötzlich abbremsen, so müssen die Tiere wieder mehr Kraft aufwenden.
Sie brauchen zusätzlich Kraft, wenn sie schneller werden oder wenn sie langsamer werden wollen. Eine Bewegung ändert sich nur, wenn eine Kraft wirkt.

Reibung ist eine Kraft

Wenn du über einen Sandweg wie in Bild 2 fährst, brauchst du eine größere Kraft als beim Fahren auf der Straße. Hier spürst du zusätzlich eine Kraft, die jede Bewegung hemmt. Es ist die **Reibung**.
Du musst Kraft einsetzen, um dein Fahrrad zu bewegen, und eine zusätzliche Kraft, um die größere Reibung auf dem Sand zu überwinden. Die Reibung behindert deine Bewegung. Du spürst sie schon, wenn du dein Fahrrad nur rollen lässt. Die Bewegung wird langsamer.

■ Für jede Bewegungsänderung muss eine Kraft wirken. Auch die Reibung ist eine Kraft.

4 Eine wilde Herde

Kräfte und Maschinen → S. 192/193

Pinnwand

Erwünschte und unerwünschte Reibung

Ohne Reibung zwischen den Rädern und der Straße könnte die Kraft des Motors nicht auf die Straße übertragen werden. Eis, Wasser, Schmutz oder Öl verringern die Reibung. Dies kann besonders in Kurven und beim Bremsen zur Gefahr werden kann.

1. Welche Regeln sollen Kraftfahrer bei Regen oder Schnee beachten?

2. Wie kann durch Auswahl der Reifen die Haftung auf der Straße beeinflusst werden?

Eis vermindert die Reibung auf Straßen und Wegen besonders stark. Auch mit gutem Profil der Schuhsohle wird kaum Haftung erreicht. Da hilft nur der Streudienst.

3. Durch welche Maßnahmen kann im Winter die Reibung zwischen Schuhen und Schnee erhöht werden?

Meteoriden sind feste Körper, die sich durch unser Sonnensystem bewegen. Bei ihrem Eintritt in die Erdatmosphäre kann durch Reibung eine so hohe Temperatur entstehen, dass das Gestein zu glühen beginnt und Licht aussendet. Das kannst du als **Sternschnuppe** beobachten. Nur größere Meteoriden erreichen als Meteoriten die Erdoberfläche. 1908 verwüstete ein Einschlag am Fluss Steinige Tunguska in Sibirien ein Waldgebiet von 40 km Durchmesser.

Wenn ein Raumschiff bei der Landung in die Erdatmosphäre eintritt, kommt es durch Reibung an der Luft zu einer starken Wärmeentwicklung. Das Raumschiff muss deshalb durch einen **Hitzeschild** geschützt werden. Bei dem Landemodul der Sojus besteht der Hitzeschild aus Glasfaserverbundstoffen und Polystyrol. Der größte Teil des Schutzschildes verdampft beim Eintritt in die Atmosphäre und kühlt so die Außenhaut.

Rückstoß – eine besondere Kraft

🔍 **1.** Fülle wie in Bild 1 eine Experimentierrakete aus der Physiksammlung zur Hälfte mit Wasser und pumpe sie mit Luft voll. Starte die Rakete und erkläre ihre Wirkungsweise.
Achtung! Die Rakete darf beim Abschießen weder auf Personen noch auf Gebäudeteile gerichtet sein.

🔍 **2. a)** Stecke in den Einfüllstutzen eines Luftballons einen durchbohrten Stopfen mit Glasröhrchen mit Hahn und binde ihn fest. Befestige die Vorrichtung auf dem Experimentierwagen (Bild 3). Öffne den Hahn. Beobachte und erkläre.
b) Verändere die Versuchsbedingungen und finde heraus, wie die Größe des Rückstoßes und damit die Geschwindigkeit des Wagens verändert werden können.

🔍 **3. a)** Fülle zwei Stoffbeutel jeweils zur Hälfte mit Sand.
b) Zwei Schüler fahren mit ihrem Skateboard mit möglichst gleicher Geschwindigkeit nebeneinander her. Dabei hat ein Schüler die beiden Beutel in den Händen und wirft sie während der Fahrt nach hinten.
Wie verändert sich die Geschwindigkeit des werfenden Schülers? Erkläre deine Beobachtung.
Achtung! Schutzkleidung für Skateboard-Fahrer tragen!

Ein besonderes Fahrzeug
Ein heller Feuerschweif tritt aus der Rakete aus. Wenige Minuten nach dem Start hat die Rakete eine Geschwindigkeit von über 1000 $\frac{m}{s}$ erreicht. Und sie wird noch viel schneller.

Eine besondere Gegenkraft
Beim Start der Rakete wirken zwei physikalische Körper zusammen: die ausströmenden heißen Gase der Rakete und die Rakete selbst. Durch die ausströmenden Gase wirkt auf die Rakete eine Kraft, die der Bewegung der Gase entgegengesetzt gerichtet ist. Diese Gegenkraft heißt **Rückstoß**. Sie bewegt die Rakete nach oben.

Der Antrieb durch Rückstoß tritt nicht nur bei Raketen auf. Triebwerke von Düsenflugzeugen arbeiten nach demselben Prinzip. In der Natur nutzen Tiere wie Quallen den Rückstoß, wenn sie sich im Wasser bewegen. Springst du aus einem Ruderboot an Land, so bewegt sich das Boot in die entgegengesetzte Richtung. Auch hier wirkt der Rückstoß.

■ Der Rückstoß ist eine Kraft, die entsteht, wenn ein Körper von einem anderen Körper weggestoßen wird.

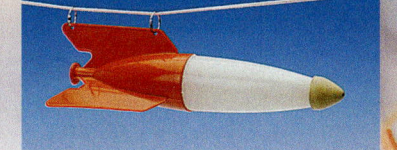

1 Für den Weltraum reicht es nicht.   2 Das reicht für den Weltraum.   3 Wagen mit Luftantrieb

Elastische und plastische Körper

1 Das waren noch Zeiten!

📖 **1.** Vergleiche jeweils die Form des Sandhaufens und des Hüpfballs in Bild 1,
a) bevor die Kinder darauf sitzen;
b) während die Kinder darauf sitzen;
c) nachdem die Kinder darauf gesessen haben.

🔍 **2.** Spanne eine dünne Stricknadel an einem Ende in die Stativmuffe. Drücke erst leicht, dann immer stärker auf das freie Ende der Nadel. Lass nach jedem Drücken die Nadel wieder los. Beschreibe und erkläre deine Beobachtungen.

🔍 **3.** Drücke mit dem Zeigefinger leicht auf deinen Unterarm. Beschreibe die Veränderung beim Drücken und nach dem Drücken.

🔍 **4.** Lass einen Tischtennisball und eine gleich große Kugel aus Plastilin gleichzeitig fallen. Was beobachtest du beim Aufprall
a) des Tischtennisballs?
b) der Plastilinkugel?
c) Erkläre die Ergebnisse der Versuche.

📖 **5.** Begründe, um welche Art von Körpern es sich bei den Blechteilen in der Schrottpresse wie in Bild 2 handelt.

📝 **6. a)** Vergleiche den Zusammenstoß zweier Autos beim Autoskooter mit dem Zusammenstoß zweier Autos auf der Straße.
b) Welche Autos sind elastische Körper, welche sind plastische Körper?

📝 **7.** Nenne jeweils drei weitere Beispiele für elastische und plastische Körper.

Körper werden verformt

Drückst du mit dem Daumen auf einen aufgepumpten Fahrradreifen, dann wirkt eine Kraft auf den Reifen. Dadurch wird der Reifen verformt.

Im Inneren des Reifens tritt eine gleich große Gegenkraft auf. Sie lässt den Reifenmantel nach dem Drücken wieder hochgehen. Der Reifen nimmt durch diese Kraft wieder seine alte Form an. Danach wirkt keine Kraft mehr. Der Reifen ist ein **elastischer Körper**.

Drückst du auf eine leere Getränkedose, so wird die Dose eingedrückt. Sie bleibt eingedrückt, auch wenn keine Kraft mehr wirkt. Diese Verformung bleibt erhalten. Die Dose ist ein **plastischer Körper**.

2 Der Schrott wird wieder verwertet.

■ Kräfte können Körper verformen. Wirkt von außen keine Kraft mehr, so geht die Verformung bei elastischen Körpern zurück. Bei plastischen Körpern bleibt die Verformung erhalten.

Kräfte

Crash-Tests

1 Ein etwas anderer Autotest

Puppen helfen
Hier werden neue Autos zu Schrott gefahren. Spezialkameras filmen dabei den Aufprall. Im Auto sitzen **Dummies.** Das sind Puppen, die dem menschlichen Körper nachgebildet sind. Sie sind vollgepackt mit Messgeräten. So kann festgestellt werden, welche Kräfte beim Aufprall auf den Körper wirken und welche Verletzungsgefahren bestehen. Die Messwerte und Filme liefern den Technikern wertvolle Informationen über die Sicherheit im Auto.

Diese wichtigen Untersuchungen werden **Crash-Tests** genannt. Bei diesen Tests erkennen die Techniker auch, ob der Innenraum eines Wagens beim Aufprall stabil bleibt oder zusammengedrückt wird.

Knautschzonen
Der Innenraum des Autos, die Fahrgastzelle, soll bei einem Unfall die Insassen schützen. Deshalb werden die Autos heute so konstruiert, dass beim Aufprall genau festgelegte Bereiche des Wagens außerhalb der Fahrgastzelle verformt werden. Diese Bereiche heißen **Knautschzonen.** Die Fahrgastzelle soll sich bei einem Aufprall nicht verformen.
Deshalb müssen die Knautschzonen die auftretenden Kräfte auffangen. Sie werden durch diese Kräfte verformt. Die Insassen haben so bei einem Unfall große Überlebenschancen.

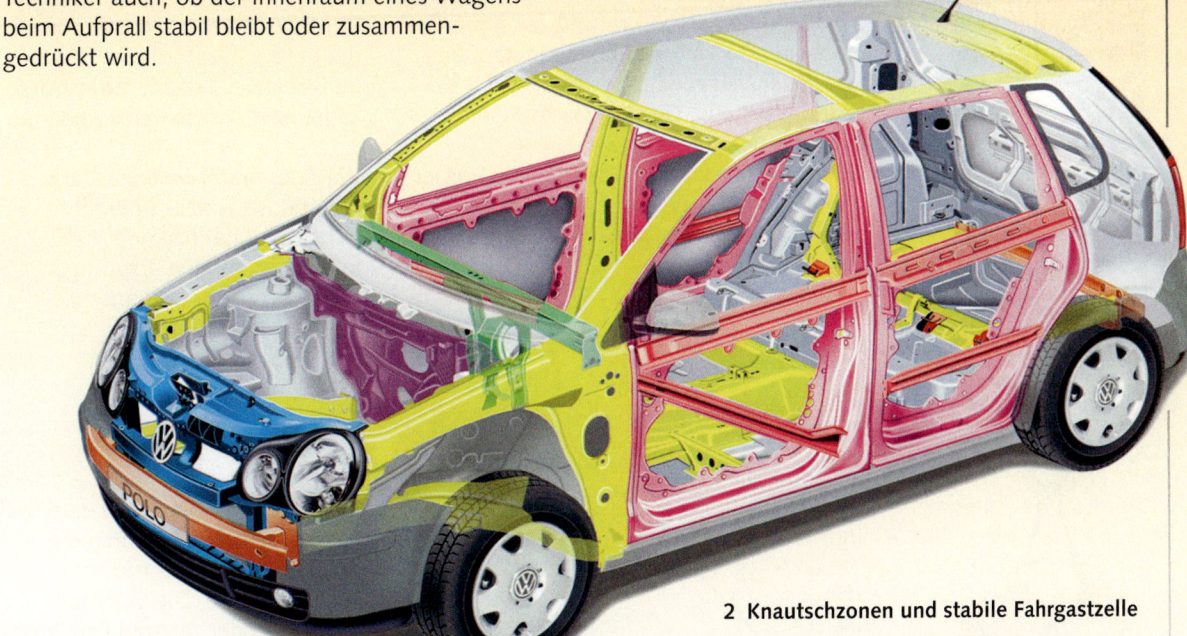

2 Knautschzonen und stabile Fahrgastzelle

1. Durch welche Vorrichtungen im Auto werden die Insassen bei einem Unfall geschützt?

2. Informiere dich bei Verbraucherverbänden, bei Automobilclubs und in Autozeitschriften über die Ergebnisse von Crash-Tests.

Kräfte und Maschinen → S. 192/193

Der Kraftmesser

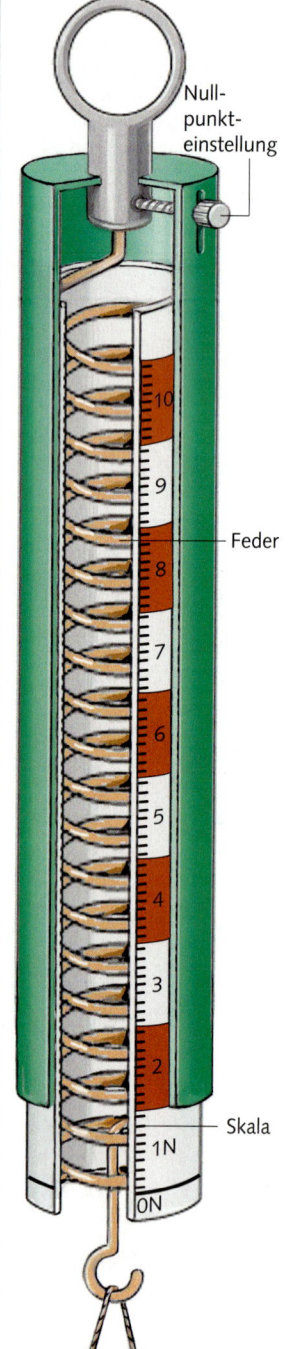

📖 **1.** Beschreibe den Aufbau eines Kraftmessers.

🔍 **2.** Stelle am Kraftmesser die Nulllage ein. Belaste ihn nun nacheinander mit gleich schweren Wägestücken. Lies die Kraft ab. Erstelle eine Tabelle.

Wägestücke	1	2	
Masse in g	100		
Kraft in N			

📖 **3.** Zeichne zu Versuch 2 ein Masse-Kraft-Diagramm wie in Bild 2. Beschreibe den Grafen.

📖 **4. a)** Lies aus dem Diagramm aus Aufgabe 3 die zugehörige Masse für 7 N und 3 N ab.
b) Welche Kraft wirkt, wenn die Masse 150 g, 350 g oder 650 g am Kraftmesser hängt?

📖 **5.** Begründe, warum Kraftmesser nur zum Messen von Kräften innerhalb ihres Messbereiches eingesetzt werden dürfen.

📖 **6. a)** Welcher Gewichtskraft entsprechen 3,5 kg?
b) Welcher Masse entsprechen 7,2 N?

Aufbau eines Kraftmessers

In der Hülle eines Kraftmessers befindet sich eine Schraubenfeder, die von einer Skala umgeben ist. Das Ende der Feder schaut als Haken unten aus der Hülle heraus. Es gibt außerdem eine Schraube zur Nullpunkteinstellung.

Die Gewichtskraft

Hängst du an einen Kraftmesser einen Gegenstand, so kannst du beobachten, dass die Feder sich verlängert. Auf den Gegenstand wirkt eine **Gewichtskraft** F_G, die in Newton (N) gemessen wird.
Eine Gewichtskraft F_G erfahren alle Körper durch die Erdanziehungskraft, die in Richtung des Erdmittelpunktes wirkt.

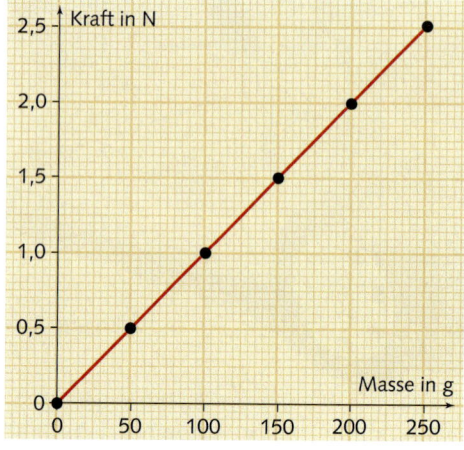

Messen mit dem Kraftmesser

Ein angehängtes Wägestück mit einer Masse von 100 g wirkt auf einen Kraftmesser mit einer Gewichtskraft von ungefähr $F_G = 1$ N. Daraus folgt, dass eine Masse von 1 kg ungefähr einer Gewichtskraft von 10 N entspricht.

Der Bereich zwischen 0 N und der größten Kraft, die am Kraftmesser jeweils abgelesen werden kann, wird **Messbereich** genannt.

Wird der Kraftmesser zu stark belastet, so wird er überdehnt. Er zieht sich dann nach der Belastung nicht in seine ursprüngliche Länge zurück und ist anschließend unbrauchbar.

■ Kraftmesser enthalten eine Schraubenfeder, die durch die einwirkende Gewichtskraft F_G verlängert wird. Die Verlängerung der Feder zeigt an, wie groß die wirkende Kraft F ist. Eine Masse von 1 kg entspricht ungefähr einer Gewichtskraft von 10 N.

1 Kraftmesser

2 Masse-Kraft-Diagramm

Kräfte und Maschinen → S. 192/193

Kräfte

Kraftmesser – selbst gebaut

Praktikum

Bauanleitung
Kürze die Speiche vom Gewinde aus auf eine Länge von 19 cm und biege das Ende ohne Gewinde zu einem Haken. Durchbohre die 3 Klötzchen in der Mitte der Fläche von 12 mm x 12 mm.

Leime die beiden großen Leisten auf die 10 mm breiten Seitenflächen der größeren Klötzchen.

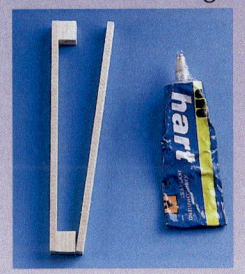

Leime die beiden kleinen Leisten auf die 10 mm breiten Seitenflächen des kleinen Klötzchens. Schiebe den Speichennippel in die Bohrung.

Schmirgele die inneren Flächen des kleineren Bauteils glatt. Setze es dann in das größere Bauteil ein. Es muss leicht auf- und abgleiten können.

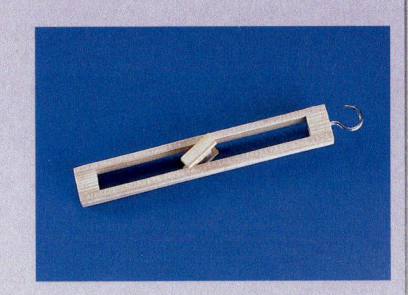

Schiebe die Speiche erst durch das untere Klötzchen, dann durch die Federn. Schraube das Speichenende in den Nippel. Schraube zum Abschluss den Haken in das obere Klötzchen.

Eichung des Kraftmessers
Markiere auf einer der großen Leisten, an welcher Stelle sich das verschiebbare Bauteil ohne Belastung des Kraftmessers befindet. Schreibe 0 N an diese Markierung.
Hänge nacheinander 1, 2, 3 … Wägestücke von jeweils 50 g an den unteren Draht, bis der Kraftmesser nicht mehr weiter messen kann. Markiere jeweils, an welcher Stelle sich das verschiebbare Bauteil befindet.
Schreibe nacheinander 0,5 N; 1 N; 1,5 N … an die Markierung.

1 Der fertige Kraftmesser

Material
– 2 Sperrholzleisten 15 cm x 12 mm x 4 mm
– 2 Holzklötzchen 12 mm x 12 mm x 12 mm
– 1 Holzklötzchen 7 mm x 12 mm x 12 mm
– 2 Sperrholzleisten 7 mm x 20 mm x 4 mm
– 1 Fahrradspeiche mit Nippel
– 4 Stahlfedern aus Druckkugelschreibern
– 1 Schraubhaken

Einsatz des Kraftmessers
Miss, mit welcher Kraft
– zwei Bananen zur Erde gezogen werden.
– du ein Buch über den Tisch ziehen kannst.
Suche weitere Beispiele, an denen du deinen Kraftmesser ausprobieren kannst.

Das hookesche Gesetz

1. a) Hänge an eine Schraubenfeder nacheinander mehrere gleiche Wägestücke. Miss jeweils die Verlängerung der Feder ab der Nullstellung. Trage die Werte ein. Was stellst du fest?

Masse m in g	0	50	100
Kraft F in N	0		
Verlängerung ℓ in cm	0		

b) Erstelle mit den Werten aus a) ein Kraft-Verlängerungs-Diagramm wie in Bild 2. Interpretiere den zugehörigen Grafen. Benutze dazu die Methode „Umgang mit Wertetabellen und Grafen".

2. Eine Schraubenfeder wird mit 3 N belastet und verlängert sich dabei um 6 cm. Berechne, wie weit sich die Feder bei 5 N verlängert.

3. Woran erkennst du in Bild 3, welcher Graf zu einer weichen und welcher Graf zu einer harten Feder gehört? Begründe deine Entscheidung.

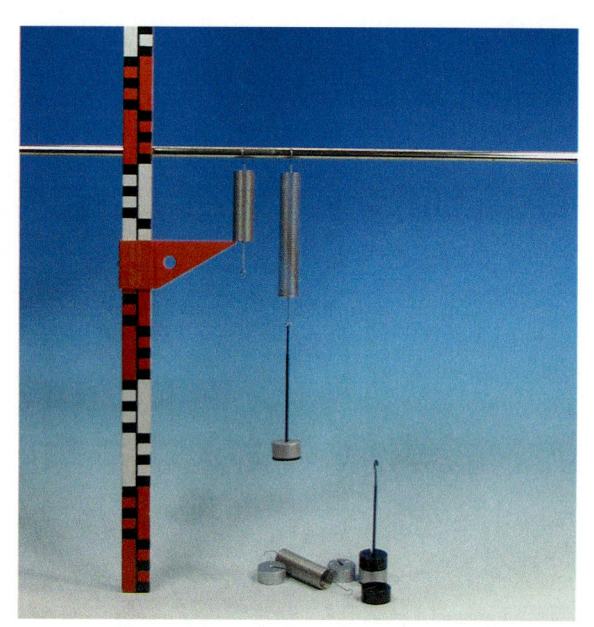

1 Verlängerung von Schraubenfedern

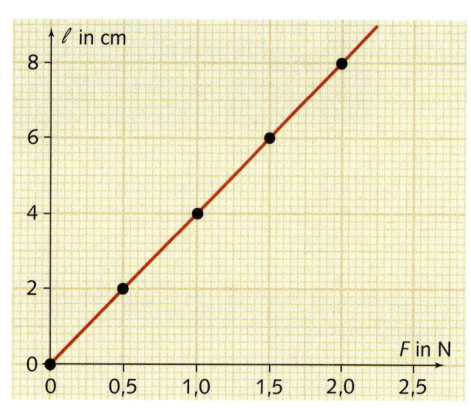

2 Kraft-Verlängerungs-Diagramm

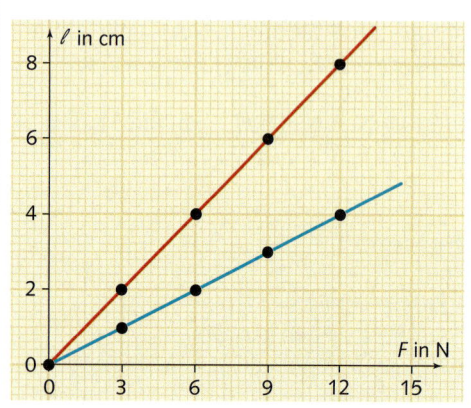

3 F-ℓ-Diagramm zweier Schraubenfedern

Kraft und Verlängerung sind proportional

Je größer die Kraft ist, mit der eine Feder auseinandergezogen wird, desto größer ist auch die Verlängerung der Feder. Kraft und Verlängerung sind proportional zueinander. Dieser Zusammenhang heißt **hookesches Gesetz.** Es wurde nach dem englischen Physiker ROBERT HOOKE (1635–1703) benannt. Das Kraft-Verlängerungs-Diagramm der Feder zeigt eine Gerade durch den Ursprung.

Dividierst du für eine Schraubenfeder jeweils den Wert für die Kraft F durch den Wert für die Verlängerung ℓ, erhältst du immer den gleichen Quotienten. Das ist die **Federkonstante** D dieser Schraubenfeder. Es gilt:

$$D = \frac{F}{\ell}$$

Die Maßeinheit der Federkonstanten D wird in $\frac{N}{m}$ angegeben.

Jede Feder hat ihre eigene, materialabhängige Federkonstante. Ist der Wert niedrig, handelt es sich um eine **weiche Feder**. Ist der Wert hoch, handelt es sich um eine **harte Feder.**

■ Bei einer Schraubenfeder sind Kraft und Verlängerung proportional zueinander. Dieser Zusammenhang wird hookesches Gesetz genannt.
Die Federkonstante D errechnet sich als Quotient aus Kraft F und Verlängerung ℓ der Feder. Sie wird in $\frac{N}{m}$ angegeben.

Plastisch oder elastisch?

1. a) Hänge ein Gummiband an ein Stativ, miss seine Ausgangslänge und belaste es nacheinander mit gleichen Wägestücken. Trage die Messwerte in eine Tabelle ein.
b) Erstelle ein Kraft-Verlängerungs-Diagramm. Was stellst du fest?

2. Vergleiche das F-ℓ-Diagramm des Gummibandes von Versuch 1 mit dem F-ℓ-Diagramm einer Schraubenfeder.

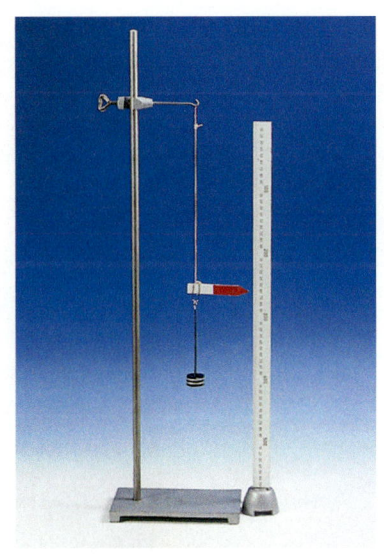

3. Beschreibe, wie sich das Gummiband
a) bei zunehmender Belastung,
b) nach dem Versuch verhält.

4. Begründe, warum sich Gummibänder nicht zur Herstellung von Kraftmessern eignen.

1 Verlängerung eines Gummibandes

Gummibänder dehnen sich

Eine Schraubenfeder verlängert sich bei Belastung proportional zur einwirkenden Gewichtskraft.
Auf den ersten Blick scheinen sich Gummibänder ähnlich zu verhalten. Wenn sie belastet werden, verlängern sie sich. Diese Verlängerung nimmt zu, wenn die Kraft größer wird. Ab einer bestimmten Belastung sind Kraft und Verlängerung jedoch nicht mehr proportional zueinander. Das kannst du am zugehörigen Grafen erkennen. Er ist keine Gerade. Für Gummibänder gilt also das hookesche Gesetz nicht. Wird das Gummiband zu stark belastet, reißt es.

Gummibänder, die überdehnt wurden, ziehen sich ohne Belastung nicht wieder auf ihre ursprüngliche Länge zusammen. Sie bleiben etwas länger als vor der Dehnung. Diese Veränderung wird **plastische Verformung** genannt.
Wird eine Schraubenfeder entlastet, so nimmt sie wieder ihre ursprüngliche Länge ein. Hier handelt es sich um eine **elastische Verformung.**

■ Bei Gummibändern sind Kraft und Verlängerung nicht proportional zueinander. Ein gedehntes Gummiband zieht sich nicht wieder auf seine ursprüngliche Länge zurück.

Kräfte

Lianenspringer

Erfinder des Bungeejumpings
Auf der zu dem südpazifischen Inselstaat Vanuatu gehörenden Insel Pentecôte findet jedes Jahr ab April nach der Regenzeit das Sprungfest Naghol statt, was so viel wie „Land tauchen" bedeutet. An einem mächtigen Baumstamm werden große Plattformen in unterschiedlichen Höhen angebracht. Jungen und junge Männer suchen sich kräftige Lianen aus, die sie an ihre Fußknöchel binden. So gesichert, springen sie aus bis zu 35 m Höhe von den Plattformen auf einen frisch aufgeschütteten Hügel.
Die Kunst, diesen Sprung zu überleben, besteht darin, eine Liane zu finden, die durch die Regenzeit die nötige Elastizität hat, den Sprung abzufedern. Außerdem muss die Liane die passende Länge für die Sprunghöhe haben.

In diesem Brauch hat das Bungeespringen seinen Ursprung. Für die Sicherheit des Springers ist das Gummiseil zuständig. Es hat heute als Überdehnschutz ein Kunststoffseil, parallel zum Gummiseil.

2 Lianenspringer von Pentecôte

Praktikum

😉 Hookesches Gesetz oder plastische Verformung?

1. Besorgt euch aus der Sporthalle Latexbänder unterschiedlicher Farbe. Bildet Gruppen und untersucht jeweils ein Latexband einer bestimmten Farbe.
a) Befestigt das Latexband sorgfältig an einem Ende. Markiert mit Kreppband die Stellen auf der Unterlage, an denen das Latexband
– die Ausgangslänge,
– das 1,25-fache der Ausgangslänge,
– das 1,5-fache der Ausgangslänge,
– das 1,75-fache der Ausgangslänge,
– das 2-fache der Ausgangslänge hat.
b) An dem losen Ende des Latexbandes wird ein Kraftmesser sorgfältig befestigt. Dehnt in einer Messreihe das Band auf die oben beschriebenen Längen. Beachtet, dass der Kraftmesser dabei nicht überdehnt wird.
c) Tragt die gemessenen Werte in eine Messtabelle ein und erstellt ein Kraft-Verlängerungs-Diagramm.

2. a) Vergleicht die Diagramme der verschiedenen Gruppen. Was stellt ihr fest?
b) Wie verhalten sich die Latexbänder nach der jeweils letzten Messung?
c) Beantwortet die Frage in der Überschrift.

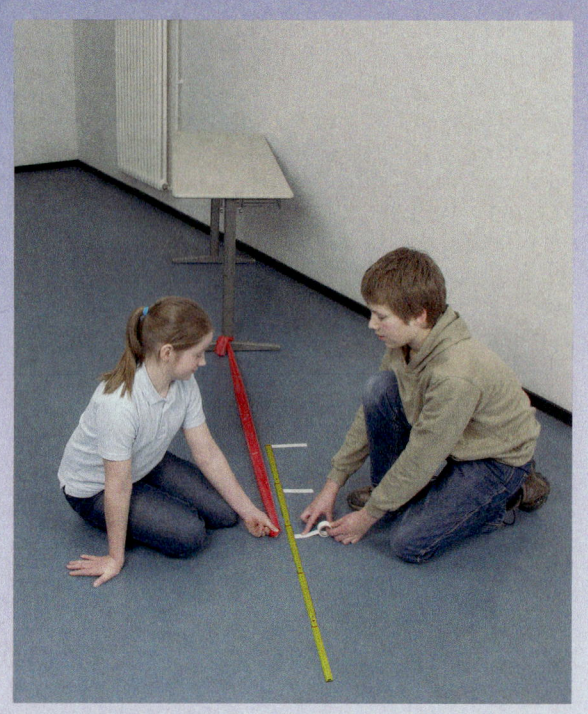

1 Latexbänder im Test

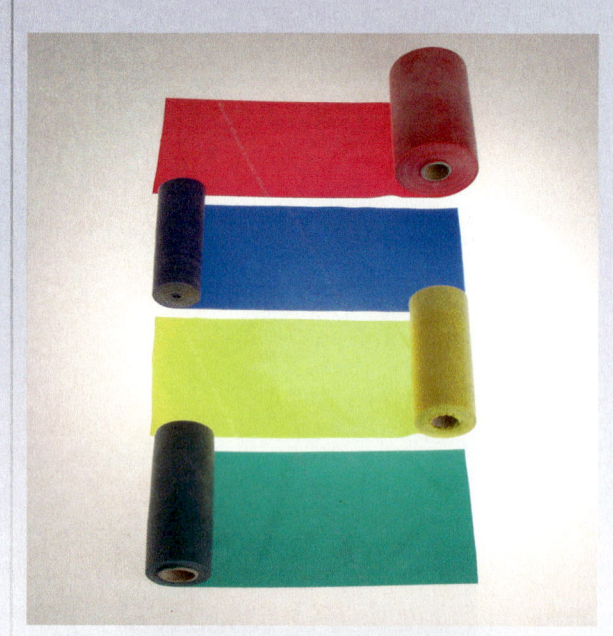

2 Latexbänder – die Farbe bestimmt die Zugkraft

Achtung! Um die Bänder vor Beschädigungen zu schützen, müssen scharfe Gegenstände wie Schmuck oder Fingernägel fern gehalten werden.

Latexbänder – Alternative zum Fitnessstudio
In den 50er Jahren des letzten Jahrhunderts kam der Physiotherapeut der deutschen Fußball-Nationalmannschaft ERICH DEUSER (1910–1993) zum ersten Mal auf die Idee, beim Krafttraining Fahrradschläuche zu benutzen.
Die Erfolge mit diesen einfachen Mitteln waren so überzeugend, dass er bis 1967 unterschiedliche Kautschukbänder entwickelte. Durch verschiedene Farben machte er die notwendigen Zugkräfte kenntlich, um bei den Bändern eine bestimmte Länge zu erreichen.

Heute werden die Bänder meistens aus Latex gefertigt. Dunkle Farben kennzeichnen hohe notwendige Zugkräfte, helle Farben niedrige Zugkräfte.

Es gibt sowohl ringförmige Bänder als auch einfache Bänder. Wenn die Bänder kürzer gegriffen oder doppelt genommen werden, verändert sich die aufzuwendende Kraft bei gleicher Verlängerung.

Umgang mit Wertetabellen und Grafen

Kräfte — Methode

Bei der Arbeit mit Kraftmessern hast du Messreihen durchgeführt. Dabei ist es fast unmöglich, alle Messergebnisse im Kopf zu behalten. Es ist also sinnvoll, die Versuchsergebnisse in geeigneter Form aufzuschreiben. Dafür gibt es verschiedene Möglichkeiten.

Die Wertetabelle
Um Zahlenwerte geordnet aufzuschreiben, bietet sich eine Wertetabelle an. Die Anzahl der Spalten entspricht der Anzahl der Größen, die im Versuch benötigt und ermittelt werden. Außerdem wird eine Spalte für die Nummerierung gebraucht. Die Anzahl der Zeilen entspricht der Anzahl der Versuche. Zusätzlich benötigst du eine Kopfzeile.

Beispiel 1:
Mehrere 100 g-Wägestücke (100 g ≙ 1 N) werden an eine geeignete Schraubenfeder gehängt. Die Verlängerung der Feder wird jeweils gemessen.

Versuch	Kraft F in N	Verlängerung ℓ in cm	$\frac{F}{\ell}$ in $\frac{N}{cm}$
1	1	1,5	
2	2	3,0	
3	3	4,5	
4	4	6,0	

Beispiel 2:
Mehrere 100 g-Wägestücke werden an ein Gummiband gehängt. Die Verlängerung des Gummibandes wird jeweils gemessen.

Versuch	Kraft F in N	Verlängerung ℓ in cm	$\frac{F}{\ell}$ in $\frac{N}{cm}$
1	1	2,0	
2	2	3,0	
3	3	4,2	
4	4	5,5	

📖 **1.** Zeichne die Grafen der Beispiele 1 und 2 in ein Koordinatensystem und vergleiche sie. Notiere deine Beobachtungen.

📖 **2.** Lies im Diagramm die zugehörigen Werte für 1,5 N und 4 cm ab.

🔍 **3.** Führe die Versuche aus Beispiel 1 und Beispiel 2 mit 50 g-Wägestücken durch. Lege passende Wertetabellen an und zeichne die Kraft-Verlängerungs-Diagramme.

Der Graf
Die grafische Darstellung ist eine Möglichkeit, die gemessenen Werte aus der Tabelle so zu veranschaulichen, dass du alle Wertepaare auf einen Blick erkennst. Dazu werden sie in ein Koordinatensystem eingetragen. Die Kraft F wird dabei auf der Rechtsachse, die Verlängerung ℓ wird auf der Hochachse aufgetragen. So entsteht ein Kraft-Verlängerungs-Diagramm. In dieser grafischen Darstellung kannst du auch Werte ablesen, die du nicht ermittelt hast.

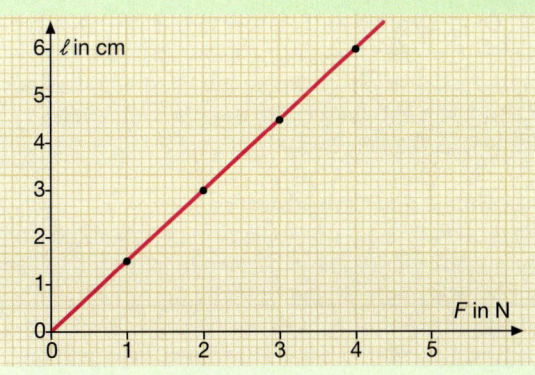

1 F-ℓ-Diagramm für Beispiel 1

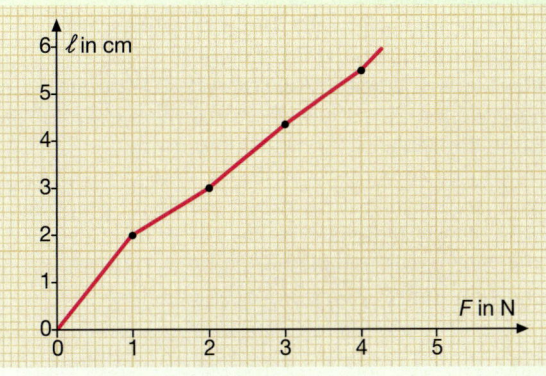

2 F-ℓ-Diagramm für Beispiel 2

Es ist zusätzlich möglich, die Grafen für zwei oder mehrere Versuche in ein einziges Koordinatensystem einzutragen und sie so zu vergleichen.

Methode

Diagramme mit dem Computer erstellen

Beim Arbeiten in Gruppen oder beim Lernen in Projekten müssen die Ergebnisse deiner Arbeitsgruppe auch für die anderen Gruppen aufbereitet werden. Zahlenwerte aus Messreihen solltest du klar und übersichtlich präsentieren – am besten in der Form eines Diagramms. Diagramme kannst du von Hand oder auch mit dem Computer erstellen. Textverarbeitungsprogramme helfen dir dabei.

Wahl des Diagrammtyps
Möchtest du ein **Diagramm erstellen,** gehst du mit der Maus auf **Einfügen** und dann auf **Grafik** und klickst anschließend auf **Diagramm.** Dann öffnet sich ein kleines Grafikprogramm und bietet gleich ein Beispiel für ein Diagramm an.
Nun musst du dich für einen bestimmten Diagrammtyp entscheiden. Unter **Diagramm** klickst du auf **Diagrammtyp** und findest so mehrere verschiedene Arten der Darstellung. Du wählst den Diagrammtyp, der die vorliegenden Werte am besten darstellen kann. Im rechten Beispiel wurde ein Säulendiagramm gewählt.

Ausfüllen des Datenblattes
Jetzt überschreibst du die Felder im **Datenblatt** des vorgegebenen Beispiels mit deinen aktuellen Zahlen. Die Werte werden dann optisch dargestellt.
Je nach Programm gibt es dann noch mehr Eingabemöglichkeiten, um das Diagramm deinen Wünschen anzupassen. Unter **Diagrammoptionen** lässt sich zum Beispiel ein **Titel** für das Diagramm eingeben, außerdem kannst du wählen, wo die **Legende** angezeigt wird. Unter **Datenbeschriftungen** lassen sich die Prozentwerte anzeigen. Meist kannst du nach Anklicken des Diagramms noch weitere Einstellungen vornehmen, etwa für die Farbe der Säulen oder des Hintergrundes.

Beachte: Du solltest die Arbeit mit dem Computer nicht überperfektionieren, das kostet nämlich viel Zeit. Wichtiger ist eine übersichtliche Darstellung und eine klare Auswertung der Ergebnisse.

📖 **1. a)** Erstelle mit den Zahlenwerten des Beispiels jeweils ein Kreisdiagramm, ein Balkendiagramm, ein Ringdiagramm, ein Outdoor-Balken-Diagramm und ein Kreisexplosionsdiagramm.
b) Vergleiche die Diagramme miteinander. Begründe, welcher Diagrammtyp hier am besten zur Darstellung geeignet ist.

Beispiel für ein Säulendiagramm
In einem Praktikum „Zugkraft – Verlängerung" hatte eine Gruppe die in Tabelle 2 dargestellten Werte gemessen. Anhand dieses Zahlenmaterials erstellte die Gruppe eine grafische Darstellung am Computer.

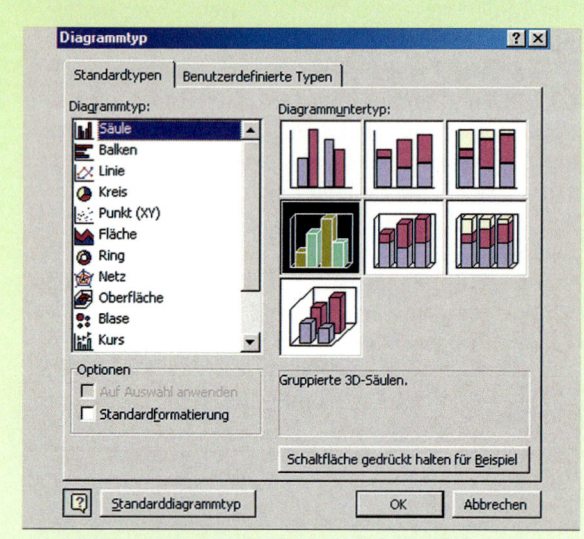

1 Unter Diagrammtyp findest du dieses Fenster.

	Auslenkung in cm	A	B	C	D
1	Spiralfeder	5	10	15	20
		3	6	9	12
2	Spannfeder	17,5	35	52,5	71
3	Fahrradschlauch (Ring)	20	40	63	85
4	Gummiband	8	16	24	34
5	Latexband (Ring)	15	30	45	62

2 Die Zahlenwerte trägst du in ein Datenblatt ein.

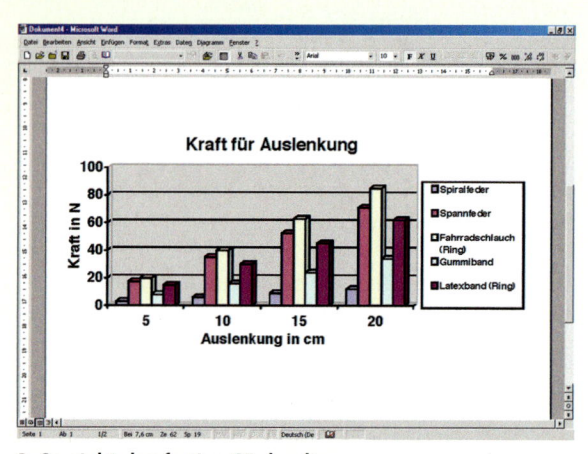

3 So sieht das fertige Säulendiagramm aus.

Kräfte

Materialprüfung

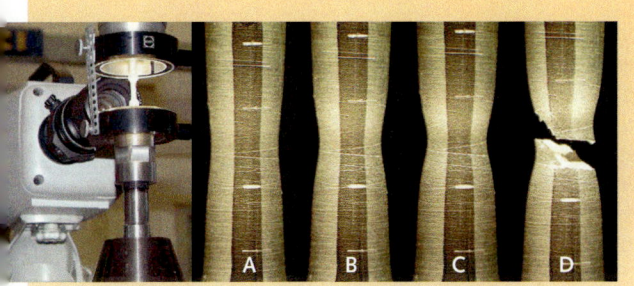

Streifzug

1 Zugfestigkeitsprüfung an einem Stahlbauteil

Prüfung auf Zugfestigkeit
Wirken Kräfte auf Gegenstände ein, können diese verformt oder zerstört werden. Doch ihre Belastbarkeit kann genau überprüft werden.

Gegenstände aus bestimmten Materialien werden untersucht, indem sie durch Kräfte gedehnt oder gestaucht werden, bis sie sich plastisch verformen und zerbrechen. Aus der Kraft, die das Material verformt hat, kann der Prüfer die höchstzulässige Belastung des Materials bestimmen. In Bild 1 wird ein Bauteil aus Stahl mithilfe einer Zugvorrichtung durch eine Kraft auseinandergezogen. Während in Bild 1A nur eine geringe Verformung in der Stabmitte zu erkennen ist, siehst du in den Bildern 1B und 1C, dass bei zunehmender Zugkraft eine deutliche Einschnürung in der Mitte des Stabes entsteht.

Die Zugkraft ist schließlich so groß, dass der Stab auseinandergerissen wird (Bild 1D). Reißt der Stab erst bei einer Zugkraft, die größer als die für den geplanten Einsatz vorgegebene Belastung ist, dann vergibt das Prüfinstitut ein Gütesiegel. Ein solches Bauteil darf dann verwendet werden. Bei Tests dieser Art wird auf **Zugfestigkeit** geprüft.

Prüfung auf Druckfestigkeit
Neben der Zugfestigkeit werden Gegenstände auch auf **Druckfestigkeit** geprüft. So wird beispielsweise getestet, bis zu welcher Druckkraft Beton standhält (Bild 2). Solche Tests sind unter anderem für die Standfestigkeit von Betonbauteilen, wie die bei Kernkraftwerken, erforderlich. Hält das Material einer vorgeschriebenen Kraft nicht stand, darf es nicht zum Bau des Kraftwerkes verwendet werden.

2 Druckfestigkeitsprüfung an Beton

Materialprüfungen
Auch viele Gegenstände aus dem Alltag werden strengen **Materialprüfungen** unterzogen. Sie dürfen nur von zugelassenen Prüfinstituten durchgeführt werden. So werden Fahrradhelme auf ihre Belastbarkeit bei Stoßkräften untersucht (Bild 3). Nur geprüfte Helme erhalten das Gütesiegel. Diese Belastungsgrenze wurde in Versuchen an Fahrradhelmen erforscht, indem geprüft wurde, ab welcher Krafteinwirkung der Helm zerbricht. Diese Belastung wird noch um einen Sicherheitsfaktor erhöht. Somit beschreibt die Belastungsgrenze die Kraft, der ein Helm standhalten muss, um mit Sicherheit nicht zu zerbrechen. Da die Materialien der Fahrradhelme aber altern und deren Belastungsfähigkeit dadurch nachlässt, musst du dir nach 3 bis 5 Jahren einen neuen Helm kaufen.

3 Materialprüfung bei einem Fahrradhelm

Kraft ist eine gerichtete Größe

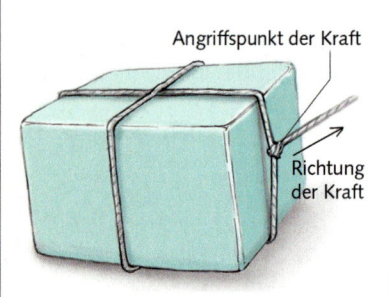

1 Auf den Klotz wirkt eine Kraft.

1. a) Umwickle einen Hartschaumklotz wie in Bild 1 mit Fäden. Befestige einen weiteren Faden jeweils an verschiedenen Stellen der Umwicklung und ziehe am anderen Fadenende.
b) Ziehe den Faden aus a) in verschiedene Richtungen, ohne den Angriffspunkt der Kraft zu verändern.
c) Ziehe mit jeweils unterschiedlicher Kraft am Faden, ohne dabei Richtung und Angriffspunkt der Kraft zu verändern. Vergleiche die Wirkungen, die dein Ziehen jeweils hat.
d) Erkläre deine Beobachtungen. Welche Größen blieben jeweils konstant, welche wurden verändert?

Der Angriffspunkt der Kraft
Eine kleine Motoryacht zieht das Tretboot von Pia und Ayse. Dabei wirkt eine Kraft von der Yacht auf das Boot. Der Angriffspunkt der Kraft liegt an der Yacht, er wird aber durch das Abschleppseil an den Bug des Tretbootes verlagert.
Die Lage des Angriffspunktes der Kraft ist für ihre Wirkung entscheidend. Läge der Angriffspunkt am Heck, so würde das Boot rückwärts fahren. Läge er in der Mitte des Bootes, so würde es sich querstellen.

2 Auf den Punkt gebracht!

Die Richtung der Kraft
Das Boot wird durch Muskelkraft bewegt. Mithilfe des Ruders können Pia und Ayse diese Kraft in unterschiedliche Richtungen wirken lassen, sodass sich das Boot in die gewählte Richtung bewegt. Für die Wirkung der Kraft ist also auch ihre Richtung entscheidend. Die Richtung der wirkenden Kraft wird durch einen Pfeil angezeigt. Sein Anfangspunkt ist der Angriffspunkt der Kraft, seine Spitze zeigt die Richtung der wirkenden Kraft an.

3 Die Richtung entscheidet!

Die Größe der Kraft
Tritt Pia kräftiger in die Pedalen, wird das Boot schneller. Bei geringerem Krafteinsatz ist das Boot langsamer. Die Größe ihrer eingesetzten Kraft ist unterschiedlich. Die unterschiedliche Größe der wirkenden Kraft hat unterschiedliche Wirkungen. In einer Grafik wird die Größe der Kraft nach festgelegtem Maßstab durch die Länge eines Pfeils wiedergegeben. So kann beispielsweise eine Kraft von 5 N durch einen 5 cm langen Pfeil dargestellt werden. Größen, die wie die Kraft durch Pfeile dargestellt werden können, heißen **Vektoren**.

4 Die Größe der Kraft bestimmt die Geschwindigkeit.

■ Kräfte haben drei Merkmale: den Angriffspunkt der Kraft, die Richtung der Kraft und die Größe der Kraft. Kräfte können grafisch als Pfeile dargestellt werden und sind Vektoren.

Kräfte

Addition und Subtraktion von Kräften

Pia trampelt, Ayse hat einen Wadenkrampf. Das Boot gleitet gemächlich durchs Wasser. Nun trampelt auch Ayse. Das Boot wird schneller.
Die Wirkung der Muskelkräfte F_P von Pia und F_A von Ayse addieren sich. Beide Kräfte können durch eine einzige Kraft ersetzt werden, da sie die gleiche Richtung und den gleichen Anfangspunkt haben. Diese Kraft heißt **Resultierende** F_R.
Zeichnerisch wird an die Spitze des Vektors F_P der Angriffspunkt von F_A gelegt. Diese beiden Vektoren können durch einen neuen Vektor F_R ersetzt werden. Er beginnt beim Anfangspunkt von Pias Vektor und endet bei der Pfeilspitze von Ayses Vektor. So wird die **Addition** von Kräften dargestellt.

Ayse trampelt. Ein kräftiger Gegenwind weht aus der Richtung, in die das Boot fahren soll. Hier wirken zwei Kräfte genau entgegengesetzt gerichtet: die Muskelkraft F_A von Ayse und die Kraft F_W des Windes. Dadurch wird die wirkende Kraft, die das Boot bewegt, kleiner.
Zur zeichnerischen Darstellung wird an die Spitze des Vektors F_A der Anfangspunkt des Vektors F_W gelegt. Da beide Kräfte genau entgegengerichtet sind, zeigt der Vektor F_W in die Richtung des Anfangspunktes von F_A. Der aus beiden Kräften resultierende Vektor F_R beginnt am Anfangspunkt F_A und reicht zur Pfeilspitze von F_W. So wird die **Subtraktion** von Kräften gezeichnet.

1. Auf einen Körper wirken die Kräfte $F_1 = 10$ N und $F_2 = 7$ N vom gleichen Angriffspunkt aus. Zeichne die Vektoren (1 N ≙ 1 cm) und ersetze sie durch einen Vektor für die resultierende Kraft, wenn
a) beide Kräfte in die gleiche Richtung wirken.
b) die Kraft F_2 entgegen der Kraft F_1 wirkt.

2. Vertausche die Werte von F_1 und F_2 aus Aufgabe 1 und wiederhole a) und b). Was stellst du fest?

3. Beim Tauziehen ziehen drei Schüler mit Kräften von 300 N, 350 N und 250 N in die eine Richtung. In die Gegenrichtung ziehen vier Schüler mit den Kräften von 400 N, 200 N, 150 N und 100 N.
a) Zeichne die Vektoren und bestimme die Resultierende für jede Richtung.
b) Bestimme aus den beiden einzelnen Resultierenden die Gesamtresultierende. Wer gewinnt?

Pinnwand

Kräfteparallelogramme

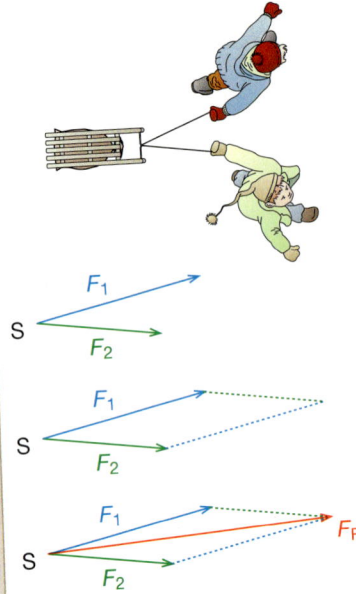

Zwei Kinder ziehen den Schlitten mit der Kraft $F_1 = 80$ N und $F_2 = 50$ N. Beide Kräfte greifen am Schlitten in einem Winkel von 30° zueinander an. F_1 und F_2 sollen durch die Kraft F_R ersetzt werden. Wie groß muss dann die auf den Schlitten wirkende Kraft F_R sein?

F_1 und F_2 werden durch entsprechende Kraftpfeile dargestellt, die am Schlitten S im Winkel von 30° ansetzen. Um die Kraft F_R zu ermitteln, die die beiden Kräfte F_1 und F_2 ersetzen kann, wird die Zeichnung zu einem Parallelogramm, dem **Kräfteparallelogramm** ergänzt.

Die Diagonale gibt dir Richtung und Größe der **resultierenden Kraft** F_R an, die die Kräfte F_1 und F_2 ersetzt.

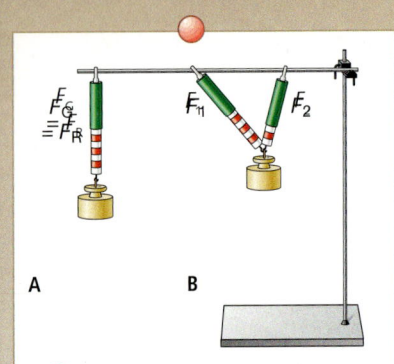

1. a) Hänge ein Wägestück von 100 g wie in Bild A an einen Kraftmesser und bestimme die Kraft F_R.
b) Ersetze die Kraft F_R wie in Bild B durch zwei Kräfte F_1 und F_2. Bestimme mit zwei Kraftmessern F_1 und F_2.
c) Verändere den Winkel zwischen F_1 und F_2. Miss jeweils F_1 und F_2.
d) Addiere jeweils F_1 und F_2 und vergleiche diesen Wert mit dem der Resultierenden F_R.

2. Zeichne das Kräfteparallelogramm zum Schlitten mit der Resultierenden in dein Heft (10 N ≙ 1 cm).

Zerlegung von Kräften

Anders als beim Ruderboot oder Tretboot brauchst du dich beim Segeln nicht anzustrengen. Die Windkraft ersetzt deine Muskelkraft zum Antrieb des Bootes. Doch der Wind weht nicht immer in die Richtung, in die du segeln möchtest. Du kannst aber mithilfe der Segelstellung auch Winde ausnutzen, die nicht in deine gewünschte Richtung wehen.

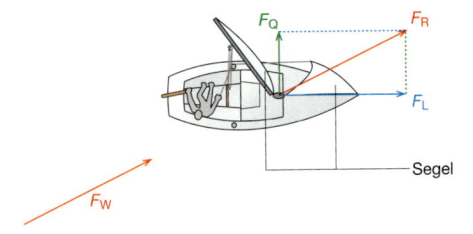

Die Kraft F_R ist so groß wie die Windkraft F_W und versucht das Boot in ihre Richtung zu bewegen. Da es aber mit Kiel oder Schwert in Längsrichtung ausgestattet ist, lässt es sich wegen des hohen Wasserwiderstandes kaum in Querrichtung bewegen. Die Kraft F_R wird zerlegt in einen Anteil F_Q, der quer zur Längsrichtung des Bootes wirkt, und in einen Anteil F_L, der in Längsrichtung des Bootes wirkt. Nur dieser Anteil treibt das Segelboot schließlich in Längsrichtung an. Dabei stehen F_Q und F_L immer senkrecht zueinander. F_R ist die Diagonale des zu zeichnenden Kräfteparallelogramms. Die Richtungen von F_L und F_Q sind durch die Position des Schiffes und die Stellung des Segels gegeben. Durch Parallelen zu F_L und F_Q durch die Spitze von F_R erhältst du das Kräfteparallelogramm und damit auch die Größen von F_L und F_Q.

3. Du fegst den Boden. Dabei übst du eine Kraft F_R in Richtung des Besenstiels auf den Besen aus. Der Besen wird senkrecht mit einer Kraft F_1 auf den Boden gedrückt. Gleichzeitig wird er mit einer Kraft F_2 nach vorne bewegt. Zeichne dazu das Kräfteparallelogramm.

Kräftezerlegung

Bauen nach Erfahrungen

Du kennst Tempel der Griechen oder Brücken und Aquädukte der Römer (Bild 1). Viele Bauwerke der damaligen Zeit sind verfallen, abgerissen oder durch Erdbeben zerstört worden. Einige Bauwerke sind jedoch erhalten geblieben. Daran lässt sich erkennen, dass die Baumeister damals aus ihren Erfahrungen heraus planten und bauten.

Stellte der Baumeister während der Bauphase fest, dass Säulen oder Decken zu schwach waren, konnte er die Pläne und die Bauausführung entsprechend ändern und so die nötige Stabilität erreichen.

Bauen nach Berechnungen

Erst die Erkenntnisse des Physikers Isaac Newton (1643–1727) machten es möglich, genaue Berechnungen zur Stabilität von Bauwerken durchzuführen. Er konnte erstmals die Kräfte berechnen, die auf die Bauteile wirkten. Diese Berechnungen, gepaart mit neuen Bautechniken und Baustoffen, ermöglichten Bauwerke wie lange Brücken ohne Bögen mit nur einer oder sogar ohne Unterstützung.

1 Römisches Aquädukt

2 Moderne Brücke

Brücke mit zwei Drahtseilen

Die Brücke in Bild 3 liegt an ihren Enden auf einem Uferfundament. Die starken Drahtseile, die von beiden Seiten des **Pylons** in der Mitte der Brücke ausgehen, tragen die Auflage, sodass sie insgesamt an vier Punkten unterstützt wird: an den beiden Ufern und an den beiden Ansatzstellen der Drahtseile links und rechts des Pylon. Die Kraft F_G, die sich aus dem Gewicht des Brückenabschnitts und seiner Belastung zusammensetzt, wird in zwei Teilkräfte F_1 und F_2 zerlegt. F_1 ist dabei die Zugkraft, die von der Brücke auf das Drahtseil in Richtung Pylonspitze wirkt. F_2 ist eine Kraft, die in Richtung Brückenauflage wirkt. Auf der rechten Seite des Pylons ist ein Seil im gleichen Abstand zwischen Pylonspitze und Brücke gespannt. Da von rechts eine gleich große Kraft wie F_1 auf den Pylon wirkt, bleibt der Pylon im Gleichgewicht.

Brücke mit sechs Drahtseilen

Werden auf einer Seite nun mehrere Seile gespannt, so wird F_G für den entsprechenden Abschnitt kleiner und damit auch F_1 und F_2 (Bild 4). Die Drahtseile brauchen nicht mehr die Stärke zu haben wie bei der Halterung mit nur je einem Seil. Jedem Seil auf der linken Seite muss aber ein Seil auf der rechten Seite entsprechen, damit der Pylon im Gleichgewicht bleibt.

Durch diese Bauweise werden große Flussbreiten ohne Beeinträchtigung der Schifffahrt überspannt.

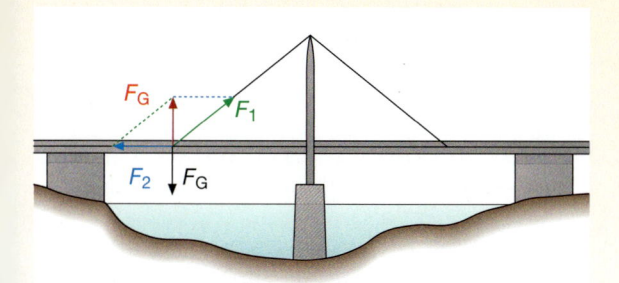

3 Brücke mit Pylon und zwei Drahtseilen

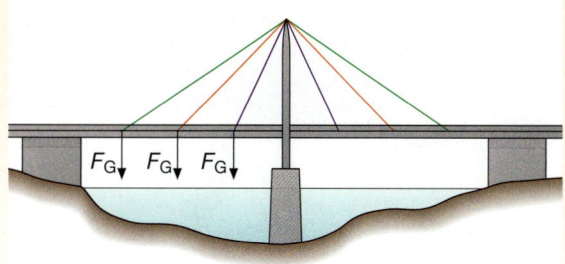

4 Brücke mit Pylon und sechs Drahtseilen

Die Erdanziehungskraft ist Ursache der Gewichtskraft

🔍 **1.** Schiebe einen kleinen unzerbrechlichen Gegenstand langsam über eine Tischkante. Beschreibe genau, wie er sich bewegt.

🔍 **2.** Wirf einen Ball senkrecht nach oben. Bitte eine Freundin oder einen Freund, den Flug des Balles genau zu beschreiben.

📝 **3. a)** Betrachte einen Globus. Beschreibe, in welche Richtung Gegenstände am Nordpol, am Südpol, in Afrika und auf anderen Kontinenten fallen.
b) Wer könnte behaupten, dass du an der Erde hängst?

📝 **4.** Die Bewohner Australiens werden bei uns manchmal als Antipoden bezeichnet. Finde heraus, was dieser Ausdruck bedeutet.

🔍 **5. a)** Forme aus Lehm oder Plastilin eine Kugel, so groß wie ein Tischtennisball. Stelle ein Wägestück von 1 kg darauf. Beschreibe, was mit der Kugel geschieht.
b) Erkläre deine Beobachtung.

🔍 **6.** Lege ein langes Holzlineal wie eine Brücke über zwei Klötze.
a) Drücke mit einer Hand auf die Mitte des Lineals.
b) Stelle auf die Mitte des Lineals eine volle Getränkedose.
c) Wie verändert sich das Lineal bei den Versuchen a) und b)? Erkläre jeweils deine Beobachtung.

1 Es hat geschneit!

2 Alle bleiben auf der Erde.

Was bewirkt die Gewichtskraft?

Schnee auf einem schrägen Hausdach kann abrutschen, er gerät dann in **Bewegung**. Äste biegen sich unter der Last des nassen Schnees, sie werden **verformt**.

Die Bewegung des Schnees und die Verformung der Äste werden durch die Erdanziehungskraft hervorgerufen. Der Schnee erfährt durch sie eine Gewichtskraft F_G.

In welche Richtung wirkt die Gewichtskraft?

Die Erde hat ungefähr die Form einer Kugel. Auf der Erdkugel liegt Australien etwa gegenüber von Europa. Aus der Sicht der Europäer scheinen die Menschen in Australien mit den Füßen an der Erde zu hängen. Da die Gewichtskraft F_G aber immer in Richtung Erdmittelpunkt wirkt, werden sie genauso wie die Europäer von der Erde festgehalten.

■ Alle Gegenstände werden durch ihre Gewichtskraft F_G in Richtung Erdmittelpunkt gezogen.

Kräfte

Gewichtskraft und Masse

🔍 **1. a)** Miss die Gewichtskraft F_G von Wägestücken aus einem Wägesatz wie in Bild 1.
b) Ermittle die Masse m und die Gewichtskraft F_G weiterer Gegenstände und trage diese Werte in die Tabelle ein.
c) Trage für jeden Gegenstand den Quotienten aus den Werten der 3. und 2. Spalte in die 4. Spalte ein und vergleiche die Werte.

✏️ **2. a)** Ermittle im Internet, wie schwer die Ausrüstung der ersten Mondfahrer war.
b) Überlege, warum sie nicht unter ihrer Last zusammenbrachen.

1	2	3	4
m		F_G	$\frac{F_G}{m}$
in g	in kg	in N	in $\frac{N}{kg}$
1000	1		

📖 **3.** Die Anziehungskraft der Erde ist 6-mal so groß wie die des Mondes. Welche Gewichtskraft F_G wirkt auf eine Masse von 1 kg auf dem Mond?

Ein anderer Ort – eine andere Gewichtskraft

Eine gewaltige Ausrüstung mussten die ersten Mondfahrer mit sich herumschleppen. Filmaufnahmen zeigen aber, dass sie auf dem Mond überhaupt keine Schwierigkeiten damit hatten. In den Schuhen lagen sogar Bleisohlen, damit die Astronauten beim Laufen nicht so hoch hüpften.

Die Gewichtskraft ist auf dem Mond offensichtlich geringer als auf der Erde. Die Größe der Gewichtskraft hängt also nicht allein vom Gegenstand ab, der angezogen wird. Sie hängt auch vom Himmelskörper ab, auf dem sich der Gegenstand befindet. Der Mond zieht alle Gegenstände mit nur $\frac{1}{6}$ der Kraft an, die die Erde auf sie ausübt.
Würde derselbe Gegenstand auf der Erde und auf dem Mond an einem Kraftmesser hängen, so würde der Kraftmesser auf dem Mond nur ein Sechstel der Gewichtskraft anzeigen, die er auf der Erde anzeigen würde.

1 Balkenwaage mit Wägesatz

Die Masse ist überall gleich

Legst du einen Gegenstand auf eine Schale einer Balkenwaage, so sinkt die Schale ab. Die Waage lässt sich wieder ins Gleichgewicht bringen, wenn du auf die andere Schale passende Wägestücke legst. Auf dem Mond sind dazu beim selben Gegenstand die gleichen Wägestücke erforderlich wie auf der Erde. Mit der Balkenwaage wird eine Eigenschaft eines Körpers gemessen, die auf der Erde und auf dem Mond gleich ist. Es ist die **Masse** des Körpers. Sie ist unabhängig von dem Ort, an dem sich der Körper befindet. Die Masse wird mit dem Formelzeichen m bezeichnet und in Kilogramm (kg) oder Gramm (g) angegeben.

Die Gewichtskraft ist abhängig vom Ort

Auf eine Masse von 100 g wird auf der Erde ungefähr eine Gewichtskraft von 1 N ausgeübt. Der Quotient aus Gewichtskraft und Masse ist an einem bestimmten Ort immer gleich und wird als **Ortsfaktor g** bezeichnet. Er beträgt für Mitteleuropa $g = 10\ \frac{N}{kg}$ (genau: 9,81 $\frac{N}{kg}$). Auf dem Mond gilt ungefähr $g = 1{,}67\ \frac{N}{kg}$.

■ Die Gewichtskraft F_G, die auf einen Gegenstand wirkt, ist auf Erde und Mond unterschiedlich groß. Die Masse m des Gegenstandes ist überall gleich. Der Ortsfaktor g gibt an, mit welcher Kraft die Masse 1 kg angezogen wird.

165

Die träge Masse

🔍 **1.** Schnipse je einen Tischtennisball und eine etwa gleich große Holzkugel mit dem Finger an. Beschreibe, was du fühlst.

🔍 **2.** Baue wie in Bild 1 eine Brücke aus Streichholzschachteln. Lass zuerst den Tischtennisball, anschließend die Holzkugel aus Versuch 1 mit gleicher Geschwindigkeit dagegen rollen. Beschreibe deine Beobachtung.

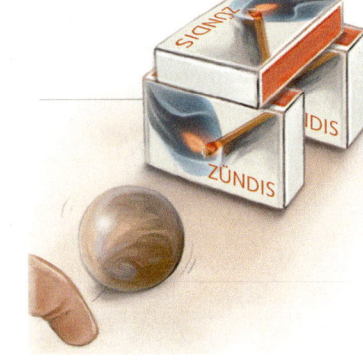

🔍 **3. a)** Bestimme die Masse der beiden Kugeln aus Versuch 1.
b) Vergleiche die Ergebnisse mit den Beobachtungen aus den Versuchen 1 und 2.
c) Beschreibe den Zusammenhang zwischen der Masse der Kugel und der Kraft, die die Kugeln ausüben.

1 Brücke in Gefahr

📝 **4.** Wie kannst du bei einem Paar gleich aussehender Kugeln feststellen, welche Kugel aus Holz und welche aus Blei ist? Beschreibe zwei Möglichkeiten.

📝 **5.** Wird ein Auto abgeschleppt, so darf der Fahrer im vorderen Fahrzeug nur sehr langsam anfahren. Gib den Grund an.

📝 **6.** Nenne zwei Eigenschaften der Masse.

📝 **7.** Warum werden Fahrgäste in der Straßenbahn nach vorn gerissen, wenn die Bahn heftig bremst?

📝 **8.** Warum können Sicherheitsgurte im Auto schwere Verletzungen vermeiden helfen?

Die Kraft des Fußballes
Einem kräftig geschossenen Fußball kann keine gewöhnliche Fensterscheibe standhalten, sie zerspringt. Liegt der Fußball aber ruhig auf einer Glasscheibe in den Auslagen des Sportgeschäftes, so passiert nichts. Die Gewichtskraft des Fußballes kann also nicht die Ursache der Zerstörung sein.

Ursache ist das Tempo
Die Fensterscheibe zerbricht, weil sie den Ball nicht auf der Stelle bremsen kann und weil sie vom Ball auch nicht so schnell fort geschoben werden kann. Auch wenn die Scheibe nicht fest mit dem Rahmen verbunden wäre, würde sie zerbrechen.

Die Eigenschaft einer Masse, sich einer plötzlichen der Änderung der Bewegung zu widersetzen, heißt **Trägheit**. Ball und Scheibe sind träge.

Die Trägheit bewirkt eine Kraft
Ein Medizinball mit derselben Geschwindigkeit wie ein Fußball könnte größeren Schaden anrichten. Es ist aber auch weit mehr Kraft erforderlich, um ihn auf diese Geschwindigkeit zu bringen. Weil die Masse des Medizinballs größer ist, ist zu einer Änderung der Bewegung mehr Kraft erforderlich als beim Fußball. Die Trägheit hängt also von der Größe der Masse ab. Sie ist aber unabhängig vom Ort, an dem sich der Körper befindet. Auch auf dem Mond würde ein kräftig geschossener Fußball eine Fensterscheibe zerstören.

■ Alle Körper sind träge. Um sie in Bewegung zu versetzen oder abzubremsen, ist eine Kraft erforderlich. Die Trägheit eines Körpers ist abhängig von seiner Masse, aber unabhängig davon, wo er sich befindet.

Kräfte

Rückhaltesysteme

Fahrgastzelle
Bei einem Aufprall auf ein Hindernis wird ein Auto schlagartig gebremst. Die gewaltigen Kräfte, die dabei auftreten, müssen von den Fahrzeuginsassen ferngehalten werden. Die **Fahrgastzelle** wird deshalb möglichst stabil gebaut.

Sicherheitsgurt
Selbst wenn die Fahrgastzelle unbeschädigt bleibt, werden die Passagiere beim Aufprall mit gefährlich hoher Geschwindigkeit nach vorn geschleudert. Rückhaltesysteme verhindern, dass sie gegen Lenkrad und Armaturenbrett prallen können.

In Crashtests lässt sich beobachten, wie ein Dummy bei einem Aufprall vom **Sicherheitsgurt** aufgefangen wird. Der Gurt dehnt sich gerade so weit, dass Körper und Knie nicht auf das Lenkrad oder das Armaturenbrett aufprallen. Der gedehnte Gurt zieht sich nicht wieder zusammen. Für Menschen wäre es nämlich gefährlich, wenn sie vom Gurt gegen Sitz und Kopfstütze zurückgeschleudert würden.

Da sich Sicherheitsgurte nach einer Belastung nicht wieder auf ihre ursprüngliche Länge zusammenziehen, müssen sie nach jedem noch so kleinen Aufprall ausgewechselt werden. Gedehnte Sicherheitsgurte würden sich bei einem erneuten Unfall nicht noch einmal dehnen. Die Fahrzeuginsassen würden sehr heftig gebremst und könnten so durch die Gurte verletzt werden.

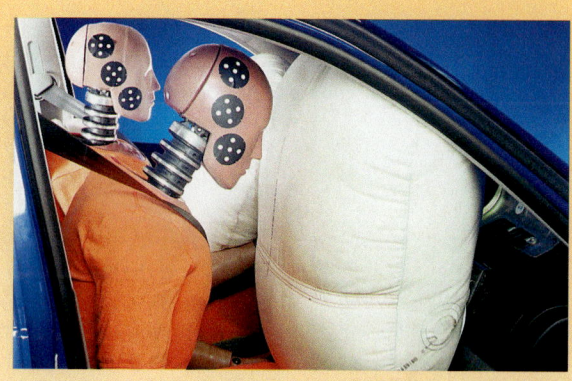

1 Dummies mit Sicherheitsgurt und Airbag

Airbag
Crashtests zeigen auch, dass der Kopf des Dummies durch Sicherheitsgurte nur unzureichend geschützt wird. Mit **Airbags** lässt sich die Verletzungsgefahr noch weiter vermindern. Ein Airbag ist ein Kissen, das bei einem Aufprall blitzschnell aufgeblasen wird. Schon während des Aufpralls fällt der Airbag aber wieder in sich zusammen. Denn der Aufprall auf einen straff aufgeblasenen Airbag könnte Verletzungen hervorrufen.
Inzwischen werden Autos auch mit Seitenairbags ausgerüstet. Die Fahrzeuginsassen werden so auch bei einem seitlichen Aufprall geschützt. Viele Autofahrer glauben, dass ein Airbag sie ausreichend vor Verletzungen schützt und legen deshalb keine Sicherheitsgurte mehr an. Bild 1 zeigt, dass der Airbag zwar den Kopf, nicht aber Brustkorb und Beine schützt.

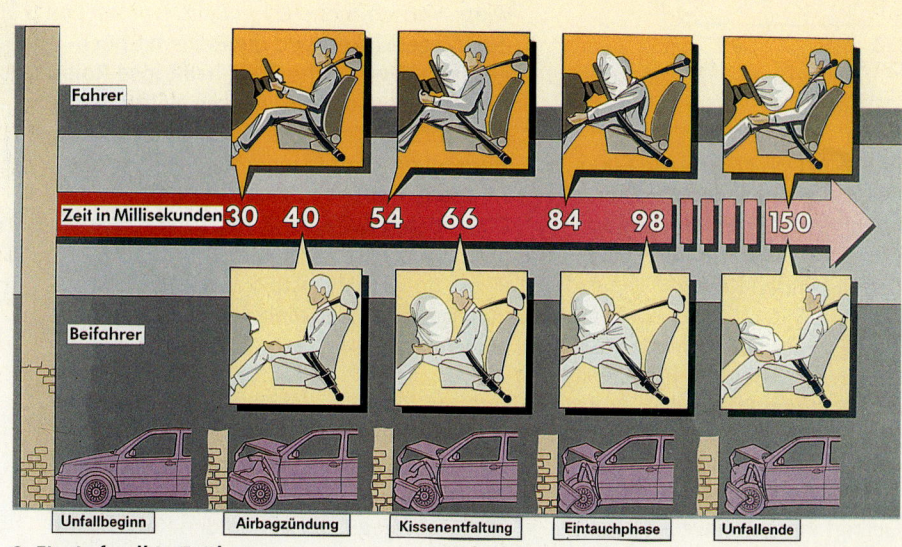

1. Welchen Schutz bietet der Sicherheitsgurt, welchen der Airbag?

2. Beschreibe, wie der Unfall verläuft, der in Bild 2 nachgestellt ist.

2 Ein Aufprall in Zeitlupe

Zeit in Millisekunden: 30 | 40 | 54 | 66 | 84 | 98 | 150

Fahrer / Beifahrer

Unfallbeginn | Airbagzündung | Kissenentfaltung | Eintauchphase | Unfallende

Feste und lose Rollen

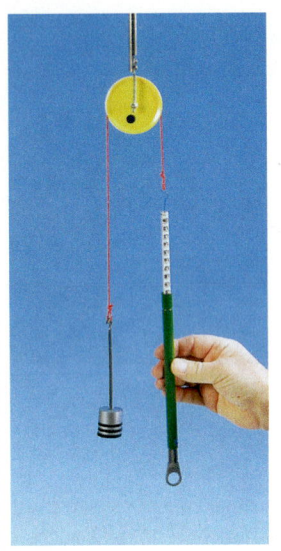

🔍 **1. a)** Miss die Kraft, die du zum senkrechten Anheben eines 200 g-Wägestückes und zum Anheben mit der Rolle (Bild 1) einsetzen musst.
b) Vergleiche jeweils die Richtungen der in Versuch a) eingesetzten Kräfte. Was stellst du fest?
c) Welche Funktion hat hier die feste Rolle?

🔍 **2. a)** Wähle die Wägestücke so, dass ihre Masse und die Masse der Rolle zusammen 200 g ergeben. Miss wie in den Bildern 2 und 3 jeweils die zum Anheben der Wägestücke und Rolle aufzuwendende Kraft und vergleiche. Was stellst du fest?
b) Welche Aufgabe hat in Bild 3 die feste Rolle?

🔍 **3.** Miss wie in den Bildern 1 bis 3 jeweils die Kraft F, die du zum Heben des Wägestückes um 30 cm einsetzen musst. Miss auch die Länge des Seiles, das du ziehen musst. Das ist der Weg s, entlang dessen die Kraft wirkt.

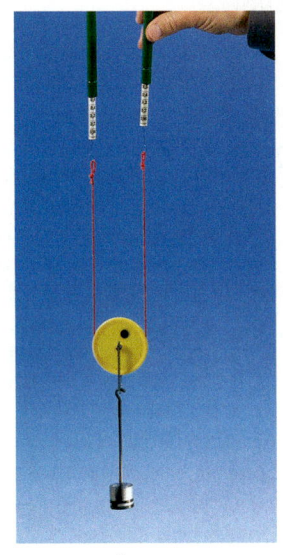

1 Feste Rolle

2 Lose Rolle

📖 **4. a)** Übertrage die Tabelle ins Heft und fülle sie mit den Werten aus Versuch 3 aus. Berechne den Wert in Spalte 4.
b) Vergleiche jeweils die Werte in den Spalten 2 und 4. Was stellst du fest?

1	2	3	4
	F in N	s in m	$F \cdot s$ in Nm
A			
B			
C			

📖 **5.** Eine Masse von 600 g wird über eine lose Rolle 3 m angehoben. Berechne die aufzuwendende Kraft und den Weg der wirkenden Kraft.

📖 **6.** Ein gut trainierter Gewichtheber wiegt 65 kg. Er will eine Last von 80 kg
- senkrecht 4 m hochziehen.
- über eine feste Rolle 4 m heben.
- über eine lose Rolle 4 m heben.

Gelingt ihm das jeweils? Begründe deine Antwort.

Feste Rollen

Zum Heben eines 100 g-Wägestückes musst du eine Kraft von 1 N einsetzen. Eine gleich große Kraft musst du einsetzen, wenn du das Wägestück wie in Bild 1 über eine Rolle hochziehst, die dabei ihre Position nicht ändert. Eine solche Rolle heißt **feste Rolle**.
Du brauchst bei dieser Rolle ebenso viel Kraft wie beim senkrechten Heben. Die Rolle ändert aber die Richtung der wirkenden Kraft. Deshalb wird die feste Rolle auch Umlenkrolle genannt.
Um eine Masse um 20 cm zu heben, musst du 20 cm Seil einholen.

Lose Rolle

Die Wägestücke und die Rolle in Bild 2 wiegen zusammen 100 g. Beim Hochziehen des Wägestückes wird die Rolle mit hochgezogen. Eine solche Rolle heißt **lose Rolle**. Jetzt brauchst du aber nur die Hälfte der eingesetzten Kraft. Die Rolle wandelt die eingesetzte Kraft in eine doppelt so große wirkende Kraft um. Sie ist ein **Kraftwandler**. Die andere Hälfte der Gewichtskraft wirkt über das zweite Seilstück auf das Stativ. Hebst du das Wägestück um 20 cm, musst du jetzt 40 cm Seil einholen. Der Weg der wirkenden Kraft ist jetzt doppelt so lang.

■ Feste Rollen ändern die Kraftrichtung. Bei losen Rollen wird Kraft gespart, der Weg der wirkenden Kraft wird aber länger. Das Produkt aus der eingesetzten Kraft F und dem Weg s der wirkenden Kraft bleibt gleich.

3 Feste und lose Rolle

Kräfte

Der Flaschenzug

📖 **1.** Welche Rollen der Flaschenzüge in den Bildern 1 A bis C sind feste und welche lose Rollen?

🔍 **2. a)** Baue die Flaschenzüge wie in den Bildern 1A bis C auf. Wägestück und lose Rollen sollen zusammen eine Masse von 300 g haben.
b) Miss jeweils die Kraft, die du zum Hochziehen des Wägestückes einsetzen musst.
c) Miss jeweils die Länge des eingeholten Seiles, wenn das Wägestück um 30 cm gehoben wird.
d) Bilde jeweils das Produkt aus der eingesetzten Kraft F und der Länge s des eingeholten Seiles. Was stellst du fest?

🔍 **3. a)** Baue einen Flaschenzug aus drei losen und drei festen Rollen auf. Wägestück und lose Rollen sollen zusammen 300 g wiegen. Wiederhole Versuch 2.
b) Wie viele Seilstücke werden verkürzt, wenn das Wägestück gehoben wird? Wovon hängt ihre Anzahl ab?

📖 **4.** Formuliere mithilfe der Versuchsergebnisse aus den Versuchen 2 und 3 eine Gesetzmäßigkeit.

📖 **5.** Warum ist ein Flaschenzug mit 20 losen Rollen nicht sinnvoll?

✏️ **6.** Recherchiere weitere Beispiele für den Einsatz von Flaschenzügen.

1 Flaschenzug.
A *versetzt angebrachte Rollen;*
B *übereinanderliegende Rollen;*
C *nebeneinanderliegende Rollen*

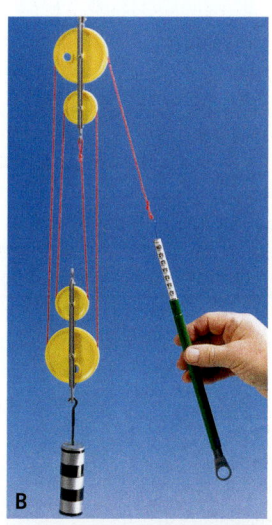

2 Kleiner Flaschenzug

Aufbau des Flaschenzuges
Ein **Flaschenzug** besteht aus einer Kombination fester und loser Rollen gleicher Anzahl. Der zu hebende Gegenstand hängt an den losen Rollen. Die Bilder 1A bis C zeigen mehrere mögliche Anordnungen der Rollen.

Verkürzung der Seilstücke
Das Wägestück wird durch eine Kraft hochgezogen, die am Ende des Seils wirkt. Soll es um 20 cm gehoben werden, müssen die vier Tragseile, an denen das Wägestück hängt, jeweils um 20 cm kürzer werden. Dazu musst du 80 cm Seil einholen.

Kraftersparnis
Du brauchst jetzt aber nur ein Viertel der Kraft aufzuwenden, die du beim senkrechten Hochheben einsetzen müsstest. Das Produkt aus der Kraft F und dem Weg s der wirkenden Kraft ist in allen Fällen gleich groß.

■ Durch den Flaschenzug kannst du beim Heben Kraft sparen. Das Produkt aus der Kraft F und dem Weg s der wirkenden Kraft ist so groß wie beim Heben über feste und lose Rollen.

3 Großer Flaschenzug

Kräfte und Maschinen → S. 192/193

Der zweiseitige Hebel

2. a) Hänge wie in Bild 2 an eine Stelle des linken Hebelarmes ein Wägestück. Miss an verschiedenen Stellen des rechten Hebelarms jeweils die Kraft, die für das Gleichgewicht aufgewendet werden muss. Übertrage die Tabelle in dein Heft und notiere die Werte für die Spalten A bis D.
b) Verändere die Position des Wägestückes, nimm auch unterschiedlich große Wägestücke. Verfahre dann wie bei Versuch a).
c) Berechne die Werte in den Spalten E und F und vergleiche sie. Formuliere eine Gesetzmäßigkeit.

1 Können Anna und Jörg ins Gleichgewicht kommen?

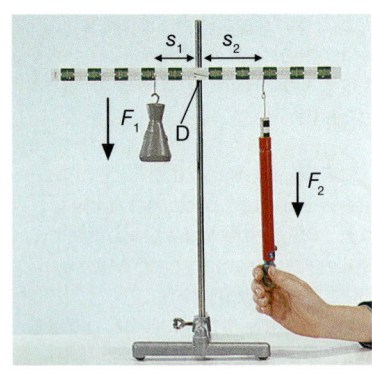

2 Messungen am zweiseitigen Hebel

1. Wie kann Anna trotz ihrer geringeren Gewichtskraft mit Jörg im Gleichgewicht sitzen?

3. Zeichne eine Schere und eine Zange in dein Heft. Trage die Hebelarme in verschiedenen Farben ein.

A	B	C	D	E	F
F_1	s_1	F_2	s_2	$F_1 \cdot s_1$	$F_2 \cdot s_2$
in N	in m	in N	in m	in Nm	in Nm

Hebel und Hebelarme

Anna und Jörg wollen die Wippe ins **Gleichgewicht** bringen. Anna ist jedoch leichter als Jörg. Wenn Anna aber den richtigen Sitzplatz auf ihrer Seite wählt, dann kommt die Wippe ins Gleichgewicht (Bild 1). Die Wippe ist ein **Hebel.** Dieser Hebel hat zwei Arme, auf denen jeweils Anna und Jörg sitzen. Die **Hebelarme** drehen sich um den **Drehpunkt D.** Ihre Länge reicht vom Drehpunkt bis zu den Stellen, an denen Anna und Jörg jeweils ihre Gewichtskraft einsetzen. Diese Art von Hebel wird **zweiseitiger Hebel** genannt.
Das Zusammenwirken der Länge des Hebelarms s_1, auf dem Anna sitzt, und ihrer Gewichtskraft F_1 bewirkt das Gleichgewicht zu Jörgs kürzerem Hebelarm s_2 und seiner größeren Gewichtskraft F_2. Dabei wirken F_1 und F_2 immer in Richtung Erdmittelpunkt.

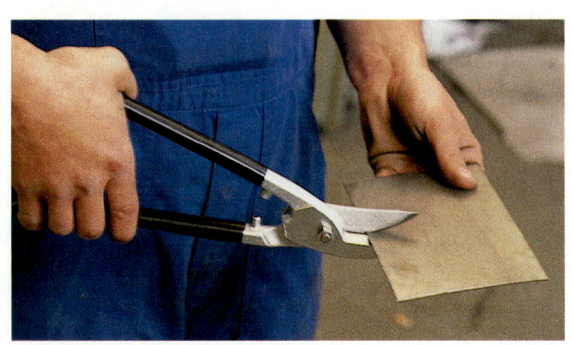

Drehmoment und Hebelgesetz

Das Produkt aus der wirkenden Kraft F und der Hebellänge s heißt **Drehmoment M.** Seine Einheit ist Nm (Newtonmeter). Die Kraft muss senkrecht auf den Hebelarm wirken ($F \perp s$).
Wenn das Drehmoment M_1 auf Annas Seite so groß ist wie das Drehmoment M_2 auf Jörgs Seite, dann ist der Hebel im Gleichgewicht. Dieser Zusammenhang wird als **Hebelgesetz** bezeichnet.

$$M_1 = M_2$$
$$F_1 \cdot s_1 = F_2 \cdot s_2 \quad (F \perp s)$$

Aus dem Hebelgesetz folgt, dass du bei doppelt so langem Hebelarm nur noch die halbe Kraft einzusetzen brauchst, um ein gleich großes Drehmoment zu erhalten. Der Hebel ist wie die lose Rolle ein Kraftwandler.

■ Das Drehmoment ist das Produkt aus dem Betrag der Kraft und der Länge des Hebelarms. Bei Gleichgewicht am zweiseitigen Hebel sind die Drehmomente auf beiden Seiten gleich groß.

3 Hier findest du zwei Hebel.

Kräfte und Maschinen → S. 192/193

Kräfte

Der einseitige Hebel

📖 **1.** Vergleiche den einseitigen Hebel aus Bild 1 mit dem zweiseitigen Hebel. Nenne Gemeinsamkeiten und Unterschiede.

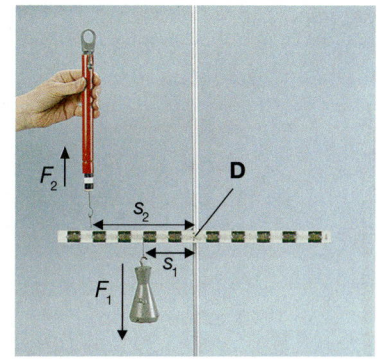

🔍 **2. a)** Hänge wie in Bild 1 an eine Stelle des Hebelarms ein Wägestück. Bringe den Hebel ins Gleichgewicht und miss die dazu notwendige Kraft. Versetze den Kraftmesser und bestimme erneut die zum Gleichgewicht notwendige Kraft. Übertrage die Tabelle in dein Heft und notiere die Werte für die Spalten A bis D.

1 Einseitiger Hebel

A	B	C	D	E	F
F_1 in N	s_1 in m	F_2 in N	s_2 in m	$F_1 \cdot s_1$ in Nm	$F_2 \cdot s_2$ in Nm

b) Verändere erst die Position des Wägestückes, nimm dann verschieden große Wägestücke. Verfahre weiter wie bei a).
c) Berechne die Werte in den Spalten E und F und vergleiche sie.
d) Formuliere die Gesetzmäßigkeit. Vergleiche diese mit der Gesetzmäßigkeit für den zweiseitigen Hebel.

📖 **3.** Gib bei den Bildern 3 bis 5 jeweils die Hebelarten an. Erkläre und beschreibe die Hebelarme anhand der Bilder.

Hebelarme auf der selben Seite
Bild 1 zeigt einen Hebel, bei dem sich beide Hebelarme auf derselben Seite des Drehpunktes D befinden. Das ist ein **einseitiger Hebel.**
Ein Hebelarm reicht vom Drehpunkt bis zum Angriffspunkt der Kraft des Wägestückes, der zweite Arm vom Drehpunkt bis zum Angriffspunkt des Kraftmessers.

Gleichgewicht am einseitigen Hebel
Der Hebel ist im Gleichgewicht, wenn beide Drehmomente gleich groß sind. Eine Kraft wirkt beim einseitigen Hebel der anderen Kraft entgegen.
Auch die Schubkarre in Bild 2 ist ein einseitiger Hebel. Hebst du die Karre weiter hinten an, hast du einen längeren Hebelarm und brauchst weniger Kraft, als wenn du sie weiter vorne anhebst.

■ Beim einseitigen Hebel sind bei Gleichgewicht die beiden Drehmomente gleich groß.

3 Der Durst wird ausgehebelt. 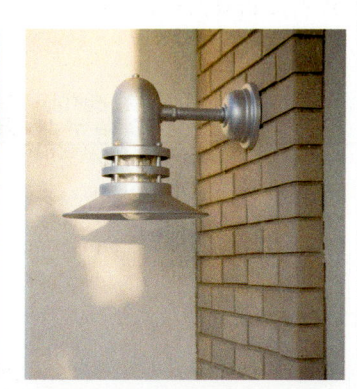   **4 Gut beleuchtet!**

2 Einseitiger Hebel an der Schubkarre    **5 Zwei- oder einseitig, das ist hier die Frage!**

Ein Informationsplakat entsteht

Plakate begegnen uns ständig. Mit großen auffallenden Bildern werben sie für Produkte, Firmen, Vereine, Parteien oder für Veranstaltungen. In Arztpraxen oder Behörden findest du auch Plakate, die zu einem bestimmten Thema informieren. Alle Plakate haben Eines gemeinsam: Sie sind auffällig, damit der Betrachter schnell erkennt, worum es geht.

Beachte beim Erstellen eines Informationsplakates folgende wichtige Regeln:
- Sammle zuerst Informationen zu deinem Thema und suche geeignete Bilder.
- Fertige eine Skizze an, die zeigt, wie das Plakat aussehen soll.
- Ordne die Inhalte, die du zeigen möchtest, nach Wichtigkeit. Beachte, der Platz ist begrenzt.
- Klebe die einzelnen Teile erst auf, wenn du dir über ihren Platz ganz sicher bist.
- Achte auf die richtige Schreibweise, vor allem bei Fachbegriffen.

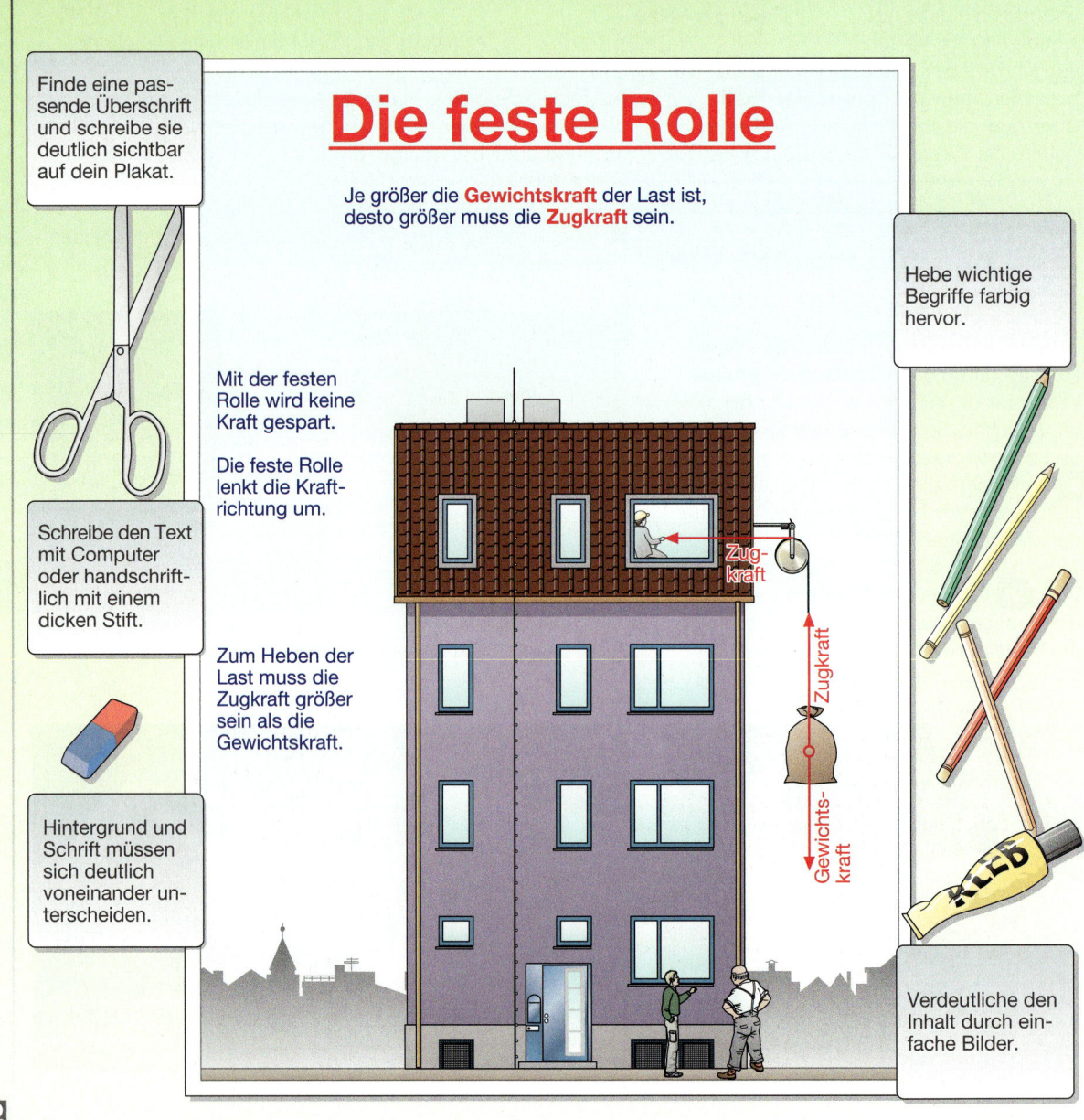

Finde eine passende Überschrift und schreibe sie deutlich sichtbar auf dein Plakat.

Schreibe den Text mit Computer oder handschriftlich mit einem dicken Stift.

Hintergrund und Schrift müssen sich deutlich voneinander unterscheiden.

Die feste Rolle

Je größer die **Gewichtskraft** der Last ist, desto größer muss die **Zugkraft** sein.

Mit der festen Rolle wird keine Kraft gespart.

Die feste Rolle lenkt die Kraftrichtung um.

Zum Heben der Last muss die Zugkraft größer sein als die Gewichtskraft.

Zugkraft
Gewichtskraft

Hebe wichtige Begriffe farbig hervor.

Verdeutliche den Inhalt durch einfache Bilder.

Kräfte

Eine Folie handschriftlich erstellen

Methode

Wenn du das Ergebnis deiner Arbeit im Unterricht vorstellen willst, kann eine Folie dabei eine große Hilfe sein. Beim Erstellen der Folie musst du auf einige Dinge achten. Fertige zunächst einen Entwurf in Originalgröße an.

Gestaltung

Schreibe die Überschrift groß und unterstreiche sie.

Gliedere den Inhalt sinnvoll.

Wähle die Schriftgröße so, dass jeder den Text gut lesen kann.

Achte besonders auf die richtige Schreibweise von Fachbegriffen.

DER FLASCHENZUG

Beim Flaschenzug werden die Eigenschaften von festen und losen Rollen kombiniert.

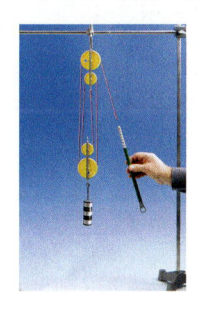

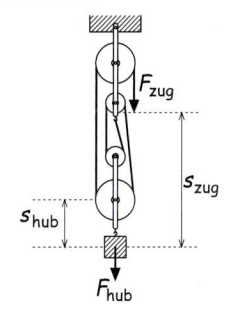

Die Gewichtskraft der zu hebenden Last verteilt sich auf die Anzahl der Seilstücke. Im Bild sind vier tragende Seilstücke. Die Zugkraft beträgt ein Viertel der Gewichtskraft. Dementsprechend ist der Zugweg viermal so lang wie der Hubweg.

Es gilt: $F_{zug} = \frac{1}{4} F_{hub}$ und $s_{zug} = 4 \cdot s_{hub}$

Anwendungen:

- Auto- und Eisenbahndrehkräne
- Bedienen von Großsegeln bei Segelschiffen
- Spannen von Fahrdrähten für elektrische Bahnen

Übersichtlichkeit

Veranschauliche den Text durch Zeichnungen. Aufwändige Bilder kannst du auf die Folie kopieren.

Schreibe nicht zu viel Text.

Verwende verschiedene Farben, um Wichtiges hervorzuheben.

Vortrag mithilfe einer Folie

– Halte Blickkontakt zu deinen Zuhörern.
– Gib deinen Zuhörern Zeit, den Text zu lesen und die Zeichnungen zu betrachten.
– Erläutere die Zeichnungen und den Text. Achte darauf, dass du nicht nur vorliest. Benutze zum Zeigen auf der Folie einen Stift.

Tipp

Bastele dir aus Pappe einen Rahmen für die Folie. Lege zuerst den Rahmen und dann die Folie auf den Overhead-Projektor. Durch den Rahmen wird der Rand abgedunkelt und deine Folie ist besser zu lesen.

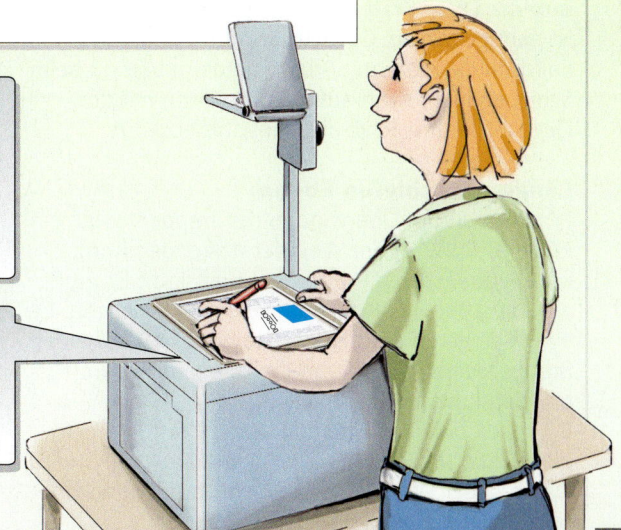

Die schiefe Ebene

1. Was würdest du in Bild 2 ändern, um die Schubkarre samt Inhalt mit weniger Kraft schieben zu können?

2. a) Befestige einen Versuchswagen mit einem etwa 20 cm langen Gummiband an einem Brett und setze den Wagen darauf. Stelle das Brett schräg. Verändere die Steigung des Brettes. Wie verändert sich das Gummiband? Was schließt du daraus?
b) Welche Kraft wirkt an dem Gummiband?
c) Nenne Kraft und Gegenkraft.

3. a) Miss die Gewichtskraft F_G des Versuchswagens aus Versuch 2.
b) Befestige den Kraftmesser am oberen Ende des Brettes. Bestimme die Kraft F_H, mit der der Wagen nach unten gezogen wird (Bild 1). Vergleiche F_H mit F_G.

4. a) Ziehe den Wagen aus Versuch 3 die schiefe Ebene hinauf. Miss die zum Ziehen notwendige Kraft F_Z. Übertrage die Tabelle ins Heft und notiere die gemessenen Werte.

F_Z in N		
Steigungswinkel α		
F_H in N		

b) Befestige zwei weitere unterschiedlich lange Bretter in jeweils gleicher Höhe. Wie verändert sich dabei der Steigungswinkel α der schiefen Ebene?
c) Wiederhole Versuch a), miss F_H und α. Was stellst du fest?
d) Zeichne zu zwei Messungen Kraft und Gegenkraft.

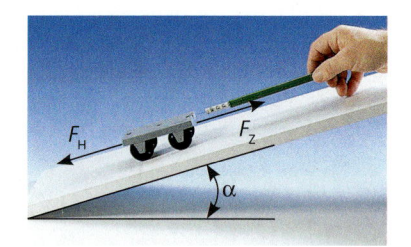

5. Wiederhole Versuch 4. Verändere die Masse des Wagens mithilfe von Wägestücken.

6. a) Von welchen Größen hängt die zum Hochziehen des Wagens notwendige Kraft ab?
b) Von welchen Größen hängt die Kraft ab, die den Wagen die Ebene hinunter treibt? Formuliere die Gesetzmäßigkeit.

7. Wie wirken sich bei unterschiedlichen schiefen Ebenen mit gleicher Höhe die Steigungswinkel
a) auf die Länge der schiefen Ebene,
b) auf die Kraft F_H aus?

8. Wie bewegt sich ein Körper, wenn die Hangabtriebskraft größer ist als die Schubkraft? Nenne Beispiele dazu.

1 Messungen an der schiefen Ebene

Die Hangabtriebskraft
Schiebst du die Karre wie in Bild 2 über das Brett, so musst du mehr Kraft einsetzen als beim waagerechten Schieben. Es tritt nämlich eine zusätzliche Gegenkraft auf, die das Zurückrollen der Karre bewirkt. Diese Kraft heißt **Hangabtriebskraft F_H**. Sie ist geringer als die Gewichtskraft F_G.
Füllst du die Karre mit Pflanzenerde, musst du beim Schieben mehr Kraft aufwenden. Denn mit der Gewichtskraft wächst die Hangabtriebskraft.

■ Beim Schieben eines Körpers über eine schiefe Ebene muss die Hangabtriebskraft F_H überwunden werden. Sie hängt von der Gewichtskraft F_G des Körpers und dem Steigungswinkel α der Ebene ab.

Länge der schiefen Ebene
Nimmst du zum Überwinden der Treppenstufen ein kürzeres Brett, ist der Weg der wirkenden Kraft kürzer, aber steiler. Die Hangabtriebskraft ist groß, also musst du viel Kraft zum Schieben einsetzen. Bei einem längeren Brett ist der **Steigungswinkel** α des Brettes kleiner. Damit sind die Hangabtriebskraft und **Schubkraft F_S** geringer.
Du sparst beim Schieben der Karre Kraft im Vergleich zum senkrechten Hochheben über die Stufen. Dafür ist der Weg der wirkenden Kraft länger. Eine solche Einrichtung heißt **schiefe Ebene**.

2 So geht es einfacher bei der Gartenarbeit.

Anwendung der schiefen Ebene

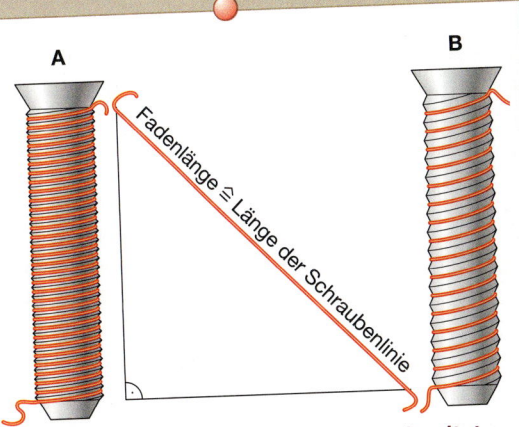

A **B**

Fadenlänge ≙ Länge der Schraubenlinie

1. a) Miss die Länge der **Schraubenlinie** der Schraube A. Zeichne ein rechtwinkliges Dreieck, bei dem ein Schenkel des rechten Winkels die Länge des Schraubengewindes, die lange Seite des Dreiecks die Länge der Schraubenlinie hat.
b) Zeichne das entsprechende rechtwinklige Dreieck für Schraube B. Vergleiche den Anstieg der langen Seite mit dem Anstieg für Schraube A. Was stellst du fest?

2. Bei welcher Schraube musst du mehr Kraft zum Festdrehen einer Mutter aufwenden? Begründe deine Antwort mit den Begriffen Kraft, Steigungswinkel und schiefe Ebene.

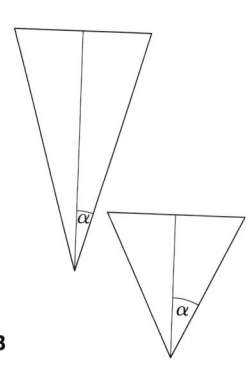

A **B**

Zum Spalten von Holz werden oft **Keile** eingesetzt (Bild A). Auch die Klinge einer Axt ist ein Keil. Du kannst dir den Keil aus zwei schiefen Ebenen zusammengesetzt vorstellen. Bei einem längeren Keil ist der Steigungswinkel α (Bild B) kleiner als bei einem kürzeren Keil mit gleicher Aufschlagsfläche. Deshalb benötigst du beim Einschlagen eines schmaleren Keils weniger Kraft als beim Einschlagen eines entsprechend breiteren in das gleiche Material.

3. Wozu werden Keile außer zum Spalten noch eingesetzt?

4. Erkläre das Prinzip der schiefen Ebene bei einer Nadel, beim Messer und bei der Spindel eines Schraubstocks.

Die **Rendsburger Eisenbahnhochbrücke** überquert den Nord-Ostsee-Kanal und wurde in den Jahren 1911 bis 1913 aus 17 000 t Stahl gebaut. Damit auch Hochseeschiffe den Kanal befahren konnten, musste die Brücke eine Durchfahrtshöhe von 42 m haben. Eisenbahnen können nur geringe Steigungen bewältigen. Daher wurde eine etwa 7,5 km lange schleifenförmige Rampe gebaut, die die Eisenbahn zur Brücke hin befährt.

5. Mit welchen Hilfsmitteln können Eisenbahnen größere Steigungen bewältigen?

Pinnwand

Kräfte

Die Goldene Regel der Mechanik

1. a) Flaschenzüge oder lose Rollen werden eingesetzt, wenn Gegenstände gehoben werden sollen. Worin besteht der Vorteil bei Flaschenzug und loser Rolle?
b) Wie ändert sich der Weg der wirkenden Kraft im Vergleich zum senkrechten Hochziehen, wenn dieser Vorteil ausgenutzt wird?

2. a) Die Verwendung von Hebeln kannst du oft in der Technik und in der Natur beobachten. Welchen Vorteil bietet der Einsatz von Hebeln?
b) Wie ändert sich beim Hebel die Weglänge der wirkenden Kraft?

3. Beantworte die Fragen aus Aufgabe 2 auch für die schiefe Ebene.

4. Formuliere den Zusammenhang zwischen aufzuwendender Kraft und Weglänge der wirkenden Kraft in einem Je-desto-Satz.

5. Finde eine Erklärung für den Namen „Goldene Regel".

6. Erläutere den alten Handwerkerspruch: „Gewaltig ist des Schlossers Kraft, wenn er mit dem Hebel schafft."

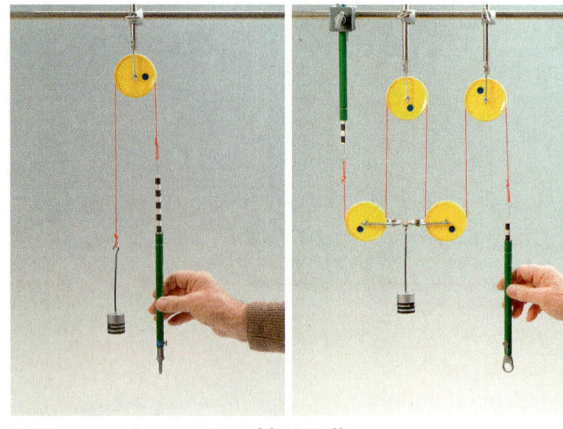

1 Eine gemeinsame Regel bei Rollen, …

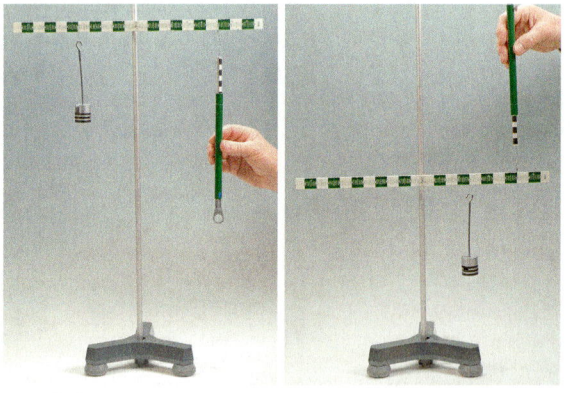

2 Hebeln …

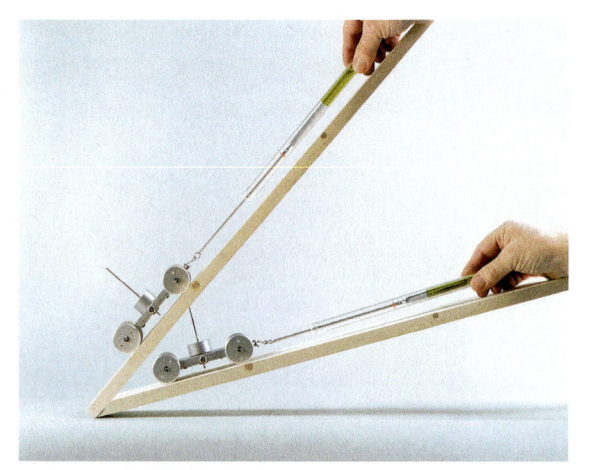

3 … und schiefen Ebenen.

Rollen und Co.
Lose Rollen, Hebel und schiefe Ebenen werden gerne benutzt, weil dadurch im Vergleich zum senkrechten Heben von Körpern weniger Kraft eingesetzt werden muss. Dafür ist aber ein längerer Weg nötig, längs dessen die Kraft dann wirkt.
Nimmst du zwei lose Rollen und eine feste Rolle, musst du nur noch ein Viertel der Kraft einsetzen. Du ziehst aber dann die vierfache Seillänge. Ähnlich ist es beim Hebel. Willst du hier Kraft sparen, musst du einen längeren Weg der wirkenden Kraft in Kauf nehmen.

Der Angriffspunkt der Kraft liegt dann in größerem Abstand vom Drehpunkt. Bei der schiefen Ebene sparst du Kraft, wenn du den Steigungswinkel verkleinerst und damit die Länge der Ebene vergrößerst.

Eine wichtige Regel
Dieser Zusammenhang zwischen der Kraft und der Weglänge wird als **Goldene Regel der Mechanik** bezeichnet. Sie besagt, dass du Kraft nur zu Lasten eines längeren Weges der Kraft sparen kannst. Umgekehrt hast du bei größerem Krafteinsatz einen kürzeren Weg der wirkenden Kraft.

■ Goldene Regel der Mechanik: Je mehr Kraft gespart wird, desto länger ist der Weg der wirkenden Kraft bei Rollen, Hebeln und schiefen Ebenen.

Anwendung zur Goldenen Regel der Mechanik

1. Baue den Flaschenzug auf. Miss die Kraft und die Länge des einzuholenden Seiles, wenn das Schlüsselbund 20 cm hoch gezogen wird.

3. Warum die vielen Serpentinen? Das ist doch nicht der kürzeste Weg über den Berg. Begründe.

2. Welchen Gang wählst du bei einer Bergfahrt, welchen bei einer Fahrt auf der Ebene? Begründe deine Antworten mit den Begriffen Kraft und Weg.

4. a) Welche Art von Schraubenschlüssel eignet sich am besten zum Lösen der Radschrauben? Begründe.
b) Welchen Trick kannst du anwenden, wenn du die Schrauben nicht lösen kannst?

5. Gib jeweils zwei weitere Beispiele für die Verwendung von Hebel, schiefer Ebene und Rollen an.

6. Wie haben die Menschen früher Pyramiden, Dome und viele andere große Bauwerke nur mit Muskelkraft schaffen können?

Hebel und Rollen in der Technik und in der Natur

In diesem Projekt sollen verschiedene Einsatzmöglichkeiten von Rollen und Hebeln in Technik und Natur untersucht werden.
Durch Anwendungen von Rollen und Hebeln wird entweder Kraft gespart oder es wird mit der zur Verfügung stehenden Kraft mehr erreicht.

Bei euren Untersuchungen und Ausführungen der Aufträge helfen euch Bücher aus den Bereichen Physik, Technik, Basteln und Biologie sowie Informationen aus dem Internet. Auch Kataloge aus Spielzeugläden können euch wertvolle Hinweise und Anregungen geben.

1 Hebelwirkung bei Werkzeuge

Gruppe 1: Hebel in der Technik
Ihr seht in Bild 1 einige Werkzeuge, bei denen zur Kraftersparnis die Hebelwirkung ausgenutzt wird. Nennt jeweils den Verwendungszweck der Werkzeuge, die Hebelart und beschreibt die Hebelarme. Sucht nach weiteren Werkzeugen, bei denen zur Kraftersparnis die Hebelwirkung genutzt wird. Zeichnet sie auf, beschreibt die Hebelarme und nennt die Hebelart.

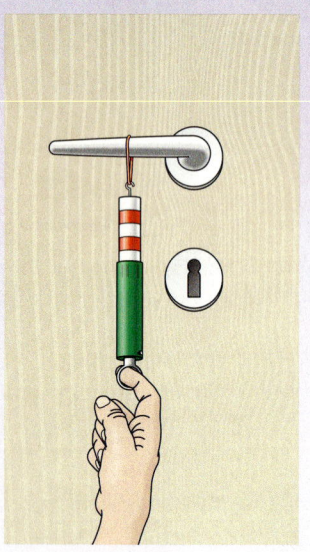

Bindet um eine Türklinke eine Schlaufe und befestigt daran einen Kraftmesser. Bestimmt nun an verschiedenen Stellen der Klinke die zum Herunterziehen der Klinke aufzuwendende Kraft. Wiederholt den Versuch bei anderen Türklinken und Fenstergriffen. Erklärt die Ergebnisse. Welche Hebelart liegt jeweils vor?

2 Noch ein Hebel

Gruppe 2: Rollen und Flaschenzüge
Baut mithilfe von Technikkästen verschiedene Modelle von Baukränen. Gebt jeweils die Art und Aufgabe der verwendeten Rollen an.
Welche Aufgabe haben die Seile bei den Kränen? Messt jeweils die zum Heben eines Wägestücks notwendige Kraft. Bei welchem Kran braucht ihr die wenigste Kraft? Begründet.

Schaut euch einen Autokran oder einen Eisenbahnkran genau an. Welche Arten von Rollen könnt ihr bei diesen Kränen erkennen? Welche Aufgabe haben sie? Fertigt Skizzen der Kräne mit den Rollen und der Seilführung an.

Besorgt euch ein Paar Schnürsenkel und zieht sie so auf ein Paar Schuhe mit Metallösen, dass bei einem Schuh jede Öse, bei dem anderen Schuh nur jede zweite Öse benutzt wird.

Befestigt an den Enden der Schnürsenkel je einen Kraftmesser und messt die zum Zusammenziehen der Schuhteile erforderliche Kraft. Wiederholt den Versuch mit einem Paar Schuhe ohne Metallösen. Begründet die unterschiedlichen Messergebnisse.

3 Kraftmessung am Schnürsenkel

Kräfte

Gruppe 3: Hebel in der Natur

Schneidet Papierstücke in Form verschieden großer Baumkronen. Befestigt sie an unterschiedlich langen und dicken Strohhalmen. Klebt die Halme an die Tischkante, lasst mithilfe des Föhns einen kräftigen Wind wehen. Welchen Einfluss haben Baumkronengröße, Länge und Dicke der Halme auf die Wirkung des Windes? Wo und wodurch treten hier unterschiedliche Hebelwirkungen auf? Ihr könnt einen Wald nachbauen, indem ihr die Halme an einen Tisch klebt oder einen Schuhkartondeckel mit Gips ausgießt, die Halme in den Gips steckt und den Gips trocknen lasst. Dann könnt ihr die Versuche durchführen. Sucht weitere Beispiele für Hebel in der Natur.

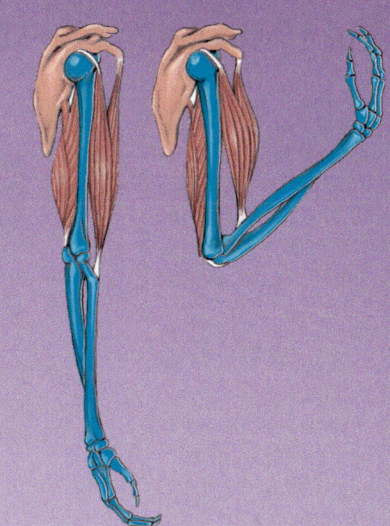

5 Ein Arm hat zwei Hebelarme.

Die Katze fährt ihre Krallen mithilfe eines Hebels ein und aus. Schlagt im Biologiebuch nach und erklärt die Funktionsweise. Welche Hebelart liegt hier vor? Wie funktioniert beim Menschen das Beugen und Strecken des Arms? Welche Hebelart ist das?

4 Der Wald bei Sturm

Gruppe 4: Hebel am Fahrrad

Befestigt die Kraftmesser wie auf Bild 6. Vergleicht die am Pedal wirkende Kraft mit der am Hinterrad wirkenden Kraft. Befestigt den Kraftmesser an einer anderen Stelle des Pedals und vergleicht wieder. Wie ändert sich die Kraft am Hinterrad, wenn bei gleicher Kraft am Pedal unterschiedliche Gänge eingeschaltet werden? Erklärt eure Beobachtungen und Messungen.

Funktionstüchtige Bremsen beim Fahrrad sind für die Sicherheit unbedingt notwendig. Durch die verstärkende Wirkung des Bremshebels kann das Fahrrad mit Muskelkraft abgebremst werden. Plant einen Versuch, wie ihr die eingesetzte Kraft am Bremshebel und die auf die Felge wirkende Kraft messen könnt und führt den Versuch aus. Sucht beim Fahrrad weitere Anwendungen des Hebels und erklärt die Funktionen.

6 Kraftübertragung beim Fahrrad

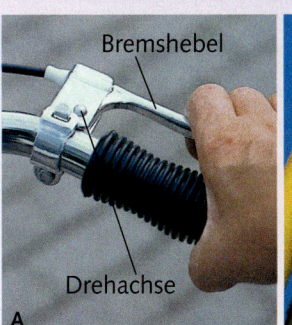

7 Handbremse oben (A) und unten (B)

Mechanische Energie

📖 **1. a)** Du lernst am Tisch Vokabeln. Deine Schwester trägt ihre Tasche die Treppe hoch. Wer von euch braucht mehr Energie im physikalischen Sinne? Begründe deine Meinung.
b) Suche weitere Beispiele, bei denen du Energie im physikalischen Sinne benötigst.

📖 **2.** Die Klassenräume der Schule bekommen neue Tische. Pia und Dana tragen 8 Tische, Ulf und Eva tragen 12 Tische in den zweiten Stock. Christian und Nicole tragen 12 Tische in den ersten Stock. Begründe, wer die meiste Energie aufgewendet hat.

📖 **3.** Paul bringt auf dem Sportplatz mit der Schubkarre erst 15 kg, dann 20 kg Sand vom Tor in den nahen Strafraum. Danach bringt er 20 kg Sand zur Eckfahne.
Wann hat er mehr Energie eingesetzt? Begründe deine Meinung.

1 Learning vocabulary

Die Hubarbeit
Du denkst bestimmt, du arbeitest, wenn du Vokabeln lernst und deine Freunde draußen warten. Im physikalischen Sinne arbeitest du dabei kaum. Physikalische **Arbeit** verrichtest du nur dann, wenn du auf einen Körper eine Kraft wirken lässt und der Körper dadurch an Höhe gewinnt. Hebst du eine Getränkekiste in den Kofferraum eines Autos, verrichtest du **Hubarbeit**. Je schwerer die Kiste ist, desto größer ist die Hubarbeit. Wenn du dieselbe Kiste auf die Ladefläche eines Lkws stellst, musst du sie höher heben und deshalb auch mehr Hubarbeit verrichten. Die Hubarbeit W berechnest du, indem du die Gewichtskraft F_G des Körpers mit der Höhe h multiplizierst.

$$W = F_G \cdot h$$

Sie wird in Nm (Newtonmeter) gemessen.

Arbeit ist Energieverschiebung
Wenn ein Körper angehoben wird, muss an ihm Arbeit verrichtet werden. Auf den Körper wird Energie übertragen. Sie wird verschoben. Arbeit ist also **Energieverschiebung**.
Gehst du vom Erdgeschoss in die erste Etage, musst du über diese Höhe eine Kraft einsetzen, die deiner Gewichtskraft F_G entspricht. Dafür ist eine bestimmte Energiemenge notwendig. Das Formelzeichen für die **Energie** ist E (engl.: **e**nergy). Damit ergibt sich: $E = F_G \cdot h$. Du kennst den Ausdruck $F_G \cdot h$ als Hubarbeit W.
Für den Gang in das zweite Stockwerk ist die gleiche Kraft erforderlich. Da sich die Höhe aber verdoppelt hat, verdoppelt sich auch die dafür benötigte Energiemenge. Für das Erreichen der dritten Etage ist die dreifache Energiemenge erforderlich.

$$\text{Energie} = \text{Gewichtskraft} \cdot \text{Höhe}$$
$$E = F_G \cdot h$$

Die Einheit der Energie
Die Einheit der Energie ist Joule (J). Benannt ist sie nach dem englischen Physiker JAMES PRESCOTT JOULE (1818–1889).
Die Energie von 1 J wird übertragen, wenn ein Körper mit der Gewichtskraft von 1 N um 1 m angehoben wird.
Identisch mit der Einheit Joule (J) sind das Newtonmeter (Nm) und die Wattsekunde (Ws):
1 J = 1 Nm = 1 Ws.

■ Wenn ein Körper mit der Gewichtskraft F_G um die Höhe h angehoben wird, gilt: $E = F_G \cdot h$. Die Energie E wird in J (Joule) gemessen.

2 Energieübertragung macht Durst!

Kräfte

Einsatz von Energie

📖 **1.** Krane helfen bei der Montage von Türmen für Windkraftanlagen. In Bild 1 wird gerade ein Turmsegment aus Stahl aufgesetzt. Die folgende Tabelle beschreibt den Aufbau eines Turmes, der aus 3 Segmenten zu je 20 m besteht. Das 1. Segment wird auf einen 2 m hohen Sockel aus Beton gehoben.

Segment	Gewichts-kraft F_G in N	Höhe h in m	Energie $E = F_G \cdot h$ in Nm
1	300 000	2	600 000
2	300 000		
3	300 000		
Generator			

a) Berechne die Energien, die für das Anheben der nächsten beiden Segmente übertragen werden müssen.
b) Vergleiche die Energiebeträge aus a) miteinander. Was stellst du fest?
c) Formuliere eine Gesetzmäßigkeit, die die Proportionalität bei Energieübertragungen beschreibt.
d) Welcher Energiebetrag ist für das Aufsetzen des Generators notwendig, wenn er eine Masse von 3 t besitzt?

📖 **2.** Eine Schubkarre mit einer Masse von 50 kg wird 25 m weit geschoben. Dabei wird eine Kraft von 40 N aufgewendet. Berechne die dafür benötigte Energie.

📖 **3.** Wobei überträgst du bei deinen Hausaufgaben Energie?

1 Aufbau einer Windkraftanlage

Energieübertragung genauer betrachtet

Fährst du vom Erdgeschoss mit einem Fahrstuhl in die erste Etage, muss der Fahrstuhlantrieb über diese Höhe h eine Kraft zusätzlich einsetzen, die deiner Gewichtskraft F_G entspricht. Für die Fahrt in das zweite Stockwerk ist die doppelte Höhe erforderlich. Weil sich die Höhe verdoppelt hat, verdoppelt sich auch die benötigte Energiemenge. Entsprechendes gilt für das Erreichen der dritten Etage. Dafür ist die dreifache Energiemenge erforderlich.
Steigen zwei gleich schwere Personen in den Fahrstuhl, hat der Antrieb die doppelte Kraft aufzubringen. Die vom Fahrstuhlmotor abgegebene Energiemenge E ist der Kraft F und der Höhe h proportional.
Du kannst auch einen Vorgang betrachten, bei dem ein Körper mit einer Kraft F waagerecht eines Weges s bewegt wird.

Auch hierbei ergibt sich: Die aufzuwendende Energie ist proportional zur Kraft F und zum Weg s. Allgemein gilt:

$$E = F \cdot s$$

■ Die Energie E, die mit einer Kraft F längs eines Weges s übertragen wird, ergibt sich aus $E = F \cdot s$. Die Einheit ist Nm (Newtonmeter).

Die mechanischen Energieformen

📖 **1. a)** Ein Skifahrer steht am Hang und fährt anschließend hinunter. Woher hat der die dafür benötigte Energie?
b) Welche Energieumwandlungen treten während der Abfahrt auf?
c) Am Ende des Hanges bleibt der Skifahrer nach einiger Zeit stehen. Finde eine Erklärung dafür.

📖 **2.** Wofür wird die Höhenenergie des Wassers in einem Stausee genutzt?

📖 **3. a)** Ein Blechfrosch kann enorm hüpfen. Wie macht er das?
b) Beschreibe, wie du ihm die Energie überträgst und wie diese Energie danach umgewandelt wird.

📖 **4.** Ordne jedem der folgenden Beispiele eine der drei mechanischen Energieformen zu: Lawine, gedehntes Gummiband, Spraydose, Wind, Sportbogen, Hagelkörner.

1 Am Hang und auf der Piste

Höhenenergie

Da die Gewichtskraft F_G in Richtung Erdmittelpunkt wirkt, wird nur dann Energie übertragen, wenn ein Weg gegen die Erdanziehungskraft zurücklegt wird. Ein angehobener Körper besitzt eine größere Energiemenge als vorher. Die Energie ist im Körper enthalten. Ihre Größe wird von der erreichten Höhe des Körpers bestimmt. Deshalb wird diese Form von Energie **Höhenenergie** oder **Lageenergie** genannt.
Ein Fahrradfahrer, der einen Berg hochfährt, gewinnt durch die Zunahme an Höhe immer mehr Höhenenergie. Die in ihm enthaltene Energiemenge, die er auf sich übertragen hat, kann er nutzen.

Bewegungsenergie

Wenn der Radfahrer nach einer Erholungspause hinunterrollt, wird die Höhenenergie wieder frei. Sie wird jetzt in **Bewegungsenergie** umgewandelt. Je höher die Geschwindigkeit des Radfahrers beim Herabrollen wird, desto größer wird auch seine Bewegungsenergie. Allgemein gilt: Die Geschwindigkeit eines Körpers kann nur geändert werden, wenn Energie umgewandelt wird.

Spannenergie

Energie, die zur Verformung eines Körpers führt, speichert der Körper in Form von **Spannenergie** oder **Verformungsenergie**. Im Schwimmbad springst du mit einem ordentlichen Satz auf das Ende eines elastischen Sprungbrettes. Deine Energie verformt das Sprungbrett, es biegt sich nach unten und besitzt nun Spannenergie. Sie wird auf dich übertragen. Im nächsten Moment wirst du hochgeschleudert und tauchst danach kopfüber ins Wasser.

▪ Es gibt drei unterschiedliche Formen der mechanischen Energie: Höhenenergie, Bewegungsenergie und Spannenergie.

Kräfte und Maschinen ▸ S. 192/193

Umwandlungen mechanischer Energien

🔍 **1. a)** Verbinde ein 50 g-Wägestück durch einen Faden mit einem anderen Wägestück, das um 10 g schwerer ist. Hänge den Faden über eine feste Rolle an einem Stativ auf. Was kannst du beobachten?
b) Lege das 60 g-Wägestück nun auf einen Stapel Bücher. Beschreibe den Vorgang. Benutze dazu die Begriffe Kraft und Energie.
c) Stoße dieses Wägestück leicht an, sodass es herabfällt. Beschreibe, was du jetzt beobachtest.

🔍 **2. a)** Lass einen Hartgummiball aus etwa 1 m Höhe auf eine berußte dicke Glasplatte fallen. Was beobachtest du?
b) Erkläre deine Beobachtung mithilfe der verschiedenen Formen mechanischer Energie.

🔍 **3.** Ersetze den Ball aus Versuch 2 durch eine Plastilinkugel. Wiederhole den Versuch und vergleiche die Ergebnisse.

📖 **4.** Beim Schwingen eines Pendels finden ständig Energieumwandlungen statt.
a) Nenne die Energieformen und Umwandlungen.
b) Zeichne das Pendel, wenn es sich
- in der Ausgangslage,
- zwischen Ausgangslage und tiefstem Punkt und
- im tiefsten Punkt befindet.
Schreibe die Energien in die Zeichnungen.

Von einer Energie in die andere

Jeder Gegenstand, der angehoben wurde, besitzt Höhenenergie. Fällt er in seine Ausgangslage zurück, ist seine Geschwindigkeit kurz vor dem Auftreffen am Boden am größten.
Die gesamte Höhenenergie hat sich in Bewegungsenergie umgewandelt. Einen winzigen Moment später, wenn der Gegenstand den Boden berührt, ist die Geschwindigkeit gleich null.
Jetzt besitzt der Gegenstand weder Höhenenergie noch Bewegungsenergie. Die Energie ist dann im Gegenstand gespeichert. Dabei handelt es sich um Spannenergie oder Verformungsenergie.

Artisten fliegen

Oleg möchte hoch hinaus. Ob es wohl möglich ist, ihn so hoch zu schleudern, dass er genau auf dem Sitz landet? Viktor will den Sprung auf das Schleuderbrett wagen. Er ist auf die Schultern des Obermannes hinaufgeklettert und hat so Höhenenergie gewonnen. Seine Gewichtskraft F_G und die Höhe h des Artistenturms bestimmen die Energiemenge. Je höher er klettert, desto mehr Höhenenergie erhält er. Ein Trommelwirbel erschallt. Die Zuschauer halten den Atem an. Jetzt springt Viktor von den Schultern. Seine Höhenenergie wandelt sich um in Bewegungsenergie. Beim Fallen nimmt die Höhenenergie ständig ab und die Bewegungsenergie nimmt ständig zu.
Er landet genau auf dem Schleuderbrett. Es biegt sich kräftig nach unten und spannt sich. Viktors Körper überträgt in diesem Moment seine Bewegungsenergie auf das Brett. Sie geht über in Spannenergie. Je stärker sich das Brett biegt, desto größer ist die übertragene Energiemenge. Die andere Seite des Brettes schnellt nach oben und gibt die Spannenergie an Oleg ab.
Oleg übernimmt die Spannenergie des Brettes und wandelt sie augenblicklich in Bewegungsenergie um. Sein Körper wirbelt durch die Luft und er landet genau auf dem Sitz. Igor, der den Sitz trägt, beugt sich trotz großer Anspannung seiner Muskeln unter Olegs Gewichtskraft. Seine Schultern sind warm geworden. Die Zuschauer applaudieren begeistert.

■ Die Höhenenergie, die Bewegungsenergie und die Spannenergie können ineinander umgewandelt werden. Eine Energieform geht in eine andere Form von Energie über. Dabei tritt immer auch Wärme auf.

Bungee-Springen

Ein toller Sprung in die Tiefe! Ob Ute ahnt, dass bei ihrem Sprung die Physik mitfliegt?

Bevor Ute springt, muss sie zur hoch gelegenen Brücke gelangen. Sie speichert dabei Höhenenergie in ihrem Körper. An ihren Füßen wird das Bungee-Seil befestigt. Sie springt und fällt immer schneller. Dabei nimmt ihre Höhenenergie ab und ihre Bewegungsenergie nimmt zu. Während des Falls wird Ute plötzlich vom Seil abgebremst. Sie fällt langsamer, gleichzeitig wird das Gummiseil gedehnt. Dabei wird Bewegungsenergie in Spannenergie umgewandelt. Am tiefsten Punkt ihres Sprunges ist die Spannenergie am größten und die Bewegungsenergie null. Danach zieht sich das Seil zusammen. Die Spannenergie des Seils wird wieder in Bewegungsenergie umgewandelt. Ute steigt erst schneller, dann immer langsamer hoch. Dabei wird Bewegungsenergie zu Höhenenergie. Dann beginnt wieder alles von vorne. Ute erreicht aber nicht mehr die alte Höhe, da ein Teil der vorhandenen Energie durch Reibung mit der Luft und im Seil in Wärme umgesetzt wird.

1 Ein toller Sprung

Schwimmtraining

Ein Gummiband verbindet Martin beim Schwimmtraining mit dem Beckenrand. Dadurch werden Kondition und Muskulatur besonders gefordert und aufgebaut.
Die vom Sportler eingesetzte Energie wird nur zum Teil in Bewegungsenergie umgewandelt und dient zur Fortbewegung. Der andere Teil wird in Spannenergie umgewandelt, das Gummiband wird gedehnt. Dabei wird die Spannenergie umso größer, je mehr Kraft der Sportler einsetzt und je länger die Strecke ist, die er dabei zurücklegt. Die Spannenergie E hängt ab von der eingesetzten Kraft F und dem Weg s, längs dessen die Kraft wirkt. Du kannst die **Spannenergie** nach folgender Formel berechnen:

$$E = \tfrac{1}{2} F \cdot s$$

Legt der Schwimmer keine zusätzliche Strecke zurück, muss er trotzdem Kraft einsetzen, um seine Position zu halten. Setzt er keine Kraft ein, so wandelt sich die Spannenergie des Gummibandes wieder in Bewegungsenergie um und zieht den Schwimmer zum Startblock zurück

2 Zurück geht's schneller!

Kräfte

Energienutzung – im Wandel der Zeit

Pinnwand

1. a) Beschreibe die Bilder und ordne sie geschichtlich ein.
b) Welche Aussagen machen die Bilder über die Nutzung der Bewegungsenergie von Wasser und Luft?
c) Diskutiere in der Klasse die Entwicklung des technischen Fortschritts und die Vor- und Nachteile der Energienutzung.

2. a) Bis zum Jahr 2030 sollen 25% der benötigten elektrischen Energie mit Windkraftwerken bereitgestellt werden. Recherchiere, mit welchen Maßnahmen dieses Ziel verwirklicht werden soll.
b) Wie kann die Bewegungsenergie des Wassers noch stärker als heute schon genutzt werden?

Energie geht nicht verloren

🔍 **1. a)** Hänge vor eine Pappwand ein Fadenpendel und lenke bei straffem Faden die Kugel aus. Markiere die Höhe, aus der du das Pendel loslässt.
b) Markiere jeweils die linken und rechten Ausschläge mit a_l und a_r.
c) Vergleiche die Größe der Ausschläge a und die erreichte Höhe h nach jedem Durchgang. Begründe die Beobachtungen.
d) Benenne die Energieformen, die bei der Bewegung des Pendels auftreten.

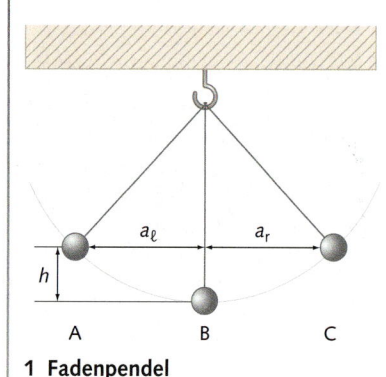

1 Fadenpendel

🔍 **2.** Fahre mit deinem Fahrrad auf einer waagerecht verlaufenden Straße mit einer Geschwindigkeit von 15 $\frac{km}{h}$.
a) Was passiert, wenn du dem Fahrrad immer die gleiche Menge Energie zuführst?
b) Welche Energieumwandlungen finden während deiner Fahrt in Versuch a) statt?
c) Was passiert, wenn du bei Versuch a) keine Energie mehr zuführst?

📖 **3. a)** Benenne jeweils die entwertete Energie in den Versuchen 1 und 2.
b) Was kannst du über die Summe der beteiligten Energien beim Start und nach Ende der Versuche 1 und 2 aussagen? Formuliere einen Satz.

Energieumwandlungen beim Fadenpendel

Beim schwingenden Fadenpendel wird stets Bewegungsenergie in Höhenenergie und Höhenenergie in Bewegungsenergie umgewandelt. Diese Umwandlungen können jeweils in einem Energieflussdiagramm dargestellt werden.

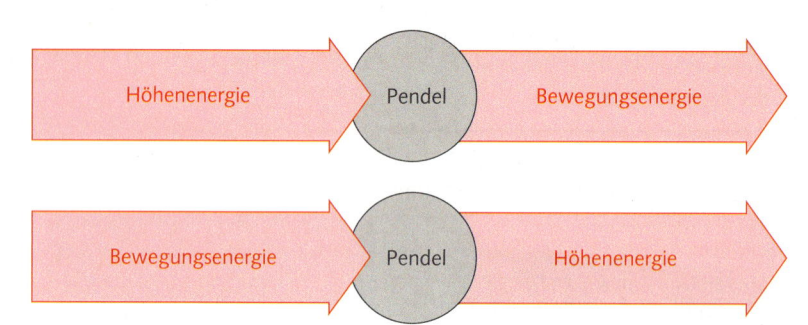

Höhenenergie → Pendel → Bewegungsenergie

Bewegungsenergie → Pendel → Höhenenergie

Das Pendel erreicht aber nicht mehr die Ausgangshöhe des ersten Durchgangs. Es hat nach jedem Pendeldurchgang immer weniger Höhenenergie und Bewegungsenergie.

Verschwindet Energie?

Ein Teil der Höhenenergie wird bei der Bewegung des Pendels in Wärme umgewandelt. Das geschieht durch die Reibung an der Aufhängung und durch die Reibung mit der Luft. Entsprechendes gilt für die Umwandlung der Bewegungsenergie in Höhenenergie.
Die bei der Pendelbewegung entstehende Energieform Wärme kann für die Bewegung des Pendels nicht genutzt werden. Sie ist für das Pendel energetisch ohne Wert. Deshalb wird die Wärme hier als **entwertete Energie** bezeichnet. Das Energieflussdiagramm muss also erweitert werden:

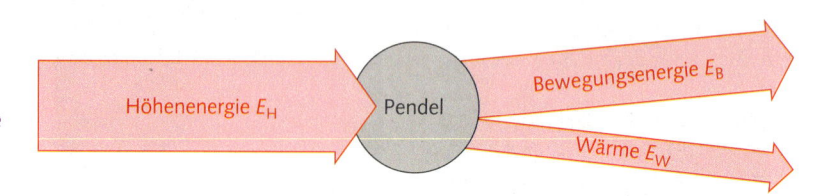

Höhenenergie E_H → Pendel → Bewegungsenergie E_B / Wärme E_W

Die Höhenenergie E_H ist nicht vollständig in Bewegungsenergie E_B umgewandelt worden. Es ist bei der Umwandlung noch eine weitere Energieform, die Wärme E_W, aufgetreten. Sie ist für den weiteren Verlauf unbrauchbar und damit entwertet. Es geht aber insgesamt keine Energie verloren. Die Summe E_{Ges} aller beteiligten Energieformen bleibt gleich. Dieser Zusammenhang wird als **Energieerhaltungssatz** bezeichnet.

$$E_{Ges} = E_H + E_B + E_W$$

■ Bei Energieumwandlungen geht keine Energie verloren. Es tritt immer entwertete Energie in Form von Wärme auf. Die Summe aller beteiligten Energieformen bleibt gleich.

Kräfte und Maschinen → S. 192/193

Ein Maß für die effektive Energienutzung

1. Warum kann beim Fadenpendel die beim Start vorhandene Gesamtenergie nicht vollständig zur Bewegung des Pendels eingesetzt werden?

2. a) Bestimme die Masse m eines Tennisballs. Hebe ihn 1 m hoch und lass ihn fallen.
b) Wie groß ist die Höhenenergie, die der Ball beim Start besitzt?
c) In welche Energieform wird die Höhenenergie beim Fallen des Balles bis zum Aufprall umgewandelt?
d) Welche Energieumwandlung findet beim erneuten Steigen des Balles statt?
e) Bestimme die Höhe des Balls nach dreimaligen Aufprallen und berechne erneut die Höhenenergie. Wie groß ist die Energie, die jetzt nicht mehr für die Bewegung des Balles genutzt werden kann?
f) Bilde den Quotienten aus jetzt noch nutzbarer Energie und zugeführter Energie. Was kannst du über den Wert des Quotienten aussagen?

3. Übertrage die Tabelle in dein Heft und fülle sie aus.

	eingesetzte Energie	nutzbare Energie	Wirkungsgrad
Wasserkraftwerk	360 000 Nm	324 000 Nm	
Windrad	6 800 Nm		51 %
Fahrrad		480 Nm	40 %

4. Wie kannst du den Wirkungsgrad bei einem Fahrrad, das lange nicht mehr benutzt worden ist, vergrößern?

5. Begründe, warum ein Wirkungsgrad von über 100 % nicht möglich ist.

1 Hier wird der Wirkungsgrad verbessert.

Der Wirkungsgrad
Würde ein Fadenpendel nach jedem Durchgang wieder die ursprüngliche Höhe erreichen, so müssten jeweils die gesamte Höhen- und Bewegungsenergie ineinander umgewandelt werden. Aber bei der Bewegung des Pendels tritt immer entwertete Energie in Form von Wärme auf.

Allgemein gilt, dass bei jedem Kraftwandler entwertete Energie in Form von Wärme auftritt. Je geringer der Anteil der entwerteten Energie ist, desto mehr Energie kann für den eigentlichen Zweck wie Bewegung eingesetzt werden. So kann durch Schmieren von Lagern beim Fahrrad die Reibung herabgesetzt werden. Dadurch wird der Anteil der nutzbaren Energie vergrößert und der Anteil an entwerteter Energie wird verringert.

Berechnung des Wirkungsgrades
Der Quotient aus nutzbarer Energie und zugeführter Energie heißt **Wirkungsgrad η** (griech.: Eta). Er wird meistens als Prozentanteil der zugeführten Energie angegeben.

$$\text{Wirkungsgrad } \eta = \frac{\text{nutzbare Energie}}{\text{zugeführte Energie}} \cdot 100\%$$

So hat ein Auto einen Wirkungsgrad von weniger als 30 %. Das bedeutet, dass nur 30 % der zugeführten Energie zum eigentlichen Zweck, dem Fahren, genutzt werden können.

Ein Wirkungsgrad von 100 % würde bedeuten, dass die gesamte zugeführte Energie in nutzbare Energie umgewandelt wird und keine entwertete Energie entstehen würde.

■ Das Verhältnis der nutzbaren Energie zur zugeführten Energie wird Wirkungsgrad η genannt. Er ist ein Maß für die Effektivität von Energieumwandlungen. Er wird meist in Prozent angegeben.

Kräfte und Maschinen → S. 192/193

Mechanische Leistung

1 Alex und Erik sind fleißig.

📖 **1.** Erik und Alex heben Mineralwasserkisten auf die Ladefläche des Lkws. Eine Kiste hat eine Masse von 17 kg, die Ladefläche hat eine Höhe von 1,60 m.
a) Beide Jungen laden 5 Kisten auf. Berechne jeweils die übertragene Energie. Wer hat die größte Energie übertragen?
b) Erik hat die 5 Kisten in 40 s aufgeladen, Alex brauchte dazu 50 s. Wer von beiden hat die größere Leistung erbracht?

🔍 **2.** Suche dir eine etwa gleich schwere Mitschülerin. Lauft vom Erdgeschoss des Schultreppenhauses zum ersten Stock hoch. Ein weiterer Schüler gibt euch nach 5 s ein Signal, bei dem ihr sofort stehen bleibt.
a) Wer von den beiden Schülerinnen hat die größere Höhenenergie bekommen?
b) Wer hat die größere Leistung erbracht?

📖 **3.** a) Wovon hängen die in Aufgabe 1 und Versuch 2 erbrachten Leistungen ab?
b) Berechne die Leistungen in Aufgabe 1b).

2 Gleiche Massen – gleiche Zeiten – gleiche Höhen?

> Beachte die doppelte Bedeutung von „W": als Formelzeichen für die Arbeit (W) und als Abkürzung für die Einheit Watt (W).

Was für eine Leistung!
Alex und Erik heben Wasserkisten auf die Ladefläche des Lkws. Dabei erhalten die Kisten Höhenenergie. Wenn jeder fünf Kisten auf die Ladefläche gehoben hat, haben beide gleich viel Energie übertragen. Erik brauchte aber weniger Zeit, er hat eine größere **mechanische Leistung** erbracht als Alex. Die Leistung wird mit dem Formelzeichen **P** abgekürzt.

Berechnung der Leistung
Meike und Petra laufen die Treppe hoch. Sie sind gleich schwer. Nach 5 s stoppen sie. Meike steht auf der höheren Stufe. Sie hat deshalb mehr Höhenenergie als Petra. Sie hat die größere Leistung erbracht, weil sie in gleicher Zeit mehr Energie übertragen hat. Die mechanische Leistung P hängt also ab von der übertragenen Energie E und der Zeit t, die dazu benötigt wird.

> Mechanische Leistung = übertragene Energie : benötigte Zeit
> $P = E : t$

Die Einheit der mechanischen Leistung ist $\frac{Nm}{s}$ (Newtonmeter je Sekunde). Zu Ehren des schottischen Erfinders JAMES WATT (1736–1819) wird diese Einheit mit Watt (W) bezeichnet. Es gilt: $1\ W = 1\ \frac{Nm}{s}$.

Größere Einheiten sind:
1000 W = 1 kW (Kilowatt)
1000 kW = 1 MW (Megawatt)
1000 MW = 1 GW (Gigawatt)

■ Die mechanische Leistung hängt ab von der Größe der übertragenen Energie und der dazu benötigten Zeit: $P = E : t$.
Die Einheit der Leistung ist $\frac{Nm}{s}$ oder W.

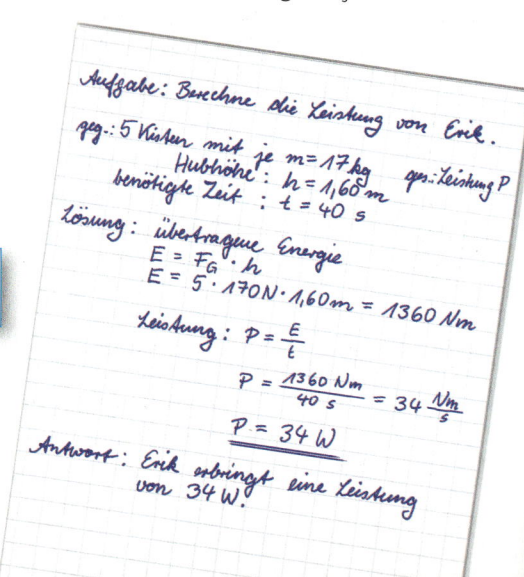

Aufgabe: Berechne die Leistung von Erik.
geg.: 5 Kisten mit je $m = 17\ kg$
Hubhöhe: $h = 1,60\ m$
benötigte Zeit: $t = 40\ s$
ges.: Leistung P
Lösung: übertragene Energie
$E = F_G \cdot h$
$E = 5 \cdot 170\ N \cdot 1,60\ m = 1360\ Nm$
Leistung: $P = \frac{E}{t}$
$P = \frac{1360\ Nm}{40\ s} = 34\ \frac{Nm}{s}$
$P = 34\ W$
Antwort: Erik erbringt eine Leistung von 34 W.

💿 Kräfte und Maschinen → S. 192/193

Kräfte

Spitzenleistungen in Technik und Natur

Pinnwand

Leistungen in der Technik	
Taschenrechner	0,02 W
LED	2 W
Trainierter Radfahrer	450 W
Servolenkung beim Auto	5 kW
Kleinwagen	60 kW
Sportwagen	463 kW
ICE	8 MW
Dampfturbine	1000 MW

MICHAEL SCHUMACHER schaffte im Jahr 2002 die 67 Runden auf dem 4574 m langen Hockenheimring mit dem 680 PS starken Formel 1-Wagen in nur 1 h 27 min und 52,078 s.

1. Gib die Leistung des Wagens in Watt (W) an. Dabei gilt: 1 PS = 735,5 $\frac{Nm}{s}$.

Beim Wandern in den Bergen schaffen es trainierte Personen, über einen längeren Zeitraum durchschnittlich 300 m Höhenunterschied pro Stunde zu überwinden. Bei einer Körpermasse von 70 kg ist das eine Dauerleistung von 58 W.

3. Ein Wanderer überwindet mit seinen 65 kg in 6 h einen Höhenunterschied von 1500 m. Berechne seine Leistung.

Dieser Dieselmotor mit der Bezeichnung 12K98MC hat eine Leistung von etwa 75 000 kW und wiegt über 1300 t. Er ist größer als ein zweistöckiges Doppelhaus und treibt beispielsweise ein über 350 m langes Containerschiff an. Er wird auch zur Erzeugung elektrischer Energie eingesetzt.

2. Wie viele Motoren des Formel 1-Wagens aus Aufgabe 1 haben zusammen die gleiche Leistung wie dieser Dieselmotor?

4. Steige in einem Gebäude 3 Stockwerke hoch und stoppe die Zeit. Ermittle den zurückgelegten Höhenunterschied und berechne deine Leistung.

5. Ein Stiefmütterchen kann seine Samenkörner bis zu 4 m hoch schleudern. Nimm an, das Samenkorn benötigt für den Flug 1 s und wiegt 0,1 g. Mit welcher Leistung schleudert das Stiefmütterchen sein Samenkorn weg?

Auf einen Blick

Kräfte

Name	Größe	Name der Einheit	Einheit	Gesetz	Umrechnungen	Messgeräte
Länge, Weg, Strecke	ℓ s	Meter	m		1 km = 1000 m; 1 m = 100 cm; 1 cm = 10 mm;	Lineal, Maßband
Zeit	t	Sekunde	s		1 h = 60 min = 3600 s; 1 min = 60 s	Uhr
Geschwindigkeit	v	Meter je Sekunde Kilometer je Stunde	$\frac{m}{s}$ $\frac{km}{h}$	$v = \frac{s}{t}$	$1\,\frac{m}{s} = 3{,}6\,\frac{km}{h}$	Tachometer
Masse	m	Gramm Kilogramm	g kg		1 kg = 1000 g; 1 g = 1000 mg	Waage
Kraft	F	Newton	N	$g = 9{,}81\,\frac{N}{kg}$		Kraftmesser
mechanische Energie	E	Newtonmeter	Nm	$E = F_G \cdot h$ $E = F \cdot s$	1 Nm = 1 J = 1 Ws	
mechanische Leistung	P	Watt	W	$P = \frac{E}{t}$	$1\,W = 1\,\frac{Nm}{s}$ 1000 W = 1 kW	
Wirkungsgrad	η			$\eta = \frac{\text{nutzbare Energie}}{\text{zugeführte Energie}} \cdot 100\,\%$		

Kräfte
Kräfte können Bewegungen und Verformungen bewirken. Auch **Reibung** ist eine Kraft.

Zu jeder Kraft gibt es eine gleich große **Gegenkraft.** Eine besondere Gegenkraft ist der **Rückstoß.**

Elastische Körper nehmen im Gegensatz zu **plastischen Körpern** wieder ihre alte Form ein, wenn die Kraft nicht mehr wirkt.

Eine Kraft ist ein **Vektor,** der grafisch als Pfeil dargestellt wird. Die Kraft ist durch Angriffspunkt, Richtung und Größe gekennzeichnet.

Wird an einen **Kraftmesser** ein Körper angehängt, verlängert sich die Schraubenfeder. Die Skala zeigt an, wie groß die wirkende Kraft F ist.

😊 Hookesches Gesetz
Kraft F und Verlängerung ℓ sind bei einer Schraubenfeder proportional zueinander. Der zugehörige Quotient ist die **Federkonstante D.** Es gilt: $D = \frac{F}{\ell}$.

Masse und Trägheit
Alle Gegenstände werden zum Erdmittelpunkt gezogen. Auf sie wirkt eine **Gewichtskraft F_G.** Die Größe der Gewichtskraft hängt von dem Ort ab, an dem sich der Gegenstand befindet.

Die **Masse m** eines Gegenstandes ist unabhängig vom Ort. Je größer die Masse eines Gegenstandes ist, desto größer sind seine Gewichtskraft und seine **Trägheit.**

Die Trägheit ist unabhängig von dem Ort, an dem sich der Gegenstand befindet.

Alle Gegenstände sind träge. Sie ändern ihre Geschwindigkeit oder Bewegungsrichtung nur, wenn eine Kraft auf sie einwirkt.

Mechanische Energie und Energieerhaltung
Höhen-, Bewegungs- und Spannenergie sind die Formen der **mechanischen Energie.** Sie können ineinander umgewandelt werden. Dabei entsteht als **entwertete Energie** immer Wärme. Es gilt der **Energieerhaltungssatz:** $E_{ges} = E_1 + E_2 + E_3 +$ Wärme.

Rollen
Mit **festen Rollen** wird die Richtung der Kraft geändert. Es wird keine Kraft gespart.

Mit **losen Rollen** wird Kraft gespart. Der Weg der wirkenden Kraft wird dabei länger. Das Produkt aus F und s bleibt gleich.

Ein **Flaschenzug** besteht aus festen und losen Rollen.

Hebel
Beim **zweiseitigen Hebel** wirken die beiden Kräfte in die gleiche Richtung, beim **einseitigen Hebel** in unterschiedliche Richtungen.

Ein Hebel ist im Gleichgewicht, wenn beide **Drehmomente** gleich groß sind. Es gilt:

$$M_1 = M_2$$
$$F_1 \cdot s_1 = F_2 \cdot s_2 \; (F \perp s)$$

😊 Schiefe Ebene
Die Kraft, die auf einer schiefen Ebene aufgewandt werden muss, hängt ab von der Gewichtskraft F_G des Körpers und dem Steigungswinkel α der Ebene.

Goldene Regel der Mechanik
Bei Rollen, Hebeln und schiefen Ebenen kann Kraft gespart werden. Der Weg der wirkenden Kraft wird dann aber länger.

Kräfte

Zeig, was du kannst

1. Gib an, von welchen Größen die Geschwindigkeit v eines sich bewegenden Körpers abhängt.

2. Nenne drei verschiedene Arten von Kräften.

3. Nenne die Kraft, die eine Rakete steigen lässt.

4. Ist das Tretlager des Fahrrades gut geschmiert, musst du weniger Kraft aufwenden als bei einem ungeschmierten Tretlager. Begründe.

5. Gib die drei Merkmale einer Kraft an.

6. Was zeigt ein Kraftmesser an, wenn 150 g, 370 g oder 1,2 kg angehängt werden?

7. a) Wie lautet das hookesche Gesetz?
b) Schreibe die Formel für die Federkonstante auf. Was gibt sie an?

8. Begründe, dass jeder hochgeworfene Ball immer zur Erde zurückkehrt.

9. Warum können sich Astronauten trotz ihrer schweren Schutzanzüge mühelos auf dem Mond bewegen?

10. a) Wenn Autos auf ein Hindernis aufprallen, können die Insassen schwer verletzt werden. Nenne die Ursache dafür.
b) Nenne Einrichtungen, die diese Gefahr vermindern.

11. Welche Kräfte wirken, wenn du auf einer Personenwaage stehst?

12. Wieso schmerzen nach langem Stehen deine Füße?

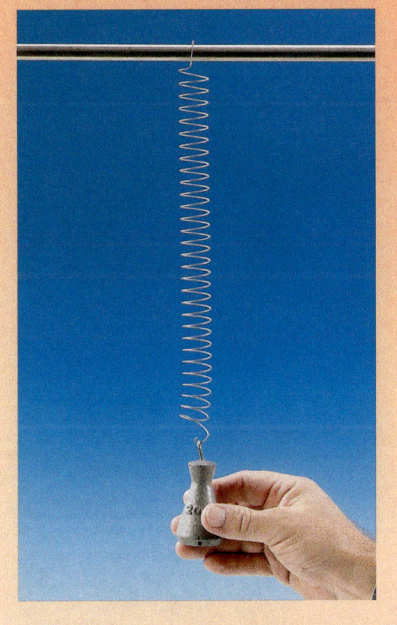

13. Gib jeweils die Kraft an, die zum Heben aufgewandt werden muss: Ein 25 kg-Sack Zement wird hochgezogen
a) senkrecht nach oben an einem Seil,
b) über eine feste Rolle,
c) über eine lose Rolle.

14. Ein Flaschenzug hat zwei lose Rollen. Ein Körper mit einer Masse von 200 kg soll 2 m hochgezogen werden. Gib die aufzuwendende Kraft F und die Seillänge s an, die eingeholt werden muss.

15. An einem Hebel hängt ein Körper mit einer Masse von 60 g in einem Abstand von 40 cm vom Drehpunkt entfernt. Damit der Hebel im Gleichgewicht ist, wirkt eine Kraft F im Abstand von 15 cm vom Drehpunkt. Wie groß muss sie sein?

16. Nenne die Regel, die für den Krafteinsatz bei losen Rollen, Hebeln und schiefen Ebenen gilt. Gib jeweils 2 Beispiele für ihre Anwendung an.

17. Wie viel Energie überträgt ein Fahrstuhl auf eine Person, wenn der Fahrstuhl sie 12 m anhebt? Die Person besitzt eine Masse von 65 kg.

18. Nenne für die drei mechanischen Energieformen jeweils 2 Beispiele.

19. Beschreibe die Energieumwandlung eines Federpendels. Wo findet dabei Energieentwertung statt?

20. Was sagt der Energieerhaltungssatz aus?

21. Beschreibe die Energieumwandlung beim Stabhochsprung.

22. Wie lässt sich der Wirkungsgrad berechnen?

23. Wie verändert sich die Energie eines Körpers, wenn
a) seine Höhe verdoppelt wird?
b) die Masse des Körpers verdreifacht wird?
c) die Höhe verdoppelt und die Masse verdreifacht werden?

24. Ein Körper mit der Masse $m = 6$ kg befindet sich in einer Höhe $h = 2$ m. Wie muss die Höhe des Körpers verändert werden, wenn seine Masse verdoppelt wird, seine Energie E jedoch gleich bleiben soll?

25. Mithilfe eines Flaschenzuges mit zwei losen Rollen wird ein Körper mit einer Gewichtskraft von 1000 N in 8 s um 10 m gehoben. Berechne die erbrachte Leistung.

26. Ein Motor eines VW-Käfers hatte eine Leistung von 30 PS. Gib seine Leistung in kW an.

System

Kräfte und

Wechselwirkung

Kraftwandler

📖 **1.** Nenne verschiedene Maschinen, die Kraftwandler einsetzen, und beschreibe die Wirkungsweise der eingesetzten **Systeme**.

📖 **3.** Beschreibe die unterschiedlichen Folgen der **Wechselwirkung** zwischen Fahrradreifen und Untergrund.

Kräfte

📖 **4.** Welcher Kraft am Aufzug **wirkt** die elektrische Kraft des Elektromotors entgegen?

📖 **5.** Erkläre mithilfe der Basiskonzepte **Wechselwirkung** und **Energie,** dass die Bremsscheibe auf dem Prüfstand zu glühen beginnt.

Hebel

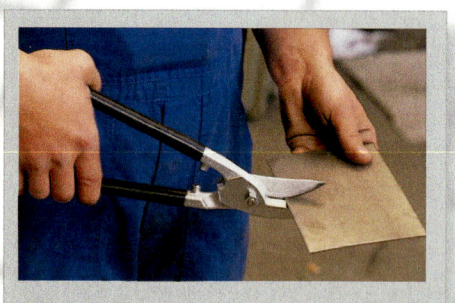

📖 **2.** Nenne Gemeinsamkeiten und Unterschiede in den **Systemen** einseitiger und zweiseitiger Hebel.

📖 **6.** Beschreibe den Rennstart eines Pferdes mit den Begriffen Kraft und Geschwindigkeit.

Kraftwirkungen: Bewegung und Verformung

📖 **7. a)** Welche Folgen hat ein Unfall bei großer Geschwindigkeit für das Auto und für die Fahrzeuginsassen?
b) Welche Sicherheitseinrichtungen dienen dem Schutz der Insassen vor den Folgen des Unfalls?

Basiskonzepte

Maschinen

Energie

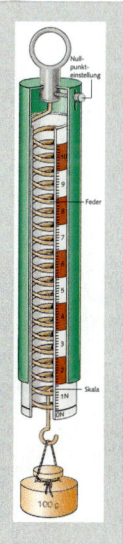

Struktur der Materie

Mechanische Energie

📖 **8.** Beschreibe eine Berg- und Talfahrt mit einem Fahrrad. Benutze dabei die Begriffe Muskelkraft, Erdanziehungskraft, schiefe Ebene, **Höhenenergie** und **Bewegungsenergie**.

Masse, Kraft

📖 **12.** Wie beeinflusst die Masse eines Körpers seine Gewichtskraft?

Energieerhaltung

📖 **9.** Beschreibe am Beispiel des Fadenpendels, dass **Energie** nicht verloren geht.

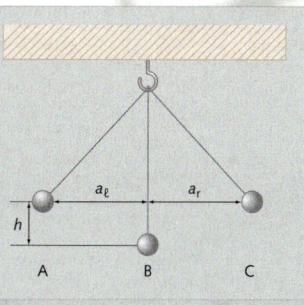

Energieausnutzung

📖 **10.** Warum ist es wichtig, dass bei Maschinen auf eine effektive **Energieausnutzung** geachtet wird?

Mechanische Leistung

📖 **11.** Warum hat das Mädchen mit dem roten Pullover eine größere Leistung erbracht als das Mädchen mit dem grünen Pullover? Benutze zur Beantwortung der Frage die Basiskonzepte **Wechselwirkung, Energie** und **Struktur der Materie**.

Elektrische Energie

Welche elektrischen Bauteile müssen mindestens vorhanden sein, damit die Bewegungsenergie des Windes in elektrische Energie umgewandelt werden kann? Welche Teile kannst du davon in dem geöffneten Maschinengehäuse erkennen?

Wie klein das Auto von hier oben aussieht. In welcher Höhe müssen die Techniker wohl arbeiten? Warum sind Windräder eigentlich so hoch? Sind denn alle Windräder so hoch?

Die elektromagnetische Induktion

🔍 **1. a)** Schließe eine Spule mit 1200 Windungen an ein Spannungsmessgerät mit Mittelstellung des Zeigers an. Schiebe einen Dauermagneten in die Spule und ziehe ihn wieder heraus. Beobachte dabei die Bewegung des Zeigers am Messgerät.
b) Schiebe die Spule über den Magneten und beobachte auch hierbei das Messgerät.

🔍 **2.** Drehe den Magneten um und wiederhole Versuch 1.

🔍 **3.** Wiederhole Versuch 1 mit mehreren Spulen mit unterschiedlicher Windungszahl.

🔍 **4. a)** Wiederhole Versuch 1 und schiebe den Magneten mit unterschiedlichen Geschwindigkeiten in die Spule.
b) Welchen Einfluss hat die Geschwindigkeit auf die Höhe der entstehenden Spannung?

🔍 **5.** Führe Versuch 1 a) mit verschieden starken Magneten aber jeweils gleicher Geschwindigkeit durch. Vergleiche die Messergebnisse.

📖 **6.** Formuliere die Ergebnisse aus allen Versuchen in Je-desto-Sätzen.

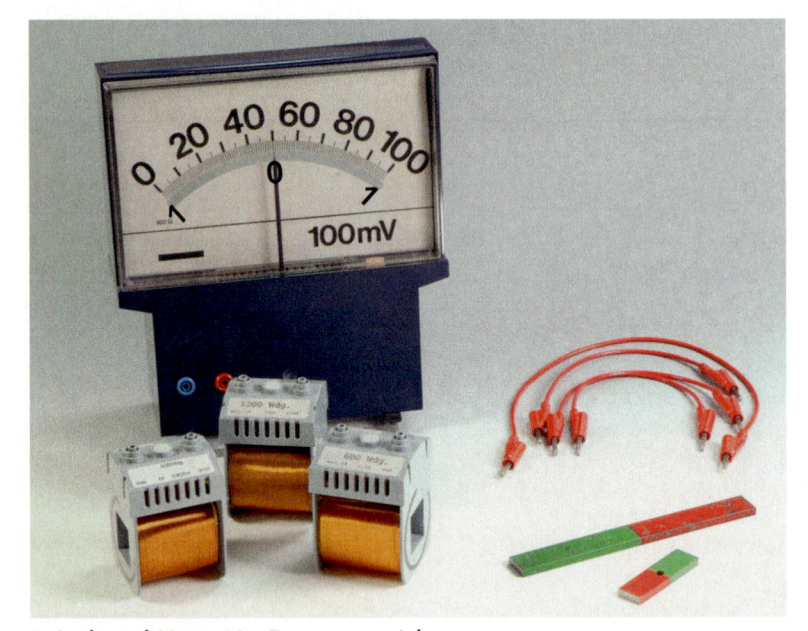

1 Spule und Magnet im Zusammenspiel

Bewegung erzeugt Spannung
Wird ein Magnet in einer Spule bewegt oder wird eine Spule über einem Magneten bewegt, so entsteht zwischen den Anschlüssen der Spule eine Spannung. Dieser Vorgang heißt **Induktion**, die Spannung wird **induziert**. Werden der Magnet und die Spule nicht bewegt, so entsteht auch keine Spannung. Zur Induktion müssen also drei Voraussetzungen gegeben sein: Magnet, Spule und Bewegung.

Die Richtung des Stromes in der Spule hängt von der Richtung der Bewegung und von der Lage der Pole des Magneten ab. Mit einem Messgeräte, dessen Zeiger in der Mitte der Skala steht, kann der Wechsel der Stromrichtung angezeigt werden.

Wovon hängt die Höhe der induzierten Spannung ab?
Werden Magnet und Spule schnell gegeneinander bewegt, so entsteht eine höhere Spannung als bei langsamer Bewegung. Die induzierte Spannung hängt von der **Geschwindigkeit der Bewegung** ab.

In einer Spule mit einer höheren Windungszahl wird bei sonst gleichen Bedingungen eine höhere Spannung induziert als in einer Spule mit weniger Windungen. Die induzierte Spannung hängt auch von der **Windungszahl der Spule** ab.

Mit einem starken Magneten wird bei sonst gleichen Bedingungen eine höhere Spannung induziert als mit einem schwächeren Magneten. Auch die **magnetische Kraft des Magneten** beeinflusst die Höhe der Induktionsspannung.

■ Durch eine Bewegung einer Spule und eines Magneten zueinander kann in der Spule eine elektrische Spannung induziert werden.
Die Höhe der Induktionsspannung hängt ab von
– der Geschwindigkeit der Bewegung,
– der Windungszahl der Spule,
– der magnetischen Kraft des Magneten.

Elektrische Energie

Induktion durch Drehbewegung

🔍 **1. a)** Hänge einen Bügelmagneten drehbar über einer Spule mit U-förmigem Eisenkern auf. Schließe die Spule an ein Spannungsmessgerät mit Mittelstellung an.
b) Drehe den Magneten langsam und beobachte dabei das Messgerät.
c) Drehe den Magneten schneller und beobachte wieder das Messgerät. Vergleiche das Ergebnis mit dem Ergebnis aus Versuch b) und begründe.

🔍 **2.** Wiederhole Versuch 1 mit einem Messgerät, das du auf das Zeichen ~ gestellt hast. Erkläre deine Beobachtungen.

📝 **3.** Nenne weitere Beispiele, bei denen durch eine Drehbewegung elektrische Spannung induziert wird.

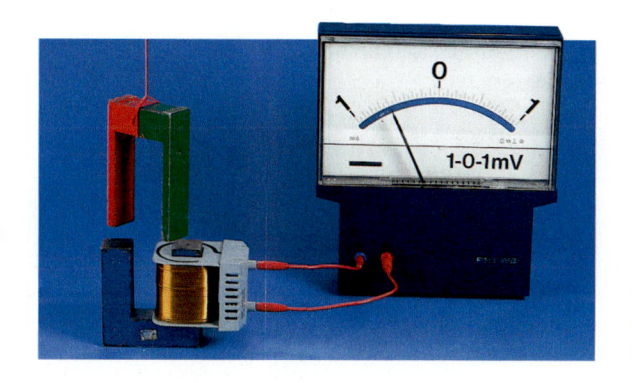

1 Elektrizität durch drehbaren Dauermagneten

Drehbewegung erzeugt Spannung
Wird ein Magnet wie in Bild 1 über einer Spule gedreht, so wird in der Spule eine Spannung induziert. Durch die Drehbewegung ändern sich die Richtung und die Stärke der magnetischen Wirkung in der Spule. Ein Eisenkern verstärkt diese Wirkung.

Im Nabendynamo werden Dauermagnete in einer Spule gedreht. In den Generatoren der Kraftwerke rotieren große Elektromagnete. Auch hierbei entsteht eine Induktionsspannung, da sich die magnetische Wirkung auf die Spule ständig ändert.

■ Wird ein Magnet über einer Spule gedreht, so ändert sich die magnetische Wirkung auf die Spule. Dadurch wird in der Spule eine Spannung induziert.

FARADAY and the discovery of induction

Streifzug

In 1820, the Danish natural scientist CHRISTIAN OERSTED (1777–1851) discovered that compass needles are deflected in the presence of live conductors. OERSTED had discovered the electromagnetism.
Consequently, the English natural scientist MICHAEL FARADAY (1791–1867) experimented with the idea of reversing this process. He concluded that if it was possible for electricity to influence a compass it must also be possible to generate electricity with a magnet. In 1831, eleven years after the discovery of electromagnetism, he succeeded in creating a weak current by using a self-made coil with two bar magnets. He proved it with a compass wrapped in several of the coils.

2 MICHAEL FARADAY

The discovery of induction by MICHAEL FARADAY made it possible to produce as much electricity as necessary.

discovery – Entdeckung; necessary – nötig; natural scientist – Naturwissenschaftler; conductor – Leiter; to reverse – umkehren; to conclude – folgern; to be possible – möglich sein; to influence – beeinflussen; electromagnetism – Elektromagnetismus; to succeed in – erfolgreich sein mit; to create – erzeugen; weak – schwach; current – Strom; coil – Spule, Windung; bar magnet – Stabmagnet; to prove – nachweisen; to be wrapped – umwickelt sein; several – einige

Elektrische Energieversorgung → S. 266/267

Der Gleichstrom-Elektromotor

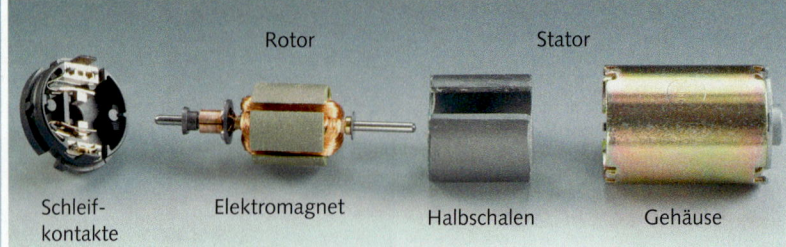

1 Teile eines Gleichstrom-Elektromotors
(Schleifkontakte, Rotor, Elektromagnet, Halbschalen, Stator, Gehäuse)

1. Welche der Bauteile in Bild 1 sind beweglich? Welche sind feststehend?

2. Bild 2 zeigt die Halbschalen eines Stators. Überprüfe mit Kompassnadeln, wo sich die Pole befinden.

3. a) Baue den Versuch nach Bild 3 A auf. Schließe den Schalter und beobachte die Spule.
b) Vertausche die Anschlüsse an der Batterie und beobachte.

4. Wiederhole Versuch 3 mit einem Aufbaumotor wie in Bild 3 B. Setze die Schleifkontakte auf je einen der ungeteilten Schleifringe und beobachte das Verhalten der Spule.

5. Begründe, warum es bei Versuch 3 und Versuch 4 nicht zu einer vollen Drehung der Spule kommen kann.

2 Überprüfen der Pole

So ist ein Elektromotor gebaut
In Bild 1 siehst du die Einzelteile eines Gleichstrommotors. Die wichtigsten Teile sind ein drehbar gelagerter Elektromagnet, der **Rotor,** und zwei magnetische Halbschalen. Die eine Halbschale hat innen einen Nordpol, die andere hat innen einen Südpol. Sie bilden zusammen mit dem Gehäuse den **Stator.**

Eine Spule dreht sich zwischen den Polen
Wird eine Spule an eine Batterie angeschlossen, so bildet sie einen Nord- und einen Südpol aus. Hängt die Spule wie in Bild 3 A zwischen den Polen eines Bügelmagneten, so werden die Pole der Spule von den Polen des Dauermagneten angezogen oder abgestoßen. Die Spule dreht sich, bis ihr Nordpol dem Südpol des Bügelmagneten und ihr Südpol seinem Nordpol möglichst nahe sind, dann bleibt sie stehen. Werden die Anschlüsse der Batterie vertauscht, so dreht sich die Spule in umgekehrter Richtung.
Auch der Rotor des Aufbaumotors bildet einen Elektromagneten. Wird er an eine Stromquelle angeschlossen, so dreht auch er sich bis zu einer Ruhelage. Soll eine vollständige Drehbewegung erreicht werden, so müssen die Anschlüsse vertauscht werden, wenn der Rotor die Ruhelage erreicht hat.

■ Eine Strom führende Spule führt zwischen den Polen eines Dauermagneten eine halbe Umdrehung aus. Die Drehrichtung hängt davon ab, wie die Spule an die Stromquelle angeschlossen ist.

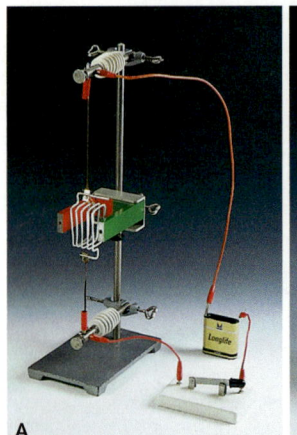

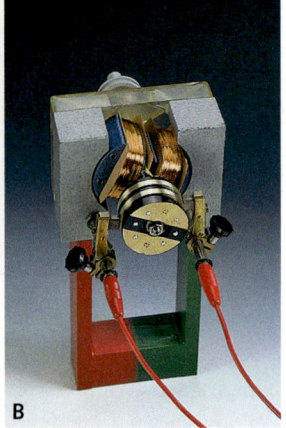

3 Drehbare Spulen. A *Modell;* **B** *Aufbaumotor*

Der Kommutator

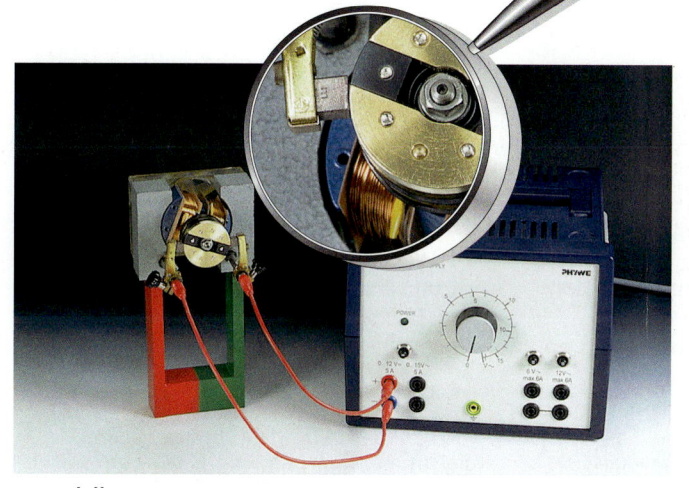

1 Modellmotor mit Kommutator

Ein automatischer Umschalter
Es ist sehr schwierig, mit der Hand die Pole an der Spule so schnell zu wechseln, dass eine fortlaufende Drehbewegung des Motors entsteht. Um diese dennoch zu erreichen, ist eine Vorrichtung nötig, die automatisch und zur richtigen Zeit die Anschlüsse der Spule umpolt. Ein solcher automatischer Umschalter heißt **Kommutator** oder Stromwender.
Der Kommutator besteht aus zwei Halbringen. Sie sind gegeneinander isoliert und sitzen mit der Spule auf einer Achse. Ein Spulenende ist jeweils an einem Halbring angelötet. Die Halbringe sind über zwei Schleifkontakte mit dem Stromversorgungsgerät verbunden. Weil der Kommutator die Stromrichtung in der Spule umkehrt, werden die Magnetpole der Spule vertauscht. Dieser Vorgang wiederholt sich nach jeder halben Umdrehung. Dadurch kommt es zu einer fortlaufenden Drehbewegung.

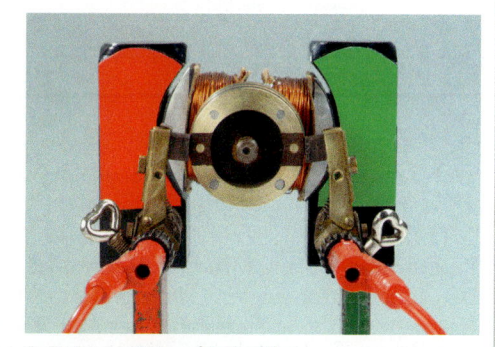

1. a) Baue den Motor wie in Bild 1 auf. Verbinde je einen Halbring mit einem Pol des Stromversorgungsgerätes. Bringe den Rotor in die Position wie in Bild 2 A. Schalte das Stromversorgungsgerät ein und regle es langsam hoch, bis sich der Rotor bewegt.
b) Erkläre die Drehung des Rotors mit Bild 2.
c) Erkläre, warum der Rotor keine fortlaufende Bewegung vollführen kann.
d) Drehe den Rotor weiter, bis die Schleifkontakte wieder die Halbringe berühren. Begründe, warum sich der Rotor jetzt eine halbe Umdrehung weiter dreht.
e) Welche Aufgabe haben die beiden Halbringe und die Schleifkontakte?

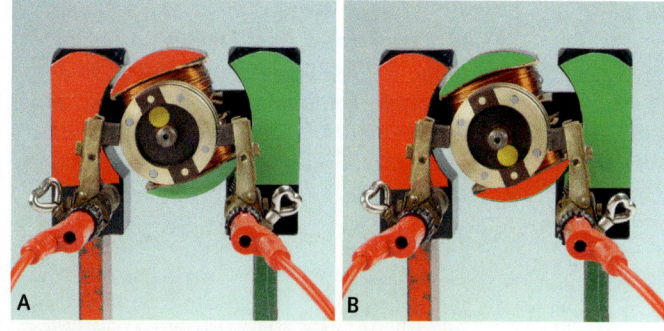

2 Rotor. A *Start*; B *nach einer halben Umdrehung*

3 Rotor in Totpunkt-Position

Der Totpunkt
Wenn die Schleifkontakte auf den isolierten Stellen zwischen den beiden Schleifringen stehen, wird die Spule nicht mit Elektrizität versorgt (Bild 3). Ist der Motor aber erst einmal in Bewegung, so sorgt der Schwung des Rotors dafür, dass er sich über diesen **Totpunkt** hinweg weiter dreht.

2. Wiederhole Versuch 1 d) mit doppelter Spannung.

3. a) Lass den Motor laufen. Verändere die Spannung am Stromversorgungsgerät bis auf maximal 12 V. Beschreibe deine Beobachtung.
b) Formuliere in einem Je-desto-Satz den Zusammenhang zwischen der Spannung und der Drehzahl des Motors.

■ Der Kommutator sorgt automatisch dafür, dass die Spule zum richtigen Zeitpunkt umgepolt wird. Dadurch kann der Totpunkt überwunden werden und es kommt zu einer fortlaufenden Drehung des Rotors.

Der Trommelanker

🔍 **1.** Baue einen Modellmotor wie in Bild 1 mit dreipoligem Rotor auf. Verbinde die Schleifkontakte mit dem Stromversorgungsgerät und regle es hoch, bis der Rotor sich zu drehen beginnt. Versuche durch Abbremsen mit der Hand, den Rotor in eine Position zu bringen, von der aus er nicht wieder anläuft. Beschreibe deine Beobachtung.

🔍 **2.** Entferne aus dem Aufbaumotor wie in Bild 2 den Bügelmagneten. Verbinde die Schleifkontakte mit den Anschlüssen einer Flachbatterie. Drehe den Rotor langsam mit der Hand. Stelle mit einer Kompassnadel fest,
a) wie viele Magnetpole bei einer Umdrehung auf dem Rotor entstehen.
b) wie sich Nord- und Südpol an den Polen verändern.

🔍 **3. a)** Setze den Aufbaumotor aus Versuch 2 wieder auf den Bügelmagneten. Schließe den Motor an den Gleichstromausgang des Stromversorgungsgerätes an und bringe ihn zum Laufen. Achte auf die Drehrichtung des Motors.
b) Wechsle die Anschlüsse des Motors am Stromversorgungsgerät und schalte wieder ein. Beobachte die Drehrichtung und vergleiche mit Versuch a).

📖 **4.** Betrachte den Modellmotor in Bild 3. Was vermutest du über seine Laufruhe? Begründe deine Vermutung.

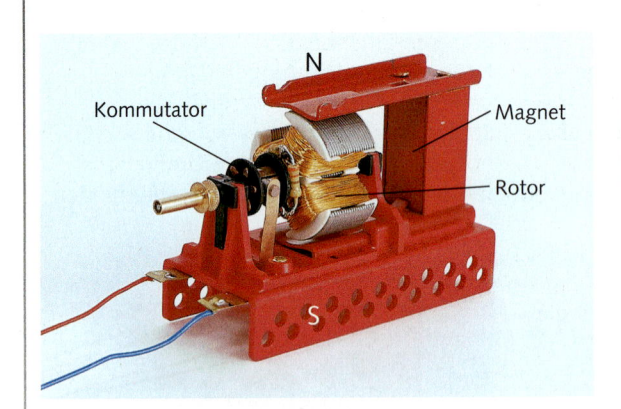

1 Dreipoliger Rotor, dreigeteilter Kommutator

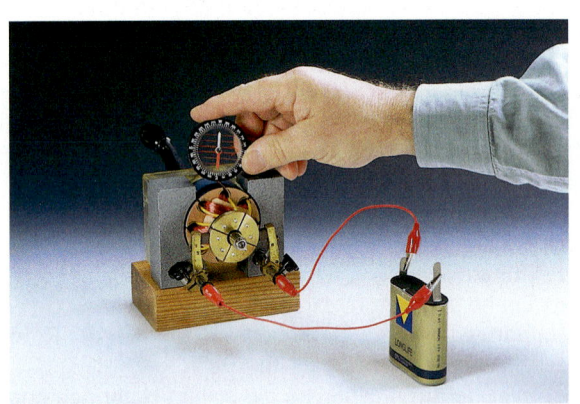

2 Rotor mit viergeteiltem Kommutator

Zweipolige Rotoren haben Nachteile
Der Kommutator eines zweipoligen Rotors hat zwischen den Halbringen isolierte Bereiche. Jedes Mal, wenn die Schleifkontakte darüber gleiten, wird der Rotor unmagnetisch. Seine Pole werden von den Magneten des Stators weder angezogen noch abgestoßen. Wenn der Motor nicht schon Schwung hätte, bliebe er stehen. Er läuft deshalb sehr unruhig. Totpunkte werden vermieden, wenn der Rotor mehr als eine Spule enthält. Bei einem dreipoligen Rotor sind drei Spulen auf einen Eisenkern gewickelt. Der Kommutator ist dann dreigeteilt, sodass immer mindestens eine Spule mit Elektrizität versorgt wird und Magnetpole ausbildet. Der Motor läuft ruhiger.

Motoren zur praktischen Anwendung
Bei mehrpoligen Rotoren werden immer mehrere Spulen gleichzeitig mit Elektrizität versorgt. Je mehr Spulen den Rotor antreiben, desto ruhiger läuft der Motor. Motoren in Geräten sind deshalb mit mehrpoligen Rotoren ausgerüstet. Solche Rotoren werden auch **Trommelanker** genannt.

■ Ist der Rotor eines Elektromotors mit mehr als zwei Spulen ausgerüstet, so gibt es keinen Totpunkt mehr. Je mehr Spulen den Rotor antreiben, desto ruhiger läuft der Motor. Diese Rotoren heißen Trommelanker.

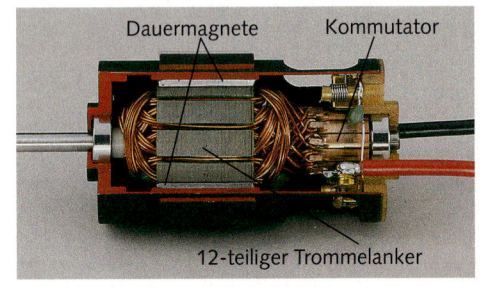

3 Elektromotor für den Modellbau

Elektrische Energie

Ein Elektromotor – selbst gebaut

Praktikum

Material
– Bausatz Elektromotor
– Holzbrett, 7 cm x 10 cm x 1,5 cm
– kleine Nägel
– Holzleim
– Lötkolben und Lötzinn
– 9 V-Batterie

Der Aufbau
Schneide den Aufbauplan aus dem Deckel der Bausatzverpackung aus. Klebe ihn dann auf das Holzbrett.
Baue den Motor nach der Abbildung und der Anleitung auf. Benutze zum Befestigen kleine Nägel. Tauche sie vor dem Eindrücken in etwas Holzleim, damit sie sich nicht lockern.

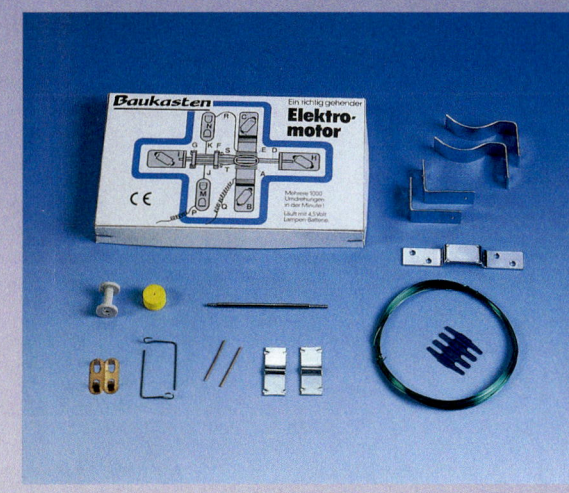

1 Material für den Elektromotor

Elektrische Verbindungen und Wicklungen
Löte alle elektrischen Verbindungen, damit sie haltbar sind und damit keine Unterbrechungen entstehen.
Die Statorwicklung muss sehr flach sein, damit sie nicht vom Rotor beschädigt wird.

Mögliche Fehlerquellen
– Die Drähte des Kommutators stehen nicht senkrecht zum Rotor.
– Die Kontaktfedern berühren beim Drehen die Drähte des Kommutators nicht.
– Lötstellen sind fehlerhaft.

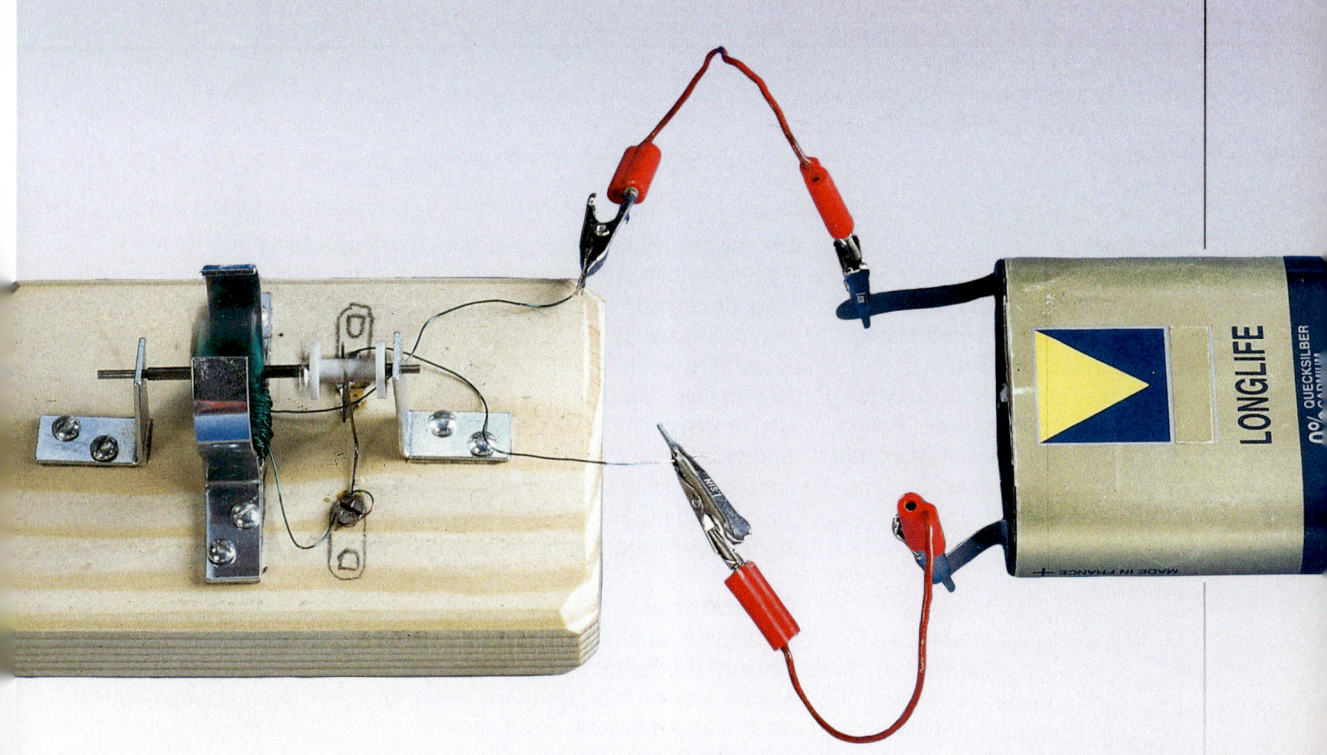

Elektrische Energieversorgung → S. 266/267

Der Nabendynamo – ein Generator

1 Ein Fahrrad-Nabendynamo

2 Ein Nabendynamo im Detail

1. Beschreibe den Nabendynamo in Bild 1. Benenne alle beweglichen und feststehenden Teile.

2. Spanne die Achse eines Nabendynamos zwischen zwei Stativstangen und baue mit dem Nabendynamo und einer Lampe (6 V | 0,1 A) einen Stromkreis auf. Befestige eine Schnur am Nabendynamo, wickle sie um die Nabe und versetze den Nabendynamo mithilfe der Schnur in schnelle Drehung. Was kannst du beobachten?

3. a) Ersetze die Lampe in Versuch 2 durch ein Strommessgerät, dessen Zeiger in der Mitte der Skala steht.
b) Drehe den Nabendynamo langsam und beobachte den Zeiger des Messgerätes.
c) Drehe den Nabendynamo schnell und beobachte den Zeiger des Messgerätes erneut.
d) Wiederhole Versuch c). Stelle dabei den Wahlschalter des Messgerätes auf das Zeichen ~. Wie verhält sich der Zeiger jetzt?
e) Was schließt du aus deinen Beobachtungen?

4. Begründe, warum beim Nabendynamo die Spulen mit der Achse verbunden sind und die Dauermagnete mit der Nabe drehbar sind.

Der Aufbau
Am Nabendynamo in Bild 2 erkennst du ähnliche Teile wie bei einem Elektromotor. Ein Magnet dreht sich um eine Spule. Er bildet den Rotor. Der Stator mit den Spulen ist fest mit der Achse verbunden. Wird der Magnet um die Spule gedreht, so wird Elektrizität erzeugt.

Hinweis
Die Bezeichnung Dynamo ist hier physikalisch nicht korrekt. Generatoren, die als Dynamo arbeiten, erzeugen den Magnetismus mithilfe eines Elektromagneten mit dem vom Generator selbst erzeugten Strom.

Ein Nabendynamo liefert Wechselspannung
Die Elektronen im Stromkreis des Nabendynamos ändern dauernd ihre Bewegungsrichtung. Dieser Wechsel lässt sich mit einem Messgerät mit Mittelstellung des Zeigers gut beobachten. Wird der Nabendynamo schnell gedreht, so kann der Zeiger dieser Bewegung nicht mehr folgen. Der Zeiger des Messgerätes schlägt nicht mehr aus. Erst wenn ein Messbereich für Wechselspannung gewählt wird, kann die erzeugte Spannung korrekt gemessen werden. Ihre Höhe hängt von der Geschwindigkeit der Drehbewegung ab. Sind Lampen an den Nabendynamo angeschlossen, so steigt mit der Drehzahl auch die Stromstärke. Bei schnellerer Fahrt leuchten die Lampen heller.

Generatoren
Maschinen, die durch eine Drehbewegung Elektrizität erzeugen, heißen **Generatoren**. Alle Generatoren haben einen Rotor und einen Stator. Bei ihnen wird ebenfalls durch die Bewegung eines Magneten in einer Spule Elektrizität erzeugt.

■ Ein Nabendynamo ist ein Generator. Generatoren erzeugen durch Drehbewegung mithilfe von Spule und Magnet Elektrizität.

Elektrische Energie

Generator und Elektromotor im Einsatz

🔍 **1. a)** Spanne die Achse eines Nabendynamos in ein Stativ, knote das Ende einer 2,50 m langen Schnur an einem Speichenloch fest und wickle die Schnur auf die Nabe. Baue einen Stromkreis aus einer Lampe (6 V | 2,4 W), einem Strommessgerät und dem Nabendynamo auf. Befestige Massestücke mit einer Masse von insgesamt 1,5 kg an der Schnur und lass die Massestücke los. Was beobachtest du?
b) Wiederhole den Versuch mit zwei baugleichen, parallel geschalteten Lampen. Beobachte die Lampen und das Strommessgerät, nachdem du die Massestücke losgelassen hast. Was stellst du nun fest?

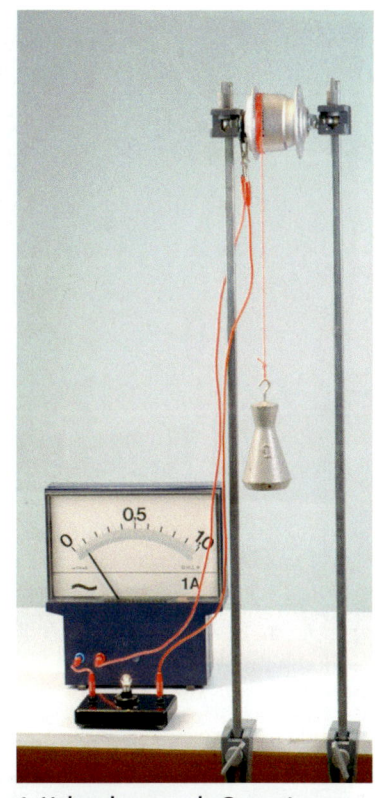

🔍 **2. a)** Spanne einen Getriebemotor mit Riemenscheibe wie in Bild 2 an ein Stativ. Schließe den Motor an ein Stromversorgungsgerät an. Baue einen Schalter, ein Spannungsmessgerät und ein Strommessgerät in den Stromkreis ein.
Führe über die Riemenscheibe eine Schnur, an deren Ende ein Gewichtsteller hängt. Schalte den Motor ein und regle die Spannung auf 12 V-. Miss die Stromstärke, wenn kein Wägestück aufgelegt ist. Trage den Messwert in die Tabelle ein.

Wägestücke, je 50 g	Stromstärke
0	
1	

b) Belaste den Gewichtsteller schrittweise mit 50 g-Wägestücken bis 150 g. Trage die jeweiligen Stromstärkewerte in die Tabelle ein. Achte auf eine gleichbleibende Spannung von 12 V-.
c) Vergleiche in der Tabelle die Anzahl der aufgelegten Wägestücke und die dazu gehörigen Stromstärkewerte und formuliere das Ergebnis in einem Je-desto-Satz.

1 Nabendynamo als Generator

🔍 **3.** Überlege dir einen Versuch, bei dem du eine Fahrradlichtmaschine als Motor betreiben kannst. Baue den Versuch auf und führe ihn durch.

📝 **4.** Warum wird die Zuleitung einer Küchenmaschine heiß, wenn sich die Knethaken nur sehr langsam im zähen Teig drehen können?

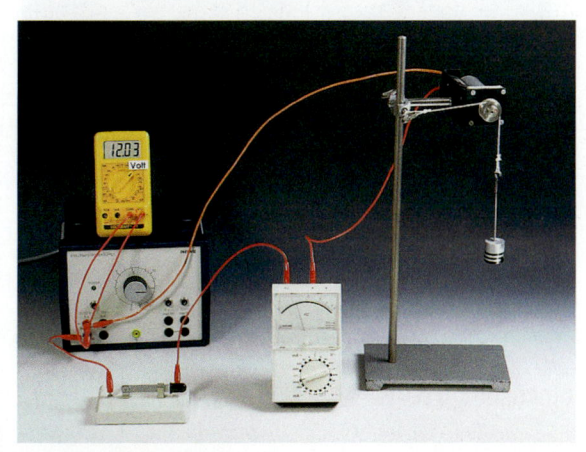

Generatoren unter Last
Wenn an einen Nabendynamo zwei Lampen parallel angeschlossen werden, lässt er sich schwerer drehen als bei nur einer Lampe. Die Belastung ist größer. Das Gleiche gilt auch bei großen Generatoren. Erhöht sich der Bedarf an Elektrizität, so muss der Generator mit größerer Kraft gedreht werden.

Motoren unter Last
Durch die Drehung des Rotors erzeugt der Generator Elektrizität. Ein Elektromotor dagegen benötigt Elektrizität, um seine Achse drehen zu können. Wird die Achse des Motors durch eine starke Belastung gebremst, so steigt die Stromstärke. Der Motor entnimmt dem Stromversorgungsnetz dann mehr elektrische Energie.

■ Je größer die Belastung eines Generators ist, desto mehr Kraft ist erforderlich, um ihn anzutreiben. Je größer die Belastung eines Motors ist, desto mehr elektrische Energie benötigt er.

2 Motor mit Bremse

203

Elektrizität durch Induktion

In Windparks wird durch Generatoren Elektrizität erzeugt.

1. Beschreibe, wie in einem Windkraftwerk durch Induktion Elektrizität entsteht.

3. Beschreibe Unterschiede und Gemeinsamkeiten dieser Fahrradlichtmaschinen.

2. Welche Bauteile, die für die Erzeugung von Elektrizität notwendig sind, kannst du auf dem Foto erkennen?

Jede Lichtmaschine im Auto ist ein Generator. Sie wird vom Motor angetrieben.

4. Nenne die Stellen, an denen bei einem Auto Elektrizität benötigt wird.

5. Nenne die drei Voraussetzungen, die zusammenkommen müssen, wenn Elektrizität durch Induktion erzeugt werden soll.

6. Nenne Stromquellen, bei denen Elektrizität nicht durch Induktion erzeugt wird.

Elektrische Energie

Bau von Elektrofahrzeugen

Lernen im Team

In diesem Projekt baut ihr unter gleichen Bedingungen und mit denselben Baumaterialien gleiche Fahrzeuge. So ist ein abschließender Wettbewerb möglich. Ihr könntet zum Beispiel ein 10 m-Rennen veranstalten oder messen, welches Fahrzeug die geringste Abweichung beim Geradeausfahren hat. Viel Spaß!

Ein Propeller treibt ein Boot
In dieser Gruppe baut ihr ein Boot. Als Antrieb dient euer selbstgebauter Elektromotor. Das Fahrzeug darf nur ein geringes Eigengewicht haben. Hartschaum hat sich hier als Baumaterial gut bewährt. Den Bootskörper könnt ihr aus übereinander geklebten Hartschaumplatten gestalten. Holzleim ist ein geeigneter Klebstoff.
Auf der Achse des Motors wird eine vorgebohrte Holzscheibe befestigt. Sie ist im Bausatz enthalten. Ein dreiflügeliger Propeller wird dann auf diese Holzscheibe geklebt.
Der Bootskörper muss soweit aus dem Wasser ragen, dass der Propeller nicht ins Wasser eintaucht. Ihr könnt die Blätter des Propellers auch verkürzen. Damit das Boot nicht umkippt, muss ein Kiel vorhanden sein. Dafür könnt ihr kleine, schwere Metallteile nehmen, zum Beispiel einen Zimmermannsnagel.
Die oberste Hartschaumschicht muss so ausgehöhlt werden, dass eine passende Vertiefung für den 9 V-Block entsteht.

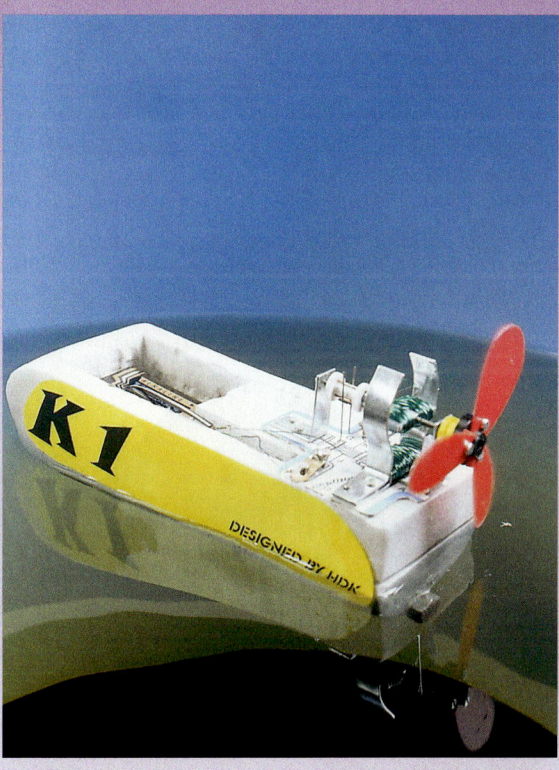

1 Schiff ahoi!

Ein Propeller auf vier Rädern
In dieser Gruppe baut ihr ein Fahrzeug, das durch einen industriell hergestellten Elektromotor angetrieben wird. Der dreiblättrige Propeller sorgt für erstaunlich zügige Fahrt der Leichtkonstruktion.

Dem Bausatz liegt eine ausführliche Bauanleitung bei. Zusätzlich solltet ihr Folgendes beachten:
1. Setzt beim Zusammenleimen von Ober- und Unterteil die Klemmzwingen nicht direkt auf das Sperrholz. Legt gerade, stabile Lattenreste dazwischen, dann entstehen keine Werkzeugspuren.
2. Schlagt mit einem kleinen Nagel Vertiefungen an die Stellen, wo die Ringschrauben zur Achsenhalterung befestigt werden. Dann sind sie leicht einzudrehen.
3. Lötet die elektrischen Verbindungen am Motor und an den Klemmsteckern zur Batterie. Nur so ist ein zuverlässiger Kontakt möglich.

2 Ein schneller Flitzer

Das dynamoelektrische Prinzip

1. Suche im Internet und in Büchern nach Darstellungen zum elektrodynamischen Prinzip.

2. Der Kleingenerator am Fahrrad wird meistens als Dynamo bezeichnet. Vergleiche seinen Aufbau mit dem einer Maschine nach dem dynamoelektrischen Prinzip. Ist die Bezeichnung Dynamo richtig?

3. Informiere dich im Internet über den Aufbau von Generatoren in Kraftwerken.

Anfang des 19. Jahrhunderts wurden die ersten Generatoren gebaut. Sie waren mit Dauermagneten ausgestattet. Diese Magnete hatten jedoch nur ein schwaches Magnetfeld, das zudem durch Erschütterungen mit der Zeit sogar noch weiter abnahm. Im Laufe der weiteren technischen Entwicklung wurden die Dauermagnete durch Elektromagnete ersetzt. Das führte jedoch zu einer neuen Schwierigkeit. Elektromagnete benötigen elektrische Energie, um ein Magnetfeld aufzubauen. Dazu war eine Maschine, die **Erregermaschine,** notwendig. 1866 erkannte WERNER VON SIEMENS (1816–1892), dass es möglich ist, zum Betrieb der Elektromagneten des Generators den induzierten Strom des Generators selbst zu nutzen. Er fand heraus, dass der Eisenkern eines Elektromagneten, der schon einmal durch elektrische Energie magnetisiert worden ist, einen schwachen Restmagnetismus aufweist. Dieser wird **remanenter Magnetismus** genannt (lat.: remanere, zurückbleiben).

Der Restmagnetismus befindet sich in den Ständerspulen. Werden die Läuferspulen gedreht, induziert dieser Magnetismus darin eine elektrische Spannung. Sie bewirkt in den Läuferspulen einen Strom. Dieser wird zunächst durch die Ständerspulen geleitet und verstärkt dort das Magnetfeld. Dieses induziert wiederum eine höhere Spannung in den Läuferspulen. Der Vorgang setzt sich fort und die Stärke des Magnetfeldes und damit die elektrische Spannung steigen an. Der Selbsterregervorgang nimmt zu, bis die benötigte elektrische Spannung erreicht ist. Dann wird der Stromkreis zu den Erregerspulen unterbrochen.

Weil die zur Induktion benötigte Spannung vom Generator selbst erzeugt wird, heißt der Vorgang **Selbsterregung** und ist Grundlage des **dynamoelektrischen Prinzips.** Die zugehörige Maschine heißt **Dynamomaschine** (griech.: dynamos, Kraft).

■ Das dynamoelektrische Prinzip ermöglicht die Selbsterregung eines Elektromagneten in einem Generator.

1 Dynamomaschine von WERNER VON SIEMENS

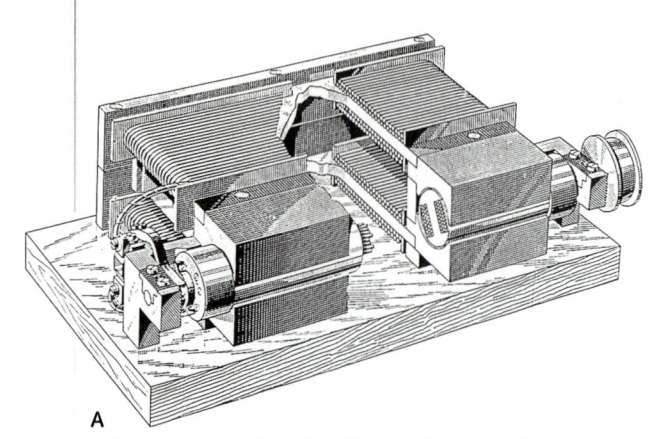

2 Dynamomaschine. **A** *Aufbau,* **B** *Weg der Elektronen*

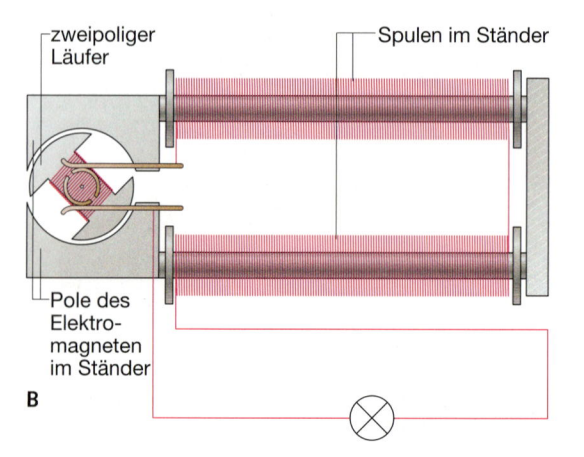

Elektrische Energie

WERNER VON SIEMENS

Streifzug

1816 geboren in Lenthe bei Hannover

1834 verlässt vorzeitig das Gymnasium

1835 Offiziersanwärter an der Berliner Artillerie- und Ingenieurschule

1840 Verurteilung wegen Teilnahme als Sekundant an einem Duell

1842 in der Haft Entwicklung eines Galvanisierverfahrens zur Versilberung von Essbesteck

1846 Entwicklung des Zeigertelegraphen

1847 Gründung der Telegrafenbauanstalt SIEMENS & HALSKE

1848 Bau der Telegrafenverbindung von Berlin nach Frankfurt M.

1849 verlässt das Militär

1866 Entdeckung des dynamoelektrischen Prinzips und Bau einer Dynamomaschine

1879 erste elektrische Lokomotive

1888 Erhebung in den Adelsstand

1892 gestorben in Berlin

Entdeckungen in der Elektrotechnik im 19. Jahrhundert

Im 19. Jahrhundert wurde elektrische Energie aus Batterien entnommen. Die Verfahren waren aufwendig und die Energiemengen gering.
Auf der Grundlage der Entdeckung der Induktion durch MICHAEL FARADAY (1791–1851) baute HYPPOLITE PIXII (1808–1895) eine erste Induktionsmaschine. Diese Konstruktion ermöglichte die Umwandlung von mechanischer in elektrische Energie.

Erfindungen des WERNER VON SIEMENS

Seine erste bedeutsame Entdeckung machte VON SIEMENS während der Militärzeit. Es war die Galvanotechnik, für die er später ein Patent erhielt.
Herausragender aber war die Entwicklung des elektrischen Zeigertelegraphen, mit dessen Hilfe sichere Nachrichtenverbindungen hergestellt werden konnten. Zusammen mit dem Universitätsmechaniker GEORG HALSKE (1818–1890) gründete er für die Nutzbarmachung dieser Erfindung die Firma SIEMENS & HALSKE in Berlin.
Seine wichtigste Entdeckung, das dynamoelektrische Prinzip, war das Ergebnis seiner wissenschaftlichen Forschungen. Es ist die Grundlage für die Konstruktion von Generatoren. Zu seiner Zeit ließ es sich noch nicht großtechnisch umsetzen. Darum fand es zunächst auch keine uneingeschränkte Anerkennung.

Der Unternehmer

WERNER VON SIEMENS war nicht nur Erfinder, sondern auch Unternehmer. Es gelang ihm, mit seinen Entdeckungen auch einen wirtschaftlichen Erfolg zu verbinden. Dabei dachte er auch immer an seine Mitarbeiter. Sie wurden am Erfolg des Unternehmens beteiligt und er gründete für sie auch eine Sozialversicherung.

1 Maschine von HYPPOLITE PIXII

2 WERNER VON SIEMENS

1820	1831	1832	1866	1872	1881	1892
OERSTED	FARADAY	PIXII	SIEMENS	HEFNER-ALTENECK	EDISON	Lauffen-Frankfurt
Zusammenhang zwischen elektrischem Strom und Magnetfeld	Induktion	rotierender Stromerzeuger	dynamo-elektrisches Prinzip	Dynamo-maschine	Glüh-lampe	Erste Übertragung elektrischer Energie

Der Transformator

1. a) Demonstrationsversuch: Bild 1 zeigt einen Transformator aus einer Spule und einem langen Experimentierkabel. Beide Spulen sitzen auf einem U-Kern aus Eisen. Die Eingangsspule wird an 230 V angeschlossen. Die Ausgangsspule liegt in einem Stromkreis mit einer Glühlampe 2,5 V.
b) Beschreibe, was der Trafo bewirkt.

n_E = 1200 Wdg. n_A = 12 Wdg.

1 Eine 2,5 V-Glühlampe an 230 V

2. a) Demonstrationsversuch: Die Spulen werden im Vergleich zu Versuch 1 getauscht. Die Ausgangsspule wird mit einer 230 V-Glühlampe verbunden (Bild 2).
b) Vergleiche die Spannungen und beschreibe die Wirkung des Trafos.

3. Übertrage die Tabelle in dein Heft. Kreuze an, welche Ergebnisse in den Versuchen 1 und 2 erreicht werden.

n_E Wdg.	n_A Wdg.	Spannung wird erhöht	Spannung wird vermindert
1200	12		
12	1200		

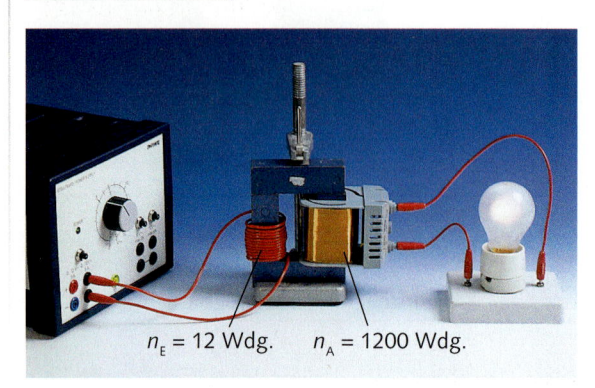

n_E = 12 Wdg. n_A = 1200 Wdg.

2 Eine 230 V-Glühlampe an 4 V

Aufbau und Wirkungsweise

Im elektrischen Versorgungsnetz werden unterschiedlich hohe Spannungen benötigt. Die entsprechende Anpassung erfolgt über einen **Transformator,** auch kurz Trafo genannt.
Bild 3 zeigt den Aufbau eines Transformators. Er besteht aus zwei Spulen, die um einen in sich geschlossenen Eisenkern gewickelt sind. Mit diesem Kern und miteinander haben sie keine elektrisch leitende Verbindung. Eine der Spulen heißt **Eingangsspule** oder Primärspule. Die andere ist die **Ausgangsspule** oder Sekundärspule.

Die Eingangsspule wird an eine Wechselspannung angeschlossen. Der elektrische Strom in der Eingangsspule magnetisiert den Eisenkern in der Spule. Dieser leitet den Magnetismus in die Ausgangsspule, die damit zur Induktionsspule wird. Dadurch wird in dieser Spule eine Spannung induziert.

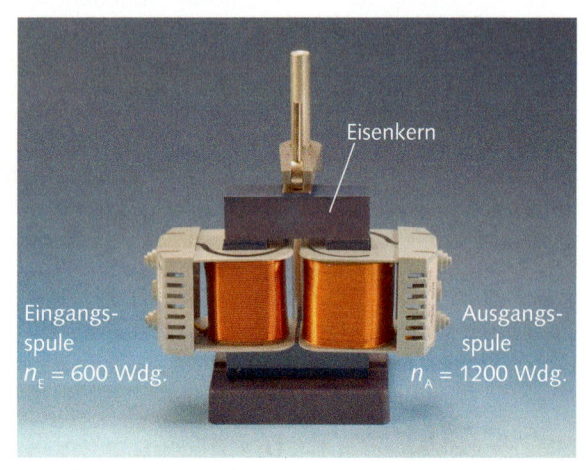

Eingangsspule n_E = 600 Wdg.   Eisenkern   Ausgangsspule n_A = 1200 Wdg.

3 Aufbau eines Transformators

Veränderung der Spannung

Vom Verhältnis der Windungszahlen der Spulen zueinander hängt die Wirkungsweise eines Trafos ab. Wenn der Transformator eine Spannung verringern soll, dann muss die Windungszahl der Eingangsspule größer sein als die der Ausgangsspule.
Wenn eine Spannung erhöht werden soll, muss die Windungszahl der Ausgangsspule höher sein als die der Eingangsspule.

■ Ein Transformator besteht aus zwei voneinander getrennten Spulen auf einem gemeinsamen Eisenkern. Mithilfe eines Trafos kann eine Spannung herauf- oder herabgesetzt werden.

Elektrische Energie

Spannungs- und Stromstärkenübersetzung

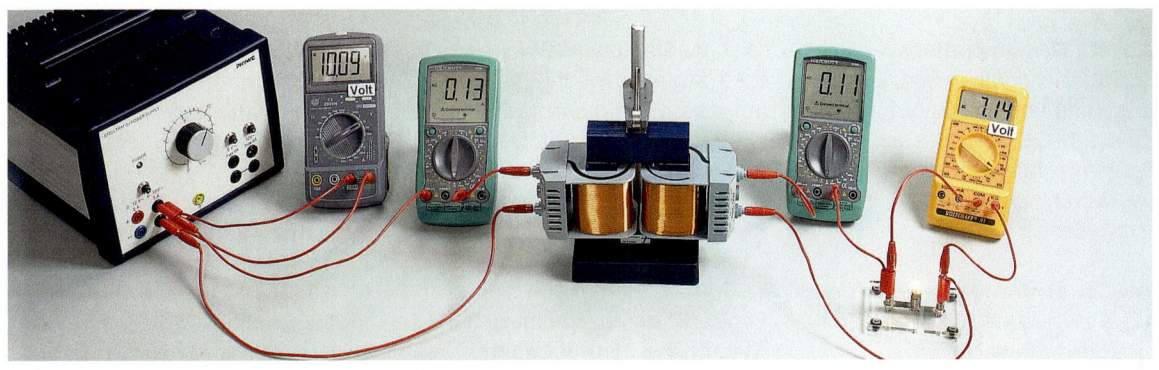

1 Übersetzung von Spannung und Stromstärke

🔍 **1. a)** Baue einen Versuch ähnlich wie in Bild 1 auf. Verwende zwei Spulen mit je 300 Windungen. Stelle am Stromversorgungsgerät eine Wechselspannung von 10 V ein. Miss die Spannung an den Spulen. Trage alle Werte in eine Tabelle ein.

n_E	n_A	$\frac{n_E}{n_A}$	U_E	U_A	$\frac{U_E}{U_A}$

b) Tausche die Eingangsspule gegen eine mit 600 Windungen. Wiederhole die Messung.
c) Verwende eine Eingangsspule mit 300 Windungen. Setze die Spule mit 600 Windungen am Ausgang ein und wiederhole die Messung.

📖 **2.** Berechne jeweils den Quotienten $\frac{n_E}{n_A}$ sowie $\frac{U_E}{U_A}$ und vergleiche die Ergebnisse.

🔍 **3.** Miss die Stromstärken im Aufbau aus Versuch 1. Notiere die Windungszahlen und die jeweiligen Stromstärken in einer Tabelle.

n_E	n_A	$\frac{n_E}{n_A}$	I_E	I_A	$\frac{I_E}{I_A}$	$\frac{I_A}{I_E}$

📖 **4.** Bestimme jeweils die Quotienten $\frac{n_E}{n_A}$. Führe dann die Berechnung $\frac{I_E}{I_A}$ und die des Kehrwertes $\frac{I_A}{I_E}$ durch. Vergleiche die Ergebnisse mit den Quotienten der Windungszahlen. Was stellst du fest?

📖 **5.** Ein Transformator hat eine Eingangsspule mit 250 Windungen. Die Windungszahl der Ausgangsspule ist 750. Welche Spannung liegt am Ausgang an, wenn die Eingangsspule an 6 V angeschlossen wird?

Unterschiedliche Spannungen

Die Elektrizitätswerke liefern elektrische Energie mit einer Spannung von 230 V oder 400 V in unsere Haushalte.

Es werden aber auch kleinere Spannungen benötigt. Eine Türklingel wird an 6 V angeschlossen. Die Spannung für eine Halogenbeleuchtung beträgt 12 V. Alle diese Geräte werden mit einem Transformator betrieben.

Die Wirkung des Transformators

Aus den Versuchen ergibt sich, dass das Übersetzungsverhältnis der Spannungen so groß ist wie das Verhältnis der Windungszahlen.

$$\text{Spannungsübersetzung } \frac{U_E}{U_A} = \frac{n_E}{n_A} = \ddot{U}$$

Die Stromstärken stehen dagegen im umgekehrten Verhältnis zu den Windungszahlen.

$$\text{Stromstärkenübersetzung: } \frac{I_A}{I_E} = \frac{n_E}{n_A}$$

Eingangsspule:
n_E – Windungszahl; U_E – Spannung; I_E – Stromstärke

Ausgangsspule:
n_A – Windungszahl; U_A – Spannung; I_A – Stromstärke

Energieausnutzung

Ein Teil der zugeführten elektrischen Energie wird in Wärme umgewandelt. Dadurch ist das Verhältnis der abgegebenen zur zugeführten Energie kleiner als 100 %.

■ Bei einem Transformator entspricht das Verhältnis der Spannungen dem der Windungszahlen. Das Verhältnis der Stromstärken ist umgekehrt zu dem der Windungszahlen.

Hochstrom- und Hochspannungstransformator

🔍 **1. Demonstrationsversuch:**
Ein Trafo wird wie in Bild 1 aufgebaut und an 230 V angeschlossen. Die Anschlüsse der Ausgangsspule werden durch einen dicken Nagel miteinander verbunden.

📖 **2. a)** Was passiert mit dem Nagel in Versuch 1 und wodurch wird dies verursacht?
b) Berechne die Stromstärke im Stromkreis der Ausgangsspule.

🔍 **3. Demonstrationsversuch:**
Ein Trafo wird wie in Bild 2 aufgebaut. An die Ausgangsspule werden zwei Metallstäbe angeschlossen. Diese müssen sich zu Beginn des Versuches kurzzeitig berühren.

📖 **4. a)** Beschreibe deine Beobachtung, nachdem sich die Metallstäbe berührt haben.
b) Welche Wirkung geht von dem Trafo aus?

📝 **5.** Informiere dich, wo
a) Hochstromtransformatoren,
b) Hochspannungstransformatoren eingesetzt werden.

📖 **6. a)** Berechne die Ausgangsspannung für einen Trafo mit n_E = 300 Windungen, n_A = 12 000 Windungen, wenn er an 400 V angeschlossen ist.
b) Um welche Art von Trafo handelt es sich dabei?

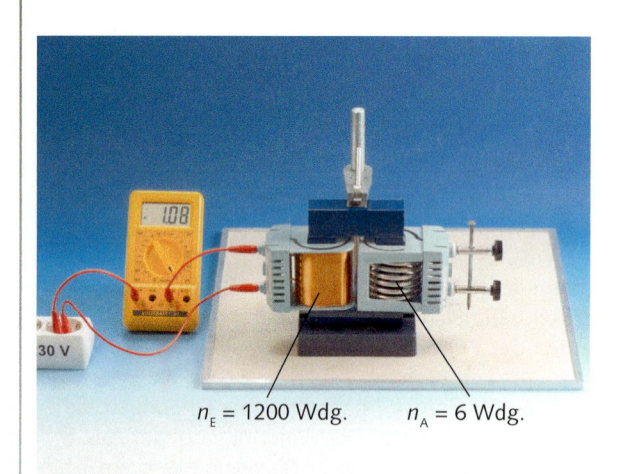

n_E = 1200 Wdg. n_A = 6 Wdg.

1 Hochstromtransformator

Hohe Stromstärken

Für das Elektroschweißen wird eine hohe Stromstärke benötigt. Die Energie dafür liefert ein Hochstromtransformator mit einem Übersetzungsverhältnis von 100 : 1 oder größer. Im Ausgangsstromkreis ist die Spannung gering, die Stromstärke aber hoch. Ihren Wert erhältst du über eine Berechnung. Dazu wird die Gleichung $\frac{I_A}{I_E} = \frac{n_E}{n_A}$ nach I_A umgestellt. Mit den Werten aus Bild 1 ergibt sich:

$$I_A = I_E \cdot \frac{n_E}{n_A}$$
$$I_A = 1\,\text{A} \cdot \frac{1200}{6}$$
$$\underline{I_A = 200\,\text{A}}$$

Diese Stromstärke reicht aus, um einen dicken Nagel zum Glühen zu bringen.

■ Durch den Hochstromtransformator entsteht auf der Ausgangsseite eine hohe Stromstärke.

Hohe Spannungen

Bei dem Versuch in Bild 2 hat die Eingangsspule eine wesentlich geringere Windungszahl im Vergleich zur Ausgangsspule. Für die Ausgangsspannung ergibt sich:

$$U_A = U_E \cdot \frac{n_A}{n_E}$$
$$U_A = 230\,\text{V} \cdot \frac{12\,000}{600}$$
$$\underline{U_A = 4600\,\text{V}}$$

Diese Spannung reicht aus, um zwischen den Metallstäben einen Lichtbogen entstehen zu lassen.

■ Der Hochspannungstransformator erzeugt auf der Ausgangsseite eine hohe Spannung.

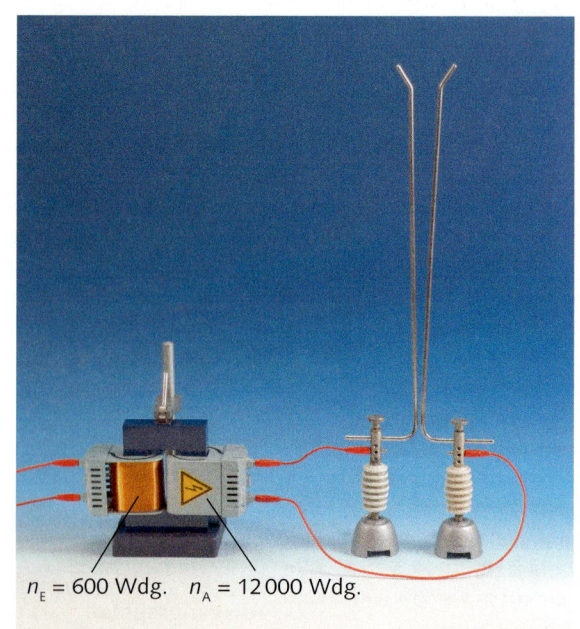

n_E = 600 Wdg. n_A = 12 000 Wdg.

2 Hochspannungstransformator

Elektrische Energie

Transformatoren im Einsatz

Pinnwand

Die Spannung des Akkus in einem Handy beträgt je nach Typ zwischen 3 V und 6 V. Der Akku wird mit einem **Ladegerät** geladen, das an 230 V angeschlossen wird. Im Ladegerät befindet sich ein Trafo, der 230 V in die erforderliche Spannung umwandelt. Trafos von Ladegeräten haben im Ausgangsstromkreis eine Stromstärke von 0,1 A.

1. Woran kannst du erkennen, dass ein Ladegerät die zugeführte Energie gut nutzt?

Bei einem **Schweißroboter** sind zwei gegeneinander isolierte Elektroden einer Zange mit einem Hochstromtransformator verbunden. Für den Schweißvorgang umfassen die Backen der Zange zwei Bleche eines Werkstückes. Dabei entsteht zwischen den Elektroden ein Kurzschluss. Dadurch wird eine Temperatur von 4000 °C erzeugt. Die Stahlbleche schmelzen kurzzeitig auf und verbinden sich miteinander.

3. Die Arbeit eines Schweißroboters wird auch als Punktschweißen bezeichnet. Erkläre diesen Begriff.

Die Versorgung mit elektrischer Energie in Wohngebieten erfolgt über Erdkabel, die eine Spannung von 10 000 V führen. Sie muss auf die Anschlusswerte der Haushalte von 230 V oder 400 V herabgesetzt werden. Diese Aufgabe übernehmen einzelne **Trafostationen,** die über die Wohngebiete verteilt sind.

2. Viele Wohngebiete werden über eine Ringleitung von zwei verschiedenen Trafostationen versorgt. Welchen Grund gibt es für diesen doppelten Anschluss?

Bei allen Otto-Motoren wird das Kraftstoff-Luft-Gemisch durch einen elektrischen Funken gezündet. Er entsteht an der Spitze der Zündkerze. Dafür wird eine Spannung von etwa 6000 V benötigt. Diese hohe Spannung wird durch den **Zündtrafo** erzeugt.

4. Warum darfst du den Stecker der Zündkerze bei laufendem Motor nicht berühren?

Der Transport elektrischer Energie

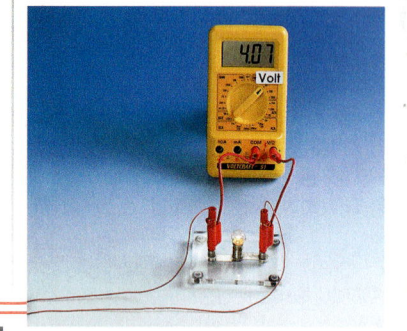

Lage der Kraftwerke
Der überwiegende Teil der elektrischen Energie wird in Großkraftwerken erzeugt. Wärmekraftwerke befinden sich oft außerhalb der Städte oder Ballungsräume. Braunkohlekraftwerke stehen in der Nähe der Lagerstätten der Braunkohle. Kernkraftwerke werden an einem Fluss gebaut, weil sie sehr viel Kühlwasser benötigen.

Übertragungswege
Vom Kraftwerk muss die elektrische Energie über große Entfernungen zu den Haushalten und Industriebetrieben transportiert werden. Dies erfolgt über Freileitungen, die an Hochspannungsmasten befestigt sind.
Für den Transport der elektrischen Energie wird die Spannung in einer Umspannanlage umgewandelt. Dort wird die Spannung auf 220 kV oder 400 kV heraufgesetzt. Mit dieser Spannung erfolgt der Transport durch das Freileitungsnetz.

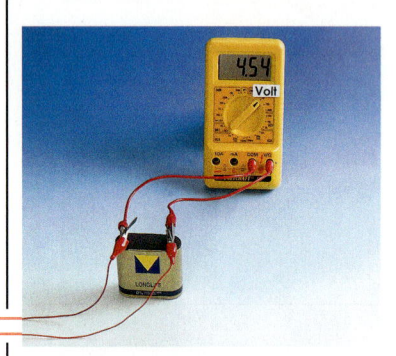

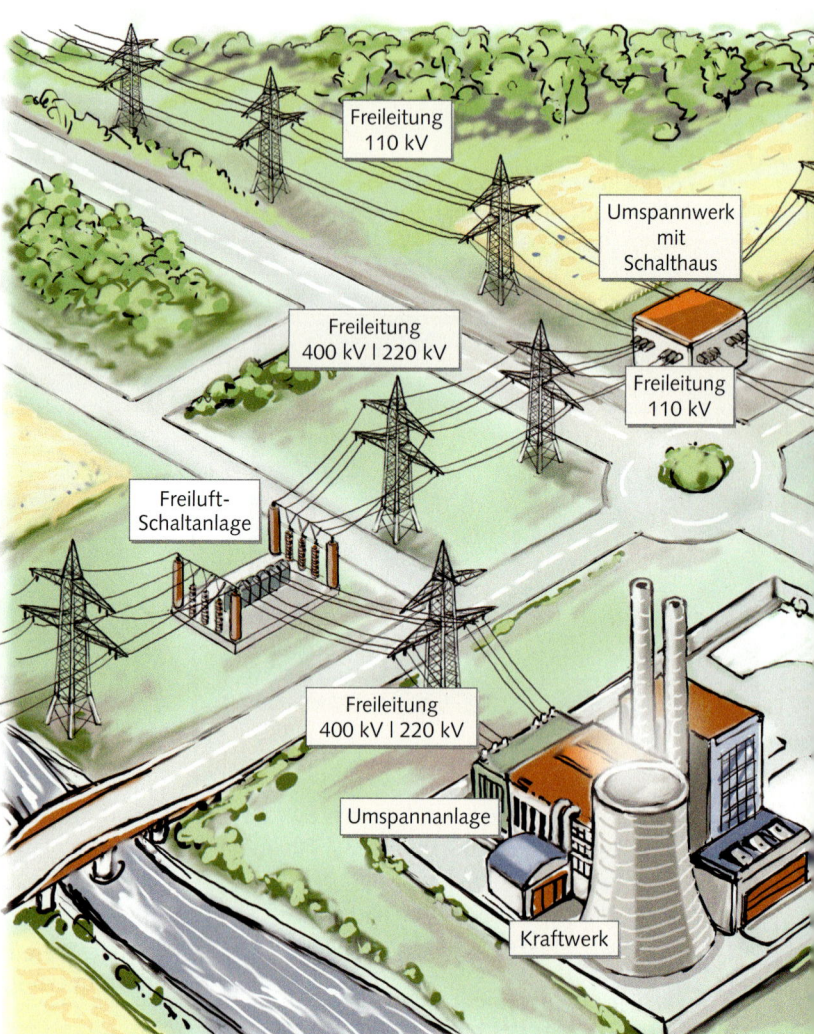

1 Spannungsmessung an einer langen Leitung

🔍 **1.** Baue einen Stromkreis mit einer 4,5 V-Batterie und einer Glühlampe (6 V | 2,4 W) auf. Verwende als Leiter zwischen der Stromquelle und der Lampe einen Klingeldraht von 10 m Länge. Miss die Spannung an der Batterie und an der Glühlampe und vergleiche die Werte. Was stellst du fest?

🔍 **2. a)** Schalte nacheinander eine Glühlampe (12 V | 40 W) und eine Glühlampe (24 V | 40 W) in einen Stromkreis. Miss die Stromstärken und vergleiche sie.
b) Formuliere den Zusammenhang zwischen Spannung und Stromstärke in einem Je-desto-Satz.

📖 **3.** Berechne jeweils die elektrische Leistung, die bei 12 V und 8,3 A sowie bei 230 V und 0,43 A übertragen wird.

2 Transport elektrischer Energie vom Kraftwerk zum Nutzer

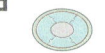

Elektrische Energieversorgung → S. 266/267

Elektrische Energie

Energie wird auch in Wärme umgewandelt
Auf dem gesamten Übertragungsweg wird ein Teil der elektrischen Energie in Wärme umgewandelt. Dies geschieht in den Leitungen und den Trafos der Umspannstationen. Die Wärmemenge ist von der Stromstärke abhängig, bei der die Energie übertragen wird. Bei größerer Stromstärke ist auch die Menge der Wärme höher.

Die Rolle der Stromstärke
Bei gleicher Energiemenge E kann der Wert der Stromstärke I verringert werden, wenn gleichzeitig die Spannung U erhöht wird. Dadurch lassen sich die Verluste durch Umwandlung in Wärme verringern. Die Formel $E = U \cdot I \cdot t$ zeigt, dass sich bei gleichbleibendem Wert für E der Wert für I verringern lässt, wenn U im gleichen Verhältnis vergrößert wird.

Durch nachfolgende Umspannwerke auf dem Weg zu den Nutzern wird die Spannung auf kleinere Werte herabgesetzt, zum Beispiel auf 10 000 V für Gewerbebetriebe. Für die Nutzung in Wohnhäusern erfolgt eine Verringerung auf 400 V oder 230 V. Bei dieser Spannung wird die elektrische Energie durch Erdkabel übertragen (Bild 2).

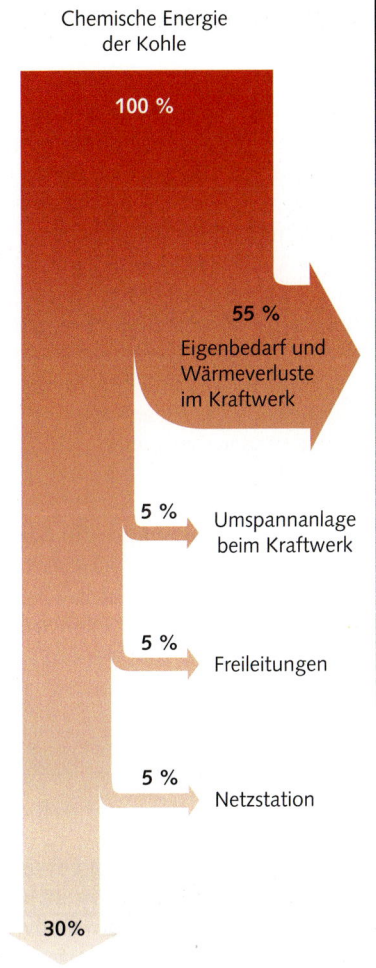

3 Umwandlung von elektrischer Energie in Wärme beim Transport im Leitungsnetz

- Chemische Energie der Kohle: 100 %
- 55 % Eigenbedarf und Wärmeverluste im Kraftwerk
- 5 % Umspannanlage beim Kraftwerk
- 5 % Freileitungen
- 5 % Netzstation
- 30 % Nutzer

■ Bei der Übertragung der elektrischen Energie entstehen Verluste durch Umwandlung elektrischer Energie in Wärme. Sie lassen sich reduzieren, wenn die Energie bei hoher Spannung und damit geringer Stromstärke transportiert wird.

Energieübertragung vom Kraftwerk zur Steckdose

🔍 **1. a)** Schließe wie in Bild 1A eine Glühlampe an ein Stromversorgungsgerät an. Simuliere dabei eine lange Leitung mit zwei Kabeln mit einem Widerstand von je 1 kΩ. Ersatzweise kannst du auch zwei 1 kΩ-Widerstände einbauen. Miss die Spannung am Stromversorgungsgerät und an der Glühlampe. Was stellst du fest?
b) Berechne den Spannungsunterschied in Prozent.

🔍 **2. Demonstrationsversuch: a)** Im Versuch in Bild 1B werden in die Übertragungsstrecke zwei Transformatoren eingebaut.
b) Die Höhe der Spannungen wird am Stromversorgungsgerät, auf der Verbindungsstrecke und am Ende der Strecke gemessen.

📖 **3.** Berechne erneut den Spannungsunterschied in Prozent und vergleiche das Ergebnis mit dem Wert aus Versuch 1 b).

📝 **4. a)** Suche im Wirtschaftsteil einer Tageszeitung die Weltmarktpreise für Aluminium und Kupfer. Vergleiche sie und berechne den prozentualen Unterschied.
b) Überlege, warum für Überlandleitungen Aluminium verwendet wird.

Leitungen begrenzen die Stromstärke
Der größte Teil unserer elektrischen Energie wird an Standorten erzeugt, die von den Nutzern weit entfernt sind. Sie muss deshalb über lange Leitungen transportiert werden.
Würde bei einem Kraftwerk mit 125 MW die Energie bei 230 V übertragen werden, würde sich die folgende Stromstärke ergeben:

$$P = U \cdot I$$
$$I = \frac{P}{U} = \frac{125\,000\,000\text{ W}}{230\text{ V}}$$
$$I = 543\,478\text{ A}$$

Ein Leitungsdraht aus Kupfer müsste für diese Stromstärke bei einer angenommenen Länge von 35 km einen Durchmesser von über 130 cm haben. Der Materialaufwand dafür wäre viel zu hoch und eine solche Leitung ließe sich auch nicht verlegen.

Stromstärke und Spannung
Die Stromstärke muss möglichst klein gehalten werden. Nach der Formel $P = U \cdot I$ ist dies möglich, wenn der Wert für die Spannung heraufgesetzt wird.

Bei einer Leistung von 125 MW und einer Spannung von 100 000 V beträgt die Stromstärke nur noch 1250 A.
Der Strom dieser Stärke wird aus technischen Gründen auf ein Drehstromnetz mit drei Leitungen verteilt.

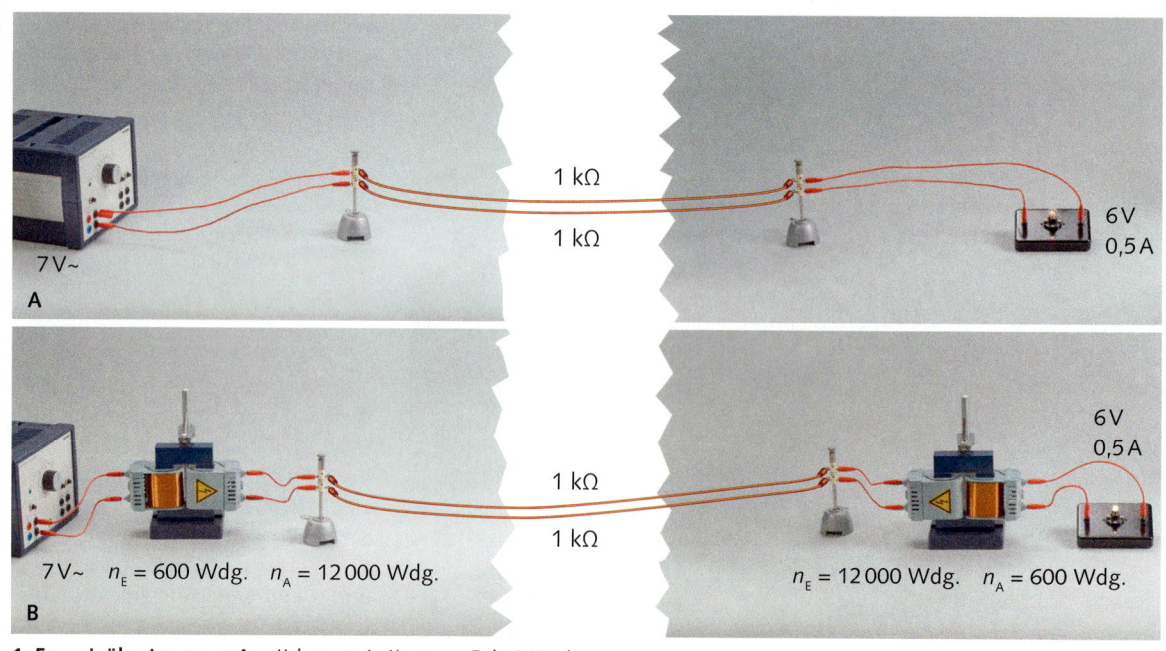

A 7V~ , 1 kΩ, 1 kΩ, 6V 0,5 A

B 7V~ , n_E = 600 Wdg., n_A = 12 000 Wdg., 1 kΩ, 1 kΩ, n_E = 12 000 Wdg., n_A = 600 Wdg., 6V 0,5 A

1 Energieübertragung. A *mit langen Leitungen;* **B** *bei Hochspannung*

Elektrische Energie

Die Betriebssicherheit begrenzt die Leistung
Aus Gründen der Betriebssicherheit werden Hochspannungsleitungen im Normalbetrieb nur mit 60 % der zulässigen Belastung betrieben. Bei einer 100 kV-Hochspannungsleitung mit einem Querschnitt von 240 mm² beträgt die Grenzleistung der Übertragung 125 MW. Die Stromstärke beträgt dann 1250 A. Von der Grenzleistung werden 60 % genutzt, also 75 MW. Das ergibt eine Stromstärke von 750 A in den Hochspannungsleitungen.

Leistungsverlust auf der Überlandleitung
Die Verlustleistung kann aus den Formeln für die Leistung und für das ohmsche Gesetz berechnet werden. Für die direkte Berechnung der Verlustleistung aus diesen beiden Angaben müssen die Formeln für die Leistung und den Widerstand zusammengeführt werden. Beide werden nach U umgestellt und dann gleichgesetzt.

$$U = I \cdot R \quad \text{und} \quad \frac{P}{I} = U$$
$$I \cdot R = \frac{P}{I}$$

Nach P umgestellt, ergibt sich:
$$P = I^2 \cdot R$$

Für die Verluste, die durch Umwandlung in Wärme entstehen, sind die Stromstärke zum Quadrat und der Widerstand der Leitung maßgebend.
Damit kann unmittelbar aus der Stromstärke und dem Widerstand die Verlustleistung berechnet werden. Sie beträgt für dieses Beispiel

$$P = (750\,A)^2 \cdot 4{,}7\,\Omega$$
$$P = 2\,643\,750\,W$$
$$P \approx 2{,}64\,MW$$

Bei einer Gesamtübertragungsleistung von 75 MW entspricht dies einem Anteil von etwa 3,5 %.

Die besondere Rolle der Stromstärke
Weil die Stromstärke I in der Formel $P = I^2 \cdot R$ im Quadrat steht, ergibt sich auch für die Verlustleistung eine quadratische Abhängigkeit von der Stromstärke. Bei doppelter Stromstärke wächst die Verlustleistung also auf das Vierfache. Dies zeigt, wie wichtig es ist, bei der Energieübertragung die Stromstärke so gering wie möglich zu halten.

■ Bei der Übertragung elektrischer Energie über Hochspannungsleitungen treten Leistungsverluste auf. Die Höhe der Verluste ist vom Widerstand der Leitung und von der Höhe der Stromstärke abhängig.

Pinnwand: Der Widerstand einer Hochspannungsleitung

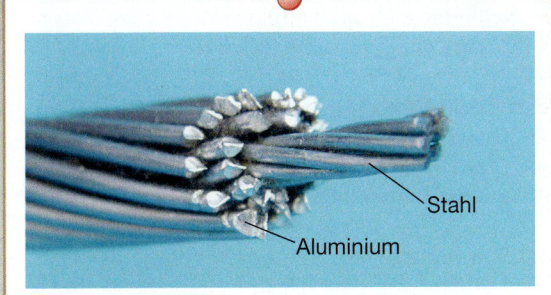

Aufbau einer Hochspannungsleitung
Energieversorgungsunternehmen verwenden für eine 100 kV-Hochspannungsleitung einen Querschnitt von 240 mm². Die Leitung besteht aus Aluminium mit einer Stahlseele. Das Aluminium ist der Leiterwerkstoff und die Stahlseele gibt der Leitung die notwendige Zugfestigkeit. Vom Gesamtquerschnitt entfallen 200 mm² auf das Aluminium und 40 mm² auf den Stahl.

Berechnung des Widerstandes
Bei der Berechnung des Widerstandes der Leitung muss berücksichtigt werden, dass die Werkstoffe unterschiedliche spezifische Widerstände haben. Es müssen also zunächst die Widerstände des Aluminiumleiters und des Stahlleiters berechnet werden.
Bei einer angenommenen Länge von 35 km betragen sie

– für Aluminium: $R_1 = \rho \cdot \frac{l}{A}$
$R_1 = 0{,}028\,\frac{\Omega \cdot mm^2}{m} \cdot \frac{35\,000\,m}{200\,mm^2}$
$R_1 = 4{,}9\,\Omega$

– für Stahl: $R_2 = \rho \cdot \frac{l}{A}$
$R_2 = 0{,}14\,\frac{\Omega \cdot mm^2}{m} \cdot \frac{35\,000\,m}{40\,mm^2}$
$R_2 = 122{,}5\,\Omega$

Beide Leiter müssen nun als parallel geschaltete Widerstände betrachtet werden:

$$\frac{1}{R_{ges}} = \frac{1}{R_1} + \frac{1}{R_2}$$
$$\frac{1}{R_{ges}} = \frac{1}{122{,}5\,\Omega} + \frac{1}{4{,}9\,\Omega}$$
$$R_{ges} = 4{,}7\,\Omega$$

Für diese 100 kV-Hochspannungsleitung ergibt sich also ein Widerstand von 4,7 Ω.

Spezifische Widerstände ρ in $\Omega \cdot \frac{mm^2}{m}$
Aluminium: 0,028
Kupfer: 0,01786
Stahl: 0,14

Elektrische Energie

Elektromagnetische Induktion
Durch die Bewegung eines Magneten in einer Spule entsteht eine elektrische Spannung. Dieser Vorgang heißt **elektromagnetische Induktion.**

Gleichstrommotor
Der **Gleichstrom-Elektromotor** besteht aus Rotor und Stator. Der Rotor ist eine drehbar gelagerte Spule, der Stator ist ein Magnet.

Der **Kommutator** sorgt durch Umpolung der Anschlüsse dafür, dass der Rotor eine fortlaufende Drehbewegung ausführen kann.

Die Höhe der induzierten Spannung ist abhängig von der Windungszahl der Spule, der magnetischen Kraft des Magneten und der Geschwindigkeit, mit der sich Spule und Magnet gegeneinander bewegen.

Generator
Eine Maschine, die der Erzeugung von Elektrizität dient, heißt **Generator.**

Dynamomaschine
Der Dynamo ist ein Generator, bei dem sich der Elektromagnet auf Grund des **dynamoelektrischen Prinzips** selbst erregt.

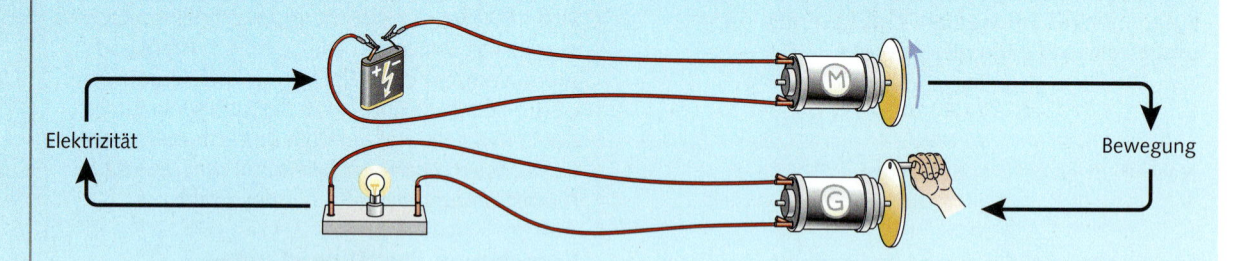

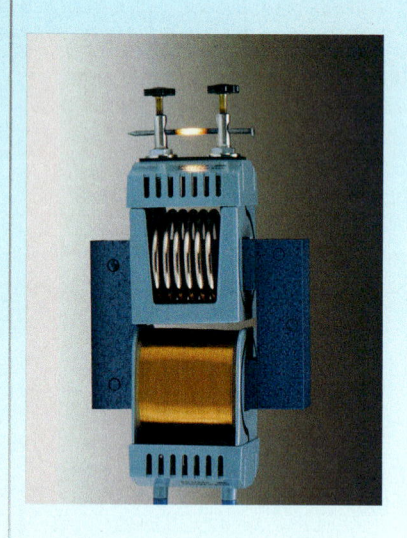

Elektrizität — Bewegung

Transformator
Mit einem Trafo lassen sich Spannung und Stromstärke verändern. Ein Teil der elektrischen Energie wird dabei in Wärme umgewandelt.

Hochstromtransformator
Bei hoher Windungszahl auf der Eingangsseite und niedriger Windungszahl auf der Ausgangsseite ergibt sich eine hohe Stromstärke auf der Ausgangsseite.

Hochspannungstransformator
Bei niedriger Windungszahl auf der Eingangsseite und hoher Windungszahl auf der Ausgangsseite ergibt sich eine hohe Spannung auf der Ausgangsseite.

Spannungsübersetzung	$\frac{U_E}{U_A} = \frac{n_E}{n_A} = Ü$
Stromstärkenübersetzung	$\frac{I_A}{I_E} = \frac{n_E}{n_A}$

Hochspannungsleitungen
Bei der Energieübertragung in einem Versorgungsnetz entstehen Leistungsverluste, weil ein Teil der elektrischen Energie in Wärme umgewandelt wird.

Die Verluste lassen sich verringern, wenn die Energie bei hoher Spannung und niedriger Stromstärke übertragen wird. Auch der elektrische Widerstand der Hochspannungsleitung spielt eine wichtige Rolle.

Elektrische Energie

Zeig, was du kannst

1. Nenne Geräte, die mit Elektromotoren betrieben werden.

2. Nenne die Teile eines Gleichstrom-Elektromotors.

3. Welches Bauteil im Elektromotor sorgt dafür, dass die Spule automatisch zur richtigen Zeit umgepolt wird?

4. a) Aus welchen Teilen besteht der Nabendynamo?
b) Welche Spannung entsteht am Nabendynamo?
c) Wie kannst du die Art der Spannung feststellen?

5. Welcher Zusammenhang besteht zwischen der Schnelligkeit der Bewegung eines Magneten in der Spule und der Größe der Spannung? Formuliere einen Je-desto-Satz.

6. Warum kann an den Schleifringen von Gleichstromgeneratoren eine Gleichspannung abgegriffen werden?

7. Welche Auswirkungen hat es, wenn beim Gleichstromgenerator die Drehrichtung umgekehrt wird?

8. Welche drei Voraussetzungen müssen erfüllt sein, damit durch Induktion elektrische Spannung erzeugt wird?

9. Wovon hängt bei der Induktion die Höhe der induzierten Spannung ab? Formuliere Je-desto-Sätze.

10. a) Beschreibe den Aufbau eines Transformators.
b) Welche Aufgabe hat der Eisenkern im Transformator?

11. Die Windungszahlen der Spulen eines Transformators stehen im Verhältnis 1:4. In welchem Verhältnis stehen die Eingangs- und Ausgangsspannung zueinander?

12. Wie groß ist die Ausgangsspannung am Trafo, wenn n_E = 400 Windungen, n_A = 2000 Windungen, U_E = 230 V betragen?

13. Der Trafo für eine Hausklingel transformiert die Spannung von 230 V auf 6 V. Seine Windungszahl auf der Eingangsseite beträgt 1200. Wie viele Windungen hat er auf der Ausgangsseite?

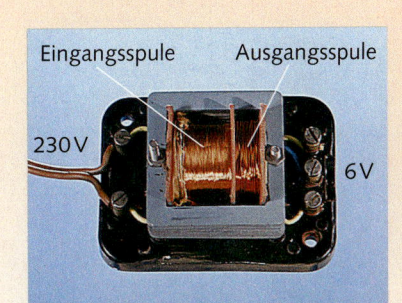

Eingangsspule   Ausgangsspule
230 V   6 V

14. Die Windungszahlen eines Transformators stehen im Verhältnis 5:1. Wie verhalten sich die Stromstärken?

15. Ein Spartrafo besteht aus einem Eisenkern und aus zwei Spulen, wobei die eine über die andere gewickelt ist. Was wird dadurch gespart?

16. Worin unterscheiden sich ein Hochspannungstrafo und ein Hochstromtrafo?

17. Warum geht von einem Hochspannungstrafo eine besondere Gefahr aus?

18. a) Warum erfolgt der Transport der elektrischen Energie im Netz mit einer hohen Spannung?
b) Welche besondere Rolle spielt die Stromstärke bei der Energieübertragung im Netz?

19. Berechne die Verlustleistung für eine Kupferleitung mit einer Länge von 80 km und einem Querschnitt von 120 mm². Die übertragene Leistung beträgt 40 MW bei einer Spannung von 110 kV.

20. Wie viel steigt die Verlustleistung einer Leitung an, wenn die Stromstärke auf den sechsfachen Wert erhöht wird?

Ob gelb, ob schwarz – die elektrische Energie hat keine Farbe. Wie kommt die elektrische Energie vom Kraftwerk zur Steckdose?

Es muss hell oder windig sein – sonst gibt es keine elektrische Energie. Wie gut wandeln Solaranlagen das Licht der Sonne und Windgeneratoren die Energie des Windes in elektrische Energie um?

Fossile und regenerative Energieversorgung

Energie und Energiewandler

Energiewandler
Der menschliche Körper mit seinen vielfältigen Funktionen muss mit Nahrungsmitteln versorgt werden. Du musst regelmäßig essen und trinken, um die Stoffwechselprozesse und damit die Körpertemperatur von 37 °C aufrechterhalten zu können. Mit dem, was der Körper aus den Nahrungsmitteln gewinnt, kannst du denken und dich bewegen. Dies alles ermöglicht dem Körper die zugeführte chemische Energie, die in den Nahrungsmitteln steckt. Der Körper ist also ein **Wandler** für Energie.

Elektrische Energie erzeugt Wärme und Licht
In einem Toaster sorgen Heizspiralen dafür, dass die elektrische Energie in Wärme umgewandelt wird. Wärme ist bei diesem Beispiel die **erwünschte Energieform.** Da sich die Drähte bis zur Rotglut erhitzen, senden sie außerdem noch Licht aus. Das stellt beim Toaster eine unerwünschte Energieform dar. Jede Energieumwandlung ist auch mit einer **Energieentwertung** verbunden, weil die unerwünschten Energien für die eigentliche Nutzung verloren gehen.

Energien lassen sich umformen
Technische Geräte und Maschinen benötigen unterschiedliche Formen von Energie. Unter bestimmten Voraussetzungen lassen sich Energien von einer Form in Energie einer anderen Form umwandeln. Dieser Vorgang heißt **Energieumwandlung.**
In jedem Elektrogerät wird die elektrische Energie nutzbar gemacht. Bei einer Bohrmaschine wird die zugeführte elektrische Energie in Bewegungsenergie des Bohrers umgewandelt.
Bei jedem Umwandlungsprozess entsteht Wärme, die an die Umwelt abgegeben wird. Hier handelt es sich um eine **unerwünschte Energieform.**

Die Sonne, der größte Energielieferant
Im Innern der Sonne finden Prozesse statt, bei denen Wasserstoffatome zu Helium verschmolzen werden. Dabei wird eine unvorstellbar große Menge Energie frei, von der ein Teil durch den Weltraum zu uns auf die Erde kommt.
Mithilfe von Solarzellen kann ein kleiner Teil der eingestrahlten Energie in elektrische Energie umgewandelt werden. Die eingestrahlte Energie der Sonne würde ausreichen, um den gesamten Energiebedarf der Welt zu decken. Es müssen jedoch noch geeignete Energiewandler und Möglichkeiten der Speicherung entwickelt werden.

Fossile und regenerative Energieversorgung

Zwei Männer mit derselben Idee

Julius Robert von Mayer

Julius Robert Mayer (1814–1878) wurde in Heilbronn geboren und studierte von 1832 bis 1837 in Tübingen Medizin. Nach seiner Promotion heuerte er auf einem Handelsschiff in Rotterdam als Schiffsarzt an.

Während einer Reise im Jahre 1840 nach Ostindien entnahm Mayer einem Matrosen Venenblut. Zu seiner Verwunderung sah es nicht wie gewöhnlich bläulich wie sauerstoffarmes Blut aus, sondern war rötlich wie das arterielle, sauerstoffreiche Blut.
Er vermutete, dass als Ursache für die Färbung das tropische Klima in Frage käme. Das Blut in einer warmen Umgebung behält mehr Sauerstoff, weil der Körper in den Tropen weniger Energie zur Erhaltung der Körpertemperatur produzieren muss. Untersuchungen des menschlichen Wärmehaushaltes ließen ihn 1842 zu dem Schluss kommen, dass Wärme und Bewegung unterschiedliche Formen von Energie sind, die ineinander umgewandelt werden können. Er erkannte, dass Energie nicht verbraucht werden und nicht verloren gehen kann.

Unabhängig von Mayer veröffentlichte der englische Physiker James Prescott Joule den gleichen Zusammenhang und galt fortan als Entdecker des Energieerhaltungssatzes. Mayer machte seine Ansprüche geltend, genau diesen Zusammenhang schon eher entdeckt zu haben, fand aber kein Gehör. Erst 1862 wurde das anerkannt. Er wurde in den Adelsstand erhoben und erhielt viele Ehrungen und Auszeichnungen. Als berühmter Mann starb er 1878 in Heilbronn.

Dass die Einheit der Wärme in „Joule" angegeben wird und nicht in „Mayer", hat er aber nicht mehr ändern können.

James Prescott Joule

James Prescott Joule (1818–1889) wurde in der Nähe von Manchester als Sohn eines Brauereibesitzers geboren. 1834 begann er bei John Dalton (1766–1844) mit dem Studium der Mathematik und der Naturwissenschaften. Da der Vater über das Interesse des Sohnes sehr erfreut war, richtete er ihm ein Laboratorium ein. Joule arbeitete unermüdlich daran, die Wärmeentwicklung bei mechanischen Vorgängen zu messen. In unzähligen Experimenten fand er heraus, dass sich die Umwandlung von Wärme in mechanische Energie, die er – wie lange Zeit üblich – Arbeit nannte, immer im selben Verhältnis vollzieht.
Die Ergebnisse seiner Forschungen trug er 1847 vor. Doch mit Ausnahme eines jungen Mannes begriff keiner seiner Zuhörer, welche Bedeutung die von Joule vorgetragenen Erkenntnisse hatten. Nur der damals erst 23-jährige William Thomson (1824–1907), der spätere Lord Kelvin, erkannte, dass Joule mit dem Nachweis des Zusammenhanges zwischen Wärme und Arbeit ein neues Kapitel der theoretischen Physik aufgeschlagen hatte.

Auch in den folgenden Jahren hatte es Joule schwer, sich im Kreis der Wissenschaftler durchzusetzen. Seine Vorträge galten als trocken und einschläfernd, er selbst als ausgesprochen schüchtern. Nur selten wurde er für seine wissenschaftliche Arbeit öffentlich geehrt. Den Höhepunkt seiner wissenschaftlichen Karriere erreichte er 1850, als er zum Mitglied der Londoner Royal Society gewählt wurde. Wirtschaftliche und gesundheitliche Schwierigkeiten führten dazu, dass er seine letzten Lebensjahre völlig zurückgezogen in seinem Haus in Sale bei London verbrachte.

Seit dem 1. Januar 1975 trägt die Einheit der Energie, Arbeit und Wärme seinen Namen. Doch genau wie ihr Namensgeber ist die Einheit zwar bekannt, aber nicht populär. Nur schwer kann sie sich im Alltag gegen ihre Vorgängerin als Einheit für Energie und Wärme, die Kalorie, durchsetzen.

1. Finde heraus, wie die alte Einheit Kalorie (cal) in Joule (J) umgerechnet wird.

Kohle speichert die Sonnenenergie seit Jahrmillionen

1 Aus Pflanzen entsteht Kohle.

✏️ **1.** Suche im Internet Abbildungen von Versteinerungen, die in Kohleflözen gefunden wurden.

📖 **2.** Erstelle ein Plakat mit dem Thema „Der Inkohlungsprozess – Von der Pflanze bis zum Anthrazit".

📖 **3.** Warum finden sich in einer Steinkohlezeche immer mehrere Flöze untereinander?

✏️ **4.** Suche die Bedeutung des Begriffes fossil.

Die Zeit des Carbons
Vor 345 bis 280 Millionen Jahren, im Zeitalter Carbon, herrschte auf der Erde ein feucht-warmes Klima. Auf fruchtbaren Böden wuchsen üppige Pflanzen. Diese speicherten durch Fotosynthese die Sonnenenergie. Abgestorbene Pflanzenteile fielen zu Boden und versanken im sumpfigen Untergrund.

Verrottung unter Sauerstoffabschluss
Da das Wasser sauerstoffarm war, konnten die Pflanzen nur unvollständig verrotten. Es entstand **Torf**, der durch neue Sedimentschichten nach unten gedrückt wurde. So lagerten sich weitere Torf-, Sand- und Gesteinsschichten übereinander ab.

Druck verändert den Torf
Durch immer neue Schichtenbildung wurde der Druck auf die untersten Schichten so groß, dass der Torf sich in **Braunkohle** verwandelte. Die Braunkohleschichten befinden sich nicht sehr tief in der Erde. Der Prozess von der Pflanze zur Kohle wird als **Inkohlung** bezeichnet.

■ Aus versunkenen Pflanzenteilen entstand unter Luftabschluss, bei großem Druck und hoher Temperatur Kohle. Dieser Prozess der Inkohlung begann im Zeitalter Carbon.

Druck erzeugt Wärme
Die unteren Braunkohleschichten wurden durch den steigenden Druck von oben immer weiter zusammengepresst. Dadurch stieg auch die Temperatur an. Flüchtige Bestandteile entwichen und der Kohlenstoffgehalt wurde höher. In einem langen Prozess wurden diese Schichten zu **Steinkohle** und später zu **Anthrazit** umgewandelt. Diese Schichten entwickeln sich in großer Tiefe. Sie haben eine unterschiedliche Mächtigkeit, die davon abhängig ist, wie viel Pflanzenmaterial in ihnen gelagert ist. Noch heute finden sich in den **Flözen** Versteinerungen von Pflanzen aus dem Carbon.
Kohle ist ihrer Entstehung nach ein **fossiler Energieträger**. Der Vorgang der Inkohlung ist einmalig, deshalb wird Kohle auch **nicht erneuerbarer Energieträger** genannt.

Fossile und regenerative Energieversorgung

Einheimische Braun- und Steinkohle

Streifzug

1. Suche im Atlas Karten, die die Braun- und Steinkohlereviere in Deutschland zeigen, und schreibe sie auf.

2. Vergleiche die Größe und Anzahl der Steinkohlegebiete mithilfe einer Karte mit den Braunkohlevorkommen in Deutschland.

3. Zu wie viel Prozent werden Braun- und Steinkohle bei der Erzeugung elektrischer Energie eingesetzt?

4. Diskutiert Vorteile und Nachteile der Energiegewinnung durch Kohle.

Abbau von Braunkohle
Deutschland hat drei große Braunkohleabbaugebiete: Das Mitteldeutsche Revier, die Niederlausitz und die niederrheinische Bucht.
Weil die Braunkohle nicht sehr tief im Erdreich liegt, kann sie im **Tagebau** abgebaut werden. Dabei wird mit großen Baggern zunächst die obere, nicht Kohle führende Schicht, der Abraum, entfernt. Die darunter befindlichen Braunkohleschichten können dann mit Baggern abgebaut und mit langen Förderbändern zum Kohlekraftwerk transportiert werden. Der größte Teil der Braunkohle wird zur Energiegewinnung genutzt.

Folgen des Braunkohleabbaus
Der großflächige Abbau und die damit verbundene Zerstörung der Landschaft bedeuten immer auch einen Eingriff in das Leben der dort wohnenden Menschen. Dort, wo Kohle abgebaut wird, müssen ganze Ortschaften umgesiedelt werden. Der Grundwasserspiegel in der Umgebung sinkt und beeinträchtigt so die Landwirtschaft.
Nach der Schließung eines Tagebaues beginnt die **Renaturierung.** Neue land- und forstwirtschaftliche Nutzflächen und Gewässer entstehen. An einigen Stellen werden auch neue Seenlandschaften geschaffen, die den Freizeitwert der Region wieder steigern.

Abbau der Steinkohle
In Deutschland befinden sich mehrere Steinkohleabbaugebiete: Das Ruhrgebiet, das Saarland und das Aachener Revier. Steinkohle und Anthrazit liegen bis zu 2000 m tief in der Erde und können deshalb nur im **Untertagebau** abgebaut werden. Steinkohlezechen erkennst du an ihren Fördertürmen. Von einem Schacht aus, der tief ins Erdinnere reicht, gehen waagerechte Stollen zum Kohleflöz ab. Kohlehobel lösen die Kohle aus dem Berg, die dann über Förderbänder zum Schacht transportiert wird. Mit Förderkörben wird sie ans Tageslicht gebracht und zur weiteren Verwendung auch in Steinkohlekraftwerke transportiert.

Folgen des Steinkohleabbaus
In Abbaugebieten treten immer wieder **Bergschäden** auf. Die unterirdischen Stollen brechen ein und die darüber liegende Erdoberfläche senkt sich. Gebäude bekommen Risse. Im schlimmsten Fall können sogar kleine Erdbeben ausgelöst werden.

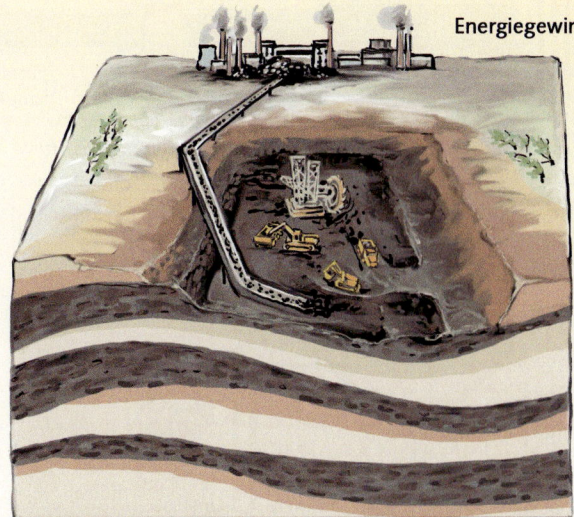

Energiegewinnung durch Verbrennung

1 Braunkohletagebau

2 Steinkohleabbau

Elektrische Energieversorgung → S. 266/267

Das Kohlekraftwerk

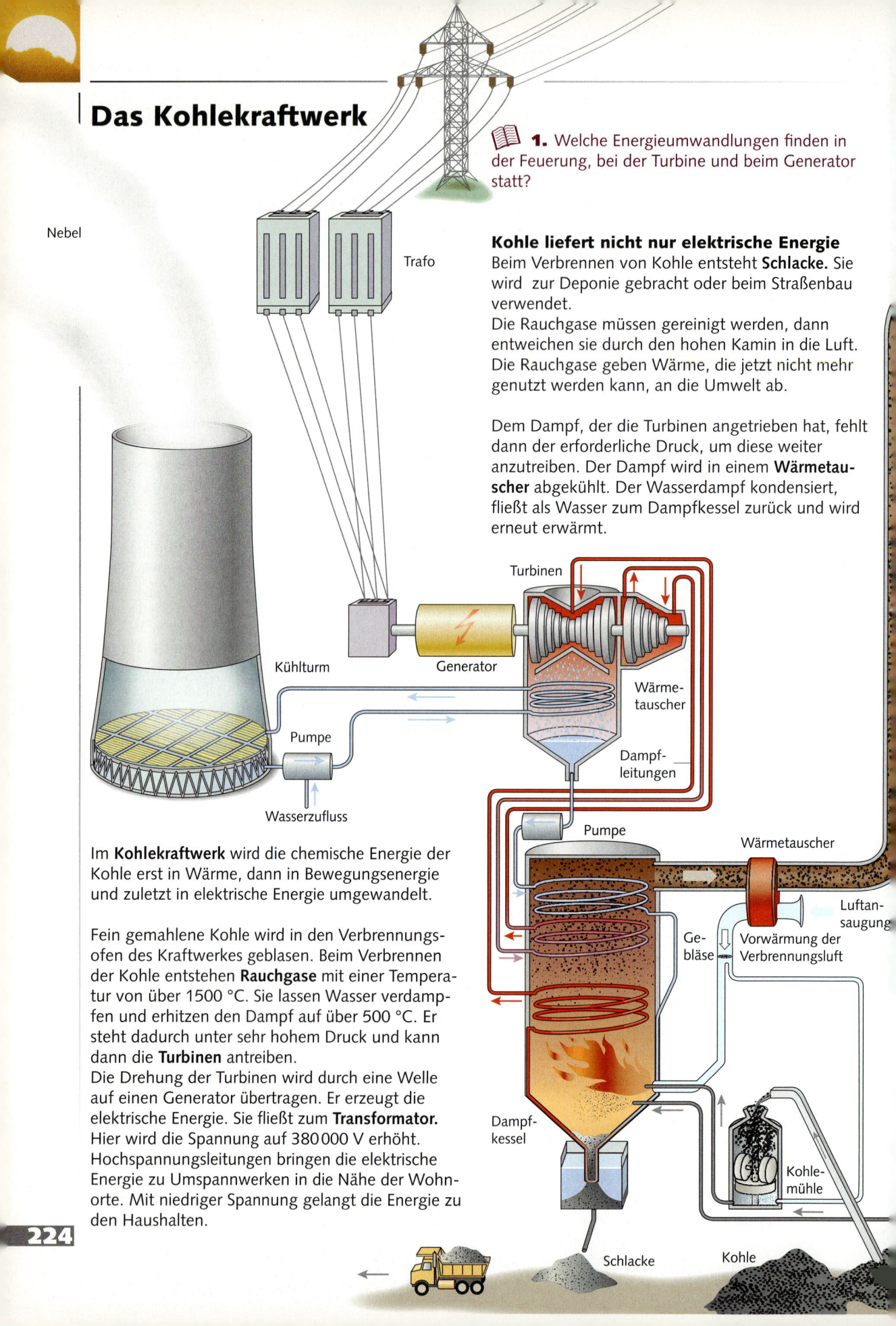

📖 **1.** Welche Energieumwandlungen finden in der Feuerung, bei der Turbine und beim Generator statt?

Kohle liefert nicht nur elektrische Energie
Beim Verbrennen von Kohle entsteht **Schlacke.** Sie wird zur Deponie gebracht oder beim Straßenbau verwendet.
Die Rauchgase müssen gereinigt werden, dann entweichen sie durch den hohen Kamin in die Luft. Die Rauchgase geben Wärme, die jetzt nicht mehr genutzt werden kann, an die Umwelt ab.

Dem Dampf, der die Turbinen angetrieben hat, fehlt dann der erforderliche Druck, um diese weiter anzutreiben. Der Dampf wird in einem **Wärmetauscher** abgekühlt. Der Wasserdampf kondensiert, fließt als Wasser zum Dampfkessel zurück und wird erneut erwärmt.

Im **Kohlekraftwerk** wird die chemische Energie der Kohle erst in Wärme, dann in Bewegungsenergie und zuletzt in elektrische Energie umgewandelt.

Fein gemahlene Kohle wird in den Verbrennungsofen des Kraftwerkes geblasen. Beim Verbrennen der Kohle entstehen **Rauchgase** mit einer Temperatur von über 1500 °C. Sie lassen Wasser verdampfen und erhitzen den Dampf auf über 500 °C. Er steht dadurch unter sehr hohem Druck und kann dann die **Turbinen** antreiben.
Die Drehung der Turbinen wird durch eine Welle auf einen Generator übertragen. Er erzeugt die elektrische Energie. Sie fließt zum **Transformator.** Hier wird die Spannung auf 380 000 V erhöht. Hochspannungsleitungen bringen die elektrische Energie zu Umspannwerken in die Nähe der Wohnorte. Mit niedriger Spannung gelangt die Energie zu den Haushalten.

Das **Kühlwasser** im Wärmetauscher erwärmt sich. Zum Abkühlen fließt es in den **Kühlturm** und wird dort versprüht. Dabei steigen Nebelwolken aus dem Kühlturm auf. Auch hier wird viel Wärme ungenutzt an die Umwelt abgegeben. Diese Wärme heißt **Abwärme**.

Entstaubung

Staub

Stickstoff

Entstickung
Ammoniak

Wasser

Entschwefelung
Wasser, Luft, Kalk

Abwasser (wird aufbereitet)

Gips

Gipsschlamm

gereinigte Abgase

📖 **2.** In modernen Kohlekraftwerken wird die chemische Energie der Kohle zu 40 % in elektrische Energie umgewandelt. Wo bleiben die anderen 60 % der eingesetzten Energie?

Rauchgasreinigung
In der **Rauchgasreinigungsanlage** werden die Abgase des Kraftwerks von Staub, Stickstoffoxiden und Schwefeldioxid gereinigt. Für diese komplizierte Chemiefabrik wird aus Gründen des Umweltschutzes ein enormer finanzieller Aufwand betrieben. Die für alle Lebewesen schädlichen Rauchgase werden in dieser Anlage so gereinigt, dass nur noch 2 % der ursprünglich im Rauchgas enthaltenen Schadstoffe in die Luft gelangen. Die Anlage benötigt doppelt so viel Platz wie das Kraftwerk.

Entstaubung und Entstickung
Elektrofilter der **Entstaubungsanlage** halten den feinen Staub der Rauchgase zurück.
Stickstoffoxide entstehen, wenn in der Feuerung bei hohen Temperaturen die Luftbestandteile Sauerstoff und Stickstoff miteinander reagieren. Die Stickstoffoxide werden in der **Entstickungsanlage** mithilfe von Ammoniak in Stickstoff und Wasser umgewandelt.

Entschwefelung der Gase
Schwefeldioxid entsteht bei der Verbrennung schwefelhaltiger Kohle. In der **Entschwefelungsanlage** reagiert das Schwefeldioxid mit Wasser, Kalk und Luft zu Gips. Dieser Gips wird REA-Gips genannt (**R**auchgas**e**ntschwefelungs**a**nlage-Gips). Er wird als Baustoff eingesetzt.

■ Im Kohlekraftwerk wird die chemische Energie der Kohle in elektrische Energie umgewandelt. Die Abgase werden gereinigt.

Energieausnutzung

✏️ **1.** Ordne alle dir bekannten Energieträger nach ihrer Bedeutung für die Gewinnung von elektrischer Energie in Deutschland.

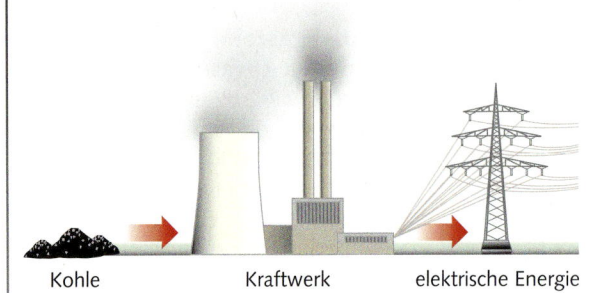

1 Von der Kohle zur elektrischen Energie
Kohle → Kraftwerk → elektrische Energie

2 Energieausnutzung
(Wirkungsgrad in %: Kohle ca. 40, Wasser ca. 90, Wind ca. 50, Uran ca. 25, Biogas ca. 80, Licht ca. 20 – Kraftwerke bzw. Solarzellen)

📖 **2.** Beschreibe Bild 1 und erläutere die dargestellten Energieumwandlungen. Fertige ein Energieflussdiagramm an.

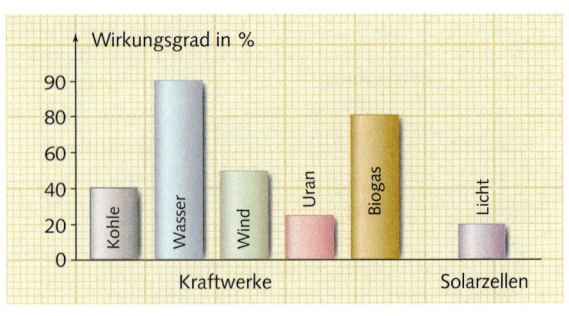

✏️ **3. a)** In welchen Kraftwerken wird die Energie der in Bild 2 aufgeführten Energieträger in elektrische Energie umgewandelt?
b) Gib für die einzelnen Kraftwerkstypen die prozentuale Energieausnutzung an.
c) Welche unerwünschten Energieumwandlungen bei den einzelnen Kraftwerkstypen führen dazu, dass die Energieausnutzung kleiner als 100 % ist?

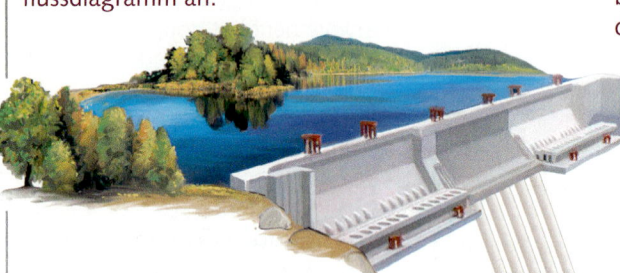

Primär- und Sekundärenergie

In einem Wasserkraftwerk wird die im fließenden Wasser gespeicherte Energie in elektrische Energie umgewandelt. Diese Bewegungsenergie des Wassers wird als **Primärenergie** bezeichnet. Neben Wasser sind auch Kohle, Erdöl und Erdgas, Uran, Wind, Biomasse und die Sonne Primärenergieträger. Die darin jeweils gespeicherte Energie wird in einem Kraftwerk, dem Wandler, in die **Sekundärenergie** elektrische Energie umgewandelt.

Der Wirkungsgrad

Bei Energieumwandlungen tritt immer entwertete Energie auf. Diese Energie wurde hauptsächlich in Wärme umgewandelt. Deshalb ist die nutzbare Energie immer geringer als die zugeführte Energie.
Die Primärenergie wird unterschiedlich gut ausgenutzt. Wasserkraftwerke können 85 % bis 90 % der Bewegungsenergie von Wasser, Windkraftwerke etwa 45 % bis 50 % der Bewegungsenergie von Wind in elektrische Energie umwandeln. Kohlekraftwerke wandeln dagegen nur etwa 40 % der eingesetzten chemischen Energie in elektrische Energie um. Der Wirkungsgrad gibt also an, wie viel Prozent der zugeführten Energie genutzt werden kann.

Berechnung des Wirkungsgrades

Die jeweilige Energieausnutzung eines Wandlers wird durch den **Wirkungsgrad** η (griech.: Eta) angeben. Er stellt das Verhältnis der nutzbaren zur zugeführten Energie dar. Der Wirkungsgrad eines Wandlers ist immer kleiner als 100 %.

$$\eta = \frac{\text{nutzbare Energie}}{\text{zugeführte Energie}} \cdot 100\%$$

■ Der Wirkungsgrad gibt die Energieausnutzung bei der Umwandlung von Primär- in Sekundärenergie an.

Die Angabe des Wirkungsgrades erfolgt meistens in Prozent, aber auch als Hundertstelbruch oder als Dezimalzahl. Hat ein Wandler einen Wirkungsgrad von 0,4 oder 40 %, werden $\frac{40}{100}$ der eingesetzten Primärenergie in nutzbare Energie umgewandelt. Das bedeutet, dass $\frac{60}{100}$ der eingesetzten Energie ungenutzt bleiben.

Elektrische Energieversorgung
→ S. 266/267

Fossile und regenerative Energieversorgung

Heizwert und Umweltaspekte

Die Energiemenge, die in einem Brennstoff gespeichert ist, wird als **Heizwert** bezeichnet. Es ist die Energie, die bei einer vollständigen Verbrennung frei wird. Bei festen und flüssigen Stoffen wird der Heizwert in $\frac{kJ}{kg}$ und bei gasförmigen Stoffen in $\frac{kJ}{m^3}$ angegeben.

Niedertemperaturtechnik
In einem Heizkessel kann die bei der Verbrennung frei werdende Wärme nicht vollständig an den Heizkreislauf abgegeben werden. Es entstehen Abgas- und Oberflächenverluste. Bei der Verbrennung von Erdgas entsteht auch Wasserdampf, der in einem Niedertemperaturkessel nicht genutzt werden kann. Er wird mit den Abgasen durch den Kamin abgeleitet. Der Kessel hat deshalb nur einen Wirkungsgrad von 81%.

Brennwerttechnik
Mit einer neuen Technik ist es möglich, nicht nur die bei der Verbrennung entstehende Wärme, sondern auch die in den Abgasen und im Wasserdampf enthaltene Wärme, die Kondensationswärme, zu nutzen. Diese Technik wird als **Brennwerttechnik** bezeichnet. Der **Brennwert** setzt sich zusammen aus dem Heizwert eines Stoffes und der im Wasserdampf enthaltenen Kondensationswärme.

Bild 2 zeigt das Funktionsschema dieses Kesseltyps. Die bei der Verbrennung von meistens Erdgas frei werdende Wärme wird an einen Wärmetauscher abgegeben, der mit dem äußeren Heizungssystem verbunden ist. Auf dem Weg zum Kamin umströmen Abgase und Wasserdampf einen zweiten Wärmetauscher. Der Wasserdampf kondensiert und die Wärme geht in den Heizkreislauf über. Während bei einem herkömmlichen Kessel die Abgastemperatur am Eingang des Kamins etwa 120 °C beträgt, liegt sie bei Brennwertkessel nur noch bei etwa 40 °C. Der Wirkungsgrad beträgt etwa 92%.

Die Brennwerttechnik wird ergänzt durch weitere bautechnische und regelungstechnische Maßnahmen. Dazu gehört eine Regelung der Anlage über einen Außentemperaturfühler.
Auch der Vorrat an erwärmtem Brauchwasser wird möglichst gering gehalten.

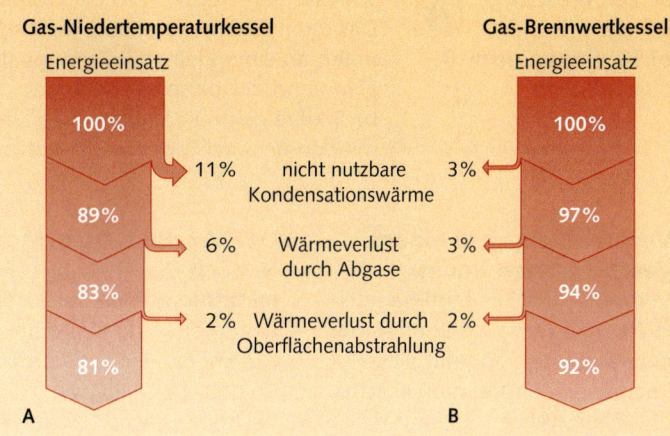

1 Wirkungsgrad. A *Niedertemperaturkessel*, B *Brennwertkessel*

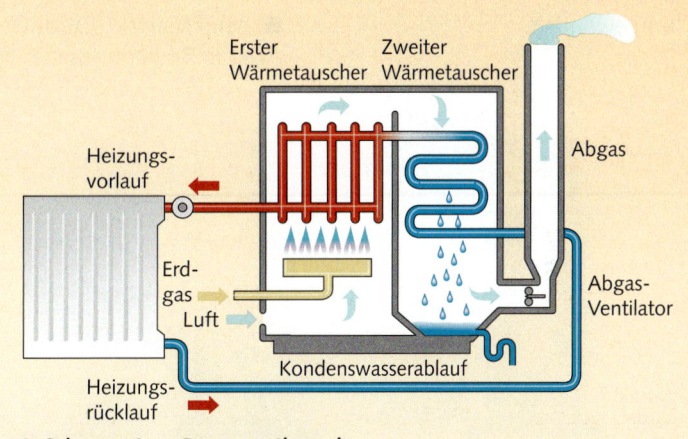

2 Schema eines Brennwertkessels

Umweltaspekte
Beim Vergleich konventioneller Heiztechnik und Brennwerttechnik fällt sofort der höhere Wirkungsgrad der Brennwerttechnik auf. Durch die Nutzung der Abgaswärme wird der Energiegehalt des Brennstoffes besser ausgenutzt. Folglich wird weniger Brennmaterial benötigt. Dadurch entstehen weniger Abgase und die Wärmeabgabe an die Umwelt ist geringer, sodass diese geschont wird.

Heizwert verschiedener Stoffe

Stoff	Heizwert
Braunkohle	17 000 $\frac{kJ}{kg}$
Steinkohle	33 000 $\frac{kJ}{kg}$
Heizöl	42 000 $\frac{kJ}{kg}$
Holz (Wassergehalt 20%)	14 000 $\frac{kJ}{kg}$
Erdgas	35 000 $\frac{kJ}{m^3}$
Propangas	93 000 $\frac{kJ}{m^3}$

Verbrennungsmotoren

🔍 **1. a) Demonstrationsversuch:** In einer Abdampfschale wird eine geringe Menge Benzin entzündet.
b) Beschreibe deine Beobachtungen.

🔍 **2. a) Demonstrationsversuch:** In ein etwa 60 cm langes Papprohr mit losem Deckel werden einige Tropfen Feuerzeugbenzin gegeben. Bei geschlossenem Deckel wird die Papprohr geschüttelt. Das darin entstandene Luft-Benzin-Gemisch wird unten an einer kleinen Bohrung mit einem glimmenden Holzspan entzündet.
b) Erkläre deine Beobachtungen und vergleiche sie mit den Beobachtungen aus Versuch 1.

📖 **3.** Vergleiche die Vorgänge in Versuch 2 mit denen in einem Viertakt-Otto-Motor.

📝 **4.** Finde die Wirkungsgrade von Viertakt-Otto-Motoren heraus und vergleiche sie.

Verbrennungen in einem geschlossenen Raum

Verbrennt ein Gas-Luft-Gemisch in einem abgeschlossenen Raum, dem **Zylinder,** kann mit dieser Energie ein **Verbrennungsmotor** betrieben werden. Die aus der chemischen Energie des Kraftstoffes entstandene Wärme wird in Bewegungsenergie des Motors umgewandelt.

Der Viertakt-Otto-Motor

NICOLAUS AUGUST OTTO (1832–1891) ist der Erfinder eines Verbrennungsmotors, der auf dem **Viertakt-Prinzip** beruht. Im Jahre 1876 wurde dieser Motor zum ersten Mal gebaut.
Die Energie eines verbrennenden Gas-Luft-Gemisches wirkt auf einen Kolben. Dieser bewegt sich im Zylinder und versetzt eine Kurbelwelle in Drehung. Die Vorgänge im Zylinder laufen kontinuierlich in vier **Takten** ab. Dabei ist ein 4-Zylinder-Motor so eingestellt, dass während des Betriebes jeder Zylinder gerade einen der vier Takte ausführt.

■ Beim Viertakt-Otto-Motor wird chemische Energie in Wärme und dann in Bewegungsenergie umgewandelt.

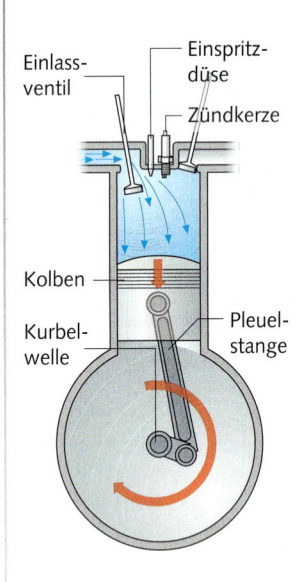

1. Takt: Ansaugen
Das Einlassventil öffnet sich. Der Kolben bewegt sich im Zylinder nach unten und saugt ein Benzin-Luft-Gemisch an. Hat der Kolben den tiefsten Punkt erreicht, schließt sich das Einlassventil.

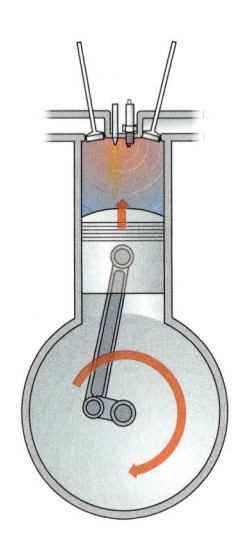

2. Takt: Verdichten
Der Kolben bewegt sich nach oben und verdichtet das Gemisch. Es entstehen eine Temperatur von 200 °C und ein Druck von 10 bar.

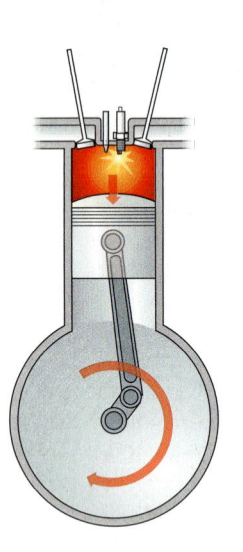

3. Takt: Arbeiten
Ein Funke der Zündkerze entzündet das Benzin-Luft-Gemisch. Es verbrennt explosionsartig mit einer Temperatur von 1500 °C. Der Kolben wird nach unten gedrückt.

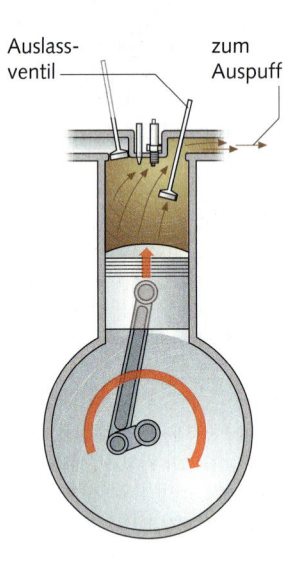

4. Takt: Ausstoßen
Das Auslassventil öffnet sich. Der Kolben bewegt sich nach oben und drückt die Verbrennungsgase aus dem Zylinder in die Auspuffanlage. Das Auslassventil schließt sich.

Fossile und regenerative Energieversorgung

5. Zähle Geräte auf, die mit einem Zweitakt-Otto-Motor betrieben werden.

6. Warum sind die Abgase des Zweitakt-Otto-Motors besonders umweltschädlich?

7. Beschreibe die vier Takte eines Diesel-Motors und vergleiche mit dem Viertakt-Otto-Motor.

8. a) Nenne Vor- und Nachteile eines Diesel-Motors gegenüber einem Otto-Motor.
b) Warum heißt der Diesel-Motor auch Selbstzünder?

9. Warum hat der Diesel-Motor einen höheren Wirkungsgrad als Otto-Motoren?

Der Zweitakt-Otto-Motor
Der Engländer Joseph Day (1855–1946) erfand 1888 den Zweitakt-Motor, wie er auch heute noch eingesetzt wird. Auch hier bewegt sich der Kolben in einem Zylinder. Die Vorgänge im Motor finden sowohl oberhalb als auch unterhalb des Kolbens, im Kurbelgehäuse, statt. Bei jeder vollen Umdrehung der Kurbelwelle findet ein Arbeitstakt statt. Für die Motorsteuerung sind keine Ventile notwendig. Seine Masse ist geringer als die Masse des Viertakt-Otto-Motors.

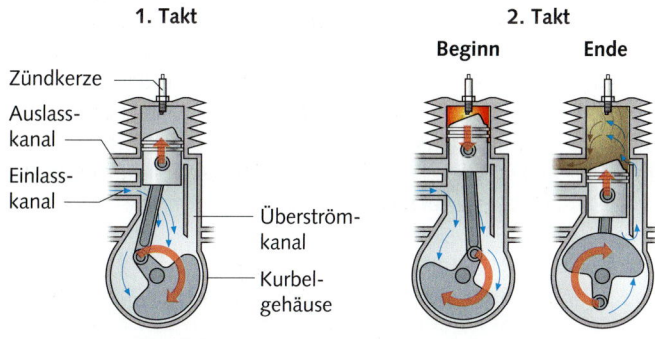

1 Aus vier Takten wurden zwei Takte.

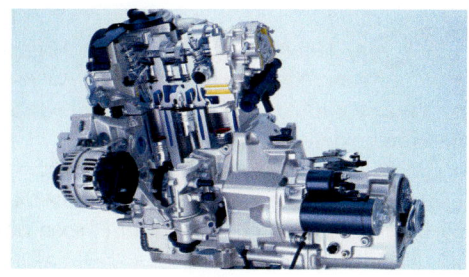

2 Moderner Diesel-Motor

Die zwei Takte des Zweitakt-Otto-Motors
Beim **1. Takt** bewegt sich der Kolben nach oben und verdichtet das eingeströmte Benzin-Luft-Gemisch. Unterhalb des Kolbens strömt gleichzeitig durch den Einlasskanal frisches, zündfähiges Gemisch in das Kurbelgehäuse.

Beim **2. Takt** wird das verdichtete Gemisch oberhalb des Kolbens mithilfe der Zündkerze zur Verbrennung gebracht. Der Kolben wird abwärts gedrückt und gibt den Auslasskanal frei. Gleichzeitig wird der Einlasskanal verschlossen und die Abgase strömen nach draußen. Bei der Abwärtsbewegung strömt frisches Gemisch in das Kurbelgehäuse und wird vom Kolben verdichtet. Sobald der Überströmkanal freigegeben wird, strömt das Gemisch nach oben über den Kolben und verdrängt die Abgase Richtung Auspuff. Die Vorgänge beginnen von neuem. Erhebliche Nachteile dieses Motors sind die vielen unverbrannten Schmierölpartikel in den Abgasen und der hohe Kraftstoffverbrauch.

■ Der Zweitakt-Otto-Motor arbeitet ohne Ventile mit Einlass- und Auslasskanal. Er besitzt einen geringen Wirkungsgrad. Seine Abgase sind sehr umweltschädlich.

Der Diesel-Motor
Rudolph Diesel (1858–1913) entwickelte von 1893 bis 1897 den nach ihm benannten Verbrennungsmotor. Anders als der Viertakt-Otto-Motor saugt der Diesel-Motor nur Luft an. Im Zylinder wird die Luft auf einen Druck von über 50 bar verdichtet. Die Temperatur steigt dabei auf etwa 900 °C. In diese heiße Luft wird von einer Einspritzpumpe mit noch weit höherem Druck Dieselkraftstoff fein zerstäubt eingespritzt. Dieser entzündet sich sofort ohne Zutun eines Zündfunkens. Die weiteren Takte laufen wie beim Viertakt-Otto-Motor ab.

Die Kraftstoffeinspritzung
Durch die hohe Verdichtung und die Direkteinspritzung des Kraftstoffes nutzt der Diesel-Motor dessen chemische Energie besser aus. Dadurch sinkt der Kraftstoffverbrauch. Ein moderner Diesel-Motor erreicht einen Wirkungsgrad von bis zu 43 %. Viertakt-Otto-Motoren erreichen dagegen höchstens 37 %, Zweitakt-Motoren noch weniger. Möglich wurde die Steigerung des Wirkungsgrades beim Diesel-Motor durch die moderne Common-Rail-Einspritztechnik. Hierbei werden alle Zylinder über eine gemeinsame Kraftstoffleitung versorgt.

■ Der Diesel-Motor arbeitet wie der Otto-Motor, aber ohne Zündkerzen.

Verbrennungsabgase belasten die Umwelt

1. Welche Sicherheitsmaßnahmen müssen beim Betanken von Kraftfahrzeugen beachtet werden?

2. a) Welche Abgase von Verbrennungsmotoren sind beim Einatmen ungiftig? Worin besteht dennoch ihre Schädlichkeit?
b) Welche Bestandteile der Abgase sind für den Menschen giftig?

3. a) Nenne die Stoffe in den Abgasen, die keine Gase sind, aber Lungenkrebs erzeugen können.
b) Welche Bauteile am Kraftfahrzeug versuchen das zu verhindern? Beschreibe deren Funktion.

4. a) Warum sind in vielen Städten Umweltzonen eingerichtet?
b) Beschreibe die Bedeutung der Farben der Umweltplaketten.

2 Umweltzone

Der Schadstoffausstoß
Alle Abgase belasten die Umwelt. Sie bestehen zu 98 % aus Kohlenstoffdioxid, Wasserdampf und Stickstoff. Die restlichen 2 % sind gesundheitsschädliche Abgase wie Kohlenstoffmonooxid, Stickstoffoxide und unverbrannte Kohlenwasserstoffe. Ab 2009 dürfen neu zugelassene Kraftfahrzeuge folgende Grenzwerte nicht überschreiten:

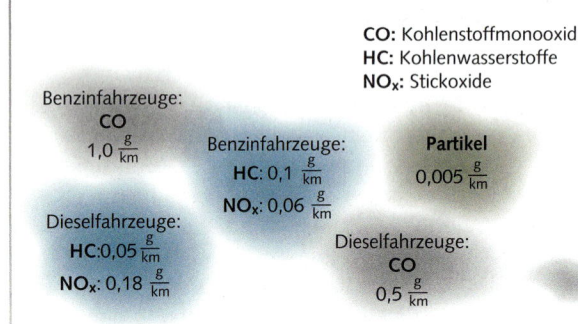

CO: Kohlenstoffmonooxid
HC: Kohlenwasserstoffe
NO$_x$: Stickoxide

Benzinfahrzeuge:
CO $1,0 \frac{g}{km}$

Benzinfahrzeuge:
HC: $0,1 \frac{g}{km}$
NO$_x$: $0,06 \frac{g}{km}$

Partikel
$0,005 \frac{g}{km}$

Dieselfahrzeuge:
HC: $0,05 \frac{g}{km}$
NO$_x$: $0,18 \frac{g}{km}$

Dieselfahrzeuge:
CO $0,5 \frac{g}{km}$

1 Grenzwerte für Schadstoffe nach Euro-5-Norm

Seit 2008 wurden in vielen Städten **Umweltzonen** eingerichtet. Hier dürfen nur Fahrzeuge mit grüner **Umweltplakette** einfahren. Fahrzeuge mit gelber oder roter Plakette dürfen nicht in diese Zonen einfahren, da sie erheblich zur Feinstaubbelastung in den Städten beitragen. Für Fahrzeuge, die keine Umweltplakette mehr erhalten können, gibt es für das Einfahren in Umweltzonen Sonderregelungen.

■ Die Abgase von Verbrennungsmotoren enthalten Schadstoffe in unterschiedlicher Intensität und mit verschiedener Wirkung. Sie verursachen Umweltbelastungen und Gesundheitsschäden.

Schadstoffe und ihre Eigenschaften
Kohlenstoffmonooxid (CO) entsteht bei der unvollständigen Verbrennung von Benzin. Es ist sehr giftig, weil es den Sauerstofftransport im Blut behindert. **Kohlenstoffdioxid (CO$_2$)** ist in geringen Mengen für den Menschen ungiftig. In höheren Luftschichten verstärkt es jedoch den Treibhauseffekt.

Stickstoffoxide (NO$_x$) sind starke Atemgifte, die zu Erkrankungen der Atemwege führen. **Schwefeldioxid (SO$_2$)** ist ebenfalls ein Atemgift, welches zu einer Lungenschädigung führen kann. Diese beiden Gase verursachen den sauren Regen, den Hauptverursacher des Waldsterbens.

Aus der Gruppe der Kohlenwasserstoffe ist insbesondere das **Benzol** als ein Krebs erregender Stoff erkannt. Benzol ist dem Benzin beigemischt und ist leicht flüchtig. Beim Betanken wird es von einer Absauganlage beseitigt.
Die von Otto-Motoren produzierten Schadstoffe können durch einen modernen **Katalysator** zu mehr als 90 % entfernt werden.

Rußfilter bei Dieselfahrzeugen
Beim Betrieb eines Diesel-Motors entstehen ebenfalls Abgase, die hauptsächlich aus **Kohlenstoffmonooxid, Kohlenwasserstoffen, Stickstoffoxiden und Rußpartikeln** bestehen. Die Gase können ebenfalls mithilfe eines Katalysators entfernt werden.
Die Dieselabgase enthalten außerdem sehr feine Rußpartikel. Dieser **Feinstaub** kann beim Einatmen Lungenkrebs erzeugen. Deshalb werden **Rußfilter** als Rückhaltesystem für diese Feinstäube eingebaut. Die Rußpartikel werden aus dem Abgas vom Motor herausgefiltert und verbrannt.

Fossile und regenerative Energieversorgung

Der Abgaskatalysator

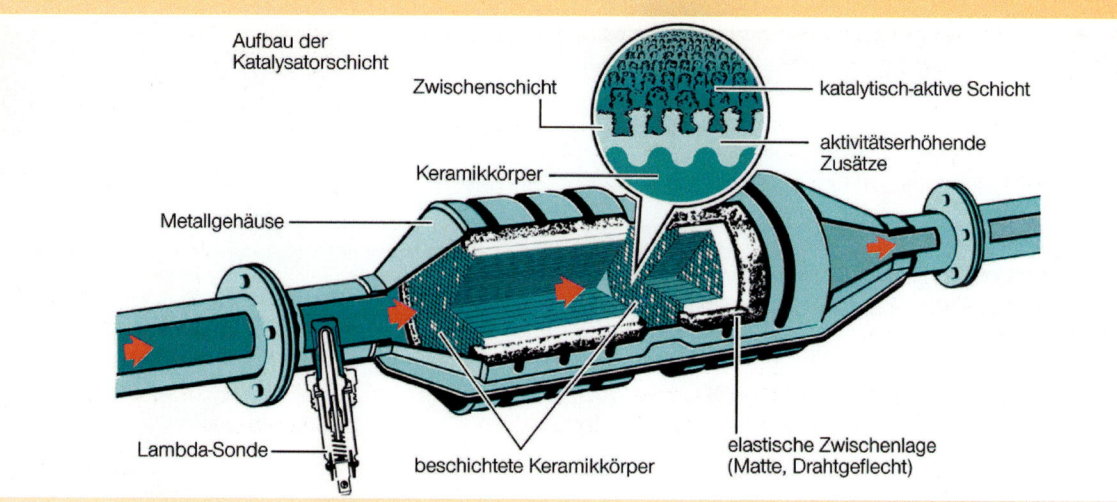

1 Drei-Wege-Katalysator mit Lambda-Sonde

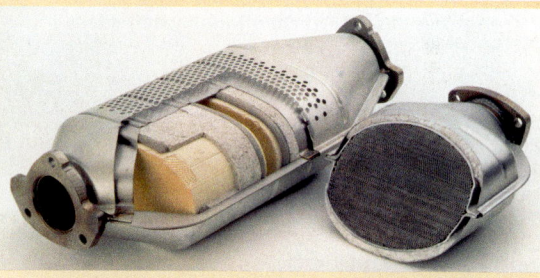

Für eine Fahrstrecke von 100 km verbraucht ein Auto im Durchschnitt 8 l Benzin. Für die Verbrennung dieser Benzinmenge sind etwa 70 000 l Luft notwendig. Dabei entstehen ungefähr 8 000 l CO_2 und 10 000 l Wasserdampf. Die Luftmenge, die für eine Fahrstrecke von 100 km benötigt wird, reicht aus, um einen Menschen eine Woche lang mit Luft zu versorgen. Bei einer durchschnittlichen Strecke von 15 000 km pro Jahr verbraucht jeder Autofahrer etwa 1200 l Benzin und produziert mehr als 1 Mio l CO_2 und ungefähr 1,5 Mio l Wasserdampf.

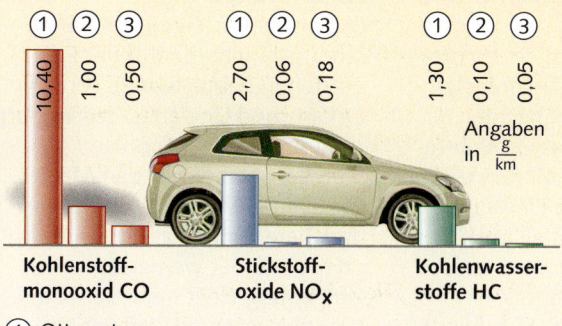

2 Keramikkörper des Katalysators

Angaben in $\frac{g}{km}$

Kohlenstoffmonooxid CO

Stickstoffoxide NO_X

Kohlenwasserstoffe HC

① Ottomotor
② Ottomotor mit Katalysator
③ Dieselmotor

3 Abgasproduktion eines Pkws

Aufbau und Wirkungsweise des Katalysators

Mit dem **Abgaskatalysator** können die besonders gesundheitsschädlichen Anteile der Abgase zum größten Teil in umweltverträglichere Gase umgewandelt werden.

Die wichtigsten Bestandteile des Katalysators wiegen nur etwa 4 g. Es sind die Edelmetalle Platin und Rhodium, die sich auf einem Keramikkörper befinden. Sie stellen den eigentlichen Katalysator dar. Der Keramikkörper ist so aufgebaut, dass innen eine riesige Oberfläche entsteht, die von den Abgasen umströmt wird. Auf der Oberfläche sind hauchdünn die Edelmetalle aufgedampft.

Der Katalysator erreicht aber nur dann seine volle Wirkung, wenn ein bestimmter Sauerstoffanteil im Abgas vorhanden ist. Die vor dem Katalysator eingebaute **Lambda-Sonde** steuert die Zufuhr des notwendigen Sauerstoffs.

An der Katalysatoroberfläche werden die schädlichen Abgase Kohlenstoffmonooxid, die Stickoxide und die unverbrannten Kohlenwasserstoffe mithilfe des zugeführten Sauerstoffes in Stickstoff, Wasserdampf und Kohlenstoffdioxid umgewandelt. Die Katalysatormetalle verändern sich dabei nicht.

1. a) Warum werden bei der Hauptuntersuchung eines Autos alle zwei Jahre auch die Abgasgrenzwerte geprüft?
b) Woran kann der Prüfer eine defekte Lambda-Sonde erkennen?

Abgase verändern das Klima der Erde

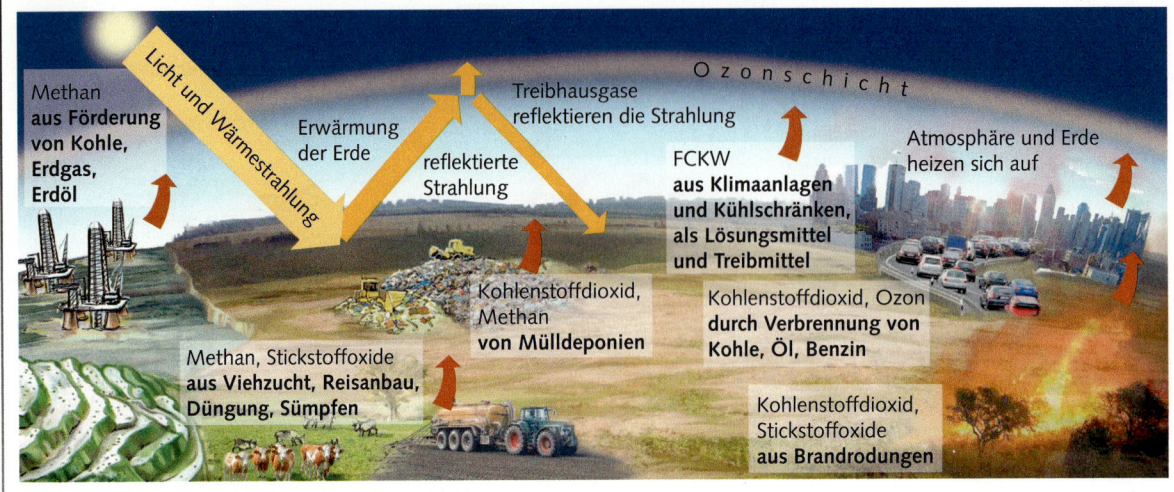

Methan aus Förderung von Kohle, Erdgas, Erdöl

Licht und Wärmestrahlung

Erwärmung der Erde

reflektierte Strahlung

Treibhausgase reflektieren die Strahlung

Ozonschicht

FCKW aus Klimaanlagen und Kühlschränken, als Lösungsmittel und Treibmittel

Atmosphäre und Erde heizen sich auf

Kohlenstoffdioxid, Methan von Mülldeponien

Kohlenstoffdioxid, Ozon durch Verbrennung von Kohle, Öl, Benzin

Methan, Stickstoffoxide aus Viehzucht, Reisanbau, Düngung, Sümpfen

Kohlenstoffdioxid, Stickstoffoxide aus Brandrodungen

1 Verursacher des zusätzlichen Treibhauseffektes

1. Nenne mögliche Ursachen und Folgen der Klimaveränderung.

2. Informiere dich über die Funktion und den Einsatz von Treibhäusern. Erläutere die Bedeutung des Treibhauseffektes für die Erde.

3. Welche Maßnahmen werden ergriffen, um den Ausstoß von Kohlenstoffdioxid zu verringern?

4. Wo entsteht in unserer Umwelt Methan? Informiere dich über Auswirkungen des Gases auf unser Klima.

5. Erkläre den Unterschied zwischen dem natürlichen und dem zusätzlichen Treibhauseffekt.

Der natürliche Treibhauseffekt

Die von der Sonne auf die Erde kommende Strahlung erwärmt Boden, Seen und Flüsse, lässt Wasser verdunsten und Wolken entstehen. Wasser, Boden und Luft geben die aufgenommene Energie in Form von Wärmestrahlung in Richtung Weltraum ab. Wolken und Gase in der Lufthülle wirken ähnlich wie das Glasdach eines Gewächshauses. Sie bewirken, dass nur ein Teil der Abstrahlung ins Weltall gelangt. Das ist der **natürliche Treibhauseffekt**.
Durch ihn bleibt die Durchschnittstemperatur der Erde bei 15 °C. Ohne ihn würde die Durchschnittstemperatur der Erde −18 °C betragen.

Der zusätzliche Treibhauseffekt

Seit einiger Zeit wird ein leichtes Ansteigen der Durchschnittstemperatur der Erde beobachtet. Ursache dafür ist das vermehrte Auftreten von bestimmten Gasen in der Lufthülle, die die Wärmeabstrahlung ins Weltall noch zusätzlich behindern. Sie werden **Treibhausgase** genannt.
Zu diesen Gasen gehören hauptsächlich Kohlenstoffdioxid, Stickstoffoxide und Methan (Bild 1). Diese Gase vermindern in den oberen Luftschichten die Wärmeabstrahlung der Erde in den Weltraum. Dadurch steigt die Durchschnittstemperatur auf der Erde. Es entsteht ein vom Menschen verursachter **zusätzlicher Treibhauseffekt**.

Auswirkungen

Durch das Ansteigen der Durchschnittstemperatur auf der Erde entstehen beispielsweise verstärkt Orkane und Unwetter, das Eis der Antarktis und auf Grönland schmilzt ab und lässt den Meeresspiegel ansteigen. Viele Pflanzen und Tiere können in der dann immer wärmer werdenden Umgebung nicht mehr existieren. Die Pflanzen- und Tierwelt verändert sich.

■ Durch den Treibhauseffekt kann nur ein Teil der von der Erde abgestrahlten Energie ins Weltall gelangen. Der zusätzliche Treibhauseffekt bewirkt eine Erhöhung der Durchschnittstemperatur der Erde.

Fossile und regenerative Energieversorgung

Theoretische Modelle helfen bei der Klimaforschung

1. Ermittle aus dem regionalen Klimaatlas die mögliche Entwicklung des Klimas in deinem Bundesland.

2. Welche Folgen könnten verminderte Niederschläge für Deutschland haben?

3. Erstelle eine Tabelle mit Vor- und Nachteilen der Erderwärmung.

4. Wie könnte sich das Klima entwickeln, wenn vermehrt erneuerbare Energien eingesetzt werden?

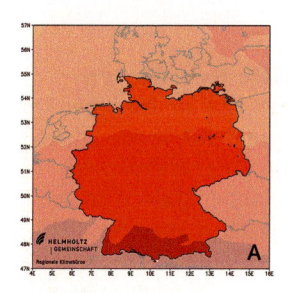

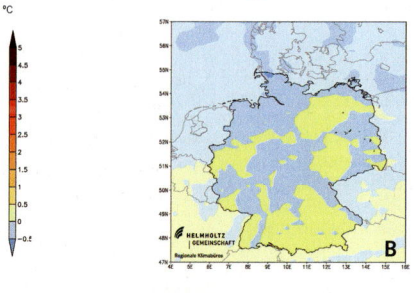

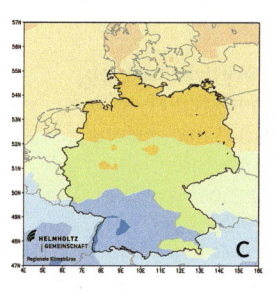

1 Klimaentwicklung: Mögliche mittlere Änderung. A *durchschnittliche Temperatur;* B *Niederschlag;* C *relative Luftfeuchte;* D *mittlere Windgeschwindigkeit;* E *Sonnenscheindauer*

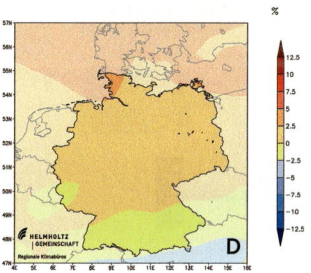

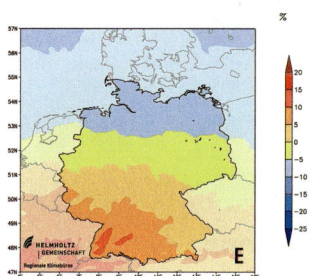

Globale und regionale Klimamodelle

Um Voraussagen über das Klima auf der Erde machen zu können, werden weltweit **Klimamodelle** erstellt. Diese gehen immer von gegebenen Voraussetzungen und Bedingungen aus. Mithilfe von Computern werden so Trends für die Zukunft ermittelt. Ändern sich die Voraussetzungen, verändern sich auch die Voraussagen. Es handelt sich hierbei also nicht um exakte Prognosen, sondern um Rechenbeispiele für mögliche Klimaentwicklungen.

Es gibt Klimamodelle für die ganze Erde oder nur für bestimmte Regionen, beispielsweise für Deutschland. Ein gedachtes Gitternetz mit bestimmten Voraussetzungen wird über das zu betrachtende Gebiet gelegt. Anschließend wird die Entwicklung des Klimas für dieses Gebiet mit dem Computer **simuliert** (lat.: ähnlich, nachgemacht).

Voraussetzungen

Das Klima der Zukunft ist von vielen Faktoren abhängig, die nie umfassend ermittelt werden können. Dazu gehören CO_2-Emissionen, neue technische Entwicklungen, Einsatz erneuerbarer Energien und die Bevölkerungsentwicklung.

Um ein Klimamodell zu erstellen, werden für die Voraussetzungen Annahmen getroffen. Auf dieser Grundlage werden anschließend Hochrechnungen durchgeführt. Diese erfordern eine riesige Rechenleistung durch Computer. Unterschiedliche Eingangsdaten führen dabei zu verschiedenen Ergebnissen.

Faktoren, die das Klima beeinflussen

Das Klima wird von sehr vielen Faktoren beeinflusst. Es ist nicht möglich, alle Faktoren bei der Berechnung zu berücksichtigen. Je mehr Bedingungen erfasst werden, desto genauer kann das Klima berechnet werden. Folgende Faktoren werden dabei häufig berücksichtigt: Luftfeuchte, Temperatur, Niederschlag, Wind, Bewölkung.

Mögliche Änderungen des Klimas

Auch die Hochrechnungen für das Klima in Deutschland sind widersprüchlich. Aus dem regionalen Klimaatlas für Deutschland (Bild 1) können aktuelle Trends abgelesen werden: Für die Luftfeuchte wird im Mittel keine nennenswerte mittlere Abweichung bis zum Ende dieses Jahrhunderts erwartet. Die Durchschnittstemperatur soll sich um 1,6 °C bis 2,4 °C erhöhen. Der Niederschlag soll sich voraussichtlich örtlich unterschiedlich ändern. Im Mittel nimmt er um 4% zu. Es werden um 1% höhere Windgeschwindigkeiten erwartet. Die Sonnenscheindauer soll sich nicht deutlich verändern.

Das Hybridauto

📖 **1. a)** Finde heraus, was der Begriff „hybrid" bedeutet.
b) Unterscheide den Antrieb eines herkömmlichen Autos von dem eines Hybridautos.

✏️ **2. a)** Finde den Wirkungsgrad eines Hybridautos heraus und vergleiche ihn mit dem Wirkungsgrad eines Fahrzeuges mit Verbrennungsmotor.
b) Worin liegt die bessere Umweltverträglichkeit der Hybridtechnik?

📖 **3.** Erkläre die Unterschiede der drei Hybridarten.

Der Hybridantrieb

Ein Auto mit Hybridantrieb hat mindestens zwei Motoren, einen Verbrennungsmotor und einen Elektromotor. Die chemische Energie für den Verbrennungsmotor wird aus dem Kraftstoff bezogen. Eine Batterie im Fahrzeug versorgt den Elektromotor mit elektrischer Energie.

Das Funktionsprinzip

Im Hybridantrieb arbeitet der Verbrennungsmotor nur in einem verbrauchsgünstigen Drehzahlbereich. Ansonsten arbeitet der Elektromotor, der im unteren Drehzahlbereich die größere Kraft besitzt. Beim Anfahren arbeiten der Elektromotor und der Verbrennungsmotor gemeinsam. So kann bei gleichem Kraftstoffverbrauch ein Fahrzeug etwa 10 % bis 20 % schneller beschleunigen. Das ist im Stadtverkehr besonders günstig, da die Luft in den Städten durch diese Fahrzeuge weit weniger mit Abgasen belastet wird. Allerdings haben diese Fahrzeuge auf Grund des leistungsärmeren Verbrennungsmotors eine geringere Höchstgeschwindigkeit. Im Hochgeschwindigkeitsbereich wird die Motorleistung des Verbrennungsmotors eingesetzt.

Fährt das Hybridfahrzeug eine längere Zeit gleichmäßig im unteren Geschwindigkeitsbereich, lädt der Verbrennungsmotor über den Generator die Batterie. Auch beim Bremsen, Bergabfahren und Ausrollen wird ein Teil der Bewegungsenergie des Fahrzeuges zum Aufladen der Batterie genutzt.

Durch die geschickte Kombination der beiden Motoren kann der Kraftstoffverbrauch eines Mittelklassewagens auf unter 5 l pro 100 km gesenkt werden.

1 Schema eines Hybridantriebes

Die Hybridarten

Im Kraftfahrzeugbereich werden Hybridantriebe in unterschiedlichen Kombinationen eingesetzt. Es wird zwischen drei Hybridarten unterschieden:
Beim **Mikrohybrid** wird der Elektromotor nur zum Starten des Autos und nicht zum Antrieb genutzt. Diese Autos verfügen über eine Auto-Start-Stop-Funktion und eine Energierückgewinnung für den Starterakku. Diese Antriebsart unterliegt einem hohen mechanischen Verschleiß.

Beim **Mildhybrid** unterstützt der Elektromotor den Verbrennungsmotor, um die Abgasmenge zu verringern. In Bild 1 ist ein solches Prinzip dargestellt. Beide Motoren können kleiner dimensioniert werden, um die gleichen Fahrleistungen wie beim reinen Verbrennungsprinzip zu erreichen. So lassen sich der Kraftstoffverbrauch und die Herstellungskosten verringern.

Der **Vollhybrid** ist in der Lage, rein elektrisch zu fahren. Der Verbrennungsmotor hat keine Verbindung zur Antriebsachse. Er treibt einen Generator an, welcher den Elektromotor mit Energie versorgt oder die Akkus lädt. Diese versorgen bei Leistungsspitzen zusätzlich den Elektromotor mit Energie.
Können die Akkus eines Vollhybrids alternativ über eine Steckdose aufgeladen werden, so ist dieses Fahrzeug ein **Plug-In-Hybrid.**

■ Fahrzeuge mit Hybridantrieb haben einen Verbrennungsmotor und einen Elektromotor. Hybridautos helfen Kraftstoff zu sparen und belasten die Umwelt weniger mit Abgasen als Autos, die allein von Verbrennungsmotoren angetrieben werden.

Fossile und regenerative Energieversorgung

Brennstoffe vom Acker

Entstehung der fossilen Brennstoffe
Kohle, Erdöl und Erdgas sind vor Jahrmillionen aus pflanzlichen und tierischen Organismen entstanden. Die Menge dieser Brennstoffe ist begrenzt. Deshalb muss ihr Verbrauch durch die Nutzung nachwachsender Brennstoffe verringert werden. Pflanzen können dabei helfen.

Nachwachsende Brennstoffe – nichts Neues!
Schon immer hat der Mensch seinen Energiebedarf aus der Natur gedeckt. Holz ist wohl das älteste vom Menschen genutzte Brennmaterial.
Aus dem Getreide wurden die Körner zu Mehl gemahlen und daraus Brot und andere Nahrungsmittel hergestellt. Das Stroh wurde gesammelt und unter anderem zum Heizen verwendet.
Pflanzliche und tierische Öle wurden in Öllampen verbrannt.

Pflanzen speichern Sonnenenergie
Pflanzen wie Raps oder Zuckerrüben benötigen zum Wachsen außer Sonnenenergie Wasser, Kohlenstoffdioxid und Nährsalze. Mithilfe der Fotosynthese wird daraus Traubenzucker, dem Ausgangsstoff für alle Bestandteile der Pflanzen.

Bei der Verbrennung wird dann wieder Energie frei. Dabei entsteht nur so viel Kohlenstoffdioxid, wie vorher aus der Luft gebunden wurde. Deshalb führt diese Verbrennung nicht zu einer zusätzlichen Belastung der Atmosphäre.

Treibstoffe aus Pflanzen
Ein Teil der benötigten Treibstoffmenge lässt sich durch pflanzliche Produkte ersetzen. Eine Möglichkeit besteht darin, Rapsöl als Dieselkraftstoff einzusetzen. Dabei wird das Rapsöl in einem chemischen Prozess in Biodiesel umgewandelt.

Biodiesel hat gegenüber herkömmlichem Diesel aus Erdöl Vorteile. Eine Gefährdung von Gewässern und Böden durch ausgelaufenen Biodiesel ist kaum möglich.

1 Blühendes Rapsfeld

Biodiesel aus Rapsöl enthält keinen Schwefel. Bei der Verbrennung im Motor entsteht somit kein Schwefeldioxid, das den sauren Regen mit verursacht. Andererseits steht Biodiesel im Verdacht, die Dichtungen des Motors anzugreifen. Auch die Energieausbeute ist beim Biodiesel geringer als beim Dieselkraftstoff.

Ein anderer Treibstoff oder Treibstoffzusatz ist das Ethanol, das aus Getreide, Zuckerrüben oder Zuckerrohr gewonnen wird. Dies wird in großem Maßstab in Brasilien durchgeführt.

Brennstoffe vom Acker – nur Vorteile?
Brennstoffe aus Pflanzen herzustellen scheint eine sinnvolle Möglichkeit zu sein, die Energievorräte auf der Erde zu schonen. Pflanzen wachsen nach und bei der Verbrennung entsteht nur so viel Kohlenstoffdioxid, wie beim Wachsen gebunden worden ist.

Für ihren Anbau werden allerdings riesige Ackerflächen benötigt. Felder, die bisher zum Anbau von Nahrungsmitteln genutzt wurden, werden dann mit Raps, Zuckerrüben, Mais oder anderen Rohstoff liefernden Sorten bepflanzt. Nach der Ernte müssen die Pflanzen abtransportiert und verarbeitet werden. Dafür braucht der Landwirt Diesel.
Des Weiteren müssen große Mengen an Dünger und Pflanzenschutzmittel eingesetzt werden. Da es sich um Monokulturen handelt, sind sie besonders für Schädlinge anfällig.
Alle diese Gesichtspunkte müssen bei einer Beurteilung, ob Brennstoffe vom Acker sinnvoll sind, berücksichtigt werden.

In den Ländern, in denen durch die Landwirtschaft zur Zeit zu viele Nahrungsmittel produziert werden, kann die Erzeugung von nachwachsenden Brennstoffen allerdings eine mögliche Ergänzung sein.

2 Biodiesel-Logo

Elektrische Energieversorgung → S. 266/267

Die Brennstoffzelle

📖 **1.** Ein Elektromotor kann direkt an eine Solarzelle angeschlossen werden. In welchen Fällen wird ein Umweg nötig, zum Beispiel über die Wasserstofftechnologie wie in Bild 1?

🔍 **2. a)** Betreibe einen Kleinstmotor mit einer Solarzelle.
b) Erweitere den Aufbau mit einem Elektrolyseur mit Gasspeichern und einer Brennstoffzelle.
c) Nutze die Sonnenenergie bei geschlossenem und bei offenem Fenster.
d) Ersetze das Sonnenlicht durch das Licht einer Lampe.
e) Vergleiche die erzeugten Gasmengen.

🔍 **3. a)** Schließe in Versuch 2 einen Kleinstmotor an die Brennstoffzelle an. Zu Beginn müssen die Gasspeicher gefüllt sein.
b) Miss Spannung, Stromstärke und die Zeit, bis die Gasspeicher leer sind.
c) Berechne die elektrische Energie E, die die Brennstoffzelle zur Verfügung gestellt hat.

📖 **4.** Aus welchen Teilen besteht eine PEM-Brennstoffzelle?

Die Brennstoffzelle in einem System mit Energiespeicherung

In den 60er Jahren des letzten Jahrhunderts wurde für die bemannte Raumfahrt ein System gesucht, das sowohl elektrische Energie als auch Wasser liefern kann. Deshalb gelangte die Entwicklung der **Brennstoffzelle** von Sir William Robert Grove (1811–1896) aus dem Jahre 1839 zu neuen Ehren.
Wird ein Motor an eine Solarzelle angeschlossen, kann er arbeiten, solange Sonnenenergie zur Verfügung steht. Soll er jederzeit arbeiten, muss die durch die Solarzelle gewonnene Energie gespeichert werden.

Die Solarzelle (Bild 1A) wandelt die Sonnenenergie in elektrische Energie um. Damit wird im Elektrolyseur (Bild 1B) Wasser durch **Elektrolyse** in Wasserstoff und Sauerstoff zerlegt. Da diese Gase in Gasspeichern aufgefangen werden, steht jetzt ein Teil der eingesetzten Energie in gespeicherter Form zur Verfügung.
Die Gase werden in die Brennstoffzelle geleitet (Bild 1D). Dort reagiert der Wasserstoff mit Sauerstoff zu Wasser und gibt den größten Teil der elektrischen Energie wieder frei, die bei der Elektrolyse zugeführt wurde. Zusätzlich entsteht Wärme.

Es gibt verschiedene Brennstoffzellentypen. Einer davon ist die **PEM-Brennstoffzelle** (**P**roton-**E**xchange-**M**embran). Sie besteht aus einem geschlossenen Behälter mit zwei Elektroden. Diese sind aus leitfähigem Kohlenstoff gefertigt, in dem feinst verteiltes Platin eingelagert ist. Die beiden Elektroden sind voneinander durch eine **Membran** getrennt.
An der Wasserstoff-Elektrode herrscht Elektronenüberschuss, an der Sauerstoff-Elektrode herrscht Elektronenmangel. Damit besteht eine Spannung, die wie bei einer Batterie genutzt werden kann. Die elektrische Energie kann in einem äußeren Stromkreis zum Betrieb eines Elektrogerätes, zum Beispiel eines Motors, genutzt werden.

■ In einer Brennstoffzelle reagiert Wasserstoff mit Sauerstoff zu Wasser. Dabei entstehen elektrische Energie und Wärme.

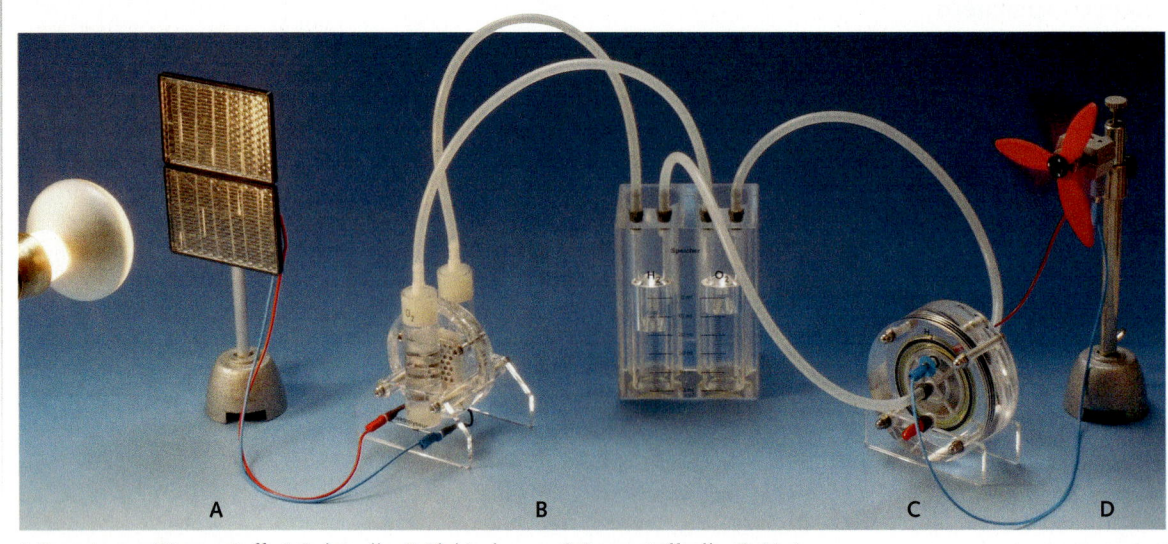

1 Energie aus Wasserstoff. **A** *Solarzelle,* **B** *Elektrolyseur,* **C** *Brennstoffzelle,* **D** *Motor*

Fossile und regenerative Energieversorgung

Funktionsweise einer Brennstoffzelle

Die Reaktion innerhalb einer Brennstoffzelle

Um eine Brennstoffzelle zu betreiben, sind Wasserstoff (H_2) und Sauerstoff (O_2) notwendig. Die beiden Gase können aus Gasflaschen entnommen oder durch **Elektrolyse** gewonnen werden.

In einem **Elektrolyseur** wird Wasser mithilfe von elektrischer Energie in Wasserstoff und Sauerstoff zerlegt. Dabei entsteht doppelt so viel Wasserstoff wie Sauerstoff. Beide Gase werden in Gasspeichern aufgefangen.

$$2\,H_2O \xrightarrow{\text{elektrische Energie}} 2\,H_2 + O_2$$

Um die Brennstoffzelle zu betreiben, wird der Wasserstoff zu einer Elektrode der Zelle geleitet. An dieser Elektrode spaltet der **Katalysator** die Wasserstoffmoleküle in positiv geladene Wasserstoff-Ionen H^+, die Protonen, sowie in negativ geladene Elektronen e^-.

$$① \quad 2\,H_2 \rightarrow 4\,H^+ + 4\,e^-$$

Der Katalysator
Ein Katalysator ist ein Stoff, der die **Reaktionsgeschwindigkeit** einer chemischen Reaktion erhöht. Wenn ein Katalysator vorhanden ist, wird weniger Aktivierungsenergie benötigt, um die Reaktion in Gang zu setzen. Der Katalysator selbst verändert sich bei diesem Vorgang nicht. Bei der Verbrennung von Wasserstoff und Sauerstoff wird das Edelmetall Platin als Katalysator eingesetzt.

Jetzt herrscht an der Wasserstoff-Elektrode Elektronenüberschuss. Sie ist zum Minuspol der Brennstoffzelle geworden. Die freien Elektronen können durch den äußeren Stromkreis zur anderen Elektrode fließen. An dieser Elektrode werden die Sauerstoffmoleküle unter Einwirkung des Katalysators in Atome gespalten und nehmen aus dem äußeren Stromkreis Elektronen auf. Es entstehen O^{2-}-Ionen. Die Sauerstoff-Elektrode ist dadurch zum Pluspol der Brennstoffzelle geworden.

$$② \quad O_2 + 4\,e^- \rightarrow 2\,O^{2-}$$

Gleichzeitig wandern die Wasserstoff-Ionen, die Protonen, durch die Protonen durchlässige Membran (PEM) und reagieren mit den O^{2-}-Ionen zu Wasser.

$$③ \quad 4\,H^+ + 2\,O^{2-} \rightarrow 2\,H_2O$$

Daraus ergibt sich für die Brennstoffzelle folgende Gesamtreaktion:

$$2\,H_2 + O_2 \rightarrow 2\,H_2O + \text{elektrische Energie} + \text{Wärme}$$

Vergleichst du die Reaktionsgleichung der Elektrolyse und die Gleichung der Gesamtreaktion der Brennstoffzelle, erkennst du, dass der Prozess in der Brennstoffzelle eine Umkehrung der Elektrolyse darstellt.

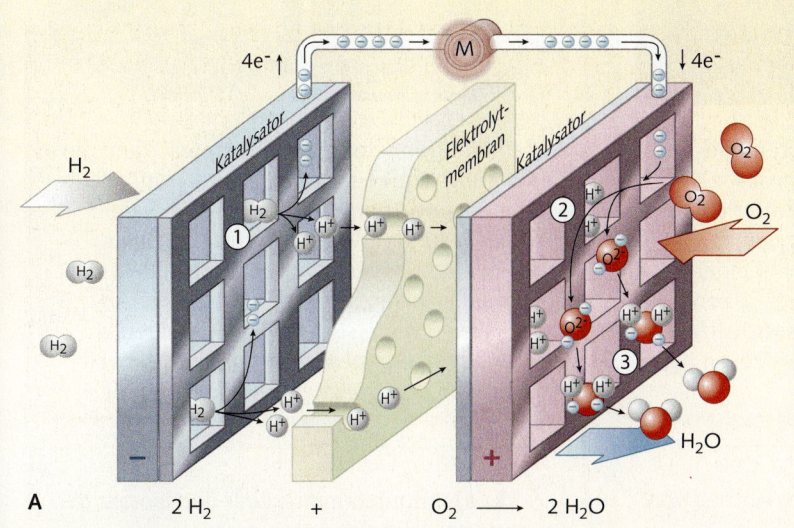

A $\quad 2\,H_2 + O_2 \rightarrow 2\,H_2O$

1 Brennstoffzelle. A *Funktionsweise*, **B** *Aufbau*

Anwendung der Wasserstofftechnologie

Wasserstoff statt Benzin

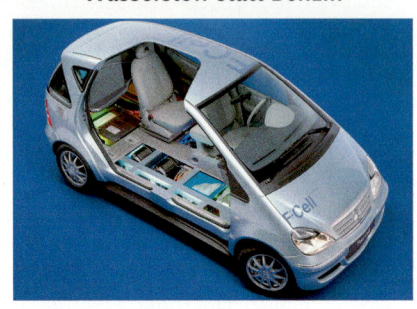

Wird in einem Verbrennungsmotor Benzin durch Wasserstoff ersetzt, entstehen bei der Verbrennung Wasser und Stickoxide, letztere aus dem Stickstoff der Luft. Da Wasser zur Korrosion der Metallteile des Motors führen würde, muss ein solcher Motor aus korrosionsfesten Materialien gebaut sein. Hierfür eignen sich keramische Werkstoffe, die sich allerdings noch in der Testphase befinden.

Fahrrad mit Brennstoffzellenantrieb

Ein Unternehmen aus Shanghai hat ein Fahrrad mit Brennstoffzellenantrieb auf den Markt gebracht. Bei einer Tankfüllung von 50 g Wasserstoff hat es eine Reichweite von 70 km bis 80 km. Der Preis für dieses Fahrrad, das in Spanien bereits im Handel ist, liegt bei fast 2000 €.

Brennstoffzellen ersetzen Batterien

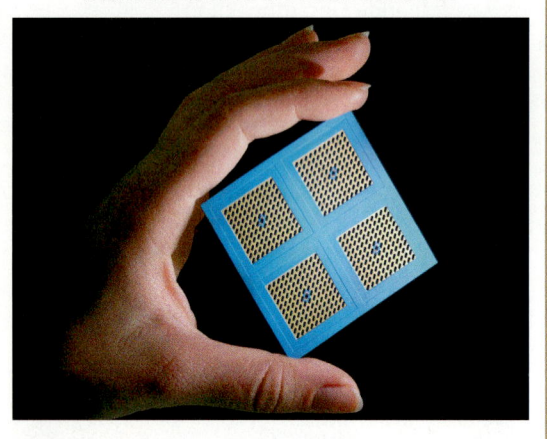

In vielen wissenschaftlichen Instituten und Firmen wird daran gearbeitet, Brennstoffzellen zu entwickeln, die herkömmliche Batterien oder Akkus ersetzen können. So gibt es bereits Handys, Camcorder oder Laptops mit einer Brennstoffzelle. Das Aufladen besteht dann darin, den Wasserstofftank der Brennstoffzelle aufzufüllen. Diese kleinen Brennstoffzellen heißen **Mikro-Brennstoffzellen.**

Energie für Haus und Wohnung

Mit einem **Brennstoffzellen-Heizgerät** kann die Versorgung eines Hauses mit Wärme und elektrischer Energie übernommen werden. Dabei wird der benötigte Wasserstoff erst in einem Reformer aus Erdgas hergestellt. Beim Betrieb entstehen Kohlenstoffdioxid und andere Abgase. Wenn Wasserstoff direkt eingesetzt werden kann, ergeben sich geringere Umweltbelastungen und günstigere Wirkungsgrade.

---

1. a) Welche Vorteile hat der Antrieb von Fahrzeugen mit Wasserstoff?
b) Informiere dich, welche Probleme beim Einsatz von Wasserstoff auftreten.

2. a) Informiere dich über den Einsatz der Brennstoffzelle in der Autoindustrie.
b) Welcher Brennstoffzellentyp wird dort eingesetzt?

Fossile und regenerative Energieversorgung

Die Geschichte der Brennstoffzelle

Pinnwand

1838

Vor über 170 Jahren fand der Chemiker CHRISTIAN FRIEDRICH SCHÖNBEIN (1799–1868) an der Universität in Basel heraus, dass bei der Reaktion von Wasserstoff und Sauerstoff elektrische Energie frei wird.

1839

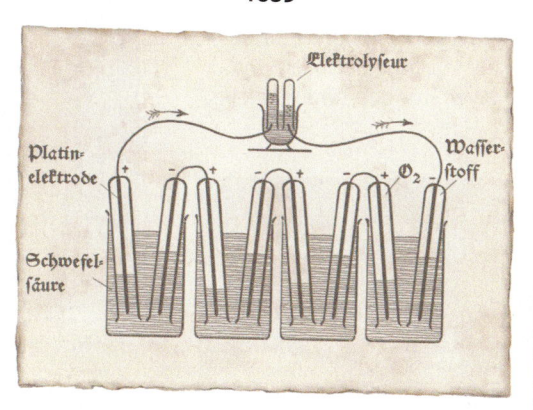

Der walisische Jurist und Physiker SIR WILLIAM R. GROVE (1811–1896) fand in diesem Jahr, dass sich die Elektrolyse von Wasser umkehren lässt. In einer galvanischen Gasbatterie setzte er bei der Oxidation von Wasserstoff und Sauerstoff elektrische Energie frei. Dies war der Vorläufer der heutigen Brennstoffzelle.

Um 1960

Für die bemannte Raumfahrt wurde ein System gesucht, mit dessen Hilfe elektrische Energie und Wasser erzeugt werden könnten. Das führte zur Wiederentdeckung und Weiterentwicklung der Brennstoffzelle.

Bis 2030

Island versucht einen Einstieg in die Wasserstoffwirtschaft. Zuerst sollen in Reykjavik Wasserstoffbusse eingesetzt werden. Die große isländische Fischereiflotte soll mit Brennstoffzellen betrieben werden. Langfristig soll der gesamte öffentliche und private Transport bis 2030 auf Wasserstoff umgestellt werden.

Sonnenkollektoren

🔍 **1.** Lege einen mit Wasser gefüllten Gartenschlauch in die Sonne. Miss die Temperatur des Wassers vor dem Einfüllen und nach zwei Stunden und vergleiche.

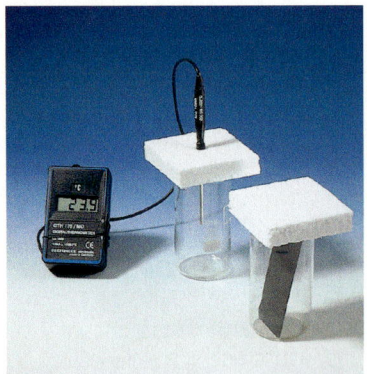

1 Erwärmt sich die Luft im Glas?

🔍 **2.** Stelle wie in Bild 1 ein passend zugeschnittenes Stück schwarzen Karton in ein Becherglas. Decke die zwei gleich großen Bechergläser mit je einem Stück Styropor® ab. Stelle die Gläser in die Sonne. Bestimme die Temperatur in beiden Bechergläsern mit einem Messfühler, den du durch die Styropor®-Platte steckst. Miss vor dem Versuch und dann dreimal im Abstand von 5 min. Notiere deine Ergebnisse und vergleiche.

🔍 **3.** Lege eine weiße und eine schwarze Platte aus gleichem Material in die Sonne und miss jeweils nach 15 min ihre Oberflächentemperatur mittels eines Messfühlers. Was stellst du fest?

📖 **4.** Informiere dich im Internet oder bei Herstellern über Sonnenkollektoren, die zur Unterstützung der Erwärmung von Brauchwasser genutzt werden können.

2 Solare Wassererwärmung

Beschriftungen: Entlüftung, Glasabdeckung, Absorberfläche, Wärmedämmung, Rohre des Wasserkreislauf, Sonnenkollektoren, Warmwasser, Warmwasser, Pufferspeicher, Ausdehnungsgefäß, Kaltwasser

Sonnenenergie wird genutzt
Schwarze Körper absorbieren das Sonnenlicht. Sie wandeln die Energie in Wärme um. Dieser Effekt wird bei **Sonnenkollektoren** genutzt. Die Wärmeaufnahme geschieht in einem schwarz beschichteten Behälter, dem **Absorber**. Er wird von Wasser in dünnen Rohren durchflossen. Das Wasser nimmt die Wärme auf und gibt sie im Brauchwasserspeicher wieder ab.
Eine Pumpe, die sich nur einschaltet, wenn das Wasser im Sonnenkollektor warm genug ist, hält den Wasserkreislauf in Gang. Zur Verbesserung der Wirksamkeit sind Sonnenkollektoren mit einer Glasscheibe abgedeckt und auf der Rückseite gegen Wärmeabgabe isoliert.

Auch ein Sonnenkollektor muss möglichst nach Süden ausgerichtet sein. Mit dem warmen Wasser kannst du duschen, baden oder Geschirr spülen. Es kann auch in der Waschmaschine oder Spülmaschine benutzt werden, wenn diese dafür technisch geeignet sind.

■ Ein Sonnenkollektor wandelt das Sonnenlicht in Wärme um. Damit wird Brauchwasser erwärmt.

Fossile und regenerative Energieversorgung

Bau eines Sonnenkollektors

Praktikum

1. Bauanleitung

Material
2 Styropor®-Platten (100 cm x 50 cm x 3 cm);
5 m Gartenschlauch (1/2 Zoll);
mattschwarze Abtönfarbe;
Grill-Aluminiumfolie extra stark;
große Krampen; Tapetenkleister; Messer

Durchführung
a) Schneide eine Styropor®-Platte wie in Bild 1 aus. Klebe sie bündig auf die zweite Styropor®-Platte.
b) Beklebe die ausgeschnittene Styropor®-Platte vollflächig mit Aluminiumfolie. In die Rille kommt ein weiterer Aluminiumstreifen.
c) Befestige den Gartenschlauch in der Rille. Der Schlauch und die Aluminiumfolie müssen guten Kontakt miteinander haben.
d) Streiche den gesamten Kollektor schwarz (Bild 2).

1 Ausschneiden der Styropor®-Platte

2. Betrieb des Sonnenkollektors

Material
Selbstgebauter Kollektor; Wasser; große Schüssel; elektrische Pumpe mit Anschlussgarnitur für den Wasserschlauch; Solarzelle; Thermometer; Hammer; Nägel; Holzlatten

Durchführung
a) Haltere den Kollektor so, dass er etwa im rechten Winkel zur Sonneneinstrahlung steht.
b) Schließe Pumpe und Solarzelle an (Bild 3). Fülle den Gartenschlauch mit kaltem Wasser.
c) Bestimme die Temperatur des Wassers in der Schüssel zu Beginn und dann alle 5 min. Vergiss nicht umzurühren.
d) Zeichne ein Zeit-Temperatur-Diagramm.

2 Der Sonnenkollektor wird fertig gestellt.

3. Weitere Bauformen

a) Ergänze den Sonnenkollektor durch eine aufgelegte Glasplatte.
b) Ergänze den Kollektor aus a) durch einen Holzrahmen, sodass die Glasplatte Abstand vom Styropor® erhält.
c) Baue den Sonnenkollektor ohne ausgeschnittene Styropor®-Platte.
d) Wiederhole jeweils den Versuch c) aus 2. und vergleiche.

3 Der Sonnenkollektor in Betrieb

Solaranlagen und ihr Wirkungsgrad

1. a) Erstelle eine Übersicht aller elektrischen Geräte mit ihrer Leistung in eurem Haushalt.
b) Schätze den notwendigen Energiebedarf der einzelnen Geräte über einen Zeitraum von einer Woche ab.

2. Erkunde die Zahlen zum täglichen Energiebedarf der Menschheit und zum Energieangebot der Sonne.

3. Ist es sinnvoll, eine Solarzelle mit dem Licht zu beleuchten, das vorher aus der elektrischen Energie dieser Zelle erzeugt wurde? Begründe deine Antwort.

Solarzellen als Energiewandler

Mit der Fotosynthese haben die Pflanzen schon vor Milliarden von Jahren die für das Leben auf der Erde wichtigste Nutzung der Energie der Sonne entwickelt. Dabei wird das Licht unmittelbar genutzt, so wie die Sonne es abgibt. Auch Menschen und Tiere nutzen diese Energieform direkt, zum Beispiel bei der Vitamin D-Synthese.
Eine technische Nutzung der Sonnenenergie ist über Wandler möglich. Einer dieser Wandler ist die Solarzelle. Sie wandelt Licht in elektrische Energie um.

Der Wirkungsgrad

Die mittlere Energiemenge, die von der Sonne abgestrahlt in Deutschland empfangen wird, beträgt etwa 1000 $\frac{kWh}{m^2}$ pro Jahr. Eine Solarzelle kann zurzeit je nach Typ 15 % bis 18 % dieser eingestrahlten Energie in elektrische Energie umwandeln.

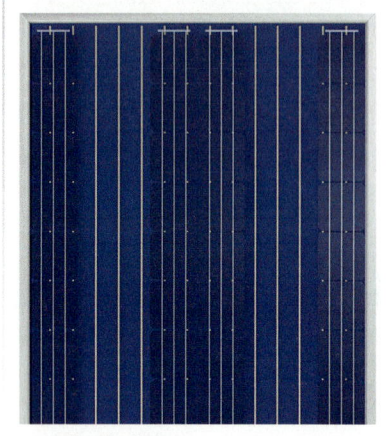

Der Einfluss der Wärme

Bei der Umwandlung des Sonnenlichtes in elektrische Energie wirkt sich Wärme ungünstig aus. Mit dem Licht nimmt die Zelle aber auch die Wärme auf und erwärmt sich dadurch. Mit zunehmender Temperatur geht jedoch die abgegebene elektrische Energiemenge zurück. Somit verringert sich durch die Erwärmung der Solarzellen der Wirkungsgrad der Fotovoltaikanlage. In den Sommermonaten, also in der Zeit mit der höchsten Sonnenscheindauer, können sich die Solarzellen leicht auf 80 °C bis 90 °C erwärmen. Dadurch verringert sich die Leistung der Anlage um ein Drittel.

Kühlung verbessert den Wirkungsgrad

Die hohen Leistungsverluste lassen sich durch Kühlung der Solarzellen vermeiden. Dazu wurden **Hybridkollektoren** entwickelt (Bild 1). Dabei werden die Solarzellen auf einem mit spezieller Keramik bedampften Kupferblech mit einem Rohrsystem montiert. Durch diese Rohre fließt Wasser, das die Wärme aufnimmt und abtransportiert. So werden die Solarzellen gekühlt. Dadurch verbessert sich der Wirkungsgrad der Anlage und die Lebensdauer der Solarzellen wird erhöht.
Das erwärmte Wasser gibt die Wärme über Zwischenspeicher an den Heizungs- und Warmwasserkreislauf des Hauses ab (Bild 2). Dadurch wird weitere Energie eingespart.

■ Mithilfe von Solaranlagen können das Licht und die Wärme der Sonne genutzt werden.

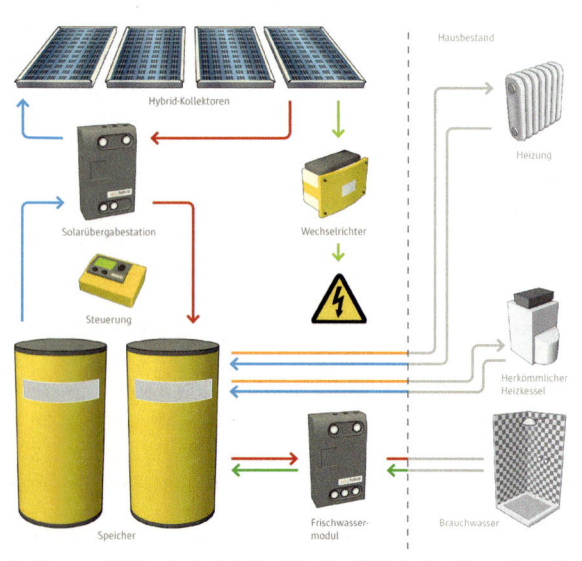

1 Hybridkollektor

2 Sonnenlicht wird gleichzeitig in elektrische Energie und Wärme gewandelt.

Fossile und regenerative Energieversorgung

Elektrische Energie nur mit Solarzellen

Streifzug

1 Solarauto beim World Solar Challenge in Australien

Energiewandler für Elektroautos
Alljährlich kommen Autofans in Australien zu einem besonderen Treffen zusammen. Fragen nach Hubraum und Beschleunigung stehen dabei nicht im Mittelpunkt, denn diese Autos haben keine Verbrennungsmotoren. Sie werden mit Elektromotoren angetrieben. Ihre Besitzer fahren eine Autorallye der besonderen Art, die World Solar Challenge. Sie dürfen dafür nur die elektrische Energie nutzen, die sie aus dem Sonnenlicht erzielt haben.
Das Ziel dieser populären Veranstaltung ist die Anregung zur Forschung auf dem Gebiet der Energienutzung durch Fotovoltaikanlagen.

Das Fahrzeug
Bei den Solarfahrzeugen handelt es sich um Prototypen. Die eingesetzten Materialien sind besonders leicht und die Autos haben eine aerodynamisch günstige Form. Jede freie Fläche ist mit Solarzellen abgedeckt. Die elektrische Energie wird direkt dem Motor zugeführt, der das Fahrzeug antreibt.

Ein Solarauto fährt natürlich nur, wenn die Sonne scheint. Damit wäre die Beweglichkeit eingeschränkt. Schon die Durchfahrt durch einen Schattenbereich würde die Fahrt verlangsamen oder zum Stillstand führen. Deshalb verfügt das Fahrzeug zusätzlich über eine Batterie. Sie wird über die Solarzellen aufgeladen und kann somit eine bestimmte Menge an elektrischer Energie speichern.

Rekorde
Im Jahre 2003 legte das niederländische Solarauto Nuna II die 3010 km lange Strecke von Darwin quer durch Australien bis nach Adelaide in einer Gesamtzeit von 31 h und 5 min zurück. Die längste Strecke an einem Tag betrug 830 km. Als Höchstgeschwindigkeit wurden 110 $\frac{km}{h}$ erreicht. Das Solarauto, das von der australischen Presse „Fliegender Holländer" getauft wurde, stellte mit 96,8 $\frac{km}{h}$ auch bei der Durchschnittsgeschwindigkeit einen neuen Rekord auf.

Fotovoltaikanlage
Die Sonnenenergie ist nur während der hellen Tagesstunden verfügbar. Auch dann kann es Einschränkungen geben, wenn der Himmel bewölkt ist. Die Nutzung der Energie muss also auf die Verfügbarkeit abgestimmt werden. Für eine Speicherung stehen derzeit noch keine wirtschaftlich geeigneten Anlagen zur Verfügung.
Die durchschnittliche elektrische Leistung, die in einem Einfamilienhaus benötigt wird, beträgt ungefähr 500 W, in Spitzenzeiten jedoch erheblich mehr. Bei einer günstigen Lage des Gebäudes kann diese benötigte elektrische Energie mit einer Fotovoltaikanlage auf dem Dach des Hauses erzeugt werden.

Erneuerbare-Energien-Gesetz
Die aus der Sonne gewonnene elektrische Energie wird über einen Energiezähler erfasst. Der Betreiber der Anlage erhält dafür eine Vergütung. Ihre Höhe regelt das **Erneuerbare-Energien-Gesetz.** Dabei ist die Vergütung höher als der Preis, der für die elektrische Energie aus dem Versorgungsnetz bezahlt werden muss.

Erneuerbare Energien und ihre Nutzung

Kohle, Öl, Gas und Uran reichen als Brennstoff für Kraftwerke nur noch eine begrenzte Zeit. Erdöl zum Beispiel wird wahrscheinlich in 50 Jahren nicht mehr zu fördern sein. Da kommt uns die Natur mit Energieträgern zu Hilfe, die sich immer wieder erneuern. So lange die Sonne scheint, wird Wasser in Flüssen fließen und wird Wind wehen. Sonne, Wasser und Wind sind Energieträger von **regenerativen,** also **erneuerbaren Energien.**

Ein **Windkraftwerk** hat einen Rotor, der fest mit der Achse eines Generators verbunden ist. So wird die Bewegungsenergie der Luft in elektrische Energie umgewandelt.

1. Nenne Vorteile und Nachteile von Windkraftanlagen.

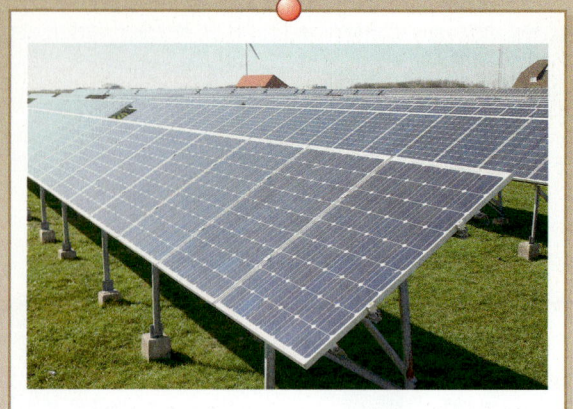

Deutschlands ältestes **Kraftwerk mit einer Fotovoltaikanlage** auf der Nordseeinsel Pellworm wurde nach 20 Jahren erneuert. Die neuen Solarzellen besitzen einen höheren Wirkungsgrad. Die Sonnenenergie wird somit effektiver in Elektrizität umgewandelt. Es wurde 2006 mit einer Windkraftanlage kombiniert. Die Anlage hat bei voller Sonnenstrahlung eine elektrische Leistung von 1,1 MW und kann damit etwa 350 Haushalte auf der Insel versorgen.

3. Welchen Nachteil hat ein kombiniertes Kraftwerk mit Solarzellen und Windgenerator gegenüber einem Wasserkraftwerk?

Wasserkraftwerke sind Laufwasserkraftwerke oder Kraftwerke an Stauseen. In beiden Kraftwerksarten wird die Bewegungsenergie des strömenden Wassers genutzt. Das bewegte Wasser treibt Turbinen an, auf deren Achse ein Generator sitzt.

2. Erläutere, warum die Energie, die bei Wasserkraftwerken genutzt wird, unerschöpflich ist.

Im **Solarkraftwerk** von Almeria in Spanien wird das Sonnenlicht mit schwenkbaren Spiegeln auf Öl gefüllte Röhren gelenkt. Über einen Wärmetauscher wird Wasser zu Dampf, der über Turbinen Generatoren antreibt. So wird aus der Wärme der Sonne elektrische Energie.

4. Erkläre, warum die Spiegel des Solarkraftwerkes drehbar angeordnet sind.

Elektrische Energieversorgung → S. 266/267

Fossile und regenerative Energieversorgung

Das Kraftwerk Wairakei auf Neuseeland ist ein **Geothermalkraftwerk.** Hier wird die Wärme aus einem unterirdischen Dampffeld genutzt. Über Bohrungen und Rohrleitungen wird der Dampf zu einer Turbine geleitet. Dort erzeugt ein Generator elektrische Energie. Im Kraftwerk werden ungefähr 8 % der elektrischen Energie von Neuseeland bereitgestellt.

In einem **Holzhackschnitzelkraftwerk** wird Abfallholz aus der Umgebung verbrannt und damit zur Erzeugung elektrischer Energie und Wärme genutzt. In diesem Kraftwerk werden nachwachsende Rohstoffe eingesetzt.

6. Warum ist die Verwendung von Holz für die Umwelt weniger schädlich als die Verbrennung von Kohle oder Erdöl?

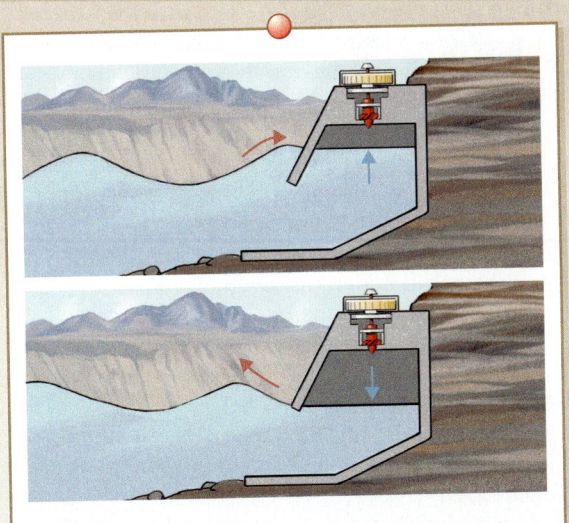

In einem kleinen Kraftwerk auf der schottischen Insel Islay wird die Bewegungsenergie der Meereswellen in elektrische Energie umgewandelt. Es ist ein **Meereswellenkraftwerk.** Hier drücken die Wellen die Luft zusammen. Diese Luft treibt eine Turbine und diese einen Generator an.

Biogas enthält Methan, das bei der Vergärung von Gülle aus der Landwirtschaft oder von Pflanzenresten aus dem Gartenbau entsteht. Dieses Gas wird in einem **Biogaskraftwerk** verbrannt. Dabei werden elektrische Energie und Wärme erzeugt, mit der zum Beispiel ein Wohnhaus beheizt werden kann.

5. Informiere dich über die Standorte von Meereswellenkraftwerken und Geothermalkraftwerken.

7. Worin unterscheiden sich Biogaskraftwerke und Holzhackschnitzelkraftwerke von anderen Kraftwerken?

Elektrische Energieversorgung → S. 266/267

Nachwachsende Rohstoffe – Vor- und Nachteile

1. Recherchiere, wie lange die mit heutiger Technik verwertbaren Vorräte fossiler Brennstoffe wie Erdöl, Kohle oder Erdgas noch reichen werden.

3. Suche dir aus den folgenden Themen eines heraus, bei dem du Vor- und Nachteile ermitteln willst. Stelle Pro und Contra in Form einer Tabelle dar.
– Energiepflanzenanbau und Nahrungsmittelproduktion
– Monokulturen und Vielfalt im Anbau
– Gentechnikeinsatz zur Steigerung der Erträge
– Verstärkter Einsatz von Pflanzenschutzmitteln und Bodengesundheit
– Rapsanbau

2. Welche nachwachsenden Rohstoffe stehen in Deutschland zur Verfügung?

Pflanzen als Klimaretter
Jeder Deutsche produziert pro Jahr circa 10 t CO_2. Soviel kann ein Wald von 1 ha Fläche binden. Wenn sich der Baumbestand weltweit jährlich um 0,5 % vergrößern würde, gäbe es kein CO_2-Problem mehr.

Bioenergie aus Biomasse
Die Bilder im Kreis zeigen die wichtigsten biologischen Energieträger, die in Deutschland vorhanden sind. Als **nachwachsende Rohstoffe** werden Pflanzen bezeichnet, die nur für Zwecke der Energiegewinnung angebaut werden, also nicht zur Nahrungsmittel- oder Futterproduktion dienen. Die aus solchen Rohstoffen erzeugte Energie heißt **Bioenergie.** Die Pflanzen speichern mithilfe der Fotosynthese die Sonnenenergie, welche dann in geeigneten Anlagen wieder freigesetzt wird.

Biogasanlagen
In einer Biogasanlage werden Bioabfälle, Gülle und Pflanzen in einen luftdicht verschlossenen **Fermenter** gegeben. Dort findet ein Fäulnisprozess statt, bei dem **Biogas** entsteht. Dieses brennbare Gasgemisch kann zur Erzeugung von elektrischer Energie und Wärme genutzt werden.

Holzhackschnitzel-Kraftwerk
In einigen Blockheizkraftwerken werden heute Holzhackschnitzel verbrannt, um auf diesem Weg elektrische Energie und Wärme zu erzeugen. Frischholz und Holzabfälle werden zu diesem Zweck auf eine bestimmte Korngröße gemahlen und in den Kraftwerken verbrannt. Wenn das Holz vorher unbehandelt war, gelten diese Kraftwerke als CO_2-neutral.

Biotreibstoff
Biotreibstoff wird aus Biomasse hergestellt und ist für die Verwendung in Verbrennungsmotoren gedacht. Dem Erdöltreibstoff werden 5 % – 10 % Biotreibstoff beigemengt. Auch Verkehrsflugzeuge sollen mit Biokraftstoff statt Kerosin fliegen.

Nachteile der nachwachsenden Rohstoffe
In den letzten Jahren hat sich gezeigt, dass eine Flächenkonkurrenz zwischen der Nahrungsmittelerzeugung und dem Anbau von Pflanzen für die Energiegewinnung entstanden ist. Die Nahrungsmittelpreise sind drastisch gestiegen. Außerdem stellt der verbreitete Anbau von Raps in Monokulturen ein biologisches Problem dar.

■ Nachwachsende Rohstoffe sind Energieträger, die beim Einsatz in Kraftwerken den Ausstoß von CO_2 verringern helfen. Sie werden auf Flächen angebaut, die der Erzeugung von Nahrung dienen müssten.

Fossile und regenerative Energieversorgung

Gespräche leiten

Methode

Gesprächsregeln
- Im Gespräch eure eigene Meinung vertreten
- Den Beiträgen der anderen zuhören
- Die anderen ausreden lassen
- Melden, wenn ihr etwas sagen möchtet
- Die Reihenfolge der Meldungen einhalten
- Beim Reden ansehen
- Jeden zu Wort kommen lassen
- Nicht zu lange reden

Thema: Regenerative Energieträger

Vorteile	Nachteile

Ergebnisse:

Regeln zum Leiten einer Diskussion
- Thema kurz vorstellen, an die Tafel schreiben
- Diskussion eröffnen, Rednerliste führen
- Auf Einhaltung der Gesprächsregeln achten
- Für Ordnung sorgen, keine Seitengespräche zulassen und auf Einhaltung gleicher Redezeiten achten
- Klärende Nachfragen stellen, Widersprüche zwischen den Beiträgen aufzeigen und Diskussionsimpulse geben
- Zwischen- und Endergebnis notieren Diskussion beenden

Der Gesprächsleiter
Bei Gesprächs- oder Diskussionsrunden über ein Unterrichtsthema empfiehlt es sich, einen Gesprächsleiter einzusetzen. Er muss darauf achten, dass die Klasse beim Thema bleibt und dass am Ende der Gesprächsrunde ein brauchbares Ergebnis an der Tafel steht.

Tim wird die Aufgabe übertragen, das Gespräch zu leiten. Die Klasse hat sich in der Unterrichtsreihe über erneuerbare Energien mehrere Wochen lang in verschiedenen Gruppen beschäftigt. Inhalt war die Erzeugung elektrischer Energie durch Wasserkraftwerke, Solarzellen, Windkraftwerke und Brennstoffzellen.

Das Thema wird vorgestellt
Tim ergreift das Wort: „Wir haben uns in den letzten Stunden ausführlich mit regenerativen Energien beschäftigt und wollen nun über die **Vor- und Nachteile** der einzelnen Energieträger diskutieren." Diese kurze Einleitung hilft der Klasse. Jeder weiß nun, worum es geht.

Aufgaben des Gesprächsleiters
Tim schreibt das Diskussionsthema an die Tafel, damit er während der Diskussion immer wieder darauf verweisen kann, wenn jemand vom Thema abweicht. Anfangs versuchen gleich mehrere Schülerinnen und Schüler auf einmal loszureden. Tim erinnert sie daran, dass die **Gesprächsregeln** während der Diskussion eingehalten werden müssen. Bei mehreren Wortmeldungen notiert sich Tim die Namen und ruft sie nacheinander in der Reihenfolge auf. Diese **Rednerliste** ist wichtig, damit jeder zu Wort kommt und seine Idee vortragen darf. So können auch Zwischenbemerkungen verhindert werden. Unterhalten sich kleine Gruppen untereinander, muss Tim das unterbinden und bitten, die **Meinungen** in der gesamten Runde vorzutragen. Spricht jemand sehr lange, muss der Diskussionsleiter darauf hinweisen, dass er die **vereinbarte Redezeit** einhält und den Beitrag zügig zu Ende bringt. Notfalls kann der Diskussionsleiter auch das Wort entziehen.

Zwischen- und Endergebnis
Tim darf bei den einzelnen Beiträgen auch Nachfragen oder **Fragen** Anderer **zulassen,** wenn etwas unklar erscheint oder ein Widerspruch zu vorigen Beiträgen auftritt.
Bei **Wiederholungen** zeigt er auf die Notierungen an der Tafel.

Als Tim merkt, dass die Wortmeldungen immer weniger und zögerlicher werden, stellt er folgende Frage:
„Wir kennen jetzt die Vor- und Nachteile der einzelnen Energieträger. Wäre es eurer Meinung nach möglich, uns Menschen ausschließlich mit erneuerbaren Energien zu versorgen?" Durch diese **neue Sichtweise** wird die Diskussion angekurbelt.
Zum Schluss der Diskussion fasst Tim die verschiedenen Argumente an der Tafel in einem **Gesamtergebnis** zusammen.
Der Diskussionsleiter muss sich also selbst auch gut in dem Thema der Diskussionsrunde auskennen. Während der Diskussion muss er sich aber neutral verhalten.

Pro und contra Windkraftanlagen

Gegner und Befürworter von Windkraftanlagen stellen Behauptungen auf, um ihre Position zu verdeutlichen. Argumente und Gegenargumente sind leicht zu finden und nur durch Tatsachen zu widerlegen.

A) Müllers wohnen ziemlich dicht an einer Windkraftanlage. Die vorgeschriebenen Abstände wurden zwar eingehalten, aber sie befürchten, dass es zu Schattenwurf durch den Rotor und zu Lärmbelästigung kommt.

B) Es wird erzählt, dass viele Vögel erschlagen werden.

C) Die Chefin der Ferienpension „Zur Waldesruh" glaubt, in Zukunft ihre Appartements nicht mehr so oft vermieten zu können.

D) Auf lange Sicht gehen Erdöl, Erdgas und Kohlevorräte der Erde zur Neige. Da muss Ersatz geschaffen werden.

E) Oft stellt sich die Frage nach einer Störung des Landschaftsbildes. Viele finden Windkraftanlagen einfach hässlich.

F) Der Wind ist nicht immer zuverlässig. Deshalb müssen andere Anlagen zusätzlich gebaut werden.

G) Wissenschaftliche Studien beweisen, dass es nur sehr selten zu Vogelschlag kommt. Allerdings werden Zugvögel zum Ausweichen gezwungen.

H) Ein etwas größerer Abstand zum Haus der Müllers hätte beide Schwierigkeiten, den Schattenwurf und die Lärmbelästigung, gar nicht erst entstehen lassen.

I) Umfragen zeigen, dass Windräder von Touristen durchaus positiv gesehen werden.

J) Häufig ist das Landschaftsbild durch Industrieanlagen oder Strommasten schon vorbelastet. Solche Anlagen sehen auch nicht schöner aus.

K) Fossile Brennstoffe sind noch einige Zeit verfügbar. Windkraftanlagen haben den Nachteil, dass sie durch Kohlekraftwerke ergänzt werden müssen.

L) Dass Windkraftanlagen still stehen, das wird nicht oft in ganz Deutschland vorkommen. Aber natürlich müssen trotzdem weitere erneuerbaren Energien genutzt werden, zum Beispiel Biomasse und Energie von der Sonne. Diese belasten die Umwelt nicht mit Schadstoffen.

1. Welche Argumente stehen für das Pro und welche für das Contra?

2. Ordne die Argumente von Pro und Contra einander zu und diskutiere sie anschließend.

3. Finde weitere Gründe für oder gegen Windkraftanlagen.

Elektrische Energieversorgung → S. 266/267

Fossile und regenerative Energieversorgung

Bau eines Solarbootes

Material
1 Styrodurplatte (30 cm x 40 cm x 4 cm)
1 Solarmotor (0,5 V)
4 einzelne Solarzellen 400 mA
Schweißdraht, d = 2 mm,
Gummischlauch mit Innendurchmesser 2 mm
1 Schiffsschraube
Schaltdraht, Lötzinn, Klebstoff für Styrodur,
Stahlmuttern M3, Stecknadeln

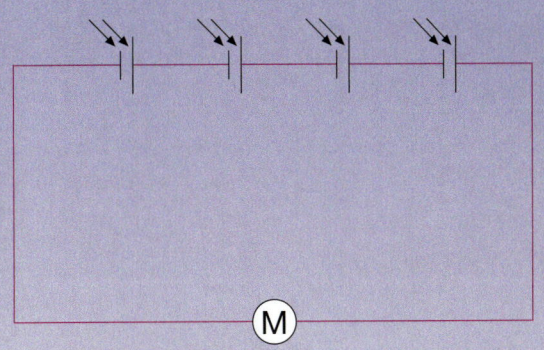

2 Schaltplan des Solarbootes

1 Solarboot-Bausatz

Einfahren und Fehlerbehebung
Achte darauf, dass das Boot gut ausbalanciert ist, wenn es auf dem Wasser schwimmt. Ungleichheiten kannst du durch Stahlmuttern ausgleichen. Befestige sie mit Stecknadeln. Das Ruder sollte das Boot auf eine Kreisbahn lenken. Sichere dein Boot in jedem Fall mit einer Angelschnur, wenn du es auf einem größeren Gewässer fahren lässt.

1. a) Erstelle für dein Solarboot ein Energieflussdiagramm.
b) Überlege, an welchen Stellen bei dem Betrieb des Bootes Wärme entsteht.
c) Erweitere das Energieflussdiagramm durch die Energiepfeile für die Wärme.

Bauanleitung
- Herstellen des Bootsrumpfes aus Styrodur
  Dieses Material ist schwimmfähig. Es nimmt kein Wasser auf und es lässt sich leicht bearbeiten. Am besten ein Boot in Form eines Katamarans herstellen
- Grundriss skizzieren und auf die Styrodurplatte übertragen
- Grundriss mit einer Laubsäge aussägen
- Weiteres Material bis zur typischen Bootsform mit einem Cuttermesser abtragen, abrunden mit einer Holzfeile und Schleifpapier
- Aufbauten nach eigenen Ideen konstruieren. Die Solarzellen sind die Energiewandler des Bootes. Sie werden mit Schaltdraht in Reihe geschaltet und mit dem Motor wie in Bild 2 verbunden.
- Schweißdraht als Antriebsachse zwischen Schiffsschraube und Motor
- Gummischlauch als Kupplung

3 Das fertige Solarboot

Kraft-Wärme-Kopplung

1. Erkläre den Begriff Kraft-Wärme-Kopplung.

2. Gib an, wo Kraft-Wärme-Kopplung eingesetzt werden kann.

3. Begründe, warum die Energieausnutzung bei Kraft-Wärme-Kopplung besser ist als bei getrennter Gewinnung von elektrischer Energie und Wärme.

4. Welche Wirkungsgrade sind beim Einsatz der Kraft-Wärme-Kopplung möglich?

1 Elektrische Energie und Wärme

2 Wärme aus der Ferne

Energie besser nutzen mit Kraft-Wärme-Kopplung

In herkömmlichen Kraftwerken wird Wärme als entwertete Energie in die Umwelt abgegeben. Diese Wärme kann aber genutzt werden, um Wohnungen zu heizen oder Industriebetriebe zu versorgen. Eine solche Nutzung wird als **Kraft-Wärme-Kopplung** bezeichnet.

Beim Einsatz der Kraft-Wärme-Kopplung wird der Energiegehalt des eingesetzten Energieträgers weit besser ausgenutzt, als wenn Elektrizität und Wärme in getrennten Anlagen gewonnen werden (Bild 3).

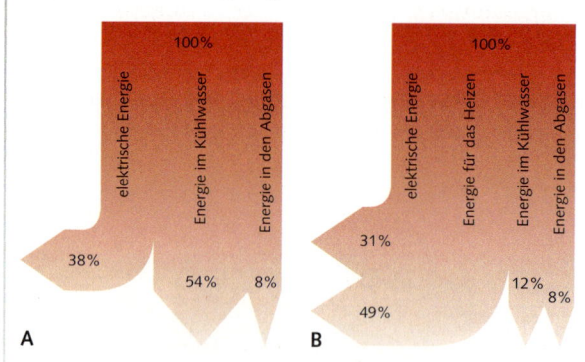

3 **A** Konventionelle Nutzung; **B** Kraft-Wärme-Kopplung

Elektrische Energie und Wärme für die Industrie

Viele Industriebetriebe, in denen neben elektrischer Energie ständig große Mengen Wärme benötigt werden, betreiben eigene Kraftwerke. Kraft-Wärme-Kopplung kann hier besonders günstig eingesetzt werden, da die Wärme nicht über große Entfernungen weitergeleitet werden muss.

Das Kraftwerk erwärmt die Wohnung

Es werden vermehrt kleinere **Heizkraftwerke** in der Nähe von Wohnsiedlungen gebaut, deren Wärme an die Haushalte der Umgebung verteilt werden kann. Besonders wirtschaftlich können solche Kraftwerke arbeiten, wenn sie mit Energieträgern aus der Umgebung, zum Beispiel mit Biogas oder Holz betrieben werden.

Kraft-Wärme-Kopplung im Haus

Die meisten Häuser werden vorwiegend mit Erdöl oder Erdgas beheizt. In **Blockheizkraftwerken (BHKW)** arbeitet ein Verbrennungsmotor, der einen Generator antreibt. Mit der Motorwärme wird das Haus geheizt. Die elektrische Energie kann im Haus selbst genutzt werden oder sie wird in das öffentliche Netz eingespeist.

■ Durch Kraft-Wärme-Kopplung lässt sich die Energieausnutzung erheblich verbessern.

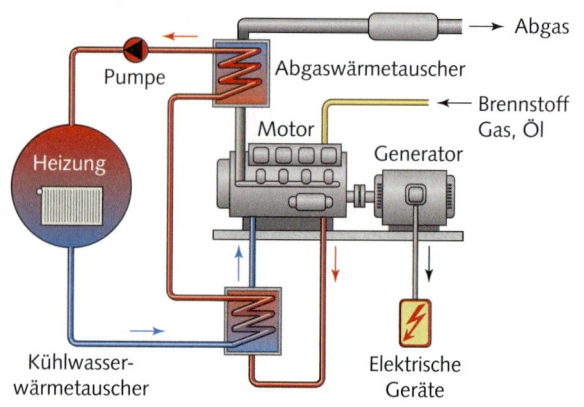

4 Unabhängiger mit einem BHKW

Elektrische Energieversorgung → S. 266/267

Fossile und regenerative Energieversorgung

Ostritz – eine energieautarke Gemeinde

Der Ort
Ganz im Osten der Bundesrepublik liegt an der Neiße die Stadt Ostritz. Bis zu den politischen Umbrüchen von 1989 war die Wirtschaft der Region vom Braunkohleabbau und von der Braunkohleverstromung geprägt. Von hier aus wurden 10 % des Elektrizitätsbedarfs der DDR gedeckt. Etwa 6000 Menschen arbeiteten direkt oder indirekt für die Braunkohlekraftwerke. Nach der Wende wurde die Braunkohleindustrie aus Umweltgründen hier eingestellt. Dadurch hatten die zahlreichen Energiefachleute der Region keine Arbeit mehr.

Die Chance
Die Braunkohleindustrie war mit großen Umweltbelastungen verbunden. So lag in deren Ende auch die Chance, die Lebensumstände zu verbessern. Die Bürger von Ostritz nutzten ihre Chance, da günstige Voraussetzungen gegeben waren:

- Ostritz hat Festlandklima mit überdurchschnittlich vielen Stunden Sonnenschein im Jahr. 1996 wurden die ersten Solaranlagen installiert.
- In der Region weht der „böhmische Wind", ein beständiger Südwind, und so folgten den Solaranlagen zahlreiche Windkraftanlagen.
- An der Neiße gab es eine Reihe kleiner Wasserkraftwerke, die in den vorhergehenden Jahrzehnten stillgelegt worden waren. Jetzt wurden sie wieder in Betrieb genommen.
- In den Wäldern der Umgebung fällt viel Holzabfall an, der jetzt in einem großen Heizkraftwerk in Ostritz zur Gewinnung von Elektrizität und Wärme genutzt wird.
- Spitzenlasten deckt ein Blockheizkraftwerk. Der Dieselmotor, der den Generator antreibt, wird mit Rapsöl betrieben. Der notwendige Raps wird auf den umliegenden Feldern des Ortes angebaut.

1. a) Suche nach energieautarken Gemeinden in deiner Umgebung.
b) Informiere dich über deren Weg zur energieautarken Gemeinde.

1 Das Biomasse-Heizkraftwerk in Ostritz

Energieautark heißt nicht völlig selbstständig
Ostritz ist heute eine energieautarke Gemeinde. Energieautark bedeutet allerdings nicht, dass die Energieversorgung des Ortes völlig unabhängig von der Außenwelt wäre. Kraftstoff beispielsweise muss von Raffinerien beschafft werden. In der Region wird jedoch mehr Energie umgewandelt als gebraucht wird. Die Energiebilanz ist damit positiv. Der Energieüberschuss wird an die Energieversorgungsunternehmen verkauft.

Die Voraussetzungen müssen stimmen
Die Erfolgsgeschichte der Region ist nicht ohne weiteres übertragbar. Günstig für die Entwicklung war, dass viele beschäftigungslose Energiefachleute Arbeit suchten. Zugleich bildete ein weltweites energiepolitisches Umdenken die Voraussetzung dafür, dass Fördermittel zur Verfügung gestellt wurden. Auch Wind, Wasserkraft, Sonnenschein und Anbauflächen für Ölpflanzen waren verfügbar. Jede Gemeinde, die ähnlich erfolgreich sein möchte, muss einen Weg suchen, der den örtlichen Verhältnissen angepasst ist.

Ostritz a. d. Neiße

- Regierungsbezirk Dresden
- 2915 Einwohner
- 207 m über NN
- 23,39 km²
- erste Besiedlung im 6. Jahrhundert n. Chr.

2 Einige energieautarke Gemeinden in Deutschland

Kraftwerke im Vergleich

1. a) Informiere dich im Internet und in Büchern über die Arbeitsweise von Kraftwerken.
b) Suche nach Vor- und Nachteilen für jeden Kraftwerkstyp.

2. a) Übertrage die Tabelle 3 in dein Heft. Vergib anschließend für jeden Kraftwerkstyp und für jedes Beurteilungsmerkmal Punkte von 1 bis 5. Dabei bedeuten 5 Punkte eine sehr gute Bewertung.
b) Ergänze die Tabelle in deinem Heft durch weitere Beurteilungsmerkmale.

3. Suche mithilfe von Atlanten und des Internets die Regionen in Deutschland, wo
• Wasserkraftwerke und
• Windkraftwerke zu finden sind.

2 Kernkraftwerk

Kohlekraftwerke
In Deutschland werden über 50 % der elektrischen Energie in Kohlekraftwerken erzeugt. Sie arbeiten zuverlässig rund um die Uhr. Der Wirkungsgrad von Kohlekraftwerken beträgt aber nur etwa 40 %. Die Brennstoffe sind Braunkohle und Steinkohle. Ihre Vorräte reichen aus heutiger Sicht noch für mehrere hundert Jahre.
Bei der Verbrennung von Kohle entstehen Rauchgase mit schädlichen Rückständen. Schwefel- und Stickstoffverbindungen verursachen den sauren Regen. Sie müssen in aufwändigen Reinigungsverfahren aus den Rauchgasen entfernt werden. Das Kohlenstoffdioxid trägt zu Klimaveränderungen bei.

Kernkraftwerke
Ein Drittel der elektrischen Energie wird in Kernkraftwerken aus Uran erzeugt. Das Uran muss im Ausland eingekauft werden. Die Kernenergie des Urans wird zuerst in Wärme und dann in elektrische Energie umgewandelt. Der Wirkungsgrad eines Kernkraftwerkes beträgt etwa 35 %.
Kernkraftwerke geben keine Rauchgase und kein CO_2 ab. Die Entsorgung der Anlagen ist jedoch äußerst problematisch. Die verbrauchten Brennstäbe sind radioaktiv. Ihre Aufbereitung und Lagerung sind sehr kostspielig und bergen große Gefahren. Wegen der Sicherheitsanforderungen sind die Bau- und Betriebskosten für Kernkraftwerke sehr hoch.

Kraftwerkstyp / Beurteilungsmerkmal	Kohlekraftwerk	Kernkraftwerk
Kosten für eingesetzte Energie		
Einsatzbereitschaft		
Wirkungsgrad in %		
Wärmeabgabe in %		
CO_2-Abgabe		
Schadstoffe		

1 Kohlekraftwerk

3 Vergleichstabelle

Fossile und regenerative Energieversorgung

4 Wasserkraftwerk

5 Windkraftwerk

Wasserkraftwerke
Der Anteil der durch fließendes Wasser erzeugten elektrischen Energie beträgt in Deutschland etwa 5 %. Sie stammt aus Laufwasserkraftwerken in Flüssen und Speicherkraftwerken im Gebirge. Sie arbeiten kostengünstig und mit einem Wirkungsgrad bis zu 90 %. Sie geben keine Schadstoffe ab.

Windkraftwerke
Windkraftwerke erreichen einen Wirkungsgrad von 45 %. Sie geben keine Schadstoffe ab. Weil Wind nicht immer zur Verfügung steht, sind Anlagen im Landesinneren im Durchschnitt aber nur zu 30 % eines Jahres in Betrieb.

Solaranlagen
Die Umwandlung von Sonnenlicht in elektrische Energie stellt für die Umwelt die geringste Belastung dar. Bei einem Wirkungsgrad von 17 % sind die Anlagenkosten im Verhältnis zur erzeugten elektrischen Energie aber sehr hoch. Solaranlagen können schon heute dort wirtschaftlich sein, wo für die Versorgung mit elektrischer Energie lange Leitungen verlegt werden müssten.

■ An der Bereitstellung der elektrischen Energie sind verschiedene Kraftwerkstypen beteiligt. Die Kraftwerke arbeiten mit unterschiedlichen Betriebskosten und zum Teil verschiedenen Folgen für die Umwelt. Die Wirkungsgrade liegen zwischen 17 % und 90 %.

6 Solarkraftwerk

Wasserkraftwerk	Windkraftwerk	Solarkraftwerk

Das Verbundnetz der Bundesrepublik Deutschland

1. a) Informiere dich über Kraftwerksstandorte im Umkreis von 100 km um deinen Wohnort.
b) Erkundige dich nach der elektrischen Leistung dieser Kraftwerke und erstelle aus den Angaben eine Übersicht in Form eines Säulendiagramms.

2. In das Verbundnetz wird sowohl elektrische Energie aus konventionellen Kraftwerken als auch aus alternativen Quellen eingespeist. Informiere dich über den jeweiligen Anteil an der Gesamtmenge im öffentlichen Netz.

Das Netz in Deutschland
Um jederzeit die Versorgung mit elektrischer Energie sicherzustellen, sind alle Kraftwerke in der Bundesrepublik Deutschland zu einem Netz, dem **Verbundnetz**, zusammengeschaltet.

In diesem Netz wird immer nur ein Teil der Kraftwerke mit der vollen Leistung betrieben. Andere laufen mit verminderter Leistung. Sie können aber sofort auf volle Leistung gebracht werden, sodass der Ausfall eines einzelnen Werkes für den Nutzer ohne Folgen bleibt. Auch die Abschaltung eines Kraftwerkes zu Wartungszwecken stellt kein Problem dar, weil andere Kraftwerke die Versorgung dieses Bezirkes mit übernehmen können.

Bild 1 zeigt das Verbundnetz der Bundesrepublik Deutschland mit seinen wichtigsten Kraftwerksstandorten. Die Braunkohlekraftwerke befinden sich überwiegend in den Braunkohlerevieren zwischen Köln und Aachen sowie in der Niederlausitz. Steinkohle- und Kernkraftwerke sind über das ganze Land verteilt.

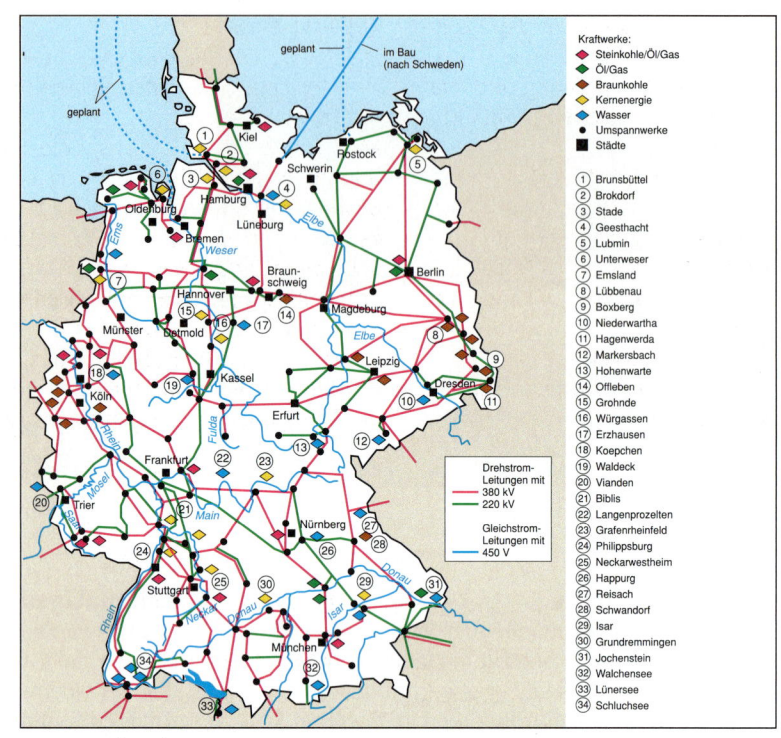

1 Das Verbundnetz

Das Verbundnetz in Europa
Deutschland ist durch das Verbundnetz auch mit den europäischen Nachbarländern verbunden. Dadurch werden sowohl ein Austausch als auch die Durchleitung elektrischer Energie ermöglicht. Neben den technischen Aspekten hat dies auch den wirtschaftlichen Handel mit elektrischer Energie in Europa verstärkt. Elektrische Energie wird beispielsweise an der Strombörse in Leipzig gehandelt.

Die Zentrale des Verbundnetzes für Deutschland und Nordeuropa befindet sich in Brauweiler bei Köln. Dort laufen die Daten aller Kraftwerke zusammen. Hier haben Techniker einen genauen Überblick darüber, welche Kraftwerke abgeschaltet sind und welche Energiemengen bei anderen zur Verfügung stehen und zugeschaltet werden können.

Die Netzfrequenz
Damit alle Kraftwerke in Deutschland und Europa problemlos in einem Verbundnetz betrieben werden können, müssen sie die elektrische Energie mit einer einheitlichen Netzfrequenz von 50 Hz erzeugen. Sie wird erreicht, wenn alle Generatoren mit einer Drehzahl von 3000 $\frac{U}{min}$ laufen.

■ Alle Kraftwerke in Deutschland und Europa sind zu einem Verbundnetz zusammengeschaltet. Es wird mit einer einheitlichen Frequenz von 50 Hz betrieben.

Elektrische Energieversorgung → S. 266/267

Verteilung des Energiebedarfs über einen Tag

1. a) Erstelle für den Haushalt, in dem du lebst, eine Übersicht, zu welchen Zeiten und wie lange die elektrischen Geräte in Betrieb sind.
b) Ermittle die Leistungsaufnahme der Haushaltsgeräte und der Beleuchtungseinrichtungen.
c) Berechne jeweils für die volle Stunde und die halbe Stunde die gesamte Leistung.
d) Stelle die Ergebnisse als Säulen auf der Zeitachse eines Diagramms dar.

Tageslastkurve

Elektrische Energie wird in Haushalten und Betrieben im Tagesverlauf in unterschiedlicher Menge benötigt. Bild 1 zeigt den Verlauf über 24 h, die **Tageslastkurve.**

Morgens um 6:00 Uhr steigt die Nachfrage an elektrischer Energie an und gegen 8:00 Uhr erreicht sie einen ersten Höhepunkt. Dieser Wert bleibt während der Vormittagsstunden fast konstant. In der Mittagszeit, wenn in Haushalten und Kantinen das Mittagessen zubereitet wird, steigt er noch einmal leicht an. Während der Nachmittagsstunden geht der Energiebedarf wieder leicht zurück. Das Einschalten der Beleuchtung zwischen 18:00 Uhr und 20:00 Uhr bewirkt einen zweiten Höhepunkt. In den Haushalten wird Essen zubereitet und es werden Freizeitaktivitäten aufgenommen. Erst gegen 22:00 Uhr sinkt der Energiebedarf auf den Nachtwert.

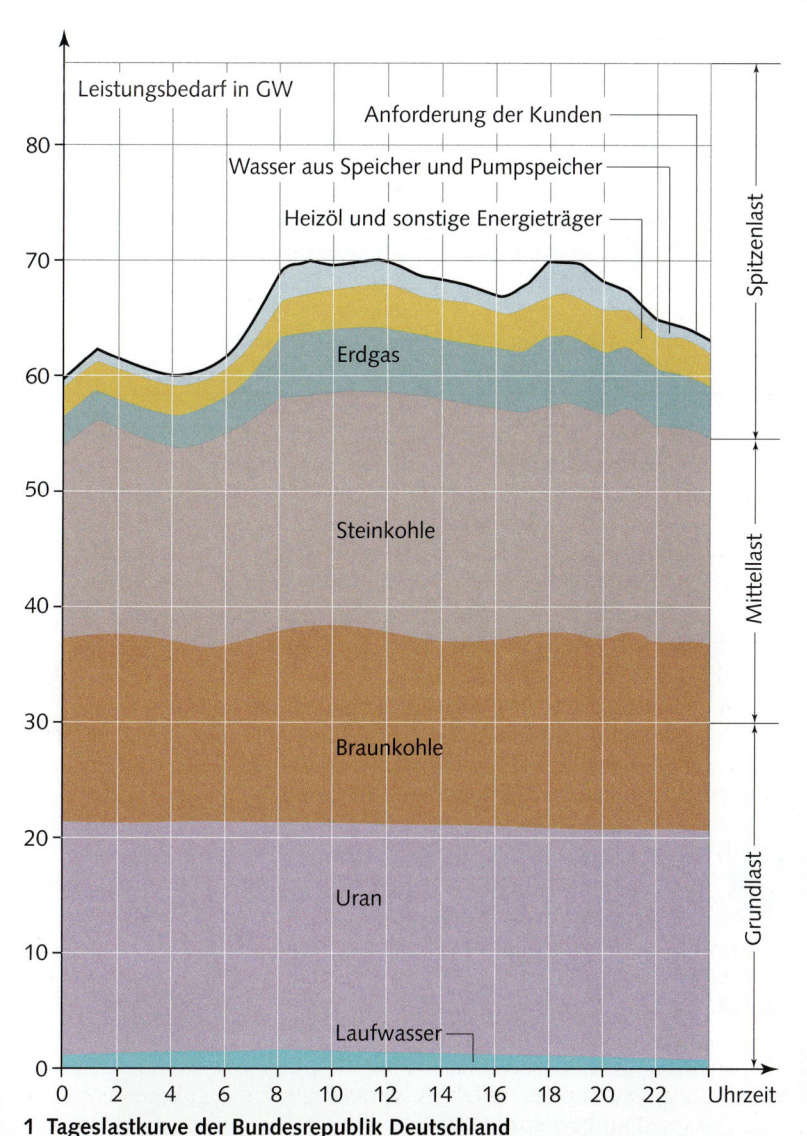

Der Energiebedarf wird in drei Bereiche eingeteilt:
Die **Grundlast** muss während des ganzen Tages zur Verfügung stehen. Für ihre Abdeckung sorgen überwiegend Laufwasserkraftwerke, Kernkraftwerke und Braunkohlekraftwerke. Ihr Einsatz ist nur wirtschaftlich, wenn sie im Dauerbetrieb arbeiten.

Im Übergang von der Grund- zur **Mittellast** arbeiten die Steinkohlekraftwerke. Die Anlaufzeit eines Steinkohlekraftwerkes beträgt wenige Stunden. Energie aus Steinkohle lässt sich damit schon recht genau an vorhersehbare Schwankungen anpassen.

Für die **Spitzenlast** sind nur Kraftwerke geeignet, die binnen weniger Minuten auf ihre Volllast hochgefahren werden können. Das sind Speicher- und Pumpspeicherkraftwerke. Im Bereich der Spitzenlast werden auch Kraftwerke mit Gasturbinen eingesetzt, die mit Erdgas betrieben werden.

■ Elektrische Energie muss immer im Moment ihrer Abnahme erzeugt werden. Der Bedarf unterliegt täglichen Schwankungen. Die Versorgung übernehmen verschiedene Kraftwerkstypen.

1 Tageslastkurve der Bundesrepublik Deutschland

Lernen im Team

Energiesparen mit Verstand

Die Glühlampe – gestern und heute
Die Geschichte der Glühlampe begann mit einem ersten Patent im Jahre 1841 durch den Engländer Frederick de Moleyns. Die erste brauchbare Glühlampe geht auf Heinrich Goebel im Jahr 1851 zurück. Doch erst Thomas Alva Edison konnte 1882 ein ganzes Stadtviertel von New York mit Glühlampen beleuchten.

In der EU steht die Glühlampe vor dem Aus. In Deutschland begann der Ausstieg 2009 mit den 100 W-Lampen, 2010 folgten die 75 W-Lampen, 2011 die 60 W-Lampen und 2012 die restlichen Glühlampen bis 5 W.

Setzt euch mit den Vor- und Nachteilen der unterschiedlichen Lampentypen auseinander. Ziel des Projektes ist es, zukunftsweisende Empfehlungen zu formulieren.

1 Glühlampe (Lichtausbeute 15 $\frac{lm}{W}$)

Gruppe 1: Glühlampen
Findet Informationen zu:
- Aufbau und Funktion
- Preis
- Lebensdauer
- Wirkungsgrad
- Energiebedarf
- Lichtfarbe
- Helligkeit beim Einschalten

Gruppe 2: Energiesparlampen
Ermittelt vergleichbare Informationen wie zur Glühlampe und darüber hinaus:
- Entsorgungsprobleme
- Elektrosmog
- Flimmern
- Quecksilberanteil
- Schaltfestigkeit

Gruppe 3: LEDs
Findet Informationen, die mit denen der Glühlampe und der Energiesparlampe verglichen werden können und darüber hinaus:
- Welches Entwicklungspotenzial liegt noch in den LEDs?
- Welche Probleme müssen hier noch gelöst werden?

2 Energiesparlampe (Lichtausbeute 75 $\frac{lm}{W}$)

Gruppen 1 bis 3: Energieeinsparpotenzial
- Stellt die Anschaffungspreise für Glühlampen, Energiesparlampen und LEDs deren Lebensdauer gegenüber. Welches Leuchtmittel schneidet am besten dabei ab?
- Berechnet die Energiekosten für 1000 Betriebsstunden ohne Berücksichtigung der Anschaffungskosten für jedes der Leuchtmittel.
- Welches Leuchtmittel ist in Zukunft zu empfehlen, wenn der Klimaschutz berücksichtigt werden muss?

3 LED (Lichtausbeute 150 $\frac{lm}{W}$)

Lumen (lat.: Licht) ist eine fotometrische Einheit für den Lichtstrom. Es wird mit lm abgekürzt. Das ist die gesamte Menge des Lichts, das von einer Lichtquelle in alle Richtungen in einer Sekunde ausgestrahlt wird. Dabei werden infrarotes und ultraviolettes Licht nicht berücksichtigt.

Fossile und regenerative Energieversorgung

4 Haushaltsgroßgeräte

www.eu-label.de
www.stromeffizienz.de

Untersucht den Energiebedarf verschiedener Haushaltsgroßgeräte anhand der Herstellerangaben auf dem EU-Label. Dabei können euch die angegebenen Internetadressen behilflich sein. Ziel des Projektes ist es, zukunftsweisende Empfehlungen zu formulieren.

Gruppe 4: Waschmaschinen
- Welchen Energiebedarf haben ältere Geräte, die zurzeit noch im Haushalt im Gebrauch sind?
- Welches neue Gerät schneidet am günstigsten beim Energievergleich ab?
- Wie groß ist der Preisunterschied zwischen dem billigsten Gerät und dem energiegünstigsten Gerät?
- Nach wie vielen kWh hat sich der Kauf eines energiesparsamen Gerätes ausgezahlt?

Gruppe 5: Kühlschränke
Beantwortet hier die gleichen Fragen, die für Gruppe 4 gestellt werden.
- Vergleicht je ein Gerät mit A-Label und B-Label.

Gruppe 6: Elektrobacköfen
Beantwortet hier die gleichen Fragen, die für Gruppe 4 gestellt werden.
- Vergleicht je ein Gerät mit A-Label und B-Label.

Gruppen 4 bis 6: Energieeinsparpotenzial
- Für welche weiteren Haushaltsgroßgeräte wird das EU-Label noch verlangt?
- Es wird behauptet, dass ein 4 Personen-Haushalt 70 € im Jahr durch effiziente Haushaltsgeräte einsparen kann. Stellt eine Beispielrechnung auf und überprüft diese Behauptung.

Resümee: Wo kann mehr Energie gespart werden, beim Licht oder bei Geräten, die Wärme erzeugen oder die kühlen?

Das EU-Label hilft beim Energievergleich

Beim Kauf eines neuen Haushaltsgroßgerätes lohnt es sich, die Eigenschaften verschiedener Geräte zu vergleichen. Dabei hilft das EU-Label (Bild 5).
Im obersten Fenster ist dabei der Name des Herstellers angebracht.
Die Farbbalken kennzeichnen die Energieeffizienzklassen. A kennzeichnet sparsame Geräte, G bedeutet, dass der Energiebedarf hoch ist. Für Kühlschränke gelten sogar Sonderklassen wie A+ oder A++.
Im Kasten darunter wird der Bedarf an elektrischer Energie in kWh angegeben. Die weiteren Angaben beziehen sich auf die jeweilige Funktion und spielen bei der Energiebetrachtung keine Rolle.

5 EU-Label für Waschmaschinen

Auf einen Blick

Fossile und regenerative Energieversorgung

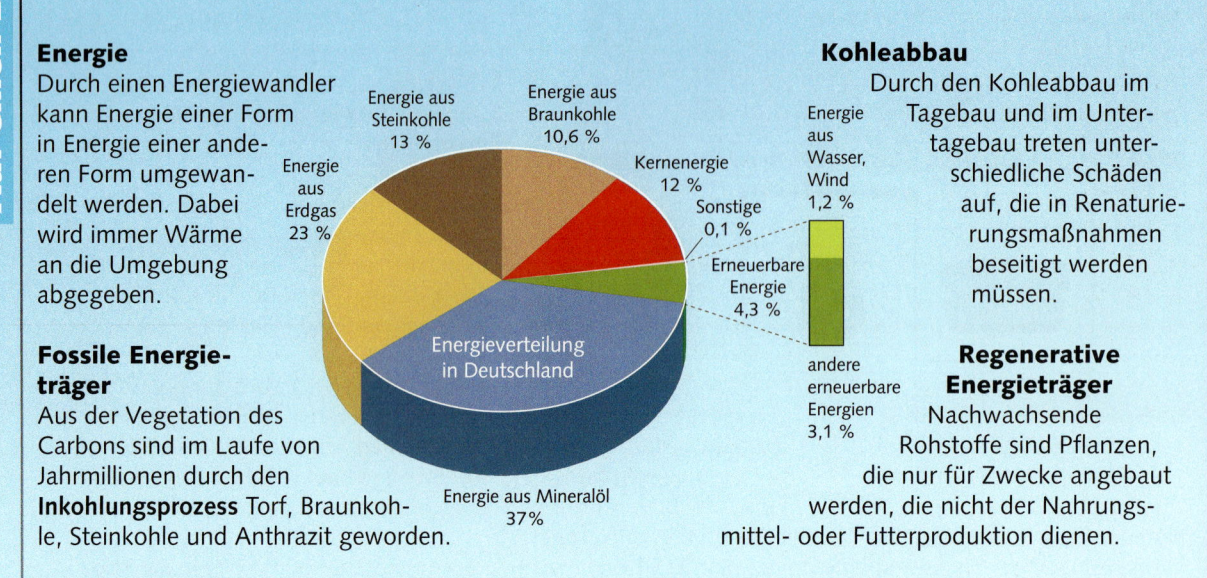

Energie
Durch einen Energiewandler kann Energie einer Form in Energie einer anderen Form umgewandelt werden. Dabei wird immer Wärme an die Umgebung abgegeben.

Fossile Energieträger
Aus der Vegetation des Carbons sind im Laufe von Jahrmillionen durch den **Inkohlungsprozess** Torf, Braunkohle, Steinkohle und Anthrazit geworden.

Energieverteilung in Deutschland:
- Energie aus Steinkohle 13 %
- Energie aus Braunkohle 10,6 %
- Energie aus Erdgas 23 %
- Kernenergie 12 %
- Sonstige 0,1 %
- Erneuerbare Energie 4,3 %
- Energie aus Mineralöl 37 %

Erneuerbare Energie:
- Energie aus Wasser, Wind 1,2 %
- andere erneuerbare Energien 3,1 %

Kohleabbau
Durch den Kohleabbau im Tagebau und im Untertagebau treten unterschiedliche Schäden auf, die in Renaturierungsmaßnahmen beseitigt werden müssen.

Regenerative Energieträger
Nachwachsende Rohstoffe sind Pflanzen, die nur für Zwecke angebaut werden, die nicht der Nahrungsmittel- oder Futterproduktion dienen.

Energieausnutzung
Der **Wirkungsgrad** η gibt die Energieausnutzung eines Wandlers an. Die Angabe erfolgt in Prozent, als Hundertstelbruch oder als Dezimalzahl.

Name	Größe	Gesetz
Wirkungsgrad	η	$\eta = \frac{\text{nutzbare Energie}}{\text{zugeführte Energie}} \cdot 100\,\%$

Energieumwandlungssysteme

	Verbrennungsmotor	Hybridtechnik	PEM-Brennstoffzelle	Kollektor	Solaranlagen Solarzelle	Hybridkollektor
Art/Stoff	Otto-Motor, Diesel-Motor	Elektromotor und Otto-Motor	Wasserstoff, Sauerstoff	Wasser	Silicium	Wasser, Silicium
Prinzip	Verbrennung	Elektrizität und Verbrennung	Umkehrung der Elektrolyse	Absorption	Elektronen- oder Löcherleitung	Absorption und Elektronen- oder Löcherleitung
zugeführte Energie	chemische Energie	elektrische und chemische Energie	chemische Energie	Wärme der Sonne	Licht der Sonne	Wärme und Licht der Sonne
nutzbare Energie	kinetische Energie	kinetische Energie	elektrische Energie, Wärme	Wärme	elektrische Energie	Wärme, elektrische Energie
Wirkungsgrad	25 % – 43 %	45 %	bis 60 %	60 % – 75 %	17 %	bis 20 %
Abgabe	CO, CO_2, HC, NO_x, SO_2, Rußpartikel	CO, CO_2, HC, NO_x, SO_2	Wasser	–	–	–
Anwendung	Kraftfahrzeuge, Kraftwerke	Auto	Auto, Heizung, elektrische Geräte	Heizung, Kraftwerke	elektrische Geräte, Kraftwerke	Heizung, elektrische Geräte

Energieversorgung
In Deutschland erfolgt die Versorgung mit elektrischer Energie durch **herkömmliche Kraftwerke** wie Kohle- und Kernkraftwerke und durch **Kraftwerke mit regenerativen Energien** wie Wasser-, Wind-, Biomassekraftwerke sowie Solaranlagen. Sie arbeiten mit unterschiedlichen Wirkungsgraden.

Deutsches und europäisches Verbundnetz
Elektrische Energie muss immer im Moment der Abnahme bereitgestellt werden. Die Kraftwerke in Deutschland und Europa sind zu einem **Verbundnetz** zusammengeschaltet. Das Netz hat eine einheitliche Frequenz von 50 Hz.

Fossile und regenerative Energieversorgung

1. Beschreibe die Energieumwandlung von der chemischen Energie der Kohle bis zur elektrischen Energie.

2. Zähle die Schritte auf, die bei der Inkohlung von den Pflanzen bis zur Kohle durchlaufen werden.

3. Welche Faktoren müssen gegeben sein, damit der Inkohlungsprozess ablaufen kann?

4. Wie wird Braunkohle abgebaut? Nenne Vor- und Nachteile.

5. Warum wird Steinkohle im Untertagebau gewonnen?

6. Welche Aufgabe haben die Kühltürme eines Kraftwerkes?

7. Welche neuen Stoffe entstehen bei der Rauchgasreinigung im Kohlekraftwerk?

8. Einem Wandler werden 500 kW Leistung zugeführt. Nach der Umwandlung können 400 kW Leistung genutzt werden.
a) Berechne den Wirkungsgrad des Wandlers in Prozent.
b) Gib den Wirkungsgrad auch als Dezimalzahl und als Hundertstelbruch an.

9. Begründe, dass die Angabe $\eta > 100\%$ in jedem Fall falsch ist.

10. Was gibt der Heizwert eines Stoffes an?

11. Was gibt der Brennwert eines Stoffes an?

12. a) Welche Energieträger werden in Verbrennungsmotoren genutzt? Nenne drei Beispiele.
b) Nenne entwertete Energien, die bei Verbrennungsmotoren entstehen.

13. Nenne die vier Arbeitsgänge eines Otto-Motors.

14. Beschreibe Gemeinsamkeiten und Unterschiede bei Viertakt- und Zweitakt-Otto-Motoren.

15. Nenne die Vor- und Nachteile eines Zweitakt-Motors.

16. Warum benötigt ein Dieselmotor keine Zündkerzen?

17. Welche Energieformen liefert eine Brennstoffzelle?

18. a) Beschreibe den Aufbau einer PEM-Brennstoffzelle.
b) Erkläre die Abkürzung PEM.

19. Nenne die Bauteile, die notwendig sind, damit eine Brennstoffzelle zu einem autarken System wird.

20. Beschreibe für die Brennstoffzelle mit einer Reaktionsgleichung, was an der
a) Wasserstoff-Elektrode geschieht,
b) Sauerstoff-Elektrode geschieht.

21. Mit welchen technischen Mitteln kann die Energie der Sonne genutzt werden?

22. a) Wo ist der Einsatz von Solaranlagen besonders wirtschaftlich und sinnvoll?
b) Welche Faktoren muss der Standort für die Montage einer Solaranlage erfüllen?

23. Zähle drei nachwachsende Rohstoffe auf, die in Deutschland angebaut werden.

24. Welche Kraftwerkstypen erzeugen neben der elektrischen Energie auch einen hohen Anteil an Wärme?

25. Wie lässt sich durch Kraft-Wärme-Kopplung der Wirkungsgrad eines Kraftwerkes erhöhen?

26. Wie hoch sind die prozentualen Anteile der verschiedenen Kraftwerkstypen an der Energieversorgung in Deutschland?

27. Welche Kraftwerke decken den Energiebedarf für die
a) Grundlast,
b) Mittellast,
c) Spitzenlast?

28. Welche Lampenarten versprechen für die Zukunft den geringsten Energiebedarf?

Zeig, was du kannst

Lernen im Team

Energieversorgung eines Wohnhauses

In diesem Projekt sollt ihr euch mit der Energieversorgung eines Wohnhauses beschäftigen. Chemische Energie aus verschiedenen Energieträgern wird zum Heizen benötigt, elektrische Energie zum Betrieb der vielen Elektrogeräte im Haushalt. Diese Energien müssen gekauft werden. Sie sind zu unterschiedlichen Preisen zu bekommen. Energie von der Sonne in Form von Wärme und Licht steht zwar kostenlos zur Verfügung. Die Nutzung erfordert aber besondere Anlagen mit hohen Anschaffungskosten. In diesem Projekt sollt ihr die heutigen technischen Möglichkeiten zur Energienutzung und zur Einsparung von Energie untersuchen.

Gruppe 1:
Heizen mit fossilen Brennstoffen
Zu den fossilen Brennstoffen zählen Erdöl, Erdgas, Steinkohle und Braunkohle.

– Erstellt Plakate, die über den Weg der Energie von ihren jeweiligen Lagerstätten bis zum erwärmten Duschwasser informieren. Beantwortet dabei folgende Fragen:
  • Wo befinden sich die Lagerstätten und Abbaugebiete von Kohle, Erdöl und Erdgas?
  • Auf welchen Transportwegen gelangen die Energieträger zu uns?
  • Welche Heizwerte haben die einzelnen Brennstoffe?
  • Wie lange reichen die bisher bekannten Vorräte voraussichtlich noch aus?
  • Was ist hinsichtlich der Emissionen bei der Verbrennung der einzelnen Stoffe zu beachten? Bei welchem fossilen Brennstoff werden die geringsten Schadstoffmengen freigesetzt?

2 Zentralheizung

In den meisten Fällen werden die fossilen Brennstoffe im Kessel einer Zentralheizung in Wärme umgewandelt. Auch das Brauchwasser für Bad und Küche wird vom Heizkessel erwärmt. Der Wirkungsgrad der Umwandlung ist abhängig von der Art der Anlage. Fortschrittliche Heizkessel, die nach dem Prinzip der Brennwerttechnik arbeiten, haben einen besonders günstigen Wirkungsgrad.

– Erstellt ein Plakat mit dem Funktionsprinzip einer Zentralheizung.
– Informiert euch über das Verfahren der Brennwerttechnik und erklärt den Unterschied zu einem herkömmlichen Heizkessel. Vergleicht den Wirkungsgrad eines herkömmlichen Heizkessels mit dem eines Brennwertkessels.
– Erkundigt euch nach dem durchschnittlichen Warmwasserbedarf eines 4 Personen-Haushaltes. Führt eine Berechnung durch, aus der sich ergibt, wie viele Liter Heizöl verbrannt werden müssen, wenn dieser Tagesbedarf gedeckt werden soll.

1 Anlieferung von Heizöl

Fossile und regenerative Energieversorgung

Gruppe 2: Heizkostenabrechnung
Der Energiebedarf eines Hauses ist ein wichtiger Posten der Unterhaltskosten. Ein Gebäude mit niedrigem Energiebedarf verursacht auch geringere Kosten.
In dieser Gruppe sollt ihr erarbeiten, wie die Energiekosten abgerechnet werden.

– Besorgt euch von euren Eltern die Rechnungen über geliefertes Heizöl oder Erdgas und die Energierechnungen. Erdgas wird in der Regel zu einem Festpreis geliefert. Erkundigt euch auch nach der Preisentwicklung im vergangenen Jahr.
– Informiert euch über das Abrechnungsverfahren, wenn das Haus oder die Wohnung mit Fernwärme versorgt wird.

In Mehrparteienhäusern werden die einzelnen Wohnungen durch die gleiche Heizungsanlage versorgt. Aufgrund gesetzlicher Vorschriften muss die zugeführte Wärme für jede Wohnung getrennt erfasst und verbrauchsabhängig abgerechnet werden. Dazu gibt es zwei Verfahren.

1. Über Durchflusszähler hinter der Heizungsanlage wird für jede Wohnung die gelieferte Wärme direkt erfasst. Auf der Basis dieser Zählung werden die Heizkosten berechnet.

2. Ein Teil der Heizkosten wird nach einem prozentualen Schlüssel, 30 % oder 50 %, nach der Quadratmeterzahl auf die einzelnen Wohnungen umgelegt. Der verbleibende Teil wird durch Wärmemengenmesser an jedem einzelnen Heizkörper erfasst. Ein solches Gerät besteht aus einem Glasröhrchen, das mit einer Flüssigkeit gefüllt ist. Wenn der Heizkörper Wärme abgibt, verdunstet sie.

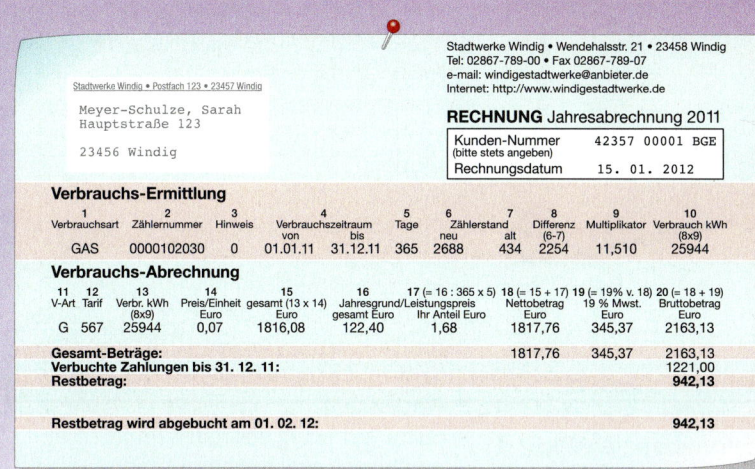

3 Jahresabrechnung für Erdgas

– Erkundigt euch bei euren Eltern, nach welcher Methode die Heizkosten für eure Wohnung berechnet werden.
– Führt folgenden Versuch durch:
a) Zeichnet auf ein Reagenzglas eine gut ablesbare Skala, füllt es mit Wasser und befestigt es auf der Oberfläche eines Heizkörpers. Stellt das Heizkörperventil in eine mittlere Position und lasst es unverändert. Lest über mehrere Tage die Höhe des Wasserstandes an dem Reagenzglas ab.
b) Führt diesen Versuch gleichzeitig an einem kalten Heizkörper durch.
c) Tragt die verdunsteten Wassermengen über einen einwöchigen Zeitraum in ein Diagramm ein und vergleicht die Grafen.

Familie Sparbier wohnt mit 5 Personen in einem Haus mit einer Wohnfläche von 145 m². Das Haus wird mit Erdgas beheizt. Der Zählerstand für die Gaszufuhr betrug am 28.01. des Jahres 16467 m³. Am 27.01. des Folgejahres wurde ein Stand von 18748 m³ abgelesen.
1 m³ Erdgas hat einen Energieinhalt von 11,52 kWh. Die Abrechnung erfolgt auf der Basis von kWh; 1 kWh kostet 0,07 €. Neben diesem verbrauchsabhängigen Anteil wird noch ein monatlicher Grundpreis von 9 € berechnet.
– Berechnet den Jahresenergiebedarf und seine Gesamtkosten.
– Wie groß ist der Energiebedarf pro Person im Jahr?

4 Wärmemengenmesser an einem Heizkörper

Gruppe 3: Wärme von der Sonne

Der größte Anteil der Energie in einem Haus wird für die Erzeugung von Wärme benötigt. Ein umweltfreundliches Verfahren ist die Nutzung der Wärme von der Sonne, die **Solarthermie**.

Für ihre Nutzung ist eine besondere Anlagentechnik erforderlich. Sonnenkollektoren auf dem Dach des Hauses nehmen die Wärme der Sonne auf und geben sie an einen geschlossenen Wasserkreislauf ab.

Das zweite wichtige Bauelement ist ein Wärmespeicher im Haus. Über einen Wärmetauscher wird die Energie aus dem Kreislauf an das im Speicher befindliche Wasser abgegeben.

– Erstellt ein Poster, das das Schema eines Sonnenkollektors mit Wärmespeicher darstellt.

5 Sonnenkollektoren

Wärmemenge und spezifische Wärmekapazität

Die Wärme, die in Wasser gespeichert werden kann, ist abhängig von der Masse und vom Temperaturunterschied: $E \sim m$ und $E \sim \Delta T$. Diese Abhängigkeiten können mathematisch so beschrieben werden:

$$E \sim m \cdot \Delta T.$$

Dazu kommt noch ein Faktor, der die Speicherfähigkeit eines Stoffes für Wärme angibt. Er wird als **spezifische Wärmekapazität c** bezeichnet und ist eine Stoffeigenschaft. Wasser besitzt eine Speicherfähigkeit von $c = 4{,}2 \; \frac{kJ}{kg \cdot K}$. Damit ergibt sich:

$$E = c \cdot m \cdot \Delta T.$$

– Berechnet mit der obigen Formel die Energiemenge E, die notwendig ist, um das Wasser für eine Handwäsche, ein Spülbecken oder ein Bad zu erwärmen.
– Sammelt Daten über die tägliche Menge an warmem Wasser in eurem Haushalt. Berechnet dafür überschlägig die benötigte Wärme.
– Errechnet mit den Angaben aus der Energierechnung die Kosten, wenn das Wasser mit elektrischer Energie oder Gas erwärmt wird.
– Informiert euch im Internet über die Kosten einer Solaranlage. Wie lange dauert es, bis die Anschaffungskosten über den Energiepreis finanziert sind?

Gruppe 4: Wärme aus Luft und Erde

Aus der Umgebungsluft und aus dem Erdreich kann ebenfalls Wärme für die Nutzung im Haus gewonnen werden. Die dafür benötigte Anlagentechnik ist die **Wärmepumpe**. Es gibt sie als Luftwärmepumpe und als Erdwärmepumpe.

In beiden Fällen muss die genutzte Wärme aus der Umgebung auf ein höheres Temperaturniveau gebracht werden. Für den Antrieb muss der Wärmepumpe elektrische Energie zugeführt werden.

Eine solche Anlage arbeitet dann kostengünstig und umweltfreundlich, wenn die gewonnene Wärme größer ist als die eingesetzte elektrische Energie.

– Beschreibt das Funktionsprinzip einer Wärmepumpe und erstellt dazu ein Informationsposter.
– Erklärt den Unterschied zwischen einer Luftwärmepumpe und einer Erdwärmepumpe.
– Welche Anlagearten von Erdwärmepumpen gibt es?

– Für den Betrieb einer Wärmepumpe bieten die Energiefirmen einen besonderen Tarif an. Informiert euch über diesen Tarif und vergleicht diesen mit dem Normaltarif.
– Sucht auf Energieportalen im Internet nach Beispielrechnungen für den Einsatz einer Wärmepumpe.

– Informiert euch in Büchern oder im Internet über das Funktionsprinzip eines Kühlschrankes.
– Welche Unterschiede und Gemeinsamkeiten haben Wärmepumpe und Kühlschrank?

6 Wärmepumpe

Fossile und regenerative Energieversorgung

Gruppe 5:
Wärme aus nachwachsenden Energieträgern

Bei der Wärmegewinnung aus fossilen Brennstoffen spielt Holz eine immer wichtigere Rolle. Es ist ein nachwachsender Energieträger, der vielfältig genutzt werden kann.

Je nach Art der Aufbereitung kann Holz in einem Ofen, in einem Kamin oder in einer Zentralheizung verbrannt werden. Nach dem Anlagentyp richtet sich auch die Art, wie die Wärme abgegeben wird. Bei der Zentralheizung erfolgt dies über einen Wasserkreislauf. Ein Ofen gibt die Wärme über Strahlung und Wärmeströmung ab.

Eine besondere Bedeutung haben in den vergangenen Jahren die **Holzpellets** erfahren. Sie bestehen aus Holz verschiedener Art, das zerkleinert und dann zu kleinen Tabletten gepresst wird. Holzpellets können in einem Kamin oder im Ofen einer Zentralheizung verbrannt werden.

8 Pelletheizung

7 Holzpellets

- Erstellt Plakate, die den Aufbau und die Funktion einer Pelletheizung erklären.
- Sucht in Büchern oder im Internet nach Informationen zu folgenden Fragen:
  - Welche Kosten entstehen für den Einbau einer Pelletheizung?
  - Wie werden Holzpellets hergestellt?
  - Welchen Heizwert haben sie?
  - Welche Heizwerte haben Heizöl und Erdgas?
  - Welche Vorteile ergeben sich bei der Verbrennung für das Klima im Vergleich zu Heizöl und Erdgas?
  - Welche anderen Möglichkeiten gibt es, Holz als Brennstoff einzusetzen?

Gruppe 6: Elektrische Energie mithilfe von Solarzellen

Wenn das Dach eines Hauses eine günstige Ausrichtung zur Sonne hat, kann eine **Fotovoltaikanlage** installiert werden. Die Energiemenge, die mit der Anlage gewonnen werden kann, richtet sich nach der Größe der Dachfläche, dem Wirkungsgrad der Anlage und nach der durchschnittlichen Einstrahlungsdauer der Sonne.

Der Betreiber einer Anlage erhält für die in das öffentliche Netz eingespeiste Energie eine Vergütung. Auch die eigene Nutzung wird finanziell gefördert.

9 Fotovoltaikanlage

- Erklärt auf einem Poster den Aufbau einer Fotovoltaikanlage.
- Vergleicht auf verschiedenen Energieportalen im Internet die Angaben zu den Kosten und zum Ertrag einer Fotovoltaikanlage.
- Informiert euch im Internet über das Erneuerbare-Energien-Gesetz (EEG). Welche Vergütung erhält der Betreiber einer Anlage für 1 kWh elektrische Energie?
- Welche besonderen Bedingungen ergeben sich, wenn der Betreiber die gewonnene elektrische Energie selbst nutzen will?

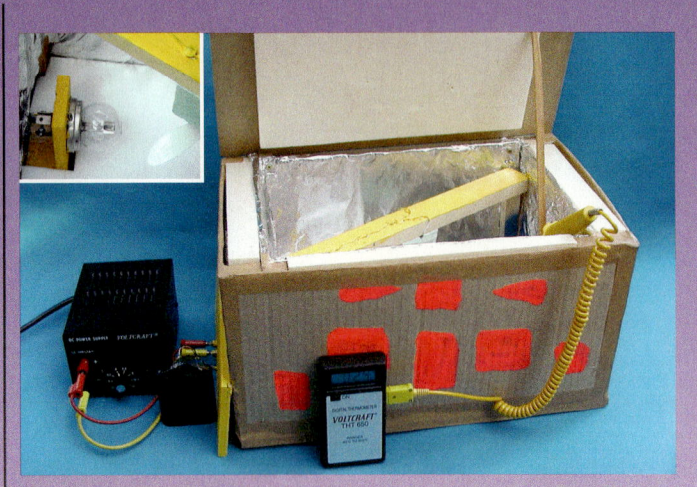

10 Modellhaus

Gruppe 7: Wärme verlässt das Haus
Wärme zeigt immer das Bestreben, von einem wärmeren auf einen kälteren Körper überzugehen. Wenn die Temperatur außen niedriger ist als innen, geht die Heizungswärme von innen nach außen.

– Baut zur Bestimmung des u-Wertes ein Modellhaus wie in Bild 10. Die Heizung besteht aus einer Halogenlampe mit Stiftsockel (12 V | 30 W). Für eine gleichmäßige Verteilung der Wärme sorgt ein kleiner elektrischer Lüfter. Achtet beim Einbringen des Thermometers darauf, dass es sich nicht in unmittelbarer Nähe der Lampe befindet.

Mit eurem Modellhaus könnt ihr nacheinander verschiedene Werkstoffe auf ihre Isolationseigenschaften untersuchen.
– Führt die erste Versuchsreihe mit den Pappwänden des Hauses als Isolierstoff aus. Bestimmt die Anfangstemperatur und nach einer Heizdauer von 15 min erneut die Temperatur. Dann lasst ihr das Haus 15 min abkühlen und messt die Endtemperatur.
– Wiederholt die Messungen für verschiedene Isolierstoffe. Achtet dabei auf die Temperaturveränderung beim Auskühlen.
– Berechnet die Masse der Luft, die sich in dem Haus befindet. Verwendet diesen Wert für die Berechnung der Wärme, die die Luft in der Heizphase aufgenommen hat.
– Berechnet mit der Endtemperatur die Wärmemenge, die nach der Abkühlphase noch vorhanden ist. Dabei ist die Differenz zwischen eingebrachter Wärme und noch vorhandener Wärme der Anteil, der durch die Wände entwichen ist.
– Berechnet auf der Basis der Verlustwärme den u-Wert der jeweiligen Isolierung.
– Überlegt, welche Fehlerquellen die Versuche beeinflussen können.

Wärmedurchgang und u-Wert
Die Wärmemenge E, die durch eine Wand abfließt, ist abhängig
– von der Größe der Wand-, Fenster- und Dachflächen:
$E \sim A_{Wand} + A_{Fenster} + A_{Dach}$
– vom Temperaturunterschied zwischen innen und außen: $E \sim \Delta T$
– von der Zeitdauer des Temperaturaustausches: $E \sim t$
Die Abhängigkeiten können mathematisch zusammenfassend so beschrieben werden: $E \sim A \cdot \Delta T \cdot t$.

Daneben ist der Wärmeverlust von der Dicke der Wände und ihren Wärmeisolationseigenschaften abhängig. Daraus ergibt sich für jedes Baumaterial ein Proportionalitätsfaktor u. Er wird als **Wärmedurchgangskoeffizient** oder **u-Wert** bezeichnet. Mit diesem Wert ergibt sich: $E = u \cdot A \cdot \Delta T \cdot t$.

Damit lässt sich der Wärmedurchgang berechnen. Nach u umgestellt, ergibt sich

$$u = \frac{E}{A \cdot \Delta T \cdot t}$$

Für den u-Wert ergeben sich folgende Einheiten:
$1 \frac{J}{m^2 \cdot K \cdot s} = 1 \frac{W}{m^2 \cdot K}$

Luft hat eine Masse
Die Masse der Luft ergibt sich aus der Dichte: $\rho = \frac{m}{V}$.

Für Luft beträgt die Dichte bei 0 °C $\rho = 1{,}29 \frac{kg}{m^3}$. Daraus ergibt sich für 1 m³ eine Masse von 1,29 kg oder für 1 dm³ eine Masse von 1,29 g.

Die Luft speichert Wärme
Die Wärme, die in Luft gespeichert werden kann, ist abhängig von der Masse und vom Temperaturunterschied: $E \sim m$ und $E \sim \Delta T$. Diese Abhängigkeiten können mathematisch so beschrieben werden: $E \sim m \cdot \Delta T$.

Dazu kommt noch ein Faktor, der die Speicherfähigkeit eines Stoffes für Wärme angibt. Er wird als **spezifische Wärmekapazität c** bezeichnet und stellt eine Stoffeigenschaft dar. Luft besitzt eine Speicherfähigkeit von $c = 1{,}01 \frac{kJ}{kg \cdot K}$. Damit ergibt sich: $E = c \cdot m \cdot \Delta T$.

Fossile und regenerative Energieversorgung

Gruppe 8: Energie sparen

Eine der effektivsten Möglichkeiten, den Energiebedarf zu reduzieren, ist das Einsparen von Energie. Deckt tägliche Verhaltensweisen auf, bei denen unnötig oder zu viel Energie eingesetzt wird. Dies gilt für Wärme und für elektrische Energie.

- Erstellt eine Übersicht und entwickelt Möglichkeiten zu einer Energie sparenden Verhaltensänderung. Untersucht dazu folgende Bereiche:
  - Welchen Wert hat in eurer Wohnung die Raumtemperatur im Vergleich zur Behaglichkeitstemperatur von 21 °C?
  - Stehen Fenster zum Lüften dauernd offen oder wird in regelmäßigen Abständen für kurze Zeit gelüftet?
  - Benutzen die Bewohner statt der Dusche häufig das Wannenbad? Wie wirkt sich das auf den Wasserverbrauch und auf den Energiebedarf aus?
  - Welche elektrischen Geräte werden unnötig im Stand-by-Betrieb oder im Dauereinsatz betrieben?

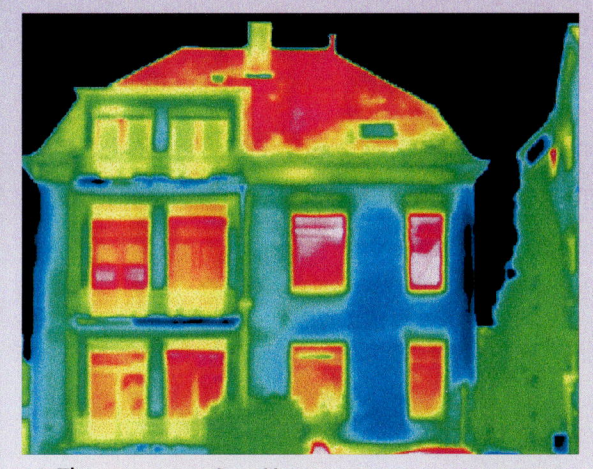

12 Niedrigenergiehaus

11 Thermogramm eines Hauses

Mit einem Wärmebildgerät (Thermograf) können die Stellen aufgezeichnet werden, wo ein Haus Wärme in Form von Infrarotstrahlung nach außen abgibt. Es entsteht ein **Thermogramm**. Stellen ohne Wärmeabgabe erscheinen blau. In orangefarbenen und roten Zonen befinden sich Energielecks.

- Sucht im Internet nach Wärmebildaufnahmen und wertet diese aus. An welchen Stellen eines Hauses wird besonders viel Wärme an die Umgebung abgegeben?
- Informiert euch über die Kosten einer Wärmebildaufnahme.

Für die Energieeinsparung bereits beim Hausbau muss im Wesentlichen das Zusammenwirken von drei Faktoren in Einklang gebracht werden.
Eine effektive Wärmeisolierung sorgt für einen geringen Wärmeverlust. Wärme in Umluft und Abwasser muss zurückgewonnen werden. Die Sonne als Wärmespender ist dabei soweit wie möglich zu nutzen.
Dies wird in drei verschiedenen Baukonzepten verwirklicht: **Niedrigenergiehäuser, Passivhäuser und Null-Energie-Häuser.** Sie unterscheiden sich in ihren Standardwerten für den Energiebedarf.

- Stellt auf Plakaten die Konzepte dieser drei Haustypen vor.
- Informiert euch im Internet über die Standardwerte für den Energiebedarf dieser Häuser.
- Wie hoch sind die Anteile für die Raumheizung?
- Wie viel Energie muss für die Warmwasserbereitung aufgewendet werden?
- Welche Maßnahmen zur Wärmeisolation werden umgesetzt?

Ein beträchtlicher Teil Wärme geht beim Lüften der Räume verloren. Wenn der notwendige Luftaustausch technisch so gestaltet werden kann, dass dabei ein Teil der mitgeführten Wärme zurückgewonnen wird, ist die Energiebilanz günstiger.

- Informiert euch über Lüftungssysteme mit Wärmerückgewinnung.

Energie autarke Häuser sind so angelegt, dass sie die gesamte benötigte Energie selbst erzeugen können.

- Informiert euch über Maßnahmen, wie dies erreicht werden kann.

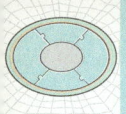

Wechselwirkung

Elektrisch... System

Magnetfeld, elektrisches Feld, Induktion

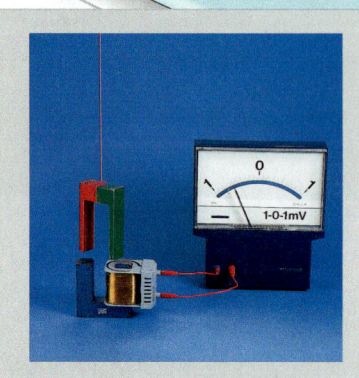

1. Warum wird durch die **Wechselwirkung** zwischen Spule und Dauermagnet eine Spannung in der Spule induziert?

Elektromotor, Generator

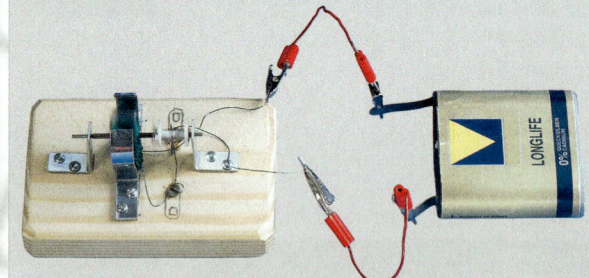

2. a) Beschreibe eine Möglichkeit, wie du den Selbstbau-Elektromotor umbauen könntest, damit aus ihm ein Generator wird.
b) Nenne die wichtigsten Gemeinsamkeiten und Unterschiede der beiden **Systeme** Elektromotor und Generator.

Kraftwerke, Transformator, Leitungsnetze

3. Welche Rolle spielen Transformatoren beim Transport der elektrischen **Energie** vom Kraftwerk zum Nutzer?

Regenerative Energiequellen, Treibhauseffekt

4. Warum können regenerative **Energiequellen** dem zusätzlichen Treibhauseffekt entgegen wirken?

Energieversorgung

Energie

Struktur der Materie

Wirkungsgrad, Energieentwertung

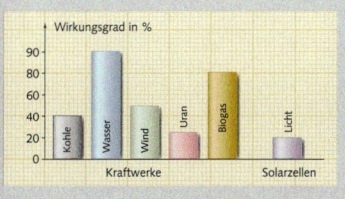

5. Woran liegt es, dass der Wirkungsgrad von Kohlekraftwerken im Vergleich zu Wasserkraftwerken bedeutend geringer ist?

6. Warum wird die Entwertung von **Energie** mithilfe eines BHKWs verringert?

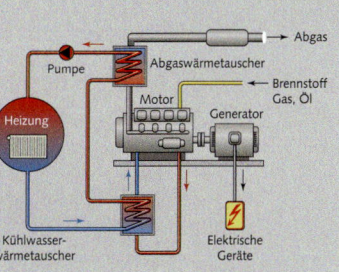

Fossile und regenerative Energieträger

8. Beschreibe den Unterschied zwischen fossilen und regenerativen **Energieträgern**.

Nachwachsende Rohstoffe

9. Was ist der Unterschied bei der **Energiegewinnung** durch Sonne, Wind oder Wasser und durch nachwachsende Rohstoffe wie Raps oder Holz?

Energietransport

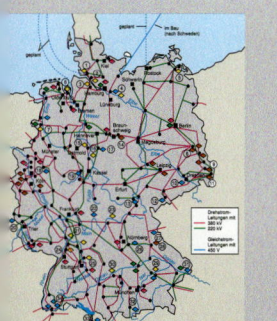

7. Elektrische **Energie** wird über ein Verbundnetz deutschland- und europaweit verteilt. Welchen Sinn hat dieses Verbundnetz?

267

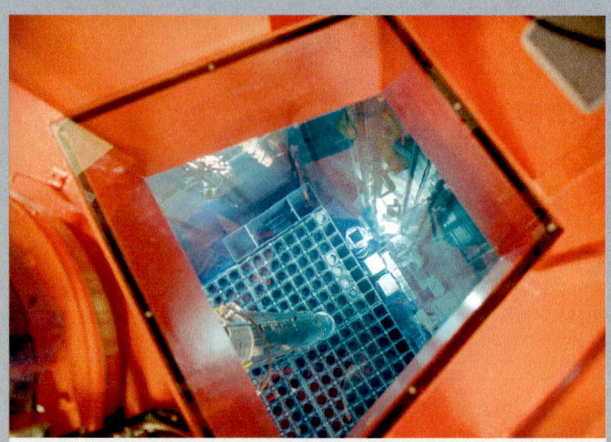

Radioaktive Strahlung – in der Tiefe eines Wasserbeckens im Reaktor. Sind die radioaktiven Strahlen im Wasser gefangen?

Radioaktivität und Kernenergie

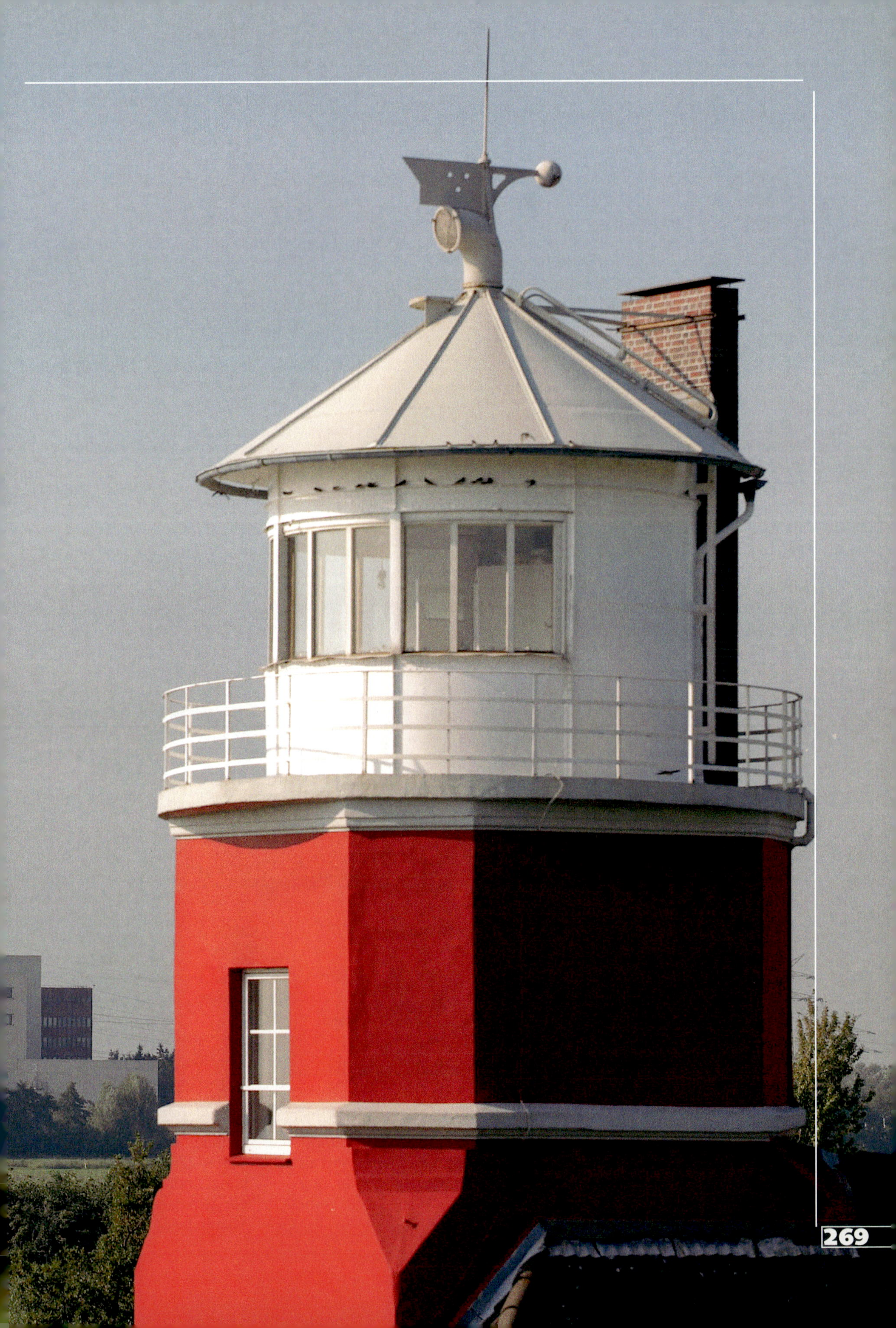

Natürliche radioaktive Strahlung

🔍 **1. a)** Bestimme mit einem Geiger-Müller-Zähler die Anzahl der Impulse in einer vorher festgelegten Zeit, ohne dass sich vor dem Zählrohr ein radioaktiver Gegenstand befindet. Trage die Zeit und die Anzahl der Impulse in eine Tabelle ein.
b) Berechne die Anzahl der Impulse für eine Minute und trage diesen Wert in die 3. Spalte ein.

Messzeit	Impulse	Impulse / 1 min

🔍 **2.** Wiederhole Versuch 1 an einem anderen Ort. Erkläre die Messergebnisse.

📖 **3.** Wo tritt Radioaktivität auf? Nenne Beispiele.

📖 **4.** Nenne die Ursachen für die Umgebungsstrahlung.

📖 **5.** Welche Angaben macht die Landkarte in Bild 1 für deinen Wohnort?

Die Ursachen radioaktiver Strahlung

In unserer Umgebung und an jedem Ort der Erde ist radioaktive Strahlung immer vorhanden (Bild 1). Sie geht von radioaktiven Elementen aus, die in Mineralien, im Erdboden, in Baustoffen, im Wasser und in Pflanzen vorhanden sind. Für diese **Umgebungsstrahlung** gibt es drei Ursachen:
Eine Ursache ist die **terrestrische Strahlung,** die von den radioaktiven Stoffen auf der Erde selbst kommt. Ihr Ursprung geht auf die Entstehung unseres Sonnensystems zurück.

Ein zweiter Teil kommt aus dem Weltraum durch Staub oder von der Sonne zu uns und heißt **kosmische Strahlung.**

Auch vom menschlichen Körper geht radioaktive Strahlung aus. Diese **Eigenstrahlung** ist auf radioaktive Stoffe zurückzuführen, die der Mensch mit der Nahrung aufgenommen hat.

■ Der Mensch ist überall der Umgebungsstrahlung ausgesetzt. Deren Stärke wird als Nullrate angegeben. Radioaktive Strahlung kann mit einem Geiger-Müller-Zähler gemessen werden.

1 Die Umgebungsstrahlung in Deutschland

Strahlenbelastung in nJ je kg Körpermasse
- 0– 10
- 10– 20
- 20– 30
- 30– 40
- 40– 50
- 50– 60
- 60– 70
- 70– 80
- 80– 90
- 90–100
- 100–110
- 110–120

Anzeige von radioaktiver Strahlung

Radioaktive Strahlung kannst du nicht fühlen, nicht hören und nicht sehen. Darum wurden Geräte entwickelt, die diese Strahlung anzeigen. Ein solches Gerät ist der **Geiger-Müller-Zähler**. Er besteht aus einem Zählrohr und einem Zählwerk mit Lautsprecher. Gelangt radioaktive Strahlung in das Zählrohr, so erzeugt sie dort kleine Stromstöße, die **Impulse.** Diese werden vom Zählwerk gezählt und als Knacken im Lautsprecher hörbar. Die Summe aller Impulse in 1 min heißt **Impulsrate.** Wird radioaktives Material in die Nähe des Zählrohres gebracht, steigt die Impulsrate. Ihre Höhe hängt auch vom radioaktiven Material selbst ab. Wenn sich kein radioaktiver Stoff in der Nähe befindet, misst der Geiger-Müller-Zähler die Umgebungsstrahlung. Die Anzahl der gemessenen Impulse pro Minute heißt **Nullrate.**

Die Entdecker der Radioaktivität

A. Henri Becquerel

Die Radioaktivität wurde von dem französischen Physiker ANTOINE HENRI BECQUEREL (1852–1908) entdeckt.

Im Jahr 1896 untersuchte er uranhaltige Mineralien, die nach der Bestrahlung mit Sonnenlicht im Dunkeln nachleuchten. Er wollte nun wissen, ob das Licht dieses Nachleuchtens so stark ist, dass es auch durch Papier hindurchgehen kann. BECQUEREL legte dazu die Mineralien auf eine lichtdicht verpackte Fotoplatte und setzte das Ganze einige Stunden der Sonne aus. Nach der Entwicklung zeichnete sich die Form schwach auf der Fotoplatte ab.

Der Zufall kommt zu Hilfe

Als einige Tage die Sonne nicht schien, verschloss er vorbereitete Fotoplatten zusammen mit den Mineralien in einer Schublade. Auf einer dieser Platten lag durch Zufall ein Stück uranhaltiges Mineral. Erst einige Tage später entwickelte BECQUEREL diese Platte, ohne sie mit den Mineralien erneut in die Sonne zu legen. Mit großem Erstaunen stellte er fest, dass darauf die Form des Minerals besonders deutlich zu erkennen war, obwohl es im Dunkeln gelegen hatte.

Er deutete die überraschende Entdeckung so, dass vom Uran immer eine Strahlung ausgehen muss, die sogar das schwarze Papier durchdringt. BECQUEREL hatte durch Zufall die **radioaktive Strahlung** entdeckt.

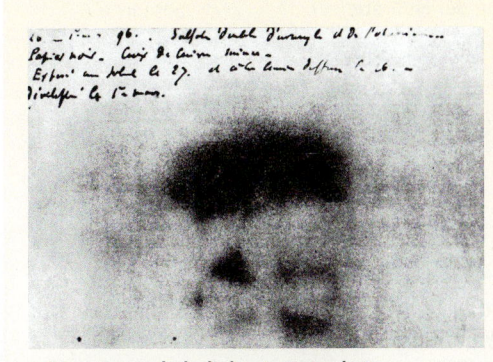

1 Von Uransalz belichtete Fotoplatte

Wilhelm C. Röntgen

Noch vor BECQUERELS Experiment hatte WILHELM CONRAD RÖNTGEN (1845–1923) am 08.11.1895 in Würzburg eine neue Art von Strahlen entdeckt. Er nannte sie **X-Strahlen.** Später wurden sie auch **Röntgenstrahlen** genannt. Sie konnten undurchsichtige Körper durchdringen. RÖNTGEN erhielt dafür im Jahr 1901 den ersten Physik-Nobelpreis.

Wohl wegen RÖNTGENS Entdeckung erweckten BECQUERELS Versuche zunächst wenig Interesse, obwohl die Strahlen aus dem uranhaltigen Mineral ganz ähnliche Eigenschaften hatten wie die Röntgenstrahlen.

Das Ehepaar Curie

Angeregt durch BECQUERELS Experimente untersuchte die Physikerin MARIE CURIE (1867–1934) im Rahmen ihrer Doktorarbeit von 1898 an die uranhaltigen Mineralien genauer. Unterstützt von ihrem Mann, dem Physiker PIERRE CURIE (1859–1906) entdeckte sie darin ein sehr stark strahlendes Element. Sie nannte es **Radium,** das Strahlende. Für das Auftreten der Strahlung schlug sie die Bezeichnung **Radioaktivität** vor. Zusammen mit dem Ehepaar CURIE erhielt auch BECQUEREL im Jahr 1903 für die Entdeckung der Radioaktivität den Nobelpreis für Physik.

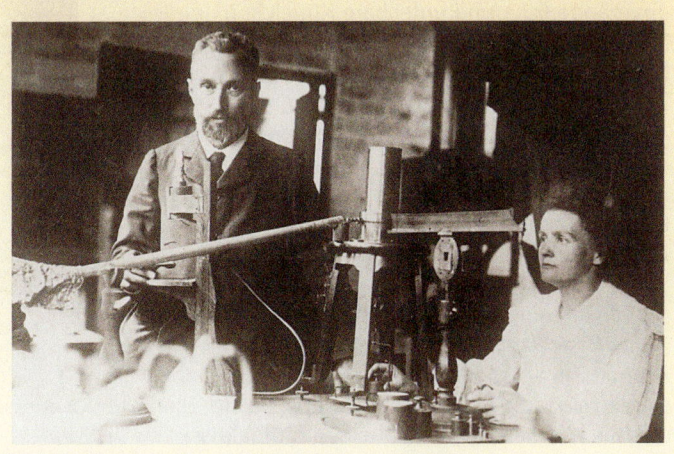

2 Das Ehepaar MARIE und PIERRE CURIE

Nach dem Unfalltod von PIERRE CURIE im Jahre 1906 forschte MARIE CURIE allein weiter und wurde 1911 mit dem Nobelpreis für Chemie ausgezeichnet. Nach dem Ersten Weltkrieg setzte sie ihre Forschungen gemeinsam mit ihrer Tochter IRENE CURIE (1897–1956) fort. Die Nobelpreis-Vergabe im Jahre 1935 an IRENE erlebte MARIE CURIE nicht mehr. Im Juli 1934 starb sie an Leukämie. Die Erkrankung war die Folge der radioaktiven Bestrahlung, der sie bei ihrer Arbeit ausgesetzt gewesen war.

Messung radioaktiver Strahlung

🔍 **1. a)** Bestimme die Nullrate.
b) Halte einen Radium226-Strahler im Abstand von 5 cm vor das Zählrohr. Bestimme die Impulsrate und trage die Messwerte in die Tabelle ein.

Material	Zeit in min	Impulse	Impulse / 1 min
–	1		
Ra226			

🔍 **2.** Verschließe das Ansaugrohr eines Staubsaugers mit einem Papiertaschentuch und lass ihn 10 min laufen. Bestimme die Impulsrate vom Papiertaschentuch und trage sie in die Tabelle ein. Vergleiche die Impulsrate mit denen aus Versuch 1.

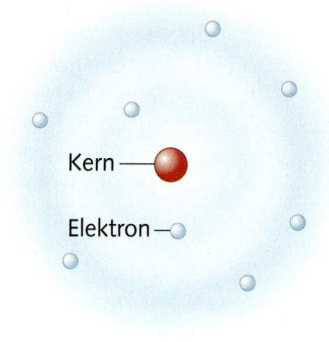

1 Kern-Hülle-Modell

Beachte: Bei der Bestimmung der Aktivität eines Stoffes muss stets die Nullrate berücksichtigt werden. Sie muss von der gemessenen Impulsrate subtrahiert werden.

🔍 **3. a)** Stelle den Radium226-Strahler im Abstand von 1 cm vor dem Zählrohr auf. Vergrößere den Abstand in Schritten von 1 cm. Bestimme jeweils die Impulse in 30 s.
b) Errechne die Impulsraten und vergleiche die Messwerte. Was stellst du fest?

Atomaufbau und radioaktive Strahlung

Noch vor etwas mehr als 150 Jahren wurden die Atome, aus denen jeder Stoff besteht, als winzige, unveränderliche und unteilbare Kügelchen angesehen. Heute ist bekannt, dass Atome viel komplizierter aufgebaut sind. Nach dem **Kern-Hülle-Modell** besteht das Atom aus einem **Atomkern** und einer **Atomhülle**. Die Hülle wird von den negativen Elektronen gebildet, die mit hoher Geschwindigkeit um den Kern kreisen. Der Kern besteht aus positiven Protonen und aus Neutronen, die keine Ladung besitzen.

Manche Atome sind noch nicht einmal stabil. Ihre Kerne können sich ohne äußere Einwirkungen in die Atomkerne anderer Elemente umwandeln. Dabei senden sie radioaktive Strahlung aus. Stoffe, die aus solchen Atomen bestehen, heißen **radioaktiv**.

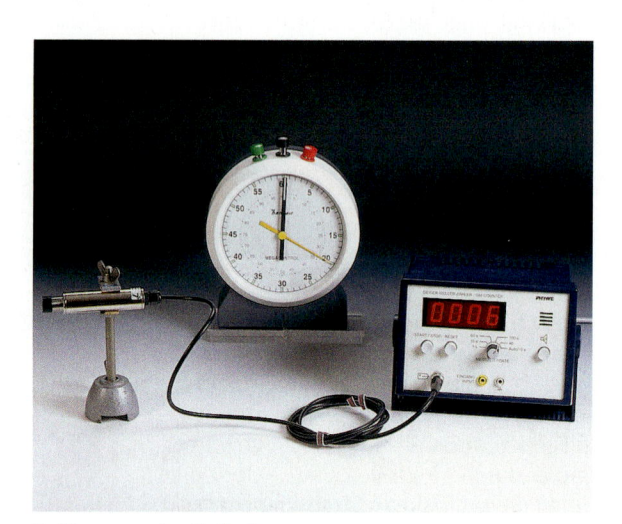

2 Messung der Nullrate

Die Aktivität der radioaktiven Stoffe

Um die Stärke der radioaktiven Strahlung, die von den verschiedenen Stoffen ausgeht, vergleichen zu können, wird die **Aktivität** jedes Stoffes festgestellt. Das ist die Anzahl der Kernumwandlungen in einer Sekunde. Sie wird in Becquerel (Bq) gemessen. Wird 1 Impuls in 1 s gemessen, so beträgt die Aktivität des untersuchten Stoffes 1 Becquerel (1 Bq). Diese Einheit erhielt ihren Namen nach dem Entdecker der radioaktiven Strahlung.

$$\text{Aktivität} = \frac{\text{Anzahl der Kernumwandlungen}}{1\ \text{s}}$$

$$1\ \text{Bq} = \frac{1\ \text{Kernumwandlung}}{1\ \text{s}}$$

■ Die Aktivität radioaktiver Stoffe ist die Anzahl der Kernumwandlungen in einer Sekunde. Sie wird in Becquerel (Bq) angegeben.

Kernenergie und Radioaktivität → S. 300/301

Radioaktivität und Kernenergie

Ein Funken und Knacken

🔍 **1. Demonstrationsversuch: a)** An die Metallplatte und den Metallstift aus Bild 1 wird eine Hochspannung von 6 kV gelegt. Der Abstand der beiden Elektroden beträgt 3 cm.
b) Stift und Platte werden weiter auseinandergezogen.
c) Auf den Zwischenraum wird ein radioaktiver Strahler gerichtet.

📖 **2.** Beschreibe deine Beobachtungen in Versuch 1.

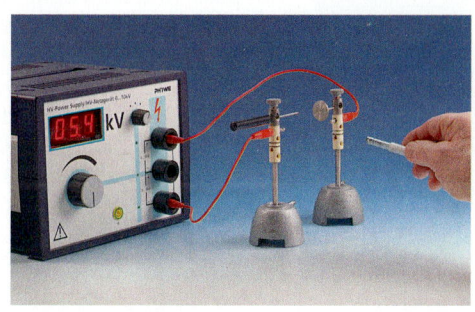

📖 **3.** Radioaktive Strahlung ist ionisierende Strahlung. Erkläre diesen Begriff mit den Ergebnissen aus Versuch 1.

📖 **4. a)** Aus welchen Einzelteilen besteht der Geiger-Müller-Zähler?
b) Welcher Teil registriert die radioaktive Strahlung?
c) Beschreibe die Funktionsweise des Zählrohres eines Geiger-Müller-Zählers.

1 Ionisierte Luft leitet.

Die Funkenstrecke

Wenn an eine Metallplatte und einen Metallstift, die eng nebeneinander stehen, eine sehr hohe Spannung angelegt wird, siehst du eine Folge von hellen Funken. Diese entstehen, weil die Luft zwischen diesen beiden Elektroden zum Leuchten gebracht wird. Die Funkenbildung hört aber auf, wenn Stift und Platte etwas weiter auseinandergezogen werden. Erstaunlicherweise entstehen aber wieder Funken, wenn ein radioaktiver Strahler unter den Zwischenraum von Stift und Platte gehalten wird. Die radioaktive Strahlung muss also die Eigenschaften der Luft verändern.

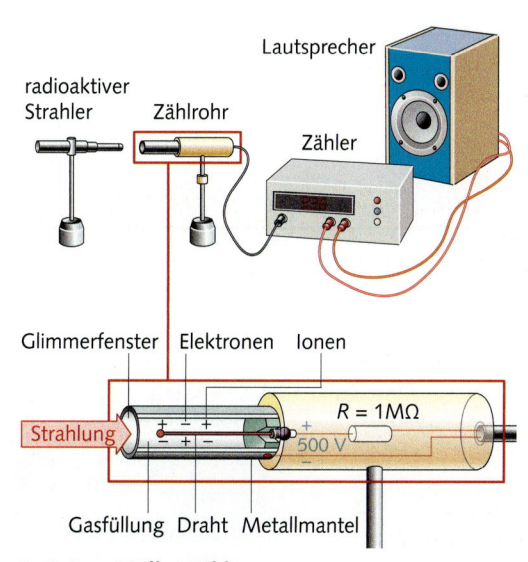

Ionisation

Trifft radioaktive Strahlung auf Gasmoleküle, so kann sie Elektronen aus diesen herausschlagen. Es entstehen positiv geladene Ionen und freie Elektronen. Die Elektronen stoßen nun an weitere Gasmoleküle und erzeugen so noch mehr Ionen und Elektronen. Die Luft wird **ionisiert** und dadurch leitend. Es entsteht eine Ionen-Lawine. Du siehst die Funken. Die positiven Ionen bewegen sich zur negativen, die Elektronen zur positiven Elektrode (Bild 2).

Der Geiger-Müller-Zähler

Die ionisierende Wirkung der Strahlung wird beim Geiger-Müller-Zähler ausgenutzt (Bild 2). In einem luftdicht verschlossenen Rohr befindet sich ein Gas unter geringem Druck. Durch das Rohr verläuft ein dünner Draht. Zwischen ihm und der Außenhülle besteht eine Gleichspannung von 500 V, wobei der Draht elektrisch positiv geladen ist. Dringt nun durch ein dünnes Glimmerfenster auf der Vorderseite des Rohres radioaktive Strahlung ein, so werden die Gasmoleküle ionisiert. Die entstandenen Elektronen wandern zum Draht. Auf ihrem Weg erzeugen sie weitere Ionen und Elektronen, es entsteht eine Elektronenlawine. Diese entlädt den Draht und erzeugt so einen kurzen Stromstoß im äußeren Stromkreis. Jeder Stromstoß wird im Zähler elektronisch gezählt. Ein Verstärker erzeugt im Lautsprecher das Knacken. In modernen Messgeräten bilden Zählrohr, Zähler und Anzeige eine kompakte transportable Einheit.

2 Geiger-Müller-Zähler

■ Radioaktive Strahlung ionisiert Gase. Im Geiger-Müller-Zähler wird die ionisierende Wirkung zum Nachweis radioaktiver Strahlung genutzt.

Allgemeine Schutzmaßnahmen

🔍 **1.** Ermittle die Nullrate mit einem Geiger-Müller-Zähler. Versuche anschließend mit einer Abschirmung die Messung der Nullrate zu beeinflussen. Was stellst du fest?

🔍 **2. a)** Halte einen Radium226-Strahler im Abstand von 5 cm und 10 cm vor das Zählrohr. Bestimme jeweils die Impulsrate. Was stellst du fest?
b) Halte nacheinander bis zu 20 Blätter Papier zwischen Strahler und Zählrohr. Bestimme jeweils die Impulse in 30 s.
c) Wiederhole den Versuch mit verschieden starken Aluminium- und Bleiplatten.
d) Vergleiche die Impulsraten miteinander. Was stellst du fest?

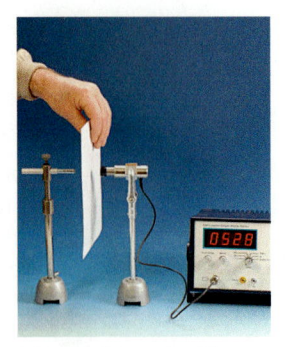

1 Papier kann abschirmen.

Der Abstand und die Abschirmung

Wenn du den Abstand zwischen einem radioaktiven Präparat und dem Zählrohr vergrößerst, so nimmt die gemessene Impulsrate ab. Verdoppelst du den Abstand, so sinkt die Zählrate sogar fast auf ein Viertel.

Hältst du Papierblätter oder Metallplatten zwischen das Präparat und das Zählrohr, so stellst du ebenfalls eine Abnahme der Impulsrate fest. Papier schirmt einen Teil der Strahlung ab. Besonders wirksam wird die Abschirmung mit Blei.

Um dich vor der schädlichen radioaktiven Strahlung zu schützen, musst du Folgendes beachten: Der Abstand zur Quelle der radioaktiven Strahlung muss möglichst groß sein. Die Strahlungsquelle muss durch Bleiplatten oder Beton abgeschirmt werden. Zudem sollte die Zeit beim Umgang mit radioaktiven Präparaten möglichst kurz sein.

■ Radioaktive Strahlung verringert sich mit der Entfernung. Blei und Beton schirmen sie gut ab.

Strahlenschutz

Überwachung der Aktivität

Menschen kommen auf verschiedenen Wegen mit ionisierender Strahlung in Kontakt. Deshalb wird die Radioaktivität in der Umwelt in Deutschland flächendeckend überwacht. Das führte zum Aufbau des „Integrierten Mess- und Informationssystems zur Überwachung der Radioaktivität in der Umwelt", kurz IMIS.

Messung: Etwa 2000 stationäre und mobile Messstellen erfassen die Daten über radioaktive Belastung und senden sie an die Zentralstelle des Bundes, die Teil des Bundesamtes für Strahlenschutz ist.
Auswertung: Hier werden die Daten nach Umweltbereichen sortiert und zur Auswertung den Leitstellen übermittelt.
Maßnahmen: Ergibt die Auswertung der Daten, dass Radioaktivität in die Umwelt gelangt ist, werden Maßnahmen zur Reduzierung der Strahlenbelastung eingeleitet.

Die **Strahlenschutzverordnung** schreibt vor, wer wann, wo, wie lange und unter welchen Bedingungen mit radioaktiven Substanzen umgehen darf. Das dient dazu, unnötige Strahlenbelastungen von Menschen und Umwelt zu verhindern.

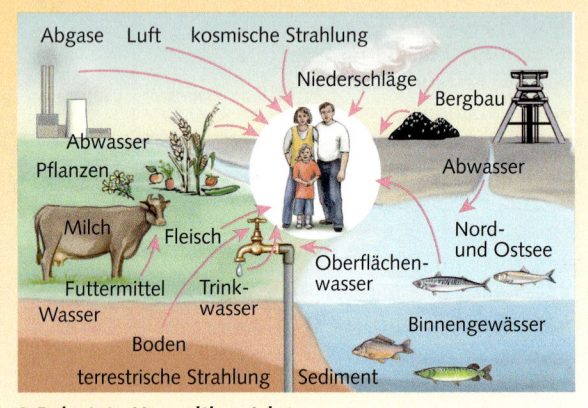

2 Belastete Umweltbereiche

📝 **3.** Informiere dich im Internet über das Überwachungssystem IMIS.

📝 **4.** Die Umweltbereiche, in denen sich radioaktive Stoffe ablagern und anreichern können, werden von Landesmessstellen überwacht. Welche Umweltbereiche zählen dazu?

Radioaktivität und Kernenergie

Geräte zur Anzeige radioaktiver Strahlung

Nebelkammer
Auf dem Boden einer luftdicht abgeschlossenen Plexiglaskammer befindet sich eine Schaumgummi-Schicht, die angefeuchtet wird. Die Luft in der Kammer ist dann mit Wasserdampf gesättigt.
In den Boden der Kammer wird ein radioaktiver Strahler eingeschraubt. Die Anordnung wird von der Seite beleuchtet. Der Gummiball, der sich unter der Kammer befindet, wird langsam zusammengepresst. So wird in der Kammer bei gleich bleibender Temperatur ein Überdruck erzeugt. Anschließend wird der Ball schnell losgelassen. Durch diese plötzliche Absenkung des Drucks wird die Temperatur erniedrigt. In der Kammer werden die radioaktiven Strahlen als Nebelspuren sichtbar.

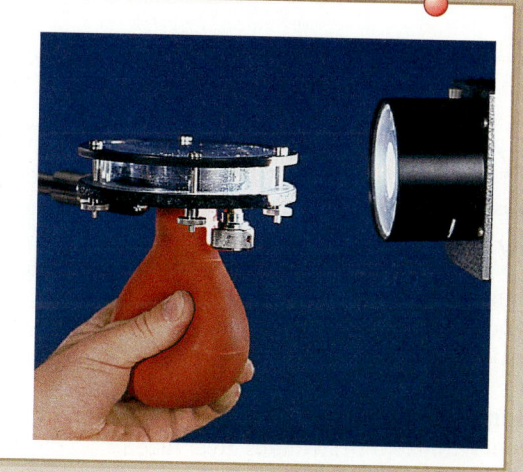

Spinthariskop
Auf dem Bild sind die drei Bauteile eines Spinthariskops deutlich zu erkennen. Mit der Lupe wird eine Zinksulfidschicht betrachtet. In die Halterung wird ein Radiumstrahler eingeschraubt. Bei völliger Dunkelheit sind Lichtblitze auf der Schicht zu beobachten. Die vom Radium ausgehende radioaktive Strahlung lässt das Zinksulfid aufleuchten.

Elektroskop
Wenn ein radioaktiver Strahler auf die geladene Platte eines Elektroskops gerichtet wird, so geht der Zeiger sofort zurück. Die radioaktive Strahlung ionisiert die Luft vor dem Elektroskop. Eine positiv geladene Platte wird durch die freien Elektronen neutralisiert, eine negativ geladene Platte durch die positiven Ionen. Das Elektroskop wird entladen und zeigt somit radioaktive Strahlung an.

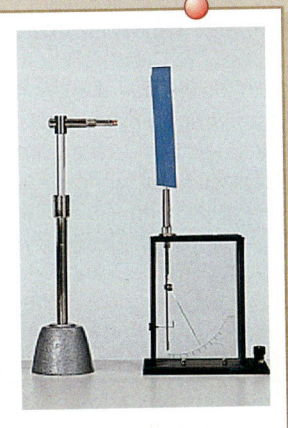

Filmdosimeter
Radioaktive Strahlung kann einen unbelichteten Film schwärzen. Diese Eigenschaft wird genutzt, um die Strahlenbelastung von Menschen zu messen. Der Schwärzungsgrad des Films ist dabei ein Maß für die Strahlungsmenge oder Dosis, der der Träger eines Filmdosimeters ausgesetzt war.
Das Filmdosimeter besteht meist aus einem Kunststoffgehäuse in Form einer Plakette. Sie wird an die Kleidung angesteckt. Im Dosimeter ist ein Film lichtdicht eingepackt. Auf dem Film liegen verschieden dicke Kupfer- oder Bleifolien, die die Strahlung unterschiedlich abschirmen.

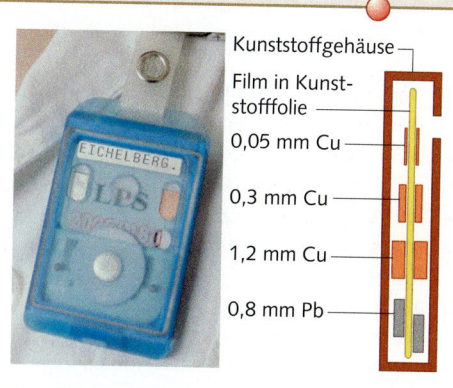

Kunststoffgehäuse
Film in Kunststofffolie
0,05 mm Cu
0,3 mm Cu
1,2 mm Cu
0,8 mm Pb

Zur Bestimmung der Strahlenbelastung wird der Film entwickelt. Hat der Träger eine zu hohe Dosis abbekommen, muss er für einige Zeit in einen Arbeitsbereich wechseln, der weniger belastet ist.

1. Damit Wasserdampf zu Nebeltröpfchen kondensiert, sind Staubteilchen notwendig. Die Nebelkammer ist aber staubfrei. Woran kondensiert dann der Wasserdampf?

2. Wie funktioniert ein Stabdosimeter?

Kernenergie und Radioaktivität → S. 300/301

Elementarteilchen und Isotope

📖 **1.** Nenne die Anzahl der Protonen, Neutronen und Elektronen der Isotope H1, H2, C12, C14, N14, U235 und U238.

📝 **2.** In welchem Verhältnis kommen Isotope des Wasserstoffs in der Natur vor?

📝 **3.** In der Technik wird für bestimmte Anwendungen „schweres Wasser" benötigt. Worum handelt es sich dabei?

📖 **4. a)** In der Nuklidkarte findest du sechs Isotope des Elementes Bor in Kurzschreibweise. Gib für diese Isotope jeweils Massenzahl, Protonenzahl und Neutronenzahl an.
b) Schreibe diese Isotope in Symbolschreibweise.

📝 **5. a)** Gib für die Isotope des Lithiums in der Nuklidkarte Protonen- und Neutronenzahl an.
b) Stelle die Häufigkeitsverteilung in einem Kreisdiagramm dar.

Elementarteilchen

Jeder Atomkern besteht aus zwei Arten von Teilchen. Es sind die positiv geladenen Protonen und die elektrisch neutralen Neutronen. Diese Teilchen werden als Kernteilchen oder **Nukleonen** bezeichnet. Atomkerne verschiedener Stoffe unterscheiden sich durch die Anzahl ihrer Protonen (Bild 1).

Die Protonen im Atomkern müssen gegen ihre elektrische Abstoßung zusammengehalten werden. Dafür sorgen die **Kernkräfte**. Sie wirken nur zwischen unmittelbar benachbarten Kernteilchen und sind viel größer als die elektrische Abstoßungskraft.

Die Atomhülle wird von den negativ geladenen Elektronen gebildet, deren Anzahl jeweils genau so groß ist wie die der Protonen im Atomkern. Die Ladung eines Protons oder eines Elektrons wird als **Elementarladung** bezeichnet. Sie ist die kleinste elektrische Ladung. Protonen p, Neutronen n und Elektronen e^- heißen **Elementarteilchen** (Tabelle 2).

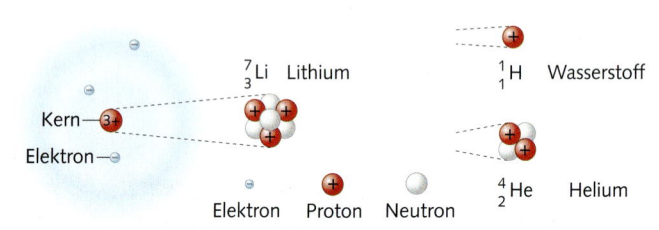

$^{7}_{3}$Li Lithium $^{1}_{1}$H Wasserstoff $^{4}_{2}$He Helium

Elektron Proton Neutron

1 Aufbau des Atoms aus Elementarteilchen

Grundbegriffe

Die Anzahl der Protonen im Kern eines Atoms ist die **Kernladungszahl Z**. Sie wird auch **Ordnungszahl** oder **Protonenzahl** genannt. Durch die Kernladungszahl wird das Element eindeutig festgelegt. So ist ein Atom mit 3 Protonen im Kern immer ein Lithium-Atom. Die Kernladungszahl ist gleichzeitig die Elektronenzahl.
Die Summe aus der Anzahl der Protonen Z und der Anzahl der Neutronen N ergibt die **Massenzahl A** des Kerns:

$$A = Z + N$$

Schreibweisen

Die Massenzahl wird bei der **Kurzschreibweise** eines Kerns verwendet. So besitzt das Lithium-Atom 3 Protonen und 4 Neutronen. Damit ergibt sich für die Massenzahl $A = 3 + 4 = 7$ und die Kurzschreibweise Li7.

Ein Atomkern X mit der Massenzahl A und der Kernladungszahl Z kann auch in der **Symbolschreibweise** dargestellt werden.
Damit ergibt sich die Symbolschreibweise $^{7}_{3}$Li oder allgemein:

$$^{A}_{Z}X$$

Massenzahl = Zahl der Protonen + Zahl der Neutronen = A

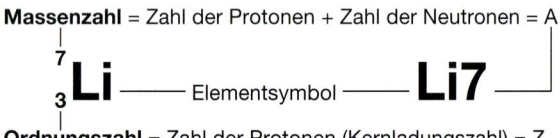

$^{7}_{3}$**Li** ——— Elementsymbol ——— **Li7**

Ordnungszahl = Zahl der Protonen (Kernladungszahl) = Z
= Zahl der Elektronen

Atomare Masseneinheit

Die Massenzahlen der Teilchen werden meist als Vielfache der **atomaren Masseneinheit** u angegeben. Sie beträgt $u = 1{,}66 \cdot 10^{-27}$ kg. Sowohl Protonen als auch Neutronen besitzen nahezu die gleiche Masse von etwa $1\,u$. Die Masse eines Elektrons beträgt dagegen nur etwa $\frac{1}{2000}\,u$.

Elementar-teilchen		Schreib-weise	Ladung	Masse
Elektron	e^-	$^{0}_{-1}e$	negativ (–)	$\approx \frac{1}{2000}\,u$
Proton	p	$^{1}_{1}p$	positiv (+)	$\approx 1\,u$
Neutron	n	$^{1}_{0}n$	neutral	$\approx 1\,u$

2 Elementarteilchen

Kernenergie und Radioaktivität → S. 300/301

Radioaktivität und Kernenergie

Größe von Atomen
Der Durchmesser eines Atoms ist etwa 100 000-mal größer als der seines Atomkernes (Bild 3). Da die Masse der Protonen und Neutronen 2000-mal größer ist als die der Elektronen, befindet sich nahezu die gesamte Masse des Atoms im Kern.

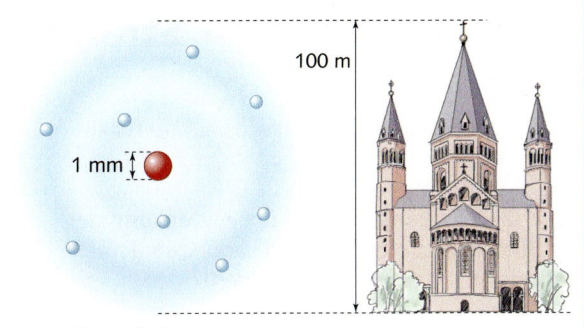

Isotope eines Elementes
Atomkerne eines Elementes können bei gleicher Protonenzahl unterschiedlich viele Neutronen besitzen. Alle Atome des Elementes reagieren chemisch auf die gleiche Weise. Atomkerne mit unterschiedlicher Neutronenzahl besitzen jedoch unterschiedliche physikalische Eigenschaften, zum Beispiel unterschiedliche Massen. So gibt es Wasserstoffatome mit 0, 1 oder 2 Neutronen. Sie haben sogar unterschiedliche Namen (Bild 4).
Atome eines Elementes, die sich nur in ihrer Neutronenanzahl unterscheiden, heißen **Isotope**.
Um sie in der Schreibweise unterscheiden zu können, wird wie in Bild 4 neben dem Elementsymbol die Zahl der Nukleonen angegeben. H3 ist das Wasserstoffisotop Tritium, das aus 1 Proton und 2 Neutronen, also 3 Nukleonen besteht.

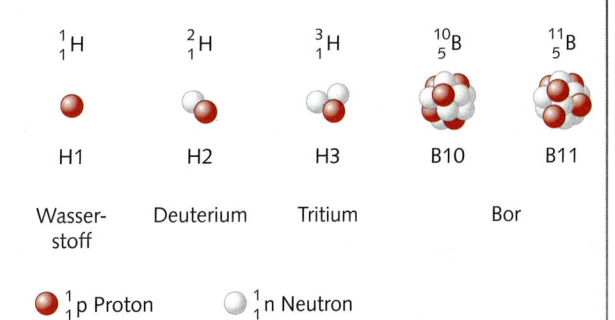

3 Größenverhältnisse im Atom

$^{1}_{1}H$ $^{2}_{1}H$ $^{3}_{1}H$ $^{10}_{5}B$ $^{11}_{5}B$

H1 — H2 — H3 — B10 — B11

Wasserstoff — Deuterium — Tritium — Bor

$^{1}_{1}p$ Proton $^{1}_{1}n$ Neutron

4 Isotope des Wasserstoff- und des Boratoms

Nuklide und ihre Karte
Die verschiedenen Atomkerne eines Elementes werden auch als **Nuklide** bezeichnet und in einer **Nuklidkarte** zusammengefasst.

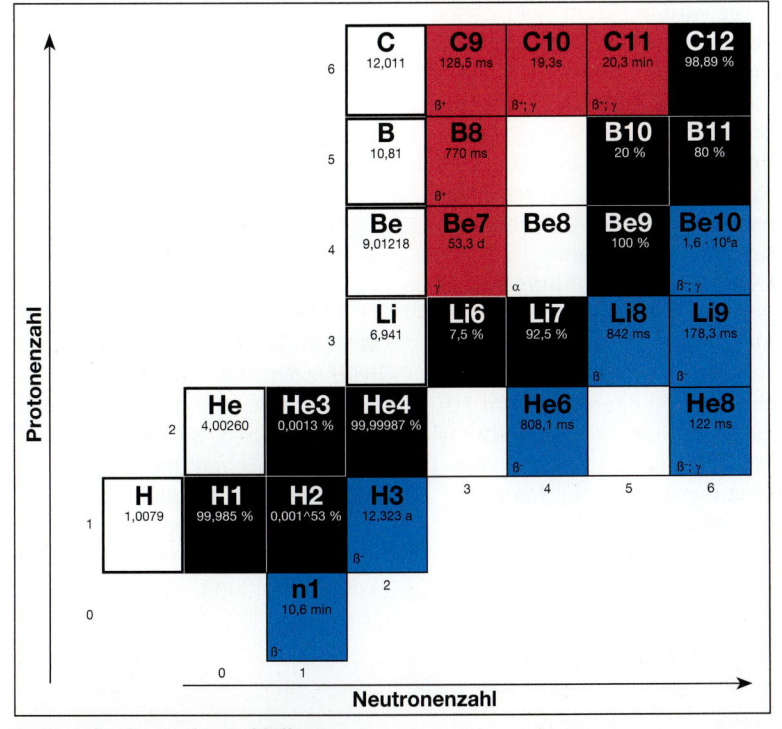

Aufbau der Nuklidkarte
Dort sind die Isotope eines Elementes waagerecht in einer Zeile nebeneinander aufgeführt. Sie haben alle die gleiche Protonenzahl, jedoch eine unterschiedliche Anzahl von Neutronen. Deshalb sind die Isotope eines Elementes parallel zur Rechtsachse der Nuklidkarte angeordnet. Für das Element Kohlenstoff mit 6 Protonen findest du vier Isotope mit Massenzahlen von 9 bis 12. Die Kerne besitzen 3 bis 6 Neutronen. In der vollständigen Nuklidkarte am Ende des Buches findest du weitere Isotope mit der Angabe der Häufigkeit ihres Vorkommens im natürlich vorkommenden Element.

■ Protonen, Neutronen und Elektronen sind Elementarteilchen, die sich in Ladung, Masse und Größe unterscheiden. Isotope sind Atomkerne eines Elementes mit unterschiedlicher Neutronenzahl.

5 Ausschnitt aus der Nuklidkarte

Arten radioaktiver Strahlung

📖 **1.** Beschreibe den Versuchsaufbau für die Bilder 1 und 2.

📖 **2.** Was kannst du aus der Auslenkung der Strahlen über die elektrischen Ladungen der verschiedenen Strahlungsarten folgern?

📖 **3.** Was kannst du aus der unterschiedlich weiten Auslenkung über die Masse von α- und β-Teilchen sagen?

📖 **4.** Was wird unter radioaktivem Zerfall verstanden?

📖 **5.** Erstelle die Gleichung für den Zerfall von Samarium146 unter Abgabe eines Heliumkernes.

📖 **6.** Welche Ladung und Masse besitzt das Teilchen, das beim Zerfall von Thorium231 in Protactinium231 abgestrahlt wird? Stelle die Zerfallsgleichung auf.

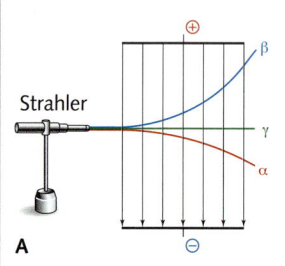

Radioaktiver Zerfall
Viele Isotope können sich unter Aussendung radioaktiver Strahlung in Isotope des gleichen Elementes oder in Isotope anderer Elemente umwandeln. Dieser Vorgang heißt **radioaktiver Zerfall**.
Die Bewegungsrichtung der radioaktiven Strahlung kann durch elektrische und magnetische Felder unterschiedlich beeinflusst werden (Bilder 1 und 2). Daraus ergibt sich, dass die radioaktive Strahlung aus unterschiedlichen Strahlungsarten besteht.

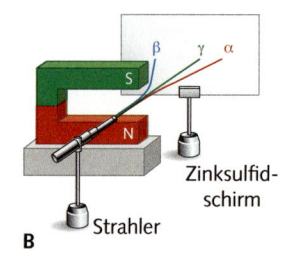

A 1 Ablenkung im elektrischen Feld

B 2 Ablenkung im magnetischen Feld

α-Strahlung
Die in Bild 1 zum negativen Pol abgelenkte Strahlung ist die **α-Strahlung.** Sie besteht aus positiv geladenen Teilchen. Jedes α-Teilchen ist ein Helium-Kern $^{4}_{2}He$, der aus 2 Protonen und 2 Neutronen besteht.
Bei Aussendung eines α-**Teilchens** verringert sich die Massenzahl A des Isotopes um 4, die Kernladungszahl Z um 2.
So wird die Massenzahl A von U235 durch das herausgeschleuderte α-Teilchen auf 235 − 4 = 231 verringert, die Kernladungszahl Z reduziert sich auf 92 − 2 = 90.
U235 wandelt sich bei Aussendung eines α-Teilchens in Thorium231 um. Dieser Vorgang wird α-**Zerfall** genannt:
U235 $\xrightarrow{\alpha}$ Th231.

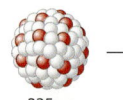

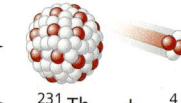

β-Strahlung
Th231 sendet seinerseits wiederum radioaktive Strahlung aus. Diese wird in einem elektrischen Feld zum positiven Pol abgelenkt. Somit besteht diese Strahlungsart aus negativ geladenen Teilchen. Im Atomkern hat sich ein Neutron in ein Proton und ein Elektron umgewandelt. Dieses Elektron $^{0}_{-1}e$ wird als β-**Teilchen** aus dem Kern gestoßen.
Durch diese β-**Strahlung** enthält der Atomkern nun ein Proton mehr, seine Neutronenanzahl hat sich um 1 verringert. Die Kernladungszahl nimmt also um 1 zu, die Massenzahl bleibt gleich. Th231 wandelt sich unter Aussendung eines β-Teilchens in Protactinium231 um. Dieser Vorgang heißt β-**Zerfall**:
Th231 $\xrightarrow{\beta}$ Pa231.

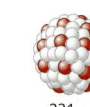

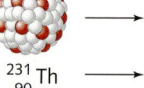

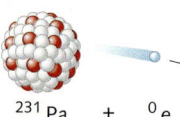

γ-Strahlung
Es gibt noch eine dritte Strahlungsart, die weder im elektrischen noch im magnetischen Feld abgelenkt wird. Diese γ-**Strahlung** lässt sich mit Licht vergleichen. Die γ-Strahlung ist keine Teilchenstrahlung, sondern eine **Energiestrahlung.**

■ Beim Zerfall eines Atomkerns wird radioaktive Strahlung frei. Es gibt die zweifach positiv geladenen α-Teilchen, die negativ geladenen β-Teilchen und die elektrisch neutrale γ-Strahlung. α- und β-Strahlung sind Teilchenstrahlungen, γ-Strahlung ist eine Energiestrahlung.

$$^{A}_{Z}X \rightarrow {}^{A-4}_{Z-2}Y + {}^{4}_{2}He$$

$$^{A}_{Z}X \rightarrow {}^{A}_{Z+1}Y + {}^{0}_{-1}e$$

$^{235}_{92}U \longrightarrow {}^{231}_{90}Th + {}^{4}_{2}He$

$^{231}_{90}Th \longrightarrow {}^{231}_{91}Pa + {}^{0}_{-1}e$

Kernenergie und Radioaktivität → S. 300/301

Eigenschaften radioaktiver Strahlung

🔍 **1. a)** Stelle einen α-Strahler jeweils in einer Entfernung von 5 cm, 10 cm, 15 cm und 20 cm von einem Zählrohr auf.
b) Notiere jeweils die Impulse in 30 s. Berechne die Impulsraten.
c) Vergleiche die Ergebnisse. Was stellst du fest?

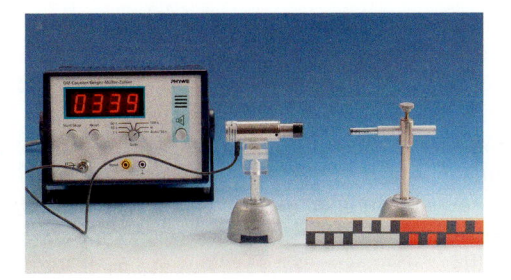

1 Reichweite der Strahlung

🔍 **2. a)** Stelle einen α-Strahler in einer Entfernung von 5 cm von einem Zählrohr auf. Halte zwischen Strahler und Zählrohr nacheinander ein bis fünf Blatt Papier, eine Glasplatte und eine Aluminiumplatte.
b) Notiere jeweils deine Beobachtungen. Vergleiche und erläutere die Ergebnisse.

🔍 **3. a)** Wiederhole Versuch 2 mit einem β-Strahler.
b) Vergleiche die Ergebnisse der Versuche 2 und 3 miteinander. Was stellst du fest?

📖 **4.** Welche Reichweiten besitzen α-Strahlung und γ-Strahlung in einem Stoff, in dem die Reichweite der β-Strahlung 25 cm beträgt?

📖 **5.** Berechne die Reichweite, die β-Strahlen im Muskelgewebe mindestens besitzen, wenn α-Teilchen dort 0,13 mm zurücklegen können.

✏️ **6.** Informiere dich, welche Dicke jeweils eine Bleiplatte und eine Betonplatte besitzen müssten, wenn sie 90 % der γ-Strahlung absorbieren sollen.

Reichweite oder Durchdringungsfähigkeit

Die verschiedenen Strahlungsarten unterscheiden sich nicht nur in ihrer Ladung, sondern auch in ihrer **Reichweite** oder **Durchdringungsfähigkeit.** Sie werden von verschiedenen Stoffen unterschiedlich stark absorbiert.
Die Reichweite oder Durchdringungsfähigkeit gibt an, wie weit sich die Teilchen- oder Energiestrahlungen in verschiedenen Stoffen ausbreiten können. Sie ist abhängig von der Art und der Energie der Strahlung sowie von der Art und der Dicke des durchstrahlten Stoffes.
α-Teilchen haben in Luft eine Reichweite von 4 cm bis 6 cm. β-Teilchen können sich in Luft einige Meter fortbewegen. Die Reichweite der γ-Strahlung in Luft beträgt einige Kilometer. Stark gerundet gilt für die Reichweiten R:

$$R_\alpha : R_\beta : R_\gamma = 1 : 100 : 10000 = 10^0 : 10^2 : 10^4$$

Absorptionsvermögen

Die Eigenschaft eines Stoffes, radioaktive Strahlung aufzunehmen, wird als **Absorptionsvermögen** bezeichnet. Bei der Absorption nimmt der Stoff die Energie der Teilchen- oder γ-Strahlung auf. Die aufgenommene Energie wird in Wärme umgewandelt.
α-Strahlung wird bereits durch wenige Blatt Papier fast vollständig absorbiert. Für β-Strahlung wird eine Aluminiumplatte von 1 mm Dicke zur Absorption benötigt. Das größte Absorptionsvermögen und damit die beste Abschirmung vor radioaktiver Strahlung bietet Blei. Aber auch meterdicke Bleiplatten sind nicht in der Lage, die γ-Strahlung vollständig abzuschirmen. Es wird aber eine erhebliche Schwächung erreicht.

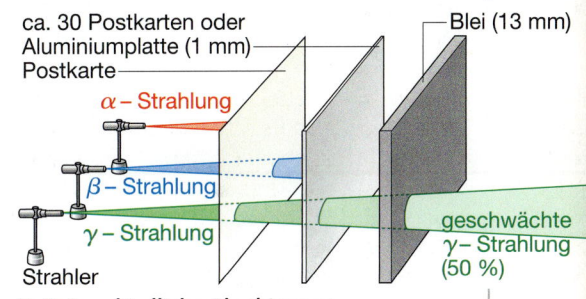

2 Unterschiedliche Abschirmung

■ α-, β- und γ-Strahlung besitzen unterschiedliche Reichweiten und werden unterschiedlich stark absorbiert. Je höher das Absorptionsvermögen eines Stoffes ist, desto geringer ist die Reichweite der radioaktiven Strahlung im Stoff.

3 Abschirmung mittels Bleiplatten

Kernenergie und Radioaktivität → S. 300/301

Der Zerfall dauert seine Zeit

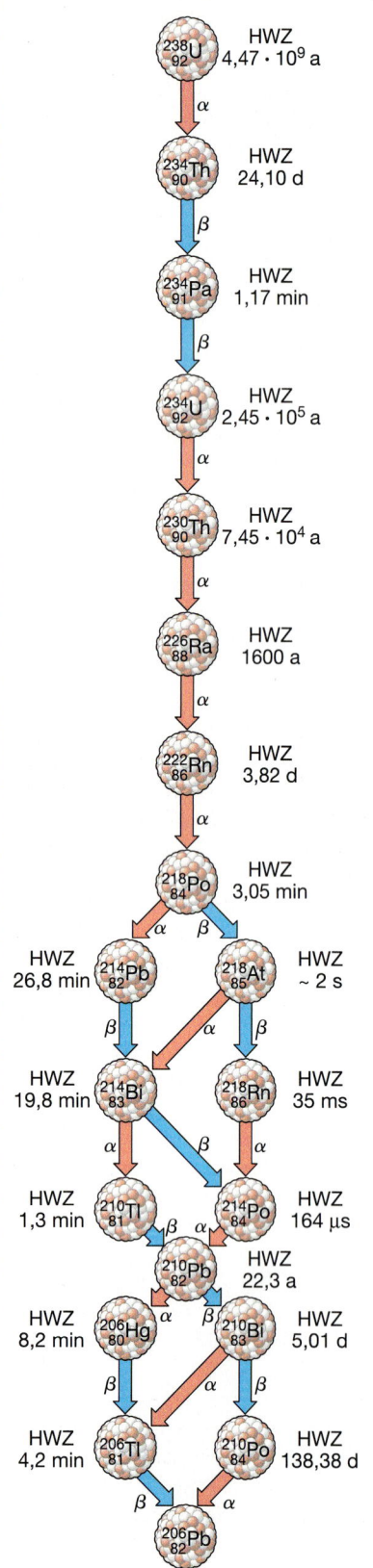

1. Informiere dich über die Halbwertszeiten der Isotope des Kohlenstoffes.

2. Wie viele Halbwertszeiten müssen vergangen sein, damit von der Ausgangsmenge eines radioaktiven Stoffes noch
a) die Hälfte,
b) ein Achtel,
c) weniger als 10%,
d) weniger als 1% vorhanden ist?

3. Nach wie vielen Jahren sind 75 % der Ausgangsmenge von Uran238 abgebaut?

4. Nach welcher Zeit sind von ursprünglich 10 000 Thoriumteilchen noch 100 übrig?

5. Informiere dich über die Halbwertszeiten der Stoffe, die in Atomkraftwerken anfallen.

Zerfallsreihen
Kerne mit einer größeren Ordnungszahl als Blei zerfallen spontan, bis stabile Bleiisotope entstehen. Dabei können wie in Bild 1 Verzweigungen auftreten. Welcher Kern entsteht, entscheidet der Zufall. Die Kerne zerfallen entsprechend den Halbwertszeiten des Isotops weiter.

Die physikalische Halbwertszeit
Niemand kann vorhersagen, wann ein bestimmter Kern eines Isotops nun genau zerfällt. Durch Messungen wurde aber für jedes Isotop eine Zeit ermittelt, in der sich die Hälfte der ursprünglich vorhandenen Ausgangskerne umgewandelt hat. Diese Zeit wird als **physikalische Halbwertszeit (HWZ)** bezeichnet. Die Halbwertszeit ist eine charakteristische Stoffeigenschaft. Ihre Dauer reicht von $9 \cdot 10^{-17}$ s (90 Trillionstel Sekunden) für Beryllium6 bis zu $7 \cdot 10^{24}$ a (7 Quadrillionen Jahre) für Tellur128.

■ Die Halbwertszeit gibt an, nach welcher Zeit nur noch die Hälfte der radioaktiven Kerne eines Isotops vorhanden ist.

Beispielrechnung:
Nach welcher Zeit sind noch 25 % der Ausgangskerne von Iod131 vorhanden?

Lösung:
Iod131 hat die HWZ von 8,02 Tagen. Nach der 1. HWZ sind noch 50 % und nach der 2. HWZ noch 25 % der Ausgangskerne vorhanden.
Damit sind nach 16,04 Tagen noch 25 % der Ausgangskerne vorhanden.

1 U238-Zerfallsreihe: Radionuklide mit ihren Halbwertszeiten

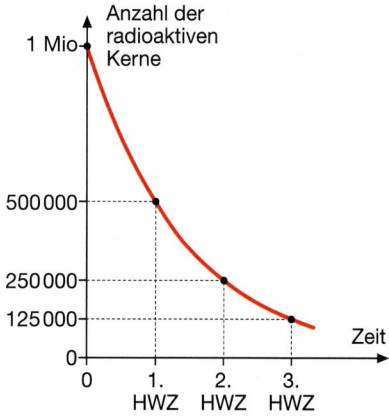

2 Die Anzahl radioaktiver Kerne nimmt ab.

Kernenergie und Radioaktivität → S. 300/301

6. a) Informiere dich über die natürliche Strahlenbelastung von verschiedenen Nahrungsmitteln.
b) Welche Grenzwerte dürfen diese Nahrungsmittel nicht überschreiten?

Die biologische Halbwertszeit
Radioaktive Stoffe wie K40 und C14 sind natürliche Bestandteile der Umwelt. Sie werden von allen Lebewesen durch die Nahrung und beim Atmen aufgenommen. Deshalb enthält jeder lebende Organismus auch einen bestimmten Anteil an radioaktivem Kalium und radioaktivem Kohlenstoff. Menschen, Tiere und Pflanzen haben sich im Laufe ihrer Entwicklung an diese natürliche Strahlenbelastung angepasst. Nimmt der Körper nun zusätzliche radioaktive Stoffe auf, so erhöht sich die Strahlenbelastung. Die Aufnahme von radioaktiven Stoffen heißt **Inkorporation**. Die Zeit, in welcher die Hälfte der zusätzlich aufgenommenen radioaktiven Stoffe vom Körper auf natürlichem Wege wieder abgegeben wird, heißt **biologische Halbwertszeit**.

Iod verringert die Aufnahme
Durch iodhaltige Nahrung können das Aufnahmevermögen und die Verweildauer der belasteten Nahrung im Körper, vor allem in der Schilddrüse, verringert werden.

Cäsium137 wird dagegen nicht ausgeschieden, sondern anstelle von Calcium in das Skelett eingebaut. Dadurch sind die biologische und die physikalische Halbwertszeit von Cäsium gleich.

Grenzwerte für Nahrungsmittel
Es ist auch möglich, dass sich radioaktive Stoffe in Nahrungsmitteln ansammeln und zu einer erhöhten Radioaktivität führen können. Die Strahlung ist dabei überwiegend auf Cäsium137 zurückzuführen. Daher wurden Grenzwerte für die Aktivität festgelegt, bei deren Überschreiten die Nahrungsmittel nicht mehr verkauft werden dürfen.

■ Die biologische Halbwertszeit gibt an, nach welcher Zeit die Hälfte der in den Körper aufgenommenen radioaktiven Stoffe von diesem auf natürlichem Wege wieder ausgeschieden wird.

Mit Radioaktivität das Alter bestimmen

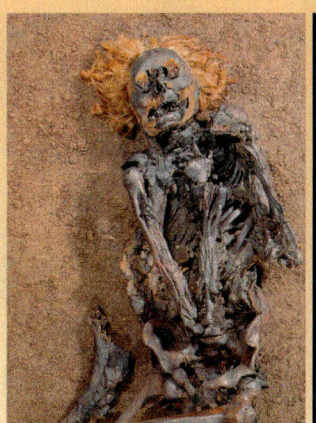

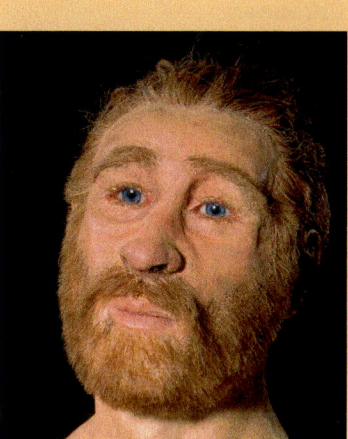

Streifzug

1 Wann lebte der „Rote Franz"?

In der Archäologie werden radioaktive Nuklide benutzt, um das Alter von Tieren oder Pflanzen zu bestimmen. Dazu wird vor allem die **C14-Methode**, die **Radiocarbonmethode** verwendet.

C14 ist ein Isotop des Elementes Kohlenstoff und entsteht unter dem Einfluss der Höhenstrahlung aus dem N14-Isotop des Elementes Stickstoff. Das C14 ist nicht stabil und zerfällt mit einer Halbwertszeit von 5736 Jahren. Gleichzeitig wird in der Atmosphäre neues C14 gebildet. Da die Höhenstrahlung seit Tausenden Jahren nahezu konstant ist, bleibt auch der Anteil des C14 in der Atmosphäre konstant.

Mit dem Sauerstoff der Luft entsteht aus den Isotopen C14 und C12 Kohlenstoffdioxid. Dieses wird von den Pflanzen aufgenommen und gelangt damit in die Nahrungskette. In lebenden Organismen entsteht damit ein konstantes natürliches Verhältnis zwischen instabilem C14 und stabilem C12. Mit dem Tod wird dieser Prozess beendet und das aufgenommene C14 zerfällt entsprechend seiner Halbwertszeit.

Im Jahr 1900 wurde beim Torfstechen in der Nähe von Neu Versen bei Meppen im Emsland die gut erhaltene Leiche eines Mannes gefunden. Sie befindet sich heute im Niedersächsischen Landesmuseum in Hannover. Aufgrund seiner roten Haare wurde er von den Wissenschaftlern der „Rote Franz" getauft.

Bei einer neueren gerichtsmedizinischen Untersuchung der Haare wurde der Zeitpunkt des Todes unter Verwendung der C14-Methode auf die zweite Hälfte des 3. Jahrhunderts datiert.

Mit der C14-Methode lassen sich zwar nur ungefähre Angaben machen, trotzdem stellt sie die genaueste Methode der Altersbestimmung archäologischer Funde bis zu einem Zeitraum von 50 000 Jahren dar. Der Entwickler der Methode, WILLARD FRANK LIBBY (1908–1980), erhielt dafür im Jahre 1960 den Nobelpreis für Chemie.

Strahlen nutzen

Erkennen
Radioaktive Strahlung kann für den Menschen nützlich sein. Die Funktionen mancher Organe wie Schilddrüse oder Nieren lassen sich am besten mit radioaktiven Methoden untersuchen. Dazu wird dem Patienten ein Mittel gespritzt, welches einen sehr schwach radioaktiven Stoff enthält. Nach einigen Minuten wird die radioaktive Strahlung gemessen, die von dem Organ ausgeht. Auf einem von einem Computer erstellten Bild, einem **Szintigramm,** sind bei einem kranken Organ Bereiche zu sehen, in denen sich der radioaktive Stoff stärker angesammelt hat (Bild 1). Das Aufnahmeverfahren mithilfe radioaktiver Stoffe heißt allgemein **Radiographie.**
Die Art und die Menge des radioaktiven Mittels sind dabei so gewählt, dass sich ein deutliches Untersuchungsergebnis ergibt, der Patient aber nicht geschädigt wird. Die Halbwertzeit ist so gering, dass kurze Zeit nach der Untersuchung von dem radioaktiven Stoff im Körper nichts mehr vorhanden ist.

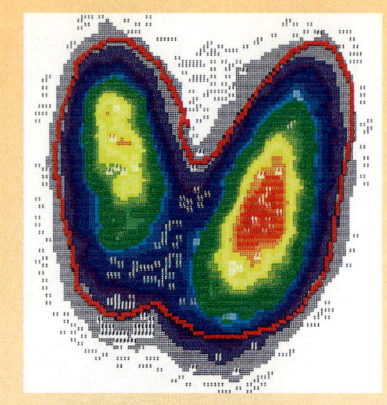

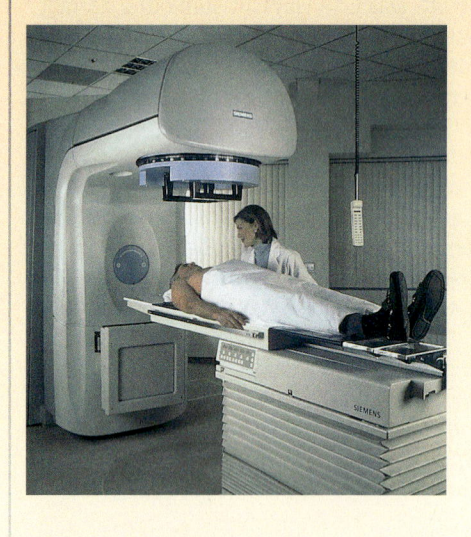

1 Schilddrüsen-Szintigramm

Behandeln
Die radioaktive Strahlung kann auch zur Bekämpfung von Krebszellen benutzt werden. Dazu wird die Strahlung gezielt auf den Tumor gerichtet. So ist es ausgeschlossen, dass gesunde Organe bestrahlt werden. Nur die Krebszellen werden zerstört und eine Heilung ist in vielen Fällen möglich.

2 Strahlenbehandlung

Sind Röntgenstrahlen gefährlich?
Nach einem Arm- oder Beinbruch wird der betroffene Knochen geröntgt. Der Zahnarzt möchte eine Röntgenaufnahme deiner Zähne haben. Alle Beteiligten werden durch Bleischürzen geschützt. Das Gerät wird immer von einem anderen Raum aus bedient.

Auch bei Röntgenuntersuchungen müssen vor allem die Keimzellen geschützt werden, damit keine Schädigungen des Erbgutes auftreten. Werden die Sicherheitsbestimmungen beachtet, sind Röntgenstrahlen nicht gefährlich, denn dann ist die Strahlenbelastung gering.

Röntgenuntersuchungen
Röntgenstrahlen sind zwar keine radioaktiven Strahlen, in ihrer schädigenden ionisierenden Wirkung aber mit diesen vergleichbar. Darum werden Röntgenuntersuchungen heute so sparsam wie möglich eingesetzt. Jede Untersuchung sollte im **Röntgenpass** eingetragen werden. Diesen Pass kannst du in jeder Arztpraxis erhalten. So kann eine zu hohe Strahlenbelastung auf Dauer vermieden werden.

3 Röntgenpass

1. Welche Organe des Menschen müssen vor Strahlung besonders geschützt werden?

2. Welche Maßnahmen zum Schutz vor Strahlung kennst du?

3. Nenne Gefahren und Nutzen der radioaktiven Strahlung.

4. Informiere dich über die Halbwertzeiten von radioaktiven Stoffen, die bei einer Radiographie eingesetzt werden.

Kernenergie und Radioaktivität → S. 300/301

Radioaktivität und Kernenergie

Zu Besuch im Teilchenzoo

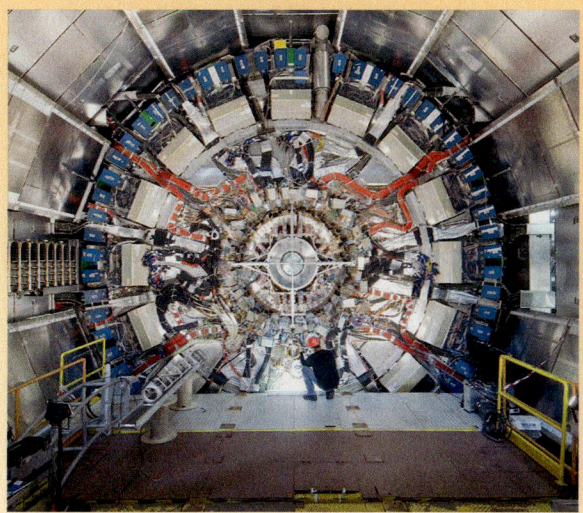

1 Im Inneren des LHC

Das CERN in Genf
Im Europäischen Zentrum für Teilchenforschung **CERN** (franz.: **C**onseil **E**uropéen pour la **R**echerche **N**ucléaire) werden die kleinsten Bausteine der Materie untersucht. Dabei versuchen die Forscher, neue Erkenntnisse über die Struktur der Materie zu gewinnen und neue Teilchen zu entdecken.

Das CERN befindet sich in der Nähe von Genf in der Schweiz. Im Bild 2 ist der Verlauf eines der Teilchenbeschleuniger zu sehen. Es handelt sich um den Large Hadron Collider LHC (engl.: Großer Hadronen Speicherring). Hadronen sind Elementarteilchen, zu denen Protonen und Neutronen gehören.

Das LHC ist in einem ringförmigen Tunnelsystem mit einer Gesamtlänge von 27 km untergebracht. Der Tunnel befindet sich 100 m unter der Erdoberfläche. Für die Errichtung der Anlage wurden 70 000 t Stahl verbaut. Die Baukosten betrugen 4 Mrd. €.

Kollision mit hoher Geschwindigkeit
Im LHC werden die Teilchen auf Geschwindigkeiten nahe der Lichtgeschwindigkeit beschleunigt und zur Kollision gebracht. Dabei wird ein Teil der Anlage bis fast zum absoluten Nullpunkt auf −271 °C abgekühlt.

Der Teilchenzoo
Die Wissenschaftler wollen nachweisen, dass Protonen, Neutronen und Elektronen wiederum aus kleineren Teilchen, den Quarks, zusammengesetzt sind. Es wird vermutet, dass Protonen und Neutronen aus verschiedenen, in ihren Eigenschaften ähnlichen Quarks aufgebaut sind. Derzeit werden in den Quarks die Teilchen vermutet, aus denen die anderen Elementarteilchen zusammengesetzt sind. Aus Quarks bestehen auch die Elementarteilchen Bosonen, Leptonen, Mesonen und Baryonen. Die Physiker sprechen scherzhaft vom Teilchenzoo.

2 Verlauf und Ausdehnung des Large Hadron Collider (LHC)

Atome lassen sich spalten

1. a) Recherchiere, welche Voraussetzungen für die Kernspaltung notwendig sind.
b) Welches natürliche Isotop eignet sich zur Kernspaltung?
c) Wie können Atomkerne gespalten werden?

2. a) Bei einer Kernspaltung von U235 sind Lanthan147 und zwei Neutronen entstanden. Schreibe die zugehörige Kernreaktionsgleichung auf.
b) Welches zweite Isotop ist entstanden?

3. Bei einer Kernspaltung entstehen im Mittel 2,3 freie Neutronen. Erkläre den Wert.

4. Erstelle je eine Kurzbiografie von OTTO HAHN, FRITZ STRASSMANN und LISE MEITNER.

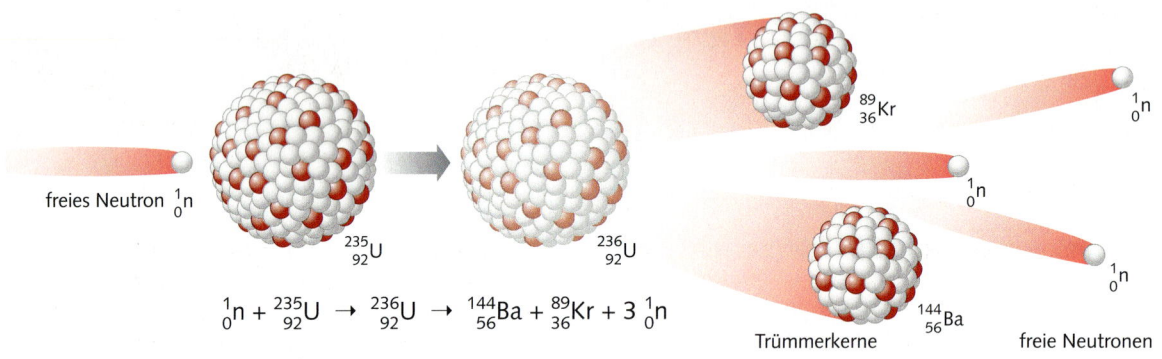

$$_0^1n + {}_{92}^{235}U \rightarrow {}_{92}^{236}U \rightarrow {}_{56}^{144}Ba + {}_{36}^{89}Kr + 3\ _0^1n$$

1 Kernspaltung

Geschichte der Kernspaltung

Im Jahre 1938 arbeiteten die beiden Chemiker OTTO HAHN (1879–1968) und FRITZ STRASSMANN (1902–1980) in Berlin an einem Experiment, bei dem Uran mit Neutronen beschossen wurde. Zu ihrem Erstaunen entdeckten sie aber anschließend Barium in ihrem Versuch. Dieses Element hatten sie nicht erwartet. Sie konnten sich sein Auftauchen zunächst nicht erklären. Aber sie wussten, dass es nur aus dem Uran entstanden sein konnte.

HAHN und STRASSMANN hatten mit diesem Versuch die erste **Kernspaltung** durchgeführt. Dabei kam ihnen der Zufall zu Hilfe, denn Uran235 ist das einzige natürliche Isotop, das spaltbar ist. HAHN erhielt für diese Entdeckung 1944 den Nobelpreis für Chemie.

Zum Team der Wissenschaftler gehörte, bis zu ihrer Flucht vor den Nationalsozialisten nach Stockholm, auch die Physikerin LISE MEITNER (1878–1968). Ihr gelang die physikalische Erklärung des Versuchs von HAHN und STRASSMANN. Sie ging davon aus, dass beim Beschuss des Urans mit Neutronen keines der beteiligten Teilchen einfach verschwinden kann. Uran hat 92 Protonen. Daher musste es neben dem Barium mit 56 Protonen ein zweites Element geben, dessen Protonenzahl sich aus der Rechnung 92 − 56 = 36 ergibt. Es ist Krypton. Da es ein Edelgas ist, hatten es HAHN und STRASSMANN bei ihrem Versuch nicht bemerkt.

Die Kernspaltung

Um eine Kernspaltung durchführen zu können, wird ein freies Neutron benötigt. Es muss langsam genug sein, um vom Kern aufgenommen zu werden. Solche Spaltneutronen können durch Beschuss von Beryllium mit α-Teilchen erzeugt werden.
Trifft das Spaltneutron auf ein Atom U235, wird es zuerst von dem schweren Kern aufgenommen. Es entsteht kurzzeitig U236. Dieser Kern ist instabil und zerfällt sofort in zwei Trümmerkerne unterschiedlicher Größe. Außerdem werden bei dieser Reaktion zwei oder drei Neutronen frei, die für weitere Spaltungen zur Verfügung stehen können (Bild 1).

Die Kombination der Spaltprodukte ist nicht immer gleich. Heute sind über 300 verschiedene Spaltprodukte bekannt. Sie sind zum größten Teil radioaktiv, weil sie einen hohen Neutronenüberschuss haben. Eine weitere, mögliche **Kernreaktionsgleichung** sieht wie folgt aus:

$$_0^1n + {}_{92}^{235}U \rightarrow {}_{92}^{236}U \rightarrow {}_{57}^{147}La + {}_{35}^{87}Br + 2\ _0^1n$$

■ Wird ein Atom U235 mit einem langsamen Neutron beschossen, spaltet es sich in zwei Trümmerkerne. Zusätzlich werden zwei bis drei Neutronen frei, die weitere Spaltungen auslösen können.

Kernenergie und Radioaktivität → S. 300/301

Kettenreaktion – unkontrolliert oder kontrolliert

1. a) Stelle einige Dominosteine so auf, dass sie beim Umfallen nacheinander mehrere andere Dominosteine mitreißen.
b) Verändere den Versuch so, dass du nur einen Stein am Anfang des Versuchs anstoßen musst und dadurch zehn weitere Steine in kürzester Zeit umfallen.

2. Wie müssen die Dominosteine aufgestellt werden, damit nur drei Steine gleichzeitig fallen?

3. Wie kann das unkontrollierte Fallen der Dominosteine so eingedämmt werden, dass die Anzahl der Reaktionen pro Zeiteinheit gleich bleibt?

4. Informiere dich über den Domino-Day.

5. Suche nach Informationen über den „Mausefallenversuch", der eine Kettenreaktion simuliert. Wie funktioniert er?

6. Worin besteht der Unterschied zwischen einer kontrollierten und einer unkontrollierten Kettenreaktion?

1 Domino-Kette

Die unkontrollierte Kettenreaktion

Wird ein Atom U235 mit einem Spaltneutron beschossen, findet eine Kernspaltung statt. Das dadurch entstehende U236 zerfällt spontan in zwei Trümmerkerne. Zusätzlich werden zwei oder drei Neutronen frei. Wenn diese die richtige Geschwindigkeit haben, können sie ihrerseits zwei oder drei weitere Urankerne spalten. Bei jeder Spaltung werden wiederum je zwei bis drei Neutronen frei. Die Anzahl der Spaltungen nimmt also exponentiell zu. Dieser Vorgang heißt **Kettenreaktion.**

Bei jeder der Spaltungen wird eine kleine Portion Energie frei. Wird der Spaltvorgang nicht begrenzt, entsteht eine unvorstellbar große Energiemenge. Dieser Vorgang ist eine **unkontrollierte Kettenreaktion.** Auf einer solchen Kettenreaktion beruht die Wirkungsweise einer Atombombe.

Die kontrollierte Kettenreaktion

Damit aus einer unkontrollierten eine **kontrollierte Kettenreaktion** wird, muss die Anzahl der Spaltungen ab einem gewissen Zeitpunkt auf einem gleichbleibenden Stand gehalten werden können. Die Menge der Spaltneutronen muss hierbei konstant bleiben. Mithilfe von Materialien, die Neutronen einfangen, kann die Anzahl der Spaltneutronen begrenzt werden. Dieser Vorgang findet in jedem Kernkraftwerk statt. Er dient der friedlichen Nutzung der Kernenergie.

■ Bei jeder Kernspaltung werden zwei bis drei Neutronen frei. Wenn diese weitere Kerne spalten, findet ein exponentieller Prozess statt, die unkontrollierte Kettenreaktion.
Materialien, die genügend Neutronen einfangen können, ermöglichen eine kontrollierte Kettenreaktion.

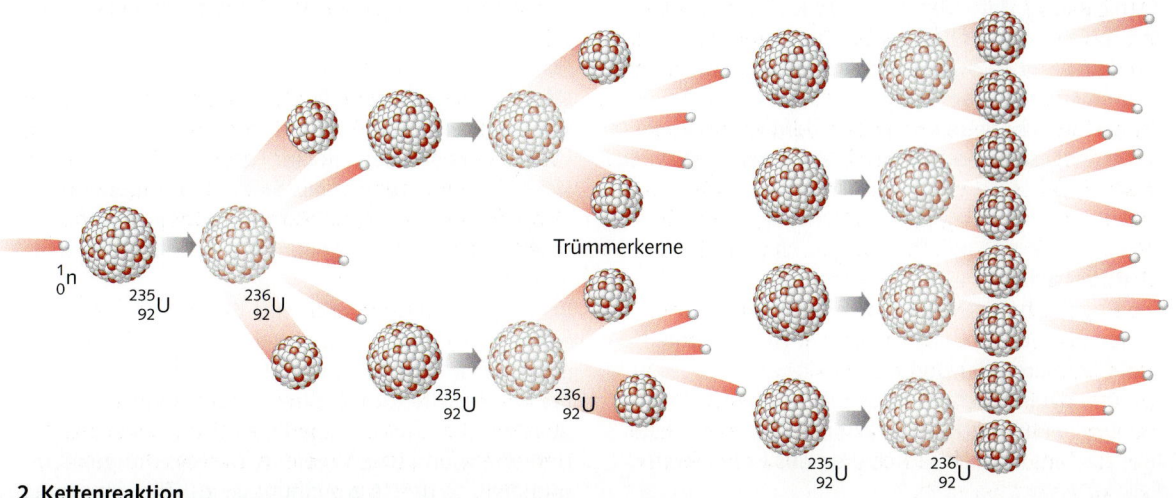

$^{1}_{0}n$ $^{235}_{92}U$ $^{236}_{92}U$ Trümmerkerne $^{235}_{92}U$ $^{236}_{92}U$ $^{235}_{92}U$ $^{236}_{92}U$

2 Kettenreaktion

Kernenergie und Radioaktivität → S. 300/301

Das Kernkraftwerk

📖 **1.** Die äußere Kuppel des Kernkraftwerks heißt auch Containment. Erkläre diesen Begriff.

📖 **2.** Welche Funktionen hat das Wasser im Reaktordruckgefäß?

Das etwas andere Wärmekraftwerk
Wie in jedem Wärmekraftwerk wird auch in einem **Kernkraftwerk** Wasser erwärmt. Allerdings wird dazu nichts verbrannt, sondern es wird die bei der Kernspaltung freiwerdende Energie genutzt.

① Außenhülle
Radioaktive Strahlung wird durch Blei und dicken Beton abgeschirmt. Darum ist der zentrale Bereich des Kraftwerkes, wo die Kernspaltung abläuft, häufig in einer Betonhülle untergebracht. So kann keine Strahlung nach außen dringen.

② Reaktordruckgefäß
Im Reaktordruckgefäß findet die Kernspaltung statt. Das spaltbare Material befindet sich in Form von **Pellets** in **Brennstäben** von etwa 4 m Länge. Etwa 50 dieser Stäbe werden zu einem **Brennelement** zusammengefasst. Zwischen den Brennstäben befinden sich außerdem noch Regelstäbe. Insgesamt enthält ein Reaktor etwa 100 t Uran.

③ Regelstäbe
Die Regelstäbe enthalten einen Stoff, der Neutronen absorbieren kann. Dazu geeignete Elemente sind Cadmium oder Bor.
Werden die Regelstäbe zwischen den Brennelementen herausgezogen, so nimmt die Kettenreaktion zu. Dies ist beim Einschalten des Reaktors der Fall.

Im Normalbetrieb befindet sich nur der untere Teil der Regelstäbe zwischen den Brennstäben. Dadurch bewirkt jede Kernspaltung genau eine weitere Kernspaltung. Zur Verringerung der Energiemenge werden die Stäbe weiter abgesenkt. Beim Abschalten des Reaktors befinden sie sich vollständig zwischen den Brennstäben.

④ Wärmetauscher
Das Wasser, welches die Brennelemente umspült, ist radioaktiv verunreinigt. Es darf daher nicht aus dem Reaktorbereich austreten. Deshalb gibt es in einem **Druckwasserreaktor,** wie im Bild, zwei voneinander unabhängige Wasserkreisläufe.
Um das Sieden des Wassers im **Primärkreislauf** zu vermeiden, wird es unter hohen Druck gesetzt. Daher kommt die Bezeichnung Druckwasserreaktor. Wasserdampf könnte die Brennstäbe nicht genug kühlen. Das Kühlwasser tritt mit über 300 °C in den Wärmetauscher ein. Hier gibt das heiße Wasser die Wärme an das Wasser des **Sekundärkreislaufes** ab und wird mit ungefähr 290 °C wieder in das Reaktordruckgefäß zurückgepumpt. Dort nimmt es dann erneut Wärme auf.
Im Wärmetauscher verdampft das Wasser des Sekundärkreislaufes, da hier der Druck sehr viel geringer ist. Dieser Wasserdampf steht aber immer noch unter Überdruck. Er wird zu den Turbinen geleitet. Hier gibt er seine Energie ab und kondensiert. Das nun kühle Wasser wird weiter abgekühlt und fließt in den Wärmetauscher zurück, um erneut Energie aus dem Primärkreislauf aufzunehmen.

Radioaktivität und Kernenergie

Automatische Schnellabschaltung
Zwischen den Brennelementen hängen die Regelstäbe an Elektromagneten. Kommt es zum Stromausfall oder tritt ein anderer Notfall ein, verlieren die Elektromagnete ihre magnetische Kraft und die Regelstäbe fallen in den Reaktorkern. Das dient der Sicherheit im Reaktor. Die Kettenreaktion wird sofort gestoppt.

Wasser hat zwei Aufgaben
Bei der Kernspaltung entsteht sehr viel Wärme. Da die Spaltprodukte selbst wieder radioaktiv sind, wird bei ihrem Zerfall noch zusätzliche Wärme frei. Daher muss der Reaktor gut gekühlt werden. Die erste Aufgabe des **Kühlwassers** besteht nun darin, die Energie in den Wärmetauscher zu transportieren und dort abzugeben.

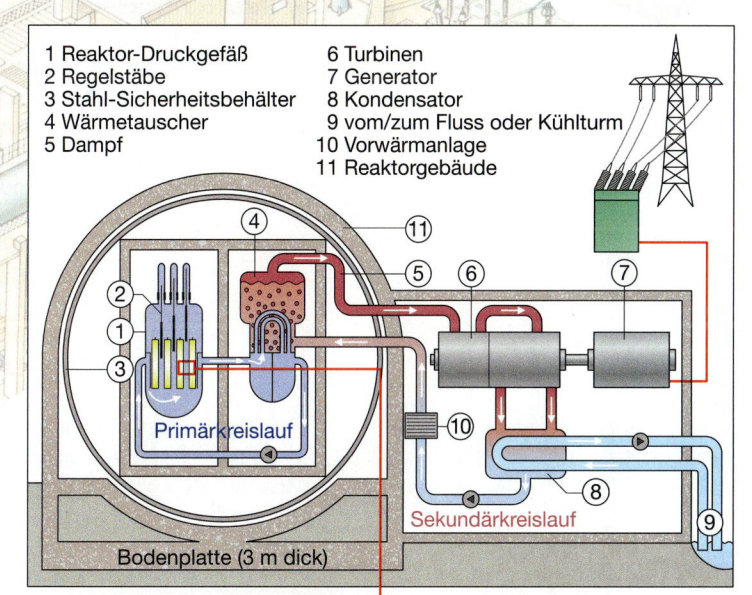

1 Reaktor-Druckgefäß
2 Regelstäbe
3 Stahl-Sicherheitsbehälter
4 Wärmetauscher
5 Dampf
6 Turbinen
7 Generator
8 Kondensator
9 vom/zum Fluss oder Kühlturm
10 Vorwärmanlage
11 Reaktorgebäude

1 Aufbau eines Kernkraftwerkes

Das Wasser hat aber noch eine weitere Aufgabe. Die bei der Kernspaltung entstehenden Neutronen sind für eine weitere Spaltung zu schnell. Sie müssen daher abgebremst werden. Dies geschieht durch einen **Moderator.** Bei den in Deutschland üblichen Reaktoren ist das Kühlwasser zugleich Moderator.

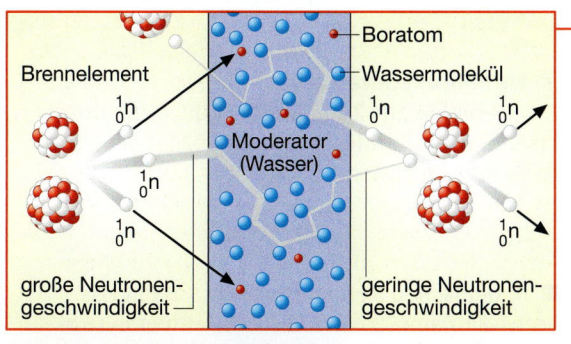

2 Funktionsweise des Moderators

Sicherheit im Kernkraftwerk
Da radioaktive Strahlung gefährlich ist, werden an die Sicherheit von Kernkraftwerken sehr hohe Anforderungen gestellt. Eine der wichtigsten **Sicherheitsmaßnahmen** liegt bereits in der Arbeitsweise des Reaktors. Da das Kühlmittel gleichzeitig Moderator ist, kommt bei einem Leck im primären Kühlwasserkreislauf die Kettenreaktion sofort zum Erliegen. Eine nukleare Explosion bei Kühlmittelverlust ist physikalisch nicht möglich.

Eine weitere Sicherheitsmaßnahme besteht darin, dass jede Sicherheitseinrichtung mehrfach vorhanden ist. Jede einzelne ist in der Lage, die vorgesehene Funktion allein zu übernehmen. Ist eine schnelle Abschaltung des Reaktors nötig, so geschieht diese mithilfe der Regelstäbe. Zusätzlich wird dann dem Kühlmittel noch Bor zugesetzt. Es absorbiert eventuell noch vorhandene Neutronen. Zusätzliches boriertes Wasser steht deshalb immer zur Verfügung.
Jeder **Störfall** in einem Kraftwerk muss sofort dem Umweltministerium des jeweiligen Bundeslandes gemeldet werden. Störfälle im Reaktorbereich selbst führen zur vorsorglichen Abschaltung.
Grenzwerte der Strahlenbelastung für die im Reaktorbereich arbeitenden Personen sind durch die **Strahlenschutzverordnung** festgelegt.

Jeder Mitarbeiter muss ein **Strahlendosimeter** tragen, mit dem die Strahlung gemessen wird. Wird die erlaubte Strahlendosis erreicht, so darf der Mitarbeiter nur noch an Orten ohne zusätzliche Strahlenbelastung eingesetzt werden.

■ In einem Reaktor dient Wasser als Kühlmittel und Moderator.

Sicherheitssysteme im Kernkraftwerk

1. a) Informiere dich im Internet über Störfälle in deutschen Kernkraftwerken.
b) Welche Aufgabe hat die INES-Skala?
c) Welche Störfälle sind meldepflichtig?

2. Vergleiche die Sicherheitssysteme in deutschen Kernkraftwerken mit denen der Unglücksreaktoren in Tschernobyl und Fukushima Daiichi. Stelle sie in einer Tabelle gegenüber.

Das Sechs-Barrieren-System in deutschen Kernkraftwerken

Im Jahr 2006 kam es in deutschen Kernkraftwerken zu 130 meldepflichtigen Ereignissen. Sie wurden nach der internationalen Bewertungsskala **INES** aufgeschlüsselt: 126 Ereignisse gehörten zur Kategorie N. Das sind Normalmeldungen von untergeordneter sicherheitstechnischer Bedeutung. 4 Vorfälle gehörten zur Kategorie E. Das sind Eilmeldungen, die keine Sofortmaßnahmen erfordern. Die Ursachen müssen jedoch in angemessener Frist behoben werden. Bei keinem Störfall trat Radioaktivität aus.

Um die Bevölkerung zu schützen, wird in deutschen Kernkraftwerken das **Sechs-Barrieren-System** angewendet. Radioaktive Stoffe können durch dieses Sicherheitssystem nicht in die Umwelt gelangen.

① Die Brennstoff-Pellets
Der Brennstoff U238 wird als Urandioxid in Tabletten gepresst, die **Pellets** genannt werden. In ihnen liegt das Uran als kristalline Substanz vor. Die Uranpulverform wird so stark zusammengepresst, dass die Pellets sehr dicht sind und Spaltprodukte kaum entweichen können.

② Die Brennstabhülle
Die Pellets werden in einem Rohr aus einer Zirkoniumlegierung von ungefähr 4 m Länge gestapelt und durch Federn in den Endkappen zusammengehalten. Diese Legierung verhindert, dass der Kernbrennstoff mit dem Kühlwasser des Primärkreislaufes in Kontakt kommen kann. Auch die radioaktiven Spaltprodukte werden so vom Primärkreislauf getrennt.
Die Metallwand der Brennstäbe und das Kühlwasser absorbieren nahezu alle α- und β-Teilchen.

③ Der Reaktordruckbehälter
Der Reaktor befindet sich in einem Reaktordruckbehälter aus Stahl. Er hat eine Wandstärke von 17 cm bis 25 cm. Die durch die Kettenreaktion auftretende γ-Strahlung wird durch die Stahlwand erheblich verringert. Dieser Gebäudeteil wird auch **Containment** genannt.

④ Der biologische Schild
Das Reaktordruckgefäß wiederum befindet sich in einer Betonkammer aus 2 m dickem Stahlbeton. Sie stellt einen Schutz nach außen dar. Die Betonwand schwächt die restliche γ-Strahlung, die aus dem Reaktordruckbehälter austritt, sodass nur noch ein Billionstel der ursprünglichen Strahlung verbleibt.

⑤ Der Sicherheitsbehälter
Das Reaktordruckgefäß und der primäre Kühlkreislauf befinden sich im kugelförmigen Sicherheitsbehälter mit einem Durchmesser von fast 30 Metern. Er besitzt innen eine Dichthaut aus Stahl. Der Zwischenraum zwischen dem Stahlbeton und der Dichthaut aus Stahl wird ständig auf Unterdruck gehalten, sodass im Falle eines Lecks die Gase stets nach innen gesaugt werden. Radioaktive Stoffe können also selbst durch feine Haarrisse nicht austreten.

⑥ Das Reaktorgebäude
Das Gebäude aus 2 m dickem Stahlbeton umschließt die gesamte Anlage und bildet die letzte Barriere nach außen.

■ In deutschen Kernkraftwerken schützt das Sechs-Barrieren-System die Umwelt vor austretender radioaktiver Strahlung.

Kernenergie und Radioaktivität → S. 300/301

Radioaktivität und Kernenergie

Ein Unglück verändert die Welt

Streifzug

GAU ist die Abkürzung für „**g**rößter **a**nzunehmender **U**nfall". Am 26. April 1986 wurde ein solcher Unfall bei dem bisher größten Reaktorunglück der Welt in einem der Reaktoren der ukrainischen Stadt Tschernobyl zur Realität.

Chronik des Unfalls
Noch kurz vor dem 1. Mai, dem Tag der Arbeit, sollen im Kernkraftwerk Tschernobyl ein paar längst überfällige Versuche durchgeführt werden. Um 1.23 Uhr drosselt der Leistungsmaschinist Turbine 8, die daraufhin ihren Lauf verlangsamt. Auch die zugehörigen Generatoren fahren herunter. Im Reaktorkern beginnt das **Kühlwasser** zu sieden. Der entstehende Dampf kann die Wärme nicht mehr abführen und die Uranstäbe erhitzen sich immer stärker. Das **Notabschaltungssystem** kann nicht reagieren, weil es für den Versuch blockiert wurde. Im Reaktorkern ist der Druck inzwischen bedenklich gestiegen.

Zusätzlich verschärft eine Eigenschaft dieses Reaktortyps unangenehm die Situation. Je größer der Dampfanteil im Wasser ist, desto mehr Wärme wird im Reaktor pro Sekunde erzeugt. Die Leistung steigt also weiterhin. Alarm wird ausgelöst. Das Bedienungspersonal leitet die **Notabschaltung** ein und viel zu langsam fahren die Bremsstäbe in den Reaktorkern. Doch durch die Hitze verbiegen sie sich und bleiben auf halber Strecke stecken. Die Grafitspitzen der Steuerstäbe verstärken zudem die Kettenreaktion noch weiter. Es stehen jetzt immer mehr Neutronen zur Spaltung zur Verfügung. Auf den Anzeigetafeln in der Kraftwerkswarte spielen die Warnsysteme verrückt. Im Reaktor platzen die Druckkanäle und der Reaktorkern beginnt zu glühen. Es entsteht Knallgas. Die Explosion ist nicht mehr aufzuhalten. Riesenkräfte zerstören das Reaktorgebäude und im Reaktor brennt der Grafit. Über 200 verschiedene radioaktive Stoffe werden in die Atmosphäre freigesetzt und ziehen mit den Wolken dreimal um den Erdball. 15 % des radioaktiven **Fallouts** gehen in der Ukraine nieder und 70 % in Weißrussland.

Hubschrauberpiloten werfen über dem brennenden Reaktor 5000 t einer Mischung aus Sand, Bor und Blei ab. Erst nach zehn Tagen ist der Brand vollständig gelöscht. Die westlichen Länder erhalten erst zwei Tage nach dem Unglück Informationen über den GAU und es dauert bis zum 3. Mai, bis die deutschen Behörden die Bevölkerung vor den Auswirkungen der Katastrophe warnen.

Seit dem Unfall sind Tausende Liquidatoren gestorben. Das sind die Menschen, die die Rettungsarbeiten rund um den Reaktor vorgenommen haben. Viele Überlebende leiden immer noch unter den Folgen des Unglücks.

Der Tschernobyl-Reaktor
Nach den ersten Meldungen sah es im Unglücksjahr so aus, als sei der GAU nur auf menschliches Versagen des Bedienungspersonals zurückzuführen. Spätere Untersuchungen ergaben jedoch, dass der Reaktortyp RBMK-1000, das bedeutet so viel wie Reaktor großer Leistung mit Kanälen, erhebliche Sicherheitsmängel aufweist. Er entspricht nicht den internationalen Anforderungen. Folgende Konstruktionsfehler trugen zum Unglück bei:

1. Der Reaktor besaß kein Containment.
2. Die Steuerungs- und Sicherungssysteme waren viel zu langsam.
3. Der Moderator Grafit ist brennbar.
4. Das Sieden des Kühlwassers in der aktiven Zone führte zum unkontrollierbaren Leistungsanstieg des Reaktors.

1 Der zerstörte Reaktor

Lehren für die Zukunft
Ein Kernkraftwerksunfall kann nirgendwo auf der Welt mit Sicherheit ausgeschlossen werden. Es bleibt immer ein **Risiko.** Trotzdem lassen sich deutsche Kernkraftwerke nicht mit denen der Tschernobyl-Baureihe vergleichen.
Deutsche Kernkraftwerke haben immer ein Containment, das den Austritt von Radioaktivität in die Atmosphäre verhindert. Außerdem nutzen sie als Moderator Wasser. Bei einem GAU jedoch wären im dicht besiedelten Deutschland wesentlich mehr Menschen unmittelbar bedroht.

1. Vergleiche den Reaktorunfall von Tschernobyl aus dem Jahr 1986 mit dem Reaktorunfall von Fukushima Daiichi im März 2011 in Japan.

Wohin mit dem radioaktiven Abfall?

📝 **1. a)** Kläre die Bedeutung der Begriffe Zwischenlager und Endlager.
b) Wo werden in Deutschland Zwischenlager betrieben und welche Laufzeit haben sie?

📝 **2. a)** Welche Probleme gibt es mit dem Atommülllager Asse?
b) Erkundige dich über den Stand des Genehmigungsverfahrens für Endlager in Deutschland.

Zwischenlagerung in Deutschland
Das größte Problem stellt die Entsorgung der hoch radioaktiven Stoffe dar, zu denen Plutonium gehört. Wegen der Halbwertszeit von 24 000 Jahren muss über Jahrtausende sichergestellt sein, dass von dem radioaktiven und hoch giftigen Stoff keine Gefahr für die Umwelt ausgeht. Obwohl es weltweit inzwischen erhebliche Mengen Plutonium aus Kernkraftwerken gibt, ist das Entsorgungsproblem nicht gelöst. Die abgebrannten Brennelemente werden neuerdings in Zwischenlagern an den Kernkraftwerken aufbewahrt.

Gorleben:
- abgebrannte Brennelemente in Castoren
- Luftkühlung
- Trockenlager mit 0,5 m dicken Stahlbetonwänden

Grohnde:
- Zwischenlager am Kernkraftwerk
- Brennelemente in Castoren
- Trockenlager

Radioaktiver Abfall aus Krankenhäusern
In vielen Krankenhäusern werden bei der Diagnose und Behandlung bestimmter Krankheiten radioaktive Isotope eingesetzt. Auch in Forschung und Technik werden solche Stoffe benutzt. Sie müssen sicher entsorgt werden.
Für schwach und mittel radioaktive Produkte reicht es aus, sie in Metalltonnen zu verpacken. Diese Tonnen sind bislang in dem ehemaligen Salzbergwerk Asse bei Wolfenbüttel gelagert worden. Salz hat die Eigenschaft, Radioaktivität genauso gut wie Wasser abzuschirmen. Es wurde jedoch festgestellt, dass Wasser in dieses Bergwerk eindringt und aus den Fässern radioaktive Lauge austritt. Es wird geprüft, wie dieser Schaden zu beheben ist.

Wiederaufarbeitung in Frankreich
Bei der Wiederaufbereitung in La Hague in Frankreich werden die ausgebrannten Brennstäbe aus deutschen Kernkraftwerken in einer **heißen Zelle** zerschnitten. Anschließend werden die Spaltprodukte chemisch voneinander getrennt und sortiert. Da Glas radioaktive Strahlung sehr gut abschirmt, werden die Abfallprodukte in Glas eingeschmolzen. In Transportbehältern, **Castoren** genannt, werden sie zurück nach Deutschland transportiert und anschließend in einem oberirdischen Zwischenlager gelagert. Ein solches Lager befindet sich in Gorleben in Niedersachsen.

Salzbergwerk Asse:
- Salzstock
- radioaktive Abfälle
- ungeordnete Ablagerung in Fässern und Betongefäßen
- Probleme mit Wassereinbruch

Kernenergie und Radioaktivität → S. 300/301

Vergleich Kernkraftwerk – Kohlekraftwerk

1. Informiere dich über den Standort des nächstgelegenen Kernkraftwerkes.

2. Wo befindet sich das nächstgelegene Kohlekraftwerk?

Kernkraftwerk: Brennstoffversorgung
Als Kernbrennstoff wird angereichertes Uran eingesetzt. Davon werden pro Jahr etwa 30 t benötigt, die importiert werden müssen.
Für die nächsten Jahrzehnte ist die Belieferung aus dem Ausland durch Verträge gesichert. Durch Wiederaufbereitung ausgebrannter Brennelemente wird der Bedarf an neuem Kernbrennstoff verringert.

Wirkungsgrad
Je nach Bauart des Kernkraftwerkes liegt der Gesamtwirkungsgrad zwischen 33 % und 35 %.

Umweltbelastung
Bei der Erzeugung von 1 Mrd. kWh elektrischer Energie entstehen 3,2 t abgebrannten Kernbrennstoffs, die noch 0,9 % angereichertes Uran enthalten.
Die Kernkraftwerke erzeugen keine Kohlenstoffoxide oder andere Klima schädigende Gase. Gasförmige, radioaktive Stoffe geben sie innerhalb der zugelassenen Grenzen in die Luft ab.
Ein großes Problem ist die Lagerung des auch noch in Tausenden von Jahren hochradioaktiven Abfalls. Bis heute gibt es dafür noch kein endgültiges Entsorgungskonzept. Solange wird der radioaktive Abfall in Zwischenlagern untergebracht.

Kohlekraftwerk: Brennstoffversorgung
In den Kohlekraftwerken wird sowohl Braunkohle als auch Steinkohle eingesetzt, die in Deutschland in großen Mengen vorhanden sind. Die Versorgung der Kraftwerke ist für die nächsten Jahrhunderte gesichert. Da die Förderkosten der heimischen Steinkohle sehr hoch sind, wird ein Teil des Steinkohlebedarfs durch billigere Importkohle gedeckt.

Wirkungsgrad
Der Wirkungsgrad liegt bei 38 %, bei modernen Kraftwerken zwischen 43 % und 46 %.

Umweltbelastung
Zur Erzeugung von 1 Mrd. kWh elektrischer Energie werden durchschnittlich neben 300 000 t Steinkohle auch 600 000 t Sauerstoff benötigt. Dabei fallen 120 000 t Asche, 800 000 t Kohlenstoffdioxid und 7 500 t Schwefeldioxid an.
Das Kohlenstoffdioxid sowie giftige Kohlenwasserstoffe, Kohlenstoffmonooxid und radioaktives Radon werden in die Luft abgegeben. Schwefeldioxid, Stickstoffoxide und Feinstaub werden in den Rauchgasreinigungsanlagen den Abgasen entzogen. Der Feinstaub wird in Sonderdeponien gelagert. Die Asche wird teils zum Straßenbau eingesetzt, teils auf Deponien gelagert.

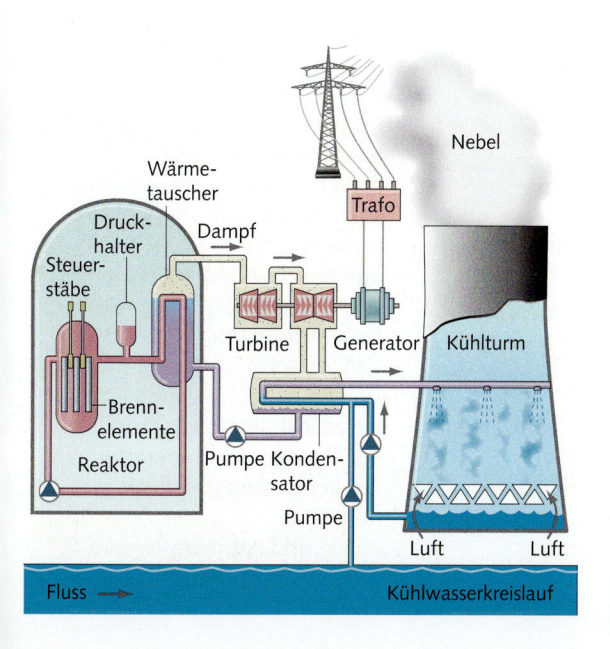

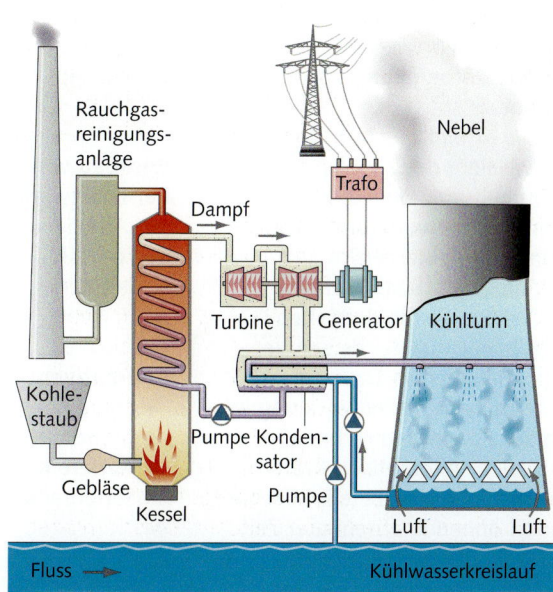

Sammeln von Fakten zur Meinungsbildung

Für einige Themen der Physik ist es notwendig, sich neben dem Fachwissen auch eine eigene Meinung zu strittigen Fragen zu bilden. Dies trifft auch für die Position zum Für und Wider der Kernenergie zu. Gliedere das Thema in seine wesentlichen Bereiche wie in der mittleren Spalte auf dieser Seite. Nutze Schulbücher, Bücher aus Bibliotheken, Veröffentlichungen und das Internet. Sei dabei kritisch gegenüber den Quellen.

Pro Kernenergie

– Informiere dich über die Uranvorräte in der Welt, Fördermengen sowie die Kosten des Abbaus.
– Vergleiche die Uranvorräte der Welt mit denen von fossilen Brennstoffen.
– Vergleiche die Brennstoffmenge von Atomkraftwerken mit denen von Wärmekraftwerken.
– Schreibe die Vorteile jedes Kraftwerkstyps auf.
– Vergleiche die Produktionskosten pro kWh von Kernkraftwerken mit denen von herkömmlichen Wärmekraftwerken.
– Welchen Anteil an der Versorgung mit elektrischer Energie in Deutschland haben Atomkraftwerke?
– Wo wird der Atommüll entsorgt?
– Ermittle die Kosten für die Lagerung.
– Welche Vorteile bietet die Wiederaufbereitung und wo findet sie statt?
– Wie erfolgt der Transport?
– Wie sieht der Zeitplan für die Abschaltung von Atomkraftwerken aus und wie müssen sie rückgebaut werden?
– Wie lange dauert das?
– Welche Kosten entstehen?
– Wie hoch ist der derzeitige Energiebedarf in Deutschland und mit welcher Entwicklung ist in der Zukunft zu rechnen?
– Welche alternativen Kraftwerkstypen sind bereits serienreif und können in absehbarer Zeit Atomkraftwerke ersetzen?

Gliederung des Themas

Brennstoffgewinnung:
– Uranabbau
– Anreicherung
– Verarbeitung zu Brennstäben
– Transport zu den Kernkraftwerken

Kernkraftwerke:
– Bau
– Kraftwerkstypen
– Betrieb
– Kosten – Nutzen
– Leistung
– Bedeutung innerhalb der Wirtschaft

Entsorgung:
– Lagerung des radioaktiven Abfalls im Kernkraftwerk
– Zwischenlager
– Endlager
– Transport zu den Lagern
– Wiederaufbereitung
– Kosten

Rückbau von veralteten Kernkraftwerken:
– Anfallender Atommüll
– Zeitfaktor
– Kosten

Alternativen:
– Energiebedarf in Deutschland heute und morgen
– Andere Kraftwerkstypen
– Serienreife?

Contra Kernenergie

– Sammle Informationen zu den Abbaugebieten von Uran.
– Welche Probleme treten für die Bevölkerung und die Landschaft auf?
– Wo befinden sich Urananreicherungsanlagen? Wie sind sie gesichert?
– Wie wird der Transport geregelt?
– Informiere dich über das Alter deutscher und internationaler Atomkraftwerke.
– Wie sicher sind Atomkraftwerke weltweit?
– Welche Kosten müssen auf jede kWh Energie aus Atomkraftwerken aufgeschlagen werden, wenn tatsächlich alle Faktoren berücksichtigt werden?
– Informiere dich über Zwischen- und Endlager für Atommüll in Deutschland.
– Warum ist Wiederaufbereitung von Atommüll problematisch?
– Informiere dich über die Kosten und den Zeitplan des Rückbaus eines Kernkraftwerks.
– Welche Mengen radioaktiven Mülls fallen dabei an?
– Welche Kraftwerkstypen können die Energielücke schließen, wenn Energie aus Atomkraftwerken fehlt?
– Welche Gefahren der militärischen Nutzung gehen von der Kerntechnologie aus?
– Wie können Atomkraftwerke vor Terroristen geschützt werden?
– Wie sind Atomkraftwerke gegen Flugzeugabstürze gesichert?

Radioaktivität und Kernenergie

Simulationen

1. Informiere dich darüber, welche Situationen in Flug- oder Fahrsimulatoren trainiert werden können.

2. a) Suche im Internet ein Simulationsprogramm für Kernkraftwerkssteuerung und probiere die Einstellungsmöglichkeiten aus.
b) Welchen Nutzen hat eine solche Simulation?

Der Begriff Simulation

Manchmal benötigen Physikerinnen und Physiker Informationen, die nur schwer durch reale Experimente erhalten werden können. Dies ist besonders bei Experimenten zur Radioaktivität der Fall. In solchen Fällen werden spezielle Modelle erstellt, mit denen Informationen gewonnen und Ergebnisse vorhergesagt werden. Es wird eine **Simulation** (lat.: simulatio – Nachahmung, Schein) verwendet.

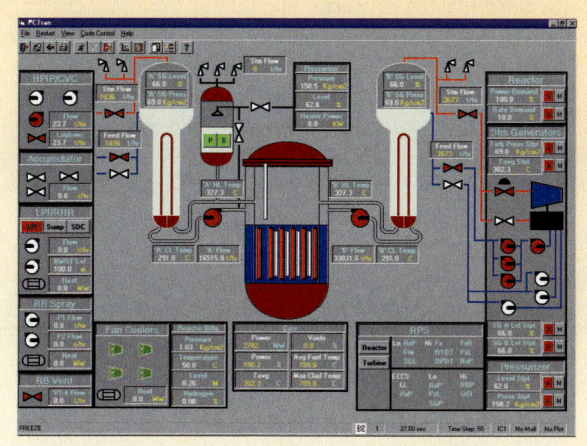

1 Simulation zur Steuerung eines Kernkraftwerkes

2 Flugsimulator

Eine Simulation ist ein Modell von Vorgängen der Wirklichkeit. Im Internet findest du Simulationen zur Kernphysik. Bei der Simulation der Zerfallsreihe eines radioaktiven Stoffes werden die abgegebene Strahlung und die entstehenden Elemente dargestellt. Bei der Simulation des Ausfalls der Turbine in einem Kernkraftwerk musst du durch Veränderung der Steuerung des Reaktors oder des Kühlsystems das System ohne Schaden herunterfahren.

Training am Simulator

Simulatoren werden in vielen Bereichen verwendet. Flugzeugkapitäne müssen lernen, auch bei Ausfall eines Triebwerkes das Flugzeug zu beherrschen. Fahrschüler sollen auf unerwartete Gefahrensituationen vorbereitet werden. Die Bewegungen von Flugzeugen oder Fahrzeugen werden mit Simulatoren nachgeahmt und die Reaktion der Versuchsperson wird wieder in reale Bewegungen umgesetzt. Eine Simulation ist aber immer nur eine Nachahmung der Wirklichkeit. Die Wirklichkeit ist zu komplex, um sie in allen Einzelheiten simulieren zu können. Eine Simulation liefert zwar wichtige Erkenntnisse und kann helfen, die Wirklichkeit besser zu verstehen. Sie kann aber nie das praktische Experiment vollständig ersetzen.

Nutzen von Simulationen

In Simulationsprogrammen werden durch Veränderung der Voreinstellungen die Bedingungen des Experimentes verändert. Der Versuch kann beliebig oft wiederholt werden. Bei Simulationsprogrammen für Bewegungen können Anfangsgeschwindigkeit, Beschleunigung, Masse des Körpers, beschleunigende Kraft, zurückzulegender Weg, Abwurfwinkel oder die zur Verfügung stehende Zeit verändert werden. Die Resultate der Simulation können durch Wertetabellen, Bilder, Filme, Grafiken oder Diagramme veranschaulicht werden.

Kernfusion

Atomkerne verschmelzen miteinander

In Sternen wie in unserer Sonne entstehen große Wärmemengen dadurch, dass Atomkerne miteinander verschmelzen. Dieser Vorgang heißt **Kernfusion.** Bei der Kernfusion verschmelzen leichte Atomkerne wie das Deuterium H2 und das Tritium H3 zu schwereren Kernen wie dem Helium He4. Dabei müssen die Deuterium- und Tritiumkerne gegen die abstoßenden Kräfte ihrer positiven Kernladungen sehr dicht zusammengebracht werden. Das Stoffgemisch muss unter großem Druck auf über 100 Mio. °C erhitzt werden. Nach der Verschmelzung zu Helium wird ein Neutron abgestrahlt und es wird Wärme frei (Bild 1). Die Reaktionsgleichung dieses Fusionsprozesses lautet:

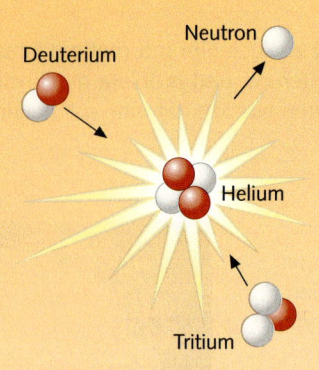

$$_1^2H + {}_1^3H \rightarrow {}_2^4He + {}_0^1n + \text{Wärme}$$

1 Deuterium-Tritium-Fusion

Die künstliche Kernfusion

Auf der Erde sind die zur Fusion nötigen Stoffe vorhanden. Die Gewinnung von großen Mengen Deuterium aus dem Meerwasser stellt heute kein Problem dar. Tritium ist sehr selten, kann aber in Kernkraftwerken aus Lithium erzeugt werden.
Damit die Fusion in einem Reaktor gelingt, wird das Deuterium-Tritium-Gemisch von außen erhitzt, bis daraus ein **Plasma** entsteht. Atomkerne und Elektronen sind darin voneinander getrennt und frei beweglich. Das Plasma ist elektrisch leitend. Es wird mit großen kreisförmig angeordneten Spulen in eine Art magnetischen Käfig eingeschlossen. So kann das heiße Plasma die Reaktorwände nicht berühren und damit nicht zerstören.
Das Plasma bildet genau eine Windung eines Hochstromtrafos. Durch Induktion wird in dieser einzelnen Windung eine Spannung induziert. Es entsteht ein elektrischer Strom, der das Plasma erhitzt. Zusätzlich werden Wasserstoffatome mit einer Geschwindigkeit von etwa 9000 $\frac{km}{s}$ in das Plasma hineingeschossen. Durch Stöße geben sie ihre Energie an die Plasmateilchen ab. So wird die Fusionstemperatur von etwas über 100 Mio. °C erreicht.

Das Fusionskraftwerk

Wenn alle technischen Probleme überwunden sind, dann könnte ein Fusionskraftwerk so funktionieren:
Heißes Deuterium-Tritium-Plasma wird in eine ringförmige Plasmakammer geleitet. Zum Starten der Fusionsreaktion wird das Plasma für einige Sekunden mit einer Leistung von 50 MW bis 100 MW aufgeheizt, es wird gezündet. Die durch die nun einsetzenden Fusionsreaktionen entstehende Energie hält die Fusionstemperatur aufrecht. Es muss keine weitere Energie zugeführt werden.
Damit die Fusion nicht abbricht, werden die kühleren und damit langsameren Helium-Kerne laufend aus dem Plasma entfernt.

Das Plasmagefäß ist innen mit einem lithiumhaltigen Mantel, dem **Blanket,** ausgekleidet. Die elektrisch neutralen Neutronen prallen auf dieses Blanket. Durch das Aufprallen erzeugen die Neutronen aus dem Lithium das seltene Tritium. Das wird gesammelt und zusammen mit Deuterium dem Plasma zugeführt.

Das Blanket übernimmt weitere Aufgaben im Reaktor. Es schirmt die Magnete vor der Protonen-Strahlung der Fusion ab und bewahrt sie vor der Zerstörung. Es bremst die schnellen Neutronen ab und erwärmt sich. Diese Wärme wird dann durch das auf 500 °C erhitzte Kühlmittel über einen Wärmetauscher zur Turbine transportiert und im Generator in elektrische Energie umgewandelt.

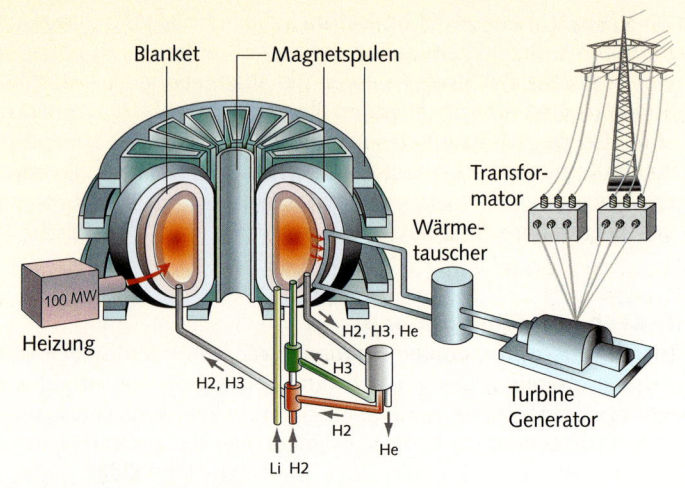

2 Schema eines künftigen Fusionskraftwerkes

Radioaktivität und Kernenergie

Strahlen schädigen

Schutz vor schädigender Strahlung

Mit Röntgenaufnahmen werden Knochenbrüche festgestellt, ihr Heilungsprozess wird verfolgt oder Veränderungen werden sichtbar. Moderne Röntgengeräte und Bleischürzen am Patienten helfen heute, die Strahlenbelastung weitgehend abzuschirmen. Während der Aufnahme befindet sich nur der Patient im Röntgenraum.

Diese Vorsicht ist begründet. Der menschliche Körper besitzt zwar die Fähigkeit, geschädigte Zellen zu erkennen und zu reparieren. Bei zu hoher Dosis versagt aber das Immunsystem. Dies kann zum Absterben oder zu unkontrolliertem Wachstum der einzelnen Zellen führen. Es entstehen Tumore.

Röntgenstrahlen wie auch radioaktive Strahlen können im Körper von Lebewesen Krebs hervorrufen. Diese Folgeerkrankungen heißen **somatische Schäden**. Eine solche oft durch Strahlung begünstigte Krebserkrankung des Knochenmarks ist die Leukämie.

Werden schwangere Frauen einer Bestrahlung ausgesetzt, kann das bei den ungeborenen Kindern zu Missbildungen führen. Schädigt die Strahlung die Keimzellen, wird auch das Erbgut genetisch verändert. Es kommt zu **genetischen Schäden** und es treten **Mutationen** auf. Fehlbildungen der Gliedmaßen oder Stoffwechselstörungen sind zwei mögliche Folgen.

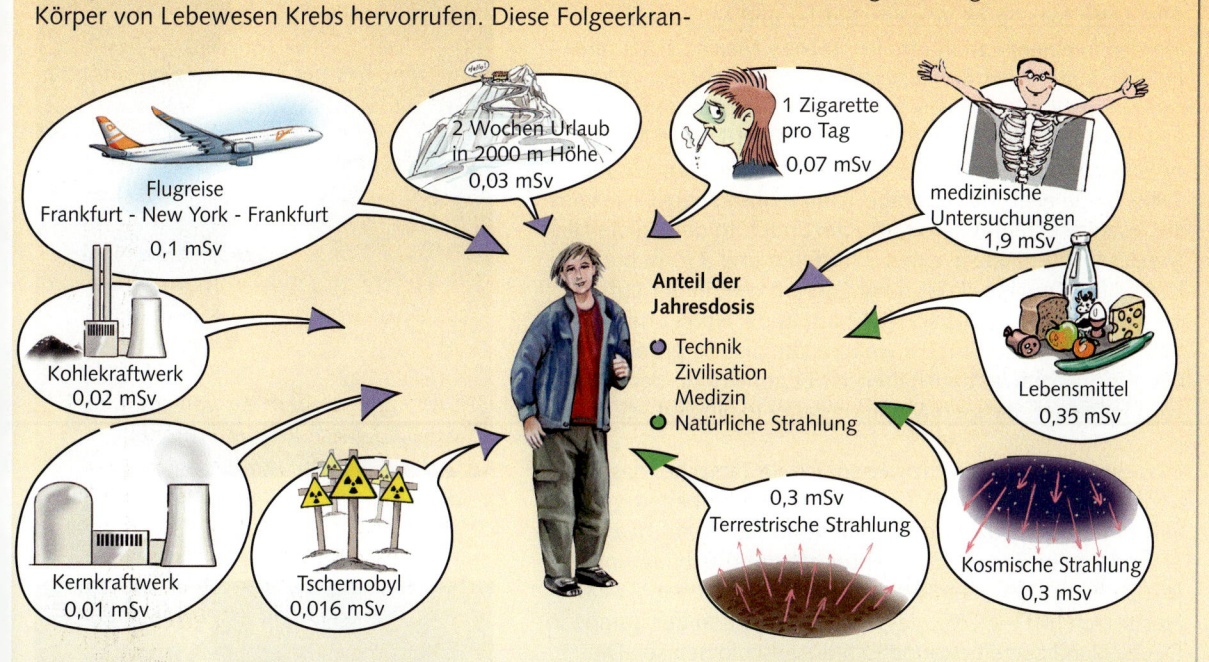

- Flugreise Frankfurt - New York - Frankfurt 0,1 mSv
- 2 Wochen Urlaub in 2000 m Höhe 0,03 mSv
- 1 Zigarette pro Tag 0,07 mSv
- medizinische Untersuchungen 1,9 mSv
- Kohlekraftwerk 0,02 mSv
- Lebensmittel 0,35 mSv
- Kernkraftwerk 0,01 mSv
- Tschernobyl 0,016 mSv
- 0,3 mSv Terrestrische Strahlung
- Kosmische Strahlung 0,3 mSv

Anteil der Jahresdosis
- Technik Zivilisation Medizin
- Natürliche Strahlung

Die Einheit der Strahlenbelastung

Nicht jede Strahlung ruft dieselben Schädigungen hervor. Daher reicht die Angabe der Aktivität nicht aus, um die Strahlenbelastung zu beschreiben. Vielmehr hängt es von der Art der Strahlung, von ihrer Stärke und von ihrer Dauer ab, ob Schäden auftreten und wie groß diese Schäden sind. Aus diesem Grund wird für medizinische Zwecke die biologische Wirkung der radioaktiven Strahlung in der Einheit **Sievert (Sv)** angegeben. Sie wurde zu Ehren des schwedischen Mediziners und Physikers Rolf Sievert (1896–1966) benannt:

$$1\ Sv = 1\ \frac{J}{kg}$$

Im Bild kannst du die durchschnittliche jährliche Strahlenbelastung ablesen, der ein Mensch in Deutschland ausgesetzt ist. Du kannst auch auf dem Bild sehen, aus welchen Quellen diese Strahlenbelastung stammt.

Die Höhe einer tödlichen Strahlendosis liegt nach heutigen Erkenntnissen bei 7 Sv. Neben der natürlichen Umgebungsstrahlung darf eine Zusatzbelastung durch künstliche Strahlungsquellen höchstens 1,5 $\frac{mSv}{a}$ betragen. Für einen Arbeitsplatz sind nach der Strahlenschutzverordnung allerdings höhere Dosen erlaubt.

1. Warum spielt die Dauer der Bestrahlung für die biologischen Folgen eine Rolle?

2. Warum genügt es nicht, für die Strahlenbelastung die Aktivität eines Strahlers anzugeben?

Vom Manhattan-Project zum Fat Man

1. Welche Voraussetzungen mussten geschaffen werden, damit der Bau einer Atombombe möglich wurde?

2. An welchen Problemen scheiterte das Atomwaffenprojekt der Deutschen?

Amerika baut seine erste Atombombe

Wir schreiben das Jahr 1939. Europa befindet sich im Krieg. In Amerika wendet sich Albert Einstein (1879–1955) an den Präsidenten Franklin D. Roosevelt (1882–1945). In seinem Brief äußert er die Vermutung, dass der Feind, die Nationalsozialisten in Deutschland, am Bau einer Atombombe arbeiten. Roosevelt startet nach langem Drängen vieler Wissenschaftler im Jahr 1942 das streng geheime **Manhattan-Project,** das den Bau einer ersten Atombombe zum Ziel hat. Alle daran beteiligten Wissenschaftler und Mitarbeiter werden in einem Laborkomplex in New Mexico zusammengefasst. Unter dem Amerikaner Robert Oppenheimer (1904–1967) arbeiten sie, streng abgeschirmt von der Öffentlichkeit, in 2000 m Höhe in Los Alamos. Am 15. April 1943 beginnt die Arbeit zum Bau der Atombombe. Am 16. Juli 1945 ist die erste Atombombe **Trinity** einsatzbereit. Sie wird zu Testzwecken in Alamogordo gezündet. In der Wüste New Mexicos hinterlässt sie einen 3 m tiefen und 330 m breiten Krater. Die Druckwelle ist noch 160 km weit in der Luft messbar. Der **Atompilz** steigt 12 km in die Höhe und der Wüstensand verschmilzt in weitem Umkreis zu grünlichem Glas. Das Atomwaffenzeitalter hat begonnen. In der Presse wird gemeldet, dass ein Munitionslager explodiert sei.

Was die Amerikaner nicht wissen, ist die Tatsache, dass die deutschen Forscher beim Bau einer Atombombe mit großen Schwierigkeiten zu kämpfen haben. Im Jahr 1942 ist zwar der erste deutsche Atomreaktor entworfen und gebaut worden, jedoch erklärt der verantwortliche Wissenschaftler Werner Heisenberg (1901–1976), dass die Konstruktion der Bombe in Deutschland zurzeit ökonomisch ausgeschlossen sei. Die Deutschen stoppen ihr Atomwaffenprojekt. Der Vorsprung der Amerikaner auf diesem Gebiet ist nicht mehr einzuholen.

Der erste Atombombenabwurf

Einundzwanzig Tage nach dem Test von Trinity, am 6. August 1945, wird die Atombombe mit dem Namen **Little Boy** (Bild 2) über der japanischen Industriestadt Hiroshima abgeworfen. Die Wirkung ist erschreckend. Die Bombe zerstört 80 % der Stadt binnen Sekunden. Mehr als 90 000 Menschen sterben sofort und über 50 000 werden in den folgenden Jahren erkranken und sterben.

Drei Tage später soll die nächste Atombombe Kokura treffen. Doch wegen schlechten Wetters nimmt der Pilot das Alternativziel Nagasaki. Die Bombe **Fat Man** tötet etwa 70 000 Menschen, verfehlt aber das Stadtzentrum um einige Kilometer. Japan kapituliert am 10. August 1945 bedingungslos und damit endet der 2. Weltkrieg.

1 Atompilz

2 Little Boy und Fat Man

Funktionsweise der Atombombe

📝 **1.** Worin unterschied sich die Atombombe Fat Man von Little Boy?

📝 **2.** Welche Länder haben inzwischen wahrscheinlich auch Atomwaffen entwickelt und deshalb den Atomwaffensperrvertrag nicht unterschrieben?

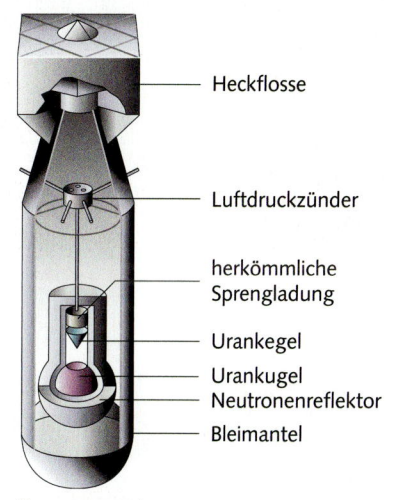

1 Aufbau von Little Boy

Beschriftungen: Heckflosse, Luftdruckzünder, herkömmliche Sprengladung, Urankegel, Urankugel, Neutronenreflektor, Bleimantel

Die Atombombe
Bei der Explosion einer Atombombe entsteht eine unkontrollierte Kettenreaktion, die in Bruchteilen von Sekunden eine Lawine von Kernspaltungen erzeugt. Bei jeder dieser Spaltungen wird eine Energie von $3{,}3 \cdot 10^{-11}$ J frei. Da eine unvorstellbar große Anzahl von Atomkernen an dem Vorgang beteiligt ist, wird Energie von riesigem Ausmaß freigesetzt. Diese Energie verursacht die bekannte Zerstörung.

Um die Kettenreaktion in Gang zu setzen, ist eine **kritische Masse** Uran oder Plutonium notwendig. Für Uran beträgt sie 46,4 kg und für Plutonium 11 kg bei kugelförmigem Aufbau. Die genaue Masse hängt vom Aufbau und der Konstruktion der Bombe ab.

Die Bombe **Little Boy** war so gebaut, dass das notwendige Uran235 in zwei Massen aufgeteilt war. Jede Masse für sich war zu gering für eine Reaktion. In einer mehr als 50 kg schweren Urankugel wurde ein Kegel eingeplant. Mithilfe einer Sprengkapsel wurde ein passender Urankegel in die Kugel hineingeschossen, sodass eine bestimmte Masse überschritten wurde. Dadurch stieg die Anzahl der Neutronen für die Spaltung sprunghaft an und die Kettenreaktion nahm ihren Lauf.

Energie und Temperatur
Die freiwerdende Energie wird bei Atombomben nicht in kJ angegeben, sondern sie wird mit der Sprengkraft von **TNT** (**Tri**nitrotoluol) verglichen. Little Boy hatte eine Wirkung von 13 500 t TNT. Obwohl nur ein Bruchteil der möglichen Sprengkraft der Atombombe freigesetzt werden konnte, entstanden durch die Explosion Temperaturen von mehreren Millionen °C. In einem Umkreis von weniger als 1 km befand sich ein Gebiet, in dem sämtliche Materie verdampfte. Bis 1,6 km vom Einschlagzentrum herrschte völlige Zerstörung. In bis zu 4 km Entfernung entzündeten sich alle brennbaren Materialien. Die Druckwelle reichte mehrere Kilometer weit.

Zusätzlich wirkt bei jedem Atombombenabwurf die **radioaktive Strahlung.** Über lange Zeit kommt es zu radioaktiven Niederschlägen, dem **Fallout.** In Regen und Staub zieht er mit dem Wind um die ganze Welt. Folgeschäden bei den Menschen sind zahlreiche Krebserkrankungen, vor allem Leukämie. Aus diesen Erfahrungen ist die Notwendigkeit entstanden, den **Atomwaffensperrvertrag** abzuschließen.

Das **TNT-Äquivalent** ist eine gebräuchliche Maßeinheit, um die Menge Energie zu beschreiben, die bei einer Explosion von Kernwaffen frei wird. Beispiel: Ein Feuerwerkskörper hat ein TNT-Äquivalent von weniger als 1 g.

■ In einer Atombombe vom Typ Hiroshima werden durch eine herkömmliche Sprengladung zwei unkritische Massen Uran vereint. Durch das Erreichen der kritischen Masse wird die Kettenreaktion in Gang gesetzt, bei der große Mengen Energie frei werden.

Der Atomwaffensperrvertrag
Den Atomwaffensperrvertrag für Nichtweiterverbreitung von Kernwaffen und für eine nukleare Abrüstung erarbeiteten die USA, Großbritannien und die UdSSR. Der Vertrag trat 1970 in Kraft und regelt den Besitz und die Weiterverbreitung von Atomwaffen. Er wurde von 178 Staaten unterzeichnet. Nur die Schwellenländer, die möglicherweise im Geheimen Atomwaffen entwickelt haben, gehören nicht zu den Unterzeichnenden.

Wesentliche Punkte des Atomwaffensperrvertrages:
– keine Weitergabe von Atomwaffen an Nichtkernwaffenländer
– Austausch von Know How zur friedlichen Nutzung von Atomenergie
– Abrüstung von Atomwaffen in den fünf Atommächten unter internationaler Kontrolle
– Alle fünf Jahre Überprüfung

Radioaktivität und Kernenergie

Auf einen Blick

Radioaktivität
Stoffe, deren Atome sich von selbst in andere Atome umwandeln können, heißen **radioaktiv**. Als **Aktivität eines radioaktiven Stoffes** wird die Anzahl der Kernumwandlungen in einer Sekunde bezeichnet. Die Einheit der Aktivität ist Becquerel (Bq).

Der Mensch ist überall der **Umgebungsstrahlung** ausgesetzt. Deren Stärke wird als **Nullrate** angegeben.

Radioaktive Strahlung **ionisiert** Gase. Im **Geiger-Müller-Zählrohr** wird diese ionisierende Wirkung zum Nachweis radioaktiver Strahlung genutzt.

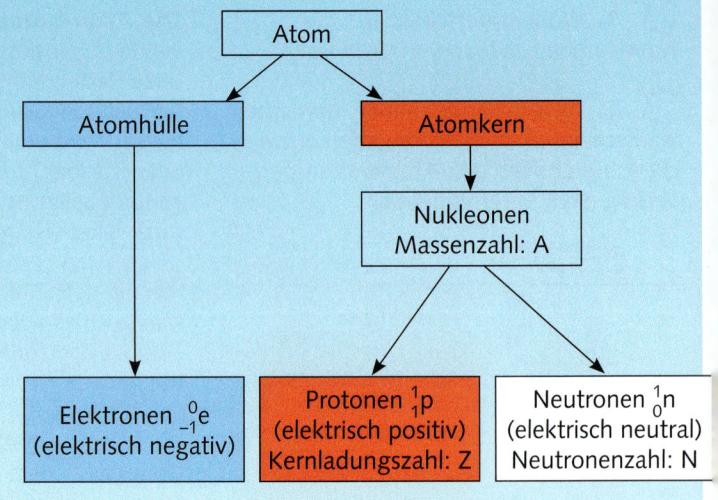

```
                    Atom
                   /    \
            Atomhülle   Atomkern
                           |
                       Nukleonen
                       Massenzahl: A
```

- Elektronen $_{-1}^{0}e$ (elektrisch negativ)
- Protonen $_{1}^{1}p$ (elektrisch positiv) Kernladungszahl: Z
- Neutronen $_{0}^{1}n$ (elektrisch neutral) Neutronenzahl: N

	α-Strahlung	β-Strahlung	γ-Strahlung
Teilchen	$_{2}^{4}$He oder α-Teilchen 2 Protonen 2 Neutronen	$_{-1}^{0}$e oder β-Teilchen 1 Elektron	– Energiestrahlung
elektrische Ladung	zweifach elektrisch positiv geladene Heliumkerne	elektrisch negativ	elektrisch neutral
Ablenkung	ablenkbar durch elektrische und magnetische Felder		weder elektrisch noch magnetisch ablenkbar
Durchdringung	$R_\alpha : R_\beta : R_\gamma = 1 : 100 : 10000$		
Abschirmung	wenige Blätter Papier	1 mm Aluminium-Platte	Beton, Blei (keine vollständige Abschirmung möglich)
Nachweisgeräte	Geiger-Müller-Zähler, Nebelkammer, Dosimeter, Spinthariskop, Elektroskop		

Radioaktiver Zerfall
Isotope sind Atomkerne des gleichen Elementes mit unterschiedlicher Neutronenzahl.
Beim **radioaktiven Zerfall** wandeln sich Isotope unter Aussendung radioaktiver Strahlung in Isotope anderer Elemente um.

Halbwertszeiten
Die **physikalische Halbwertszeit** gibt an, nach welcher Zeitspanne die Hälfte der ursprünglich vorhandenen radioaktiven Kerne zerfallen ist.

Die **biologische Halbwertszeit** gibt an, nach welcher Zeitspanne die Hälfte der ursprünglich vorhandenen radioaktiven Stoffe aus dem Körper ausgeschieden wird.

Kernspaltung
Die bei einer Kernspaltung frei werdenden Neutronen spalten weitere Urankerne. Es entsteht eine **unkontrollierte Kettenreaktion**.

Kernkraftwerke
Im Kernkraftwerk kommt es zu einer **kontrollierten Kettenreaktion**. Hier bleibt die Anzahl der Spaltneutronen gleich.

Das Wasser dient als **Kühlmittel** und als **Moderator**. Dabei bremst das Wasser die zu schnellen Neutronen ab.

In deutschen Kernkraftwerken verhindert das **Sechs-Barrieren-System** den Austritt von radioaktiven Stoffen.

Radioaktiver Abfall
Der **radioaktive Abfall** aus Kernkraftwerken wird in Zwischenlagern untergebracht. In Deutschland gibt es kein Endlager.

Radioaktivität und Kernenergie

Zeig, was du kannst

1. Erkläre den Begriff Radioaktivität.

2. a) Mit dem Geiger-Müller-Zähler werden Impulse gezählt. Wie errechnest du daraus die Impulsrate?
b) Warum reicht die Angabe der Impulse nicht aus, um eine Aussage über die Aktivität einer radioaktiven Probe zu machen?

3. a) Was ist die Nullrate?
b) Warum muss die Nullrate bei jeder Messung beachtet werden?

4. a) Woraus setzt sich die Umgebungsstrahlung zusammen?
b) Beschreibe die Herkunft der einzelnen Anteile.

5. Was gibt die Massenzahl A eines Atoms an?

6. Was sind Isotope eines Elementes?

7. Stelle den radioaktiven Zerfall an einem Beispiel in einer Gleichung dar.

8. Nenne die drei Arten der radioaktiven Strahlung und ihre Eigenschaften.

9. Welche radioaktive Strahlungsart ist aufgrund ihrer Durchdringungsfähigkeit am ungefährlichsten, welche am gefährlichsten?

10. Wie heißt die physikalische Größe, die beschreibt, nach welcher Zeitspanne nur noch die Hälfte der radioaktiven Kerne eines Isotopes vorhanden ist?

11. Worüber gibt die biologische Halbwertszeit Auskunft?

12. Welchen Wissenschaftlern gelang 1938 die erste Kernspaltung?

13. Welches Isotop wird für die Kernspaltung benutzt?

14. Bei der Kernspaltung von U235 ist Iod137 entstanden. Was ist das zweite Spaltprodukt, wenn außerdem 3 Spaltneutronen entstanden sind?

15. Bei der Spaltung von U235 entstehen Cs137 und Rb96. Wie viele Neutronen werden frei? Schreibe die Reaktionsgleichung auf.

16. a) Beschreibe eine unkontrollierte Kettenreaktion.
b) Worin unterscheidet sich eine unkontrollierte von einer kontrollierten Kettenreaktion?
c) Welche Art der Kettenreaktion machen sich Kernkraftwerke zunutze?

17. Wie kann die Anzahl der Spaltneutronen konstant gehalten werden?

18. Wodurch wird im Kernkraftwerk verhindert, dass Radioaktivität nach außen dringt?

19. Welche Aufgabe erfüllen die Regelstäbe?

20. Warum darf das Wasser aus dem Primärkreislauf eines Kernkraftwerkes nicht in die Umwelt gelangen?

21. Beschreibe den Vorgang der automatischen Schnellabschaltung.

22. a) Welche Aufgabe hat ein Moderator bei der Kernspaltung?
b) Nenne drei Moderatoren.
c) Welche Nachteile hat Grafit als Moderator?

23. Welche Aufgaben hat das Wasser in deutschen Kernkraftwerken?

24. Nenne die Bestandteile des Sechs-Barrieren-Systems.

25. a) Wo fällt radioaktiver Abfall an?
b) Welche Möglichkeiten der Entsorgung von radioaktivem Abfall gibt es?

26. Erkläre den Begriff GAU.

27. Was haben Kohle- und Kernkraftwerke gemeinsam, was unterscheidet sie?

28. Welchem Zweck diente das Manhattan-Project?

29. Erkläre den Begriff kritische Masse.

Kernenergie un

Wechselwirkung

Struktur der Materie

Kernkräfte

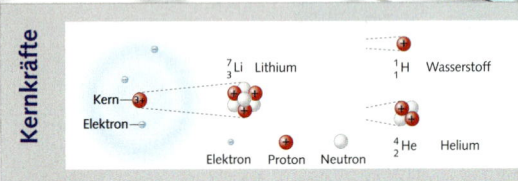

$^{7}_{3}$Li Lithium $^{1}_{1}$H Wasserstoff $^{4}_{2}$He Helium

Kern, Elektron, Proton, Neutron

1. Was würde passieren, wenn es keine Kernkräfte im Atomkern geben würde? Benutze zur Beantwortung der Frage die Basiskonzepte **Wechselwirkung** und **Struktur der Materie**.

Atome, Atomkerne

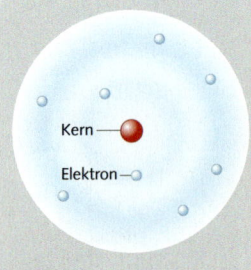

Kern — Elektron

4. a) Beschreibe die **Struktur** eines Atoms mithilfe des Kern-Hülle-Modells.
b) Welcher Teil des Atoms ist für die Radioaktivität eines Elementes verantwortlich?

α-, β- und γ-Strahlung

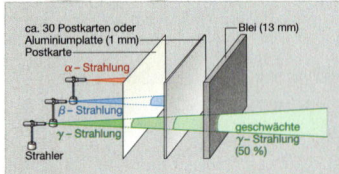

ca. 30 Postkarten oder Aluminiumplatte (1 mm), Postkarte, Blei (13 mm), α–Strahlung, β–Strahlung, γ–Strahlung, geschwächte γ–Strahlung (50 %), Strahler

2. a) Wie wirkt sich die **Wechselwirkung** der α-, β- und γ-Strahlung mit Papier, Aluminium und Blei auf die Reichweite der jeweiligen Strahlung aus?
b) Wovon ist es abhängig, wie warm ein Stoff wird, der von radioaktiver Strahlung getroffen wird?

Radioaktiver Zerfall

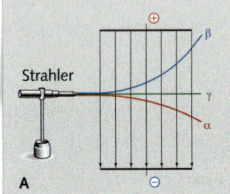

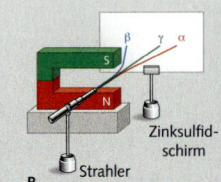

Strahler, A, B, Zinksulfidschirm

5. Erkläre mithilfe des Basiskonzeptes **Struktur der Materie** die Schlussfolgerung, dass die radioaktive Strahlung aus unterschiedlichen Strahlungsarten besteht.

Röntgenstrahlung

RÖNTGEN-PASS
Röntgennachweisheft gemäß § 28 Röntgenverordnung
(Name)
(Vorname)
(Geburtsdatum)
(Straße)
(PLZ, Wohnort)
Landkreis Hannover Gesundheitsamt

3. Warum ist Röntgenstrahlung mit radioaktiver Strahlung in ihrer **Wirkung** vergleichbar?

Kernspaltung

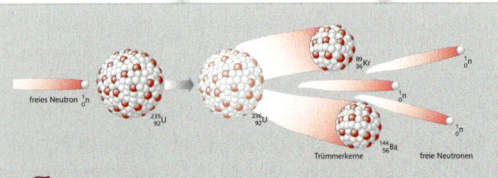

freies Neutron $^{1}_{0}$n, $^{235}_{92}$U, Trümmerkerne, freie Neutronen

6. Was passiert mit der **Struktur** von Uran235, wenn es von einem langsamen Neutron getroffen wird?

Basiskonzepte

...adioaktivität

Energie

System

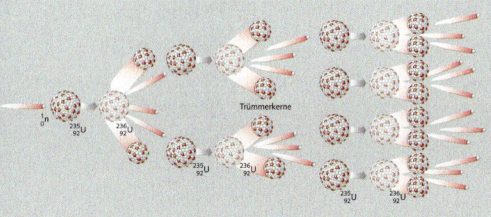

Kettenreaktion

📖 **7.** Warum muss im **Kernreaktorsystem** die Anzahl der Neutronen konstant gehalten werden?

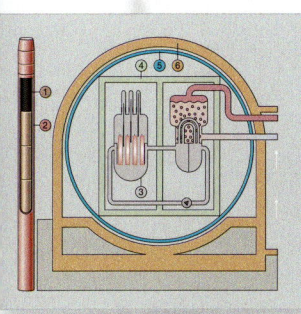

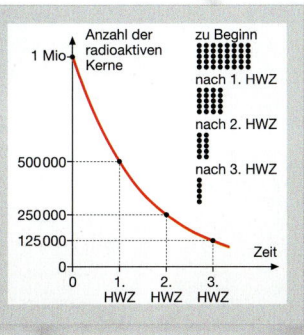

Energie ionisierender Strahlung

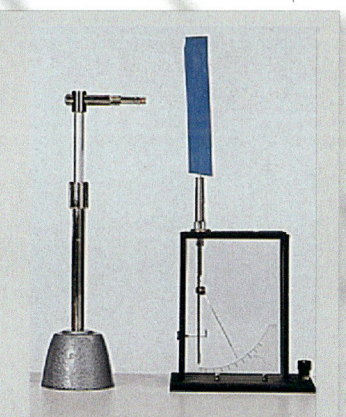

📖 **10.** Warum kann mithilfe eines Elektroskops die ionisierende Wirkung radioaktiver Strahlung nachgewiesen werden?

📖 **8.** Erläutere die Sicherheitsmaßnahmen in deutschen Kernkraftwerken, die die Bevölkerung und die Umwelt vor austretender radioaktiver Strahlung schützen können.

Kernkraftwerke

Kernenergie

📖 **11.** Die **Kernenergie** kann nicht auf direktem Wege zur Energieversorgung eingesetzt werden. Über welchen Umweg wird die Kernenergie zu elektrischer **Energie**?

Halbwertszeiten

📖 **9.** Der spontane Zerfall von Isotopen ist eine systematische Abfolge, die aber vom Zufall bestimmt wird. Welche statistische Aussage macht dabei die physikalische Halbwertszeit der radioaktiven Isotope?

Informationsübertragung

Silicium – der Grundstoff der Halbleiterindustrie. Was macht Silicium so besonders? Für welche elektronischen Bauteile wird Silicium benötigt?

Solarzellen werden ständig weiterentwickelt, um die Energie der Sonne immer besser nutzen zu können. Können Solarzellen helfen, das Energieproblem auf der Erde zu lösen?

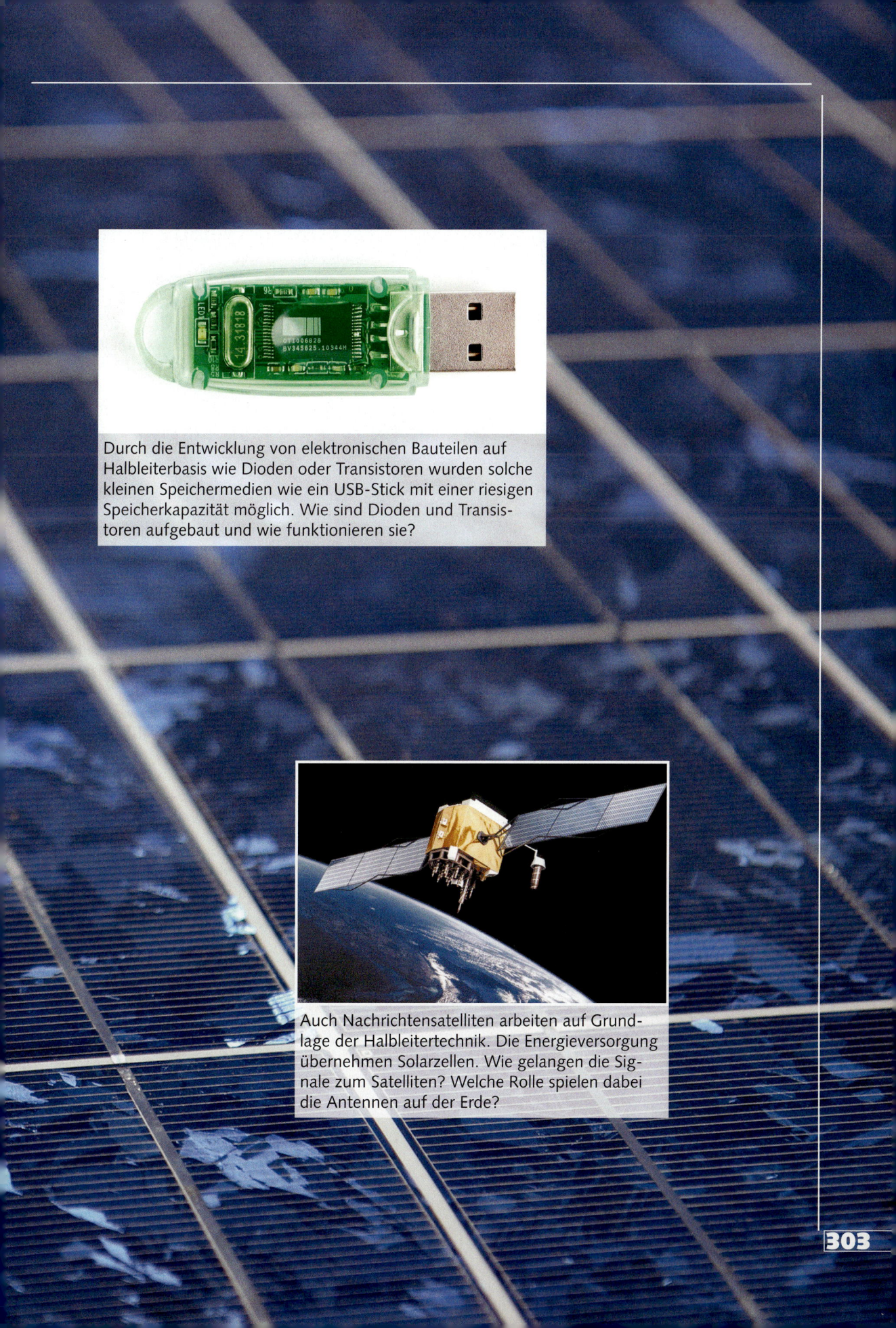

Durch die Entwicklung von elektronischen Bauteilen auf Halbleiterbasis wie Dioden oder Transistoren wurden solche kleinen Speichermedien wie ein USB-Stick mit einer riesigen Speicherkapazität möglich. Wie sind Dioden und Transistoren aufgebaut und wie funktionieren sie?

Auch Nachrichtensatelliten arbeiten auf Grundlage der Halbleitertechnik. Die Energieversorgung übernehmen Solarzellen. Wie gelangen die Signale zum Satelliten? Welche Rolle spielen dabei die Antennen auf der Erde?

Elektronische Bauteile erobern unsere Umwelt

1. a) Nenne Geräte, die Daten digital verarbeiten.
b) Erkundige dich bei Eltern und Großeltern, welche Geräte sie durch digital arbeitende Geräte ersetzt haben. Beschreibe die Vorzüge der heutigen Geräte gegenüber ihren Vorläufern.

2. Erstelle eine Übersicht zu den positiven und negativen Auswirkungen der Digitalisierung unserer Umwelt.

1 Elektronische Geräte bestimmen unseren Alltag.

Transistoren und Dioden verdrängen die Elektronenröhren
Der erste programmierbare Rechner wurde 1937 von Konrad Zuse (1910–1995) konstruiert. Das mechanische Rechenwerk war aus beweglichen Blechstreifen aufgebaut. Das Gerät nutzte zum Rechnen und zum Speichern von Zahlen das **Binärsystem,** ein Zahlensystem mit nur 2 Ziffern (0, 1). Es zeigte sich, dass Binärzahlen weit besser automatisch verarbeitet werden können als Zahlen im vertrauten Dezimalsystem. Es wurden weitere Rechner entwickelt, die mit Relais, also elektrisch betriebenen Schaltern, und Elektronenröhren arbeiteten.

Das elektronische Zeitalter
1947 begann das elektronische Zeitalter im Nachrichtenwesen. Der erste **Halbleiter-Transistor** wurde entwickelt. Halbleiter-Dioden, die es schon länger gab, und Transistoren sind klein, kaum störanfällig, haben eine lange Lebensdauer und entwerten im Betrieb weit weniger Energie als die bis dahin gebräuchlichen Elektronenröhren. Innerhalb weniger Jahre wurden die Röhren in den meisten Geräten durch Transistoren und durch weiterentwickelte Dioden ersetzt.

Die heutigen Computer werden mit **integrierten Schaltkreisen, ICs** (engl.: integrated circuits) ausgerüstet. ICs sind Bauteile, die die Funktion vieler Transistoren und Dioden in sich vereinigen. Die Rechenleistung von Computern konnte dadurch gewaltig gesteigert werden. Heutige PCs sind weit leistungsfähiger als der erste Großrechner von Zuse.

Digitalisierung
Mit zunehmender Leistung der Rechner wurde es möglich, Informationen aus Text, Tönen und Bildern in Zahlenreihen zu übertragen, die Zahlenreihen zu speichern, zu bearbeiten und schließlich in Echtzeit, also ohne merkliche Verzögerung, wieder in Form von Text, Tönen und Bildern auszugeben. Die Umwandlung in Zahlenreihen wird als **Digitalisierung** bezeichnet.
In vielen elektronischen Geräten sind kleine Computer eingebaut, die auf solche Aufgaben spezialisiert sind. So sind MP3-Player, Handys, Fernsehgeräte, Haushaltsgeräte oder Kameras damit ausgerüstet.

Nutzen und Gefahren
Der Einsatz digitaler Datenverarbeitung erleichtert uns unser Leben, hilft, es sicherer zu machen, und ermöglicht Kommunikation, die früher kaum vorstellbar war. Der Ausfall dieser Technik in unserem Alltag wäre katastrophal. Wir sind inzwischen von einigen Geräten abhängig geworden.

Zudem macht es digitale Datenverarbeitung möglich, Menschen automatisch zu überwachen, Daten aus Telefon- und Computernetzen abzuschöpfen, zu missbrauchen oder gar zu fälschen.

■ Computer arbeiten mit elektronischen Bauteilen wie Transistoren und Dioden. Sie nutzen das Binärsystem. Informationen werden digitalisiert und verarbeitet. Die Digitalisierung bietet Chancen, birgt aber auch Gefahren.

Leiter und Halbleiter

📖 **1.** Betrachte die Bilder 1 bis 3 und beschreibe jeweils die Anordnung der Atome.

📖 **2.** Begründe, dass ein Siliciumkristall unterhalb der Raumtemperatur ein Isolator ist.

📖 **3.** Wieso können Isolatoren durch Erwärmung nicht zum elektrischen Leiter werden?

Warum sind Metalle elektrische Leiter?

Alle Stoffe bestehen aus kleinsten Teilchen, den Atomen. Atome enthalten elektrische Ladungen. Der Atomkern ist positiv geladen. Die negativ geladenen Elektronen bilden die Atomhülle. Metallatome können leicht ein oder mehrere Elektronen aus ihrer Atomhülle abgeben. Zurück bleiben positiv geladene Atomrümpfe. Auf dieser Eigenschaft der Metallatome beruhen die typischen Eigenschaften der Metalle. Die Metalle bilden ein Kristallgitter, in dem die Atome an festen Plätzen angeordnet sind. Die positiv geladenen Atomrümpfe werden durch die negativ geladenen Elektronen, das Elektronengas, im Metall-Kristall fest zusammengehalten.

Die freien Elektronen können elektrische Ladungen transportieren, deshalb sind Metalle gute **elektrische Leiter.** Legst du von außen an den Leiter eine elektrische Spannung an, bewegen sich die Elektronen zum Pluspol der Stromquelle und bewirken im äußeren Stromkreis einen elektrischen Strom.

In **Isolatoren** fehlen frei bewegliche Ladungsträger. Deshalb entsteht durch eine von außen angelegte elektrische Spannung kein elektrischer Strom.

■ Metalle sind elektrische Leiter, weil sie freie Elektronen enthalten. Isolatoren enthalten keine freien Elektronen.

Halbleiter – Isolator oder elektrischer Leiter?

Eine besondere Rolle spielen die **Halbleiter.** Zu ihnen gehört das Silicium. Im Unterschied zu einem Metall-Kristall enthält ein Siliciumkristall keine freien Elektronen. Im Siliciumkristall sind die Atome durch gemeinsame Elektronenpaare miteinander verknüpft (Bild 2). Dadurch sind die Elektronen an feste Plätze gebunden. Bei Temperaturen weit unter der Zimmertemperatur ist Silicium ein Isolator.

Wird es erwärmt, schwingen die Atome und auch die Elektronenpaare zunehmend heftiger. Bei Zimmertemperatur kann ab und zu ein Elektron frei werden. Wird von außen eine elektrische Spannung angelegt, bewegen sich diese Elektronen zum Pluspol. Im äußeren Stromkreis ist ein elektrischer Strom messbar. Der Siliciumkristall ist zum Leiter geworden.

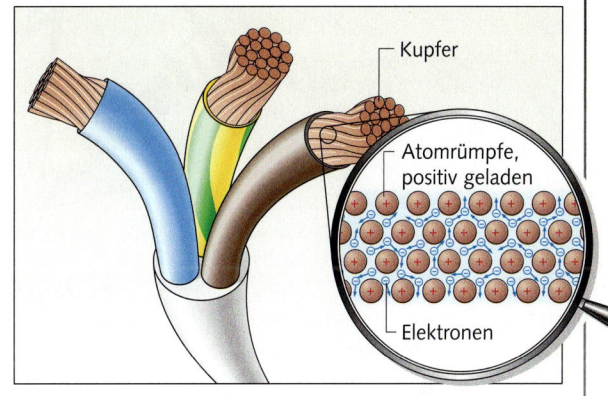

1 Kristallgitter eines Metalls mit freien Elektronen

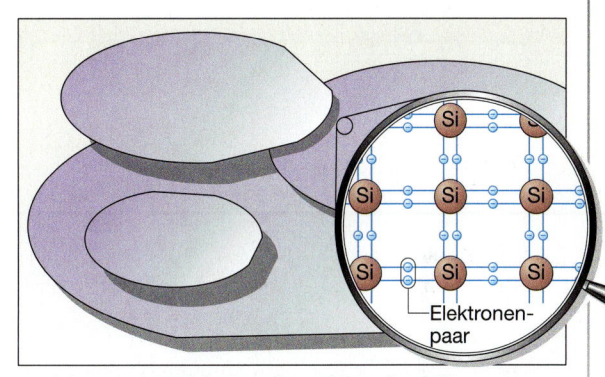

2 Elektronenpaare halten den Siliciumkristall zusammen.

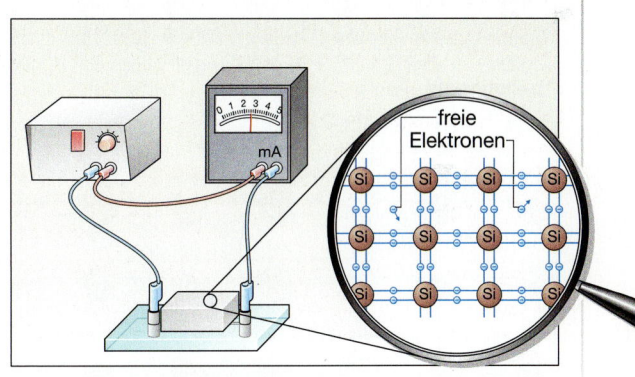

3 Der Siliciumkristall erwärmt sich.

■ Halbleiter können durch Erwärmung zu elektrischen Leitern werden.

Leitungsvorgänge in Halbleitern

📖 **1.** Wie wird ein Siliciumkristall zum elektrischen Leiter? Beschreibe drei Möglichkeiten.

Halbleiter haben bei Raumtemperatur nur eine sehr geringe Anzahl freier Elektronen. Es gibt aber die Möglichkeit, in die Kristallstruktur Fremdatome einzubauen, sodass zusätzliche Elektronen zur Verfügung stehen oder Elektronen fehlen. Dieser Vorgang heißt **Dotierung.** Es gibt zwei Verfahren.

n-Dotierung
In Siliciumkristalle werden Phosphoratome eingebaut. Diese haben jeweils ein Elektron mehr als die Siliciumatome. Wenn Siliciumatome und Phosphoratome durch Elektronenpaare gebunden werden, bleibt deshalb jeweils ein Elektron frei. Es wird nicht zur Bindung gebraucht. Der Kristall aus Silicium und Phosphor enthält jetzt freie Elektronen und ist zu einem Leiter geworden.
In dem n-dotierten Stoff funktioniert die **Elektronenleitung** wie in einem metallischen Leiter. Wird er als Leiter in einen elektrischen Stromkreis geschaltet, entsteht im Inneren des Kristalls ein gerichteter Elektronenstrom.

p-Dotierung
Aluminiumatome haben ein Elektron weniger als die Atome des Siliciums. Beim Einbau in einen Siliciumkristall kann ein Atom nur für 3 benachbarte Siliciumatome je ein Bindungselektron zur Verfügung stellen. Beim vierten Atom fehlt ein Elektron zur Bindung. Diese Fehlstelle wird Loch genannt. Auf ein freies Elektron wirkt es wie eine positive Ladung. In diesem Kristall findet keine gerichtete Elektronenbewegung statt. Die freien Elektronen werden durch die Löcher eingefangen.
Auf einen freien Platz kann auch ein Elektron von einem Nachbaratom wechseln. Dies ist infolge der thermischen Bewegung der Atome möglich. Durch die Bewegung der Atome um ihre Ruhelage werden immer wieder Elektronen aus ihrem Verband losgerissen. Sie setzen sich dann auf einen freien Platz. Damit wird an der bisherigen Stelle ein Platz frei. Auf diese Weise wandern auch die Löcher durch den Kristall. Es entsteht eine **Löcherleitung.**

Das Dotieren verändert nur den Ladungszustand des Siliciumkristalls. Gegenüber seinem Grundzustand hat er nun zusätzliche Elektronen oder Löcher. Elektronen oder Löcher in den dotierten Stoffen können jetzt wandern.

1 Silicium-Einkristall

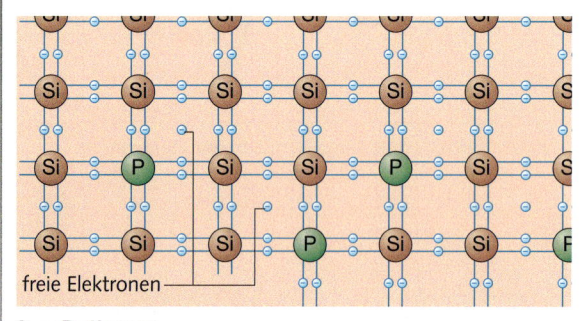

2 n-Dotierung

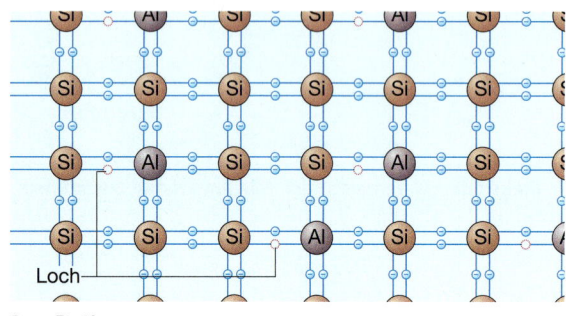

3 p-Dotierung

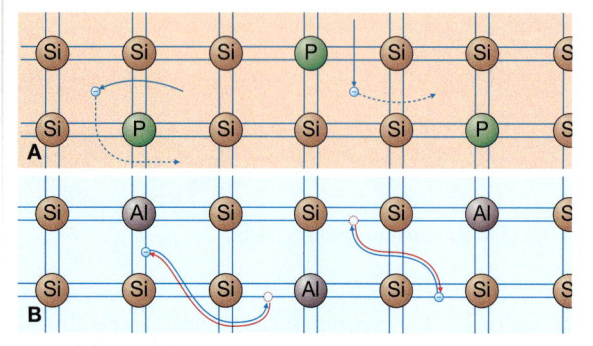

4 **A** *Elektronenleitung;* **B** *Löcherleitung*

Informationsübertragung

📖 **2.** Beschreibe den Unterschied zwischen der Elektronenleitung und der Löcherleitung im Halbleiter.

📖 **3.** Warum lässt eine Diode den Transport elektrischer Ladungsträger nur in einer Richtung zu?

Der Aufbau einer Halbleiterdiode

Eine Diode besteht aus einer p-dotierten und einer n-dotierten Schicht. Durch diese Kombination erhält die Diode ihre besonderen Eigenschaften. In dem Bereich, in dem sich die beiden Schichten berühren, kommt es durch thermische Bewegung zu einem räumlich begrenzten Ladungsaustausch. Elektronen aus der n-dotierten Schicht besetzen freie Löcher in der p-dotierten Schicht. Dieser Vorgang wird als p-n-Übergang bezeichnet.

Durch diesen Ausgleich entsteht eine neutrale Zone ohne freie Ladungsträger, eine **Grenzschicht**. Sie schafft eine räumliche Distanz zwischen den beiden Schichten. Die Leitungselektronen der n-dotierten Schicht können diese Grenzschicht nicht mehr durchdringen. Erst durch den Anschluss an eine Stromquelle kann sie von Elektronen überwunden werden.

Diode in Durchlassrichtung

Ist die n-dotierte Schicht am Minuspol einer Batterie angeschlossen, werden weitere Elektronen in die Grenzschicht gedrückt. Ab einem bestimmten Spannungswert können die Elektronen die Grenzschicht überwinden. Dieser Wert wird **Durchlassspannung** genannt. Dann zieht der Pluspol Elektronen aus der n-dotierten Schicht durch die Grenzschicht in die p-dotierte Schicht ab. Es kommt zu einem Ladungstransport im äußeren Stromkreis. Die Durchlassspannung beträgt für eine Siliciumdiode etwa 0,7 V.

Diode in Sperrrichtung

Ist die n-dotierte Schicht an den Pluspol der Stromquelle angeschlossen, zieht dieser die freien Elektronen aus der Schicht ab. Vom Minuspol wandern Elektronen in die p-dotierte Schicht und besetzen dort die Löcher. Beide Vorgänge bewirken, dass sich die Grenzschicht zu einer breiten Isolierschicht ausdehnt. Ein Ladungstransport ist nicht möglich. Die Spannung, gegen die diese Schicht isoliert, ist die **Sperrspannung**. Je nach Aufbau der Diode kann ihr Wert unterschiedlich hoch sein.

■ Eine Diode besteht aus einem n-dotierten und einem p-dotierten Halbleiter. Sie lässt den Transport elektrischer Ladungsträger nur in eine Richtung zu.

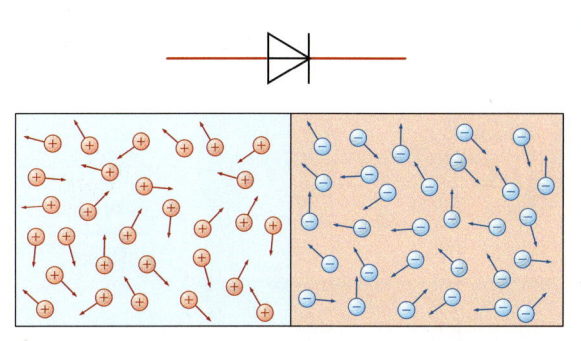

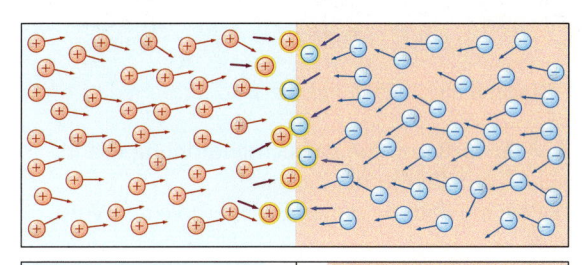

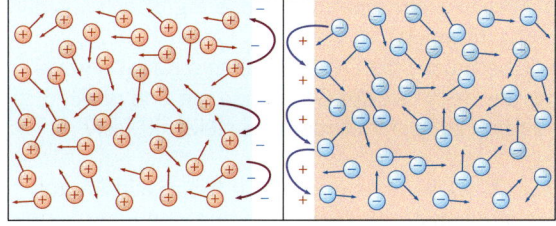

☐ frei von Ladungsträgern   ☐ p-Leitung   ☐ n-Leitung

5 **A** *Aufbau der Diode;* **B** *Entstehung der Sperrschicht*

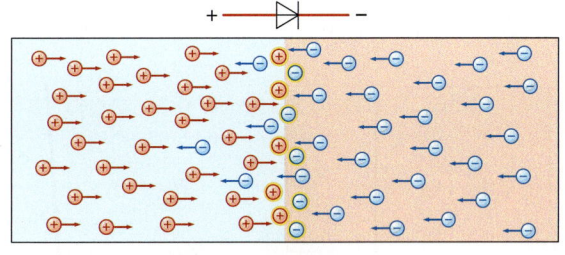

6 Diode in Durchlassrichtung

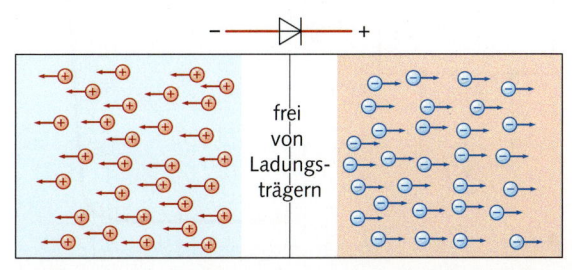

7 Diode in Sperrrichtung

Halbleiterdioden im Stromkreis

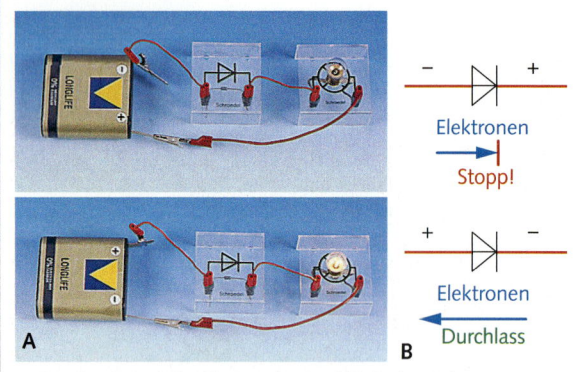

1 Diode: A *im Gleichstromkreis;* **B** *Schaltzeichen*

🔍 **1. a)** Baue eine Versuchsanordnung wie in Bild 1A auf. Beobachte die Lampe.
b) Pole die Batterie um und wiederhole den Versuch.
c) Welche Eigenschaft der Diode ergibt sich aus den Beobachtungen?
d) Überbrücke die Diode mit einem Kabel. Vergleiche die Helligkeit der Glühlampe mit und ohne Überbrückung der Diode. Was stellst du fest?

🔍 **2. a)** Baue einen Versuch wie in Bild 2A auf. Beginne am Stromversorgungsgerät mit einer Spannung von 0 V. Erhöhe schrittweise die Spannung um 0,1 V. Notiere jeweils die Werte für die Spannung und die Stromstärke in einer Tabelle.
Hinweis: Beende den Versuch, wenn die Diode leitend wird.
b) Vergleiche die Tabellenwerte. Formuliere die Bedingung, unter der eine Diode leitend wird.

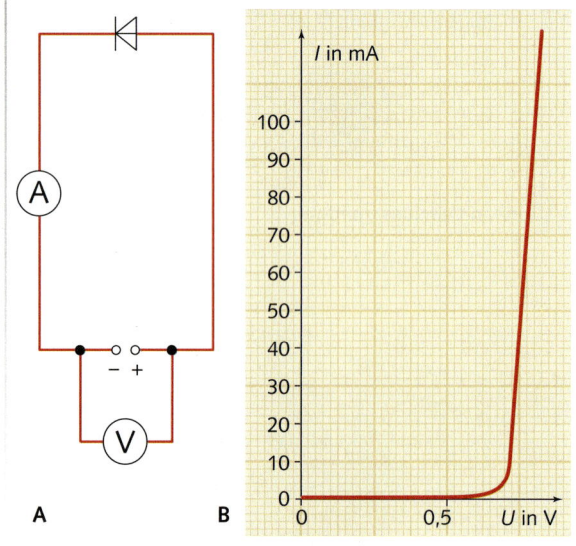

📖 **3.** Wie wirken zwei Dioden in einem Stromkreis, wenn sie gegeneinander geschaltet sind?

Die Diode, ein Elektronenventil

Halbleiterdioden sind elektronische Bauteile, durch die Elektronen nur in eine Richtung fließen können. Die Anschlüsse der Diode heißen Anode und Kathode. Auf den Bauteilen ist die Kathodenseite durch einen Ring gekennzeichnet. Die Diode liegt in Durchlassrichtung, wenn ihre Anode an den Minuspol einer Batterie und die Kathode an den Pluspol angeschlossen werden. Bei umgekehrter Polung erfolgt kein Ladungstransport, die Diode liegt in Sperrrichtung. Die Diode arbeitet also ähnlich wie ein **Ventil**.
Das Verhalten einer Diode im Stromkreis lässt sich in einem Spannung-Stromstärke-Diagramm darstellen. Der Graf ist die **Kennlinie der Diode.** Eine Diode benötigt eine Mindestspannung, damit sie leitet. Dieser Wert ist die Durchlass- oder **Schwellenspannung.** Sie beträgt je nach Material 0,3 V bis 0,7 V.

Die Diode, ein Gleichrichter

In einem Wechselstromkreis arbeitet die Diode als **Gleichrichter.** In Bild 3 sind der Verlauf einer Wechselspannungskurve und ihre Veränderung durch eine Diode dargestellt. Aufgrund ihrer Ventilwirkung leitet die Diode immer nur während einer Halbwelle der Wechselspannung. Für die Welle in Gegenrichtung sperrt sie. So können die Elektronen nur in eine Richtung fließen. Das entspricht einer **Einweggleichrichtung.** Dadurch steht in diesem Stromkreis nur die Hälfte der elektrischen Energie zur Verfügung.

■ Im Gleichstromkreis lässt eine Diode nur bei richtiger Polung den Ladungsfluss zu. In einem Wechselstromkreis wirkt sie als Gleichrichter.

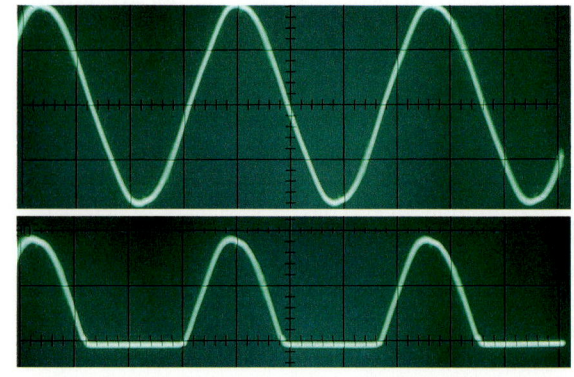

2 Aufnahme der Kennlinie einer Diode

3 Einweggleichrichtung von Wechselspannung

Informationsübertragung → S. 346/347

Informationsübertragung

📖 **4.** Was passiert, wenn bei einer Zweiweggleichrichterschaltung eine Diode falsch angeschlossen wird?

Zweiweggleichrichtung

Das Ladegerät eines Handys wandelt Wechselspannung in Gleichspannung um. Dies erfolgt mithilfe einer **Zweiweggleichrichterschaltung**, die aus 4 Dioden (Bild 4) besteht. Die Anschlüsse A und B werden an die Wechselstromquelle angeschlossen. Der Akku des Handys liegt an den Kontakten 1 und 2. Während des Durchlaufes der oberen Halbwelle der Wechselspannung kommt es zu einem Ladungsfluss von A über D1 zum Anschlusspunkt 1, von dort über den Akku zu 2, dann über D2 zum Ausgang B.

Liegt an der Stromquelle die Spannung der unteren Halbwelle an, erfolgt der Ladungsfluss in umgekehrter Richtung. Jetzt liegen D1 und D2 in Sperrrichtung. Die Ladungen fließen nun von B über D3 und den Akku, dann über D4 zum Punkt A. Für den angeschlossenen Akku ändert sich die Richtung nicht. Damit kann auch die Energie der unteren Halbwelle in voller Höhe genutzt werden. Der Akku erhält also die gesamte Energie.

■ Bei der Zweiweggleichrichtung wird die Energie beider Halbwellen der Wechselspannung genutzt. Es geht keine Energie verloren.

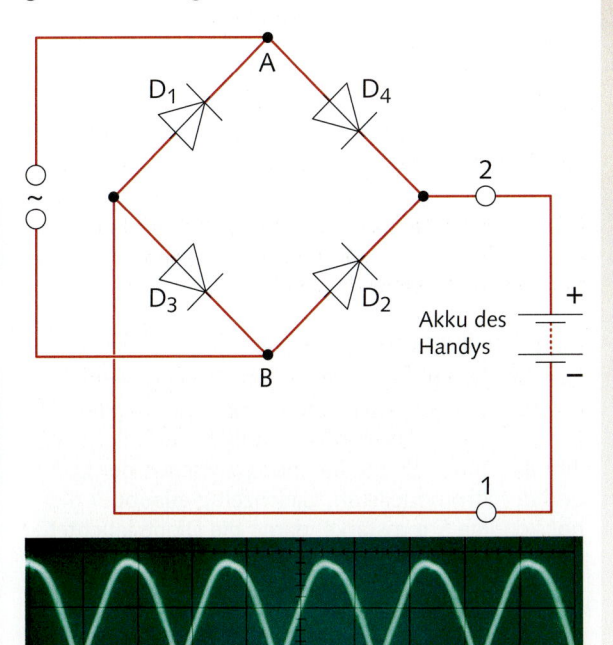

4 Zweiweggleichrichtung von Wechselspannung

Pinnwand

Dioden im Einsatz

Mit Vollgas in die Kurve! Das geht nicht gut. Die Modellautos würden aus der Bahn fliegen. Damit das nicht geschieht, muss die Geschwindigkeit der Wagen regelbar sein.
Der Trafo der Anlage gibt Wechselspannung ab. Die Wagen werden jedoch mit Gleichspannung betrieben. Eine Diode im Stromkreis mit dem Antriebsmotor wandelt die Wechselspannung in Gleichspannung um. Die Drehzahl eines Gleichstrommotors wird über einen Schiebewiderstand geregelt.

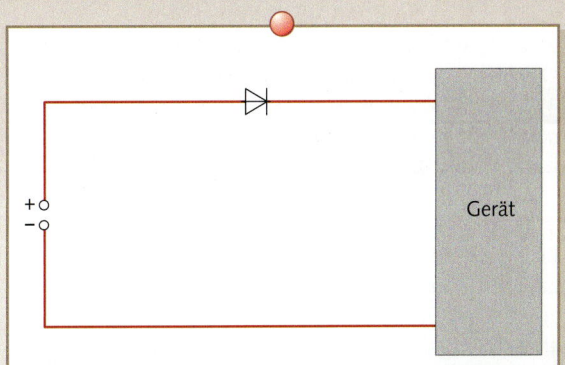

Elektronische Schaltungen funktionieren nicht, wenn sie mit falscher Polung an die Stromquelle angeschlossen sind. Unter Umständen können sie sogar zerstört werden.
Davor schützt eine **Diodenschutzschaltung**. Die Diode muss also so geschaltet sein, dass sie nur bei richtigem Anschluss den Ladungsstrom zulässt.

📝 **5.** Informiere dich über die Typenbezeichnungen verschiedener Dioden und ihre zulässigen Stromstärken.

Leuchtdioden

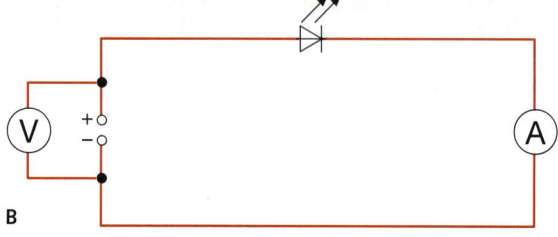

1 A LEDs; **B** Bestimmung der Stromstärke einer LED

2 LED mit Schutzwiderstand

🔍 **2.** Baue die Schaltung wie in Bild 2 auf. Schalte nacheinander einen Widerstand von 10 Ω und 10 kΩ vor die LED. Kontrolliere die Spannungen. Was stellst du fest?

📝 **3.** Informiere dich im Internet über die Höhe der Sperrspannung einer LED.

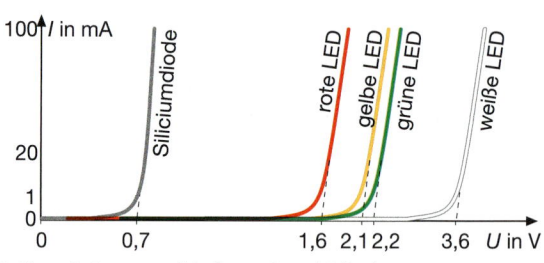

🔍 **1. a)** Baue eine Schaltung wie in Bild 1 B auf. Stelle am Stromversorgungsgerät eine Spannung von 2,4 V ein und miss die Stromstärke.
b) Ersetze die LED durch eine Glühlampe mit gleicher Spannung. Miss die Stromstärke.
c) Vergleiche die Messwerte aus den Versuchen a) und b). Berechne, um welchen Faktor sich die Stromstärken von Glühlampe und LED unterscheiden.

3 Kennlinien verschiedener Leuchtdioden

Licht aus der Diode

Leuchtdioden sind Dioden, die bei Betrieb Licht aussenden. Eine Leuchtdiode wird in der Kurzform als **LED** (Light Emitting Diode) bezeichnet.
Die LED besteht aus einem durchsichtigen Kunststoffgehäuse. Es kann klar oder gefärbt sein. Unten ragen die elektrischen Anschlüsse aus dem Gehäuse. Zur Kennzeichnung bei einer LED ist der Anodendraht länger als der Kathodendraht. Als weiteres Merkmal ist der Gehäusewulst an der Kathode etwas abgeflacht. Innen ist die Licht aussendende Schicht eingesetzt. Das ist die p-n-Schicht, die bei Polung in Durchlassrichtung Licht aussendet.

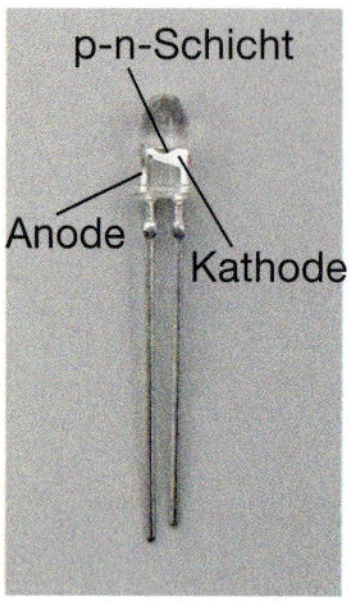

Anders als Glühlampen geben Leuchtdioden bei gleicher Lichtstärke wesentlich weniger Wärme ab. Sie leuchten in den Farben rot, gelb, grün, blau und weiß. Ihre Kennlinien unterscheiden sich je nach Farbe der LED (Bild 3).

Stromstärke der LED

Eine LED leuchtet schon bei einer geringen Stromstärke. Bei einer Diode mit einem Durchmesser von 5 mm beträgt sie 20 mA. Der Energiebedarf von Leuchtdioden ist also deutlich geringer als der von Glühlampen. Dieser Vorteil wirkt sich besonders bei Batterie betriebenen Geräten aus.

LED mit Schutzwiderstand

Eine Diode muss durch einen Schutzwiderstand vor einer unzulässig hohen Spannung geschützt werden. In einer Reihenschaltung mit der LED liegt an ihm die Differenz der Spannung zwischen der LED und der Stromquelle an. Gleichzeitig erlaubt er die notwendige Stromstärke, damit die Diode leuchtet. Der Wert des Schutzwiderstandes R_S kann nach der Gleichung $R_S = \frac{U_{ges} - U_{LED}}{I_{LED}}$ berechnet werden.

■ Leuchtdioden haben für den Ladungsfluss die gleiche Wirkung wie Dioden. Sie senden bei Betrieb zusätzlich Licht aus.

Informationsübertragung → S. 346/347

Informationsübertragung

Anwendungen von Leuchtdioden

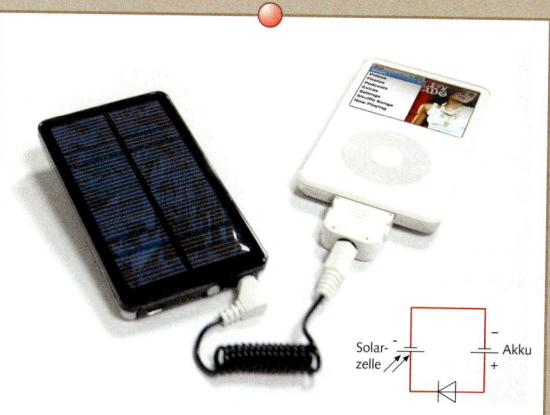

Mit einem **Solarladegerät** kann Licht in elektrische Energie umgewandelt werden. Sie wird in einem Akku gespeichert. Wenn die Lichtintensität deutlich zurückgeht, würde sich der Akku über die Solarzelle entladen. Dies wird durch eine Diode in Sperrrichtung zwischen Solarzelle und Akku verhindert.

1. Wie viele Solarzellen mit einer Spannung von 0,5 V sind für die Ladung eines Ni-MH-Akkus notwendig? Berücksichtige die Durchlassspannung der LED.

Das Rücklicht einer Fahrradbeleuchtung enthält drei Leuchtdioden. Es kommen LEDs zum Einsatz, die sehr hell strahlen. Die Dioden werden über die Fahrradlichtmaschine mit elektrischer Energie versorgt. Da die Lichtmaschine Wechselspannung erzeugt, muss der Wechselstrom zuerst über eine Gleichrichterschaltung in Gleichstrom umgewandelt werden. Während der Fahrt leuchten alle LEDs. Die mittlere ist zusätzlich an einen Kondensator angeschlossen. Dieser lädt sich während des Fahrens auf und lässt die LED leuchten, wenn das Rad steht.

Mit einem **Polaritätsprüfer** wird an Batterien der Pluspol gefunden. Die Dioden sind gegeneinander geschaltet. Die grüne LED leuchtet bei Anschluss ihrer Anode am Pluspol. Beim Vertauschen der Anschlüsse leuchtet die rote LED.

2. Zeichne den Schaltplan für den Polprüfer.

Die Farbe des Lichtes, das eine LED aussendet, ist abhängig von den verwendeten Halbleitermaterialien. Im Zuge der Weiterentwicklung von Leuchtdioden ist es gelungen, die Lichtausbeute für weißes Licht deutlich zu erhöhen. Hinsichtlich der Lichtausbeute haben weiße LEDs einen deutlich höheren Wirkungsgrad als Glühlampen. Dadurch gewinnen sie auch für die Beleuchtung in Räumen zunehmend an Bedeutung.

4. Suche im Internet nach Angaben über die Lichtausbeute von weißen LEDs.

3. Erstelle eine Vergleichstabelle mit Vor- und Nachteilen einer LED gegenüber einer Glühlampe. Informiere dich darüber auch im Internet.

Der Transistor

1. Baue den Stromkreis aus Bild 1 A auf. Teste mithilfe der Leuchtdiode den Elektronenstrom zwischen je zwei Anschlüssen. Vertausche auch die Pole der Batterie. Notiere Anschlüsse und Polung und die Anzeige der Leuchtdiode in einer Tabelle.

2. a) Baue die Schaltung aus Bild 2 auf. Schließe den Steuerkreis. Was passiert?
b) Welches elektrische Bauteil ersetzt der Transistor?

3. Baue einen Stromkreis aus einem Mikrofon und einem Lautsprecher auf. Sprich laut ins Mikrofon. Was hörst du aus dem Lautsprecher?

4. a) Baue die Schaltung nach Bild 3 auf. Achte auf die Angaben an den Bauteilen. Sprich ins Mikrofon. Was geschieht?
b) Verlängere das Mikrofonkabel und sprich aus einem zweiten Raum. Was stellst du fest?

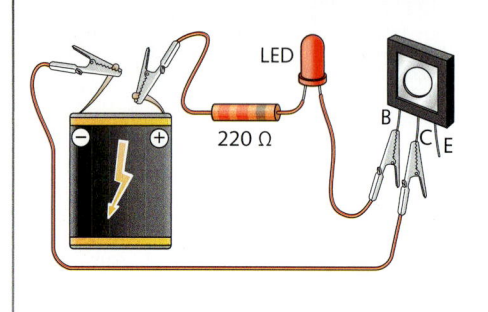

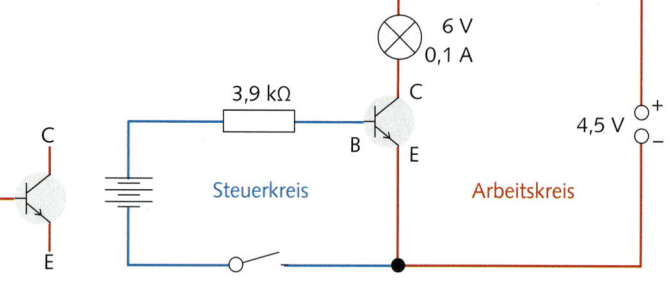

1 Der Transistor, ein Bauteil mit 3 Anschlüssen

2 Ein elektronischer Schalter

Zwei Dioden ergeben einen Transistor

Ein **Transistor** ist ein elektronisches Bauteil und hat drei Anschlüsse. Sie heißen **Emitter (E)**, **Basis (B)** und **Kollektor (C)** (Bild 1B).
Bei einem Test wie in Bild 1A kannst du feststellen, dass er eigentlich aus zwei Dioden besteht. Die beiden Dioden sind entgegengesetzt geschaltet.
Die Prüfdiode leuchtet auf, wenn an der Basis der Pluspol der Batterie anliegt. Nur dann sind die Dioden Emitter-Basis und Basis-Kollektor in Durchlassrichtung geschaltet.
Zwischen Emitter und Kollektor leuchtet die Prüfdiode nicht, gleichgültig wie die beiden Anschlüsse gepolt sind.

Ein Transistor schaltet

In Bild 2 erkennst du, dass ein Transistor gleichzeitig in zwei Stromkreisen liegt. Emitter und Basis liegen im **Steuerkreis**, Emitter und Kollektor im **Arbeitskreis**. Der Transistor kann so mithilfe des Steuerkreises den Arbeitskreis ein- und ausschalten. Dazu muss die Basis am Pluspol der Batterie liegen. Allerdings braucht der Steuerkreis eine Mindestspannung, damit Elektronen durch den Arbeitskreis fließen können. Diese Spannung ist für alle Transistortypen angegeben.

Als **elektronischer Schalter** hat der Transistor den Vorteil, dass er sehr schnell schaltet und nicht warm wird.

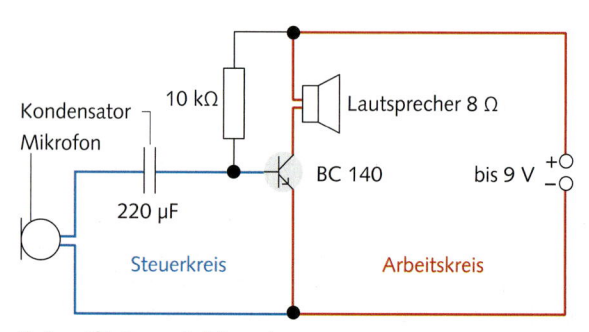

3 Aus Flüstern wird Sprechen.

Ein Transistor verstärkt

Mit einer Schaltung wie in Bild 3 kannst du Strom verstärken. In einem Mikrofon entsteht nur ein sehr kleiner Strom, wenn du hineinsprichst. Du könntest daher aus einem Lautsprecher nichts hören.
Mit einem Transistor lässt sich eine **Verstärkung** erreichen, sodass du deine Stimme aus dem Lautsprecher hören kannst.

■ Ein Transistor kann mit einem Steuerkreis einen Arbeitskreis schalten. Er kann auch mit einem geringen Strom im Steuerkreis einen größeren Strom im Arbeitskreis bewirken.

Schwellenspannung des Transistors

🔍 **1.** Baue einen Versuch wie in Bild 1 auf. Stelle die Spannung auf 0 V und erhöhe sie in 0,1 V-Schritten bis auf 2 V. Notiere jeweils die Werte von Spannung und Stromstärke in einer Tabelle.

📖 **2.** Zeichne zu Versuch 1 ein Spannung-Stromstärke-Diagramm und beschreibe den Verlauf des Grafen.

📖 **3.** Errechne, auf welchen Wert der Widerstand R_1 den Basisstrom I_B in Versuch 1 begrenzt. Vergleiche diesen Wert mit dem höchsten Wert, den du gemessen hast.

🔍 **4.** Stelle das Stromversorgungsgerät auf 6 V und wiederhole Versuch 1 mit einem Transistor des Typs BC257. Ersetze R_1 durch einen Widerstand mit 500 Ω. Benutze eine Fahrradrücklichtlampe (6 V|0,1 A). Wie ändern sich die Versuchsergebnisse?

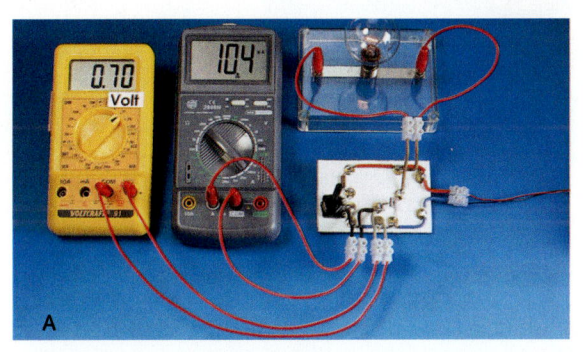

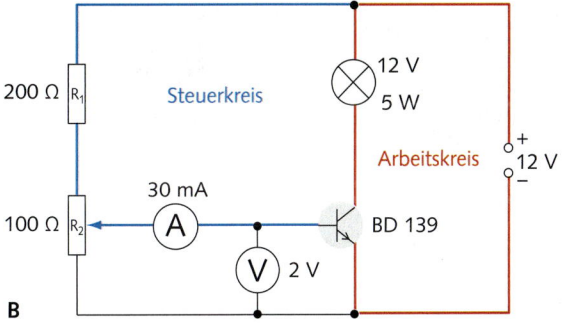

1 Basisspannung und Basisstrom werden gemessen. **A** *Versuchsaufbau*, **B** *Schaltplan*

Die Schwellenspannung

Der Strom im Steuerkreis eines Transistors heißt **Basisstrom I_B**. Die Spannung zwischen Basis und Emitter ist die **Basisspannung U_{BE}**.
Bei der Schaltung nach Bild 1 werden Arbeitskreis und Steuerkreis von einer gemeinsamen Stromquelle versorgt. Im Steuerkreis liegt der Pluspol an der Basis. Mit einem Drehwiderstand R_2 kann die Basisspannung stufenlos verändert werden. Das Spannungsmessgerät zeigt ihren Wert an.
Ein Basisstrom ist erst messbar, wenn ein bestimmter Wert der Basisspannung überschritten wird. Dieser Wert heißt **Schwellenspannung**.
Oberhalb der Schwellenspannung steigt der Basisstrom sehr schnell an. Ein zu hoher Strom könnte den Transistor beschädigen. Der Widerstand R_1 begrenzt daher die Stromstärke.

Basisspannung – Basisstrom

Das Basisspannung-Basisstrom-Diagramm wird als U_{BE}-I_B-**Kennlinie** bezeichnet. Die Kennlinie verläuft bis zur Schwellenspannung auf der Rechtsachse und steigt dann in einer annähernd geraden Linie an.

Mit dem Strom im Steuerkreis schaltet der Transistor auch den Arbeitskreis ein. Ist die Stromstärke im Arbeitskreis groß genug, so beginnt die Lampe in der Schaltung nach Bild 1B zu leuchten.

📖 **5.** Woran liegt es, dass die Lampe im Arbeitskreis bei niedriger Basisstromstärke nur wenig leuchtet und erst bei höherer Basisstromstärke hell leuchtet?

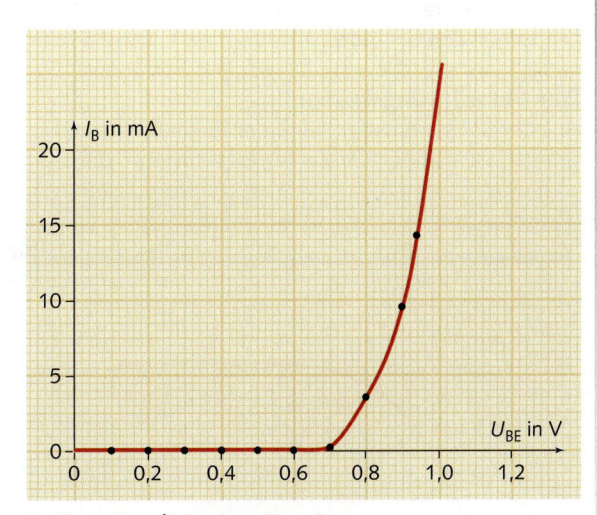

2 U_{BE}-I_B-Kennlinie eines Transistors

■ Wenn eine Schwellenspannung zwischen Basis und Emitter eines Transistors überschritten ist, ergibt sich ein Basisstrom. Dieser wächst beim Erhöhen der Basisspannung sehr schnell an.

Arbeitspunkt des Transistors

🔍 **1.** Baue den Versuch wie in Bild 1 auf. Verändere den Basisstrom im Steuerkreis mithilfe des Drehwiderstandes. Beobachte beide Messgeräte und die Lampe. Schreibe auf, was du beobachtest.

🔍 **2.** Verwende den Aufbau aus Versuch 1. Stelle den Basisstrom I_B auf 0 mA und erhöhe ihn dann in 2 mA-Schritten. Notiere die Werte für den Basisstrom I_B und den Kollektorstrom I_C in einer Tabelle.

📖 **3. a)** Zeichne ein I_B-I_C-Diagramm. Beschreibe den Verlauf des Grafen.
b) Markiere im Diagramm die Stelle, ab der die Lampe ihre Helligkeit nicht mehr verändert.
c) Beschreibe den Zusammenhang zwischen Basisstrom und der Helligkeit der Lampe.

📖 **4.** Bei einem Basisstrom von 30 mA stellt sich ein Kollektorstrom von 1,5 A ein. Berechne den Verstärkungsfaktor.

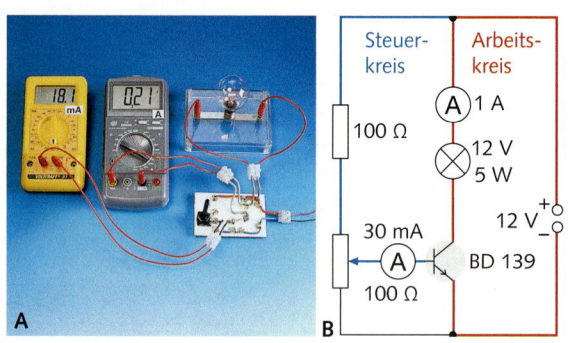

1 Ein Transistor als Verstärker. A *im Einsatz*, **B** *Schaltplan*

Die I_B-I_C-Kennlinie des Transistors
Die Größe des Kollektorstroms ist I_C für jeden Transistortyp durch den Aufbau der Schaltung begrenzt. Von einem bestimmten Punkt ab führt eine Erhöhung der Basisstromstärke nicht mehr zu einer weiteren Erhöhung der Kollektorstromstärke.
Der Graf des Basisstrom-Kollektorstrom-Diagramms eines Transistors wird als I_B-I_C-**Kennlinie** bezeichnet. Innerhalb bestimmter Grenzen verläuft der Graf auf einer Geraden durch den Ursprung. Die Größe des Basisstroms und die Größe des Kollektorstroms sind proportional zueinander.

Der Verstärkungsfaktor
Aus der Basisstromstärke und der Kollektorstromstärke lässt sich der **Verstärkungsfaktor B** errechnen.

$$B = I_C : I_B$$

2 Bestimmung der Arbeitspunkte

Arbeitspunkte beim Transistor als Schalter
Als Schalter arbeitet der Transistor nur in den beiden Zuständen „leitet" und „leitet nicht". Übersteigt der Basisstrom einen bestimmten Wert, so leitet der Transistor. Unterschreitet er einen bestimmten Wert, so leitet der Transistor nicht. Werte, die dazwischen liegen, können zu einer Überlastung des Transistors führen. Der Transistor kann zerstört werden.
Bei einer solchen Schaltung werden diese beiden Zustände als **Arbeitspunkte** bezeichnet. Sie sind im Grafen in Bild 2 markiert.

Arbeitspunkt beim Transistor als Verstärker
Wird der Transistor durch ein Mikrofon angesteuert, so soll eine Verstärkung des Schalls erreicht werden. Verstärkerschaltungen werden so aufgebaut, dass der Wert des Basisstromes in der Mitte des Proportionalitätsbereiches liegt, wenn kein Schall auf das Mikrofon trifft. Dies ist der **Arbeitspunkt** der Verstärkerschaltung. Wird die Größe des Basisstroms durch das Mikrofon verändert, so verändert sich die Größe des Kollektorstroms um denselben Faktor. Die Stromschwankungen im Lautsprecher entsprechen den Stromschwankungen im Mikrofon, sie sind aber weitaus größer. Der Klang wird durch die Verstärkung kaum verändert.

■ Bei der Verstärkerschaltung sind die Größe des Basisstroms und die Größe des Kollektorstroms innerhalb bestimmter Grenzen proportional. In diesen Grenzen lässt sich der Verstärkungsfaktor errechnen: $B = I_C : I_B$. Der Arbeitspunkt des Transistors wird auf den Proportionalitätsbereich eingestellt.

Informationsübertragung

Vorgänge im Transistor

Der Aufbau von n-p-n-Transistoren
Transistoren können als **n-p-n-Transistoren** und als **p-n-p-Transistoren** gebaut werden.

Beim n-p-n-Transistor bestehen Kollektor und Emitter aus einem n-dotierten Halbleiter. Die Basis bildet eine sehr dünne Schicht aus p-dotiertem Material.
Wird zwischen Kollektor und Emitter wie in Bild 2 eine Spannung angelegt, so liegt die Grenzschicht zwischen Emitter und Basis in Durchlassrichtung. Aus der Grenzschicht zwischen Basis und Kollektor werden aber alle Ladungsträger abgezogen, sie ist zu einer Sperrschicht geworden. Im Arbeitskreis ist also kein Strom messbar.

Wird zwischen Emitter und Basis zusätzlich eine Spannung angelegt, mit dem Pluspol an der Basis, so wird ein Strom im Steuerkreis hervorgerufen. Die Grenzschicht zwischen Emitter und Basis ist ja leitend. Diese Spannung muss größer sein als die Schwellenspannung des Transistors.

Die Elektronen des Steuerstromkreises wandern vom Emitter in die Basis und gelangen, weil die Basis sehr dünn ist, auch in die Grenzschicht zwischen Basis und Kollektor. Sie werden vom Pluspol des Arbeitsstromkreises angezogen. Die Berührungsfläche zwischen Basis und Kollektor ist sehr groß. Deshalb wandern weit mehr Elektronen zur Anschlusselektrode am Kollektor als zur Anschlusselektrode an der Basis. Der Elektronenstrom im Steuerstromkreis bewirkt also einen weit größeren Elektronenstrom im Arbeitsstromkreis als im Steuerstromkreis.

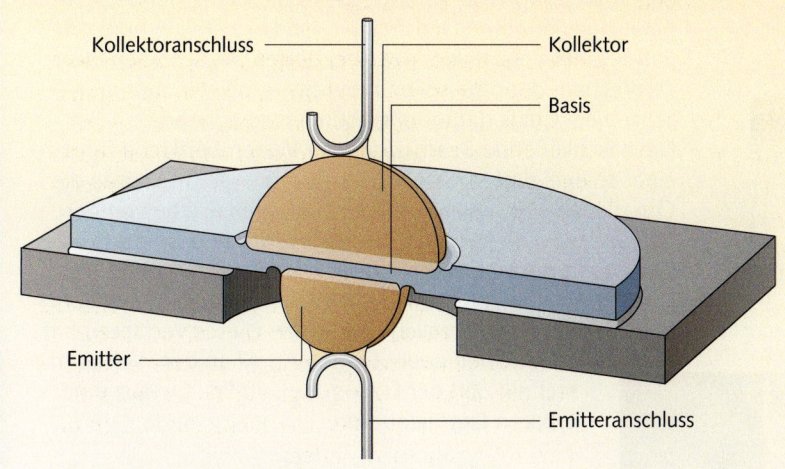

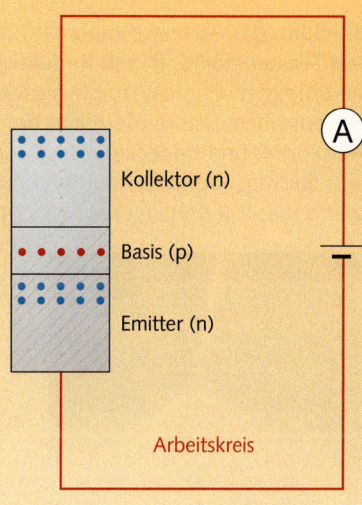

2 Kein Strom im Arbeitskreis

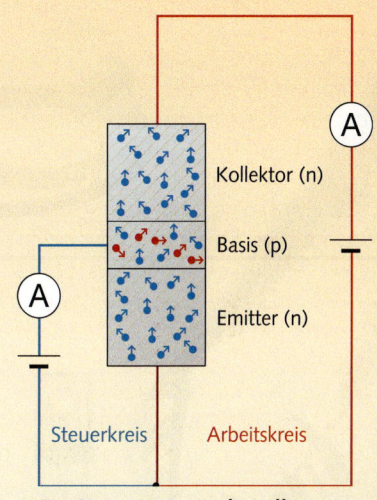

3 Ein Steuerstrom ändert alles.

1 Schnitt durch einen Transistor

Mit dem Steuerstrom kann die Größe des Arbeitsstromes beeinflusst werden. Weil der Elektronenstrom im Arbeitsstromkreis I_{Arb} größer ist als der im Steuerstromkreis I_{St}, wird hier von Stromverstärkung gesprochen. Der Verstärkungsfaktor B lässt sich also auch darstellen als

$$B = I_{Arb} : I_{St}.$$

p-n-p-Transistoren
Der Aufbau von p-n-p-Transistoren gleicht dem der n-p-n-Transistoren. Allerdings bestehen Kollektor und Emitter aus einem p-dotierten Halbleiter und die Basis ist n-dotiert. Die Arbeitsweise beider Transistortypen ist gleich. Werden p-n-p-Transistoren verwendet, so müssen die Pole der Stromquellen vertauscht werden. Am Emitter liegt also jeweils der Pluspol der Arbeits- und der Steuerstromquelle.

Informationsübertragung → S. 346/347

Streifzug: Vom Sand zum Transistor

Silicium, das Ausgangsmaterial für Transistoren, gibt es „wie Sand am Meer". Sand besteht hauptsächlich aus Siliciumdioxid. Durch Reduktion wird ihm der Sauerstoff entzogen. Das so gewonnene Silicium ist noch verunreinigt. Es muss durch weitere Verfahren gereinigt werden. Der Reinheitsgrad, der dabei erreicht wird, ist sehr hoch. Das verdeutlicht der folgende Vergleich: Auf einem Fußballfeld liegen dicht an dicht weiße Reiskörner und bedecken das ganze Feld. Nur ein Reiskorn ist schwarz. Das entspricht dem Reinheitsgrad von Silicium, wenn sich unter zehn Milliarden Siliciumatomen nur ein einziges Fremdatom befindet. Erst wenn dieser Reinheitsgrad erreicht ist, kann das Silicium zum Bau von Transistoren verwendet werden.

Einkristall und Wafer

Um aus dem reinen Silicium einen Kristall herzustellen, wird ein kleiner Siliciumkristall in eine Siliciumschmelze getaucht und langsam gedreht. Dabei wächst das Körnchen zu einem einzigen großen Kristall, einem **Einkristall** von 30 cm Durchmesser und mehreren Metern Länge. Nach dem Erkalten wird dieser Einkristall in hauchdünne Scheiben gesägt, die anschließend durch Schleifen und Polieren noch geglättet werden. Diese Scheiben heißen **Wafer.**

Das Material des Wafers muss zwei Bedingungen erfüllen. Zum einen muss es fast absolut rein sein. Diese Bedingung wird durch den Einkristall erfüllt. Zum anderen muss der Wafer fast absolut eben sein.

Zur Gewinnung der Wafer aus den Einkristallen mit den üblichen Durchmessern von 200 mm oder 300 mm werden verschiedene Verfahren angewendet. Eine Möglichkeit ist das Zerschneiden des Kristalls mithilfe eines Schneiddrahtes, der mit Diamantpartikeln belegt ist. Er wird so geführt, dass gleichzeitig hunderte parallel verlaufende Drahtreihen den Einkristall in hunderte von Wafern zerschneiden. Dabei dürfen die Scheiben nicht zerbrechen, denn sie sollen möglichst groß sein, um möglichst viele Chips darauf unterbringen zu können.

Die anschließende Bearbeitung der Waferoberfläche führt zu einer spiegelglatten Oberfläche. Zum Vergleich: Würde die Oberfläche eines Wafers mit einer ebenen Fläche von der Größe der Stadt Aachen (161 km²) verglichen, so dürfte die Höhendifferenz auf dieser Ebene höchstens 2 cm betragen.

Dotiertes Halbleitermaterial aus Wafern wird auch bei der Produktion von Solarzellen eingesetzt. Dieses Verfahren hat somit einen bedeutenden Anteil an der Weltraumtechnik und der Erzeugung von Energie aus erneuerbaren Energiequellen.

Wafer werden zum Transistor

In einem aufwändigen technischen Verfahren werden die Wafer abwechselnd negativ und positiv dotiert. Dadurch entstehen drei verschieden dotierte Schichten. Die Wafer werden dann wiederum in einzelne kleine Plättchen zersägt. Das sind dann n-p-n-Transistoren oder p-n-p-Transistoren.

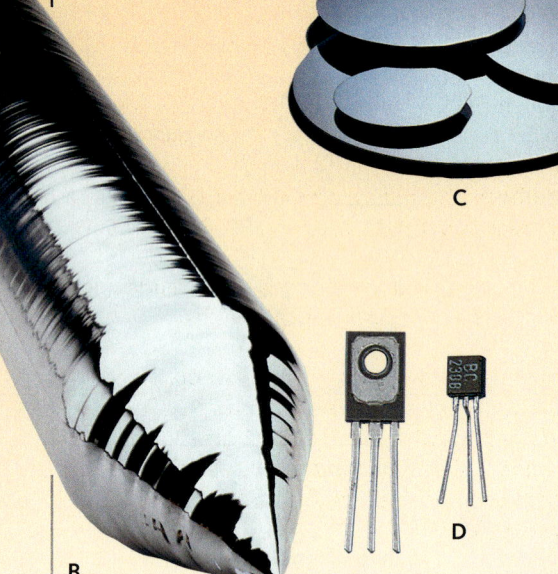

1 Transistor-Produktion. A *Siliciumdioxid;* **B** *Einkristall;* **C** *Wafer;* **D** *Transistor;* **E** *Schnittbild*

Stufen der Transistorherstellung

Kein Elektronik-Bauteil wird in so hoher Stückzahl produziert wie der Transistor. Er findet sich in unzähligen Schaltungen, verbindet oder trennt Stromkreise, steuert Elektronenströme und verstärkt Signale.
Weil er in großen Stückzahlen für die Elektronik-Industrie zur Verfügung stehen muss, sind automatisierte Produktionsverfahren entwickelt worden. Dadurch ist die kostengünstige Herstellung großer Stückzahlen aller Arten von Transistoren möglich.
Bei der Herstellung des Transistors werden auf dem Wafer verschiedene Schichten aufgetragen. Auf diese Weise ist es möglich, dem Transistor die gewünschten Eigenschaften zu geben. Die schrittweise Beschichtung ist in der folgenden Bildleiste dargestellt.

1. Auf den Wafern bildet sich in einem Ofen bei 1000 °C eine 1,5 µm dicke Schicht Siliciumdioxid. Auf diese wird eine Schicht lichtempfindlicher Lack aufgetragen.

2. Auf die Lackschicht wird eine Maske aufgeklebt. Sie enthält so viele Fenster, wie Transistoren aus der Scheibe gefertigt werden sollen. Der Wafer wird belichtet. Dadurch löst sich der Lack dort auf, wo das Licht einwirken konnte. Es entsteht eine Vertiefung in Form der später p-dotierten Wanne.

3. Der verbliebene, unbelichtete Lack härtet im Entwicklerbad aus. Die in der Wanne nun frei liegende Siliciumdioxid-Schicht wird durch Ätzen entfernt. Gleichzeitig wird der gehärtete Lack beseitigt.

4. Der so vorbereitete Transistorrohling wird in einem Ofen bei ungefähr 1000 °C mit Borgas bedampft, es lagern sich Bor-Atome in die oxidfreie Oberfläche in der Wanne ein. Da das Bor-Atom 3 Elektronen auf der Außenschale hat, entsteht eine p-leitende Schicht innerhalb des n-leitenden Siliciumdioxids.

5. Wie in Schritt 1 wird die ganze Oberfläche wieder durch eine Oxidschicht verschlossen. Mit einer weiteren Maske, die die Form der n-leitenden Schicht hat, werden die Arbeitsschritte 2 bis 4 wiederholt. Anstelle der Bor-Atome werden jetzt Phosphor-Atome in die p-leitende Schicht eingebaut. Es entsteht eine n-leitende Wanne in der p-leitenden Schicht.

6. In die n-leitende Wanne werden Kontaktrinnen für die Anschlüsse geätzt. Anschließend wird der Wafer beidseitig mit Aluminium bedampft.

7. Durch einen weiteren Fotoprozess wird das Aluminium so weit weggeätzt, dass nur noch die Aluminiumbahnen für die Anschlüsse übrig bleiben. Der Wafer wird in Einzeltransistoren zersägt. An die Aluminiumbahnen werden die Anschlüsse angebracht. Danach erhält der Transistor ein Gehäuse aus Kunststoff oder Aluminium und ist einsetzbar.

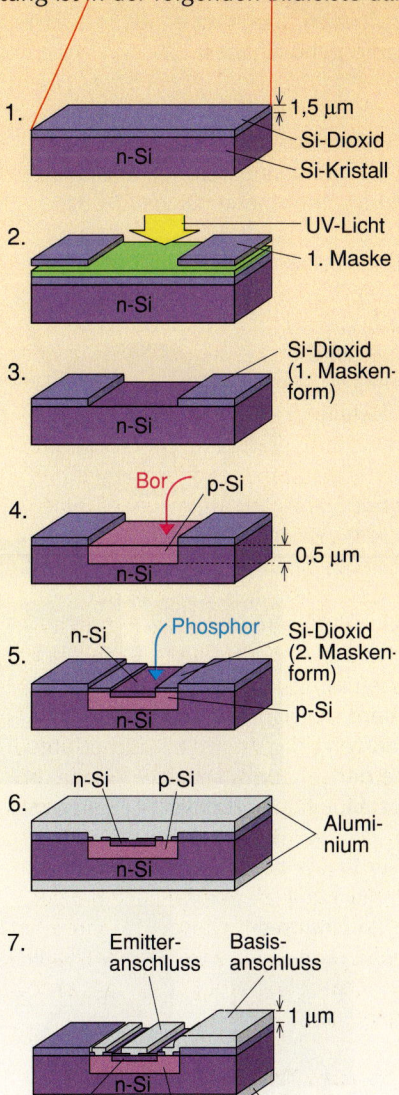

2 Vom Wafer zum Transistor

Bau eines Radios

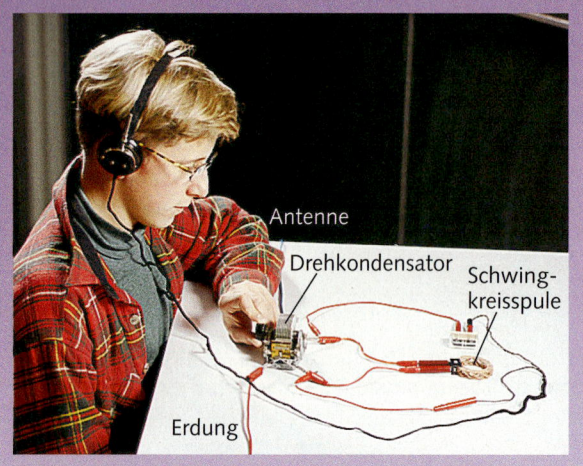

1 Detektorempfänger

In diesem Projekt findet ihr 3 Schaltpläne, um Rundfunk-Empfänger zu bauen. Die Bauteile könnt ihr den einzelnen Schaltplänen entnehmen. Sie sind alle in Elektronik-Fachgeschäften zu beziehen. Alle Schaltungen können auf einer Gipskarton- oder Holzplatte mit Lötstellen auf Reißzwecken aufgebaut werden. Sicherer ist das Löten auf einer Lochrasterplatte.
Zunächst sollte jede Gruppe den Detektor-Empfänger aus Bild 1 aufbauen, damit ihr erlebt, wie eure Urgroßeltern Radio gehört haben.

Material
Hochfrequenz-Spulenkern (HF-Spulenkern); HF-Litze für 50 Windungen; Drehkondensator 20 pF bis 100 pF; 10 m Antennendraht; Kopfhörer; Diode OA 81

Löten auf Reißnägeln oder Lochrasterplatte
Drückt die **Reißnägel** auf der Grundplatte an den Stellen ein, die aus dem Schaltplan ersichtlich sind. Jeder Reißnagel wird mit Lötzinn überzogen. Er wird dazu mit dem Lötkolben erwärmt. Anschließend wird das Lötzinn dazu gegeben. Es muss gleichmäßig über die ganze Fläche fließen. Eine saubere Lötstelle sollte glänzen.

Zum Anlöten der Bauteile und der Leitungen haltet ihr mit einer Zange das jeweilige Drahtende auf den verzinnten Reißnagel. Erwärmt beides mit dem Kolben, bis das Lötzinn schmilzt. Zieht dann den Kolben weg, ohne mit dem Draht zu wackeln.

Auf einer **Lochrasterplatte** sind Leiterbahnen aus Kupfer fest aufgebracht. Sie müssen gemäß dem Schaltplan unterbrochen werden, damit kein Kurzschluss entsteht. Steckt die Bauteile auf der Vorderseite der Lochplatte gemäß dem Schaltplan in die Löcher. Falls die Drähte eines Bauteils zu kurz sind, verlängert sie durch Anlöten eines Drahtstücks. Lötet die Bauteile auf der Rückseite der Lochrasterplatte fest. Das Loch um den Anschlussdraht soll mit Lötzinn zulaufen.

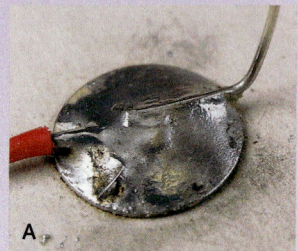

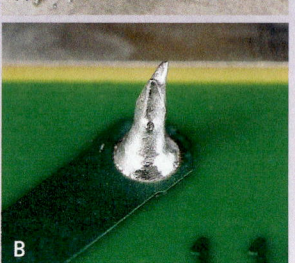

2 Lötstellen. A *Reißzwecke;* B *Lochrasterplatte*

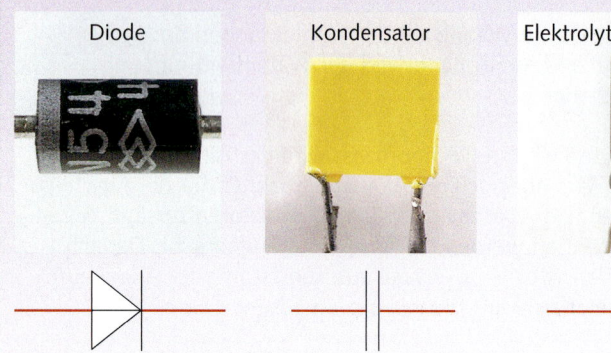

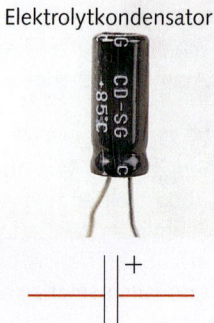

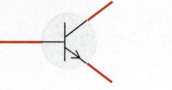

3 Elektronische Bauteile und ihre Schaltzeichen

Informationsübertragung

Gruppe 1: Empfänger für Mittelwelle

Das Suchen des Senders erfolgt durch Drehen der ganzen Platte und durch das Verschieben des Eisenkerns (Ferritkerns) in der Spule.

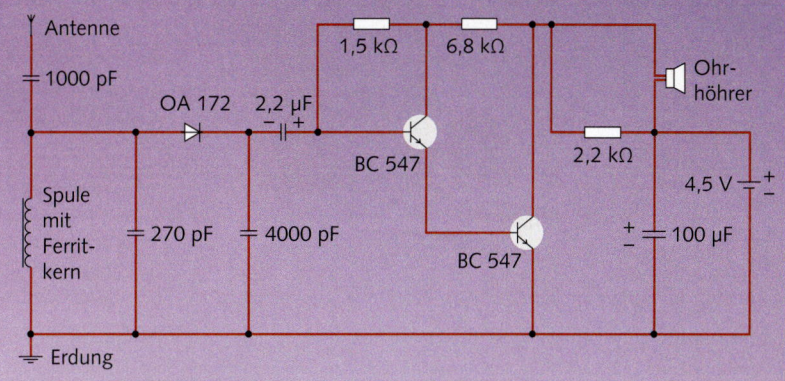

4 Mittelwellen-Empfänger

Gruppe 2: Empfänger mit Verstärker mit Abstimmung an der Spule

Die Spulen sind Hochfrequenz-Spulen, die ihr selbst auf einen Spulenkern wickeln könnt. Die Anzahl der Windungen müsst ihr ausprobieren. Beginnt mit 50 Windungen. Die Feinabstimmung des Senders erfolgt durch Drehen der beiden Kondensatoren.

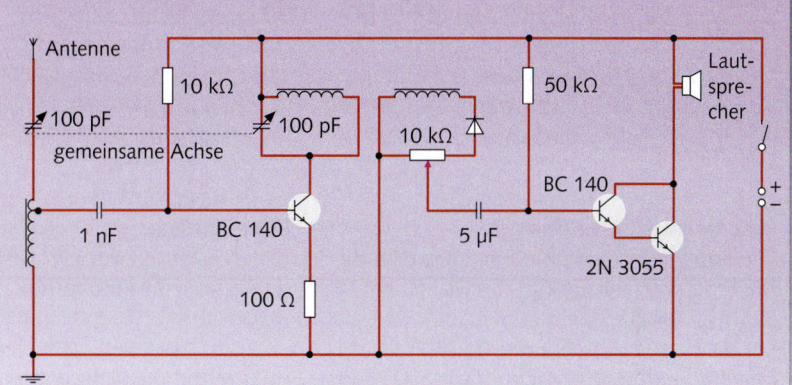

5 Mittelwellen-Empfänger mit Abstimmung an der Spule

Gruppe 3: Empfänger mit Verstärker mit Abstimmung am Kondensator

Das Suchen des Mittelwellen-Senders erfolgt durch Drehen am Kondensator.
Die Lautstärke kann durch Einstellen des Drehwiderstandes verändert werden.
Die Anzahl der Windungen der Spulen sollte je 50 betragen.

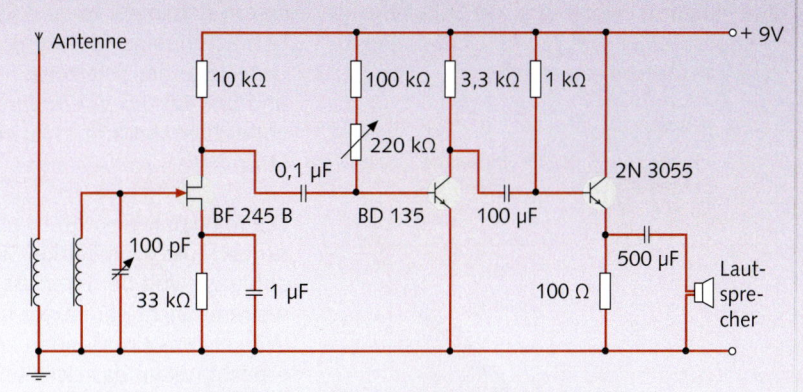

6 Mittelwellen-Empfänger mit Abstimmung am Kondensator

Solarzellen – Halbleiter als Energiewandler

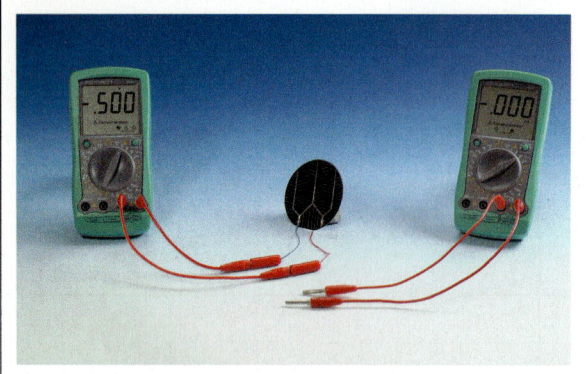

1 Leerlaufspannung und Kurzschlussstromstärke

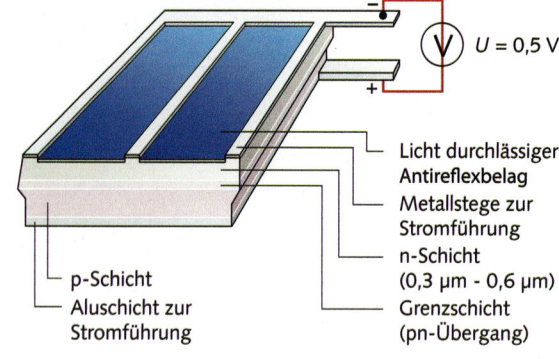

2 Aufbau einer Solarzelle

Hinweis
Nutze für die Versuche das Licht der Sonne oder das Licht eines Halogenstrahlers.

1. Baue einen Versuch wie in Bild 1 auf. Richte die Solarzelle so aus, dass das Licht senkrecht auftrifft. Miss die Spannung und die Stromstärke und notiere die Werte.

2. Decke die Fläche der Zelle in Viertelsegmenten mit Pappe ab. Vergleiche die Werte für die Spannung und die Stromstärke mit den Werten aus Versuch 1. Was stellst du fest?

3. Verändere kontinuierlich den Einstrahlwinkel des Lichtes zur Solarzelle so, dass das Licht zunächst senkrecht auftrifft und schließlich parallel zur Oberfläche verläuft. Lies die Messgeräte ab. Was beobachtest du?

Unerschöpfliche Energie

Die Sonne ist die größte Energiequelle für die Erde. Von ihr erhalten wir Licht und Wärme. Die Menge dieser solaren Energie, die die Sonne auf die Erde strahlt, beträgt in Mitteleuropa durchschnittlich 1000 kWh pro m^2 im Jahr. Während für andere Primärenergien wie Erdöl oder Kohle bezahlt werden muss, steht die Sonnenenergie kostenlos zur Verfügung.
Ihre Nutzung erfolgt über die **Solarzelle** als Energiewandler. Dabei wird Licht in elektrische Energie umgewandelt.

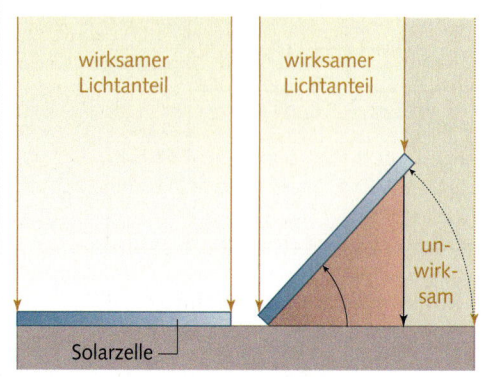

3 Der Einstrahlwinkel ist wichtig.

Der Aufbau einer Solarzelle

Das Verfahren der Umwandlung von Licht in elektrische Energie heißt **Fotovoltaik.** Die Solarzelle ist das zentrale Bauelement. Ihr Basismaterial ist Silicium. Bild 2 zeigt den Aufbau einer Solarzelle. Sie besteht, wie eine Diode, aus einer n-leitenden Schicht und einer p-leitenden Schicht.

Die Kenngrößen einer Solarzelle

Das Licht ist in der Lage, Elektronen aus ihrer Bindung zu den jeweils benachbarten Atomen im p-n-Übergang zu lösen. Sie lagern sich in der oberen Schicht an den Kontaktdrähten an. Es entsteht eine Spannung zwischen der Ober- und der Unterseite der Solarzelle. Sie wird **Leerlaufspannung** genannt und beträgt 0,5 V. Werden die Schichten über einen Leiter verbunden, kommt es zu einem Elektronenstrom im äußeren Stromkreis.

Die maximale Stromstärke, die eine Zelle zulässt, ist die **Kurzschlussstromstärke**. Sie ist, wie die Leerlaufspannung, abhängig von der Intensität der Lichteinstrahlung. Ein weiterer wichtiger Faktor für die Höhe der Stromstärke ist der Winkel zum einfallenden Licht. Der höchste Wert wird erreicht, wenn das Licht senkrecht auftrifft (Bild 3).

Gleichzeitig besteht eine direkt proportionale Abhängigkeit zur Größe der Zellenoberfläche. Leerlaufspannung und Kurzschlussstromstärke sind die Kenngrößen einer Solarzelle.

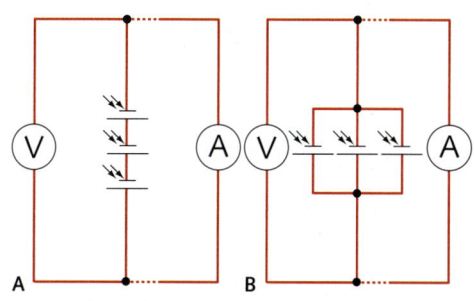

4 A Reihenschaltung; **B** Parallelschaltung

Informationsübertragung

Bauarten von Solarzellen

5 Der Solarsegler HELIOS

4. Schalte mehrere Solarzellen gleicher Bauart und gleicher Größe in Reihe. Miss die Spannung und die Stromstärke und notiere die Werte.

5. Baue den Aufbau aus Versuch 4 zu einer Parallelschaltung der Zellen um. Miss Spannung und Stromstärke.

6. Vergleiche die Messergebnisse aus Versuch 4 und Versuch 5. Welche Feststellungen ergeben sich in Bezug auf die Schaltungsart?

7. Wie viele Solarzellen sind mindestens notwendig, um einen MP3-Player zu betreiben?

Die erste Solarzelle wurde 1873 von dem britischen Ingenieur WILLOUGHBY SMITH (1828–1891) entwickelt. Wegen der geringen elektrischen Spannung fand sie zunächst keine Anwendung. Erst der Beginn der Weltraumfahrt verlieh ihrer Entwicklung den entscheidenden Schub. Der Solarsegler HELIOS der NASA ist mit Solarzellen aus einer der neuesten Generationen bestückt.

Verschiedene Bauarten – unterschiedliche Wirkungsgrade
In der Technik werden drei grundlegende Bauarten von Solarzellen unterschieden.
Für **monokristalline Zellen** wird aus Silicium ein einzelner Kristall gezogen. Dies ist an der gleichmäßigen Oberfläche zu erkennen. Das Verfahren ist aufwändig und teuer. Dieser Zellentyp hat mit 17 % den günstigsten Wirkungsgrad.

Bei der **polykristallinen Zelle** bildet das Silicium viele Kristalle mit unterschiedlicher Größe. Ihr Wirkungsgrad liegt bei 15 %.

Amorphe Zellen sind Dünnschichtzellen. Bei ihnen wird das Silicium lediglich auf eine Glasplatte aufgedampft. Sie sind vergleichsweise günstig in der Herstellung. Ihr Wirkungsgrad beträgt jedoch nur 8 % und nimmt mit der Einsatzdauer ab.

Schaltung von Solarzellen
Die Höhe der Spannung einer einzelnen Zelle mit 0,5 V ist vergleichsweise gering. Durch eine Reihenschaltung aus mehreren Zellen kann der Wert schrittweise erhöht werden. Die Stromstärke, die mit Solarzellen im äußeren Stromkreis erreicht werden kann, lässt sich durch eine Parallelschaltung vervielfachen. Es gilt:

Reihenschaltung: $U_{ges} = U_1 + U_2 + U_3 \ldots + U_n$
Parallelschaltung: $I_{ges} = I_1 + I_2 + I_3 \ldots + I_n$

U – Leerlaufspannung der Solarzelle
I – Kurzschlussstromstärke der Solarzelle
n – Anzahl der Solarzellen

■ Eine Solarzelle wandelt Licht in elektrische Energie um. Eine Reihenschaltung von Zellen erhöht die Gesamtspannung. Eine Parallelschaltung ermöglicht die Erhöhung der Stromstärke im äußeren Stromkreis.

6 Solarzellen. A monokristallin; **B** polykristallin; **C** amorph

Energie für den Akku

In diesem Praktikum baust du ein Gerät, das Licht zuerst in elektrische Energie umwandelt und diese dann speichert. Die Umwandlung erfolgt durch die Solarzellen. Gespeichert wird die Energie in Akkus.

Material
– 5 Solarzellen mit einer Kurzschlussstromstärke von mindestens 400 mA
– 2 Batteriehalterungen, passend für Mignonzellen
– 1 Schottky-Diode (Typ 11DQ06)
– Sperrholzplatte, Stärke 4 mm
– Sperrholzleisten
– Schaltdraht und Lötzinn

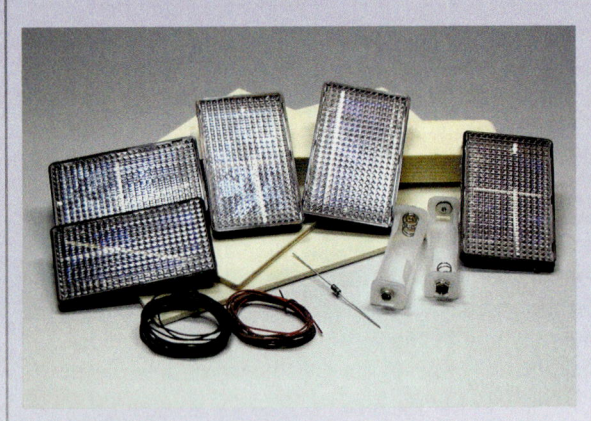

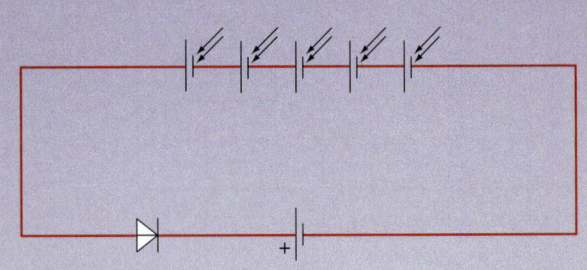

2 Schaltplan des Ladegerätes

Bauanleitung
Fertige aus Sperrholz ein Grundbrett an, das als Trägerplatte für die Solarzellen dient. Darin musst du Löcher für die elektrischen Anschlüsse der Zellen vorsehen. Die Zellen werden mit doppelseitigem Klebeband auf das Grundbrett geklebt. Kennzeichne die Anschlüsse deutlich als Pluspol und Minuspol. Dies ist für die anschließende Schaltung wichtig. Verlöte die Anschlüsse mit Schaltdraht zu einer Reihenschaltung und verbinde sie mit den Anschlüssen der Batteriehalterungen. Diese werden parallel geschaltet. Achte auf die richtige Polung der Schottky-Diode als Sperrdiode.

1 Der Bausatz

Hinweis
Das Ladegerät wird abgestimmt auf die Ladung von NiMH-Akkus. Sie haben eine Spannung von etwa 1,2 V. Die Ladespannung muss aber über diesem Wert liegen und sollte mindestens 1,4 V betragen. Dies erfordert eine Reihenschaltung von 3 Solarzellen. Für eine Spannungsreserve wird eine weitere Zelle benötigt. Dadurch wird auch dann ein Ladevorgang möglich, wenn nicht die volle Sonneneinstrahlung zur Verfügung steht.

In die Schaltung muss auch eine Sperrdiode eingesetzt werden. Sie verhindert, dass sich bei Abdunklung der Zellen die Akkus über diese entladen können. Dazu eignet sich eine Schottky-Diode. Ihre Durchlassspannung beträgt 0,3 V bis 0,4 V. Dies erfordert eine weitere Solarzelle.

3 Das fertige Solarladegerät

Informationsübertragung

Mini-Solarkraftwerke

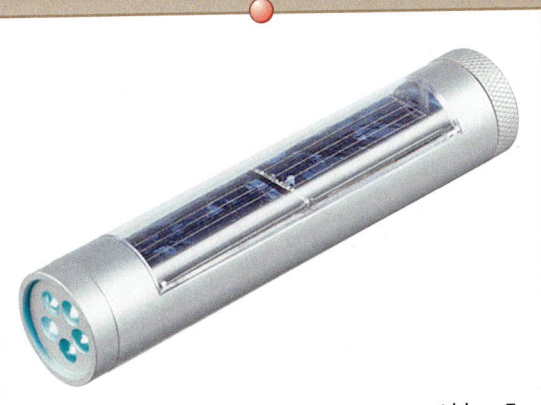

Pinnwand

Eine **Solartaschenlampe** benötigt einen Akku. Er wird bei Sonneneinstrahlung über die Solarzellen geladen. Dazu muss die Lampe 8 h in der Sonne liegen. Als Leuchtmittel in der Lampe werden superhelle LED verwendet. Das sorgt für eine gute Lichtausbeute bei geringem Energiebedarf.

📖 **1.** Welchen Vorteil bieten elektronische Geräte, wenn sie für austauschbare Akkus ausgelegt sind?

Dieser **Solarrucksack** ermöglicht die Energieversorgung verschiedener elektronischer Geräte wie Mobiltelefon, PDA, Digitalkamera oder MP3-Player. Die Zellen erzeugen eine Leistung von 4 W. Die Energie kann auch in einem Lithium-Akku gespeichert werden.

📝 **3.** Informiere dich über die Spannungswerte eines Mobiltelefons und eines MP3-Players.

Back of SCOTTeVEST

Battery Charge Pack

Die Solarzellen auf dieser **Solarjacke** sind amorphe Zellen. Damit sind die Zellen 100-mal dünner als kristalline Siliciumzellen. Dies ermöglicht ein Aufbringen auf ein flexibles Trägermaterial. Der Wirkungsgrad beträgt aber nur etwa 8 %. Die Zellen dieser Jacke sind geeignet für den Betrieb kleiner elektronischer Geräte.

📝 **2.** Informiere dich im Internet über die Energieversorgung eines Satelliten-Telefons.

Der Prozessor in einem **Solartaschenrechner** benötigt nur sehr wenig Energie. Für die Versorgung werden 4 amorphe Dünnschichtzellen in Reihe geschaltet. Sie haben jeweils eine Fläche von 1 cm². Die Spannung beträgt 2 V und die Stromstärke liegt im µA-Bereich.

📖 **4.** Wie viele Stunden in der Woche ist dein Taschenrechner mit Batterien in Betrieb?

Analoge und digitale Daten

🔍 **1. a)** Erwärme in einem großen Reagenzglas mit Siedesteinchen 30 ml Wasser bis zum Sieden. Lass es 3 min in einem Wasserbad mit Eiswürfeln abkühlen. Lies dabei die Temperatur im Abstand von 15 s ab und notiere die Werte. Zeichne auf Millimeterpapier ein Zeit-Temperatur-Diagramm.
b) Verbinde die Werte aus dem Versuch stufenweise. Vergleiche beide Grafen. Welchen Nachteil hat diese Darstellungsform gegenüber der in Versuch a)?

📖 **2.** Nenne Messgeräte, die kontinuierliche Größen in diskreter Form darstellen.

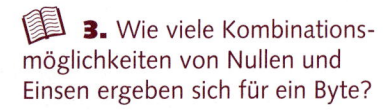

📖 **3.** Wie viele Kombinationsmöglichkeiten von Nullen und Einsen ergeben sich für ein Byte?

📝 **4.** Überlege dir andere binäre Darstellungsformen außer „0" und „1", oder Stromkreis offen" und „Stromkreis geschlossen".

📝 **5.** Wie wird die dezimale Zahl 10 binär dargestellt?

Was sind Daten?
Für viele Versuche benötigst du Messgeräte, die beispielsweise die Zeit, die elektrische Spannung oder die Temperatur angeben. „Gegeben" heißt lateinisch „datum". Messgeräte helfen also bei der Erfassung von **Daten**.

Analog
Der Zeiger einer Uhr wie in Bild 1, der Zeiger eines analogen Spannungsmessgerätes oder die Flüssigkeitssäule in einem Thermometer reagieren kontinuierlich oder stufenlos. Sie stellen die Daten **analog** dar. Das Ablesen von unendlichen vielen Daten ist so möglich.

1 Analoge und digitale Anzeige

Digital
Das Wort **digital** leitet sich aus dem lateinischen Wort für Finger „digitus" ab und bedeutet so viel wie „Zahl". Zum Ablesen der Daten ist auf vielen Messgeräten eine Skala angebracht. Auf ihr können nicht unendlich viele Striche eingezeichnet werden, sondern nur eine begrenzte Anzahl. Der Zeichenvorrat Skalenstriche ist begrenzt.

Soll nun ein ganz bestimmtes Datum abgelesen werden, muss die Skala **codiert** werden. Dazu ist ein **Code** nötig. Ein Code ist eine Zuordnungsvorschrift, mit der Zeichen aus einem Zeichenvorrat in Zeichen aus einem anderen Zeichenvorrat übertragen werden.
Für die Codierung wird jedem Zeichen aus dem Zeichenvorrat Skalenstriche ein Zeichen aus dem Zeichenvorrat Zahlen zugeordnet. Dabei wird auf den Teil der Daten verzichtet, die zwischen den Skalenstrichen liegen. So zeigt die Uhr in Bild 1 den digitalen Wert 10:09 an. Zwischen 10:09 und 10:10 überstreicht der Sekundenzeiger eine unendliche Anzahl analoger Werte, die für die meisten Betrachter nicht von Bedeutung sind. Diese Darstellungsform der Daten in Stufen heißt digital. Kontinuierliche Größen werden in einzelne Zahlenwerte umgesetzt.

Bits und Bytes
Computer verarbeiten Daten digital. Dazu ist es notwendig, die Codierung der gewonnenen Daten in einem anderen Zeichenvorrat vorzunehmen. Sie erfolgt mit den Zeichen (0,1) des binären Systems, auch **Dualsystem** genannt.
Die kleinste Informations- und Speichereinheit in einem Rechner ist ein binary digit, kurz **Bit**. Ein Bit kann den Wert 0 und 1 annehmen. Beide Werte können durch die physikalischen Zustände „Stromkreis offen" und „Stromkreis geschlossen" beschrieben werden. Durch deren Kombination kann jedes beliebige Zeichen binär dargestellt werden. Daten werden in binärer Form elektronisch verarbeitet. Durch Zusammenfassung von acht Bits entsteht ein 8-stelliges Gebilde, ein **Byte**.

Für die Datenverarbeitung gibt es also Regeln und Vereinbarungen. Die danach verarbeiteten Daten stellen dann **Informationen** dar.

■ Daten können analog und digital dargestellt werden. Bei der Umwandlung analoger in digitale Daten wird auf einen Teil der Daten verzichtet. Rechner können Daten in Form von Bits und Bytes weiterverarbeiten.

Informationsübertragung → S. 346/347

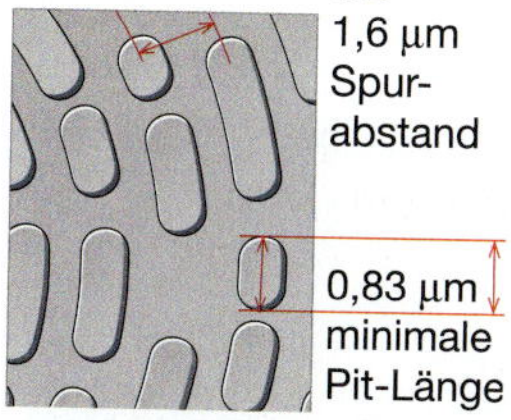

Datenspeicher

Informationsübertragung — Pinnwand

CD
1,6 µm Spurabstand
0,83 µm minimale Pit-Länge

DVD
0,74 µm Spurabstand
0,4 µm minimale Pit-Länge

BD
0,32 µm Spurabstand
0,15 µm minimale Pit-Länge

So werden die Daten gespeichert und gelesen
Bei der Compact Disk, **CD**, und der Digital Versatile Disk, **DVD**, werden die Daten auf einer Spur als Vertiefungen, den **Pits**, in eine reflektierende Schicht eingebrannt und damit gespeichert. Die neben den Vertiefungen stehen gebliebenen Erhebungen heißen **Lands**. Beim Lesen der Daten tastet ein roter Laserstrahl die Spur ab. Nur die Vertiefungen reflektieren den Strahl direkt zu einem Fotosensor. Dieser registriert den Vorgang und wandelt die Signale in Daten um. Bei einer wieder beschreibbaren DVD, einer **DVD-RW** werden die Pits vor dem nächsten Schreibvorgang mit dem Laser eingeschmolzen. DVDs arbeiten mit Spuren, die im Vergleich zur CD viel enger gelegt sind. Die Pits sind nur halb so lang. 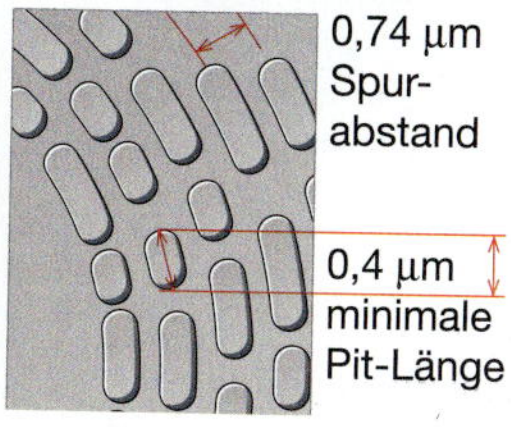
Die Blu-ray Disc, **BD**, wird mit einem blauen Laser beschrieben. Dadurch können die Datenspuren noch wesentlich enger als bei der DVD gehalten werden. Die Pits können etwa 5-mal kleiner eingebrannt werden. Dadurch erhöht sich die Speicherkapazität auf bis zu 50 GB.

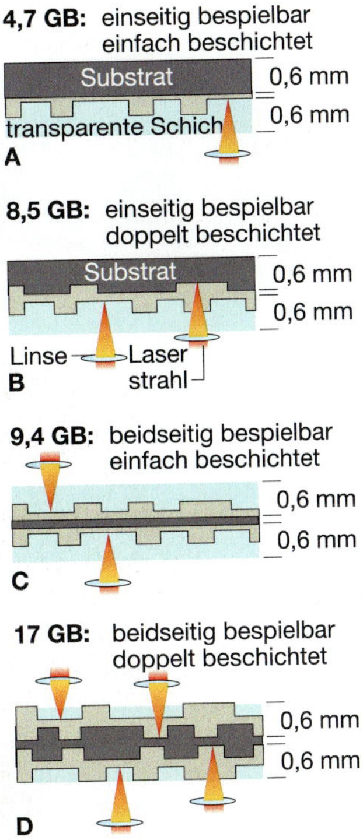

4,7 GB: einseitig bespielbar einfach beschichtet
Substrat — 0,6 mm
transparente Schicht — 0,6 mm
A

8,5 GB: einseitig bespielbar doppelt beschichtet
Substrat — 0,6 mm
— 0,6 mm
Linse — Laserstrahl
B

9,4 GB: beidseitig bespielbar einfach beschichtet
— 0,6 mm
— 0,6 mm
C

17 GB: beidseitig bespielbar doppelt beschichtet
— 0,6 mm
— 0,6 mm
D

Große Datenmengen auf kleinen Scheiben
DVD und CD gehören zu den **optischen Speichermedien**. Die einseitig bespielbare DVD besteht aus einer 1,2 mm dicken einfach oder doppelt beschichteten Kunststoffplatte (Bilder A, B).

Werden zwei Platten zusammengeklebt, kann die Kapazität der DVD bis auf das Vierfache erhöht werden (Bilder C, D). Beide Seiten können durch Umdrehen oder mit mehreren Linsensystemen genutzt werden. Eine DVD speichert dann bis zu 17 GB Daten in digitaler Form.

Halbleiterchips
Die heutigen **Arbeitsspeicher** im PC, die **Halbleiterchips**, können elektrische Zustände speichern. Wird der PC ausgeschaltet, werden der Arbeitsspeicher und seine darin enthaltenen Informationen gelöscht. **Flashspeicher** sind „nicht flüchtige Speicher". Ihre Halbleiterschichten sind in der Lage, Ladungen zu speichern und gespeicherte Zustände beizubehalten. Flashspeicher werden überall dort verwendet, wo in elektronischen Geräten wenig Platz vorhanden ist, wie in Handys, auf Geld- und Scheckkarten, im MP3-Player oder in USB-Sticks. Flashspeicher ersetzen zunehmend Festplatten, da sie schneller sind und geräuschlos arbeiten.

Nanospeicher
Ein neuer Weg wird mit der **Nanotechnologie** beschritten. Wie Daten gespeichert werden, wird im Bild gezeigt. Elektrische Widerstände erhitzen nur einige Nanometer große Spitzen auf 400 °C. Diese Spitzen schmelzen jetzt Vertiefungen in eine Siliciumschicht. Für das Lesen von Daten wird die Temperatur in den Widerständen auf 300 °C eingestellt. Senkt sich die Spitze in eine Vertiefung, kühlt sie durch Ableitung von Wärme weiter ab. Dadurch ändert sich der Widerstand messbar. Sollen Daten überschrieben werden, schmelzen die Spitzen neue Vertiefungen in die Oberfläche, die zu den alten versetzt sind.

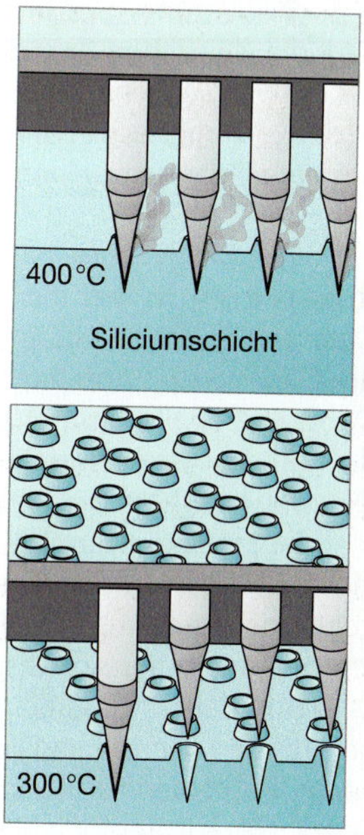

400 °C — Siliciumschicht
300 °C

325

Rezeptoren und Sensoren

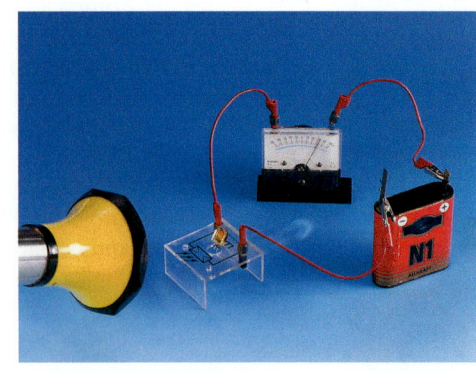

1 Fledermäuse senden und empfangen Schall.

2 Fotowiderstand als Sensor

1. Beobachte Blumen in einem Garten zu verschiedenen Tageszeiten. Stelle fest, welchen Einfluss das Tageslicht auf den Zustand der Blüten hat.

2. Betrachte die Pupille eines Mitschülers, der einige Zeit im Dunkeln saß und schnell ins Licht tritt. Was beobachtest du?

3. Warum ist es sinnvoll, dass die Menschen Rezeptoren für unterschiedliche Reize haben? Bedenke zum Beispiel den Einsatz des Nebelhorns auf einem Schiff.

4. a) Baue den Versuch wie in Bild 2 auf. Dunkle den Fotowiderstand ab. Beobachte das Messgerät.
b) Schalte die Taschenlampe ein. Beobachte das Messgerät und erkläre, was der Fotowiderstand als Sensor im Stromkreis bewirkt.

5. Entscheide bei folgenden Begriffen, ob es sich um Rezeptoren oder Sensoren handelt: Lüfterthermostat beim Autokühler, Stäbchen der Netzhaut im Auge, Überhitzungsschutz beim Föhn, Fühlpunkte in der Haut.

6. Worin unterscheiden sich Rezeptoren und Sensoren?

7. Nenne Vorgänge in der Natur, die durch Rezeptoren beeinflusst werden.

8. Welche Aufgabe hat der Sensor für die Belichtung beim Fotoapparat?

Rezeptoren in der Natur

Fledermäuse leben von Insekten, die sie in der Dämmerung und nachts im Flug jagen. Dabei stoßen sie Ultraschall-Schreie aus, die von den Insekten reflektiert werden. Die großen Ohren der Fledermäuse nehmen den reflektierten Schall auf und leiten ihn nach innen zu den **Rezeptoren.** Diese geben der Fledermaus Richtung und Entfernung an, in der sich die Beute befindet. Es gibt in der Natur außer für Ultraschall und für den Menschen hörbaren Schall auch Rezeptoren für Wärme, Licht und Druck. Rezeptoren bewirken zum Beispiel, dass Menschen bei sinkenden Temperaturen zittern, dass manche Blumen bei schwachem Licht die Blüten schließen und dass das Springkraut bei Berührung seinen Samen weit von sich schleudert.

Sensoren in der Technik

Nach dem Vorbild der Natur haben Techniker **Sensoren** entwickelt, die in Geräte eingebaut werden, um bestimmte Vorgänge auszulösen. Der Sensor im Dämmerungsschalter ist ein Fotowiderstand, der seinen Widerstandswert je nach Helligkeit ändert. So wird mit einem Relais die Straßenbeleuchtung ein- und ausgeschaltet. Der Bimetallstreifen im Bügeleisen wirkt als Sensor für Wärme. Durch Öffnen und Schließen des Stromkreises regelt er die Temperatur auf den eingestellten Wert. Bei einer Heizung wirkt der temperaturabhängige Widerstand eines Außenfühlers als Sensor. Je niedriger die äußere Lufttemperatur wird, desto kleiner wird der Widerstand des Messfühlers. Das bewirkt mithilfe des Sensors im Innenthermostat, dass die Temperatur der Heizungsanlage entsprechend der Außentemperatur erhöht wird.

■ Rezeptoren und Sensoren nehmen Veränderungen von Zuständen in Ihrer Umgebung wahr. Sie veranlassen Reaktionen auf diese Wahrnehmungen.

Informationsübertragung → S. 346/347

Datenübertragung mit Wärme

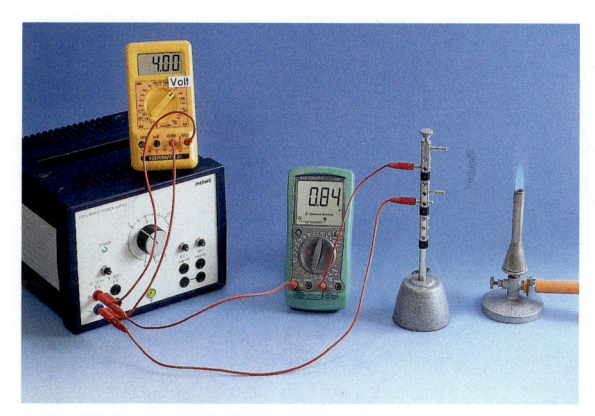

1 Ein Widerstandsdraht im Wärmetest

🔍 **1.** Wickle einen 50 cm langen Eisendraht mit einem Durchmesser von 0,2 mm zu einer Wendel. Baue den Versuch nach Bild 1 auf. Regle die Spannung auf 4 V. Miss die Stromstärke und berechne den Widerstand.

Der PTC-Widerstand, ein Kaltleiter
Kaltleiter oder **PTC-Widerstände** (**p**ositive **t**emperature **c**oefficient) sind Widerstände, deren Wert mit der Temperatur steigt. Der spezifische Widerstand des Materials wird bei steigender Temperatur größer. Fast alle metallischen Leiter sind PTC-Widerstände. Unterhalb einer bestimmten Temperatur haben sie einen festen Widerstandswert. Oberhalb dieser Temperatur steigt der Widerstandswert sprunghaft an.

Der NTC-Widerstand, ein Heißleiter
Widerstände, deren Wert mit steigender Temperatur sinkt, sind **Heißleiter** oder **NTC-Widerstände** (**n**egative **t**emperature **c**oefficient). Der spezifische Widerstand des Materials sinkt bei steigender Temperatur.

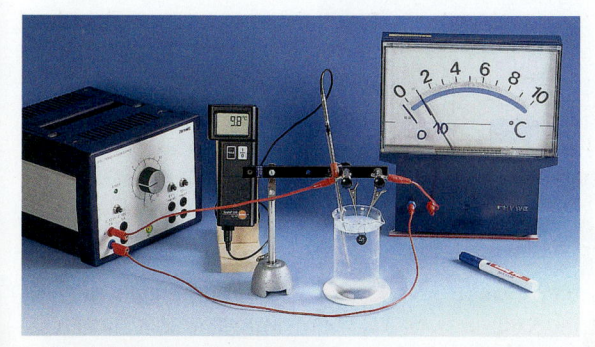

2 Ein elektrisches Thermometer

🔍 **2. a)** Erwärme den Eisendraht mit einer Brennerflamme zunächst nur wenig, dann bis er rot glüht, und wiederhole jeweils Versuch 1.
b) Drücke die Abhängigkeit des Widerstandes von der Temperatur in einem Je-desto-Satz aus.

🔍 **3. a)** Überklebe das Sichtfenster eines Strommessgerätes mit einer durchsichtigen Folie und baue den Stromkreis nach Bild 2 auf.
b) Tauche den NTC-Widerstand und ein Flüssigkeitsthermometer in Eiswasser. Stelle das Stromversorgungsgerät so ein, dass das Strommessgerät gerade reagiert. Markiere die Stellung des Zeigers auf der Folie als Skalenbeginn mit 0 °C.
c) Erhöhe die Temperatur schrittweise um 10 K und markiere jeweils die Zeigerstellung auf der Folie.

🔍 **4.** Bestimme mit dem Versuchsaufbau aus Versuch 3 die Temperatur einer beliebigen Wassermenge. Miss die Temperatur auch mit dem Flüssigkeitsthermometer und vergleiche die Messwerte.

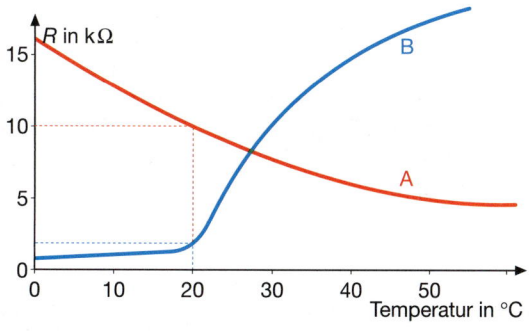

3 Kennlinien. A *Heißleiter;* **B** *Kaltleiter*

PTC- und NTC-Widerstände im Einsatz
Heißleiter und Kaltleiter haben einen **Kennwert,** das ist der Widerstandswert bei 20 °C. Heißleiter und Kaltleiter wandeln Temperaturwerte in Widerstandswerte um, sie wirken als **Datenwandler.** Mit einer Kennlinie wie in Bild 3 lässt sich mithilfe des Widerstandswertes die Temperatur ablesen.
Mit diesen Bauteilen ist es möglich, elektrische Thermometer zu bauen oder auch Sicherheitsschaltungen, die ein Gerät bei Überhitzung abschalten.

■ Die Widerstandswerte von Kaltleitern und Heißleitern verändern sich mit der Temperatur. Die Werte von PTC-Widerständen steigen mit der Temperatur, die von NTC-Widerständen werden kleiner.

Datenübertragung mit Licht

🔍 **1. a)** Schneide in ein Blatt neun hintereinander liegende Schlitze. Baue nun den Versuch nach Bild 2 auf. Bewege das Blatt vor der Lampe von links nach rechts. Was stellst du fest?
b) Verändere die Länge der Schlitze und wiederhole Versuch a). Welche Information wird übertragen?

📖 **2.** Wodurch werden die Daten in Versuch 1 übertragen?

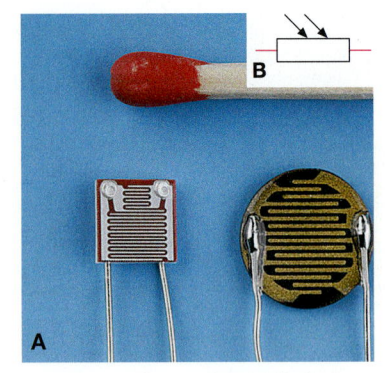

1 A *Fotowiderstände;* **B** *Schaltzeichen*

📖 **3.** In welcher Form nehmen Fotodioden Daten auf und in welcher Form werden die Daten gespeichert?

📖 **4.** In welche Form von Daten wandelt die Netzhaut die Daten eines betrachteten Gegenstandes um?

📖 **5.** Nenne Vor- und Nachteile der Datenübertragung mit Licht.

Der Fotowiderstand reagiert auf Licht
Die Aufzugstür steht offen. Du siehst eine Person heraneilen, die noch in den Aufzug möchte. Damit die Tür sich nicht schließt, hältst du einfach deine Hand vor eine der beiden kleinen Öffnungen an den Seiten der Aufzugstür. Wieso kann sich die Tür jetzt nicht schließen?

Auf gegenüberliegenden Türseiten eines Aufzuges befindet sich auf gleicher Höhe jeweils eine Öffnung. In der einen ist eine Laserdiode, in der anderen ein **Fotowiderstand (LDR,** engl. **l**ight **d**epending **r**esistor) eingelassen (Bild1). Wird ein solcher LDR beleuchtet, so wird sein Widerstand umso kleiner, je mehr Licht auf ihn fällt.
Der LDR registriert somit „Licht" oder „kein Licht", also Daten in Form von Veränderungen des Lichtes. Er reagiert mit „Elektronenfluss" oder „kein Elektronenfluss". Ein LDR ist also ein lichtempfindlicher Sensor, ein Datenwandler, der auf Licht reagiert.

Daten, die das Licht überträgt
Die Voraussetzung für die Datenübertragung durch Licht sind lichtempfindliche Bauelemente, die das Licht erzeugen, übertragen und wieder in Sprache, Bild, Ton, Text oder andere Daten umwandeln. Für die Übertragung werden heute Glasfasern eingesetzt. In der optischen Kommunikation werden die digitalisierten Informationen mittels Licht weitergegeben.

Beim Aufzug bedeutet dies, dass der lichtempfindliche Sensor auf „Licht" oder „kein Licht" mit „Tür schließen" oder „Tür nicht schließen" reagiert.

2 LDR als lichtempfindlicher Datenwandler

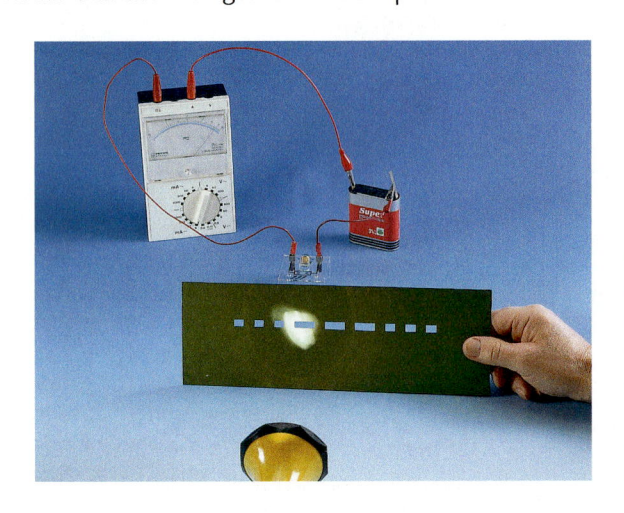

Andere Lichtsensoren
Lichtempfindliche Datenwandler werden auch in der Fototechnik eingesetzt. Digitalkameras oder Camcorder arbeiten mit zeilenweise angeordneten **Fotodioden**. Hier erzeugen die Photonen des Lichtes auf der Bildebene Ladungsbildpunkte, die Pixel. Die Daten von Gestalt und Farbe des fotografierten Gegenstandes sind in Form von Pixeln gespeichert. Datenwandler, die auf Licht reagieren, sind beispielsweise im Auge zu finden. So entsteht auf der Netzhaut unseres Auges das Bild des betrachteten Gegenstandes. Dabei überträgt wiederum das Licht die Dateninformation vom Gegenstand zur Netzhaut.

■ Fotowiderstände, Fotodioden und die Netzhaut sind Datenwandler, wobei Fotodioden die Daten zugleich speichern. Sie reagieren auf Licht, das die Daten überträgt.

Informationsübertragung

Anwendung der Farbsubtraktion

Aus dem Kunstunterricht weißt du bereits, dass du mit den Farben aus deinem Malkasten weitere Farben mischen kannst. Benötigst du einen grünen Farbton, so mischt du gelbe und blaue Farbpaste miteinander. Wenn weißes Licht auf das Papier fällt, wird der rote, orange und gelbe Farbbereich von der blauen Farbe absorbiert. Die gelbe Farbe absorbiert den blauen und violetten Farbbereich. Es wird somit nur noch der grüne Bereich reflektiert. Je nach der Menge der gelben und blauen Farbe erhältst du verschiedene Grüntöne. Du nutzt die **Farbsubtraktion**.

Nachts sind alle Katzen grau

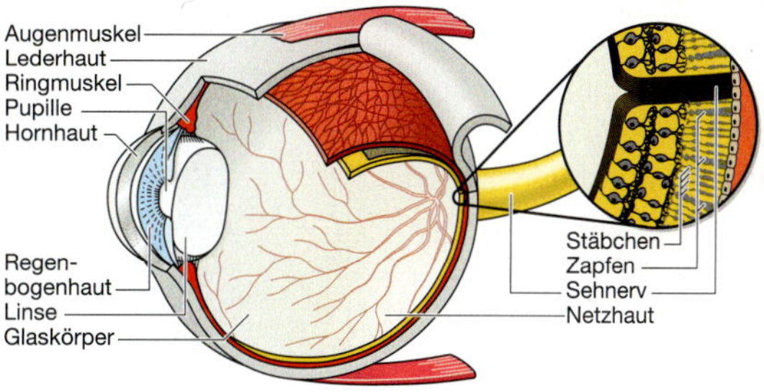

Augenmuskel, Lederhaut, Ringmuskel, Pupille, Hornhaut, Regenbogenhaut, Linse, Glaskörper, Stäbchen, Zapfen, Sehnerv, Netzhaut

Farben werden für dich erst durch die Aufnahme der Informationen im Auge und durch ihre Verarbeitung im Gehirn sichtbar. Auf der Rückwand des Auges, der Netzhaut, befinden sich die Sehzellen. Sie bestehen aus etwa 125 Mio. Stäbchen und 5 Mio. Zapfen. Die Zapfen reagieren auf farbiges Licht, aber erst ab einer bestimmten Lichtmenge. In der Dämmerung kannst du die Farbe eines Gegenstandes nicht mehr wahrnehmen. Daher scheinen alle Katzen bei wenig Licht ein dunkles Fell zu besitzen.

Es gibt Drucker, die Patronen für einzelne Farben besitzen. Diese Drucker benötigen Druckerpatronen für Schwarz, Magenta, Cyan und Gelb. Beim **Drucken** werden die Farben einzeln übereinander gedruckt. Die einzelnen kleinen farbigen Punkte liegen sehr dicht beieinander. Es entsteht ein farbiges Bild.

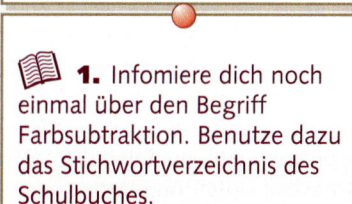

Beim Fotografieren werden oft **Farbfilter** benutzt, die vor das Objektiv gesetzt werden. Aus dem einfallenden Licht werden bestimmte Farbbereiche herausgefiltert, andere werden durchgelassen. Ein Rotfilter lässt nur Lichtanteile aus dem roten Bereich durch, die anderen Spektralfarben werden absorbiert.

1. Infomiere dich noch einmal über den Begriff Farbsubtraktion. Benutze dazu das Stichwortverzeichnis des Schulbuches.

2. Mische gleiche Mengen von zwei Farben aus deinem Malkasten. Notiere jeweils die Ausgangsfarben und die Farbe der Mischung.

3. Welche Farbfilter müssen kombiniert werden, damit bei Einfall von weißem Licht kein Licht mehr durch die Filter dringt?

Informationsübertragung → S. 346/347

Datenübertragung mit Schall

📖 **1. a)** Nenne mithilfe von Bild 1 die Bestandteile des Mikrofons.
b) Wodurch bewegt sich die Spule im Mikrofon und was ergibt sich aus dieser Bewegung?
c) Wodurch bewegt sich die Spule im Lautsprecher, wenn sein Aufbau mit dem des Mikrofons völlig übereinstimmt? Was ergibt sich aus dieser Bewegung?

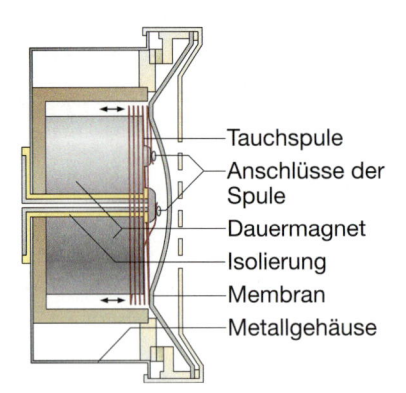

1 Dynamisches Mikrofon oder Lautsprecher
- Tauchspule
- Anschlüsse der Spule
- Dauermagnet
- Isolierung
- Membran
- Metallgehäuse

📖 **2.** Beschreibe den Ablauf der Datenübertragung bei der Gegensprechanlage. Welche Daten werden übertragen und welche Datenwandler werden benutzt?

📝 **3. a)** Das Ohr reagiert ähnlich einem Mikrofon auf Daten, die durch den Schall transportiert werden. Beschreibe den Vorgang.
b) Wie erfolgt die Umwandlung der Daten in Schall?

📖 **4.** Begründe, wieso zu großer Lärm oder zu laute Musik dein Gehör schädigen kann.

Gegensprechanlage

Bei Gegensprechanlagen kann der Hausbewohner mit dem Besucher sprechen. Dabei besteht die Station häufig aus einem dynamischen Mikrofon und einem dynamischen Lautsprecher. Das dynamische Mikrofon enthält eine Spule, die an einer Membran befestigt ist (Bild 1). Diese Membran liegt locker auf einer Halterung des Metallgehäuses auf. Die Spule wird vom starken Magnetfeld eines Topfmagneten durchsetzt. Dieser ist ein Dauermagnet.

Das Mikrofon

Spricht der Hausbewohner in das Mikrofon, so trifft der Schall als Verdichtung und Verdünnung der Luft auf die Membran des Mikrofons. Dadurch schwingt diese im Takt des Schalls. Die mit der Membran verbundene Spule führt in gleichem Takt Schwingungen im Magnetfeld des Topfmagneten aus. So wird eine Wechselspannung induziert und in den Spulenwindungen entsteht ein Wechselstrom. Das Mikrofon ist ein Datenwandler, der die Daten der Sprache oder eines Geräusches in Wechselstrom mit sich ändernder Frequenz und Amplitude umwandelt. Der Schall überträgt die Daten und wird vom Mikrofon in elektrische Energie umgewandelt.

Der Lautsprecher

Der Aufbau von Mikrofon und Lautsprecher ist gleich (Bild 1). Der durch das Mikrofon erzeugte Wechselstrom ruft in der Lautsprecherspule ein sich änderndes Magnetfeld hervor. Folglich bewegt sich die Spule durch die Überlagerung ihres Magnetfeldes mit dem Magnetfeld des Topfmagneten hin und her. Da die Membran des Lautsprechers mit der Spule verbunden ist, führt auch sie Schwingungen durch und erzeugt durch Verdichtung und Verdünnung der Luft Schall. Dieser wird durch die Luft an das Ohr übertragen und dort vom Trommelfell aufgenommen. Der Besucher an der Gegensprechanlage hört die Dateninformation des Hausbewohners. Somit ist auch ein Lautsprecher ein Datenwandler, der Wechselstrom mit sich ändernder Frequenz und Amplitude in Sprache oder Geräusche umwandelt. Die Datenübertragung zum Ohr erfolgt wiederum mithilfe des Schalls.

Datenübertragung in der Natur

Unser Ohr reagiert ähnlich einem Mikrofon auf Daten, die durch den Schall übertragen werden. Diese werden vom Trommelfell über das Innenohr zur Schnecke transportiert. Dort wandeln Härchen die Daten in elektrische Reize um. Diese werden zum Gehirn geleitet. Entsprechend ist die Schallerzeugung beim Kehlkopf mit der beim Lautsprecher vergleichbar. Der Kehlkopf wandelt Daten elektrischer Reize mithilfe der Stimmbänder in Schall um.

■ Mikrofon und Ohr sowie Lautsprecher und Kehlkopf sind Datenwandler, die mithilfe von Schall Daten übertragen.

Informationsübertragung → S. 346/347

Erste Schritte des Fernsehens

Informationsübertragung

1. a) Die Empfängerscheibe im Aufbau nach Bild 1 muss synchron zur Senderscheibe laufen. Was bedeutet synchron?
b) Wie sieht das Bild aus, wenn die Scheiben nicht synchron laufen?
c) Weshalb waren die übertragenen Bilder schwarz-weiß?

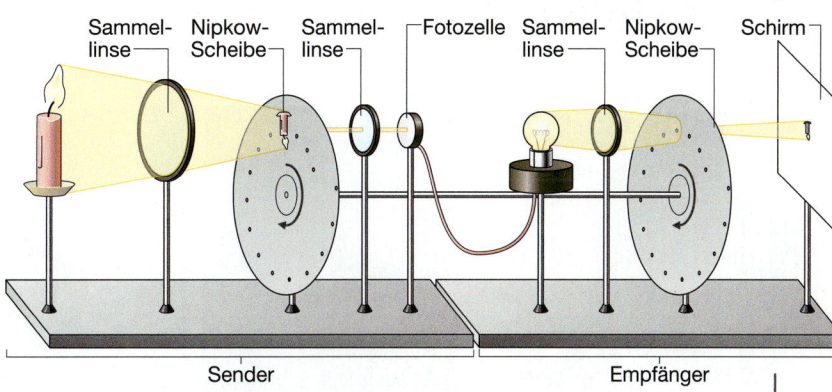

1 Nipkow-Scheibe: Sender – Empfänger

Töne umwandeln und übertragen

Sprache und Musik können mit einem Mikrofon in elektrische Signale umgewandelt werden. Diese können über weite Entfernungen übertragen und im Lautsprecher eines Empfängers in Schall zurückverwandelt werden.

Bilder umwandeln und übertragen

Der Berliner PAUL NIPKOW (1860–1940) fand eine Methode, Bilder zu übertragen. Auf der Nipkow-Scheibe (Bild 1) sind quadratische Löcher eingestanzt. Durch Drehen der Scheibe lässt sich ein darauf projiziertes Bild zerlegen. Jedes der quadratischen Löcher läuft über eine Zeile des Bildes. Die Fotozelle wandelt die Hell-Dunkel-Signale in Spannungsschwankungen um. Diese werden zu der Lampe beim Empfänger übertragen. Die Helligkeit der Lampe ändert sich entsprechend. Mit der Empfängerscheibe, die sich **synchron,** also zeitlich gleich zur Senderscheibe drehen muss, wird das Bild auf einem Schirm wieder zusammengesetzt.

■ Mit rotierenden Lochscheiben können Bilder zeilenweise zerlegt, so übertragen und nach der Übertragung wieder zusammengesetzt werden.

Übertragung von Bildern

Praktikum

2 Nipkow-Scheibe aus Pappe

Material
– dünne weiße Pappe
– Holzleisten mit Holzschrauben
– Elektromotor mit regelbarem Stromversorgungsgerät und Anschlusskabeln
– Linse ($f = 10$ cm) mit Halterung
– Kerze mit Kerzenständer

3 Übertragung eines Kerzenbildes

Bauanleitung

Fertige eine kreisrunde Pappscheibe wie in Bild 2 an. Zeichne darauf 8 Kreise, deren Radien immer um 0,5 cm kleiner werden. Stanze in die äußere Kreisbahn auf einer Segmentlinie ein Loch. Stanze anschließend in die folgenden 15 Kreisbahnen auf jeweils der nächsten Segmentlinie gleich große Löcher. Die Verbindungslinie aller 16 Löcher ergibt eine Spirale. Baue nun aus Holzleisten eine Vorrichtung nach Bild 3 auf. Befestige die Nipkow-Scheibe an der Achse des Elektromotors.

1. a) Verdunkle den Raum. Projiziere das Bild einer brennenden Kerze auf den oberen Bereich der Nipkow-Scheibe (Bild 1). Lass die Scheibe rotieren. Halte einen Schirm hinter die Scheibe. Verändere den Abstand zwischen Schirm und Scheibe und suche die optimale Position.
b) Betrachte das Bild bei verschiedenen Drehgeschwindigkeiten der Scheibe. Was beobachtest du? Beurteile die Qualität des Bildes.
2. Wie wirken sich kleinere Löcher und eine größere Anzahl von Löchern auf die Bildqualität aus?

331

Pinnwand

Anwendung der Farbaddition

Bei **Farbfernsehern** mit Bildröhren besteht der Bildschirm aus einzelnen Punkten, den Pixeln. Je ein Pixel ist für die Abgabe von grünem, blauem und rotem Licht zuständig. Die Pixel werden durch Elektronenstrahlen angesteuert, je einer für die drei Farben. Über die Stärke der Elektronenstrahlen wird die Helligkeit der jeweiligen Farbe eingestellt.

Bei Monitoren sowie Displays werden die Farben durch **Farbaddition** des Lichtes erzeugt. Dabei werden als Grundfarben rot, grün und blau (RGB) verwendet. Auf der Netzhaut des Auges werden die für die verschiedenen Farben empfindlichen Zapfen angeregt, die Grundfarben addieren sich. Rotes mit grünem Licht ergibt den Farbeindruck gelb, rotes und blaues Licht addieren sich zu violett, grünes und blaues Licht ergeben türkis. Wird Licht aller drei Farben addiert, so entsteht weiß. Weitere farbige Lichteindrücke werden durch verschiedene Intensitäten der drei Grundfarben erreicht.

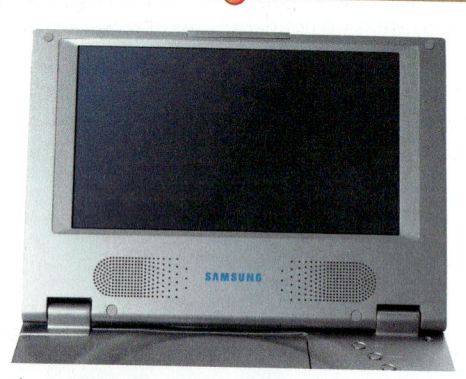

Tragbare DVD-Player, Handys, digitale Fotoapparate und Kameras nutzen eine Flüssigkristallanzeige, die **LCD-Monitore** (engl.: Liquid Crystal Display). Der Bildschirm besteht aus Flüssigkristallen. Diese sorgen dafür, dass nur das Licht der benötigten Farbe reflektiert wird. LCD-Monitore haben auch bei kleiner Größe eine hohe Auflösung und einen geringen Bedarf an elektrischer Energie. Sie werden daher in mobilen Geräten eingesetzt.

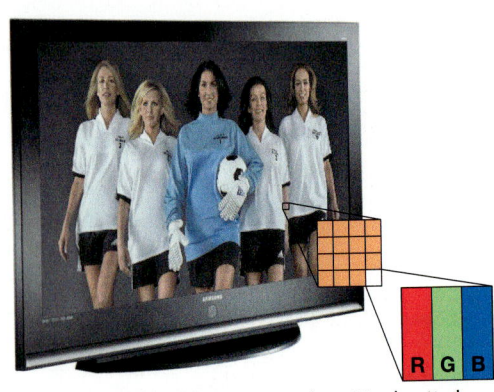

Auch bei **Plasmabildschirmen** werden Pixel mit den Grundfarben der Farbaddition verwendet. Zwischen zwei Glasplatten gibt es viele kleine mit Gas gefüllte Zellen. Diese werden elektrisch angeregt und senden Licht aus. Verschiedene Gasmischungen senden Licht in den verschiedenen Grundfarben aus. Es können bis zu 16,7 Mio. Farben dargestellt werden. Plasmabildschirme besitzen eine größere Bildschirmdiagonale und einen besseren Kontrast als LCD-Bildschirme. Sie haben einen höheren Bedarf an elektrischer Energie.

📖 **1.** Infomiere dich noch einmal über den Begriff Farbaddition. Benutze dazu das Stichwortverzeichnis des Schulbuches.

✂️ **2.** Erstelle eine Übersicht über die Vor- und Nachteile sowie die Einsatzgebiete der einzelnen Bildschirmtypen.

Informationsübertragung → S. 346/347

Informationsübertragung

Vom Elektronenstrahl zum Flüssigkristall

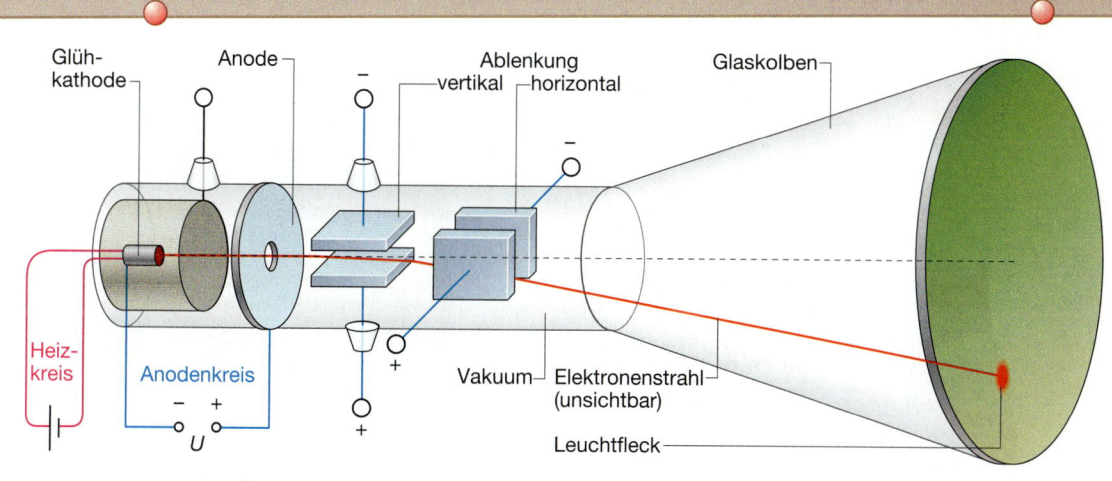

Pinnwand

Glühkathode – Anode – Ablenkung vertikal – horizontal – Glaskolben
Heizkreis – Anodenkreis – U – Vakuum – Elektronenstrahl (unsichtbar) – Leuchtfleck

FERDINAND BRAUN (1850–1918) entwickelte ein Gerät, mit dem die Bewegung von Elektronen im Vakuum mithilfe eines Leuchtschirmes beobachtet werden kann, die nach ihm benannte **braunsche Röhre**.
Im linken Teil befindet sich ein Glühdraht, der in einem Heizstromkreis liegt, die Glühkathode. Die Anschlüsse sind nach außen geführt. Bei Anschluss an eine Stromquelle glüht der Draht. An seiner Oberfläche treten Elektronen aus, die sich als Wolke um den Glühdraht legen. Vor dem Glühdraht befindet sich eine ringförmige Scheibe, die Anode.

Zwischen ihr und dem Glühdraht wird eine Spannung angelegt. Dabei zieht die Anode Elektronen aus der Wolke vor der Glühkathode an. Ein Teil der Elektronen fliegt durch das Loch. Wenn diese Elektronen auf den beschichteten Leuchtschirm treffen, erzeugen sie einen leuchtenden Fleck. Mit zwei Platten, die vertikal angebracht sind, kann durch Anlegen einer Spannung der Elektronenstrahl nach oben und unten abgelenkt werden. Zwei horizontale Platten ermöglichen eine Ablenkung nach rechts und links. Elektronenstrahlröhren werden in Oszilloskopen oder als Fernsehbildschirme eingesetzt.

Flachbildschirme zeichnen sich durch ihren geringeren Platzbedarf gegenüber Röhrenmonitoren aus. Sie senden keine schädliche Strahlung aus. Ihre Bilddarstellung beruht darauf, dass Flüssigkristalle unter dem Einfluss eines elektrischen Feldes Licht lenken können. Eine weitere Entwicklung auf dem Gebiet der Flachbildschirme ist die **TFT-Technik**. TFT steht dabei für Thin Film Transistor (Dünnfilmtransistor).

Der Bildschirm besteht aus einem System von zwei parallel zueinander angeordneten Glasplatten mit einem Farbfilter dazwischen. Auf der Platte, die der Lichtquelle zugewandt ist, sind senkrechte und waagerechte Leiterbahnen aufgedampft. An ihren Kreuzungspunkten befinden sich jeweils drei Dünnfilmtransistoren für die Grundfarben rot, grün und blau. Ihre Gesamtanzahl richtet sich nach dem Auflösungsvermögen des Schirms, bei 1024 x 768 Pixeln 1024 x 768 x 3 Transistoren. Jeweils drei Transistoren erzeugen einen Bildpunkt aus den drei Grundfarben Rot, Grün, Blau. Sie können stufenlos gesteuert werden. Damit können bei unterschiedlichen Anteilen der jeweiligen Grundfarben alle anderen Farbtöne durch Farbaddition gemischt werden. Durch diese Ansteuerung wird das Licht, das von hinten durch die Scheibe strahlt, so beeinflusst, dass auf der vorderen Scheibe der gewünschte Bildpunkt entsteht.
Bei der großen Anzahl der möglichen Bildpunkte liegen diese so eng beieinander, dass das Auge sie nicht mehr voreinander unterscheiden kann. Es entsteht ein Bild.

Pinnwand

Röhre, TFT, Plasma oder OLED?

Röhrenbildschirme werden sowohl für Fernsehgeräte als auch für Computermonitore verwendet. Diese Geräte sind robust und preisgünstig. Bei Fernsehgeräten liegt die elektrische Leistung je nach Bilddiagonale und Helligkeit bei etwa 100 W. Die Geräte sind sehr schwer und benötigen eine große Stellfläche.

TFT-Fernsehgeräte haben einen Bildschirm, der mit Flüssigkristallen arbeitet. Die Bildschirme sind wesentlich leichter als Röhrenbildschirme und benötigen eine deutlich geringere Stellfläche. Diese Fernsehgeräte sind auch für die Wandmontage geeignet. Große Fernsehgeräte benötigen ungefähr 300 W.

Plasmatechnik ist vor allem für großformatige Flachbildschirme geeignet. Das Bild kann im Gegensatz zu TFT-Bildschirmen aus einem wesentlich größeren Blickwinkel betrachtet werden. Die Geräte werden bei der Benutzung sehr warm. Ihre Leistung ist mit bis zu 500 W wesentlich größer als die von TFT-Geräten.

In der Zukunft könnten in vielen Bereichen TFT- oder Plasmabildschirme durch **OLED-Bildschirme** ersetzt werden. OLED steht für organische Leuchtdiode, ein dünnes, leuchtendes Bauelement aus organischen Materialien. Die elektrische Leistung ist geringer als bei TFT- oder Plasmabildschirmen.

1. Überlege, welchen Einfluss die Angaben zur elektrischen Leistung eines Bildschirms auf die Kaufentscheidung eines Kunden haben könnte.

Informationsübertragung

Wirtschaftsfaktor Computertechnik

Am Anfang wenige Großrechner
Ende der 40er Jahre des letzten Jahrhunderts prognostizierten Wissenschaftler der Harvard University, dass sechs elektronische Digitalrechner den Bedarf der USA an Rechenleistung vollständig decken würden.

PCs in vielen Haushalten
Die Entwicklung der Computertechnologie ist in den letzten Jahrzehnten enorm vorangeschritten. Dabei ist der Computer nur ein Beispiel für die Entwicklung der **Halbleitertechnik.** Sie ist aus vielen Bereichen unseres Lebens nicht mehr wegzudenken. Heute stehen in allen Büros und in vielen privaten Haushalten PCs. Die Rechenleistung heutiger PCs ist weit größer als die der frühen Großcomputer. Zudem können sie ohne technische Fachkenntnisse bedient werden. PCs werden als Schreib- und Rechen-Maschinen, zur Kommunikation, zum online-Einkauf oder zur Unterhaltung eingesetzt.

Computer in Technik und Medizin
Maschinen zur industriellen Produktion werden mit speziell konstruierten Computern ausgerüstet. So können technische Produkte in großen Mengen günstig produziert werden. Medizinische Geräte mit Computerunterstützung bieten neue Möglichkeiten zu Diagnose und Therapie. Vielen Menschen kann so das Leben erhalten oder ihr Leiden gelindert werden.

1 Computer im Einsatz

Vor- und Nachteile
Während durch die Entwicklung der Halbleitertechnik in vielen Bereichen neue Arbeitsplätze geschaffen und die Gefährlichkeit von Arbeiten verringert wurden, bringt sie aber nicht nur Vorteile mit sich. Durch den Einsatz von leistungsstarken Computern wird die Arbeitskraft des Menschen in vielen Bereichen ersetzt. Dadurch erhöht sich die Arbeitslosigkeit und neue soziale Probleme entstehen.

Computerschrott

Wertstoffe, aber auch Gifte
Zum Bau von Computern werden große Mengen an Wertstoffen benötigt. In einem PC befinden sich heute rund 700 verschiedene Inhaltsstoffe. Dazu gehören seltene und teure Rohstoffe, aber auch giftige Stoffe, die heute noch nicht ersetzt werden können.

Gesetzliche Regelungen
EU-Richtlinien und deutsche Gesetzgebung schreiben vor, dass ausgediente Computer von den Herstellerfirmen zurückgenommen und fachgerecht entsorgt werden müssen.
Einige besonders problematische Stoffe dürfen beim Bau von PCs nicht mehr verwendet werden. Darüber hinaus haben sich die Hersteller verpflichtet, nach einer Übergangszeit auf die Nutzung einer Reihe weiterer problematischer Stoffe zu verzichten.

Entsorgung und Recycling
Deutschlands 38 Mio. Haushalte produzieren geschätzt in jedem Jahr 1,1 Mio. t Elektronikschrott. Lange Zeit wurde ein Großteil der ausgedienten Computer in wirtschaftlich schwache Länder exportiert. Dort werden mit einfachen Mitteln Wertstoffe aus den Geräten gelöst und der Rest wird unkontrolliert auf Müllhalden deponiert. Dabei ist die Ausbeute gering und die Umwelt wird schwer geschädigt.

Da Jahr für Jahr mehr Computer gebaut werden, sind einige der Inhaltsstoffe sehr teuer geworden. Mittlerweile gibt es Verfahren, die das **Recycling** in Deutschland wirtschaftlich interessant machen. Ein Teil der benötigten Rohstoffe kann so zurückgewonnen und erneut verarbeitet werden. Inzwischen hat sich sogar ein Markt für Computerbauteile entwickelt, auf dem auch kleine Mengen gegen Geld zurückgenommen werden.

Mit Licht Informationen übertragen

1. a) Bitte in einer Autowerkstatt darum, mit einem Endoskop in den Hohlraum einer Autokarosserie blicken zu dürfen. Beschreibe, was du siehst.
b) Suche im Internet nach weiteren Einsatzzwecken für Endoskope.

2. Nenne Anwendungen, für die sich Glasfaserbündel besser eignen als einzelne Glasfasern.

3. Erkundige dich bei einem Fernmeldeunternehmen, ob dein Wohnort an ein Telefonnetz in Glasfasertechnik angeschlossen ist.

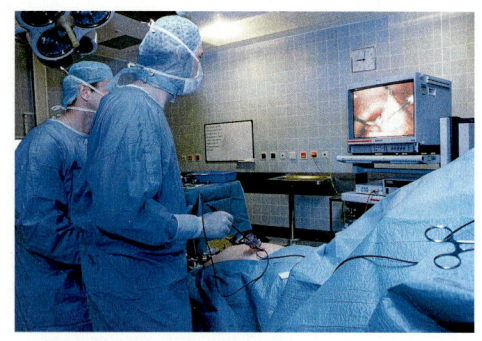

1 Ein Blick ins Verborgene

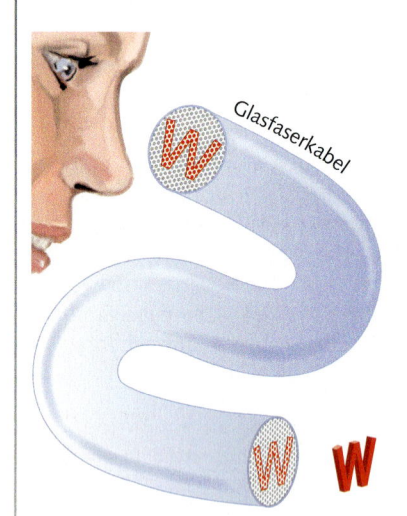

2 Ein Bild wird weitergeleitet.

Faserbündel übertragen Bilder
Bilder setzen sich aus vielen Punkten zusammen. Um Bilder zu übertragen, können einzelne Glasfasern gebündelt werden. Jeweils eine der Fasern wird auf ein kleines Feld des Bildes gerichtet. Verlaufen die Fasern geordnet nebeneinander, so ist am Ende des Bündels ein Abbild zu erkennen (Bild 2). Die Information des Bildes ist an einen anderen Ort transportiert worden.
Soll ein Bild möglichst genau wiedergegeben werden, muss es in kleine Bildpunkte, in **Pixel,** zerlegt werden. Es müssen dann sehr viele Lichtleiter zusammengefasst werden. Solche Faserbündel sind schwer und weit weniger biegsam als eine einzelne Faser.

Eine Glasfaser genügt zur Bildübertragung
Durch eine geeignete Elektronik können die Pixel eines Bildes aber auch nacheinander abgetastet werden. Die Farb- und Helligkeitswerte werden durch eine einzelne Glasfaser geleitet und durch eine Empfangselektronik mithilfe eines Synchronisationssignals wieder zu einem Bild zusammengesetzt.

Einblicke in Hohlräume
In Technik und Medizin werden **Endoskope** eingesetzt. Das sind Geräte, die es mithilfe von Glasfaserbündeln ermöglichen, in Hohlräume zu blicken. Endoskope werden in Autowerkstätten genutzt, um in Karosseriehohlräumen die Bleche auf Korrosion zu überprüfen. Endoskope erlauben es Chirurgen, in den Magen oder in Gelenke zu blicken. Sie können sogar chirurgische Eingriffe „auf Sicht" vornehmen, ohne den Operationsbereich freilegen zu müssen. Diese **minimal-invasive Operationstechnik** verringert die Infektionsgefahr beim Patienten.

Sprechen über eine Faser
Die elektrischen Signale des Telefonnetzes werden heute oft elektronisch in Lichtsignale umgesetzt. Diese werden durch Glasfasern weitergeleitet und am Zielort in elektrische Signale zurückverwandelt.

Das Glas der Fasern ist High-Tech-Material
Das Licht, das in eine Glasfaser eingespeist wird, tritt nicht vollständig am anderen Ende wieder aus. Ein Teil des Lichts wird vom Glas in Wärme umgewandelt, es wird absorbiert. Bei Fasern aus Fensterglas wäre von dem Licht schon nach wenigen Metern nichts mehr zu sehen. Den Herstellern von Glasfasern ist es gelungen, Glasorten mit sehr geringer Absorption zu entwickeln. Licht, das in eine Faser aus diesem Spezialglas eingeleitet wird, ist auch dann noch messbar, wenn die Faser viele Kilometer lang ist. Damit Lichtsignale sicher erkannt werden können, werden sie nach einer längeren Strecke aufgefangen und elektronisch verstärkt. So können beliebige Entfernungen überbrückt werden.

■ Mit Lichtleitern können Informationen in Form von Bildern und Tönen übertragen werden.

Informationsübertragung

Sprechen durch Lichtleiter

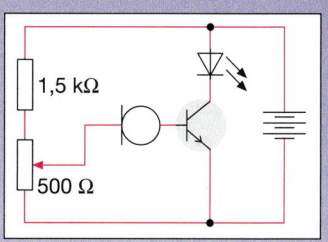

Praktikum

1 Der Lichtsender

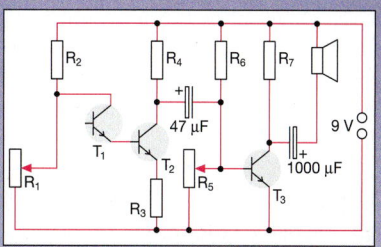

2 Der Lichtempfänger

Mit einem Sender und einem Empfänger kannst du selbst eine Anlage bauen, die Töne durch einen Lichtleiter sendet. Zwei solcher Anlagen genügen, um ein Haustelefon einzurichten.

Material für den Sender
1 dynamisches Mikrofon
1 Spindeltrieb-Potentiometer 500 Ω
1 Fotodiode Mentor 1304.1101
1 Widerstand 1,5 kΩ
1 Transistor BC237

1 4,5 V-Flachbatterie
2 zweipolige Lüsterklemmen
1 Holzbrett 9 cm x 10 cm x 1 cm
2 Holzleisten
2 Reißnägel
1 Leiterbahnplatine

Material für den Empfänger
2 Spindeltrieb-Potentiometer
R_1 500 Ω; R_5 500 Ω
1 Fototransistor T_1 Mentor 314.2101
1 Transistor T_2 BC547
1 Transistor T_3 BD139
1 Kondensator 47 µF
1 Kondensator 1000 µF
1 Lautsprecher 8 Ω
2 4,5 V-Flachbatterien

1 Widerstand R_2 1 kΩ
1 Widerstand R_3 100 Ω
1 Widerstand R_4 1 kΩ
1 Widerstand R_6 3,3 kΩ
1 Widerstand R_7 39 Ω | 1 W
1 Holzbrett 10 cm x 18 cm x 1 cm
3 Holzleisten
4 Reißnägel
2 zweipolige Lüsterklemmen
1 Leiterbahnplatine

zusätzlich: Schaltdraht, 5 m ummantelter Lichtleiter

Bauanleitung

1. Baue die beiden Schaltungen auf, die in den Schaltplänen in den Bildern 1 und 2 dargestellt sind.
2. Stelle am Potentiometer R_5 den Arbeitspunkt des Transistors T_3 ein, die Spannung an R_3 soll etwa 5 V betragen. Stelle das Potentiometer R_1 so ein, dass an ihm eine Spannung etwa 3 V liegt. Verbinde die Fotodiode und den Fototransistor mit dem Lichtleiter.
3. Stelle das Potentiometer des Senders so ein, dass die Fotodiode halbhell leuchtet. Die Spannung zwischen den beiden Anschlussdrähten der Fotodiode soll etwa 2 V betragen.
4. Lege das Mikrofon des Licht-Senders auf die Hörmuschel eines Telefons und verstelle das Potentiometer des Senders solange, bis das Freizeichen aus dem Lautsprecher des Licht-Empfängers zu hören ist.

Elektromagnetische Schwingungen und Wellen

📖 **1. a)** Welches Modell dient zur Darstellung von elektrischen und magnetischen Feldern?
b) Nenne die Eigenschaften des Modells.
c) Wie werden die Stärke und die Verteilung des Feldes darstellen?

📖 **2.** Skizziere das elektrische Feld für zwei gleich geladene Körper.

📖 **3.** Skizziere das magnetische Feld
a) eines Stabmagneten,
b) einer Strom durchflossenen Spule.

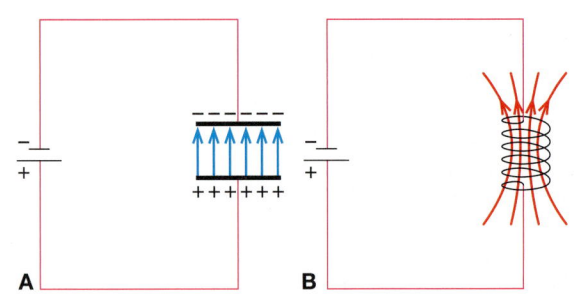

1 A Elektrisches Feld eines Kondensators; **B** Magnetisches Feld einer Spule

Felder im Kondensator und an der Spule
Zwei gegenüberliegende elektrisch leitende Platten bilden einen **Kondensator.** Befinden sich auf den Platten unterschiedliche elektrische Ladungen, so besteht zwischen ihnen ein homogenes, elektrisches Feld. Der Kondensator hat **elektrische Energie** gespeichert.
Eine Spule, die in einem Stromkreis liegt, ist von einem Magnetfeld umgeben. In diesem Magnetfeld ist **magnetische Energie** gespeichert.

Der Schwingkreis
Ein Stromkreis aus Kondensator und Spule bildet einen **Schwingkreis.** Ist der Kondensator geladen, so entlädt er sich über die Spule. Dadurch bildet sich um die Spule ein Magnetfeld. Ist der Kondensator vollständig entladen, so ist die gesamte elektrische Energie im Magnetfeld der Spule als magnetische Energie gespeichert. Anschließend wird das Magnetfeld abgebaut, dadurch wird in der Spule ein Strom induziert und der Kondensator wird mit umgekehrter Polarität wieder geladen. Dieser Vorgang wiederholt sich ständig. Die Energie schwingt also zwischen dem elektrischen Feld des Kondensators und dem magnetischen Feld der Spule hin und her (Bild 2). Es entstehen **elektromagnetische Schwingungen.**

Verluste im Schwingkreis
Bei jedem Austausch zwischen elektrischer und magnetischer Energie wird ein Teil als Wärme abgegeben, die Schwingungen werden schwächer. Sollen die Schwingungen in einem Schwingkreis aufrecht erhalten werden, so muss von einer äußeren Stromquelle ständig neue Energie zugeführt werden.

Elektromagnetische Wellen
Elektromagnetische Schwingungen werden von einer Antenne in den Raum abgestrahlt. Es entstehen **elektromagnetische Wellen.** Sollen die elektromagnetischen Wellen aufrecht erhalten werden, so muss ständig Energie aus dem Schwingkreis zugeführt werden.

Hertzsche Wellen
Dem deutschen Physiker HEINRICH HERTZ (1857–1895) gelang im Jahre 1886 erstmals der Nachweis elektromagnetischer Wellen. Wellen mit einer Frequenz zwischen 3 kHz und 3 GHz heißen daher **hertzsche Wellen** oder **Radiowellen.** Sie werden zur Übertragung von Informationen genutzt.

■ Elektromagnetische Wellen sind elektromagnetische Schwingungen, die sich im Raum ausbreiten. Ein Teilbereich sind die hertzschen Wellen.

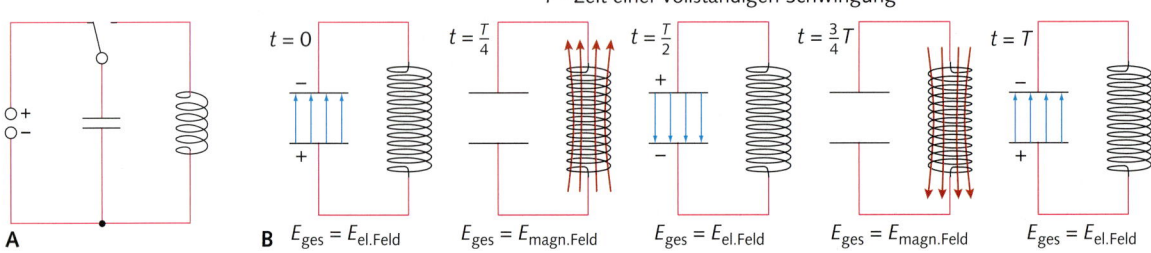

T - Zeit einer vollständigen Schwingung

$t = 0$ $t = \frac{T}{4}$ $t = \frac{T}{2}$ $t = \frac{3}{4}T$ $t = T$

A **B** $E_{ges} = E_{el.Feld}$ $E_{ges} = E_{magn.Feld}$ $E_{ges} = E_{el.Feld}$ $E_{ges} = E_{magn.Feld}$ $E_{ges} = E_{el.Feld}$

2 Schwingkreis. A Aufbau; **B** Feld des Kondensators und der Spule im Verlauf einer vollständigen Schwingung

Informationsübertragung → S. 346/347

Informationsübertragung

Von der Theorie zur Praxis

Die Vorhersage
Die Existenz elektromagnetischer Wellen wurde von dem schottischen Physiker JAMES CLERK MAXWELL (1831–1879) vorhergesagt. Er stellte grundlegende physikalische Erscheinungen in mathematischer Form dar. Er war damit der Wegbereiter der **theoretischen Physik.**

Bei seinen Berechnungen zeigte er, dass sich elektrische und magnetische Felder in Form von elektromagnetischen Wellen im Raum ausbreiten könnten. In seinen Gleichungen verwendete er die Lichtgeschwindigkeit als Ausbreitungsgeschwindigkeit dieser Wellen.

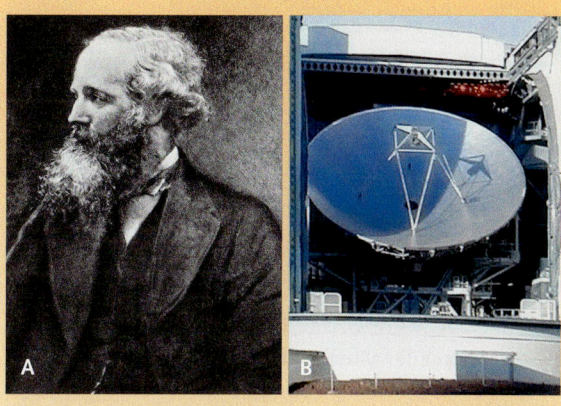

1 J. C. MAXWELL und das nach ihm benannte Teleskop auf Hawaii

Die Entdeckung
Der deutsche Physiker HEINRICH HERTZ (1857–1894) konnte 1886 die von MAXWELL vorausgesagten elektromagnetischen Wellen nachweisen. Er befestigte an den Enden eines Drahtes zwei Metallkugeln und ließ zwischen diesen einen Funken überspringen. In einer Entfernung von 1 m befand sich eine Drahtschlinge mit zwei weiteren Metallkugeln, die 1 mm voneinander entfernt waren. Beim Auslösen eines Funkens zwischen dem ersten Kugelpaar konnte HERTZ auch beim zweiten Kugelpaar einen Funken nachweisen, ohne dass eine leitende Verbindung bestand.

Die Übertragung der Energie zwischen den Kugelpaaren musste durch die von MAXWELL vorausgesagten unsichtbaren elektromagnetischen Wellen erfolgt sein.

2 H. HERTZ und sein Empfänger

Die Anwendung
Der Italiener GUGLIELMO MARCONI (1874–1937) nutzte die neu entdeckten Wellen für die drahtlose Nachrichtenübertragung. 1895 gab es die erste drahtlose Übertragung von Morsesignalen über kurze Strecken.

MARCONI verbesserte den Schwingkreis und die Sende- und Empfangsantennen. 1899 überwand eine Nachricht drahtlos den Ärmelkanal. Am 12. Dezember 1901 gelang MARCONI die erste Übertragung von Informationen über den atlantischen Ozean. 1909 erhielt er gemeinsam mit FERDINAND BRAUN (1850–1918) den Nobelpreis für Physik.

3 G. MARCONI und sein Sender

1. Erstelle Kurzbiografien von J. C. MAXWELL, H. HERTZ und G. MARCONI.

Die Ausbreitung hertzscher Wellen

1 Sendeanlage für Mittelwellen

2 Empfangsantennen werden ausgerichtet.

1. Wo befinden sich in der Nähe deines Wohnortes Sendeanlagen? Informiere dich über die Kenndaten dieser Anlagen.

2. Skizziere den Verlauf einer Welle mit einer Amplitude von 10 mm und einer Wellenlänge von 5 cm.

3. Wie lange brauchen hertzsche Wellen von der Erde zum Mond?

4. Ein Satellit befindet sich in 36 000 km Höhe über dem Äquator. Wie lange braucht ein Signal, wenn sich Sender und Empfänger nahe bei einander unter dem Satelliten befinden?

5. a) Ein Rundfunksender sendet auf der Frequenz 200 kHz. Mit welcher Wellenlänge wird gesendet?
b) In welchem Bereich der hertzschen Wellen wird gesendet?

6. a) Eine Welle besitzt die Wellenlänge 5 m und die Frequenz 39,8 MHz. Berechne die Ausbreitungsgeschwindigkeit.
b) In welchem Stoff breitet sich die Welle aus?

7. Hertzsche Wellen werden nicht nur für Rundfunkübertragungen genutzt. Informiere dich über weitere Anwendungen. Erstelle eine Übersicht der jeweils genutzten Frequenzbereiche.

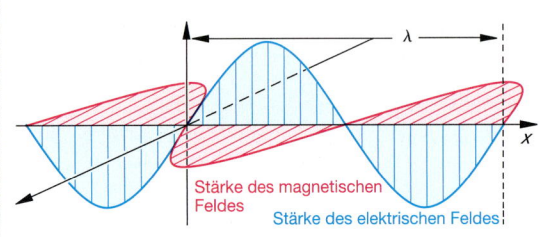

3 Verlauf des elektrischen und magnetischen Feldanteils einer hertzschen Welle

Antennen
Antennen zum Aussenden hertzscher Wellen werden in verschiedenen Formen gebaut. Für Kurzwellen werden Langdrahtantennen verwendet, für Mittelwellen Sendemasten (Bild 1). UKW-Antennen sind symmetrisch aufgebaut, sie werden an Masten montiert. Fernsehantennen sind Parabolantennen (Bild 2).

Ausrichtung von Antennen
Empfangsantennen werden so ausgerichtet, dass sie in Richtung des Senders zeigen. Dabei kann der Sender beispielsweise ein **Satellit** sein. Geostationären Satelliten stehen immer über demselben Punkt des Äquators, so gibt es stets eine geradlinige Verbindung zwischen Sender und Satellit sowie zwischen Satellit und Empfänger.

Wellenlänge
Bewegt sich eine elektromagnetische Welle durch den Raum, so ändert sich die Stärke des elektrischen und des magnetischen Feldes an einem bestimmten Punkt des Raumes ständig. Das magnetische und das elektrische Feld stehen senkrecht aufeinander (Bild 3). Die Stärke schwankt in regelmäßigen Abständen zwischen einem Maximum, dem Wellenberg, und einem Minimum, dem Wellental. Der Abstand zweier aufeinander folgender gleicher Schwingungszustände heißt **Wellenlänge λ** (griech.: Lambda). Die Einheit der Wellenlänge ist Meter (m).

Die erste Übertragung hertzscher Wellen gelang mithilfe elektrischer Funken. Bis heute wird daher für eine Datenübertragung mit elektromagnetischen Wellen das Wort **Funk** verwendet.

Informationsübertragung → S. 346/347

Informationsübertragung

Frequenz
Da sich bei Wellen die Schwingungen im Raum ausbreiten, ändert sich die Stärke der elektrischen und magnetischen Felder nicht nur örtlich periodisch, sondern auch zeitlich periodisch. Zur Beschreibung der zeitlichen Änderung dient die **Frequenz f.** Wie beim Schall gibt die Frequenz auch bei den elektromagnetischen Schwingungen die Anzahl der Schwingungen in einer Sekunde an. Wird eine Schwingung pro Sekunde in den Raum abgegeben, so ergibt sich für die elektromagnetische Welle eine Frequenz von $f = 1\,\frac{1}{s}$. Diese Einheit wird zu Ehren von HEINRICH HERTZ als 1 Hz bezeichnet.

4 Satelliten übertragen Nachrichten.

Weitere Einheiten für die Frequenz:
10^3 Hz = 1 kHz
10^6 Hz = 10^3 kHz = 1 GHz (Gigahertz)
10^9 Hz = 10^6 kHz = 10^3 GHz = 1 THz (Terahertz)

Teilbereiche der hertzschen Wellen
Die hertzschen Wellen werden in Teilbereiche unterteilt. Die in der Tabelle angegebenen Werte gelten für die Ausbreitung in Luft.

Bezeichnung	Wellenlänge	Frequenz
Längstwelle VLF	100 000 m – 10 000 m	3 kHz – 30 kHz
Langwelle LW	10 000 m – 1 000 m	30 kHz – 300 kHz
Mittelwelle MW	100 m – 100 m	0,3 MHz – 3 MHz
Kurzwelle KW	100 m – 10 m	3 MHz – 30 MHz
Ultrakurzwelle UKW	10 m – 1 m	30 MHz – 300 MHz
Fernsehen UHF	1 m – 0,1 m	0,3 GHz – 3 GHz

5 Wellenlängenbereiche

Ausbreitungsgeschwindigkeit hertzscher Wellen
Schallwellen breiten sich in Luft mit 340 $\frac{m}{s}$ aus. Hertzsche Wellen benötigen im Gegensatz zu Schallwellen zur Übertragung keinen Stoff. Sie breiten sich im Vakuum mit der Lichtgeschwindigkeit c aus. Ebenso wie Licht und Schall breiten sich hertzsche Wellen in verschiedenen Stoffen aber unterschiedlich schnell aus.

Vakuum	299 792 $\frac{km}{s}$
Luft	299 711 $\frac{km}{s}$
Wasser	225 000 $\frac{km}{s}$

Der Zusammenhang zwischen Wellenlänge λ, Frequenz f und Ausbreitungsgeschwindigkeit c wird wie folgt beschrieben:

$$c = \lambda \cdot f \text{ in } \frac{m}{s} \qquad \lambda \text{ in m, } f \text{ in Hz}$$

Der Stoff bestimmt die Wellenlänge und die Frequenz
Da die Ausbreitungsgeschwindigkeit in einem Stoff konstant ist, folgt aus der Formel: Je größer die Wellenlänge ist, desto kleiner ist die Frequenz und umgekehrt.

■ Hertzsche Wellen breiten sich geradlinig aus. Der Abstand zweier benachbarter gleicher Schwingungszustände wird als Wellenlänge bezeichnet. Die Ausbreitungsgeschwindigkeit ist die Lichtgeschwindigkeit. Sie beträgt im Vakuum rund 300 000 $\frac{km}{s}$.

1. Eine Rundfunkstation sendet auf der UKW-Frequenz 92,5 MHz. Mit welcher Wellenlänge wird das Programm übertragen?

geg.: f = 92,5 MHz = 92 500 000 Hz
c = 299 711 $\frac{km}{s}$ = 299 711 000 $\frac{m}{s}$
ges.: λ

Lösung: $c = \lambda \cdot f$
$\lambda = \frac{c}{f}$
$\lambda = 3{,}24$ m

Antwort: Die Wellenlänge beträgt 3,24 m.

2. Ein Amateurfunker sendet im 10 m-Band. Berechne die Frequenz und gib den Frequenzbereich an.

geg.: λ = 10 m
c = 299 711 $\frac{km}{s}$ = 299 711 000 $\frac{m}{s}$
ges.: f

Lösung: $c = \lambda \cdot f$
$f = \frac{c}{\lambda}$
$f = 29\,971\,100$ Hz = 30 MHz

Antwort: Der Funker sendet auf Kurzwelle.

Datenübertragung durch Funk

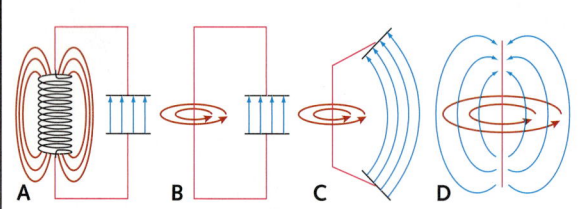

A B C D
1 Vom Schwingkreis zum Dipol

📖 **2.**
a) Beschreibe mit Bild 1, wie aus einem geschlossenen Schwingkreis ein Dipol wird.
b) Begründe, dass ein Dipol ein Schwingkreis ist.

📖 **3. a)** In Bild 2 wird dargestellt, wie sich elektromagnetische Wellen durch den Raum bewegen. Was sind elektromagnetische Wellen?
b) Wie können sich elektromagnetische Wellen ohne einen Träger im Raum fortbewegen?

✏️ **1.** Erkundige dich nach der eigentlichen Bedeutung des Wortes Dipol.

2 Ausbreitung elektromagnetischer Wellen

Sendeantenne

Empfangsantenne

Die Dipolantenne – ein besonderer Schwingkreis

Ein einfacher Metallstab lässt sich als Sonderfall eines Schwingkreises betrachten. Der Stab selbst, um den bei Elektronenfluss ein Magnetfeld entsteht, bildet die Spule. Da sich an seinen Enden Ladungen sammeln können, bildet er aber auch einen Kondensator. In den Bildern 1A bis 1D wird dargestellt, wie ein Schwingkreis aus Spule und Kondensator zu einem Schwingkreis vereinfacht wird, der nur aus einem Metallstab besteht. Solch ein Schwingkreis heißt **Dipol**. Das elektrische Feld und das magnetische Feld reichen weiter in den Raum (Bild 1D) als die Felder geschlossener Schwingkreise (Bild 1A). Ein Dipol kann als Antenne wirken.

Elektromagnetische Wellen im Raum

Wie in jedem Schwingkreis werden im **Sendedipol** ständig elektrische und magnetische Felder auf- und abgebaut. Die beiden Felder durchdringen denselben Raum und beeinflussen einander. Bei jedem Aufbau eines elektrischen Feldes wird gleichzeitig ein Magnetfeld aufgebaut und bei jedem Aufbau eines magnetischen Feldes entsteht zugleich ein elektrisches Feld, das wiederum ein magnetisches Feld hervorruft. Die auf diese Weise entstehenden Felder schnüren sich vom Sendedipol ab und entfernen sich in den Raum (Bild 2). Magnetische und elektrische Felder erzeugen sich im Raum wechselseitig ständig neu. Sie bewegen sich als elektromagnetische Welle mit Lichtgeschwindigkeit durch den Raum.

Die Empfangsantenne – auch ein Schwingkreis

In einem stabförmigen Leiter, der im Bereich eines elektromagnetischen Feldes liegt, wird eine Wechselspannung induziert, weil Ladungen verschoben werden. Es entstehen im **Empfangsdipol** elektromagnetische Schwingungen mit derselben Frequenz wie im Sendedipol.

Übertragung von Informationen

Den Schwingungen im Sendedipol können Informationen aufgeprägt werden. Ihre Amplituden oder ihre Frequenz können mit der Frequenz von Sprache und Musik oder mit den Farb- und Helligkeitswerten von Kamerabildern schwanken. Die Wellen im Raum und die Schwingungen im Empfangsdipol unterliegen denselben Schwankungen und so kann die Information durch die Elektronik des Empfangsgerätes wieder hergestellt werden.

■ Ein einfacher Metallstab bildet einen Schwingkreis, der elektromagnetische Wellen abstrahlen kann. Ein solcher Metallstab heißt Sendedipol. Laufen elektromagnetische Wellen über einen Empfangsdipol, so werden in ihm elektromagnetische Schwingungen hervorgerufen. Mit elektromagnetischen Wellen können Informationen übertragen werden.

Informationsübertragung

Das elektromagnetische Spektrum

Eigenschaften elektromagnetischer Wellen
Alle elektromagnetischen Wellen können wie Licht reflektiert und gebrochen werden. Sie breiten sich auch mit Lichtgeschwindigkeit aus, im Vakuum mit fast 300 000 $\frac{km}{s}$. Der deutsche Physiker HEINRICH HERTZ (1857–1894) wies nach, dass Licht eine elektromagnetische Welle ist.

Ein breites Spektrum
Entlang elektrischer Leitungen pflanzen sich elektromagnetische Wellen fort. Beim elektrischen Netz der Deutschen Bahn beträgt die Wellenlänge etwa 18 000 km. Zu den elektromagnetischen Wellen gehört aber auch die kosmische Strahlung mit Wellenlängen bis unter 10 m bis 16 m. Sie wird von der Sonne oder von anderen Himmelskörpern abgegeben.

Wirkungen der Strahlung
Die elektromagnetischen Wellen wirken auf Menschen und auch andere Lebewesen auf ganz unterschiedliche Weise. Sehr lange Wellen, wie sie von elektrischen Leitungen abgestrahlt werden, führen bei einigen Menschen zu unangenehmen Empfindungen. Die sehr kurzwelligen γ-Strahlen können bei starker Intensität zu schweren Krankheiten führen und sogar Erbinformationen verändern.

Farbe	Wellenlänge in nm
Violett	400 – 420
Blau	420 – 490
Grün	490 – 575
Gelb	575 – 585
Orange	585 – 650
Rot	650 – 750

2 Wellenlängen des wahrnehmbaren Lichtes

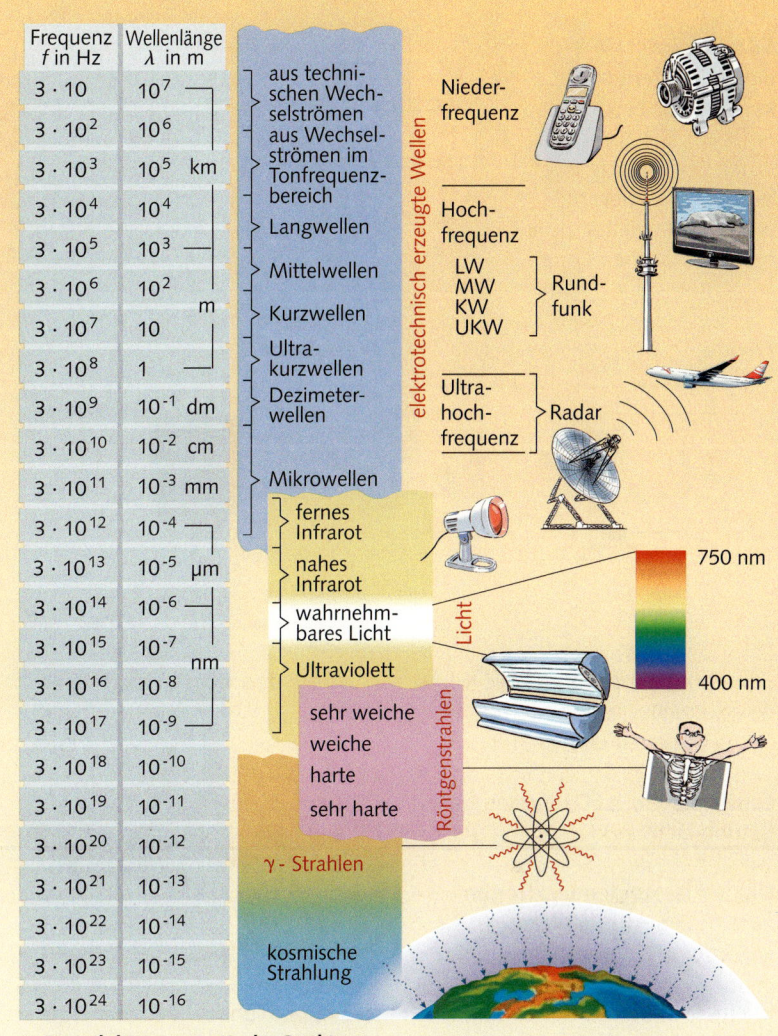

Frequenz f in Hz	Wellenlänge λ in m	
$3 \cdot 10$	10^7	
$3 \cdot 10^2$	10^6	
$3 \cdot 10^3$	10^5	km
$3 \cdot 10^4$	10^4	
$3 \cdot 10^5$	10^3	
$3 \cdot 10^6$	10^2	
$3 \cdot 10^7$	10	m
$3 \cdot 10^8$	1	
$3 \cdot 10^9$	10^{-1}	dm
$3 \cdot 10^{10}$	10^{-2}	cm
$3 \cdot 10^{11}$	10^{-3}	mm
$3 \cdot 10^{12}$	10^{-4}	
$3 \cdot 10^{13}$	10^{-5}	µm
$3 \cdot 10^{14}$	10^{-6}	
$3 \cdot 10^{15}$	10^{-7}	nm
$3 \cdot 10^{16}$	10^{-8}	
$3 \cdot 10^{17}$	10^{-9}	
$3 \cdot 10^{18}$	10^{-10}	
$3 \cdot 10^{19}$	10^{-11}	
$3 \cdot 10^{20}$	10^{-12}	
$3 \cdot 10^{21}$	10^{-13}	
$3 \cdot 10^{22}$	10^{-14}	
$3 \cdot 10^{23}$	10^{-15}	
$3 \cdot 10^{24}$	10^{-16}	

Bereiche:
- aus technischen Wechselströmen
- aus Wechselströmen im Tonfrequenzbereich
- Langwellen
- Mittelwellen
- Kurzwellen
- Ultrakurzwellen
- Dezimeterwellen
- Mikrowellen
- fernes Infrarot
- nahes Infrarot
- wahrnehmbares Licht
- Ultraviolett
- sehr weiche / weiche / harte / sehr harte (Röntgenstrahlen)
- γ-Strahlen
- kosmische Strahlung

Einteilung: elektrotechnisch erzeugte Wellen — Niederfrequenz, Hochfrequenz (LW, MW, KW, UKW – Rundfunk), Ultrahochfrequenz – Radar; Licht; Röntgenstrahlen (750 nm – 400 nm sichtbares Spektrum)

1 Das elektromagnetische Spektrum

Technische und medizinische Nutzung
Ein Teil des Spektrums wird für verschiedene Zwecke genutzt:
– Mit Radiowellen werden Nachrichten übertragen.
– Radar hilft bei der Ortung von Flugzeugen und Schiffen.
– Mikrowellen erwärmen Speisen und Getränke.
– Röntgenstrahlung hilft bei medizinischen Untersuchungen.

Der für den Menschen wahrnehmbare Bereich des Lichtes
Nur ein kleiner Bereich des Spektrums kann mit unseren Augen wahrgenommen werden. Er umfasst den Bereich mit Wellenlängen von 400 nm bis 750 nm (Bild 2). Dieser Bereich wird fälschlicherweise sichtbares Licht genannt, obwohl das Licht wie alle elektromagnetischen Wellen selbst unsichtbar ist. Treffen Lichtwellen auf die Netzhaut, so werden deren Rezeptoren gereizt und leiten die Werte für Strahlungsintensität und Wellenlänge an das Gehirn weiter. Erst dort werden diese Werte in Farb- und Helligkeitseindrücke umgesetzt.

Auf einen Blick

Informationsübertragung

Siliciumkristall
Ein **Halbleiter** enthält keine freien Elektronen, er ist ein Isolator. Erst durch Erwärmung oder **n- oder p-Dotierung** wird ein Halbleiter zu einem elektrischen Leiter.

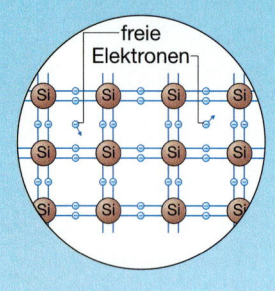

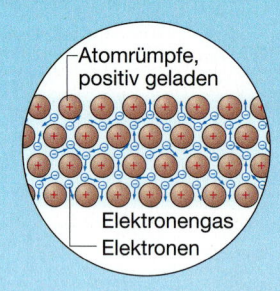

freie Elektronen

Atomrümpfe, positiv geladen
Elektronengas
Elektronen

Metall-Kristallgitter
In Metallen sind die kleinsten Teilchen eines Stoffes im Kristallgitter angeordnet. Freie Elektronen darin bewirken die elektrische Leitfähigkeit von Metallen.

Diode

Eine Diode entsteht aus der Kombination eines n-dotierten und eines p-dotierten Leiters.

Leuchtdioden (LED) senden bei Betrieb Licht aus.

Dioden lassen den Elektronenfluss nur in eine Richtung zu. Sie wirken wie ein **Ventil**.

In einem Wechselstromkreis wirkt eine Diode als **Gleichrichter**.

Wechselspannung wird in einer **Einweg- oder Zweiweggleichrichterschaltung** in Gleichspannung umgewandelt.

Transistor

Aufbau des npn-Transistors

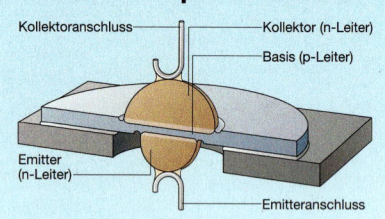

Kollektoranschluss — Kollektor (n-Leiter)
Basis (p-Leiter)
Emitter (n-Leiter)
Emitteranschluss

Beim Überschreiten der **Schwellenspannung** ergibt sich ein Basisstrom, der sehr schnell ansteigt.

Ein Transistor kann mithilfe des Steuerstromes einen Arbeitsstrom einschalten und verstärken. Dazu wird durch die Basisspannung der **Arbeitspunkt** eingestellt.

Solarzelle

Eine Solarzelle besteht aus einer n- und einer p-leitenden Schicht. Sie wandelt Licht in elektrische Energie um.

Die **Leerlaufspannung** einer Solarzelle beträgt 0,5 V.

Die maximale elektrische Stromstärke ist die **Kurzschlussstromstärke.** Sie ist von der Intensität der Lichteinstrahlung, vom Einstrahlwinkel und der Größe der Zellenoberfläche abhängig.

Reihenschaltung:
$U_{ges} = U_1 + U_2 + \ldots + U_n$
Parallelschaltung:
$I_{ges} = I_1 + I_2 + \ldots + I_n$

Datenübertragung

	Wärme	Licht	Schall	Funk
Sensoren/ Rezeptoren als Datenwandler	PTC- und NTC-Widerstand, Wärme- und Kältekörperchen in der Haut	LDR, Fotodioden, Lichtleiter, Netzhaut des Auge	Mikrofon, Lautsprecher, Stimmbänder im Kehlkopf, Trommelfell im Ohr	Sender: Schwingkreis mit Spule und Kondensator Empfänger: Antenne
geradlinige Ausbreitung	–	mit Lichtgeschwindigkeit	mit Schallgeschwindigkeit	mit Lichtgeschwindigkeit
Anwendung	elektrisches Thermometer, Überhitzungsschutz	Lichtschranke, Digitalkamera, Endoskop	MP3-Player, Head-Set	Walkie-Talkie, Handy, Fernsehen

Informationsübertragung

Zeig, was du kannst

1. Beschreibe den Unterschied im Aufbau eines Metalls, eines Nichtleiters und eines Halbleiters.

2. Welche Elemente eignen sich für die n-Dotierung, welche für die p-Dotierung von Silicium?

3. Zeichne das Schaltsymbol einer Diode und kennzeichne die Durchlassrichtung und die Sperrrichtung.

4. Welcher Unterschied besteht zwischen der Einweg- und der Zweiweggleichrichtung?

5. a) Nenne die besonderen Eigenschaften einer LED.
b) Welche Unterschiede bestehen zwischen einer LED und einer Glühlampe?

6. Welche Bedeutung hat bei einer Diode die Schwellenspannung?

7. Eine blaue LED hat eine Spannung von 3 V. Sie benötigt eine Stromstärke von 30 mA. Wie groß muss der Vorwiderstand bei Anschluss an 12 V sein?

8. a) Beschreibe den Aufbau eines p-n-p-Transistors.
b) Welcher Pol der Batterie muss an der Basis angeschlossen werden, damit Elektronen zwischen Emitter und Basis fließen?

9. Welche Aufgaben kann ein Transistor erfüllen?

10. Erkläre die Begriffe Steuerkreis und Arbeitskreis. Wieso sind diese Begriffe sinnvoll?

11. Wie wird der Arbeitspunkt eines Transistors festgelegt?

12. Wo liegt der Arbeitspunkt, wenn der Transistor als Verstärker arbeiten soll?

13. Welche Gemeinsamkeiten bestehen zwischen einer Diode und einer Solarzelle?

14. Wie können mehrere Solarzellen schaltungstechnisch kombiniert werden?

15. a) Wie sind bei Solarzellen ausreichend hohe Spannungen zu erreichen?
b) Wie müssen sie geschaltet werden, um hohe Stromstärken zu ermöglichen?

16. Von welchen Faktoren ist die Stromstärke einer Solarzelle abhängig?

17. Begründe, dass Daten Zeichen sind.

18. a) Was ist ein Code?
b) Was geschieht bei der Codierung?

19. Erkläre Redundanz.

20. Erläutere an je einem Beispiel die Begriffe analog und digital.

21. Was unterscheidet die digitale Darstellungsform von der analogen Darstellung von Daten?

22. Beschreibe jeweils die Energieumwandlungen beim Lautsprecher und beim dynamischen Mikrofon.

23. Welche Aufgabe erfüllt die Spule beim dynamischen Mikrofon?

24. a) Welche Art von Spannung wird durch das Mikrofon erzeugt?
b) Welches Bauteil nimmt dabei den Schall auf, der in elektrische Energie umgewandelt wird?

25. Beschreibe jeweils die Energieumwandlungen im Kehlkopf, im Ohr und auf der Netzhaut des Auges.

26. Worauf reagiert ein Fotowiderstand?

27. Beschreibe Möglichkeiten, Informationen durch Licht zu übertragen.

28. Wie schnell werden Daten mit Schall und mit Licht transportiert?

29. Berechne die Wellenlänge einer hertzschen Welle der Frequenz 90 MHz in Luft. Um welche Wellenart handelt es sich?

30. Kurzwellen besitzen eine Wellenlänge zwischen 10 m und 100 m. Berechne die zugehörigen Frequenzen in Luft.

Wechsel-wirkung

Informationssystem

Subtraktive Farbmischung

📖 **1.** Beschreibe die **Wechselwirkung** zwischen Licht und Auge beim Mischen von Farben.

Analoge und digitale Codierung

📖 **4.** Daten werden mithilfe des binären **Systems** elektronisch verarbeitet. Nenne den Vorteil dieser digitalen Codierung gegenüber einer analogen Darstellung.

Additive Farbmischung

📖 **2.** Warum entstehen die Farben bei der elektrischen Erzeugung durch Farbaddition?

Sensorschaltungen

📖 **5.** Sensoren reagieren auf Veränderungen in ihrem **System**. Worauf reagieren Fotowiderstände und wie reagieren sie in ihrem **System**?

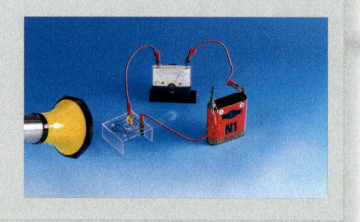

Elektroakustische Signalwandlung

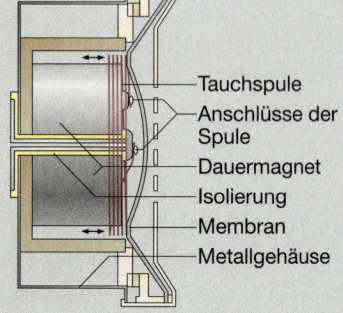

- Tauchspule
- Anschlüsse der Spule
- Dauermagnet
- Isolierung
- Membran
- Metallgehäuse

📖 **3.** Beschreibe die **Wechselwirkung** zwischen Luftteilchen und Membran beim Lautsprecher und beim Mikrofon.

📖 **6.** Erkläre das Senden und Empfangen von elektromagnetischen Wellen.

Elektromagnetische Strahlung

Basiskonzepte

Übertragung

Struktur der Materie

Energie

Leuchtdioden (LED)

📖 **7.** Beschreibe den Vorteil von LEDs gegenüber herkömmlichen Leuchtmitteln.

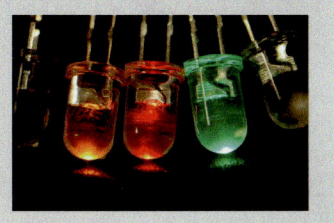

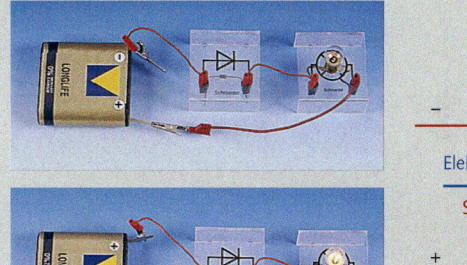

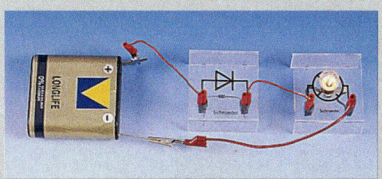

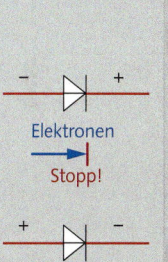

Dioden

📖 **9.** Warum kann eine Diode zur Gleichrichtung von Wechselspannung benutzt werden? Beantworte die Frage mithilfe der Basiskonzepte **Struktur der Materie** und **Energie**.

Elektromagnetische Energieumwandlung

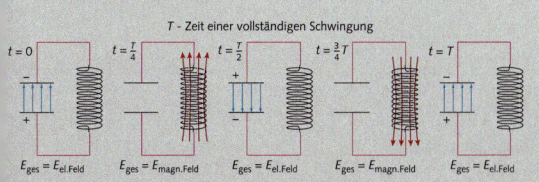

T - Zeit einer vollständigen Schwingung

$t = 0$ $\quad t = \frac{T}{4} \quad$ $t = \frac{T}{2} \quad$ $t = \frac{3}{4}T \quad$ $t = T$

$E_{ges} = E_{el.Feld}$ $\quad E_{ges} = E_{magn.Feld} \quad$ $E_{ges} = E_{el.Feld} \quad$ $E_{ges} = E_{magn.Feld} \quad$ $E_{ges} = E_{el.Feld}$

📖 **8. a)** Beschreibe die **Energieumwandlung** in einem Schwingkreis.
b) Warum muss einem sendenden Schwingkreis über eine Stromquelle ständig neue **Energie** zugeführt werden?

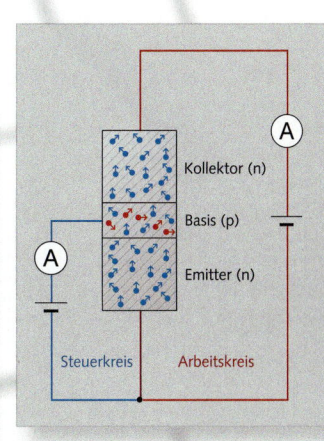

Transistoren

Kollektor (n)
Basis (p)
Emitter (n)

Steuerkreis | Arbeitskreis

📖 **10.** Begründe mithilfe der inneren **Struktur** eines Transistors, dass der Elektronenstrom im Steuerstromkreis den Elektronenstrom im Arbeitsstromkreis beeinflussen kann.

Bewegte Körper und ihre Energie

Geschwindigkeitskontrolle hat hier wohl keinen Sinn. Wie viel Energie benötigt der Motorradfahrer, um mit seinem Motorrad so hoch zu springen?

Hier geht es rund. Ist dazu auch Kraft erforderlich?

Im Moment schneller oder langsamer als im Durchschnitt

📖 **1.** Infomiere dich noch einmal über die physikalische Größe Geschwindigkeit. Benutze dazu das Stichwortverzeichnis des Schulbuches.

📖 **2.** Woran erkennst du eine gleichförmige Bewegung?

📖 **3.** Nenne mindestens zwei Beispiele, bei denen eine gleichförmige Bewegung auftritt.

📖 **4.** Nenne anhand des Bildes 1 die Teile, die zur sicheren Ausrüstung eines Mofafahrers gehören.

🔍 **5.** Stecke auf dem Schulhof oder einem anderen geeigneten Platz einen Mofa-Parcours ab. Montiere einen Fahrradcomputer nach Anleitung an ein Mofa. Bestimme mithilfe des Kilometerzählers die Gesamtlänge des Parcours und die Abstände vom Start zu den jeweiligen Messpunkten M_1 bis M_4. Die Messpunkte sollten etwa 10 m auseinanderliegen.

Achtung: Beachte die Sicherheitsvorschriften beim Mofafahren.

Helm — Jacke — Handschuhe — lange Hose — feste Schuhe

1 Schutzkleidung ist sehr wichtig.

🔍 **6. a)** Zu Beginn der Parcoursfahrt starten fünf Mitschülerinnen ihre Stoppuhren und messen die Zeiten, die du vom Start aus bis zu den jeweiligen Messpunkten und für den gesamten Parcoursdurchgang benötigst.
b) Rufe an den Messpunkten und an einem Punkt A zwischen M_1 und M_2 jeweils der Mitschülerin die auf dem Fahrradcomputer in dem Moment angezeigte Geschwindigkeit zu. Lass sie notieren.

📖 **7. a)** Berechne die von dir in Versuch 5 über den gesamten Parcours gefahrene Durchschnittsgeschwindigkeit in $\frac{m}{s}$ und $\frac{km}{h}$. Vergleiche diesen Wert mit den während der Fahrt zugerufenen Geschwindigkeiten. Was stellst du fest?
b) Berechne die Durchschnittsgeschwindigkeiten für die Fahrten zwischen M_1–M_4, M_1–M_3 und M_1–M_2. Vergleiche die berechneten Geschwindigkeiten mit der am Punkt A zugerufenen Geschwindigkeit. Was fällt dir auf?

🔍 **8.** Lass Versuch 5 von Mitschülern wiederholen. Vergleicht die Messergebnisse.

📖 **9.** Erkläre den Unterschied zwischen Durchschnittsgeschwindigkeit und Momentangeschwindigkeit.

✏️ **10.** Auf welche Art der Geschwindigkeit beziehen sich Verkehrsschilder mit Geschwindigkeitsbegrenzung?

📖 **11.** Bei einer Parcoursfahrt wurden an folgenden Messpunkten jeweils s und t gemessen:
M_1: $s_1 = 120$ m, $t_1 = 22$ s;
M_2: $s_2 = 160$ m, $t_2 = 29$ s;
M_3: $s_3 = 220$ m, $t_3 = 37$ s;
M_4: $s_4 = 250$ m, $t_4 = 40$ s.
Berechne die Durchschnittsgeschwindigkeiten und näherungsweise die Momentangeschwindigkeit des Mofas im Punkt A zwischen M_1 und M_2.

Bewegte Körper und ihre Energie

Die Momentangeschwindigkeit

Die Schule hat neue Mofas bekommen. Auf einem Parcours werden sie getestet. Pia durchfuhr den 450 m langen Mofaparcours in einer Zeit von 90 s.

Damit ergibt sich als **Durchschnittsgeschwindigkeit** oder mittlere Geschwindigkeit $\bar{v}$ = 450 m : 90 s = 5 $\frac{m}{s}$ oder 18 $\frac{km}{h}$.
Es gilt: $\bar{v} = \frac{s}{t}$ ($\bar{v}$ sprich: v mittel).

Der Tachometer des Mofas zeigte während der Fahrt aber unterschiedliche Werte an, also ist Pia nicht mit konstanter Geschwindigkeit von 18 $\frac{km}{h}$ gefahren. In Kurven fuhr sie langsamer, auf geraden Strecken schneller.

Der Tachometer zeigte keine Durchschnittsgeschwindigkeit an, sondern die Geschwindigkeit, die Pia im Moment der Anzeige fuhr. Diese Geschwindigkeit heißt **Momentangeschwindigkeit**.

Die Momentangeschwindigkeit, mit der Pia im Punkt A des Parcours fuhr, lässt sich näherungsweise berechnen.

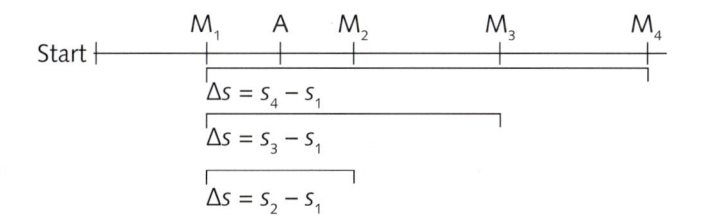

An dem Messpunkt M_1 des Parcours wurden die vom Start bis M_1 zurückgelegte Strecke s_1 und die dazu benötigte Zeit t_1 gemessen. Beim Punkt M_2 wurden die Strecke s_2 vom Start bis M_2 und die dazu benötigte Zeit t_2 gemessen. Entsprechendes gilt für die Punkte M_3 und M_4.

Berechnung der Momentangeschwindigkeit

Die Durchschnittsgeschwindigkeit zwischen M_4 und M_1 beträgt $v_4 = \frac{s_4 - s_1}{t_4 - t_1} = \frac{\Delta s}{\Delta t}$ (Δ: griech. Buchstabe, gelesen Delta). Δs ist die Differenz der beiden Strecken und Δt ist die dazugehörige Zeitdifferenz. Für die Durchschnittsgeschwindigkeit zwischen M_3 und M_1 ergibt sich $v_3 = \frac{\Delta s}{\Delta t} = \frac{s_3 - s_1}{t_3 - t_1}$.

Dieser Wert kommt der Momentangeschwindigkeit im Punkt A schon näher. Für die Durchschnittsgeschwindigkeit zwischen M_2 und M_1 gilt: $v_2 = \frac{\Delta s}{\Delta t} = \frac{s_2 - s_1}{t_2 - t_1}$. Dieser Wert kommt der Momentangeschwindigkeit im Punkt A noch näher.

Lässt du Δs und damit auch Δt zwischen M_1 und M_2 immer kleiner werden, so nähern sich die beiden Messpunkte immer mehr dem Punkt A an. Aus der Durchschnittsgeschwindigkeit wird dann die Momentangeschwindigkeit, die Pia im Punkt A hatte.

■ Die Momentangeschwindigkeit eines Körpers ist seine Geschwindigkeit an einem bestimmten Ort zu einer bestimmten Zeit. Bei einer ungleichförmigen Bewegung ändert sich die Momentangeschwindigkeit ständig.

2 Born to be wild – für zwanzig Minuten

Streifzug

Geschwindigkeitskontrollen im Straßenverkehr

1 Stationäre Geschwindigkeitskontrolle

Radargeräte
Radarstrahlung breitet sich wie Licht in Form von Schwingungen einer bestimmten Frequenz aus. Das Radargerät besteht aus einem Sender und Empfänger. Die ausgesandten Strahlen werden vom Fahrzeug reflektiert. Das Gerät vergleicht die ausgesandte Strahlung mit der empfangenen Strahlung.
Ist das Fahrzeug in Ruhe, so sind beide Frequenzen gleich. Bewegt sich das Fahrzeug auf das Gerät zu, so ist die Frequenz der empfangenen Strahlung höher als bei der ausgesandten Strahlung.

Der Dopplereffekt
Diese Frequenzänderung wird nach Christian Doppler (1803–1853) **Dopplereffekt** genannt. Den kennst du von einem vorbeifahrenden Krankenwagen mit eingeschaltetem Martinshorn. Kommt der Wagen näher auf dich zu, hörst du den Ton höher. Entfernt sich der Wagen, hörst du den Ton tiefer.

Zwei verschiedene Verfahren
In der Fahrbahn vor dem Radargerät sind Induktionsschleifen eingelassen. Mithilfe dieser Schleifen wird eine erste Geschwindigkeitsmessung durchgeführt. Liegt die gemessene Geschwindigkeit über der zugelassenen Geschwindigkeit, so wird das Messsystem im Radargerät aktiviert. Es wird eine genauere Geschwindigkeitsmessung ausgeführt.
Bei neueren Verfahren senden die Radargeräte ständig Impulse aus. Dadurch wird die Geschwindigkeit aller vorbeifahrenden Fahrzeuge gemessen.
Bei Überschreitung der eingegebenen Geschwindigkeit werden Fahrzeug und Fahrer durch ein Foto dokumentiert. Das Ergebnis der Messung wird in das Foto eingearbeitet. Die Polizei wertet dann die gespeicherten Daten aus.

Laserpistole
Die Laserpistole sendet einen sehr stark gebündelten Lichtimpuls zwischen ein Hundertmillionstel und zwei Hundertmillionstel Sekunden Dauer in sehr kurzen Zeitabständen aus. Der Laserimpuls wird vom kontrollierten Fahrzeug reflektiert und von der Laserpistole empfangen. Die Zeitspanne zwischen Aussenden und Empfangen wird gemessen.

Zwei Impulse – das reicht
Ein in sehr kurzem zeitlichem Abstand folgender zweiter Impuls legt eine kürzere Strecke zurück, da sich das Fahrzeug dem Messenden genähert hat. Deshalb ist die Zeitspanne zwischen Aussenden und Empfangen des zweiten Impulses etwas kürzer.
Aus der Differenz der Zeiten berechnet ein Computer die Geschwindigkeit des Fahrzeuges. Dieser Wert wird bei Überschreiten der erlaubten Höchstgeschwindigkeit einem weiteren Polizeibeamten übermittelt, der das Fahrzeug dann anhält.

2 Mobile Geschwindigkeitskontrolle

1. Nenne zwei weitere Möglichkeiten der Geschwindigkeitskontrollen.

Bewegungen und ihre Ursachen → S. 414/415

Bewegte Körper und ihre Energie

Geschwindigkeitserfassung am Fahrzeug

Funktion eines Fahrradcomputers
Ein kleiner Magnet wird an einer Speiche des Vorderrades befestigt. Ein Sensor wird an der Vorderradgabel so angebracht, dass der Magnet an ihm vorbeigeführt wird. In diesem Sensor wird durch den vorbeistreichenden Magneten bei jeder Radumdrehung eine Spannung erzeugt, die an den Computer weitergegeben wird. Dieser befindet sich am Lenker des Fahrrads und wird durch eine Batterie oder eine Solarzelle mit Energie versorgt. Im Computer ist der Radumfang gespeichert.

Ermittlung der Geschwindigkeiten
Durch Multiplikation des Radumfangs mit der Anzahl der vom Sensor erhaltenen Impulse berechnet der Computer die gefahrene Strecke. Außerdem wird die Fahrzeit gemessen. Der Computer berechnet aus dem Radumfang und der zu einer Radumdrehung benötigten Zeit die Momentangeschwindigkeit. Aus der zurückgelegten Strecke und der Gesamtfahrtzeit wird die Durchschnittsgeschwindigkeit berechnet. Alle Daten werden ständig aktualisiert und können abgerufen werden.

1 Hier geht's beim Messen rund.

Fahrtschreiber
In Lastwagen und Bussen sind Fahrtschreiber eingebaut, die auf einem Schaublatt die gefahrene Geschwindigkeit und Fahrtpausen des Fahrzeugs aufzeichnen. Auf dem Blatt muss der Fahrer bei Fahrtbeginn seinen Namen, Ausgangspunkt der zu fahrenden Strecke, Kilometerstand zu Beginn der Fahrt und das Datum eintragen. Am Ende seiner Fahrt trägt er den neuen Kilometerstand und Endpunkt der Strecke ein. Bei Fahrerwechsel muss das Schaublatt gewechselt werden. Die Ermittlung der Daten erfolgt ähnlich wie beim Fahrradcomputer. Bei Verkehrskontrollen kann die Polizei jetzt feststellen, ob der Fahrer die vorgeschriebenen Pausen eingehalten und die zulässige Höchstgeschwindigkeit nicht überschritten hat.

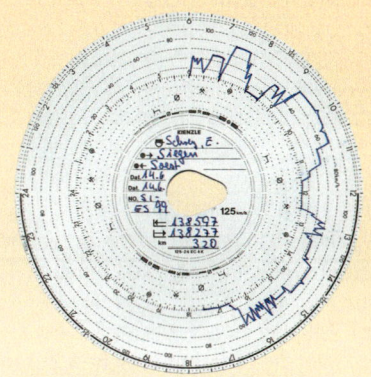

2 Schaublatt des Fahrtschreibers

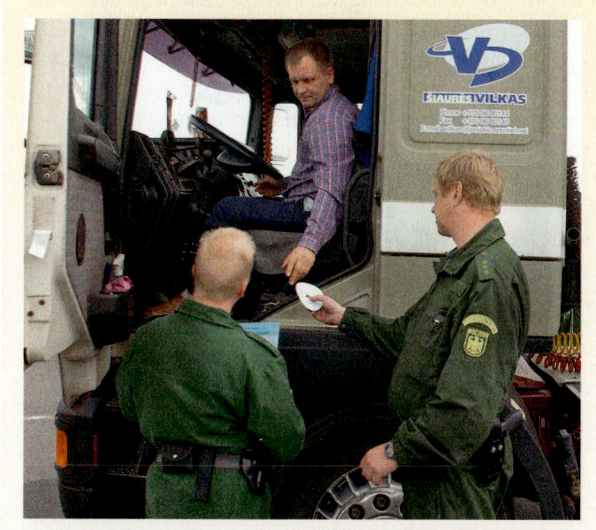

Neue Erfassungssysteme
In neuen Lastwagen und Bussen werden elektronische Erfassungssysteme eingesetzt. Diese Geräte speichern die digital erfassten Daten für jedes Fahrzeug über einen Zeitraum von mindestens 365 Tagen. Weiter werden zwei Chipkartenleser eingebaut, in denen der Fahrer seine personengebundene Chipkarte eingibt. Auf dieser Karte werden alle wichtigen Daten für einen Zeitraum von 28 Tagen gespeichert. Die Daten können digital weiterverarbeitet werden.
Als zusätzliche Ausstattung kann ein GPS-System eingebaut werden, über das die Position des Fahrzeugs übermittelt wird. Der Zustand der Antriebstechnik und der Kraftstoffverbrauch können über Funk an die Spedition übermittelt werden. Erforderliche Wartungsarbeiten lassen sich so rechtzeitig einplanen.

3 Lenkzeitkontrolle auf einem Autobahnrastplatz

Die gleichmäßig beschleunigte Bewegung

🔍 **1. a)** Baue den Versuch wie in Bild 1 auf. Bei L_1 und bei L_2 befindet sich jeweils eine Lichtschranke, die mit einer Stoppuhr verbunden ist. Lass von Versuch zu Versuch s_1 größer werden und halte dabei den Abstand zwischen L_1 und L_2 konstant.
b) Übertrage die Tabelle in dein Heft. Miss s_1 und s_2. Trage diese Werte und die abgelesenen Zeiten t_1 und t_2 in die Tabelle ein.
c) Berechne die fehlenden Werte.

Versuch	1	2	3	4
s_1 in m				
s_2 in m				
$\Delta s = s_2 - s_1$ in m				
t_1 in s				
t_2 in s				
$\Delta t = t_2 - t_1$ in s				
$v = \frac{\Delta s}{\Delta t}$ in $\frac{m}{s}$				

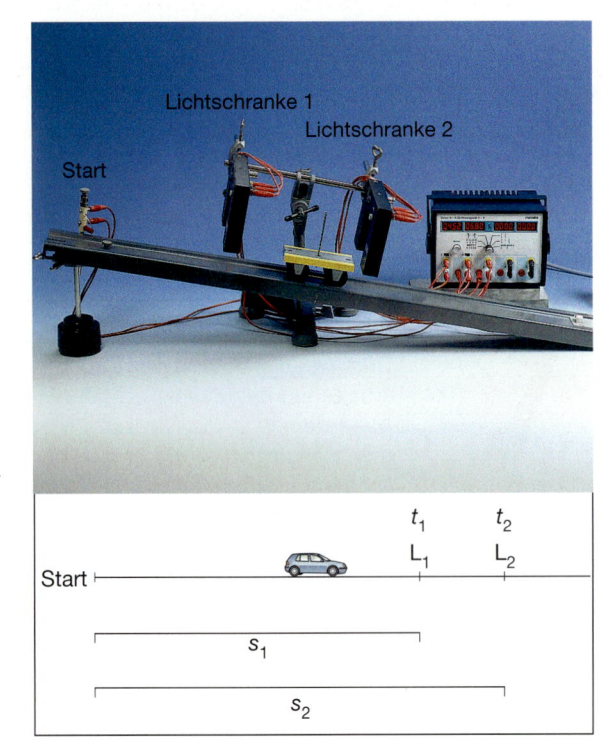

1 Messungen zur Geschwindigkeitsänderung

📖 **2. a)** Vergleiche die berechneten Momentangeschwindigkeiten v aus Versuch 1. Was fällt dir auf?
b) Zeichne zu der Messreihe ein t-v-Diagramm.
c) Welchen mathematischen Zusammenhang erkennst du zwischen der Momentangeschwindigkeit v des Körpers und der dazu gehörigen Zeit t?

📖 **3. a)** Bestimme anhand des Diagramms aus Aufgabe 2 die Momentangeschwindigkeit des Körpers nach 1 s, 2 s, 3 s … und trage die Werte in eine Tabelle ein.

t in s	1	2	3	4	5	6	7
v in $\frac{m}{s}$							
Δv in $\frac{m}{s}$							
$\frac{\Delta v}{\Delta t}$ in $\frac{m}{s^2}$							

b) Bestimme Δv von Sekunde zu Sekunde. Was fällt dir auf? Wie heißt die Größe $\frac{\Delta v}{\Delta t}$?
c) Wie verläuft der Graf, wenn die Beschleunigung kleiner oder größer ist als in Versuch 1?
d) Begründe, warum es nicht sinnvoll ist, die Tabelle beliebig fortzusetzen.
e) Welche Geschwindigkeit hat der Körper nach 9 s?

📖 **4. a)** Erstelle mit den Messwerten aus Versuch 1 ein t-s-Diagramm.
b) Formuliere den mathematischen Zusammenhang zwischen t und s.
c) Ermittle den Wert des Quotienten $\frac{s}{t^2}$.
d) Vergleiche den Quotienten mit der Beschleunigung $\frac{\Delta v}{\Delta t}$ aus der Tabelle in Aufgabe 3.
e) Welche Strecke legt der Körper aus Versuch 1 bei gleicher Beschleunigung a nach 9 s zurück?

📝 **5. a)** Beschreibe den Einfädelungsvorgang in den fließenden Verkehr der Autobahn.
b) Wie wird die Auffahrtspur noch genannt? Begründe die Bezeichnung.

2 Hier muss beschleunigt werden.

Bewegte Körper und ihre Energie

Bestimmung der Beschleunigung

Willst du mit deinem Mofa aus dem Stand eine bestimmte Geschwindigkeit erreichen, so musst du dein Mofa beschleunigen. Dabei nimmt die Geschwindigkeit in jeder Sekunde zu. Du führst eine **beschleunigte Bewegung** aus. Die Geschwindigkeitszunahme pro Sekunde wird **Beschleunigung a** genannt. Bleibt die Beschleunigung während des ganzen Beschleunigungsvorganges gleich groß, liegt eine **gleichmäßig beschleunigte Bewegung** vor. Zur Bestimmung der Beschleunigung könntest du auf dem Tacho nach jeder Sekunde die Momentangeschwindigkeit in $\frac{km}{h}$ ablesen und in $\frac{m}{s}$ umrechnen.

t in s	0	1	2	3	4	5
v in $\frac{km}{h}$	0	5,4	10,8	16,2	21,6	27,0
v in $\frac{m}{s}$	0	1,5	3,0	4,5	6,0	7,5

Der Zusammenhang zwischen der Zeit und der jeweiligen Momentangeschwindigkeit lässt sich in einem t-v-Diagramm darstellen.

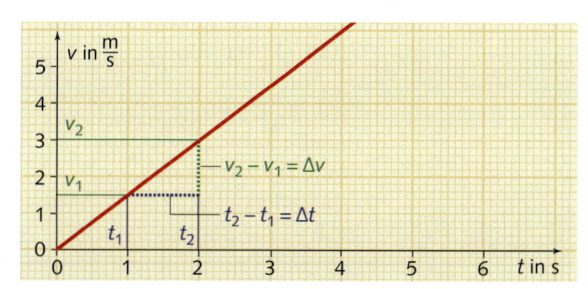

3 Zeit-Geschwindigkeits-Diagramm

Der Graf ist eine Ursprungsgerade. Die Beschleunigung a kannst du berechnen, indem du den Geschwindigkeitsunterschied $v_2 - v_1 = \Delta v$ durch den Zeitunterschied $t_2 - t_1 = \Delta t$ dividierst.

$$a = \frac{v_2 - v_1}{t_2 - t_1} = \frac{\Delta v}{\Delta t}$$

Die Einheit der Beschleunigung ist $\frac{m}{s^2}$.

Aus dem Diagramm erhältst du eine Beschleunigung von $a = 1{,}5 \frac{m}{s^2}$. Mit den Anfangswerten $v_1 = 0 \frac{m}{s}$ und $t_1 = 0$ s ergibt sich $a = \frac{v_2}{t_2}$ oder allgemein

$$a = \frac{v}{t} \text{ oder } v = a \cdot t$$

Jetzt kannst du ohne weitere Messung jeden beliebigen Geschwindigkeitswert zwischen den Messwerten bestimmen. So erhältst du für $t = 4$ s eine Geschwindigkeit von $v = 1{,}5 \frac{m}{s^2} \cdot 4$ s $= 6 \frac{m}{s}$.

Zusammenhang zwischen Weg und Zeit

Bei einer Mofafahrt kann vom Start an jede Sekunde die gefahrene Strecke gemessen werden.

t in s	0	1	2	3	4	5
s in m	0	0,75	3,0	6,75	12,0	18,75

Das t-s-Diagramm sieht wie folgt aus:

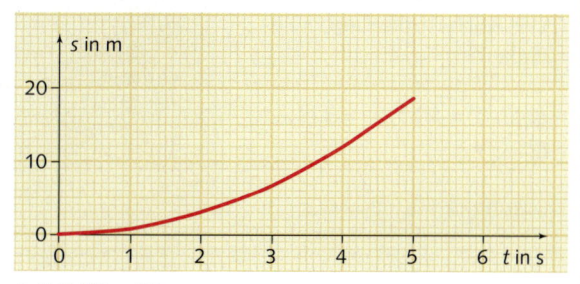

4 Zeit-Weg-Diagramm

Der Graf ist ein Parabelast. Die zurückgelegten Strecken ändern sich quadratisch mit der Zeit: $s \sim t^2$. Den Proportionalitätsfaktor bestimmst du, indem du jeweils den Quotienten aus s und t^2 bildest. Du erhältst dann den halben Wert der Beschleunigung a. Daraus ergibt sich die Formel

$$s = \frac{1}{2} \cdot a \cdot t^2$$

Jetzt kannst du die Strecke berechnen, die das Mofa bei gleichbleibender Beschleunigung nach 3,5 s zurückgelegt hat:

$s = \frac{1}{2} \cdot 1{,}5 \frac{m}{s^2} \cdot 3{,}5$ s $\cdot 3{,}5$ s $\approx 9{,}2$ m.

Berechnung der benötigten Zeit

Du kannst auch die Zeit berechnen, die zum Zurücklegen einer bestimmten Strecke bei einer bekannten Beschleunigung benötigt wird. Durch Umstellen der Formel $s = \frac{1}{2} \cdot a \cdot t^2$ und Wurzelziehen ergibt sich für die Zeit

$$t = \sqrt{2 \cdot \frac{s}{a}}$$

■ Bei einer gleichmäßig beschleunigten Bewegung nimmt die Geschwindigkeit in jeder Sekunde um den gleichen Betrag zu. Diese Geschwindigkeitszunahme pro Sekunde ist die Beschleunigung a. Ihre Einheit ist $\frac{m}{s^2}$.
Die nach einer bestimmten Zeit erreichte Geschwindigkeit und die zurückgelegte Strecke lassen sich berechnen mit $v = a \cdot t$; $s = \frac{1}{2} \cdot a \cdot t^2$.

Berechnungen rund um die Beschleunigung

Berechnung der Geschwindigkeit

Ein Auto wird aus dem Stand 10 s lang mit einer Beschleunigung von 3 $\frac{m}{s^2}$ beschleunigt. Wie hoch ist die Geschwindigkeit?

geg.: t = 10 s; a = 3 $\frac{m}{s^2}$
ges.: v

Lösung: $v = a \cdot t$
$v = 3 \frac{m}{s^2} \cdot 10$ s
$\underline{\underline{v = 30 \frac{m}{s}}}$

Antwort: Nach 10 s beträgt die Geschwindigkeit des Autos 30 $\frac{m}{s}$.

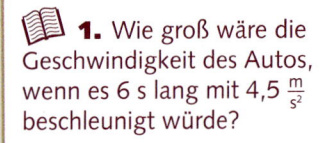

📖 **1.** Wie groß wäre die Geschwindigkeit des Autos, wenn es 6 s lang mit 4,5 $\frac{m}{s^2}$ beschleunigt würde?

Berechnung der zurückgelegten Strecke

Eine Lokomotive wird aus dem Ruhezustand mit 0,7 $\frac{m}{s^2}$ über 8 s beschleunigt. Welche Strecke hat sie dann zurückgelegt?

geg.: a = 0,7 $\frac{m}{s^2}$; t = 8 s
ges.: s

Lösung: $s = \frac{1}{2} \cdot a \cdot t^2$
$s = \frac{1}{2} \cdot 0,7 \frac{m}{s^2} \cdot 64$ s^2
$\underline{\underline{s = 22,4 \text{ m}}}$

Antwort: Die Lokomotive hat nach 8 s eine Strecke von 22,4 m zurückgelegt.

📖 **2.** Ein Sportwagen wird aus dem Stand 9 s lang mit 3 $\frac{m}{s^2}$ beschleunigt. Welche Strecke hat er zurückgelegt?

Berechnung der Beschleunigung

Die Feststoffbooster an einer Ariane 5-Rakete erreichen 140 s nach dem Start eine Geschwindigkeit von 10 014 $\frac{km}{h}$. Wie groß ist die Beschleunigung der Rakete?

geg.: t = 140 s;
v = 10 014 $\frac{km}{h}$ = 2781,7 $\frac{m}{s}$
ges.: a

Lösung: $a = \frac{v}{t}$
$a = \frac{2781,7 \frac{m}{s}}{140 \text{ s}}$
$\underline{\underline{a = 19,87 \frac{m}{s^2}}}$

Antwort: Die Rakete wird mit 19,87 $\frac{m}{s^2}$ beschleunigt.

📖 **3.** Du erreichst mit deinem Fahrrad aus dem Stand nach 8 s eine Geschwindigkeit von 20 $\frac{km}{h}$. Wie groß ist die Beschleunigung?

Berechnung der Zeit

Ein Airbus A-380 wird beim Start mit 2,1 $\frac{m}{s^2}$ beschleunigt und legt bis zum Abheben eine Strecke von 1240 m zurück. Wie lange braucht das Flugzeug bis zum Abheben?

geg.: a = 2,1 $\frac{m}{s^2}$; s = 1240 m
ges.: t

Lösung: $t = \sqrt{2 \cdot \frac{s}{a}}$
$t = \sqrt{2 \cdot \frac{1240 \text{ m}}{2,1 \frac{m}{s^2}}}$
$\underline{\underline{t = 34,4 \text{ s}}}$

Antwort: Der Airbus braucht 34,4 s bis zum Abheben.

📖 **4.** Ein Motorrad wird aus dem Stand mit 3,8 $\frac{m}{s^2}$ beschleunigt und legt eine Strecke von 100 m zurück. Wie lange braucht es dazu?

Grafische Darstellung von Bewegungen

Gleichförmige Bewegung	
Formeln	Einheiten
$v = \frac{s}{t}$	s in m, t in s
$s = v \cdot t$	v in $\frac{m}{s}$

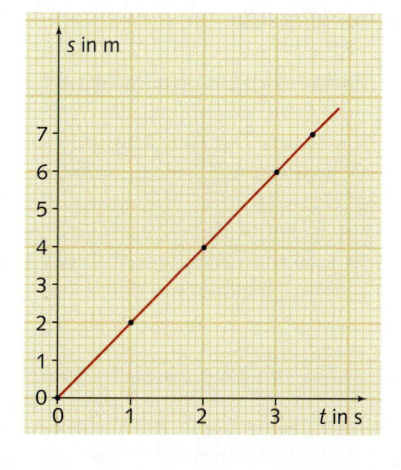

1. Zeichne ein t-v-Diagramm und ein t-s-Diagramm
a) für eine gleichförmige Bewegung mit $v = 3 \frac{m}{s}$.
b) für eine gleichmäßig beschleunigte Bewegung mit $a = 2 \frac{m}{s^2}$.

Gleichmäßig beschleunigte Bewegung	
Formeln	Einheiten
$a = \frac{v}{t}$	t in s, v in $\frac{m}{s}$
$v = a \cdot t$	a in $\frac{m}{s^2}$
$s = \frac{1}{2} \cdot a \cdot t^2$	s in m

Zeit-Geschwindigkeits-Diagramm für $v = 2 \frac{m}{s}$

t in s	0	1,0	2,0	2,5	3,0
v in $\frac{m}{s}$	2,0	2,0	2,0	2,0	2,0

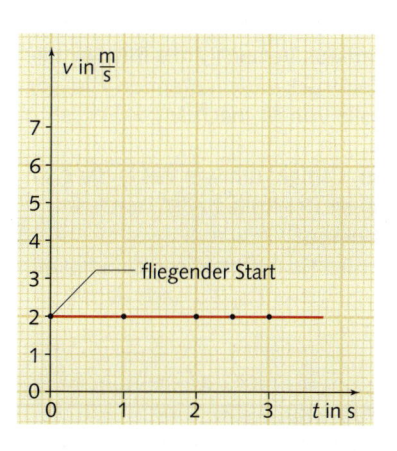

Aus einer Messreihe der Bewegung kannst du ein Diagramm erstellen. Dabei werden zwei Größen, die einander zugeordnet sind, grafisch dargestellt. Umgekehrt kannst du aus diesen Diagrammen erkennen, welche Art von Bewegung vorliegt. Zum Erstellen dieser Diagramme trägst du die vorgegebene Größe, die Zeit t, auf der Rechtsachse ab. Die dazugehörige gemessene Größe, die Geschwindigkeit v oder die Strecke s, wird auf der Hochachse abgetragen. Du trägst die Wertepaare aus der Wertetabelle in das Diagramm ein und verbindest die Punkte zu einem Grafen.

Zeit-Geschwindigkeits-Diagramm für $a = 1,5 \frac{m}{s^2}$

t in s	0	1,0	2,0	2,4	3,0
v in $\frac{m}{s}$	0	1,5	3,0	3,6	4,5

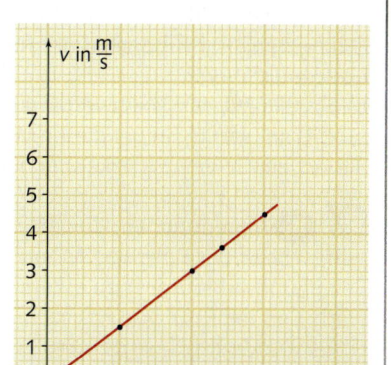

Zeit-Geschwindigkeits-Diagramm
Bei der gleichförmigen Bewegung bleibt die Geschwindigkeit zu jedem Zeitpunkt gleich. Der Graf ist eine **Parallele** zur Zeit-Achse.
Bei der gleichmäßig beschleunigten Bewegung ist die Geschwindigkeit proportional zur Zeit. Ihr Graf ist eine **Ursprungsgerade**.

Zeit-Weg-Diagramm für $v = 2 \frac{m}{s}$

t in s	0	1,0	2,0	3,0	3,5
s in m	0	2,0	4,0	6,0	7,0

Zeit-Weg-Diagramm
Bei gleichbleibender Geschwindigkeit ist der zurückgelegte Weg proportional zur Zeit. Der Graf ist eine **Ursprungsgerade**.
Bei der gleichmäßig beschleunigten Bewegung werden in gleichen Zeitabschnitten immer längere Wege zurückgelegt. Der Weg wächst quadratisch mit der Zeit. Der Graf ist ein **Parabelast**.

Zeit-Weg-Diagramm für $a = 1,5 \frac{m}{s^2}$

t in s	0	1,0	1,5	2,0	3,0
s in m	0	0,75	1,69	3,0	6,75

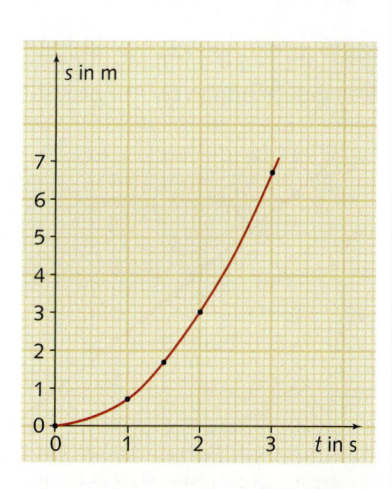

Die verzögerte Bewegung

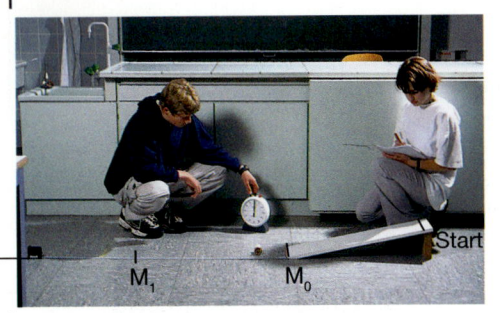

1. a) Markiere auf der Rampe wie in Bild 1 die Startstelle einer leeren Garnrolle. Lege den Messpunkt M_0 an den Endpunkt der Rampe. Nach jeweils 1 m wird ein weiterer Messpunkt festgelegt. Lass die Garnrolle ab der Markierung rollen, miss jeweils die Zeiten, die die Rolle ab dem Passieren der Messstelle M_0 bis zu M_1, M_2, …, M_6 braucht. Trage die Werte in eine Tabelle ein.
b) Zeichne zu den Messwerten aus a) ein t-s-Diagramm.
c) Um welche Art der Bewegung handelt es sich ab M_0? Woran erkennst du diese bei den Messwerten und im t-s-Diagramm?

1 Die Rolle wird langsamer.

2. a) Lass die Garnrolle ab der Markierung die Rampe hinunterrollen. Bestimme jeweils mittels Lichtschranken die Momentangeschwindigkeit der Rolle bei M_0 bis M_6 und notiere die Werte.
b) Erstelle mit den Messwerten aus a) ein t-v-Diagramm.
c) Gib an, woran du bei dieser Messreihe und im Diagramm die Art der Bewegung erkennen kannst.

3. Angenommen, du hättest in Versuch 2 den Bewegungsablauf der Rolle von M_0 nach M_6 gefilmt. Welche Bewegungsart würdest du erkennen, wenn der Film rückwärts und die Rolle von M_6 nach M_0 liefe?

4. Die „umgekehrte" Beschleunigung ist die Verzögerung a. Berechne mit den Werten aus Versuch 2 die Beschleunigung in dem rückwärts laufenden Film für die Garnrolle von M_6 nach M_0.

5. a) Gib an, um wie viel $\frac{m}{s}$ die Geschwindigkeit der Rolle bei M_0 nach 1 s, 2 s, 3 s abnimmt.
b) Wie groß ist dann die Geschwindigkeit der Rolle nach 1 s, 2 s, 3 s nach dem Passieren von M_0?

Verzögerung – Gegenteil der Beschleunigung

Ein Bremsenhersteller prüft seine Produkte in Autos auf einer Teststrecke unter verschiedenen Bedingungen. Dabei werden die Zeit t mit Beginn der Bremsung und die jeweilige Momentangeschwindigkeit v des Autos in einer Messreihe festgehalten.

t in s	0	1	2	3	4	5	6	7	8	9	10
v in $\frac{m}{s}$	20	18	16	14	12	10	8	6	4	2	0

Das dazugehörige t-v-Diagramm sieht wie folgt aus:

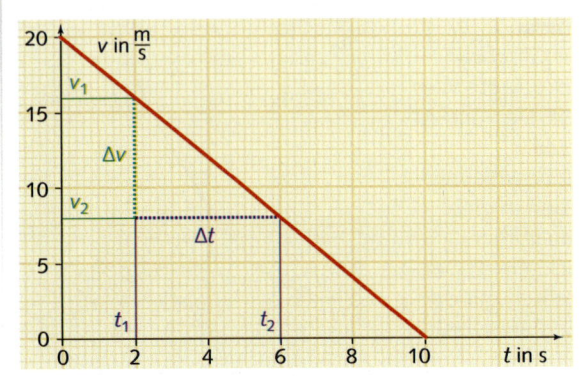

2 Zeit-Geschwindigkeits-Diagramm

Berechnung der Verzögerung

Die Verzögerung a lässt sich berechnen:
$$a = \frac{\Delta v}{\Delta t} = \frac{v_2 - v_1}{t_2 - t_1}.$$
Durch Einsetzen zweier Messwerte erhältst du
$$a = \frac{8\frac{m}{s} - 16\frac{m}{s}}{6\,s - 2\,s} = \frac{-8\frac{m}{s}}{4\,s} = -2\,\frac{m}{s^2}.$$
Die Verzögerung a ist negativ, es liegt eine **verzögerte Bewegung** vor. Diese ist die Umkehrung der beschleunigten Bewegung. Das erkennst du auch am t-v-Diagramm. Der Graf fällt.

Berechnung der Momentangeschwindigkeit

Du kannst jetzt auch die Geschwindigkeit des Testwagens nach 2,5 s berechnen. Die Ausgangsgeschwindigkeit $v_0 = 20\,\frac{m}{s}$ wird um $2\,\frac{m}{s^2} \cdot 2{,}5\,s = 5\,\frac{m}{s}$ verringert. Sie beträgt dann 15,0 $\frac{m}{s}$.
Der Zusammenhang zwischen Anfangsgeschwindigkeit v_0, Verzögerung a und Momentangeschwindigkeit v nach der Zeit t lässt sich allgemein darstellen:

$$v = v_0 - a \cdot t$$

■ Bei einer verzögerten Bewegung ist die Verzögerung a die Geschwindigkeitsabnahme pro Sekunde. Für die Geschwindigkeit v gilt: $v = v_0 - a \cdot t$.

Bewegte Körper und ihre Energie

Von Hundert auf Null – das dauert!

1. a) Halte ein Lineal am oberen Ende so, dass sich das andere Ende zwischen Daumen und Zeigefinger einer Mitschülerin befindet. Lass das Lineal los, die Mitschülerin versucht es zu fassen.
b) Führe den Versuch auch mit anderen Schülern durch und erkläre die unterschiedlichen Ergebnisse.

2. Nenne Faktoren, die die Reaktionszeit verlängern.

3. Welche Bedeutung haben verlängerte Reaktionszeiten im Straßenverkehr und am Arbeitsplatz?

4. a) Fahre mit dem Fahrrad auf dem Schulhof. Führe eine Vollbremsung an einer vorher markierten Stelle durch. Halte dabei die Spur!
b) Führe den Versuch mit verschiedenen Geschwindigkeiten durch und vergleiche die Längen der Bremswege.
c) Wiederhole die Versuche auf anderen Flächen wie Feldweg, Wiese oder nasser Asphaltstraße. Vergleiche auch hier die Längen der Bremswege und erkläre.

5. Gib Ursachen an, die den Bremsweg verlängern.

6. Welche Folgen hat ein längerer Bremsweg im Straßenverkehr?

7. Ein Radfahrer hat eine Reaktionszeit von 1 s. Lies aus dem Diagramm in Bild 3 die unterschiedlichen Anhaltewege ab und erkläre sie.

Bremsweg und Reaktionsweg

Das war knapp! – Anhand der Bremsspuren kannst du deutlich erkennen, dass die Autos beim Bremsen noch einen bestimmten Weg zurückgelegt haben. Dieser Weg ist der **Bremsweg.**

1 Kurzer Bremsweg ist gut!

Bevor der Fahrer bremst, muss er auf die Gefahrensituation reagieren. Die Zeit, die er zur Reaktion braucht, ist die **Reaktionszeit.** Sie liegt zwischen 0,3 s und 1 s. In dieser Zeit legt der Fahrer ungebremst den **Reaktionsweg** zurück. Erst nach der Reaktionszeit beginnt der Fahrer zu bremsen.
Die Länge des Bremsweges ist von der Geschwindigkeit abhängig. Bei doppelter Geschwindigkeit ist der Bremsweg mehr als doppelt so lang. Neben der Geschwindigkeit hängt seine Länge auch vom Untergrund und vom Zustand der Reifen und der Bremsen ab.

Anhalteweg und Sicherheitsabstand

Reaktionsweg und Bremsweg zusammen ergeben den **Anhalteweg.** Diesen Weg legst du insgesamt noch zurück, wenn du die Gefahr erkannt hast und dann kräftig bremst. Deshalb muss ein Verkehrsteilnehmer im Straßenverkehr einen ausreichenden **Sicherheitsabstand** zum vorausfahrenden Fahrzeug haben. Als Faustformel für diesen Sicherheitsabstand gilt:

$$\text{Abstand} = \text{halbe Tachoanzeige in m}$$

Bei einer Geschwindigkeit von 100 $\frac{km}{h}$ ist das ein Abstand von 50 m.

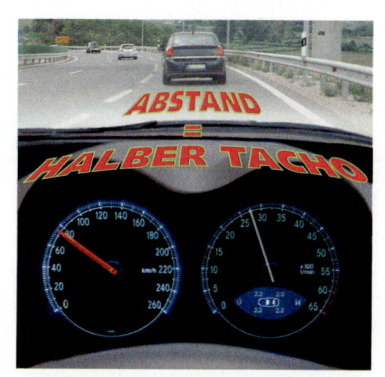

2 Ausreichend Abstand halten!

■ Reaktions- und Bremsweg ergeben den Anhalteweg. Er hängt ab von der Reaktionszeit, der Geschwindigkeit, vom Zustand der Straße, der Bremsen und der Reifen.

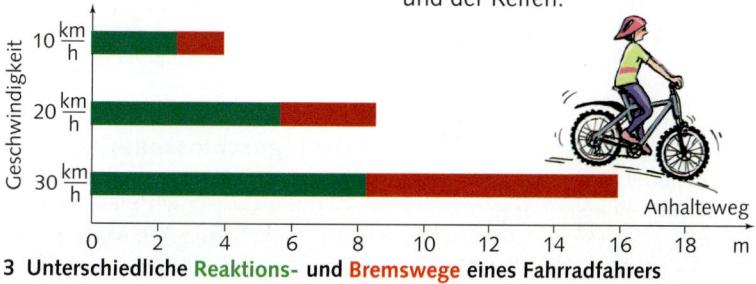

3 Unterschiedliche Reaktions- und Bremswege eines Fahrradfahrers

Faustregeln im Straßenverkehr

Endlich hat die Schule begonnen – die Fahrschule. Hier lernst du neben den Verkehrsregeln und den Bedeutungen der Verkehrszeichen auch den technischen Umgang mit dem Moped, dem Motorrad oder dem Auto.
Besonders wichtig ist aber, vorausschauendes Fahren und den verantwortungsvollen Umgang mit dem Fahrzeug zu erlernen. Dazu dienen auch einige **Faustregeln,** mit deren Hilfe du schnell die ungefähre Länge deines Reaktionsweges, des Bremsweges und des richtigen Abstandes zu dem vor dir fahrenden Fahrzeug bestimmen kannst.

1 Die erste Fahrstunde!

Der Reaktionsweg
Der Reaktionsweg ist die Strecke, die du vom Erkennen der Gefahr bis zum Wirken der Bremsen zurücklegst. Viele Faktoren wie der Genuss von Alkohol oder Drogen, Einnahme von Medikamenten oder Müdigkeit verlängern die Reaktionszeit und damit auch den Reaktionsweg. Eine mangelnde Wartung der Bremsanlage verlängert die Bremsansprechzeit und führt dazu, dass die Bremswirkung zu spät einsetzt.
Für die Strecke s (in m), die während der normalen Reaktions- und Bremsansprechzeit noch ungebremst zurückgelegt wird, gilt als Faustregel: $s_{\text{in m}} = v_{\text{in } \frac{km}{h}} \cdot \frac{3}{10}$.

Der Bremsweg und Anhalteweg
Der Bremsweg ist die Strecke, die das Fahrzeug vom Beginn der Bremswirkung bis zum Stillstand zurücklegt. Seine Länge hängt neben der Geschwindigkeit vom Straßen- und Reifenzustand sowie vom Zustand der Bremsanlage ab.

a) Sind Auto und Straße in optimalem Zustand, so gilt als Faustregel für die Länge des Bremsweges:

$$s_{\text{in m}} = (v_{\text{in } \frac{km}{h}} : 10)^2 : 2.$$

b) Bei nasser Straße gilt:

$$s_{\text{in m}} = (v_{\text{in } \frac{km}{h}} : 10)^2.$$

Der Bremsweg ist hier deutlich länger. Das Diagramm zeigt die Abhängigkeit des Bremsweges von der Geschwindigkeit und vom Straßenzustand. Der Bremsweg ergibt zusammen mit dem Reaktionsweg den Anhalteweg.

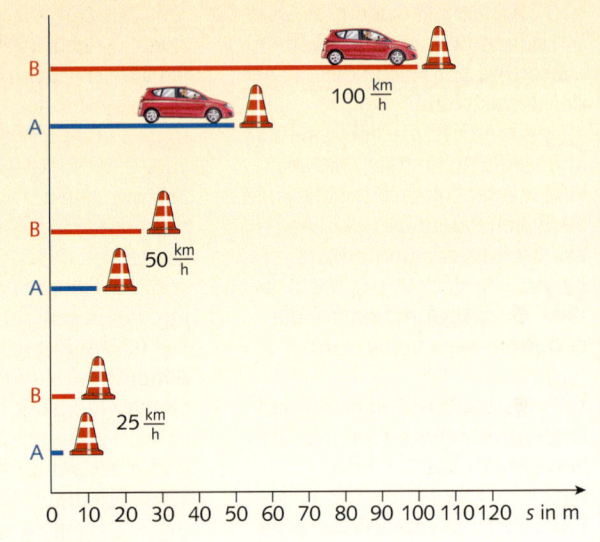

2 Bremsweg. A *bei optimalen Bedingungen;*
B *bei nasser Straße*

Der Abstand der Fahrzeuge außerhalb geschlossener Ortschaften
Der Sicherheitsabstand s zum vorausfahrenden Fahrzeug muss wegen der Reaktionszeit des Fahrers ausreichend sein. Bei einer angenommenen Reaktionszeit von 1 s gilt als Faustregel:
$s_{\text{in m}} = v_{\text{in } \frac{km}{h}} : 2$ (Sicherheitsabstand = halbe Tachoanzeige in Metern).

Bewegungsenergie steigt schneller als die Geschwindigkeit

📝 **1. a)** Informiere dich über die Bedeutung des Verkehrsschildes in Bild 1.
b) Diskutiert in der Klasse, wie sich ein Fahrzeugführer im Geltungsbereich dieses Verkehrsschildes zu verhalten hat.
c) Warum gelten hier für alle Fahrzeuge Geschwindigkeitsbegrenzungen?

🔍 **2. a)** Fülle eine etwa 30 cm hohe Pappröhre vollständig mit Watte und stelle sie auf den Boden. Lass eine größere Stahlkugel aus unterschiedlichen Höhen auf die Watte fallen. Miss jeweils die Fallhöhe und wie weit die Kugel die Watte in der Röhre zusammengedrückt hat.
b) Erkläre die Ergebnisse. Benutze dazu die Begriffe Geschwindigkeit, Bewegungsenergie und Verformungsenergie.

📝 **3.** Nenne weitere Beispiele, bei denen Bewegungsenergie in Verformungsenergie umgewandelt wird.

📝 **4. a)** Übertrage deine Erkenntnisse auf Zusammenstöße zwischen zwei Autos sowie zwischen Auto und Fußgänger.
b) Welche Bedeutung hat dabei die Geschwindigkeit der Fahrzeuge?

📖 **5.** Zwei Autos fahren auf einer Straße hintereinander. Das erste Auto muss plötzlich abbremsen. Der Fahrer des zweiten Autos bremst ebenfalls. Welche Energieumwandlungen finden statt
a) bei einem ausreichenden Sicherheitsabstand des zweiten Autos?
b) bei einem zu geringen Sicherheitsabstand des zweiten Autos?

In der Fahrschule wirst du sehr schnell den Zusammenhang zwischen Geschwindigkeit und Anhalteweg praktisch erfahren: Je höher deine Geschwindigkeit ist, desto länger ist der Anhalteweg. Nur bei angepasster Geschwindigkeit wirst du in gefährlichen Situationen dein Mofa noch vor der Gefahrenquelle anhalten können.

1 Hier musst du ganz langsam und vorsichtig fahren.

Die Energie nimmt stärker zu als die Geschwindigkeit

Verdoppelst du beispielsweise beim Fahrradfahren deine Geschwindigkeit, so wird deine Bewegungsenergie nicht doppelt, sondern vierfach so groß. Verdreifachst du deine Geschwindigkeit, so steigt die Bewegungsenergie sogar auf das Neunfache. Die Bewegungsenergie wächst quadratisch im Vergleich zur Geschwindigkeit.

2 Ein Dummy klagt nicht.

Bewegungsenergie in Wärme

Willst du dein Fahrzeug verlangsamen oder zum Stillstand bringen, musst du dafür sorgen, dass die Geschwindigkeit geringer wird. Dazu muss Bewegungsenergie in eine andere Form von Energie umgewandelt werden. So wird beim Bremsen Bewegungsenergie in Wärme umgewandelt. Je stärker du bremst, desto schneller nimmt deine Geschwindigkeit ab. Deshalb werden die Bremsen dabei heißer.

Verzögerst du dein Fahrzeug auf die halbe Geschwindigkeit, so wird $\frac{3}{4}$ der anfangs vorhandenen Bewegungsenergie in Wärme umgewandelt. Verzögerst du auf $\frac{1}{3}$ der Anfangsgeschwindigkeit, so werden $\frac{8}{9}$ der Bewegungsenergie in Wärme umgewandelt.

Bewegungsenergie in Wärme und Verformungsenergie

Taucht bei deiner Fahrt plötzlich ein Hindernis auf, so versuchst du durch Bremsen dein Fahrzeug vor dem Hindernis zum Stillstand zu bringen.
Das gelingt aber bei zu geringem Sicherheitsabstand nicht. Jetzt wird der Teil der Bewegungsenergie, der noch nicht durch das Bremsen in Wärme umgewandelt worden ist, zu Verformungsenergie. Diese wirkt jetzt auf das Fahrzeug mit Fahrer. Es entstehen Verformungen. Beim Menschen können dadurch Knochen gebrochen und innere Organe gequetscht werden.

■ Die Bewegungsenergie wächst quadratisch mit der Geschwindigkeit. Beim Bremsen wird Bewegungsenergie in Wärme, beim Auftreffen auf ein Hindernis zusätzlich in Verformungsenergie umgewandelt.

Sicherheitssysteme bei Krafträdern

Fahrerinnen und Fahrer von Kleinkraft- und Motorrädern benötigen einen größtmöglichen Schutz. Bei Unfällen kommt es häufig zu sehr schweren oder sogar tödlichen Verletzungen. Deshalb werden **Sicherheitssysteme** für Motorradfahrerinnen und -fahrer immer weiter verbessert.

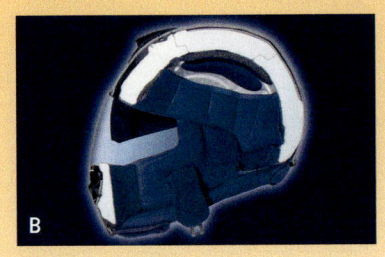

1 Integralhelm. A *äußerer Aufbau;* **B** *innerer Aufbau*

Der Motorrad-Schutzhelm

So durchlief beispielsweise der Schutzhelm eine lange Entwicklung. Die ersten Helme waren einfache Lederhauben, die nur manchmal noch durch zusätzliche Lederteile verstärkt waren.

Im Gegensatz dazu bieten heute Integralhelme (Bild 1 A) den größtmöglichen Schutz für den Kopf. Dies liegt vor allem an ihrem vielschichtigen Aufbau (Bild 1 B). Das harte Außenmaterial der Helmschale schützt vor direkter Stoßeinwirkung. Es ist sehr fest und verteilt dadurch die bei einem Unfall einwirkende Kraft auf die große Fläche der Innenschale.

Die Helminnenschale nimmt durch das hochverdichtete Polystyrol die meiste Energie auf, indem sie einen großen Teil kinetischer Energie in Verformungsenergie umwandelt. Schließlich sorgen die Innenpolsterung und der Verschluss für einen festen und sicheren Sitz. So wird verhindert, dass der Helm verrutscht oder ganz vom Kopf gleitet.

Der Kopfschutz wurde mit den heutigen Helmen also enorm verbessert. Sie sollten aber etwa alle drei Jahre ausgetauscht werden. Die Einwirkung von UV-Strahlung und von kleinsten Stößen verringert die Festigkeit der Helmschale.

2 Jacken-Airbag für Motorradfahrer

Airbag für Motorradfahrer

Eine neue Entwicklung zur Verbesserung der Sicherheit beim Motorradfahren stellt der **Airbag** für Motorräder dar. Er kann entweder in die Kleidung integriert (Bild 2) oder auf den Motorradtank montiert werden (Bild 3).
Der in der Jacke integrierte Airbag wird mittels einer Reißleine ausgelöst, die am Motorrad befestigt ist. Der Auslösemechanismus wird dabei durch eine Gaspatrone aktiviert, die den Airbag in weniger als 1 s mit Gas füllt. So werden Nacken, Rückgrat, Schlüssel- und Brustbein sowie der Nierenbereich und das Steißbein geschützt. Durch den Airbag wird die Bewegungsenergie in Verformungsenergie umgewandelt.

3 Airbag auf dem Motorradtank

📖 **1.** Welche Teile gehören zu einer sicheren Ausrüstung eines Motorradfahrers?

📝 **2.** Erkundige dich über weitere Sicherheitssysteme für Motorräder.

Bewegte Körper und ihre Energie

Bremssysteme

Pinnwand

Das Bremssystem beim Fahrrad besteht grundsätzlich aus einer Vorderrad- und einer Hinterradbremse. Beide Bremsen können völlig unabhängig voneinander betätigt werden.
Fahrräder sind meist mit Felgen- oder Rücktrittbremsen ausgestattet. Es gibt aber auch **Scheibenbremsen.** Wird bei einer Scheibenbremse der Bremshebel gezogen, so drücken zwei Bremsbeläge gleichzeitig gegen die Bremsscheibe. Durch Reibung wird dann die Geschwindigkeit des Rades verringert, das Fahrrad wird gebremst.

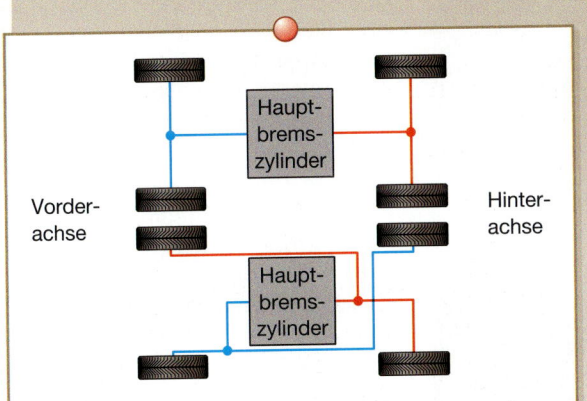

Jedes Auto muss mit einer **Zweikreisbremsanlage** ausgestattet sein. Mithilfe dieser Anlage können unabhängig voneinander entweder jeweils zwei oder jeweils drei Räder gebremst werden. Dadurch ist bei allen Systemen gesichert, dass das Fahrzeug auch dann noch angehalten werden kann, wenn ein Bremskreis ausfällt.
Das Bremssystem eines Autos besteht aus zwei Arten von Bremsen. Während die Vorderräder meistens mit Scheibenbremsen verzögert werden, sind die Hinterräder mit Scheiben- oder Trommelbremsen ausgestattet.

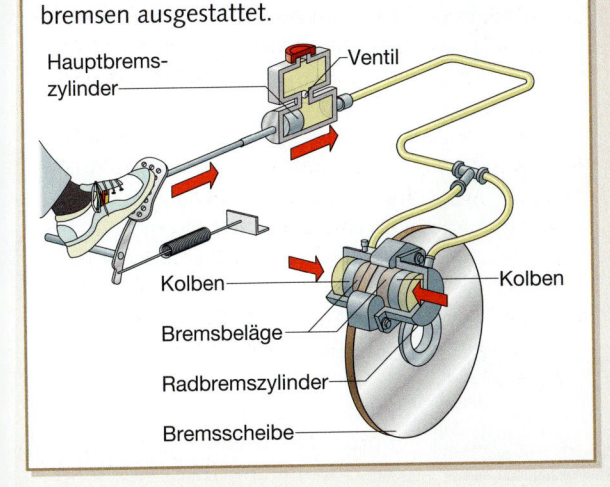

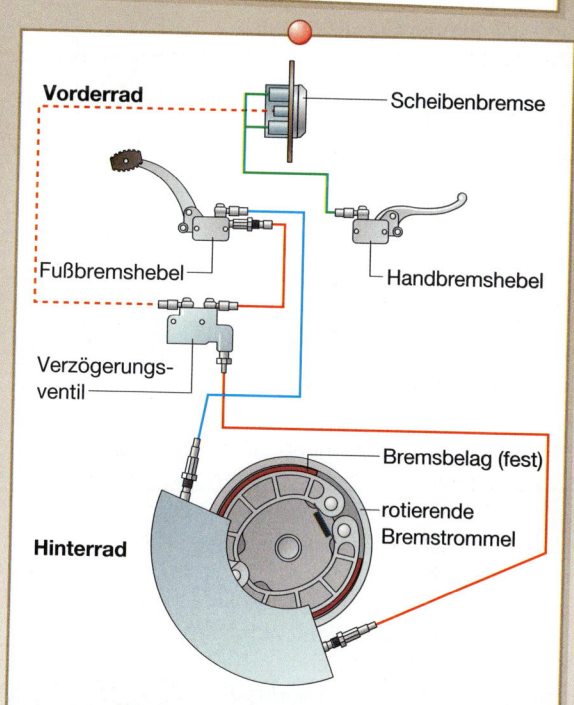

Ein Motorrad besitzt jeweils eine Bremse für das Vorder- und für das Hinterrad. Beide Bremsen funktionieren unabhängig voneinander und werden jeweils mit einem dafür vorgesehenen Bremshebel betätigt. Sollen beide Bremsen gleichzeitig aktiviert werden, so muss der Fahrer die dafür vorgesehenen Bremshebel gleichzeitig bedienen. Bei einem Motorrad mit einem **Integralbremssystem** werden bei Betätigung von nur einem Bremshebel Vorder- und Hinterrad gleichzeitig abgebremst.

1. Wie funktionieren die Felgen- und die Rücktrittbremse beim Fahrrad?

2. Erkundige dich, wie das Antiblockiersystem (ABS) arbeitet.

Der freie Fall

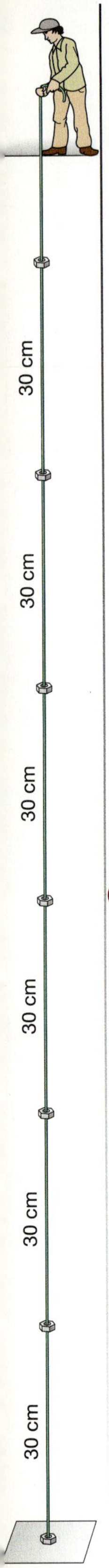

🔍 **1. a)** Halte zwei DIN A4-Blätter in gleicher Höhe waagerecht. Lass sie gleichzeitig los.
b) Halte eines der Blätter senkrecht und wiederhole Versuch a).
c) Beschreibe jeweils deine Beobachtungen.

🔍 **2. a)** Lass das Bleistück und die Feder in einer Fallröhre fallen.
b) Pumpe die Luft aus der Röhre und wiederhole Versuch a). Was stellst du fest?

📖 **3.** Erkläre die Ergebnisse aus Versuch 1 und Versuch 2.

🔍 **4. a)** Befestige an einer Schnur 7 Muttern im Abstand von jeweils 30 cm. Halte diese Fallschnur im Treppenhaus senkrecht und lass sie fallen. Was hörst du?
b) Befestige an einer Schnur Muttern mit den rechts angegebenen Abständen. Wiederhole Versuch a).
c) Erkläre die unterschiedlichen Ergebnisse aus den Versuchen a) und b).

📝 **5.** Was würdest du beobachten, wenn du Versuch 1 auf dem Mond durchführen würdest?

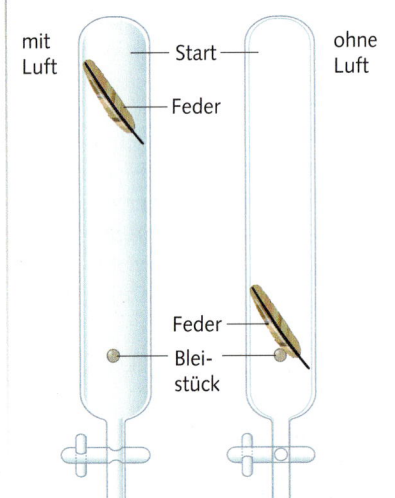

Fallen ein Apfel und ein Laubblatt zur gleichen Zeit aus gleicher Höhe vom Baum, so fällt der Apfel schneller als das Blatt. Würden Apfel und Blatt im luftleeren Raum fallen, so kämen sie gleichzeitig am Boden an. Diese Art von Bewegungen im luftleeren Raum ist der **freie Fall**.

Eine beschleunigte Bewegung
Die Geschwindigkeit des fallenden Körpers im luftleeren Raum wird immer größer. Der freie Fall ist eine gleichmäßig beschleunigte Bewegung. Der dabei auftretende Beschleunigungsfaktor heißt **Erdbeschleunigung g**. Sein Wert beträgt etwa 10 $\frac{m}{s^2}$ (genauer für Mitteleuropa g = 9,81 $\frac{m}{s^2}$). Die Geschwindigkeit des fallenden Körpers nimmt in jeder Sekunde um etwa 10 $\frac{m}{s}$ zu. Nach 3 s hat der Körper dann eine Geschwindigkeit von etwa 30 $\frac{m}{s}$.

Die beschleunigte Bewegung erkennst du auch mithilfe einer **Fallschnur**. Haben die Muttern den gleichen Abstand voneinander, so hörst du ihre Aufschläge in immer kürzeren Zeitintervallen. Gleiche Strecken werden in immer kürzeren Zeiten zurückgelegt. Wählst du den Abstand der Muttern mit wachsenden Werten, legen sie beim Fall zwar jeweils längere Strecken zurück, ihre Aufschläge hörst du aber in gleichen Zeitabständen. In gleichen Zeiten werden immer längere Strecken zurückgelegt.
So ist es auch bei einem frei fallenden Stein. Er legt in jeder weiteren Sekunde eine immer längere Strecke zurück. Der Luftwiderstand wird dabei vernachlässigt.

■ Im luftleeren Raum fallen alle Körper gleich schnell. Der Beschleunigungsfaktor g beträgt etwa 10 $\frac{m}{s^2}$ (genau 9,81 $\frac{m}{s^2}$).

1 Versuche mit der Fallröhre

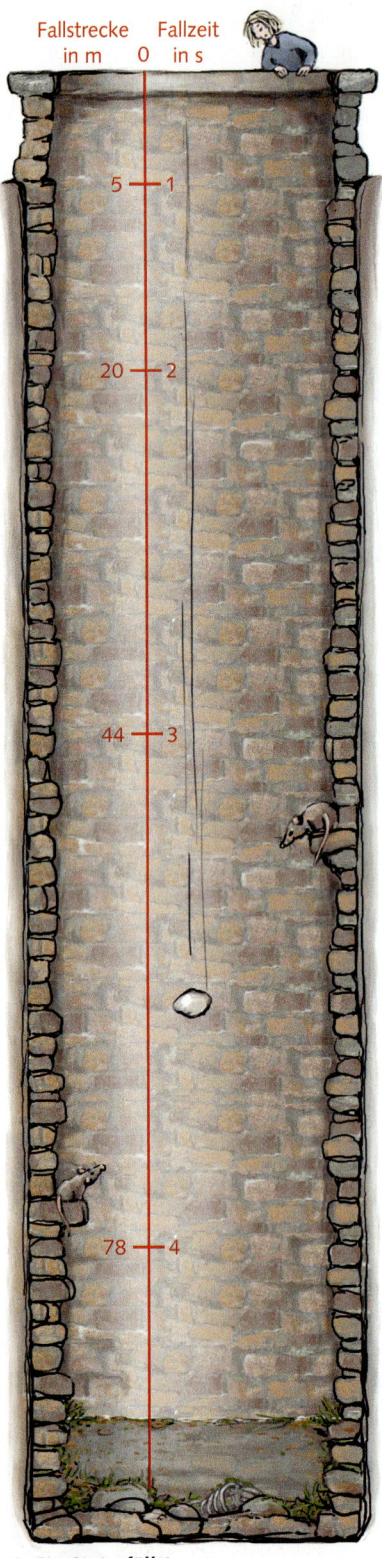

Fallstrecke in m	Fallzeit in s
0	0
5	1
20	2
44	3
78	4

2 Ein Stein fällt!

Der freie Fall – mathematisch

Der freie Fall im luftleeren Raum ist eine gleichmäßig beschleunigte Bewegung. Für die Fallstrecke s, die in einer bestimmten Zeit t durchfallen wird, gilt $s = \frac{1}{2} \cdot a \cdot t^2$. Da es sich hier um eine Beschleunigung mit dem Beschleunigungsfaktor g handelt, lautet die Formel für die Fallstrecke s:

$$s = \frac{1}{2} \cdot g \cdot t^2$$

Am Verlauf des Grafen im t-s-Diagramm erkennst du, dass in gleichen Zeitabschnitten immer längere Strecken durchfallen werden. Es liegt also eine beschleunigte Bewegung vor. Der Graf ist ein Parabelast. Für die Geschwindigkeit v, die der fallende Körper nach der Zeit t hat, gilt entsprechend:

$$v = g \cdot t$$

Auch der Graf im t-v-Diagramm zeigt, dass es sich um eine beschleunigte Bewegung handelt. Jetzt kannst du berechnen, mit welcher Geschwindigkeit ein Körper aus einer Fallhöhe $s = 80$ m im luftleeren Raum auf den Boden trifft. Zuerst musst du die Fallzeit des Körpers berechnen. Dazu stellst du die Formel $s = \frac{1}{2} \cdot g \cdot t^2$ nach t um und erhältst: $t = \sqrt{2 \cdot \frac{s}{g}}$.

Setzt du $s = 80$ m und $g = 10 \frac{m}{s^2}$ ein, erhältst du für die Fallzeit $t = 4$ s. Diesen Wert setzt du nun in die Formel $v = g \cdot t$ ein. Der Körper trifft mit einer Geschwindigkeit von $v = 40 \frac{m}{s} = 144 \frac{km}{h}$ auf. Der Wert für g ist mit $10 \frac{m}{s}$ gerundet. Seine exakte Größe hängt von dem Breitengrad ab, auf dem der Fallvorgang stattfindet. Für unser Gebiet beträgt $g = 9{,}81 \frac{m}{s^2}$.

1. Ein Körper wird im luftleeren Raum mit einer Anfangsgeschwindigkeit von $20 \frac{m}{s}$ senkrecht hochgeworfen. Berechne seine Steigzeit und Steighöhe.

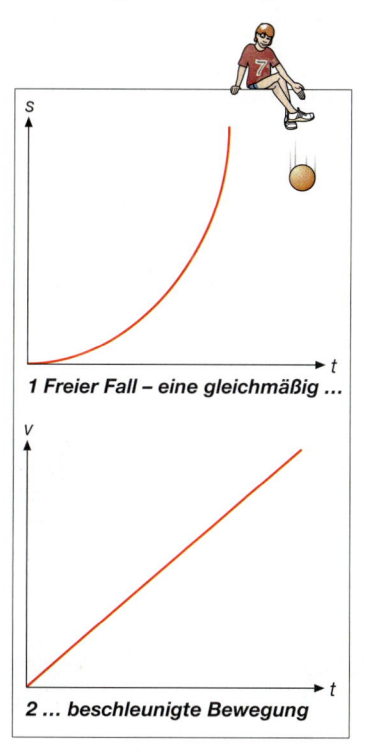

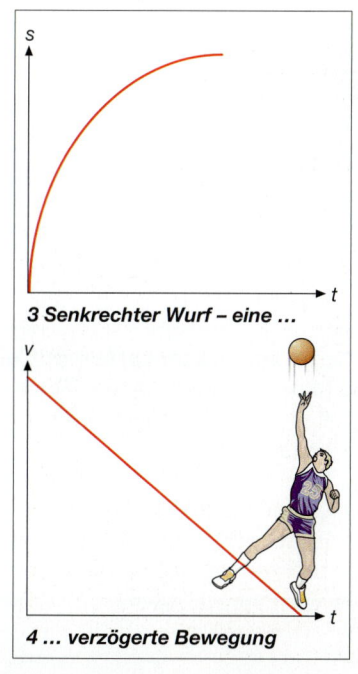

1 Freier Fall – eine gleichmäßig …

2 … beschleunigte Bewegung

3 Senkrechter Wurf – eine …

4 … verzögerte Bewegung

Es geht auch anders herum

Wirfst du einen Körper senkrecht hoch, so nimmt seine Geschwindigkeit mit zunehmender Höhe ab. Er führt eine verzögerte Bewegung aus. Du erkennst am t-s-Diagramm für den **senkrechten Wurf**, dass die zurückgelegten Strecken in gleichen Zeitabständen immer kleiner werden. Beim t-v-Diagramm ist der Graf eine fallende Gerade.

Die Geschwindigkeit des steigenden Körpers im luftleeren Raum nimmt in jeder Sekunde um den Wert $9{,}81 \frac{m}{s}$ ab. Der Körper steigt, bis seine Geschwindigkeit auf den Wert $0 \frac{m}{s}$ abgesunken ist, dann fällt der Körper wieder, beschleunigt und erreicht in der Ausgangsposition fast wieder seine Ausgangsgeschwindigkeit. Du kannst nun berechnen, wie hoch ein Körper mit einer Anfangsgeschwindigkeit von $30 \frac{m}{s}$ steigt. Dazu betrachtest du den entgegengesetzten Fall: Wie tief muss ein Körper fallen, um eine Geschwindigkeit von $30 \frac{m}{s}$ zu erreichen? Die Gleichung $v = g \cdot t$ wird nach t umgestellt:
$t = 30 \frac{m}{s} : 10 \frac{m}{s^2} = 3$ s.

Der Körper muss 3 s fallen, um $30 \frac{m}{s}$ zu erreichen, also steigt er mit dieser Anfangsgeschwindigkeit auch 3 s lang hoch. Jetzt kannst du die Fallstrecke berechnen: $s = \frac{1}{2} \cdot g \cdot t^2$. Damit ergibt sich ein Wert von $s = 45$ m. Nach einer Fallstrecke von 45 m hat der Körper eine Geschwindigkeit von $30 \frac{m}{s}$, beim senkrechten Hochwerfen mit dieser Anfangsgeschwindigkeit erreicht der Körper deshalb auch eine Höhe von 45 m.

■ Für den freien Fall im luftleeren Raum und den senkrechten Wurf gelten die Formeln $s = \frac{1}{2} \cdot g \cdot t^2$ und $v = g \cdot t$.

Erstellen von Folien am PC

Bei einer Präsentation stellen eine oder mehrere Personen ausgewählte Inhalte eines Themas vor. Die Darstellung wird lebendig, wenn die Aussagen mit Texten, Bildern oder Symbolen unterstützt werden.
Zum Präsentieren eignen sich Folien, die du mit dem Tageslichtprojektor abbilden kannst. Die Vorlagen zu diesen Folien kannst du am PC mithilfe eines Textverarbeitungsprogramms erstellen und direkt auf Folien ausdrucken. Die Folien lassen sich aber auch mit Ausdrucken am Kopierer erstellen.

Überschrift
Die Schriftgröße sollte etwa 30 pt betragen.

Schaubilder
Sie vereinfachen komplizierte Zusammenhänge.
Größen- oder Mengenangaben lassen sich in Balken- oder Kreisdiagrammen übersichtlich darstellen.

Texte
Verwende nur wenige Schriftarten und Hervorhebungen.
Schreibe kurze Sätze oder einzelne Wörter. Die Schriftgröße sollte mindestens 16 pt betragen.

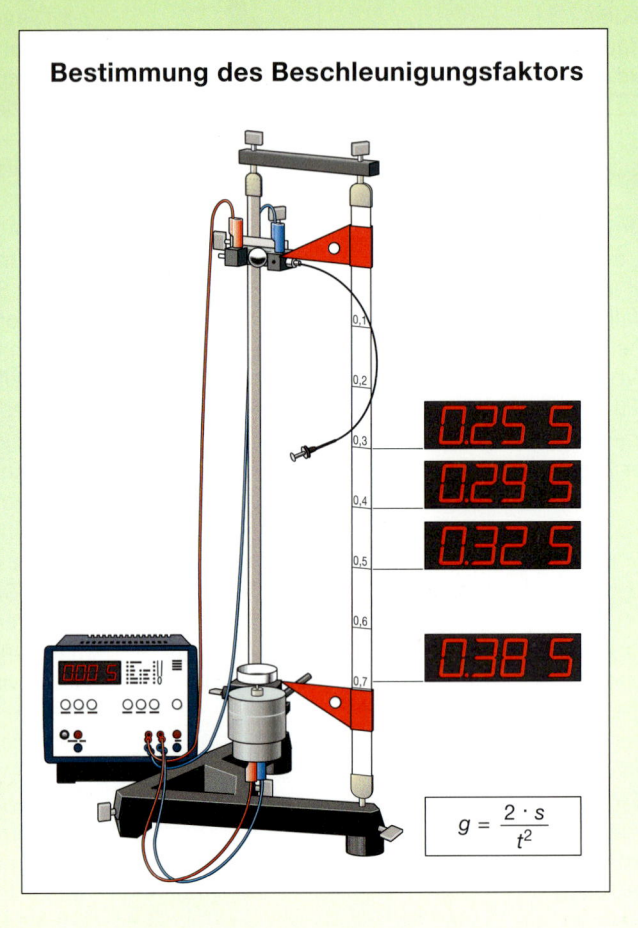

Bestimmung des Beschleunigungsfaktors

$$g = \frac{2 \cdot s}{t^2}$$

Bilder
Suche wenige Bilder sorgfältig aus.
Sie müssen gut erkennbar sein.
Bilder aus Büchern kannst du scannen.

Symbole
Pfeile oder Punkte verdeutlichen Zusammenhänge oder heben wichtige Aussagen hervor.

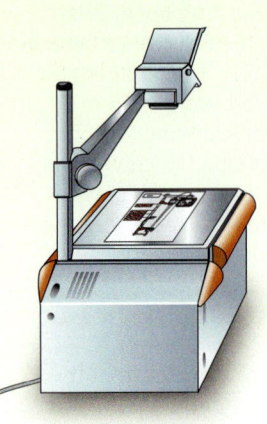

Tipps zur Präsentation mit einer Folie
- Verwende keine langen Texte. Auf einer Folie sollten nur wichtige Aussagen oder Stichworte stehen, die durch den Vortrag erläutert werden.
- Benutze für eine Präsentation nicht zu viele verschiedene Folien. Gib den Zuhörern Zeit, deine Folien zu lesen und zu verstehen.
- Es ist wichtig, zur Verdeutlichung Farben einzusetzen. Verwende aber nur wenige Farben.

Bewegte Körper und ihre Energie

Präsentieren von Folien mit dem PC

Methode

Präsentieren kannst du auch mit dem PC. Dazu benötigst du ein Präsentationsprogramm und einen Beamer. Mit einem Präsentationsprogramm werden Folien so ähnlich erstellt wie mit einem Textverarbeitungsprogramm. Es gelten dieselben Gestaltungskriterien wie bei der Herstellung von Folien für den Tageslichtprojektor, zum Beispiel für Schriftgröße oder Farben. Der Unterschied ist, dass sich einzelne Elemente einer Folie in der von dir gewünschten Reihenfolge einblenden lassen. Dieser Vorgang wird **Animation** genannt.

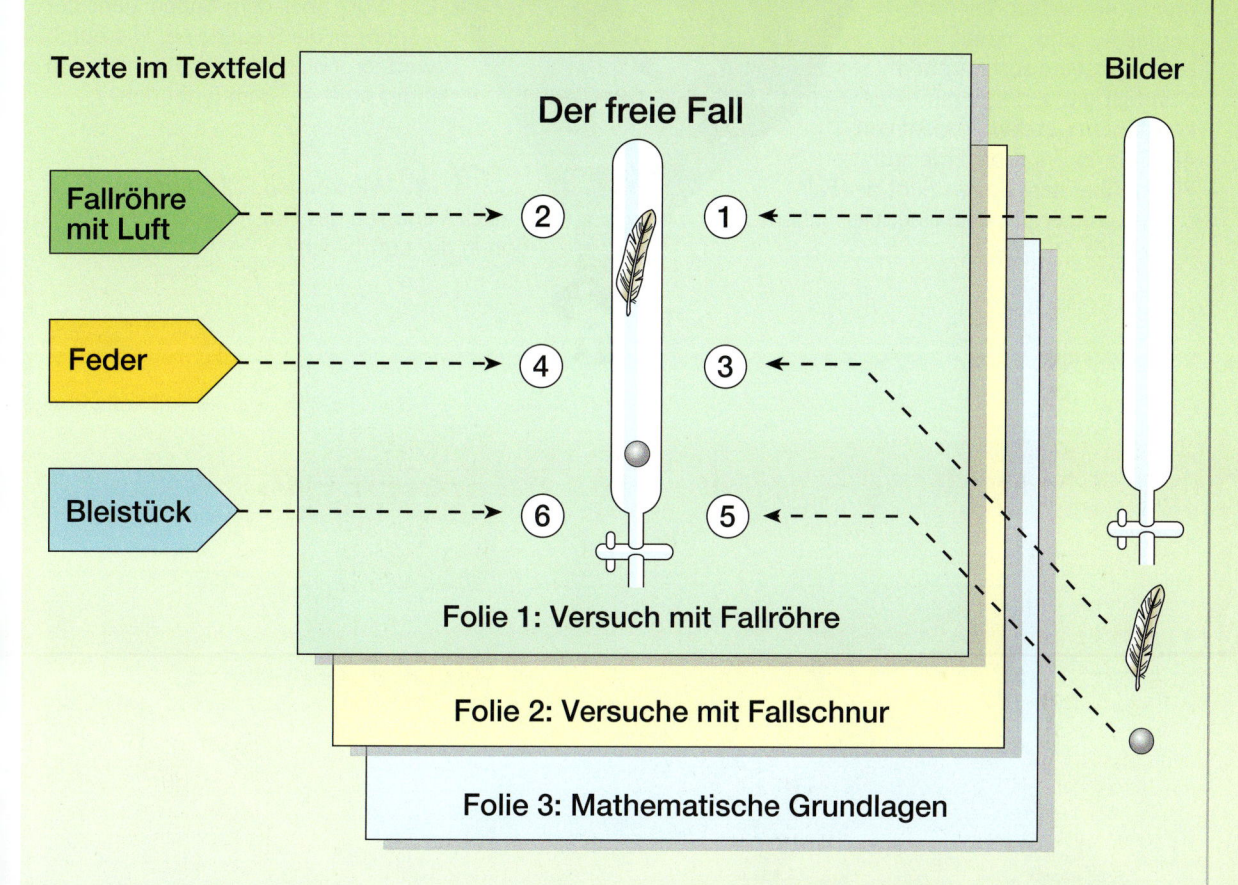

Texte im Textfeld — **Bilder**

Der freie Fall

Fallröhre mit Luft → ② ① ←
Feder → ④ ③ ←
Bleistück → ⑥ ⑤ ←

Folie 1: Versuch mit Fallröhre
Folie 2: Versuche mit Fallschnur
Folie 3: Mathematische Grundlagen

Die Text- und Bildelemente der Folie erscheinen passend zu den Inhalten des Vortrags, wenn du klickst. Zusätzlich lassen sich die Übergänge zwischen den einzelnen Folien gestalten. So kannst du zum Beispiel eine Folie über den rechten Bildrand verschwinden lassen, während gleichzeitig die nächste von links hereingeschoben wird. Präsentationsprogramme bieten auch die Möglichkeit, Filmausschnitte und Soundeffekte einzubinden.

Tipps zur Präsentation mit dem PC
- Erstelle ein Präsentationsdrehbuch zu deinem Vortrag.
- Die Struktur aller Folien zu einem Vortrag sollte gleich sein. Verwende deshalb für alle Folien ein einheitliches Layout.
- Wähle möglichst nur eine Übergangsmethode für deine Folien.
- Verwende Animationen sparsam.

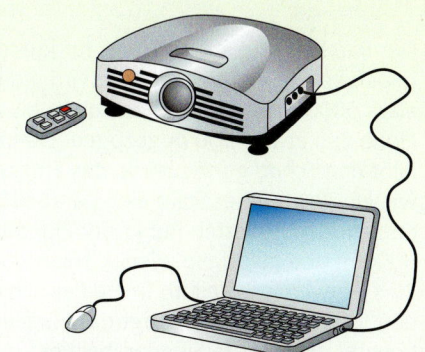

Fallschirmspringen

Ein Fallschirmspringer ist in 3000 m Höhe aus dem Flugzeug gesprungen und fällt anfangs immer schneller auf die Erde zu. Er breitet Arme und Beine aus, um seine Körperfläche und damit den Luftwiderstand zu vergrößern. Nun fällt der Springer mit einer konstanten Geschwindigkeit von 40 $\frac{m}{s}$ bis 45 $\frac{m}{s}$ auf die Erde zu. 700 m über dem Boden zieht der Fallschirmspringer die Reißleine. Der Schirm öffnet sich.

Dadurch vervielfacht sich der Luftwiderstand, der Springer wird in kurzer Zeit auf eine Geschwindigkeit von etwa 5 $\frac{m}{s}$ abgebremst.

Kurz über dem Boden zieht der Springer die Steuerleine. Hierdurch wird er nochmals abgebremst und landet sanft auf dem Erdboden.

1. Wie können Fallschirmspringer nach Verlassen des Flugzeugs eine Formation in der Luft bilden?

Parabelflug – schwerelos im freien Fall

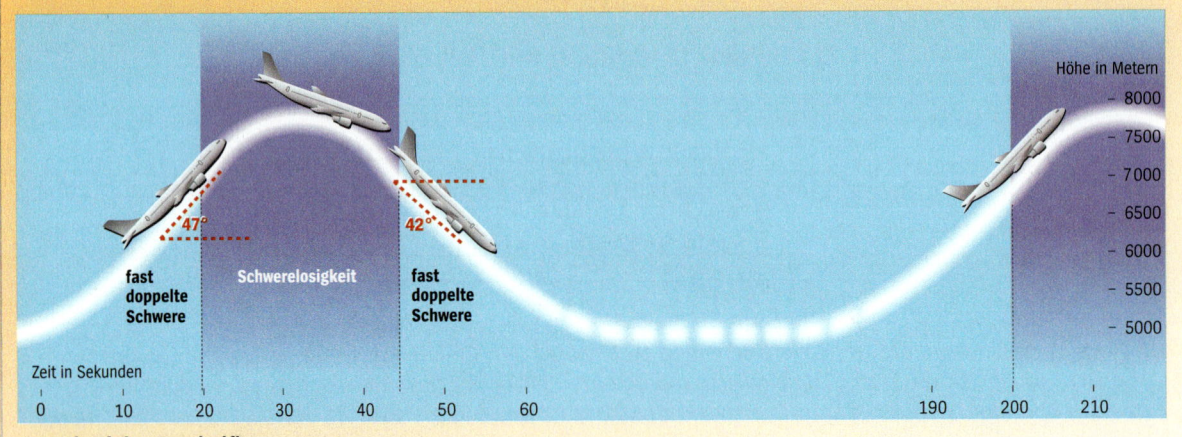

1 Verlauf des Parabelfluges

Der Parabelflug ermöglicht es, für kurze Zeit **Schwerelosigkeit** zu erzeugen. Dazu wird ein Flugzeug in etwa 5000 m Höhe steil nach oben bis zu einer Höhe von etwa 7000 m gezogen. Dann nimmt der Pilot den Schub ganz zurück, das Flugzeug fliegt wie ein geworfener Stein eine parabelförmige Bahn, erreicht den höchsten Punkt der Flugbahn bei etwa 8000 m und fällt dann wieder. Nach insgesamt 25 s Schwerelosigkeit im freien Fall schaltet der Pilot den Schub wieder ein, fängt das Flugzeug ab und bereitet die nächste Flugparabel vor.

In diesen jeweils 25 s langen Phasen der Schwerelosigkeit können sich zukünftige Astronauten an den ungewohnten Zustand gewöhnen, der im Weltraum zum Dauerzustand wird. Aber auch Forscher aus Medizin, Biologie, Raumfahrttechnik und Physik nutzen den Parabelflug für Experimente, die sie hier unter Ausschluss der Erdanziehung ausführen können. Diese Versuche dienen auch zur Vorbereitung späterer Experimente im Weltraum, die dann über einen längeren Zeitraum unter Schwerelosigkeit durchgeführt werden können.

Bewegte Körper und ihre Energie

GALILEO GALILEI

Ein begnadeter Naturwissenschaftler
Der italienische Astronom und Physiker GALILEO GALILEI (1564–1642) wurde am 15. Februar in Pisa geboren. Er studierte Medizin, Physik und Mathematik. Mit 25 Jahren wurde er Professor. Schon während seines Studiums fand er mit 18 Jahren die Gesetze des Pendels, später die Gesetze des freien Falls. Er soll sie durch Versuche am schiefen Turm von Pisa bestätigt haben. Er entwickelte ein **Thermoskop**, ein Gerät, mit dem Temperaturen verglichen werden können.

Aus Holland erhielt GALILEI Informationen über eine Vorrichtung, mit deren Hilfe sehr weit entfernte Gegenstände genau betrachtet werden konnten – das Fernrohr. Darüber wollte er mehr erfahren und schickte einen Boten nach Middelburg zu dem Erfinder des Fernrohrs, einem Linsenschleifer, mit der Bitte um weitere Informationen. Der Bote verlor auf dem Rückweg aber die erhaltenen Skizzen. GALILEI konnte jedoch anhand der Beschreibung durch den Boten ein Fernrohr entwickeln, das sogar brauchbarer war als das des eigentlichen Erfinders. Mithilfe dieses Fernrohres entdeckte GALILEI Sonnenflecken, Mondberge und die vier Monde des Jupiter.

Das heliozentrische Weltbild
Die Beobachtungen der Planetenbewegungen und seine Kenntnisse über Bewegungen und Kräfte ließen ihn am **geozentrischen Weltbild** zweifeln. Nach dieser Theorie steht die Erde im Mittelpunkt des Sonnensystems. Vielmehr bestätigten seine Beobachtungen und seine Schlussfolgerungen die Erkenntnisse des Astronomen NIKOLAUS KOPERNIKUS (1473–1543). Danach steht die Sonne im Mittelpunkt der Planetenbewegungen. Das ist das **heliozentrische Weltbild**.

Vom Experiment zum Gesetz
GALILEI veröffentlichte seine Erkenntnisse in einem Buch in Form eines Gesprächs zwischen Anhängern des geozentrischen und heliozentrischen Weltbilds. Das Werk wurde mit kirchlicher Erlaubnis gedruckt, obwohl die Kirchenlehrer vom geozentrischen Weltbild überzeugt waren. Streit mit den Kirchenvertretern entstand durch unterschiedliche Auffassungen über die Ergebnisse der galileischen Beobachtungen. Die Kirchenvertreter ließen das heliozentrische Weltbild als Arbeitshypothese gelten. Nach Papst URBAN konnte das heliozentrische Weltbild sogar für wahr, aber nicht für absolut wahr angesehen werden. GALILEI sprach aber von erwiesenen Tatsachen, legte jedoch keine Beweise vor und beschimpfte die Andersdenkenden. Der Streit eskalierte. Es kam zu einem Prozess, in dem GALILEI seiner Lehre abschwören musste.

GALILEIS größtes Verdienst ist die Einführung eines neuen Verfahrens der Forschung in den Naturwissenschaften. Naturvorgänge, die vorher nur bei ihrem natürlichen Auftreten untersucht werden konnten, werden jetzt in vereinfachter Form als **Experiment** nachgestellt. Das Experiment, bei dem störende Einflüsse vermieden werden können, ersetzt die natürlichen Erscheinungen und wird zum entscheidenden Bestandteil der Untersuchung. Anhand des Experimentes wird die Ergebnisvermutung als **Arbeitshypothese** überprüft, **Messungen** werden durchgeführt und ihre Ergebnisse ausgewertet.

Dann wird überprüft, ob das Ergebnis als **Gesetzmäßigkeit** allgemein gültig ist oder nur auf den speziellen Fall im Experiment zutrifft. Dieses Forschungsverfahren heißt **induktives Verfahren**.

369

Kraft, Masse, Trägheit

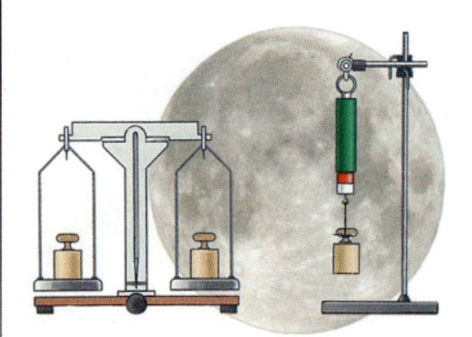

1 100 g-Wägestücke auf dem Mond

📖 **1.** Welche Größe wird in Bild 1 direkt gemessen, welche Größe wird verglichen?

📖 **2.** Beschreibe die Wirkung der Windkraft, die auf das Segelboot in Bild 2 wirkt.

🔍 **3.** Lege mit dem Fahrrad eine Strecke von 25 m zurück mit
a) geringer Beschleunigung,
b) hoher Beschleunigung.
c) Vergleiche die jeweils zur Beschleunigung eingesetzte Kraft.
d) Begründe deine Ergebnisse.

🔍 **4.** Fahre mit dem Fahrrad eine Strecke von 20 m mit möglichst gleichbleibender Geschwindigkeit
a) allein,
b) mit schwerem Gepäck.
c) Vergleiche die jeweils zur Bewegung eingesetzte Kraft und begründe.

🔍 **5.** Ziehe aus dem Stand
a) einen leeren Handwagen,
b) einen beladenen Handwagen.
c) Vergleiche die Größe der eingesetzten Kräfte und begründe.

📝 **6.** Nenne weitere Beispiele für die Wirkung von Kräften auf Körper.

📝 **7.** a) Warum bewegst du dich beim starken Abbremsen des Autos nach vorne, beim Anfahren des Autos aber nach hinten?
b) Nenne Sicherheitseinrichtungen im Auto, die diese Vor- und Rückwärtsbewegungen abfangen.

📝 **8.** Gib weitere Beispiele an, bei denen du erkennst, dass Massen schwer und träge sind.

2 Hier wirkt mehr als ein leichtes Lüftchen.

Massen sind schwer und träge

Eine 100 g-Tafel Schokolade hat auf der Erde die gleiche Masse wie auf dem Mond. Würdest du aber die Gewichtskraft der Tafel mit einem Kraftmesser messen, könntest du Unterschiede feststellen. Von der Erde wird die Masse 100 g mit einer Kraft von etwa 1 N angezogen. Vom Mond wird die gleiche Masse mit einer Kraft von 0,167 N angezogen. Erde und Mond ziehen die gleiche Masse unterschiedlich stark an. Durch diese unterschiedlich starke Anziehung der Himmelskörper haben die Massen ihre unterschiedliche Gewichtskraft oder **Schwere**. Die Gewichtskraft der Masse ist ortsabhängig.

Neben der Schwere besitzt ein Körper eine weitere Eigenschaft. Jeder Körper will den Bewegungszustand, den er im Augenblick hat, beibehalten. Diese Eigenschaft des Körpers wird als **Trägheit** bezeichnet. Die Trägheit ist umso größer, je größer die Masse des Körpers ist. Zur Überwindung der Trägheit muss Kraft eingesetzt werden.

Kraft hilft gegen Trägheit

Willst du mit dem Fahrrad auf ebener Strecke schneller fahren und damit dich und dein Fahrrad beschleunigen, musst du zusätzlich Kraft einsetzen. Je mehr du beschleunigen willst, desto mehr Kraft musst du einsetzen. Du änderst den Bewegungszustand. Das gilt auch für die Verzögerung. Je stärker du verzögern willst, desto mehr Kraft muss eingesetzt werden.

Packst du beispielsweise mehr Gepäckstücke auf den Gepäckträger deines Fahrrades, vergrößerst du die Masse, die du beschleunigst oder verzögerst. Du musst nun bei gleicher Beschleunigung oder Verzögerung noch mehr Kraft einsetzen.

■ Die Masse eines Körpers ist im Gegensatz zu seiner Gewichtskraft an allen Orten gleich. Körper bekommen durch die Anziehungskraft der Massen anderer Körper die Eigenschaft der Schwere. Massen sind träge. Zur Überwindung der Trägheit muss Kraft eingesetzt werden.

Bewegungen und ihre Ursachen → S. 414/415

Kraft und Beschleunigung

🔍 **1.** Baue den Versuch wie in Bild 1 auf. Gleiche die Reibung des Wagens auf dem Tisch und die Reibung des Seils mit den Rollen durch Wägestücke aus. Hänge an das Seilende weitere Wägestücke als antreibende Kraft F. Beschreibe die Bewegung des Wagens nach 0,5 m, 1 m und 1,5 m.

🔍 **2. a)** Hänge 20 g-, 40 g- und 60 g-Wägestücke an das Seil aus Versuch 1. Berechne jeweils die antreibende Kraft F und bestimme die Beschleunigung a des Wagens nach 1 m.
b) Welcher Zusammenhang ergibt sich zwischen der Beschleunigung a des Wagens und der antreibenden Kraft F?

🔍 **3. a)** Wiederhole Versuch 2, verändere jetzt aber zusätzlich die Masse m des Wagens. Übertrage die Tabelle ins Heft, trage die gemessenen Werte ein.
b) Berechne in der letzten Zeile der Tabelle jeweils das Produkt aus den Werten der bewegten Masse m und der Beschleunigung a. Vergleiche den so erhaltenen Wert mit der Größe der wirkenden Kraft F.

Versuch	1	2	3
F in N			
m in kg			
a in $\frac{m}{s^2}$			

📖 **4.** Formuliere aus den in den Versuchen 1 bis 3 gewonnenen Erkenntnissen eine Gesetzmäßigkeit.

✏️ **5.** Aus der Ruhe soll ein Körper mit der Masse von 15 kg in 5 s eine Geschwindigkeit von 9 $\frac{km}{h}$ erreichen. Berechne die dafür notwendige Kraft.

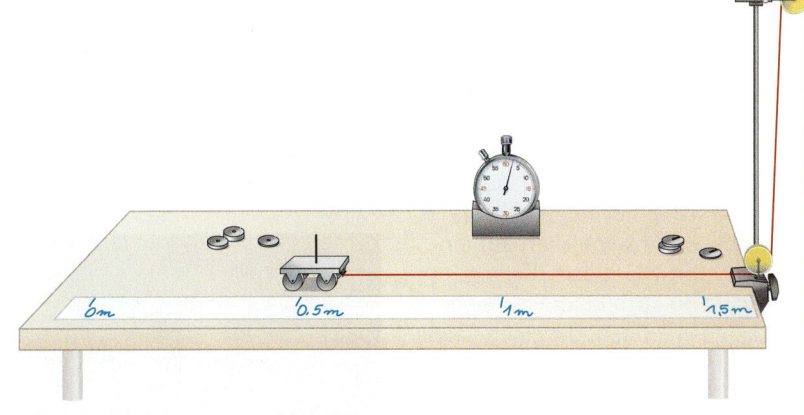

1 Der Versuchswagen wird beschleunigt.

Das newtonsche Kraftgesetz

Mithilfe des Versuchswagens in Bild 1 stellst du fest, dass bei gleicher Antriebskraft F und gleicher Masse m des Wagens die Beschleunigung a des Wagens konstant bleibt.
Willst du die Beschleunigung a, die der Wagen erreicht hat, verdoppeln, so musst du eine doppelt so große Kraft F einsetzen. Daraus folgt: $F \sim a$.
Willst du bei gleicher Beschleunigung a eine doppelt so große Masse m des Wagens bewegen, so musst du auch die Antriebskraft F verdoppeln. Daraus folgt: $F \sim m$.
Diese beiden Proportionalitäten lassen sich in einem Ausdruck zusammenfassen: $F \sim m \cdot a$.
Da der Proportionalitätsfaktor dabei 1 ist, ergibt sich die Gleichung

$$F = m \cdot a$$

Dieser Zusammenhang heißt **newtonsches Kraftgesetz**.

Die zum Beschleunigen eines Körpers einzusetzende Kraft F hängt also von der Größe der Beschleunigung a und der Masse m des zu bewegenden Körpers ab. Entsprechendes gilt auch für die Verzögerung.

Wenn eine Masse $m = 1$ kg mit $a = 1 \frac{m}{s^2}$ beschleunigt wird, beträgt die einzusetzende Kraft $F = 1$ kg $\cdot \frac{m}{s^2}$. Zu Ehren des englischen Physikers Isaac Newton (1643–1727) wird die Kraft in N (Newton) angegeben. Dabei gilt 1 kg $\cdot \frac{m}{s^2}$ = 1 N.

Mit Kraft gegen die Reibung

Für jede Bewegungsänderung eines Körpers muss Kraft eingesetzt werden. Wirkt keine Kraft auf den Körper, so bleibt er in Ruhe oder behält seine Geschwindigkeit bei.

Das scheint deiner Erfahrung beim Fahrradfahren zu widersprechen. Ohne Krafteinsatz wird das Fahrrad auf einer ebenen Strecke immer langsamer. Du musst Kraft einsetzen, damit das Fahrrad weiterfährt. Diese Kraft dient aber nur zum Ausgleich der Reibung, die als bewegungshemmende Kraft auf das Fahrrad wirkt. Ohne hemmende Kraft wie Reibung und Luftwiderstand würde das Fahrrad seine Geschwindigkeit nicht ändern.

■ Das newtonsche Kraftgesetz lautet $F = m \cdot a$. Wirkt keine Kraft auf den Körper, so behält er seinen momentanen Bewegungszustand bei.

Newtons Gesetze der Mechanik – überall

Newtons Gesetze beeinflussen eine Rakete

Isaac Newton formulierte im **ersten Grundgesetz** das Trägheitsgesetz. Es besagt, dass jeder Körper in seinem Bewegungszustand bleibt, wenn keine Kraft auf ihn wirkt. Diese Gesetzmäßigkeit kannst du auch beim Flug einer Rakete erkennen, die einen Satelliten ins All bringt.

Die Rakete Ariane 5 besteht aus zwei Stufen, die nacheinander gezündet werden. Die Hauptstufe entwickelt zusammen mit den Boostern eine Schubkraft von über 12,5 Mio. N. Dadurch erreicht die Rakete eine Geschwindigkeit von 6,6 $\frac{km}{s}$. Schon 140 s nach dem Start sind die Booster ausgebrannt und schweben an Fallschirmen zur Erde. Die Hauptstufe wird in 180 km Höhe abgesprengt. Die Rakete hat jetzt weniger als 5 % ihrer Startmasse. Sie würde sich mit 6,6 $\frac{km}{s}$ weiter bewegen, wenn keine Kraft auf sie wirken würde.

Jetzt wird aber die Oberstufe gezündet. Sie beschleunigt die kleinere Masse innerhalb von 19,5 min auf eine Geschwindigkeit von 7,9 $\frac{km}{s}$. Diese Geschwindigkeit hat jetzt auch der Satellit im Laderaum der Rakete. Er wird nun ohne weiteren Antrieb ausgesetzt und umkreist die Erde.

Beim Raketenflug findet auch Newtons **zweites Grundgesetz**, das Kraftgesetz $F = m \cdot a$ Anwendung. Durch den verbrannten und ausgestoßenen Treibstoff wird die Masse m der Rakete immer geringer. Dadurch wird bei gleichbleibender Schubkraft F die Beschleunigung a der Rakete bis zum Brennschluss immer größer und zwar in dem Maße, wie die Masse abnimmt.

1. Welche Gewichtskraft hat die Masse 7 kg auf dem Mars?

2. Gib weitere Beispiele für das Gesetz actio = reactio an.

1 Ariane 5

Höhe der Rakete: 52 m
Masse: 750 t
Höhe der Hauptstufe: 31 m
Masse der Hauptstufe: 171 t
Masse der beiden Booster: 540 t

■ Die drei newtonschen Grundgesetze der Mechanik sind das Trägheitsgesetz, das Kraftgesetz und das Gesetz actio = reactio.

Massen werden unterschiedlich stark beschleunigt

Eine Masse von 1 kg wird auf der Erde, dem Mond und anderen Himmelskörpern mit unterschiedlichen Kräften angezogen. Sie erfährt durch die Himmelskörper unterschiedliche Beschleunigung. Die Tabelle gibt die Gewichtskraft F einer Masse $m = 1$ kg auf dem jeweiligen Planeten an.

Planet	Kraft F in N
Merkur	3,60
Mars	3,76
Saturn	11,20
Jupiter	26,00

Sogar auf der Erde können sich für gleiche Massen unterschiedliche Gewichtskräfte ergeben. Die Fallbeschleunigung, die ein Körper am Äquator erfährt, beträgt etwa 9,78 $\frac{m}{s^2}$, am Nordpol beträgt sie etwa 9,83 $\frac{m}{s^2}$, an einem Ort auf der geografischen Breite von 45° etwa 9,81 $\frac{m}{s^2}$. Grund für diese unterschiedlichen Werte ist die Abflachung der Erde an den Polen. Dadurch erfahren die Massen unterschiedliche Anziehungskräfte. Sie haben damit auch unterschiedliche Gewichtskräfte. Setzt du den Wert der Beschleunigung jeweils in die Gleichung $F = m \cdot a$ ein, so erhältst du für eine Masse $m = 1$ kg eine Gewichtskraft F am Äquator von 9,78 kg $\cdot \frac{m}{s^2}$ = 9,78 N, am Nordpol von 9,83 N und auf der geografischen Breite von 45° eine Kraft von 9,81 N.
Bei vielen Vorgängen wie Rückstoß der Rakete oder Messen mit dem Kraftmesser erkennst du das **dritte newtonsche Grundgesetz:** Zu jeder Kraft gibt es eine gleich große Gegenkraft. Diesen Zusammenhang hat Newton mit den Worten **actio = reactio** beschrieben.

Bewegungen und ihre Ursachen → S. 414/415

Bewegte Körper und ihre Energie

Sir Isaac Newton

Streifzug

Wir befinden uns in einem Arbeitszimmer der königlichen Münze zu London. Soeben betritt Sir Isaac Newton den Raum. Unser Reporter wird versuchen, diesen berühmten Physiker zu interviewen.

▶ **Sir Isaac, darf ich Ihnen für die Hörer des Radios „Erlebnis" einige Fragen stellen?**
Aber nur kurz, junger Mann, ich habe viel zu tun.

▶ **Es wird behauptet, Sie seien ein Workaholic.**
Ich habe nichts gegen Wein und Gesang, alles zu seiner Zeit. Nichtstun ist für mich verlorene Zeit.

▶ **Erzählen Sie unseren Hörern von Ihrer Kindheit.**
Ich wurde Anfang 1643 in Woolsthorpe als Bauernsohn geboren. Mein Vater starb aber kurz nach meiner Geburt; ich wuchs bei meiner Großmutter auf. Studiert habe ich in Cambridge.

▶ **Wollten Sie nicht den väterlichen Hof übernehmen?**
Mich interessierten Mathematik und Physik mehr als Apfelernte oder Viehzucht.

▶ **Ein Apfel hat Sie in aller Welt bekannt gemacht.**
Diese Apfelgeschichte war ein prima Gag, davon werden die Leute in vierhundert Jahren noch erzählen. Und zwar immer im Zusammenhang mit dem von mir entdeckten Gravitationsgesetz.

▶ **Das war aber nicht die einzige Gesetzmäßigkeit, die von Ihnen entdeckt und formuliert wurde.**
Da ist das Trägheitsgesetz. Alle Körper bleiben in ihrem Bewegungszustand, wenn nicht eine weitere Kraft auf sie wirkt. Weiter habe ich entdeckt, dass die Kraft, die auf einen Körper wirkt, das Produkt ist aus der trägen Masse des Körpers und der Beschleunigung, die dieser Körper erfährt.

1 Isaac Newton (1643–1727)

Als dritte Erkenntnis fand ich, dass jeder Kraft eine gleich große Kraft entgegen wirkt. Haben Sie das alles verstanden, junger Mann?

▶ **Nun ja, ... hm, Sie haben aber auch auf dem Gebiet der Optik geforscht.**
Die Berechnung der Lichtbrechung, Spektralfarben und ihre Erklärung, der Bau eines Spiegelteleskops, mit dem ich die Jupitermonde entdeckte. Das waren schon faszinierende Gebiete der Optik. Außerdem entwickelte ich das Teilchenmodell des Lichtes.

▶ **Hat es denn in Ihrem Leben keine Rückschläge gegeben?**
Auch die gab's. Der Streit mit Leibniz – wohnte der nicht in Hannover? – wegen meiner neuen Berechnungsart, der Methode der Fluxionen. Leibniz meinte, er habe mit seiner Differentialrechnung zuerst die entscheidende Idee gehabt. Dann habe ich einen bösen finanziellen Rückschlag erlitten. Beim Börsencrash der South Sea Trading Company habe ich durch leichtsinnige Spekulation 20 000 Pfund verloren – eine Summe, die hundert Mägde nicht zusammen in ihrem ganzen Leben verdienen können.
Wissen Sie, ich kann die Bewegung eines Körpers messen, aber nicht die menschliche Dummheit.

▶ **Was ist der größter Wunsch für Ihre Zukunft?**
Zeit, Zeit, Zeit.

▶ **Sir Isaac, Sie haben unseren Zuhörern durch Ihre Ausführungen viele Anregungen gegeben, sich weiter mit Ihren physikalischen Erkenntnissen zu beschäftigen. Dafür danke ich Ihnen – auch im Namen der Hörerinnen und Hörer.**
Nichts zu danken, junger Mann.

Inschrift auf dem Sarkophag:

Nature and Nature's law
lay hid in night.
God said "Let Newton be!"
and all was light.

2 Newtons Sarkophag

Methode

Referate in schriftlicher Form erstellen

Das Leben und die Entdeckungen von SIR ISAAC NEWTON

Gliederung:

- Kindheit
- Jugend und Studium
- Forscher und königlicher Münzmeister
- Wissenschaftliche Leistungen
- Newtons wichtiges wissenschaftliches Werk

1 Gliederung

Ein Thema finden
Philipp interessiert sich für das Leben und die Entdeckungen des berühmten Naturwissenschaftlers Sir Isaac Newton (1643–1727). Als er seiner Physiklehrerin davon erzählt, schlägt diese ihm vor, ein Referat über diesen Physiker zu erstellen. Aber wie wird ein solches Referat angefertigt?

Informationen sammeln
Damit Philipp nicht unter Zeitdruck gerät, beginnt er gleich mit der Vorbereitung des Referates. Er geht in die Bibliothek und informiert sich in Büchern und im Internet über Newtons Leben und seine Arbeit. Philipp merkt schnell, dass es viele Informationen über Newton gibt und erkennt, dass er sich auf das Wichtigste konzentrieren muss.

Die Gliederung
Er erstellt eine Gliederung, in der er aufschreibt, welche Inhalte sein Referat haben soll (Bild 1). Danach sucht er die wichtigsten Informationen in der Reihenfolge seiner Gliederung heraus und hält sie auf Karteikarten oder Folien einer Präsentation fest. Diese ordnet er nach den Punkten seiner Gliederung.
Unter dem Begriff „Wissenschaftliche Leistungen" sind beispielsweise Folien über die Farbzerlegung und die Entstehung der Farben, über die Gravitation sowie über die Grundgesetze der Mechanik zu finden.

Die Gestaltung
Anschließend formuliert Philipp die Informationen auf den einzelnen Karteikarten in eigenen Worten aus und gibt sie in den Computer ein. Dabei schreibt er die **Überschriften** fett und größer als den übrigen Text.
Benutzt er **wörtliche Zitate,** so müssen diese in Anführungszeichen gesetzt werden. Dahinter wird dann die Quelle in Klammern angegeben (Bild 2C). An manchen Stellen fügt Philipp **Abbildungen, Skizzen oder Schaubilder** ein, die ebenfalls nummeriert und mit einer Quellenangabe versehen werden müssen.
Vor dem Text steht ein **Inhaltsverzeichnis,** das der Gliederung zu Beginn des Referates ähnelt (Bild 2B). Am Ende des schriftlichen Referates ist ein **Literaturverzeichnis** zu finden, wo alle Quellen aufgelistet sind, die beim Anfertigen des Referates benutzt wurden (Bild 2D).
Zum Schluss erstellt Philipp ein **Deckblatt,** auf dem das Thema und seine persönlichen Daten zu finden sind (Bild 2A).

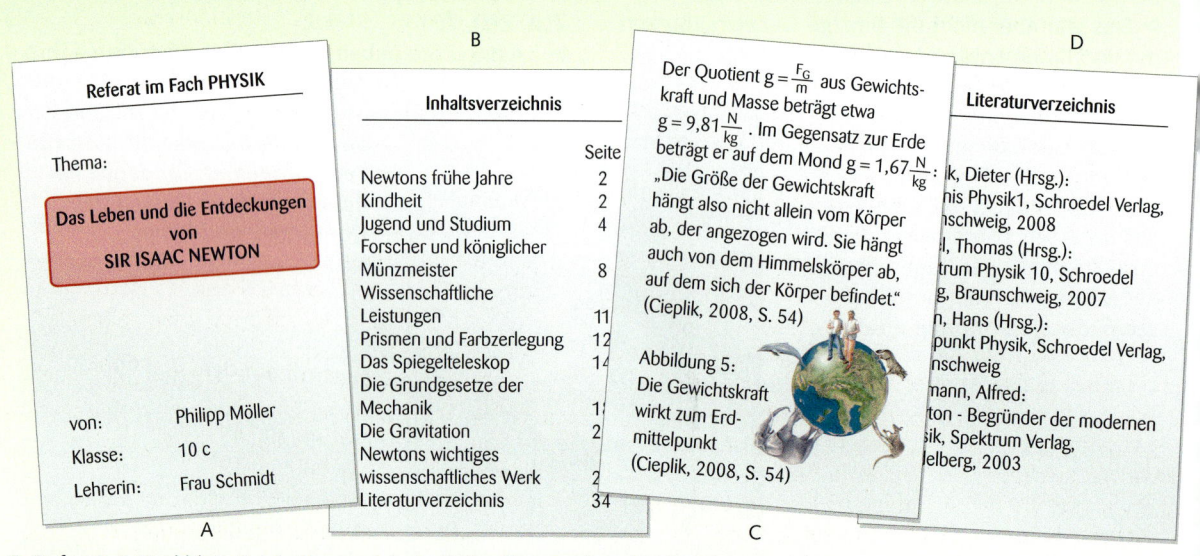

A Referat im Fach PHYSIK

Thema:
Das Leben und die Entdeckungen von SIR ISAAC NEWTON

von: Philipp Möller
Klasse: 10 c
Lehrerin: Frau Schmidt

B Inhaltsverzeichnis

	Seite
Newtons frühe Jahre	2
Kindheit	2
Jugend und Studium	4
Forscher und königlicher Münzmeister	8
Wissenschaftliche Leistungen	11
Prismen und Farbzerlegung	12
Das Spiegelteleskop	14
Die Grundgesetze der Mechanik	1?
Die Gravitation	2?
Newtons wichtiges wissenschaftliches Werk	2?
Literaturverzeichnis	34

C Der Quotient $g = \frac{F_G}{m}$ aus Gewichtskraft und Masse beträgt etwa $g = 9{,}81 \frac{N}{kg}$. Im Gegensatz zur Erde beträgt er auf dem Mond $g = 1{,}67 \frac{N}{kg}$: „Die Größe der Gewichtskraft hängt also nicht allein vom Körper ab, der angezogen wird. Sie hängt auch von dem Himmelskörper ab, auf dem sich der Körper befindet." (Cieplik, 2008, S. 54)

Abbildung 5: Die Gewichtskraft wirkt zum Erdmittelpunkt (Cieplik, 2008, S. 54)

D Literaturverzeichnis

...k, Dieter (Hrsg.):
...nis Physik1, Schroedel Verlag,
...nschweig, 2008

...l, Thomas (Hrsg.):
...g Zentrum Physik 10, Schroedel
..., Braunschweig, 2007

..., Hans (Hrsg.):
...punkt Physik, Schroedel Verlag,
...nschweig

...mann, Alfred:
...ton - Begründer der modernen
...ik, Spektrum Verlag,
...lberg, 2003

2 Referat. A *Deckblatt;* **B** *Inhaltsverzeichnis;* **C** *Quellenangaben;* **D** *Literaturverzeichnis*

Bewegte Körper und ihre Energie

Eine wissenschaftliche Entdeckung vorstellen

Methode

Die Vorgehensweise

Leitfragen
Leitfragen helfen dir, deine Vorbereitung und dein Thema zu strukturieren:
① Wie wurde die Entdeckung gemacht und wie wurde sie weiterentwickelt?
② Welche Begriffe müssen geklärt werden?
③ Was sind die Besonderheiten des Themas?
④ Welche Bedeutung hat die Entdeckung heute?

Rechts findest du die Ausarbeitung eines Themas nach den vier Leitfragen. Beachte zu jeder Leitfrage ①–④ der Reihe nach die folgenden Punkte A)–E).

A) Informationen sammeln
Recherchiere in Schulbüchern, Fachbüchern und Lexika sowie im Internet. Prüfe die Informationen auf Qualität und Wahrheitsgehalt, bevor du sie verwendest. Vergleiche dafür mehrere Quellen.

B) Material ordnen und auswerten
Ordne die gesammelten Informationen, sortiere die unwichtigen Aspekte aus. Beachte, dass dein Vortrag den zeitlichen vorgegebenen Rahmen nicht überschreitet.

C) Vortrag ausarbeiten
Als Einstieg bietet sich eine Anekdote, eine Karikatur oder eine spannende Geschichte an. Veranschauliche deinen Vortrag mit Bildern, Musik, Gegenständen oder Filmausschnitten.

D) Referat ausformulieren
Du erleichterst dir das Vortragen, wenn du dein Referat am Computer vorformulierst. Benutze ein Textverarbeitungsprogramm oder eine Präsentation. Gliedere das gesamte Referat anhand der Leitfragen. Bilde möglichst einfache und kurze Sätze. Vermeide lange Aufzählungen. Achte auf den roten Faden und vermeide Gedankensprünge. Plane Pausen für Fragen oder Meinungen der Zuhörer ein.

E) Vortrag halten
Übe den Vortrag zu Hause ein, indem du ihn vor jemandem hältst. Überprüfe die technischen Hilfsmittel. Sortiere die Materialien, die du einsetzen möchtest. Sprich beim Vortragen laut, deutlich und nicht zu schnell. Halte Blickkontakt mit dem Publikum. Variiere deine Stimmlage und achte auf die richtige Betonung. Gehe an geeigneten Stellen auf Zwischenfragen ein.

Die Ausarbeitung

Das newtonsche Gravitationsgesetz
① Der englische Physiker ISAAC NEWTON formulierte 1886 das Gravitationsgesetz. In einer Erzählung wird behauptet, NEWTON sei beim Spaziergang zufällig ein Apfel auf den Kopf gefallen. Dieses Erlebnis habe ihn auf das Gravitationsgesetz gebracht.

② Das Gravitationsgesetz besagt, dass sich alle Körper auf der Erde und im Weltall gegenseitig anziehen. Die Anziehungskräfte zwischen zwei Körpern hängen dabei von den Massen und vom gegenseitigen Abstand ab. Die Gravitationskraft ist also umso größer, je größer die Massen der beiden sich anziehenden Körper sind und je kleiner ihr gegenseitiger Abstand ist.

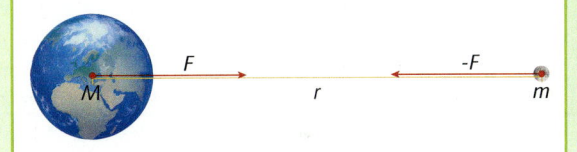

③ Auf der Erde kannst du nicht beobachten, dass alle Körper einander anziehen: Die Anziehungskraft zwischen kleinen Massen ist sehr gering. So beträgt die Gravitationskraft zwischen zwei kugelförmigen Körpern von je 1 kg Masse, deren Mittelpunkte 1 m voneinander entfernt sind, nur 0,0000000000667 N.

④ Eine Masse, bei der du die Anziehung merkst, hat beispielsweise die Erde. Dadurch wird jetzt klar, warum du nur mit äußerster Anstrengung von der Erde wegkommst. Sie ist ein Körper mit großer Masse und du bist mit deiner kleinen Masse sehr nahe dran.
Die Anziehungskraft der Erde ist aber auch groß genug, um den Mond auf einer Umlaufbahn zu halten. Sie hält ihn wie an einem Seil, das am Erdmittelpunkt befestigt ist.
Eine besondere Bedeutung hat das newtonsche Gravitationsgesetz heute in der Raumfahrt.

Kraftwirkung verschiedener Antriebe

A

Kenndaten
Bezeichnung: Blue Flame
Höchstgeschwindigkeit: 1002 $\frac{km}{h}$
Leistung: 42 650 kW
Verbrauch: keine Angaben
CO_2-Emission: keine Angaben

B

Kenndaten
Bezeichnung: BMW X6 M
Höchstgeschwindigkeit: 250 $\frac{km}{h}$
Leistung: 408 kW
Verbrauch: 13,9 l für 100 km
CO_2-Emission: 325 $\frac{g}{km}$

Autos können unterschiedlich angetrieben werden, beispielsweise durch Verbrennungs- oder Elektromotor oder durch Rückstoß. Dabei wird die Antriebskraft unterschiedlich auf das Auto übertragen.

1. a) Nenne jeweils die Antriebsarten für die Autos in den Bildern A – D.
b) Bei welcher Antriebsart werden nicht die Achsen des Autos angetrieben?
c) Welches newtonsche Grundgesetz liegt jeweils zugrunde?

C

Kenndaten
Bezeichnung: VW Golf Blue Motion
Höchstgeschwindigkeit: 190 $\frac{km}{h}$
Leistung: 77 kW
Verbrauch: 3,8 l für 100 km
CO_2-Emission: 99 $\frac{g}{km}$

D

Kenndaten
Bezeichnung: Mitsubishi i-MIEV
Höchstgeschwindigkeit: 130 $\frac{km}{h}$
Leistung: 49 kW
Verbrauch: 14 kWh für 100 km
CO_2-Emission: 0 $\frac{g}{km}$

2. Welche Energiearten werden jeweils zum Antrieb eingesetzt?

3. Interpretiere die Kenndaten und ziehe Schlussfolgerungen daraus.

4. Bewerte die Umweltverträglichkeit der verschiedenen Antriebsarten.

E

Kenndaten
Typ: Mountainbike
Leistung: 0,07 kW – 0,09 kW
Höchstgeschwindigkeit: 68 $\frac{km}{h}$
Verbrauch: –
Reichweite: unbegrenzt

F

Kenndaten
Typ: Saxonette Classic
Leistung: 0,5 kW
Höchstgeschwindigkeit: 20 $\frac{km}{h}$
Verbrauch: 1,4 l für 100 km
Reichweite: 110 km

G

Kenndaten
Typ: CYCO-Alu-Elektro
Leistung: 0,25 kW
Höchstgeschwindigkeit: 25 $\frac{km}{h}$
Verbrauch: 0,125 kWh für 100 km
Reichweite: 55 km

5. a) Die meisten Fahrräder werden durch Muskelkraft angetrieben. Es gibt es aber auch Fahrräder, bei denen statt Muskeln zeitweise auch Verbrennungs- und Elektromotoren eingesetzt werden. Ordne den Bildern E – G die entsprechenden Antriebe zu.
b) Stelle eine Reihenfolge der Umweltverträglichkeit der verschiedenen Antriebsarten auf.

6. Interpretiere die Kenndaten und ziehe Schlussfolgerungen daraus.

Bewegte Körper und ihre Energie

Kenndaten
Typ: Airbus 380-800
Höchstgeschwindigkeit: 1000 $\frac{km}{h}$
max. Passagierzahl: 853
Ausgangsenergie: chemische Energie im Kerosin

Kenndaten
Typ: ATR 72-200
Höchstgeschwindigkeit: 526 $\frac{km}{h}$
max. Passagierzahl: 72
Ausgangsenergie: chemische Energie im Kerosin

Kenndaten
Typ: Solar Impuls
Höchstgeschwindigkeit: 70 $\frac{km}{h}$
max. Passagierzahl: 1
Ausgangsenergie: Sonnenenergie

Kenndaten
Typ: ASW 28
Höchstgeschwindigkeit: 300,6 $\frac{km}{h}$
max. Passagierzahl: 1
Ausgangsenergie: Bewegungsenergie in Thermik

Damit Flugzeuge fliegen können, müssen zwei Kräfte auf das Flugzeug wirken: der Auftrieb, der das Flugzeug in der Luft hält, und der Vortrieb. Damit der Auftrieb das Flugzeug in der Luft halten kann, muss das Flugzeug eine Mindestgeschwindigkeit erreicht haben.

7. Nenne die Flugzeugtypen bei H–K, die mehr als eine Antriebsmöglichkeit haben.

8. Stelle eine Reihenfolge der Umweltbelastung durch die gezeigten Flugzeugtypen auf.

9. Interpretiere die Kenndaten und ziehe Schlussfolgerungen daraus.

10. Übertrage die Tabelle in dein Heft. Du kannst die Aspekte Abgasbelastung, Geräuschbelastung und Alltagstauglichkeit für die unterschiedlichen Antriebe jeweils mit bis zu drei Punkten bewerten. Dabei sind drei Punkte die beste Bewertung. Ermittle so die umweltfreundlichste Antriebsart.

Antriebsart	Abgasbelastung	Geräuschbelastung	Alltagstauglichkeit
Muskelkraft			
Rückstoß			
Kraft vom Verbrennungsmotor			
Kraft vom Elektromotor			
anderer Antrieb			

11. Informiere dich über die verschiedenen Antriebsarten für Schiffe.

Bewegung und Energie

1. Achterbahnen sind beliebte Attraktionen. Welche Energien werden für den Betrieb dieser Fahrgeschäfte eingesetzt? Zähle sie auf.

2. a) Es gibt bei Achterbahnen unterschiedliche Systeme zum Erreichen der höchsten Geschwindigkeit. Um welche Antriebe handelt es sich dabei?
b) Beschreibe die Unterschiede.

3. a) Welche Energie wird eingesetzt, um die maximale Höhenenergie zu erhalten?
b) Warum muss der höchste Punkt des Loopings einer Achterbahn eine geringere Höhe haben als der Punkt beim Ausklinken der Wagen?

4. a) Was geschieht mit der kinetischen Energie der Achterbahnwagen in Bild 2?
b) Beschreibe die Energieumwandlung.

5. Lass in einem halbierten Fahrradreifen eine Kugel von der höchsten Stelle aus losrollen. Beschreibe die Bewegung der Kugel und ihre Energieumwandlung.

6. Skater zeigen ihr Können in der Halfpipe. Beschreibe die Entstehung der Geschwindigkeiten und deren Unterschiede.

7. a) Gefährliche Gefällstrecken an Autobahnen sind mit Notfallspuren versehen, die in ein Kiesbett münden. Begründe die Aufgabe dieser Einrichtung.
b) Welche andere Möglichkeit einer Notfallspur gibt es noch?
c) Finde heraus, wo ebenfalls Kiesbetten neben Fahrstrecken vorhanden sind.

1 Eine aufregende Achterbahnfahrt

Bewegte Körper und ihre Energie

Beginn der Achterbahnfahrt
Bei einer Achterbahnfahrt wie in Bild 1 sind verschiedene mechanische Energieformen zu erkennen. Die Wagen werden von einem Elektromotor mittels einer Kette bis zum höchsten Punkt der Fahrbahn gezogen. Dadurch erhalten sie Höhenenergie. Die elektrische Energie des Motors ist dabei in Höhenenergie umgewandelt worden. Die Höhenenergie wird auch als **potenzielle Energie** bezeichnet.

Beim höchsten Punkt der Fahrbahn werden die Wagen von der Zugkette getrennt und fahren mit zunehmender Geschwindigkeit die anschließende Gefällstrecke hinunter. Dabei wird die potenzielle Energie in Bewegungsenergie der Wagen umgewandelt. Die Bewegungsenergie wird auch als **kinetische Energie** bezeichnet.

Die Fahrt durch den Looping
Vor der Einfahrt in den Looping haben die Wagen die höchste Geschwindigkeit, sind aber auch am tiefsten Punkt der Fahrbahn angekommen. Hier ist die kinetische Energie am größten und die potenzielle Energie am niedrigsten. Anschließend werden die Wagen wieder langsamer, da sie an Höhe gewinnen. Die kinetische Energie nimmt ab, die potenzielle Energie nimmt zu.
Am höchsten Punkt des Loopings ist die Geschwindigkeit am geringsten. Die kinetische Energie ist minimal, die potenzielle Energie dagegen maximal.
Ist der höchste Punkt des Loopings überschritten, fahren die Wagen wieder abwärts und ihre Geschwindigkeit nimmt erneut zu. Dabei wird die potenzielle Energie der Wagen wieder in kinetische Energie umgewandelt.
Bei der Ausfahrt aus dem Looping ist dann die potenzielle Energie der Wagen wieder minimal, die kinetische Energie jedoch wieder maximal.

■ Potenzielle Energie ist Höhenenergie, kinetische Energie ist Bewegungsenergie. Es sind mechanische Energieformen, die sich ineinander umwandeln lassen.

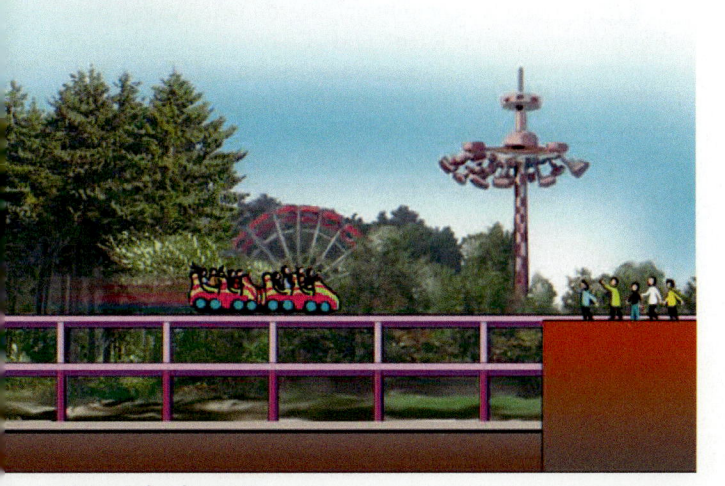

2 Hier wird gebremst!

Berechnung der Energie
Zu Beginn der Achterbahnfahrt wird beim Hochziehen Energie auf die Wagen übertragen. Das geschieht dadurch, dass auf sie eine Kraft F entlang eines Weges s einwirkt.
Der Wert dieser Energie E wird durch das Produkt aus der Kraft F und dieser Strecke s berechnet:

$$E = F \cdot s$$

Die Einheit der Energie wird für die mechanische Energie in Nm (Newtonmeter), für die Wärme in J (Joule) und für die elektrische Energie in Ws (Wattsekunde) angegeben. Es gilt:

$$1 \text{ Nm} = 1 \text{ J} = 1 \text{ Ws}$$

Ende der Achterbahnfahrt
Um die Wagen wieder zum Stillstand zu bringen, werden sie abgebremst. Die dabei durch Reibung entstehende Wärme wird ungenutzt an die Umgebung abgegeben. Diese Art von Energieumwandlung heißt **Energieentwertung**.

Die Energieentwertung findet nicht erst am Ende der Achterbahnfahrt statt. Schon während der Fahrt entsteht durch Lagerreibung an den Rädern der Wagen Wärme. Auch zwischen den Rädern und den Schienen besteht Reibung und führt somit zur Wärmeentwicklung. Tatsächlich entsteht während der Fahrt sogar eine Reibung zwischen der Umgebungsluft und den Achterbahnwagen.
Es steht somit immer weniger Energie zur Verfügung, um genügend Höhe zu erreichen. Deshalb werden die Wagen auch nicht wieder die Höhe des Ausklinkpunktes erreichen können.

Allgemein gilt, dass bei jeder Bewegung eines Körpers ein Teil seiner Energie in Form von Wärme entwertet wird.

■ Die bei einem Umwandlungsprozess unerwünscht auftretende Umwandlung in Wärme wird als Energieentwertung bezeichnet.

Berechnung der potenziellen und kinetischen Energie

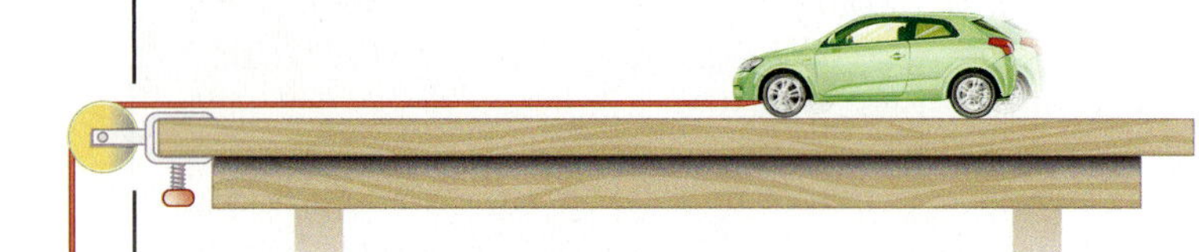

1 Ein Modellauto wird bewegt.

🔍 **1. a)** Baue den Versuch wie in Bild 1 auf. Lass das Massestück bei einer bestimmten Höhe über dem Boden los und beschreibe deine Beobachtungen.
b) Wiederhole den Versuch mit unterschiedlichen Fallhöhen des Massestückes und vergleiche jeweils die Geschwindigkeiten.
c) Formuliere einen Je-desto-Satz, der die Abhängigkeit zwischen der Fallhöhe des Massestückes und der Geschwindigkeit des Wagens beschreibt.

🔍 **2. a)** Wiederhole den Versuch 1 a) mit verschiedenen Massestücken.
b) Formuliere einen Je-desto-Satz, der die Abhängigkeit zwischen der Gewichtskraft des Massestückes und der Geschwindigkeit des Wagens beschreibt.

🔍 **3. a)** Baue das Fadenpendel wie in Bild 2 auf. Miss den Durchmesser d und die Masse m der Kugel.
b) Lenke das Pendel aus. Miss die Höhe h und die Zeit t, die die Kugel zum Durchpendeln der Lichtschranke benötigt.
c) Wiederhole den Versuch b) mit größer werdenden Höhen.

h in m	t in s	$E_{pot} = m \cdot g \cdot h$ in Nm	$E_{kin} = E_{pot}$	$v = \frac{d}{t}$ in $\frac{m}{s}$	$\frac{E_{kin}}{v^2}$ in $\frac{J}{\frac{m^2}{s^2}}$
〜〜	〜〜	〜〜	〜〜	〜〜	〜〜

d) Vergleiche den Quotienten $\frac{E_{kin}}{v^2}$ mit der Masse m und erstelle eine Formel für E_{kin}.

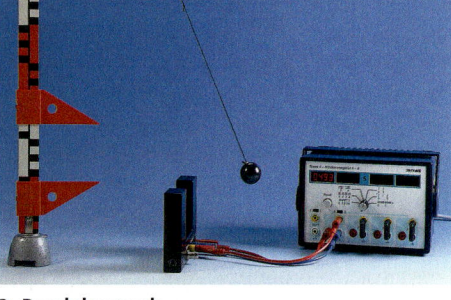

2 Pendelversuch

📖 **4.** Berechne die potenzielle Energie, die deine 5 kg schwere Schultasche besitzt, nachdem du sie in den 3. Stock des Schulgebäudes ($h = 15$ m) getragen hast.

📖 **5.** Wie hoch könnte Lisa ($m = 50$ kg) einen 10 kg schweren Rucksack tragen, wenn ihr Körper dazu 180 kJ bereitstellt?

📖 **6. a)** Berechne die kinetische Energie eines Autos mit der Masse von 1 t bei einer Geschwindigkeit von 50 $\frac{km}{h}$.
b) Wie groß ist die Geschwindigkeit eines Autos mit $m = 800$ kg, das eine kinetische Energie von 16000 Nm besitzt?

✍️ **7. a)** Nach welchem Prinzip werden die Wagen der Achterbahnen „Desert Race" und „Colossos" beschleunigt?
b) Ein Wagenzug des „Desert Race" hat eine Masse von 2000 kg. Wie groß ist die potenzielle Energie des Zuges im höchsten Punkt bei 19 m?
c) Der 2,5 t schwere Wagenzug des „Colossos" wird zu Beginn der Fahrt auf eine Höhe von 52 m gezogen. Berechne die potenzielle Energie des Wagenzuges.
d) Warum benötigt der „Colossos" eine größere Höhe als der „Desert Race"?
e) An welchem Punkt erreicht ein Wagenzug des „Colossos" die Höchstgeschwindigkeit von 110 $\frac{km}{h}$?
f) Wie groß ist die kinetische Energie des Zuges?
g) Wo erreicht der Wagenzug beim „Desert Race" die Höchstgeschwindigkeit von 100 $\frac{km}{h}$?
h) Welche kinetische Energie besitzt ein Wagenzug des „Desert Race" beim Erreichen der Höchstgeschwindigkeit?

3 Achterbahn „Desert Race"

Bewegte Körper und ihre Energie

4 Schwimmkran einer Werft

5 Kinetische Energie verformt ein Fahrzeug.

Berechnung der potenziellen Energie

Zur Verlängerung eines Schiffes muss der Schwimmkran das neue Mittelteil um 20 m anheben, damit er es in den Umbau einsetzen kann (Bild 4).
Wie viel Energie müssen die Motoren des Krans mindestens aufbringen, wenn die Masse des Bauteils etwa 100 t beträgt?

Um die Frage beantworten zu können, musst du zuerst die Höhenenergie oder potenzielle Energie E_{pot} berechnen, welche das Mittelteil in 20 m Höhe besitzen würde.
Mithilfe der Gleichung für die Energie $E = F \cdot s$ ergibt sich für die potenzielle Energie E_{pot}:

$$E = F \cdot s \quad \text{mit } F = F_G \text{ und } s = h$$
$$\Rightarrow E_{pot} = F_G \cdot h \quad \text{mit } F_G = m \cdot g$$

Daraus ergibt sich die Formel zur Berechnung der potenziellen Energie. Es gilt:

$$E_{pot} = m \cdot g \cdot h \quad \text{mit } g = 9{,}81 \, \tfrac{m}{s^2}$$

Mithilfe dieser Formel kannst du nun die potenzielle Energie berechnen, die erforderlich ist, um das 100 t schwere Mittelteil des Schiffes um 20 m anzuheben.

geg.: $m = 100 \, t = 100\,000 \, kg$; $h = 20 \, m$; $g = 9{,}81 \, \tfrac{m}{s^2}$
ges.: E_{pot}

Lösung: $E_{pot} = m \cdot g \cdot h$
$E_{pot} = 100\,000 \, kg \cdot 9{,}81 \, \tfrac{m}{s^2} \cdot 20 \, m$
$\underline{E_{pot} = 19\,620\,000 \, Nm}$

Das Mittelteil besitzt in 20 m Höhe eine potenzielle Energie von 19 620 000 Nm. Die Kranmotoren müssen also mindestens diese Energiemenge aufbringen, um das Mittelteil 20 m anheben zu können.

■ Die potenzielle Energie E_{pot} wird mit der Formel $E_{pot} = F_G \cdot h = m \cdot g \cdot h$ berechnet. Die Einheit der potenziellen Energie ist $1 \, kg \cdot 1 \, \tfrac{m}{s^2} \cdot 1 \, m = 1 \, Nm$.

Berechnung der kinetischen Energie

Beim Aufprall eines Fahrzeuges auf ein Hindernis wird die Bewegungsenergie, also die kinetische Energie des Wagens in Verformungsenergie und Wärme umgewandelt. Um herauszufinden, wie stark ein Fahrzeug mit einer bestimmten kinetischen Energie verformt wird, werden Crash-Tests durchgeführt (Bild 5). Dadurch kann zu jeder Verformung eines Fahrzeuges die kinetische Energie angegeben werden. Wie lässt sich die kinetische Energie eines Fahrzeuges bei einer bestimmten Geschwindigkeit bestimmen?

Mit einem Experiment wie in Bild 2 lässt sich herleiten, wie die kinetische Energie E_{kin} mit der Geschwindigkeit v zusammenhängt. Hierbei ist am Punkt des Durchpendelns durch die Lichtschranke die gesamte potenzielle Energie E_{pot} in kinetische Energie E_{kin} umgewandelt worden. In diesem Punkt gilt:

$$E_{pot} = E_{kin}$$

Aus den gemessenen Werten kannst du die Geschwindigkeit $v = \tfrac{s}{t}$ bestimmen. Dabei ist die Strecke s, die die Lichtschranke unterbricht, gerade der Durchmesser d der Kugel.
Wiederholst du das Experiment mit größer werdenden Höhen h, so erkennst du, dass die kinetische Energie E_{kin} immer proportional zu v^2 ist. Der Proportionalitätsfaktor beträgt $\tfrac{1}{2} \cdot m$. Es gilt:

$$\tfrac{E_{kin}}{v^2} = \tfrac{1}{2} \cdot m$$

Daraus kann die Formel zur Berechnung der kinetischen Energie E_{kin} abgeleitet werden:

$$E_{kin} = \tfrac{1}{2} \cdot m \cdot v^2$$

■ Die kinetische Energie E_{kin} wird mit der Formel $E_{kin} = \tfrac{1}{2} \cdot m \cdot v^2$ berechnet. Die Einheit der kinetischen Energie ist $1 \, kg \cdot 1 \, \tfrac{m^2}{s^2} = 1 \, Nm$.

Bewegungen und ihre Ursachen → S. 414/415

Crash-Test bei 100 $\frac{km}{h}$

Bei Crash-Tests lässt sich bestimmen, wie groß die kinetische Energie ist, die bei einem Unfalls das Fahrzeug verformt. Prallt beispielsweise ein Fahrzeug mit der Masse m = 1000 kg mit einer Geschwindigkeit von 100 $\frac{km}{h}$ auf ein stehendes Hindernis, so lässt sich seine kinetische Energie wie folgt berechnen:

geg.: m = 1000 kg, v = 100 $\frac{km}{h}$ = 27,78 $\frac{m}{s}$
ges.: E_{kin}

Lösung: $E_{kin} = \frac{1}{2} \cdot 1000$ kg $\cdot (27,78 \frac{m}{s})^2$
E_{kin} = 385 864,2 Nm
E_{kin} = 385,86 kJ

Diese kinetische Energie von 385,86 kJ wird in Verformungsenergie und Wärme umgewandelt.

Vergleich mit potenzieller Energie

Um eine Vorstellung von den Ausmaßen der Verformung zu bekommen, kann die potenzielle Energie in einer bestimmten Höhe ermittelt werden, die dieser kinetischen Energie entspricht. Dazu muss die Höhe berechnet werden, die das Fahrzeug haben müsste, um eine vergleichbare kinetische Energie zu erhalten.

geg.: E_{kin} = 385 864,2 Nm   ges.: h

Lösung: $E_{pot} = E_{kin}$
$m \cdot g \cdot h$ = 385 864,2 Nm
$h = \frac{385\,864,2 \text{ Nm}}{m \cdot g}$
$h = \frac{385\,864,2 \text{ kg} \cdot \frac{m^2}{s^2}}{1000 \text{ kg} \cdot 9,81 \frac{m}{s^2}}$
h = 39,33 m

Diese Höhe entspricht der Höhe der Aussichtsplattform des Reichstages in Berlin. Würde das Fahrzeug aus dieser Höhe fallen, würde es die gleiche Verformung und Zerstörung erfahren wie bei einem Frontalaufprall auf ein feststehendes Hindernis bei einer Geschwindigkeit von 100 $\frac{km}{h}$.

Geschwindigkeit und kinetische Energie

Um die Abhängigkeit der kinetischen Energie von der Geschwindigkeit zu betrachten, ist es sinnvoll, Werte für kinetische Energie miteinander ins Verhältnis zu setzen. Daraus ergibt sich zum Beispiel die Frage: Wie groß ist die kinetische Energie eines Pkws mit einer Masse von 1000 kg bei
a) v = 50 $\frac{km}{h}$, b) v = 100 $\frac{km}{h}$, c) v = 150 $\frac{km}{h}$?

geg.: m, v ges.: $E_{kin50}, E_{kin100}, E_{kin150}$

Lösung: $E_{kin} = \frac{1}{2} \cdot m \cdot v^2$
a) $E_{kin50} = \frac{1}{2} \cdot 1000$ kg $\cdot (13,89 \frac{m}{s})^2$
E_{kin50} = 96 466,05 Nm

b) E_{kin100} = 385 864,20 Nm
c) E_{kin150} = 868 194,45 Nm

Werden diese drei Werte für die kinetische Energie im Verhältnis zueinander dargestellt, ergibt sich folgender Zusammenhang:

$\frac{E_{kin100}}{E_{kin50}} = \frac{385\,864,20 \text{ Nm}}{96\,466,05 \text{ Nm}} = 4 \Leftrightarrow E_{kin100} = 4 \cdot E_{kin50}$

Dies bedeutet, dass bei einer Verdoppelung der Geschwindigkeit des Fahrzeuges sich seine kinetische Energie vervierfacht.

Ebenso zeigt sich:

$\frac{E_{kin150}}{E_{kin50}} = \frac{868\,194,45 \text{ Nm}}{96\,466,05 \text{ Nm}} = 9 \Leftrightarrow E_{kin150} = 9 \cdot E_{kin50}$

Verdreifacht sich die Geschwindigkeit des Fahrzeuges, verneunfacht sich seine kinetische Energie.

Somit ergibt sich als Zusammenhang zwischen der Geschwindigkeit und der kinetischen Energie: Die kinetische Energie ist abhängig vom Quadrat der Geschwindigkeit.

§ 1 der Straßenverkehrs-Ordnung (StVO)

Geschwindigkeitsbeschränkungen haben also eine sinnvolle Berechtigung und helfen Unfälle zu vermeiden, die bei höherer Geschwindigkeit Leben bedrohen und großen Sachschaden anrichten können. Deshalb muss sich jeder Teilnehmer am Straßenverkehr an den **§ 1 der StVO** halten:
„(1) Die Teilnahme am Straßenverkehr erfordert ständige Vorsicht und gegenseitige Rücksicht.
(2) Jeder Verkehrsteilnehmer hat sich so zu verhalten, dass kein Anderer geschädigt, gefährdet oder, mehr als nach den Umständen unvermeidbar, behindert oder belästigt wird."

Bewegte Körper und ihre Energie

Energieumwandlungen

Der „Svanen" ist der größte **Schwimmkran** der Welt. Er kann Lasten bis zu einer Höhe von 76 m bei einer Belastbarkeit von 8700 t anheben. Er war am Bau der Öresundbrücke beteiligt, die Dänemark mit Schweden verbindet. Der momentan stärkste Schwimmkran ist der „Thiaf". Er kann Lasten bis zu 14 200 t heben.

📖 **1.** Berechne die potenzielle Energie, die sich ergibt, wenn der „Thiaf" die Höchstlast 30 m anhebt.

Beim **Riesenrad** wird ständig potenzielle Energie in kinetische Energie umgewandelt.

📖 **3.** Berechne die potenzielle Energie, die eine Gondel ($m = 50$ kg) hat, wenn sie am Riesenrad die größte Höhe von 30 m erreicht hat.

Um ein Höchstmaß an Sicherheit zu gewährleisten, muss der 120 t schwere **Castorbehälter** aus einer bestimmten Höhe einen Aufprall auf eine Betonplatte überstehen. Er erreicht dabei eine Geschwindigkeit von 48 $\frac{km}{h}$.

📖 **4.** Berechne, aus welcher Höhe der Castor fallen gelassen wird.

Knautschzonen sind Deformationszonen, die bei einem Auffahrunfall die Fahrgastzelle stabil halten und verhindern sollen, dass die Passagiere eingequescht werden oder zurückprallen.

📖 **2. a)** Beschreibe die Energieumwandlung während eines Auffahrunfalls.
b) Beschreibe die Energieumwandlung bei einem Unfall zwischen Auto und Fußgänger.

Anforderungen an die Konstruktion von Autos
– Ausreichende Festigkeit der Fahrgastzelle soll das Überleben der Insassen sicherstellen.
– Computer berechnete Deformationszonen sollen die kinetische Energie in Verformungsenergie und Wärme so umwandeln, dass die Insassen vor lebensgefährlichen Verzögerungen bewahrt werden.
– Die äußere Form des Fahrzeuges soll das Überleben von Motorradfahrern, Radfahrern und Fußgängern bei Zusammenstößen ermöglichen.

Energieerhaltung

📖 **1. a)** Welche Energieformen treten bei einer Achterbahnfahrt auf?
b) Zeichne das zugehörige Energieflussdiagramm.

📖 **2. a)** Bei der Loopingbahn „Big Loop" wird ein 2,0 t schwerer Wagenzug zu Fahrtbeginn auf die Höhe von 30 m gezogen. Berechne die zugeführte Energie.
b) Wie schnell wäre der Wagenzug am Fußpunkt der Achterbahn, wenn die gesamte Ausgangsenergie in kinetische Energie am Fußpunkt umgewandelt werden könnte?
c) Informiere dich über die tatsächliche Höchstgeschwindigkeit der Loopingbahn „Big Loop". Begründe den Unterschied.

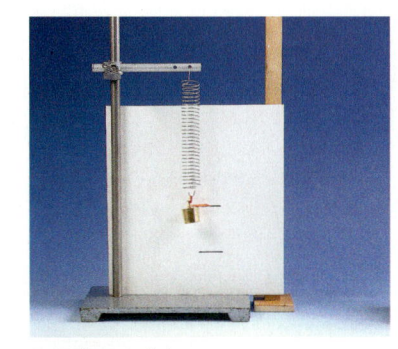

2 Federpendel

🔍 **3. a)** Baue wie in Bild 2 ein Federpendel mit einer leicht dehnbaren Feder auf. Markiere auf dem hinter dem Pendel befestigten Blatt Papier den Ruhepunkt und lenke anschließend die Feder aus. Markiere diesen Punkt und lass das Pendel los.
b) Markiere jeden Umkehrpunkt des Pendels auf dem Blatt. Was stellst du fest? Erkläre deine Beobachtung.
c) Was müsstest du tun, damit das Federpendel stets die gleiche Höhe erreicht?

1 Die Holzachterbahn „Colossos"

Mechanische Energie auf der Strecke

Im Freizeitpark Soltau befindet sich „Colossos", die höchste und schnellste Holzachterbahn Europas. Die Wagen werden zuerst auf eine Höhe von 52 m gezogen. Nach dem Ausklinken fahren sie auf einer leicht geneigten Strecke und erreichen eine Geschwindigkeit von etwa 30 $\frac{km}{h}$. Der Wagenzug besitzt an diesem Punkt eine Gesamtenergie E_{ges}, die zu einem kleinen Teil aus kinetischer Energie E_{kin} und zum großen Teil aus potenzieller Energie E_{pot} besteht. Ein solcher Wagenzug hat eine Masse von m = 2500 kg. In der Höhe h = 50 m und bei der Geschwindigkeit v = 30 $\frac{km}{h}$ = 8,3 $\frac{m}{s}$ beträgt die Gesamtenergie

$E_{ges} = E_{kin} + E_{pot} = \frac{1}{2} m \cdot v^2 + m \cdot g \cdot h$
E_{ges} = 86 112,5 Nm + 1 226 250 Nm
E_{ges} = 1 312 362,5 Nm

Am tiefsten Punkt seiner Fahrt erreicht der Wagenzug eine Geschwindigkeit von über 110 $\frac{km}{h}$ = 30,6 $\frac{m}{s}$. Damit besitzt er am Fußpunkt seiner Achterbahnfahrt als Gesamtenergie die kinetische Energie: $E_{ges} = E_{kin} = \frac{1}{2} m \cdot v^2$ = <u>1 170 450 Nm.</u>

Die Ausgangsenergie wurde also nicht vollständig in kinetische Energie umgewandelt. Der Wagenzug hat etwa 11 % seiner Ausgangsenergie „verloren". Dieser Betrag entspricht der entwerteten Energie in Form von Wärme.
Um die Gesamtenergie zu bestimmen, muss die Summe aller Energien, die an der Energieumwandlung beteiligt sind, ermittelt werden. Diese Gesamtenergie bleibt während des gesamten Energieumwandlungsprozesses stets erhalten. Es liegt eine **Energieerhaltung** vor. Auch bei der Achterbahn ist die Gesamtenergie überall gleich.

$$E_{ges} = E_{pot} + E_{kin} + \text{Wärme}$$

■ Bei jeder Energieumwandlung bleibt die Summe aller am Umwandlungsprozess beteiligten Energien erhalten.

Bewegte Körper und ihre Energie

Der Gesamtwirkungsgrad

Arbeiten mehrere Maschinen in einem Produktionsprozess hintereinander, so müssen die einzelnen Wirkungsgrade der Maschinen multipliziert werden. Es ergibt sich der **Gesamtwirkungsgrad** des Produktionsprozesses.

$$\eta_{ges} = \eta_1 \cdot \eta_2 \cdot \eta_3 \cdot \ldots \cdot \eta_n$$
(n – Anzahl der Maschinen)

1. Schätze anhand der Bilder ein, wie gut der Wirkungsgrad an den einzelnen Stationen der Autoproduktion ist. Wähle zwischen gering, mittelmäßig oder hoch. Begründe deine Wahl.

2. Überlege anhand der Bilder, warum der Gesamtwirkungsgrad bei der Produktion eines Pkws nur etwa 20 % beträgt.

3. Kann der Gesamtwirkungsgrad größer als 1 sein? Erkläre deine Antwort.

4. Zähle verschiedene Möglichkeiten auf, wie sich der Wirkungsgrad beim Fahren eines Autos beeinflussen lässt.

Zusammenbau durch Schweißen

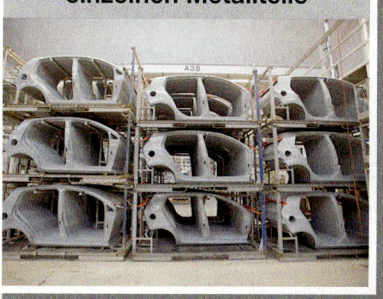

Lieferung der einzelnen Metallteile

Lackieren

Einbau der Innenausstattung

Einbau des Motors

Einbau des Fahrwerkes

Kreisbewegungen

1. In welche Richtung muss der Hammerwerfer an der Kugel ziehen, damit die Kugel auf einem Kreis fliegt?

2. Wie erreicht es der Sportler, dass die Kugel geradeaus fliegt?

3. Schleudere einen Wurfring an einem starken Bindfaden um deinen Kopf (Bild 1). Warum fliegt der Ring auf einem Kreis?

4. Wie würde sich der Ring aus Versuch 3 bewegen, wenn du den Bindfaden beim Kreisen loslassen würdest?

Junioren-Weltrekord!
Eine Runde, zwei, drei, vier – und loslassen. Im hohen Bogen fliegt der Hammer 82,97 m weit, bis er aufschlägt.
Der Hammer besteht aus einer 6 kg-Kugel, die an einem Drahtseil befestigt ist. Der Athlet hat den Hammer durch sein Drehen mit großer Kraft auf hohe Geschwindigkeit gebracht. Um die Kugel nun bei den weiteren Drehungen auf einer Kreisbahn zu halten, muss der Sportler ständig eine Kraft auf sie ausüben. Die Richtung der Kraft erkennst du an der Körperhaltung des Athleten.

Mit Kraft in die Kurve und geradeaus weiter
Diese Kraft ist zum Mittelpunkt des Kreises gerichtet, auf dem sich die Kugel bewegt. Sie heißt **Zentripetalkraft** oder **Zentralkraft.** Beim Hammerwurf wird diese Kraft von den Armen des Athleten über das Drahtseil auf die Kugel übertragen.

Wie schafft es der Sportler aber, dass der Hammer beim Loslassen geradeaus fliegt? Ganz einfach – das macht der Hammer von allein. Wenn die Zentralkraft nicht mehr auftritt, bewegt sich die Kugel, wie jeder Körper, wegen ihrer Trägheit geradeaus weiter. Folglich fliegt der Hammer auf einer Tangente zum Schleuderkreis davon, sobald der Athlet das Seil loslässt. Der Sportler muss nur an der passenden Stelle loslassen, damit der Hammer in die richtige Richtung fliegt.

Die Flugbahn kannst du besonders gut an den glühenden Teilchen eines Schleifsteins erkennen. Die heißen Stahlteilchen fliegen alle auf einer Tangente vom Rand des Schleifsteins weg. Es gibt keine Kraft, die sie zum Mittelpunkt des Kreises ziehen könnte.

1 Ringschleuder

5. a) Betrachte Bild 2. In welcher Richtung bewegen sich die glühenden Teilchen?
b) Warum bleiben sie nicht auf der Kreisbahn des Schleifsteins?

6. Nenne Beispiele, bei denen sich Körper wie die Funken am Schleifstein bewegen.

7. a) Welche Kräfte treten beim Drehen der Kugel beim Hammerwurf auf?
b) Nenne die Richtung, in der sie wirken.

2 Funken sprühen!

■ Wenn sich ein Körper bewegt und auf ihn eine Zentralkraft wirkt, wird er auf eine Kreisbahn gezwungen. Ohne Zentralkraft bewegt sich der Körper wegen seiner Trägheit geradeaus.

Bewegte Körper und ihre Energie

Die Zentralkraft im Einsatz

📖 **1. a)** Welche Kraft wird von den Schienen einer Looping-Bahn bei kreisförmiger Fahrt aufgebracht?
b) Welche Kraft drückt dabei die Insassen in die Sitze?

📖 **2.** Beschreibe die Bedeutung der Reibung bei der Kurvenfahrt eines Autos.

📖 **3.** Nenne Umstände, die die Zentralkraft eines fahrenden Autos aufheben können.

📖 **4.** Motorradrennfahrer neigen sich bei Kurvenfahrt stark in Richtung der Kurveninnenseite. Begründe diesen extremen Fahrstil.

Die Looping-Bahn

Die Wagen einer Looping-Bahn werden durch die Talfahrt zunächst auf hohe Geschwindigkeit gebracht und dann im Bogen durch die Schienen auf die Kreisfahrt gezwungen. Die Schienen bringen die dazu notwendige **Zentralkraft** auf. Diese wirkt in Richtung Mittelpunkt der Kreisfahrt. Die Insassen fallen dabei nicht heraus, obwohl sie sich wegen der Trägheit tangential nach vorn bewegen müssten. Hier sind Wagen und Schienen im Weg. Also werden die Insassen in die Sitze gedrückt.

Die Wäscheschleuder

Eine Wäscheschleuder arbeitet ebenfalls mithilfe der Zentralkraft und der Trägheit. Die Wäsche wird im Kreis geschleudert. Das Wasser kann durch die Löcher in der Trommel entweichen und an der Außenwand ablaufen.

Die Kurvenfahrt im Auto

Bei einer Kurvenfahrt bewegt sich das Auto auf einem Stück einer Kreisbahn. Auch dazu ist wieder die Zentralkraft nötig. Sie wird beim Einschlagen der Vorderräder von der Reibung zwischen Reifen und Straßenoberfläche aufgebracht. Dadurch werden die Reifen sogar verformt, wie du in Bild 1 erkennen kannst. Die Zentralkraft fällt weg, wenn das Auto durch Glatteis oder Aquaplaning keinen Halt mehr auf der Straße findet. Statt um die Kurve fährt es dann trotz eingeschlagener Vorderräder durch die Trägheit geradeaus.
Wie sich ein Mitfahrer im Auto bei Kurvenfahrt fühlt, hast du sicher schon oft selbst erlebt. Bei einer Linkskurve möchte dein Körper durch die Trägheit geradeaus. Du wirst gegen den Sitz oder die Autotür gedrückt. Das bewirkt die **Zentrifugalkraft**. Diese Kraft ist genauso groß wie die Zentralkraft, nur wirkt sie entgegengesetzt, also vom Mittelpunkt der Kreisfahrt weg.

1 Kurvenfahrt

Fahrt mit dem Motorrad

Gewiss hast du schon Motorradrennfahrer bei Kurvenfahrt gesehen. Sie neigen sich tief zur Kurveninnenseite, um durch die Kurve zu gelangen. Ohne diese Haltung würden sie durch die Trägheit geradeaus fahren.

2 Fahrstil – extrem!

Motorradfahrer haben nicht die Möglichkeit, sich bei Kurvenfahrt am Sitz oder an der Tür festzuhalten. Auch wird das Motorrad bei Kurvenfahrt anders gelenkt als ein Auto. Die Fahrer müssen Maschine und Körper in Richtung der Zentralkraft, also zum Mittelpunkt der kreisförmigen Bahn hin neigen, um ihr Fahrzeug durch eine Kurve lenken zu können. Die Trägheit drückt sie in ihren Fahrersitz. Die Zentralkraft wird auch hier von den Reifen übertragen.

Streifzug: Die Gravitation

1 Das Planetensystem als Modell

Die Entdeckung der Gravitation

Cambridge im Herbst 1666: Die Stadt wurde durch ein Großfeuer zu 80 % zerstört. Zudem fielen Tausende der Pest zum Opfer. Von der Pest auf das Land vertrieben, merkt der junge Naturwissenschaftler Isaac Newton (1643–1727) nichts von den turbulenten Vorgängen in der Universitätsstadt. In einem Garten seiner ländlichen Abgeschiedenheit denkt er vielmehr über die Schwerkraft nach. Als plötzlich neben ihm ein Apfel zu Boden fällt, schreckt er aus seinen Gedanken hoch und hat einen genialen Einfall. Der Apfel wurde von der Erde angezogen und Newton vermutet nun: „Es muss eine Anziehungskraft in der Materie geben, welche im Erdinnern konzentriert ist. Wenn die Materie eine andere Materie so stark anzieht, muss eine Proportionalität mit ihrer Masse bestehen. Deswegen zieht der Apfel die Erde genauso an wie die Erde den Apfel."

Diese Anziehungskraft, so Newton, endet aber nicht an dem Zweig des Baumes, sondern muss bis in viel größere Höhen reichen. Auch der Mond muss von der Erde angezogen werden und umgekehrt. Diese gegenseitige Anziehungskraft wirkt der Zentrifugalkraft entgegen und hält den Mond auf seiner Bahn um die Erde.

Die Apfelgeschichte ist wohl eine Anekdote. Aber die Vermutung Newtons wurde als eine der wichtigsten wissenschaftlichen Erkenntnisse der Neuzeit bestätigt. Die gegenseitige Anziehung zweier Massen wird als **Gravitation** bezeichnet. Der Raum um den Körper ist das **Gravitationsfeld**. Newton konnte zudem zeigen, dass die Anziehungskraft zwischen zwei sich gegenseitig anziehenden Körpern abnimmt, je weiter sie voneinander entfernt sind. Das Gravitationsfeld wird schwächer. Mithilfe dieses Zusammenhangs konnte er auch die Bewegung der Planeten unseres Sonnensystems erklären. Diese bewegen sich alle um die Sonne, da die Sonne auf jeden einzelnen Planeten die größere **Gravitationskraft** ausübt. Dadurch werden die Planeten unseres Sonnensystems auf elliptische Bahnen gezwungen.

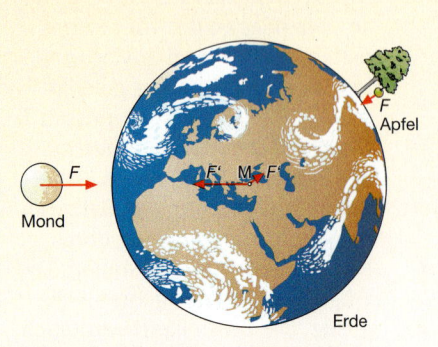

2 Anziehungskräfte zwischen Körpern

Die Anzeige der Gravitation

Die Gravitation kann mit einem sehr empfindlichen Messgerät, der **Gravitationsdrehwaage,** bestimmt werden (Bild 3). Alle Gegenstände ziehen sich an, aber aufgrund der geringen Masse vieler Körper ist die Gravitation zu sehr viel größeren Körpern kaum wahrnehmbar.

Die Gravitationsdrehwaage besteht aus einem dünnen Draht, an dem zwei mit einem Balken verbundene Kugeln hängen. An diesem dünnen Draht ist ein Spiegel montiert, auf den Licht trifft. Werden nun die großen Kugeln in die Nähe der kleinen gebracht, so bewegt sich der Balken mit den kleinen Kugeln auf die großen zu und der Spiegel dreht sich. Das reflektierte Licht vollführt ebenfalls eine Drehung und zeigt damit die Gravitation an.

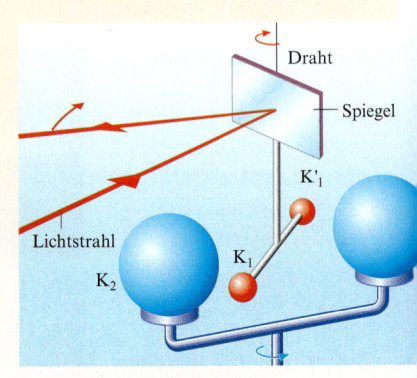

3 Gravitationsdrehwaage

Bewegte Körper und ihre Energie

Felder im Vergleich

Das Gravitationsfeld
Das Gravitationsfeld ist ein Raum, in dem auf Körper allein aufgrund ihrer Masse **Gravitationskräfte** ausgeübt werden.

Das elektrische Feld
Das elektrische Feld ist ein Raum, in dem auf elektrische Ladungen **elektrische Kräfte** ausgeübt werden.

Das magnetische Feld
Das magnetische Feld ist ein Raum, in dem auf Magnete oder magnetisierbare Körper **magnetische Kräfte** ausgeübt werden.

1 Erde als Massenmittelpunkt

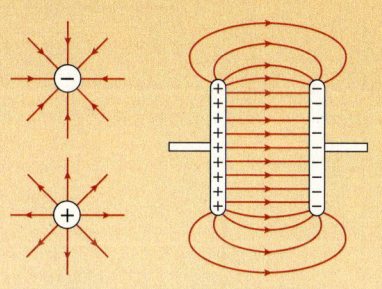

2 Punktladung und Kondensator

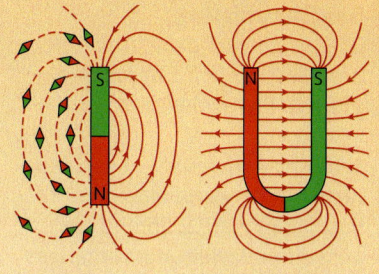

3 Stabmagnet und Bügelmagnet

Darstellung im Feldlinienmodell

Das Feld eines Körpers ist radialsymmetrisch und zum Massenmittelpunkt gerichtet.

Das Feld einer Punktladung ist radialsymmetrisch. Im Kondensator entsteht ein homogenes Feld.

Das Feld eines Stabmagneten ist inhomogen. Das Feld zwischen den Schenkeln eines Bügelmagneten ist homogen.

Richtung der Feldlinien

Die Feldlinien verlaufen von einer Probemasse m_1, beispielsweise vom Mond, zum Massenmittelpunkt einer zweiten, größeren Masse m_2, beispielsweise zur Erde.

Festgelegt ist die Richtung der Kraft, die eine in das Feld gebrachte elektrisch positive Ladung erfährt. Die elektrischen Feldlinien verlaufen damit von der elektrisch positiven zur elektrisch negativen Ladung. Sie haben einen Anfang und ein Ende.

Festgelegt ist die Richtung der Kraft, die ein magnetischer Nordpol im Feld erfährt. Außerhalb des Magneten sind die magnetischen Feldlinien daher vom Nord- zum Südpol gerichtet, innerhalb vom Süd- zum Nordpol. Sie sind in sich geschlossen.

Stärke des Feldes

Je stärker das Gravitationsfeld ist, desto dichter verlaufen die Feldlinien. Mit wachsendem Abstand zum Feld erzeugenden Körper wird es schwächer, sie reicht jedoch unendlich weit.

Je stärker das elektrische Feld ist, desto dichter verlaufen die Feldlinien. Mit wachsendem Abstand von der Feld erzeugenden Ladung wird es schwächer, sie reicht jedoch unendlich weit.

Je stärker das Magnetfeld ist, desto dichter verlaufen die Feldlinien. Mit wachsendem Abstand vom Feld erzeugenden Magneten wird die Wirkung schwächer, sie reicht jedoch unendlich weit.

Nachweis des Feldes

Das Gravitationsfeld kann mit der Gravitationsdrehwaage nachgewiesen werden.

Das elektrische Feld kann mithilfe von Grieskörnern, die in Öl schwimmen, dargestellt werden.

Das Magnetfeld kann mithilfe von Eisenfeilspänen oder Kompassnadeln dargestellt werden.

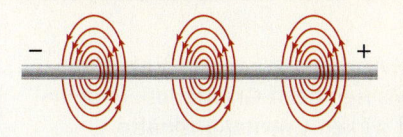

Das elektromagnetische Feld
Ein Strom durchflossener Leiter ist ringförmig von einem Magnetfeld umgeben. Dabei gibt es keine Magnetpole. Eine Magnetnadel wird quer zum elektrischen Leiter abgelenkt (nach OERSTED).

Bewegte Körper und ihre Energie

Momentangeschwindigkeit
Die **Momentangeschwindigkeit** eines Körpers ist seine Geschwindigkeit an einem bestimmten Ort zu einer bestimmten Zeit.

Beschleunigung
Die Geschwindigkeitszunahme pro Sekunde heißt **Beschleunigung a**. Ihre Einheit ist $\frac{m}{s^2}$.

Bei einer **gleichmäßig beschleunigten Bewegung** bleibt die Beschleunigung während des gesamten Bewegungsvorganges gleich.

Ein im luftleeren Raum frei fallender Körper bewegt sich gleichmäßig beschleunigt. Die **Fallbeschleunigung g** beträgt 9,81 $\frac{m}{s^2}$.

	gleichförmige Bewegung	gleichmäßig beschleunigte Bewegung
t-v-Diagramm	Parallele zur t-Achse	Ursprungsgerade
t-s-Diagramm	Ursprungsgerade	Parabelast
v	$v = \frac{s}{t}$	$v = a \cdot t$
s	$s = v \cdot t$	$s = \frac{1}{2} \cdot a \cdot t^2$
t	$t = \frac{s}{v}$	$t = \sqrt{2 \cdot \frac{s}{a}}$
a	–	$a = \frac{v}{t}$; $a = 2\frac{s}{t^2}$

☺ Verzögerung
Bei einer **gleichmäßig verzögerten Bewegung** nimmt die Geschwindigkeit des Körpers in jeder Sekunde um den gleichen Wert ab.

Die **Verzögerung a** ist die Umkehrung der Beschleunigung. Ein Körper mit der Anfangsgeschwindigkeit v_0 hat mit der Verzögerung a nach der Zeit t die Geschwindigkeit $v = v_0 - a \cdot t$.

Der **senkrechte Wurf nach oben** ist eine gleichmäßig verzögerte Bewegung. Die Höhe, die der nach oben geworfene Körper erreicht, hängt von seiner Anfangsgeschwindigkeit ab.

Reaktionszeit und Anhalteweg
Die Zeit, die ein Fahrer braucht, um auf ein Ereignis zu reagieren, heißt **Reaktionszeit**.

Reaktionsweg und Bremsweg ergeben den **Anhalteweg**.

Faustregel für den **Sicherheitsabstand**: Abstand = halbe Tachoanzeige in m.

Newtonsche Grundgesetze

1. Wirkt keine Kraft auf einen Körper ein, so behält der Körper seinen Bewegungszustand bei.

2. Die Kraft F, die den Bewegungszustand eines Körpers ändert, hängt ab von der Beschleunigung a, die der Körper erfährt, und seiner Masse m:
$F = m \cdot a$.

3. Jeder Kraft wirkt eine gleich große Kraft entgegen: actio = reactio.

Name	Größe	Gesetz	Einheit
mechanische Energie	E	$E = F \cdot s$ mit $F = m \cdot a$	1 Nm = 1 J = 1 Ws
potenzielle Energie (Höhenenergie)	E_{pot}	$E_{pot} = F_G \cdot h = m \cdot g \cdot h$ mit g = 9,81 $\frac{m}{s^2}$	1 Nm = 1 kg $\cdot \frac{m^2}{s^2}$
kinetische Energie (Bewegungsenergie)	E_{kin}	$E_{kin} = \frac{1}{2} m \cdot v^2$	1 Nm = 1 kg $\cdot \frac{m^2}{s^2}$
Energieerhaltungssatz		$E_{ges} = E_{pot} + E_{kin}$ + Wärme	

☺ Kreisbewegung
Ein Körper, der sich bewegt, wird mithilfe der **Zentralkraft** auf eine Kreisbahn gezwungen. Sie wirkt der gleich großen **Zentrifugalkraft** entgegen.

Gravitation
Die gegenseitige Anziehung zweier Körper allein aufgrund ihrer Massen heißt **Gravitation**. In dem **Gravitationsfeld** wirken **Gravitationskräfte**.

Bewegte Körper und ihre Energie

Zeig, was du kannst

1. a) Ein Körper erfährt aus der Ruhelage eine Beschleunigung von 3 $\frac{m}{s^2}$. Welchen Weg hat er nach 6 s zurückgelegt?
b) Wie hoch ist dann seine Geschwindigkeit?
c) Bei gleicher Beschleunigung legt der Körper aus der Ruhelage einen Weg von 24 m zurück. Wie lange braucht er dazu?

2. a) Ein Körper hat eine Anfangsgeschwindigkeit von 18 $\frac{m}{s}$ und wird 3 s lang mit 2 $\frac{m}{s^2}$ verzögert. Wie groß ist seine Geschwindigkeit?
b) Der Körper wird anschließend 3 s lang mit 2 $\frac{m}{s^2}$ beschleunigt. Wie hoch ist seine Geschwindigkeit?
c) Welcher Zusammenhang besteht zwischen der gleichmäßig verzögerten und der gleichmäßig beschleunigten Bewegung?

3. In einem Bewegungsdiagramm ist die Rechtsachse die Zeitachse. Die Beschriftung der Hochachse ist vergessen worden. Der Graf ist eine Ursprungsgerade. Welche Bewegungsarten könnten vorliegen?

4. Gib an, welche Bewegungsarten jeweils durch die verschiedenen Grafen dargestellt werden.

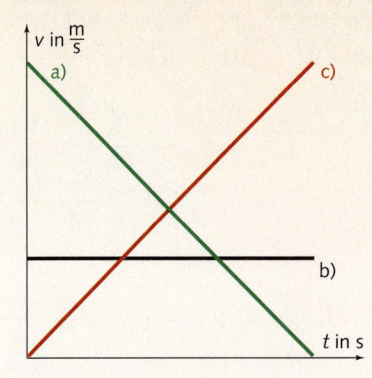

5. Nenne fünf Faktoren, die die Reaktionszeit verlängern.

6. Wie setzt sich der Anhalteweg zusammen?

7. Wozu dient der Sicherheitsabstand im Straßenverkehr?

8. Ein Fahrer hat auf der Autobahn eine Geschwindigkeit von 140 $\frac{km}{h}$. Welchen Sicherheitsabstand sollte er mindestens einhalten?

9. Nach einer Fahrt durch eine geschlossene Ortschaft gelangt ein Autofahrer auf die Autobahn und hat nach kurzer Zeit eine Geschwindigkeit von 150 $\frac{km}{h}$. Wie hat sich die Bewegungsenergie des Autos im Vergleich zu der Fahrt durch die Ortschaft verändert?

10. Welche Bewegungsart liegt beim freien Fall vor?

11. Wie groß ist die Fallbeschleunigung g
a) in Europa?
b) am Äquator?
c) am Nordpol?

12. a) Regentropfen fallen aus einer Höhe von beispielsweise 400 m auf den Boden. Berechne die Geschwindigkeit, mit der sie auf dem Boden auftreffen müssten.
b) Warum treffen sie aber mit einer viel geringeren Geschwindigkeit auf dem Boden auf?

13. a) Ein senkrecht hochgeworfener Stein steigt 4 s. Berechne seine Anfangsgeschwindigkeit.
b) Wie hoch wurde der Stein geworfen?

14. Welche Art von Bewegung liegt beim senkrechten Wurf nach oben vor?

15. In welcher Einheit wird die Masse eines Körpers gemessen, in welcher seine Schwere?

16. a) Was bewirkt die Trägheit eines Körpers?
b) Wie kann die Trägheit eines Körpers überwunden werden?

17. Nenne die drei newtonschen Gesetze der Mechanik.

18. Welche mechanischen Energieformen treten jeweils beim Trampolinspringen und beim Flipperspiel auf?

19. Dein Herz pumpt jede Minute etwa 5 l Blut ($m \approx 5$ kg) durch deinen Körper. Es muss dabei so viel Energie liefern, als ob es das Blut 1 m hoch heben würde. Berechne die in einem Tag gelieferte potenzielle Energie.

20. Wie groß ist die Masse von Nina, wenn sie beim Fahrradfahren bei einer Geschwindigkeit von 36 $\frac{km}{h}$ eine kinetische Energie von 3,25 kJ besitzt? Dabei beträgt die Masse des Fahrrades etwa 15 kg.

21. a) Welche kinetische Energie hat ein Pkw ($m = 2$ t), der mit einer Geschwindigkeit von 200 $\frac{km}{h}$ auf ein feststehendes Hindernis aufprallt?
b) Berechne, aus welcher Höhe dieser Pkw herabfallen müsste, um eine vergleichbare Verformung zu erhalten.
c) Welches bekannte Gebäude hat etwa die gleiche Höhe?

22. Beschreibe die wirkenden Kräfte auf einen Motorradfahrer, der um die Kurve fährt.

23. Erläutere die Begriffe Gravitation und Gravitationsfeld an einem Beispiel.

Druck in Flüssigkeiten und Gasen

Wodurch wird der Druck im Wasser und in der Luft hervorgerufen? Warum müssen Reifen aufgepumpt werden?

Presslufthammer – laut, aber kraftvoll! Wie funktionieren Druckluftwerkzeuge?

Der Schweredruck

🔍 **1.** Stecke einen Trinkhalm in eine volle Getränketüte. Drücke die Tüte dann mit der Hand zusammen. Übe dabei zunächst eine schwache Kraft aus, anschließend eine starke Kraft. Beschreibe deine Beobachtungen.

🔍 **2.** Stelle eine volle Getränketüte mit Trinkhalm in ein Gefäß mit Wasser. Was beobachtest du?

🔍 **3.** Fülle einen kleinen Luftballon mit gefärbtem Wasser. Ziehe ihn über die Öffnung eines dünnen, langen Glasrohres. Tauche den Ballon in ein mit Wasser gefülltes Gefäß. Beschreibe deine Beobachtungen.

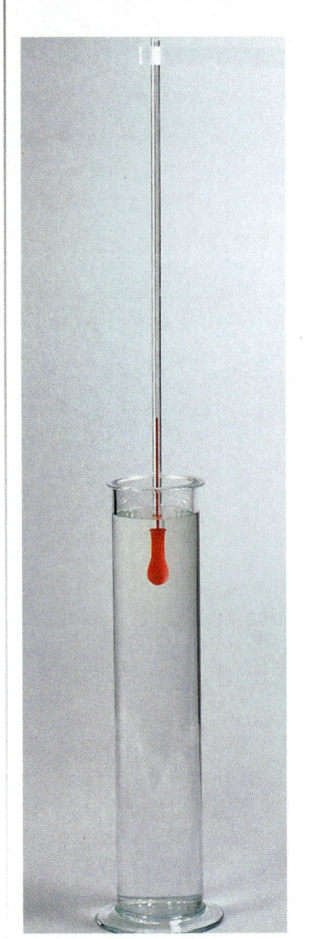

🔍 **4. a)** Verschließe ein Glasrohr lose von unten mit einer Platte und tauche beide in ein Gefäß mit Wasser. Was geschieht?
b) Fülle Wasser in das Glasrohr. Was kannst du beobachten?
c) Erkläre deine Beobachtungen.

📝 **5.** Wie müssen Tauchboote gebaut sein, die in großen Tiefen tauchen können?

2 Tauchboot für die Forschung

Der Druck beim Tauchen
Wenn du im Schwimmbad tauchst, verspürst du zuerst Druck auf den Ohren. Je tiefer du gelangst, desto größer wird der Druck. Auch mit einer Taucherausrüstung darfst du nicht beliebig tief tauchen. In großen Tiefen ist der Druck so groß, dass für Taucher Lebensgefahr besteht. Sie können nicht ohne eine entsprechende Ausrüstung wie Druckanzüge oder Taucherglocken tauchen.

Schweredruck im Wasser
Das gefärbte Wasser im Ballon (Bild 1) muss dem Druck des Wassers im Gefäß weichen. Es steigt im Glasrohr immer weiter nach oben, je tiefer der Ballon eingetaucht wird. Der Druck, der im Wasser auf den Ballon wirkt, entsteht durch die Gewichtskraft der über dem Ballon stehenden Wassersäule. Dieser Druck wird **Schweredruck** genannt. Außerdem ist zu beobachten, dass der Ballon von allen Seiten zusammengedrückt wird. Der Schweredruck wirkt in jeder Tiefe gleich stark von allen Seiten. Mit zunehmender Tiefe nimmt er weiter zu.

■ Wasser übt auf jeden eingetauchten Gegenstand von allen Seiten einen Druck aus. Dieser Schweredruck wird mit zunehmender Tiefe größer.

1 Druck im Wasser

3 Wie verhält sich die Platte?

Bewegungen und ihre Ursachen → S. 414/415

Druck in Flüssigkeiten und Gasen

😉 Der Luftdruck und das Vakuum

Streifzug

Der Streit um die Existenz des Vakuums
Im Altertum vertrat der Gelehrte ARISTOTELES (384–322 v. Chr.) die Meinung, dass es einen leeren Raum, ein **Vakuum,** nicht geben könne. Er glaubte, dass die Natur vor dem Vakuum zurückschrecke. Deshalb, so folgerte er, saugen leere Räume immer Gase und Flüssigkeiten an und können darum nicht leer sein. Diese Theorie von ARISTOTELES heißt „Die Abscheu vor der Leere" (lat.: horror vacui).

Die Erfindung des Barometers
Lange blieb die Lehre von ARISTOTELES unangetastet. Im 17. Jahrhundert beschäftigten sich dann einige Gelehrte mit diesem Problem. Einer von ihnen war der Physiker EVANGELISTA TORRICELLI (1608–1647).

TORRICELLI führte Experimente durch, um zu beweisen, dass das Aufsteigen von Wassersäulen in bis zu 10 m Höhe und nicht weiter durch den Luftdruck bedingt sei. Er führte diesen Nachweis aber mit Quecksilber durch. Dazu füllte er ein einseitig geschlossenes Glasrohr vollständig mit Quecksilber und tauchte es mit der offenen Seite in eine mit Quecksilber gefüllte Glaswanne. Dabei sank die Quecksilbersäule auf ungefähr 760 mm Höhe. Darüber entstand ein Vakuum. Diese Vorrichtung war das erste **Quecksilber-Barometer.**

Die Magdeburger Halbkugeln
Zur gleichen Zeit arbeitete der Ingenieur und Bürgermeister von Magdeburg OTTO VON GUERICKE (1602–1686) daran, das Vakuum künstlich herzustellen. Ihm gelang es als Erstem, ein Weinfass mittels einer von ihm erfundenen Pumpe luftleer zu pumpen.

1654 zeigte er in einem Schauversuch beim Reichstag zu Regensburg die Wirkung des Luftdrucks. Er legte zwei Halbkugeln aus Kupfer mittels eines Dichtungsringes aneinander und pumpte durch ein Ventil die Luft aus dem Inneren der Kugel heraus. Vor jede der Halbkugeln spannte er acht Pferde, die versuchen sollten, diese auseinander zu reißen. Selbst sechzehn Pferde schafften es nicht, solange das Vakuum vorhanden war. Ließ er wieder Luft einströmen, fielen die beiden Halbkugeln von alleine auseinander. VON GUERICKE bewies damit, dass der Luftdruck von außen die Halbkugeln aneinanderpresst. Die Theorie von Aristoteles des horror vacui, der „Abscheu der Natur vor der Leere", war endgültig widerlegt.

Druck ist nicht nur Kraft

📖 **1. a)** Zwei Sportler sind im tiefen Schnee unterwegs. Der eine trägt Schneeschuhe, der andere Skier. Vergleiche die Spuren und erkläre.
b) Eine Frau und ein Mann stapfen ebenfalls durch den tiefen Schnee. Sie tragen Wanderschuhe. Was kannst du zu ihren Spuren im Schnee sagen?

📝 **2.** Für welchen Untergrund sind Schneeschuhe, Skier und Wanderschuhe sinnvoll? Begründe deine Antwort.

🔍 **3. a)** Fülle eine Schale mit Sand und feuchte ihn leicht an. Lege einen Holzquader auf den Sand und belaste ihn mit einem 1 kg-Wägestück. Drehe den Quader zweimal in eine andere Lage und wiederhole den Versuch. Vergleiche die Abdrücke im Sand.
b) Führe den Versuch a) mit der doppelten Masse durch. Vergleiche die Ergebnisse mit den Ergebnissen aus Versuch a).

📝 **4.** Warum haben Landmaschinen, die zur Feldarbeit benutzt werden, oft breite Reifen?

📝 **5.** Parkettfußboden sollte nicht mit Stöckelschuhen betreten werden. Erkläre.

📝 **6.** Wozu dient die Rettungsleiter, die an jeder Eisrettungsstation hängt? Beschreibe ihren Einsatz.

📝 **7.** Nenne einige Werkzeuge, die den Druck mittels einer Spitze ausnutzen.

1 Wandern im Schnee

Laufen im Schnee
Schon vor langer Zeit haben sich die Bewohner schneereicher Gebiete geflochtene Matten mit großer Oberfläche unter die Schuhe geschnallt. Sie hatten beobachtet, dass sie mit diesen Hilfsmitteln nicht so leicht einsinken. Aus dieser Tradition sind die Schneeschuhe und die Skier entstanden.

Große Fläche – kleiner Druck
Benutzen zwei Personen mit gleicher Gewichtskraft Schuhe mit unterschiedlicher Auflagefläche, so sinkt derjenige tiefer ein, der Schuhe mit der kleineren Auflagefläche trägt.
Der Druck ist also abhängig von der Auflagefläche A, auf die der Körper wirkt.

Große Gewichtskraft – großer Druck
Bei gleicher Auflagefläche sinkt diejenige Person tiefer ein, die die größere Masse und damit auch die größere Gewichtskraft hat.
Der Druck ist also auch abhängig von der Gewichtskraft F_G, die auf die Auflagefläche A wirkt.

Kräfte können aber in verschiedene Richtungen ausgeübt werden. Wirken sie auf eine jeweils dazu senkrechte Fläche, entsteht Druck.

Wenn die Kraft senkrecht zur Fläche wirkt, gilt
- bei gleicher Kraft: Je größer die Fläche ist, desto kleiner ist der Druck.
- bei gleicher Fläche: Je größer die Kraft ist, desto größer wird der Druck.

Für den **Druck** wird das Formelzeichen p (engl.: pressure) benutzt. So ergibt sich die Formel:

$$p = \frac{F}{A}$$

Die Maßeinheit für den Druck lautet $\frac{N}{m^2}$. Es wurde festgelegt: $1\,\frac{N}{m^2} = 1\,Pa$.
Pa ist die Abkürzung für Pascal, benannt nach dem französischen Physiker BLAISE PASCAL (1623–1662).

Weitere Druckeinheiten sind:
1 bar = 1000 mbar
1 bar = 100000 Pa = 1000 hPa (Hektopascal)
1 bar = 10 $\frac{N}{cm^2}$

■ Je größer die Kraft ist, die auf eine bestimmte Fläche wirkt, desto größer ist der Druck. Je größer die Fläche ist, auf die eine bestimmte Kraft wirkt, desto kleiner ist der Druck.

Bewegungen und ihre Ursachen → S. 414/415

Druck in Flüssigkeiten und Gasen

Druck-Messgeräte

Das Blut strömt unter Druck durch deinen Körper. Nach dem Sport kannst du mithilfe eines solchen Messgerätes am Handgelenk selbst deinen **Blutdruck** überprüfen.

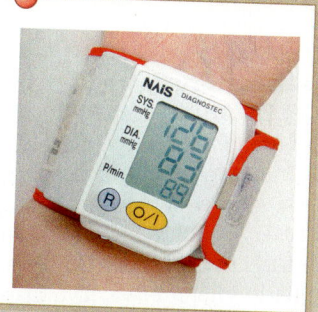

U-Rohr-Manometer

zur Gasleitung

A   B

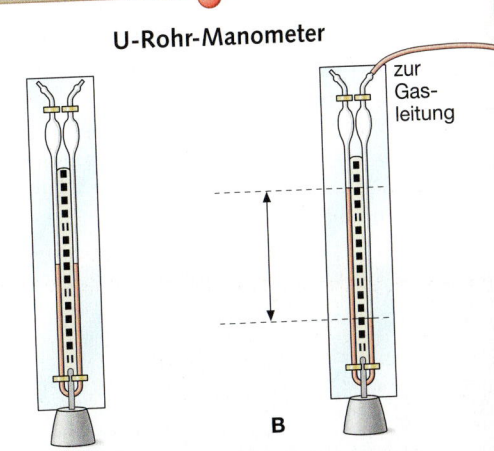

Ein U-förmig gebogenes Glasrohr ist mit Wasser gefüllt. Die beiden Schenkel sind offen. Das Wasser steht zu Beginn der Messung in beiden Schenkeln gleich hoch. Auf beide Wassersäulen wirkt der normale Luftdruck (Bild A).
Um zum Beispiel den Druck in einer Gasleitung zu messen, wird ein Schenkel an die Leitung angeschlossen. Der Druck des Gases presst das Wasser in diesem Schenkel nach unten, im anderen Schenkel nach oben (Bild B).
Die Höhendifferenz beider Wasserspiegel ergibt den Druck. 10 cm Unterschied bedeutet 10 mbar Druck in der Gasleitung.

Zur Fahrsicherheit muss der Druck im Reifen stimmen. Er wird mit einem **Manometer** kontrolliert.

Beispiele für Drücke

Blutdruck des Menschen	0,16 bar
Luftdruck auf Meereshöhe	1013 mbar = 1013 hPa
Druck in der Wasserleitung	5 bar bis 6 bar
Druck in der Bremsleitung eines Pkws bei Vollbremsung	200 bar bis 250 bar

1. a) Erkundige dich, wie hoch der Reifendruck beim Auto sein muss.
b) Warum hängt der zu wählende Reifendruck von der Beladung ab?

2. Wie hoch ist der Druck in einer Warmwasserheizung?

3. Was zeigen die beiden Werte 126 und 83 auf dem Blutdruckmessgerät an?

Der Wasserdruck in einer Warmwasserheizung muss hoch genug sein, damit auch die Heizkörper in den oberen Stockwerken mit Wasser gefüllt sind.

Pinnwand

397

Die Luft hält uns unter Druck

🔍 **1.** Fülle in einen kleinen, leeren Metallkanister eine geringe Menge Wasser. Erhitze ihn, bis das Wasser siedet. Verschließe die Öffnung sorgfältig und lass ihn abkühlen. Beobachte und erkläre.

📝 **2.** Ermittle Luftdruckrekorde, die in Deutschland gemessen wurden.

1 Ein starkes Blatt

🔍 **3. a)** Nimm eine Doppelseite einer Zeitung und falte sie mehrfach. Lege sie auf ein dünnes Holzlineal, das über die Tischkante ragt. Schlage heftig und schnell von der Seite auf das überstehende Lineal.
b) Wiederhole den Versuch a) mit der aufgefalteten Doppelseite. Beschreibe deine Beobachtungen, vergleiche und interpretiere.

📝 **4.** Informiere dich über die Höhenkrankheit bei Bergsteigern.

Druck auf den Ohren

Viele Menschen spüren während einer Achterbahnfahrt bei den steilen und langen Abwärtsfahrten einen deutlichen Druck auf den Ohren. Dieser kann so stark werden, dass sie nur noch wie „durch Watte hören." Halten sie anschließend die Nase zu und drücken Luft in den Mund-Nasen-Raum, sind nach einem deutlichen Knacken die Ohren wieder frei.

Grund für diese Empfindung ist die Luft, die auf dem Trommelfell des Ohres lastet. Bei den Abfahrten wird diese dünne Membran im Ohr durch den veränderten Luftdruck stark nach innen gedehnt. Beim Schlucken, Gähnen oder Luft in den Mund-Nasen-Raum Drücken geht sie in ihre ursprüngliche Stellung zurück.

Der Luftdruck

Der Luftdruck entsteht durch die Masse der Atmosphäre, die auf der Erdoberfläche liegt. Er ergibt sich durch die Gewichtskraft einer Luftsäule, die sich von der Erdoberfläche bis zur äußeren Grenze der Atmosphäre erstreckt. Die Höhe dieser Säule beträgt etwa 10 km. Damit lasten auf jedem Quadratmeter etwa 10 t. Das entspricht dem Druck durch einen Stahlquader gleicher Grundfläche mit einer Höhe von 1,31 m.

Der Luftdruck ist ortsabhängig

Auf der Erdoberfläche ist der Luftdruck in Meereshöhe am größten. Er beträgt dort im Mittel 1013,25 hPa. Je größer die Entfernung zum Erdmittelpunkt ist, desto geringer wird der Luftdruck (Bild 2). Im Hochgebirge ist der Druck so gering, dass es beim Menschen zur Höhenkrankheit kommen kann. Sie kann eintreten, wenn ein Bergsteiger innerhalb eines Tages einen Höhenunterschied von mehr als 2400 m überwindet.
In Flugzeugen, die in noch größeren Höhen fliegen, wird in der Druckkabine für die Reisenden ein künstlicher Luftdruck erzeugt, wie er in etwa 2300 m Höhe herrscht.

■ Der Luftdruck nimmt mit der Höhe ab. Auf Meereshöhe beträgt er im Mittel 1013,25 hPa.

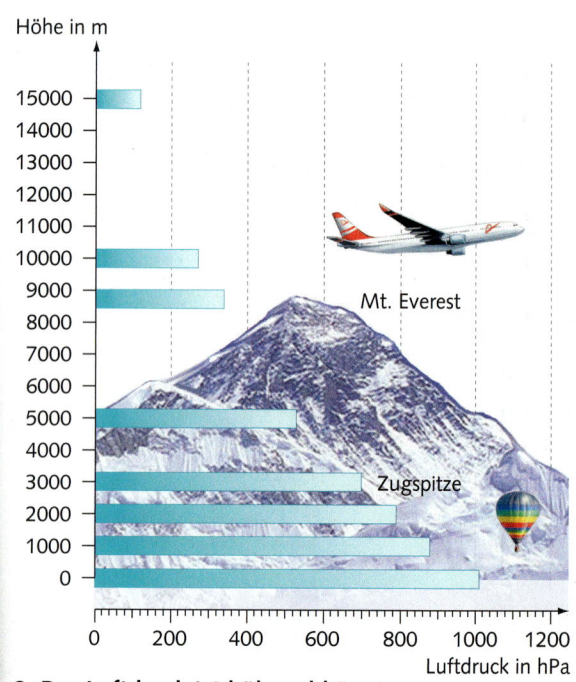

2 Der Luftdruck ist höhenabhängig.

Druck in Flüssigkeiten und Gasen

Das Barometer und die Wettervorhersage

Luftdruckmessung

Wetterstationen enthalten Hygrometer, Thermometer und Barometer. Damit werden Luftfeuchtigkeit, Temperatur und Luftdruck gemessen. So sind genaue Wetterbeobachtungen möglich.

Bei den Barometern handelt es sich meistens um **Dosenbarometer,** deren Aufbau du in Bild 1 sehen kannst.
Die Dose ist mit einem gewellten Deckel luftdicht verschlossen. Er besteht aus elastischem Stahl. Eine Feder, die mit einem Zeiger verbunden ist, hält den Deckel. Bei zunehmendem Luftdruck wird der Deckel eingedrückt und die Feder wird gespannt. Fällt der Luftdruck, so zieht die Feder den Deckel wieder in die Ausgangsposition. Mithilfe des Zeigers kannst du die jeweilige Veränderung des Luftdrucks auf der Skala ablesen.

Vielleicht hängt bei euch zu Hause eine Wetterstation. Am Barometer kannst du dann die Veränderungen des Luftdrucks feststellen. Mithilfe dieser Luftdruckangaben kannst du das Wetter vorhersagen. Steigt der Luftdruck, wird das Wetter schön. Fallender Luftdruck kündigt schlechtes Wetter an.

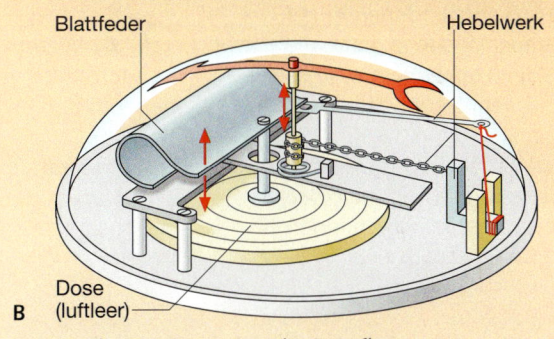

1 Dosenbarometer. A *Ansicht;* **B** *Aufbau*

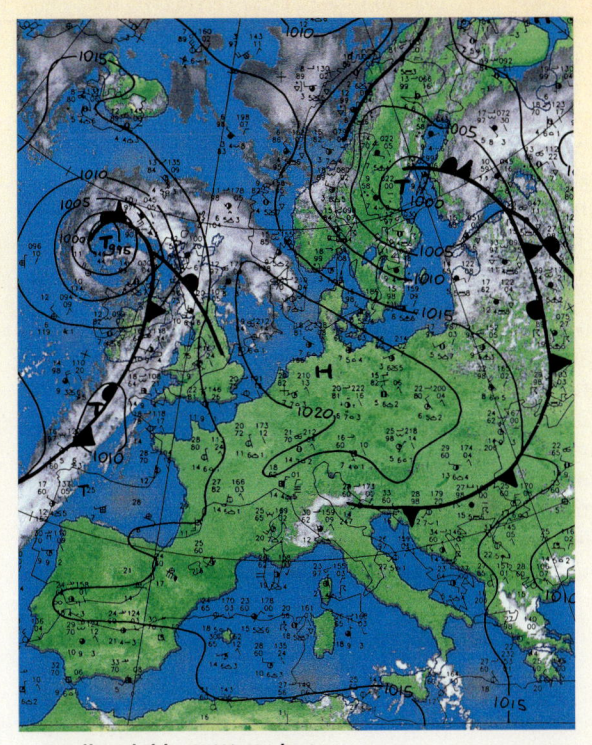

Hoch- und Tiefdruckgebiete

Auf der Karte in Bild 2 ist die Wetterlage an einem Tag über Europa abgebildet. Vom Satelliten aus sind nicht nur die Wolken zu erkennen. Auch ihre Bewegungsrichtung lässt sich feststellen.
Auf der Karte wurden Hoch- und Tiefdruckgebiete und die sich daraus ergebenden Wetterfronten eingezeichnet. Eine Kaltfront wird dort mit Dreiecken und eine Warmfront mit Halbkreisen dargestellt.

Durch den Wind erfolgt der Druckausgleich zwischen den Gebieten mit niedrigem und hohem Luftdruck. Je größer die Druckunterschiede sind, desto stärker ist der Wind.
Wetterbestimmende Hoch- und Tiefdruckgebiete bekommen Namen, die in jedem Jahr der Reihenfolge des Alphabets folgen. Auf die gleiche Art werden auch besondere Wettererscheinungen wie Hurrikans benannt. Hurrikans sind Tiefdruckgebiete mit extrem geringem Luftdruck, die über dem Meer entstehen.

2 Satellitenbild mit Wetterkarte

Unterdruck

1. Unter einer Glasglocke befindet sich ein nicht aufgeblasener, fest zugebundener Luftballon. Pumpe die Luft aus der Glasglocke. Erkläre deine Beobachtung.

2. Demonstrationsversuch: a) Ein Rundkolben wird mit Wasser gefüllt und wie in Bild 2 mit einem durchbohrten Stopfen verschlossen. Das Wasser wird auf 80 °C erwärmt und die Luft über dem Wasser wird abgepumpt.
b) Notiere deine Beobachtungen und erkläre.

1 Ballon unter der Glocke

zur Pumpe
Druck ca. 350 hPa

2 Die Temperatur liegt unter 100 °C.

3. Setze zwei hohle Metallhalbkugeln passend aufeinander. Pumpe die Luft aus der so entstandenen Kugel heraus. Versuche dann, die beiden Halbkugeln auseinanderzuziehen. Deute dein Ergebnis.

4. Wenn du eine Getränketüte mit dem Trinkhalm leerst, beult diese sich nach innen ein. Erkläre warum.

5. Warum haften Saugnäpfe nur an glatten, ebenen Flächen?

6. Warum muss eine Dose Kondensmilch zwei Löcher haben, um den Inhalt auszugießen?

7. Wanderer wollen im Hochgebirge Eier kochen. Kann dies gelingen? Erkläre den Vorgang.

8. Beschreibe eine Methode, mit der du eingedrückte Tischtennisbälle wieder in die alte Form bringen kannst.

Der Unterdruck
Ein nicht aufgeblasener, aber fest verschlossener Ballon unter der Glasglocke dehnt sich umso mehr aus, je mehr Luft aus der Glocke abgepumpt wird.
In der Glocke entsteht beim Abpumpen gegenüber dem äußeren, normalen Luftdruck ein **Unterdruck.** Die im Ballon bei normalem Luftdruck eingeschlossene Luft dehnt sich aus. Der Ballon wird umso größer, je größer der Unterdruck in der Glocke wird.

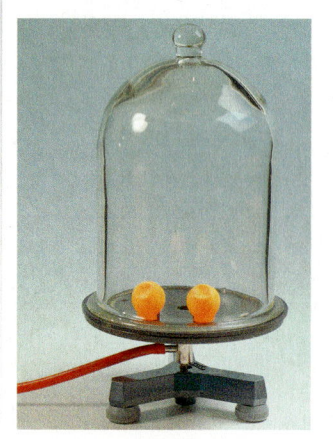

Auch eingebeulte Tischtennisbälle können ihre ursprüngliche Form wieder erhalten, wenn du sie unter die Glocke legst und die Luft absaugst. Wird der innere Druck im Ball größer als der Unterdruck innerhalb der Glocke, wird die Delle aus dem Ball herausgedrückt.

Luftdruck und Siedetemperatur
Im Gebirge ist der Luftdruck niedriger als im Tiefland. Bringst du Wasser zum Sieden, entsteht innerhalb des Wassers Wasserdampf. Bei niedrigerem Luftdruck entweicht der Wasserdampf leichter als bei normalem Luftdruck. Deshalb siedet das Wasser dann schon bei Temperaturen unter 100 °C.
Bild 2 zeigt, dass Wasser bei niedrigem Druck im Inneren des Rundkolbens bereits bei 80 °C zu sieden beginnt.

■ Ist der Druck in einem Gefäß geringer als der umgebende Luftdruck, so herrscht darin ein Unterdruck. Dieser bewirkt, dass Wasser unter 100 °C zu sieden beginnt.

3 Tischtennisbälle

Überdruck

1 Die Temperatur liegt über 100 °C.

1. a) Demonstrationsversuch: Ein Rundkolben wird mit Wasser gefüllt. Durch einen festschließenden Stopfen führt ein Glasröhrchen zu einer Pumpe. Der Rundkolben wird so lange erwärmt, bis das Wasser zu sieden beginnt. Mithilfe der Pumpe wird Luft in den Kolben gepumpt.
b) Notiere deine Beobachtungen und erkläre.

2. a) Warum ist der Druck in einem Schnellkochtopf höher als der äußere Luftdruck?
b) Welche Wirkung hat der Überdruck im Inneren?
c) Was bedeutet das Zischen am Ventil im Deckel?

3. a) Wodurch werden Traglufthallen gehalten?
b) Weshalb können sie nur durch eine Luftschleuse betreten werden?

4. a) Blase einen Luftballon auf. Beschreibe deine Beobachtungen während des Aufblasens.
b) Beschreibe den Druck im Ballon, sobald dieser vollständig aufgeblasen ist.
c) Wie sind die Druckverhältnisse im Moment des Platzens?

5. a) Wie überprüfst du den Reifendruck beim Fahrrad?
b) Von welchen Bedingungen ist der Reifendruck an Fahrzeugen abhängig?

6. Finde Beispiele, bei denen durch Pumpen ein Überdruck erzeugt wird.

Schnelles Garen bei Überdruck

Der Deckel des Schnellkochtopfes muss fest verschlossen werden. Wird das Wasser im Inneren zum Sieden gebracht, sammelt sich der Wasserdampf über dem Wasser. Da der Wasserdampf nicht entweichen kann, entsteht im Topf ein Druck, der höher ist als der äußere Luftdruck. Es herrscht **Überdruck**. Dadurch steigt die Siedetemperatur des Wassers auf über 100 °C an.

2 Kochen bei Temperaturen über 100 °C

Sicherungen im Drucktopf

Ventile im Deckel des Schnellkochtopfes verhindern ein zu starkes Ansteigen des Überdruckes. Sollte ein Ventil nicht mehr funktionieren, gibt es im Deckel des Topfes eine weitere Sicherung in Form einer kleinen Öffnung im Bereich der Gummidichtung. Vor dem Öffnen des Topfes muss durch Abkühlung von außen ein Ausgleich der unterschiedlichen Drücke zwischen innen und außen hergestellt werden.

Überdruck trägt eine Halle

Traglufthallen haben keine inneren Stützen. Ein geringer Überdruck im Inneren der Halle sorgt für eine stabile Form der Hülle. Dazu muss die Außenhaut Luft undurchlässig sein. Zusätzlich verhindert eine Luftschleuse am Halleneingang, dass Luft entweicht.

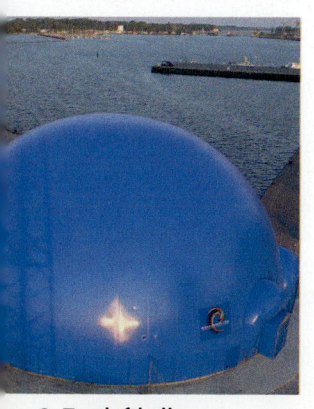

3 Traglufthalle

Schnellkochtopf

Durch den Anstieg der Siedetemperatur im Schnellkochtopf verkürzt sich die Garzeit der Lebensmittel. Das hilft Energie zu sparen. Zusätzlich werden die Nährstoffe in den Lebensmitteln geschont.

■ Ist der innere Druck in einem Gefäß größer als der normale Luftdruck, so herrscht Überdruck. Dieser bewirkt, dass die Siedetemperatur des Wassers auf über 100 °C ansteigt.

Kraftübertragung in Luft und Wasser

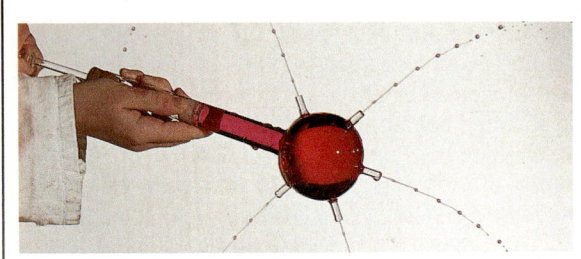

1 Druck wirkt nach allen Seiten.

🔍 **1. a)** Ziehe den Kolben einer leeren Spritze fast vollständig heraus, halte die Spritzenöffnung zu und drücke den Kolben wieder in die Spritze hinein. Lass den Kolben los. Was stellst du fest?
b) Fülle die leere Spritze mit Wasser, halte die Spitze wieder zu und drücke den Kolben hinein. Beschreibe die Unterschiede zu Versuch a).

🔍 **2.** Fülle einen Rundkolben wie in Bild 1 mit Wasser und drücke den Kolben hinein. Betrachte die Richtung der Kraft und die Richtungen der Wasserfontänen und erkläre.

🔍 **3. a)** Baue den Versuch nach Bild 2 auf. Die Kolben ragen fast zur Hälfte aus den Spritzen heraus. Drücke auf den Kolben einer Spritze und beobachte die anderen zwei Spritzen. Notiere.
b) Fülle die leeren Schläuche ganz und die Spritzen halb mit Wasser. Drücke auf einen Kolben und vergleiche deine Beobachtungen mit Versuch a).

🔍 **4.** Baue den Versuch nach Bild 3 auf. Sorge durch Auflegen unterschiedlicher Wägestücke dafür, dass sich die Kolben nicht mehr bewegen. Vergleiche die Gewichtskräfte mit den dazugehörenden Kolbenflächen.

Kraft in Luft und Wasser
Wenn du bei einer mit Luft gefüllten Spritze den Ausgang verschließt und auf den Kolben drückst, bewegt sich dieser ein ganzes Stück. Die eingeschlossene Luft lässt sich zusammendrücken, sie wird **komprimiert.** Lässt du den Kolben los, federt er wieder zurück.
In eine mit Wasser gefüllte geschlossene Spritze lässt sich der Kolben nicht hinein schieben. Wasser lässt sich demnach nicht komprimieren.

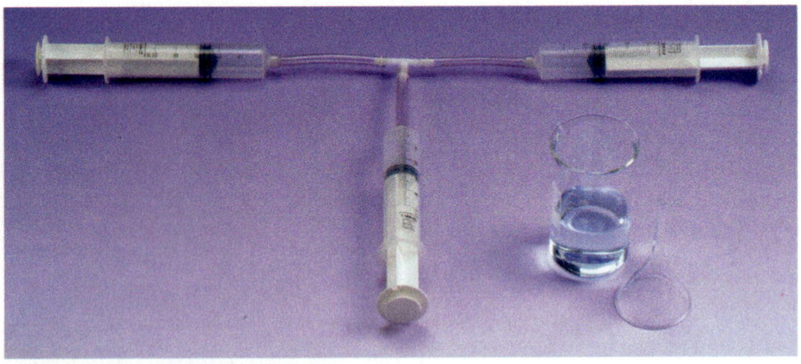

2 Drei verbundene Spritzen

Druck in Wasser und Luft
Wasser und Luft geraten durch die von einem Kolben ausgeübte Kraft unter Druck. Dieser Druck wirkt in Flüssigkeiten und Gasen gleichmäßig in alle Richtungen.

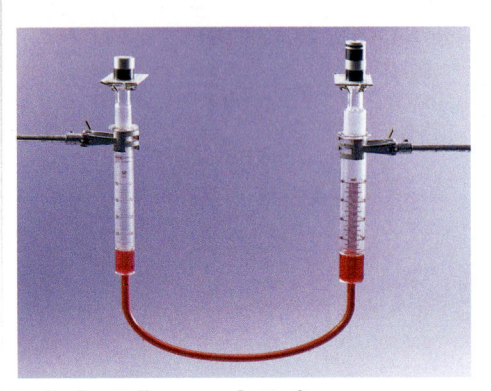

Kraftübertragung
Was geschieht in den drei miteinander verbundenen Spritzen aus Bild 2? Wenn du bei einer der Spritzen den Kolben hineindrückst, bewegen sich die Kolben aller anderen Spritzen nach außen. Die von dem Kolben ausgeübte Kraft wird mithilfe von Wasser oder Luft auf die anderen Kolben übertragen.
Diesen Vorgang kannst du mit beliebig vielen Spritzen durchführen. Es ist auch gleichgültig, auf welchen der vielen Kolben du drückst, immer wirkt die ausgeübte Kraft auf alle anderen.
Es gibt noch eine weitere Gesetzmäßigkeit. Wenn du nach Bild 3 auf den kleinen Kolben eine Kraft ausübst, wirkt auf den Kolben mit der doppelten Fläche auch die doppelte Kraft. Die ausgeübte Kraft lässt sich auf diese Weise verstärken.

3 Großer Kolben – große Kraft

■ Wird in einem geschlossenen Gefäß eine Kraft auf Wasser oder Luft ausgeübt, entsteht darin Druck. Mithilfe des Drucks lässt sich Kraft übertragen.

Druck in Flüssigkeiten und Gasen

Kraftübertragung in Arbeitsgeräten

Wagenheber

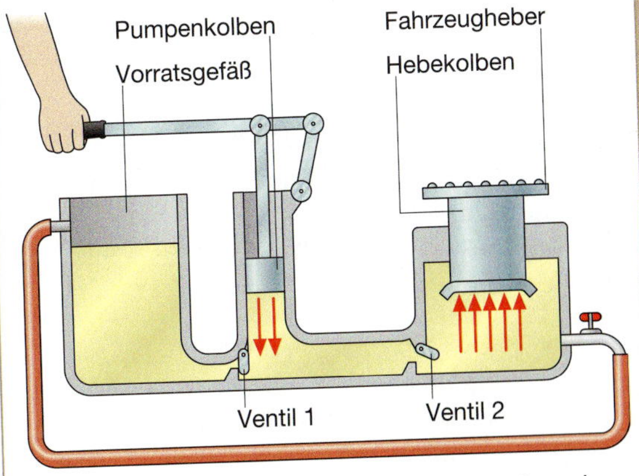

Pumpenkolben · Fahrzeugheber · Vorratsgefäß · Hebekolben · Ventil 1 · Ventil 2

Zwei miteinander verbundene „Spritzen" und zwei Ventile, dazu ein Vorratsgefäß für Öl – mehr ist für einen Wagenheber nicht nötig. Der kleine Kolben zieht Öl aus dem Vorratsgefäß und drückt es in den Zylinder mit dem großen Kolben. Weil immer mehr Öl hineingedrückt wird, hebt sich der große Stempel. Wegen der unterschiedlich großen Kolbenflächen lässt sich mit geringer Kraft ein Auto hoch heben.

1. Wie wirken die Ventile dieser Anlage?

Hebebühne

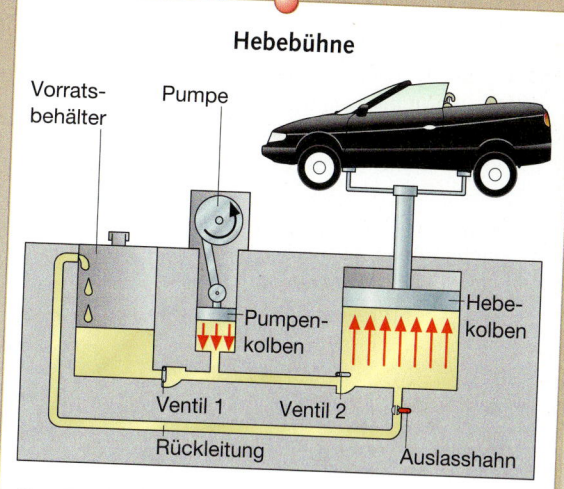

Vorratsbehälter · Pumpe · Pumpenkolben · Hebekolben · Ventil 1 · Ventil 2 · Rückleitung · Auslasshahn

Der Pumpenkolben hebt sich und zieht Öl aus dem Vorratsbehälter. Dann senkt er sich und drückt das Öl unter den Hebekolben. Durch die große Fläche des Hebekolbens kann eine kleine Pumpe eine schwere Last hoch pumpen.

2. Vergleiche den Wagenheber mit der Hebebühne. Was haben sie gemeinsam, was ist unterschiedlich?

Autobremsanlage

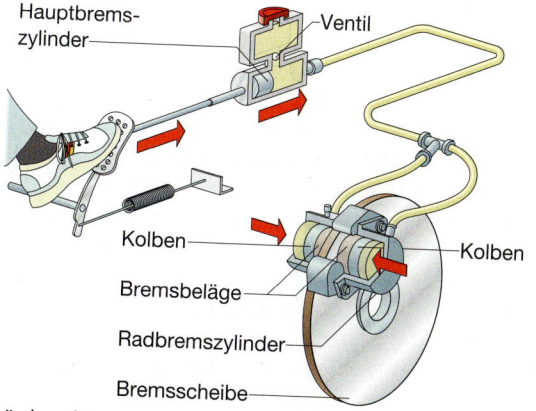

Hauptbremszylinder · Ventil · Kolben · Kolben · Bremsbeläge · Radbremszylinder · Bremsscheibe

Wird auf das Bremspedal getreten, so wird der Kolben des Haupt-Bremszylinders nach vorn gedrückt. Er übt eine Kraft auf die Bremsflüssigkeit aus. Diese Kraft wirkt auf die Kolben der Rad-Bremszylinder. Dadurch werden die Räder gebremst.

3. Was passiert, wenn ein Schlauch zwischen den Zylindern platzt?

Druckluftwerkzeuge

Ein Kompressor pumpt Luft in ein Vorratsgefäß und drückt sie zusammen. Diese Druckluft strömt durch den Schlauch und bewegt den Meißel.

4. Begründe, warum Druckwerkzeuge nicht mit Öl arbeiten können.

5. Warum können Wagenheber oder Hebebühne nicht ohne Ventile und Vorratsgefäß arbeiten?

6. Warum sind bei Autos zwei voneinander unabhängige „Bremskreise" vorgeschrieben?

Pinnwand

Das hydrostatische Paradoxon

📖 **1. a)** Formuliere eine Vermutung auf die Frage: Bei welchem der Gefäße im Bild 1 ist der Druck am Boden am stärksten, wenn alle Gefäße mit gleicher Grundfläche gleich hoch mit Wasser gefüllt werden?
b) Begründe deine Vermutung.

🔍 **2.** Fülle verschieden geformte Gefäße mit gleicher Grundfläche wie in Bild 1 gleich hoch mit Wasser und vergleiche die auf die Membran wirkenden Kräfte. Vergleiche die Ergebnisse mit deiner Vermutung aus Aufgabe 1.

📖 **3.** Wie groß ist jeweils der Druck am Boden eines hohen Becherglases, das bis zu einer Höhe von 20 cm mit Alkohol oder Quecksilber gefüllt wird?

📖 **4.** Die Tauchkugel von JACQUES PICCARD erreichte den Meeresboden des Marianengrabens in 10916 m Tiefe. Berechne den hydrostatischen Druck auf die Tauchkugel ($d = 2{,}18$ m).

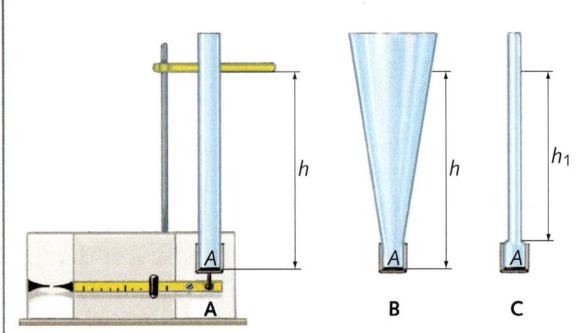

1 Gefäße zum hydrostatischen Paradoxon

Hydrostatischer Druck
Der Schweredruck im Wasser wird auch **hydrostatischer Druck** genannt. Das Überraschende ist, dass er zwar von der Wassertiefe h, der Dichte ρ und vom Ortsfaktor g abhängig ist, aber nicht von der Grundfläche A des Gefäßes.

Verschiedene Formen – gleiche Grundfläche
In Bild 1 siehst du, dass das Gefäß B eine größere Wassermenge enthält als das Gefäß A. Trotzdem ist der Druck in beiden Gefäßen gleich groß, obwohl die Wassermenge in Gefäß B eine größere Gewichtskraft besitzt. Der hydrostatische Druck wird nur von der über dem Boden liegenden Wassersäule erzeugt. Das Wasser über den schrägen Wänden wird von diesen Wänden getragen.
Das Gefäß C ist über die Höhe h_1 mit einer geringeren Wassermenge gefüllt. Sie besitzt eine kleinere Gewichtskraft. Durch den hydrostatischen Druck der Wassersäule mit der Höhe h_1 wird aber auf die waagerechte Wand im Knick des Gefäßes auch eine Kraft nach oben ausgeübt, da der Druck nach allen Seiten wirkt. Weil die Glaswand nicht nachgibt, drückt sie mit gleicher Kraft nach unten.

Hydrostatisches Paradoxon
Die verschieden geformten Gefäße in Bild 1 besitzen alle die gleiche Grundfläche A und sind gleich hoch mit Wasser gefüllt. Somit sind die Gewichtskräfte in den Gefäßen unterschiedlich groß. Jedoch zeigen die Messergebnisse, dass der hydrostatische Druck auf dem Boden trotz der unterschiedlichen Gefäßform gleich groß ist. Dies erscheint auf den ersten Blick paradox und wird deswegen **hydrostatisches Paradoxon** genannt.

■ Der hydrostatische Druck ist von der Wassertiefe h, der Dichte ρ und vom Ortsfaktor g abhängig. Dass er von der Form des Gefäßes unabhängig ist, wird als hydrostatisches Paradoxon bezeichnet.

Hydrostatischer Druck
Wie groß ist der Schweredruck p des Wassers in einer bestimmten Tiefe h?
Für einen Glaszylinder mit der Grundfläche A und einer Höhe h, der mit Wasser gefüllt ist, gelten folgende Überlegungen:
– Gewichtskraft des Wassers: $F_G = m \cdot g$
– Masse des Wassers: $m = \rho \cdot V$
– Volumen des Zylinders: $V = A \cdot h$.

Damit gilt für den hydrostatischen Druck:
$$p = \frac{F_G}{A}$$
mit $F_G = m \cdot g$ gilt: $p = m \cdot \frac{g}{A}$
mit $m = \rho \cdot V$ gilt: $p = \rho \cdot V \cdot \frac{g}{A}$
mit $V = A \cdot h$ gilt: $p = \rho \cdot A \cdot h \cdot \frac{g}{A}$
Damit ergibt sich: $\underline{p = \rho \cdot h \cdot g}$

Beispielaufgabe:
Wie groß ist der Druck am Boden eines hohen Becherglases, das bis zu einer Höhe von 20 cm mit Wasser gefüllt ist?

Lösung: $p = \rho_{Wasser} \cdot h \cdot g$ mit $g = 9{,}81 \frac{N}{kg}$
$$p = 1 \frac{g}{cm^3} \cdot 20 \text{ cm} \cdot 9{,}81 \frac{N}{1000 \text{ g}}$$
$$p \approx 0{,}2 \frac{N}{cm^3} = 2000 \text{ Pa} = 20 \text{ hPa}$$

Antwort: Das Wasser übt einen Druck von 20 hPa auf die Grundfläche des Becherglases aus.

Druck in Flüssigkeiten und Gasen

Der Schweredruck in der Anwendung

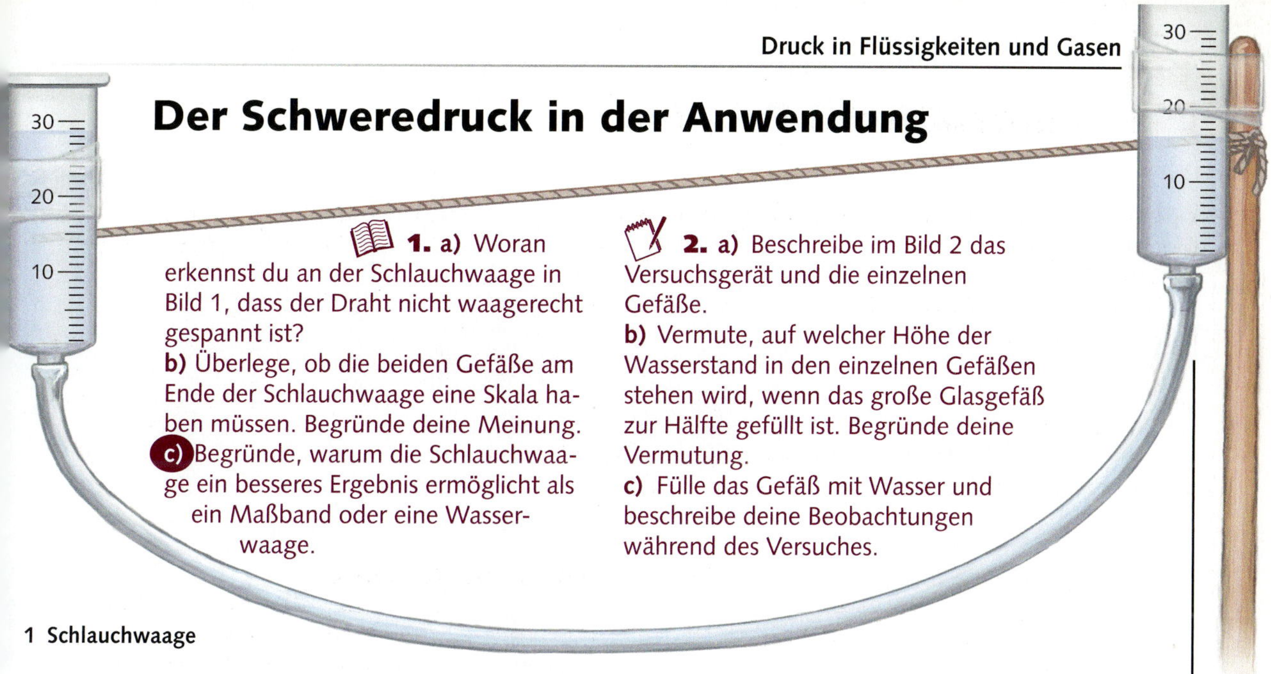

📖 1. a) Woran erkennst du an der Schlauchwaage in Bild 1, dass der Draht nicht waagerecht gespannt ist?
b) Überlege, ob die beiden Gefäße am Ende der Schlauchwaage eine Skala haben müssen. Begründe deine Meinung.
c) Begründe, warum die Schlauchwaage ein besseres Ergebnis ermöglicht als ein Maßband oder eine Wasserwaage.

✏️ 2. a) Beschreibe im Bild 2 das Versuchsgerät und die einzelnen Gefäße.
b) Vermute, auf welcher Höhe der Wasserstand in den einzelnen Gefäßen stehen wird, wenn das große Glasgefäß zur Hälfte gefüllt ist. Begründe deine Vermutung.
c) Fülle das Gefäß mit Wasser und beschreibe deine Beobachtungen während des Versuches.

1 Schlauchwaage

Verbundene Gefäße

Die Bilder auf dieser Seite zeigen Anwendungen des Schweredruckes von Wasser. Bei allen Geräten siehst du Gefäße, die miteinander verbunden sind, oben offen sind und in denen Wasser enthalten ist. Es sind **verbundene Gefäße.** Wird ein Gefäß gefüllt, steigt die Flüssigkeit im benachbarten Gefäß so lange, bis die Wasserspiegel gleich hoch sind. Die Flüssigkeit im Verbindungsschlauch oder -rohr kommt dann zur Ruhe, wenn an jeder Stelle derselbe Druck herrscht. Der Schweredruck hängt ja nur von der Wasserhöhe, nicht aber vom Durchmesser des Schlauches oder des Rohres ab. Daher steht in verbundenen Gefäßen die Flüssigkeit immer gleich hoch.

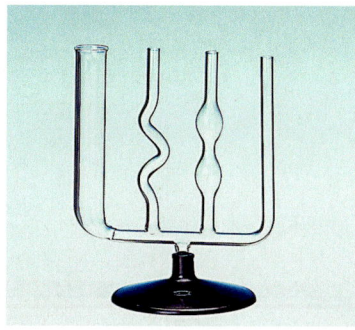

2 Verbundene Gefäße

Verbundene Gefäße in der Technik

Das gebrauchte Wasser aus Waschbecken wird ins Abwassernetz eingeleitet. Damit der Geruch aus dem Abwasserkanal nicht in die Wohnung gelangt, befindet sich unter jedem Waschbecken ein U-förmiges Rohr, das mit Wasser gefüllt ist. Es dient als Geruchssperre und heißt **Siphon** (Bild 3). Da die beiden Schenkel des Rohres miteinander verbunden sind, ist der Schweredruck in beiden Rohren gleich groß.
In Bild 4 siehst du die Anzeige eines Flüssigkeitsstandes. Der Kessel ist verschlossen, hat aber nach außen ein Glasrohr, in dem der Flüssigkeitsstand im Innern angezeigt wird.
Auch bei der Gießkanne wirkt das Prinzip der verbundenen Gefäße. Der Ausguss der Gießkanne sollte deshalb gleich hoch oder höher sein als die Einfüllöffnung (Bild 5).

■ In verbundenen Gefäßen steht die Flüssigkeit gleich hoch.

3 Siphon als Geruchssperre    **4 Flüssigkeitsstand**    **5 Gießkanne**

405

Praktikum: Bestimmen der Dichte eines Stoffes

Bestimmen von Masse und Volumen eines Körpers
Jeder Körper hat eine Masse m und ein Volumen V. Diese beiden Größen kannst du mit geeigneten Verfahren bestimmen.

1. a) Suche fünf Körper aus unterschiedlichen Stoffen aus. Die Körper sollen nicht breiter als 3 cm sein.
b) Übertrage die Tabelle 3 in dein Heft und fülle die Spalten 1 und 2 aus.
c) Bestimme jeweils die Masse der Körper und trage die betreffenden Werte in Spalte 3 ein.
d) Bestimme das Volumen der Körper nach der Differenzmethode oder nach der Überlaufmethode.
Hinweis: Gib einen Tropfen Spülmittel ins Wasser.
Trage die gemessenen Werte jeweils in Spalte 4 ein.
Hinweis: 1 ml ≙ 1 cm³
e) Berechne die Werte für die Spalte 5.

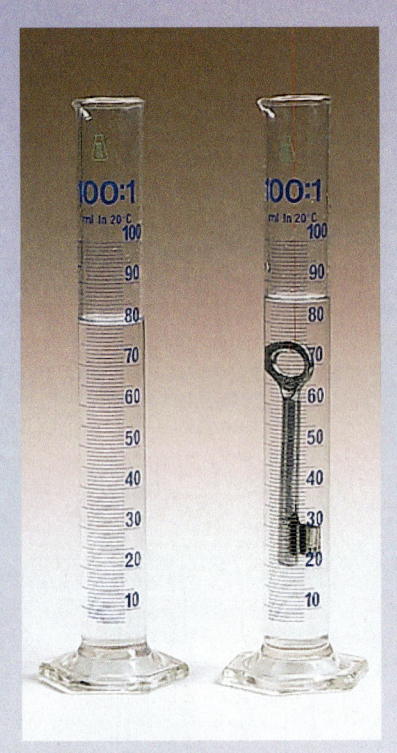

1 Differenzmethode

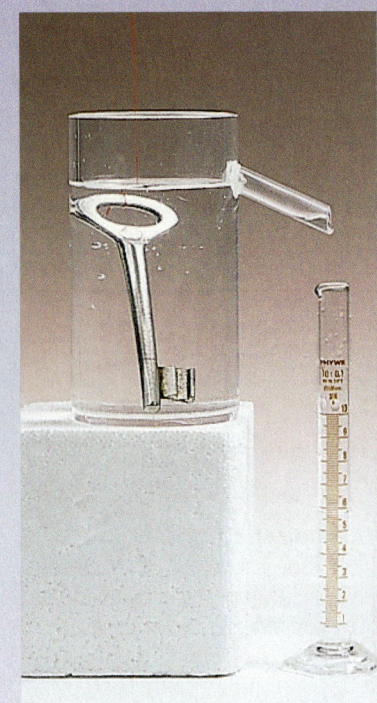

2 Überlaufmethode

Bestimmen der Dichte eines Stoffes
Der Quotient aus der Masse m eines Körpers in g und seines Volumens V in cm³ heißt **Dichte**.

$$\rho = \frac{m}{V}$$

Einheit: $\frac{g}{cm^3}$

Die Dichte hat für jeden Stoff einen bestimmten Wert. Sie wird mit ρ (griechischer Buchstabe: rho) bezeichnet.

2. a) Nimm zwei Körper aus jeweils dem gleichen Stoff, zum Beispiel aus Kupfer oder aus Knetmasse. Bestimme ihre Dichte. Verfahre dabei wie in den Versuchen 1 b) bis e).
b) Was fällt dir bei den Werten in Spalte 5 auf?

Körper	Stoff	Masse m in g	Volumen V in cm³	Dichte $\rho = \frac{m}{V}$ in $\frac{g}{cm^3}$
Ring	Silber	8,4	0,8	8,4 : 0,8 = 10,5

3 Tabelle zur Bestimmung der Dichte einiger Stoffe

Stoffe mit unterschiedlichen Dichten
Wie sich zwei Flüssigkeiten zueinander verhalten oder eine Flüssigkeit sich zu einem festen Stoff verhält, hängt immer von der Dichte der Stoffe ab.

3. a) Bestimme die Dichte von Wasser und die Dichte von Olivenöl.
b) Schütte anschließend beide Flüssigkeiten zusammen und erkläre das Verhalten der beiden Flüssigkeiten.

4. a) Begründe mit der Dichte der Stoffe, welche Stoffe auf Wasser schwimmen und welche Stoffe untergehen.
b) Welche Körper aus Versuch 1 schwimmen auf Wasser?

5. In der Technik wird die Dichte auch in $\frac{kg}{dm^3}$ angegeben. Begründe, warum der Wert zahlengleich dem Wert in $\frac{g}{cm^3}$ ist.

Bewegungen und ihre Ursachen → S. 414/415

Druck in Flüssigkeiten und Gasen

Teamarbeit präsentieren

Methode

Mit einer Präsentation könnt ihr die Ergebnisse eurer Arbeit der eigenen Klasse, anderen Klassen, den Lehrerinnen und Lehrern, den Eltern oder anderen Gästen vortragen.
Schaut beim Vortrag in die Klasse und zeigt dabei auf die Informationen, auf die es gerade ankommt. In der Mitte findet ihr eine Vorlage, wie eure Präsentation ablaufen sollte und was dabei gesprochen werden könnte.

Tipps
Klärt in eurer Gruppe,
– was bei eurer Arbeit interessant und wichtig war.
– was alle wissen und behalten sollten.
– wie ihr eure Arbeit veranschaulicht (Info-Plakat, Versuche, Gegenstände zum Vorzeigen).
– wer die Zwischentexte spricht, also die Moderation übernimmt.
– wer welchen Teil eurer Arbeit demonstriert.
– was und wie bei der Demonstration jeweils gesprochen werden könnte.
– welche Fragen ihr der Klasse am Ende stellen wollt.

Präsentation der Ergebnisse mit Moderation

1. Besprecht, welchen Auftrag ihr hattet.
   „Wir sollten Vorschläge sammeln, wie die Dichte von Stoffen bestimmt werden kann."
2. Kündigt an, wer jeweils vorstellt und worüber er oder sie sprechen wird.
   „Lisa berichtet zuerst darüber, wie wir vorgegangen sind."
3. Führt vor und sprecht über euer Vorgehen.
   „Wir zeigen euch jetzt den Aufbau und führen euch dann unsere Versuche vor."
4. Beschreibt, was ihr dabei beobachtet oder erkannt oder gelernt habt.
   „Lara sagt euch jetzt, was wir dabei erkannt haben."
5. Tragt vor und veranschaulicht, was ihr für wichtig haltet.
   „Wir haben euch aufgeschrieben, was wir uns merken sollen. Wir tragen es euch jetzt der Reihe nach vor."
6. Ermuntert die Klasse, Rückfragen zu stellen und Tipps zu geben.
   „Welche Fragen habt ihr an uns?"

1 Absprachen treffen

2 Einen Versuch demonstrieren

3 Fragen an die Klasse stellen

4 Rückfragen der Klasse beantworten, Tipps annehmen

Körper im Wasser

🔍 **1. a)** Fülle eine Glaswanne zu drei Viertel mit Wasser. Besorge dir einen Flaschenkorken, eine Schraube, ein Uhrglas, ein Stück Styropor, eine Kartoffel, ein Stück Kerze, ein Streichholz, einen kleinen Stein, ein Stück Schwamm und weitere Gegenstände deiner Umgebung.
b) Stelle fest, ob die Gegenstände aus den verschiedenen Materialien im Wasser schwimmen oder zu Boden sinken.
c) Übertrage die Tabelle in dein Heft und kreuze das Verhalten des jeweiligen Gegenstandes in der betreffenden Spalte an.

Gegenstand	Material	schwimmt	sinkt
Kerze	Wachs		

📖 **2.** Wie verhält sich ein Körper mit der Dichte $1 \frac{g}{cm^3}$ im Wasser?

🔍 **3. a)** Fülle eine Glaswanne halbvoll mit Wasser. Forme aus Knetmasse eine Kugel und lege sie auf die Wasseroberfläche. Beobachte das Verhalten der Knetkugel.
b) Forme aus der Knetkugel aus Versuch a) ein Schälchen und setze es auf die Wasseroberfläche. Beobachte das Verhalten des Schälchens.
c) Was hat sich bei den Versuchen a) und b) bei der Knetmasse verändert, was ist gleich geblieben? Erkläre das Verhalten der Knetmasse.

🔍 **4. a)** Fülle ein Becherglas halbvoll mit Wasser. Entferne den Kerzeneinsatz eines Teelichtes. Lege die leere Aluminiumhülle vorsichtig mit dem Boden auf das Wasser.
b) Knick die Aluminiumhülle zu einem kleinen Päckchen zusammen und lege sie wieder auf das Wasser.
c) Beschreibe deine Beobachtungen bei den Versuchen a) und b) und erkläre das Verhalten der Hülle.

🔍 **5. a)** Wiederhole Versuch 4 a). Versuche, die Aluminiumhülle in das Wasser zu drücken.
b) Lege die Aluminiumhülle auf die Wasseroberfläche und fülle die Hülle vorsichtig nach und nach mit Sand. Beschreibe und erkläre deine Beobachtungen.

📖 **6.** Überlege mit deinen Erkenntnissen aus den Versuchen, warum Schiffe schwimmen können.

📖 **7.** Übertrage die Tabelle in dein Heft und fülle sie aus. Beschreibe die Beziehung zwischen F_A und F_G. Nutze die Zeichen <, =, >.

Verhalten des Körpers	Auftrieb F_A und Gewichtskraft F_G
Der Körper taucht auf.	
Der Körper sinkt.	
Der Körper ist vollständig unter Wasser und schwebt.	
Der Körper schwimmt.	

1 Außen Stahl – innen Luft

Die Luft macht's
Eine massive Stahlkugel geht im Wasser unter. Schiffe werden aber aus Stahl gebaut und doch schwimmen sie auf dem Wasser. Entscheidend für die Schwimmfähigkeit eines Körpers ist nicht nur das Material, aus dem der Körper besteht, sondern auch, wie viel Luft in seinem Inneren ist. Je mehr Luft in einem Körper ist, desto größer ist sein Volumen, umso mehr Wasser verdrängt er. Im Schiff ist viel Luft, deshalb kann auch das Schiff aus Stahl schwimmen.

Ladung 'rein, Luft 'raus
Wird das Schiff beladen, braucht die Ladung Platz. Sie verdrängt einen Teil der Luft aus dem Innern des Schiffes. Das Schiff wird schwerer und sinkt etwas tiefer ins Wasser ein. Kommt noch mehr Ladung hinzu, wird das Schiff noch schwerer. Es verdrängt noch mehr Wasser. Beim Be- und Entladen des Schiffes verändert sich sein **Auftrieb**.

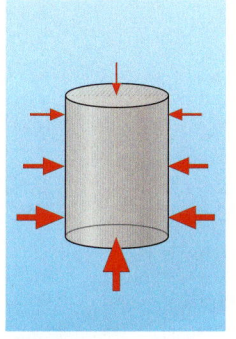

Druck in Flüssigkeiten und Gasen

Der Auftrieb in Flüssigkeiten

Jeder hat schon einmal die Erfahrung gemacht, dass im Wasser alles scheinbar leichter ist. Die Ursache dafür ist der Auftrieb. Führe folgende Versuche durch und beantworte anschließend die Fragen.

Material
- Plastillin
- Kraftmesser
- Bechergläser
- Waage
- Wasser, Öl
- Salz
- gekochtes Ei
- Messzylinder

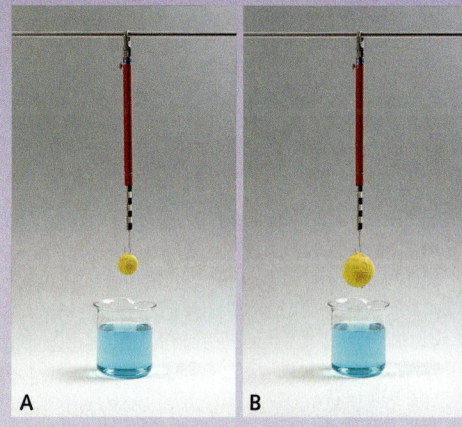

2 Druckverhältnisse

4 Bestimmung des Auftriebes

Der Auftrieb ist eine Kraft

Jeder Körper nimmt im Wasser einen Raum ein und verdrängt dabei eine Wassermenge. Sie entspricht genau seinem Volumen. In den unteren Wasserschichten ist der Druck auf den Körper größer als in den oberen Schichten. Die Differenz beider Kräfte, die durch den Druck entstehen, heißt **Auftriebskraft,** kurz **Auftrieb** F_A (Bild 2). Diese Kraft ist nach oben gerichtet und genauso groß wie die Gewichtskraft der verdrängten Wassermenge. Dieses **archimedische Prinzip** beobachtete der griechische Gelehrte ARCHIMEDES bereis vor 2000 Jahren. Befindet sich ein Körper im Wasser, wirken der Auftrieb F_A und die Gewichtskraft F_G des Körpers gleichzeitig. Dabei können folgende Zustände unterschieden werden: Der Körper taucht auf, der Körper sinkt, der Körper ist vollständig unter Wasser, er schwebt oder der Körper schwimmt.

■ Ein Körper taucht aus dem Wasser auf, wenn der Auftrieb F_A größer ist als seine Gewichtskraft F_G. Sind beide Kräfte gleich groß, schwimmt oder schwebt der Körper. Ist F_A kleiner als F_G, geht der Körper unter.

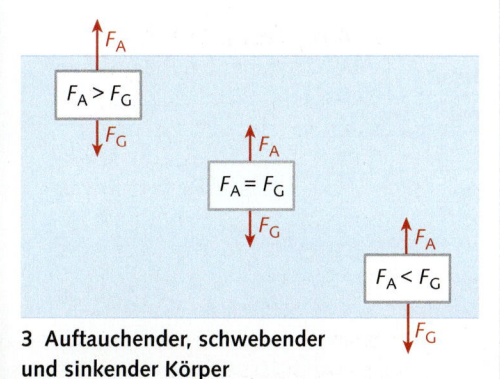

1. a) Forme aus gleichen Massen verschieden große Kugeln aus Plastillin (Bild 4). Eine Kugel enthält dabei einen Hohlraum. Übertrage die Tabelle in dein Heft und führe den Versuch durch.

	m in g	V in cm^3	F_G in N	F_A in N
Kugel A				
Kugel B				

b) Erläutere mit den Ergebnissen aus a) den Zusammenhang zwischen Wasserverdrängung und Auftrieb.

2. Führe den Versuch 1 mit anderen Materialien und höheren Bechergläsern durch.

3. Wiederhole den Versuch 1 mit anderen Flüssigkeiten wie Öl oder Salzwasser. Vergleiche die Ergebnisse mit denen aus Versuch 1.

4. Lege ein gekochtes Ei in ein Becherglas mit Wasser und gib Salz hinzu. Erkläre die Beobachtung.

Weiterführende Fragen
- Welche Kräfte wirken unter Wasser auf Körper?
- Wie wirken sich das Volumen und die Form eines Körpers auf den Auftrieb aus?
- Hängt der Auftrieb eines Körpers von der Tiefe ab, in die er eintaucht?
- Welchen Einfluss hat die Dichte der Flüssigkeit?
- Warum taucht ein Schiff bei Beladung tiefer ein?

3 Auftauchender, schwebender und sinkender Körper

Pinnwand

Schweben im Wasser

Wale sind Säugetiere. Sie müssen zum Atmen auftauchen. Der Entenwal kann bis zu zwei Stunden unter Wasser bleiben, der Pottwal erreicht Tauchtiefen von bis zu 3000 m. Der Blauwal kann bis zu 33 m lang und 200 t schwer werden.
Die waagerechte Schwanzflosse, die Fluke, bewegt der Wal zum Antrieb auf und ab. Mit seinen Vorderflossen steuert er. Aufgrund des Verhältnisses zwischen seiner Masse und seinem Volumen kann der Wal im Wasser in einer Höhe bleiben, er kann im Wasser schweben. Mithilfe von Luftsäcken unter der Haut kann er seinen Auftrieb verändern.
Wale leben von Plankton, Kleinfischen und Krill.

Unterwasserboote, kurz **U-Boote,** sind Tauchschiffe. Sie werden für militärische Zwecke oder zur Erforschung des Meeres in großen Tiefen eingesetzt. Militärische U-Boote sind bis zu 130 m lang und haben eine Masse von bis zu 26 000 t. Forschungstauchschiffe sind viel kleiner und leichter.
Angetrieben und gesteuert werden die Tauchschiffe durch Schiffsschrauben, die durch Diesel- und Elektromotoren im Innern des Schiffes in Bewegung gesetzt werden.
Ihre Tauchtiefe regeln die Schiffe durch Aufnahme oder Abgabe von Ballastwasser. Der Tieftauchrekord liegt bei 10 916 m.

Die Flossen der **Fische** dienen zur Fortbewegung und Steuerung. Ihre Schwimmtiefe regulieren die Fische mithilfe der Schwimmblase. Die Menge der Luft in der Schwimmblase bestimmt, ob sie schwimmen, schweben oder sinken. Die Fische verändern damit ihren Auftrieb.
Fische sind Fleisch- oder Allesfresser. Der größte gefangene Fisch war ein Blauer Marlin mit 5 m Länge und einer Masse von 600 kg.

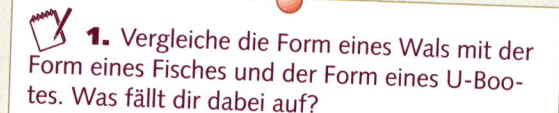

1. Vergleiche die Form eines Wals mit der Form eines Fisches und der Form eines U-Bootes. Was fällt dir dabei auf?

2. Übertrage die Vergleichstabelle in dein Heft und fülle sie aus.

	Wal	Fisch	U-Boot
max. Länge			
max. Masse			
Steuerung			
Antrieb			
Auftriebsregelung			
Energielieferant			

Bewegungen und ihre Ursachen → S. 414/415

Druck in Flüssigkeiten und Gasen

Belastbarkeit von Booten

Praktikum

1 Material

2 Bauplan
- Grundfläche
- Seitenflächen

Material
- 2 Streifen doppelseitiges Klebeband, etwa 15 cm lang
- Rundholz, etwa 20 cm lang
- 2 Stangen Knetmasse
- 2 Leisten, 2 mm dick, 15 cm lang
- Bleistift
- Geodreieck
- Backpapier
- Büroklammern
- Styroporplatte, 4 cm dick
- Sand

Bauanleitung
1. Lege auf den Tisch Backpapier aus.
2. Klebe die beiden Leisten mit doppelseitigem Klebeband parallel im Abstand von 12 cm zueinander auf dem Backpapier fest.
3. Rolle mithilfe des Rundholzes die Knetmasse zwischen den Leisten so aus, dass du einen Streifen von 2 mm Dicke, 12 cm Breite und 15 cm Länge erhältst.
4. Übertrage mit leichtem Bleistiftstrich den Bauplan aus Bild 2 in Originalmaßen auf den Knetmassestreifen.
5. Entferne nun mit einer Kante des Geodreiecks die überschüssige Knetmasse.
6. Drücke mit der Kante des Geodreiecks die im Bauplan blau gekennzeichneten Linien etwas ein. Klappe die Seiten vorsichtig hoch und verbinde sie wasserdicht miteinander. Lass die Masse aushärten.
7. Setze das fertige Boot in eine Schüssel mit Wasser und stelle fest, ob es schwimmt.

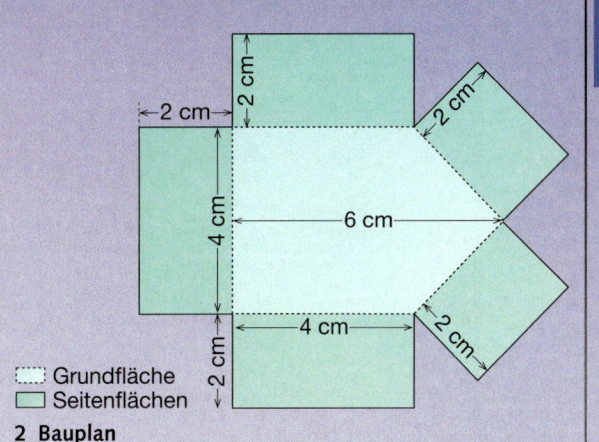

1. Prüfung der Belastbarkeit
a) Bestimme die Masse des Bootes und seine Eintauchtiefe.
b) Gib Büroklammern als Ballast in das Boot. Bestimme wieder Gesamtmasse und Eintauchtiefe.
c) Schätze ab, wie viel Büroklammern du noch ins Boot geben kannst, bis es untergeht.
d) Überprüfe deine Vermutung durch einen weiteren Versuch.
e) Verändere das Boot so, dass seine Tragfähigkeit größer wird.
f) Wiederhole die Versuche b) und d) mit Sand statt der Büroklammern und vergleiche deine Ergebnisse.

2. Ponton statt Boot
a) Schneide aus einer 4 cm dicken Styroporplatte die Bootsgrundfläche aus.
b) Überprüfe, ob diese Plattform, das Ponton, mehr oder weniger Büroklammern oder Sand tragen kann als das Knetboot.

3 Das fertige Boot

411

Auf einen Blick

Druck in Flüssigkeiten und Gasen

Name	Größe	Name der Einheit	Einheit	Gesetz	Umrechnungen	Messgerät
Fläche	A	Quadratmeter	m^2	$A = a \cdot b$	$1\ m^2 = 100\ dm^2 = 10000\ cm^2$	Lineal, Maßband
Kraft	F	Newton	N	$g = 9{,}81\ \frac{N}{kg}$		Kraftmesser
Druck	p	Pascal	Pa	$p = \frac{F}{A}$	$1\ \frac{N}{m^2} = 1\ Pa$ $100\ Pa = 1\ hPa = 1\ mbar$ $1\ bar = 1000\ hPa = 100000\ Pa$	U-Rohr-Manometer, Barometer
Dichte	ρ	Kilogramm je Kubikmeter Gramm je Kubikzentimeter Gramm je Liter	$\frac{kg}{m^3}$ $\frac{g}{cm^3}$ $\frac{g}{l}$	$\rho = \frac{m}{V}$	$1\ \frac{g}{cm^3} = 1\ \frac{kg}{dm^3} = 1000\ \frac{kg}{m^3}$ $1\ \frac{kg}{m^3} = 0{,}001\ \frac{g}{cm^3}$	Waage, Messzylinder (Aräometer)

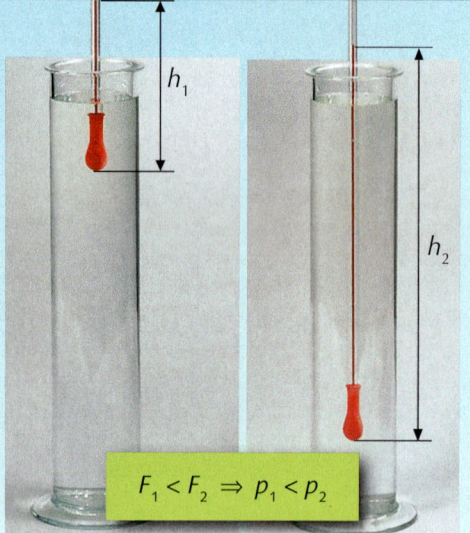

$F_1 < F_2 \Rightarrow p_1 < p_2$

Druck

im Wasser

Die Ursache für den **Schweredruck** ist die Wassersäule über einer bestimmten Fläche.

Der Schweredruck im Wasser nimmt mit der Tiefe zu.

in Luft

Die Ursache für den **Luftdruck** ist die Luftsäule über einer bestimmten Fläche.
Luftdruck in Meereshöhe: $1013{,}25\ hPa = 1\ bar$

Der Luftdruck nimmt mit der Höhe ab.

Der Druck an einer Stelle wirkt in alle Richtungen gleich.

$A_1 = A_2$ und $F_1 > F_2$ $\Rightarrow p_1 > p_2$ oder $A_1 > A_2$ und $F_1 = F_2$ $\Rightarrow p_1 < p_2$

Druck in geschlossenen Gefäßen
Der Druck ist im Gefäß an allen Stellen gleich groß.

😊 Überdruck
Der Druck im Gefäß ist größer als der umgebende Luftdruck.

Wasser siedet über 100 °C.

Komprimieren
Luft lässt sich im Gegensatz zu Wasser in einem geschlossenen Gefäß zusammendrücken.

Kraftübertragung
Mithilfe des Drucks in Luft oder Wasser lässt ich in geschlossenen Gefäßen Kraft übertragen.

😊 Unterdruck
Der Druck im Gefäß ist kleiner als der umgebende Luftdruck.

Wasser siedet unter 100 °C.

Auftrieb in Wasser
Die **Auftriebskraft** F_A ist die Differenz der beiden Kräfte, die durch den Schweredruck im Wasser auf den Körper entstehen. Der Auftrieb ist nach oben gerichtet. Der Auftrieb wird von der Dichte der Flüssigkeit und von der Gewichtskraft der verdrängten Flüssigkeitsmenge bestimmt, die der nach unten gerichteten Gewichtskraft F_G des Körpers entspricht.

Steigen: $F_A > F_G$

Sinken: $F_A < F_G$

Schweben: $F_A = F_G$

Schwimmen: $F_A = F_G$

Druck in Flüssigkeiten und Gasen

Zeig, was du kannst

1. Nenne Zusammenhänge, die im Gesetz $p = \frac{F}{A}$ stehen, in der Je-desto-Form.

2. Welche Hilfsmittel werden benutzt, um im Winter ein Einsinken im Schnee zu verhindern?

3. Wodurch kommt das unangenehme Gefühl in den Ohren zustande
a) beim Tauchen,
b) beim Seilbahnfahren?

4. Warum muss in Flugzeugen bei einer Flughöhe von 10 000 m in der Kabine ein höherer Druck herrschen als außen?

5. Mit Saugnäpfen kann eine schwere Glasplatte problemlos transportiert werden. Erkläre diese technische Anwendung.

6. Finde heraus, wann die Alpen entstanden sind und wie lange die Auffaltung der Alpen gedauert hat.

7. Erstelle ein Referat über künstlich erzeugte Diamanten und ihren Einsatz.

8. Erkläre die Begriffe Überdruck und Unterdruck.

9. Unter welchen Bedingungen siedet Wasser
a) schon bei 90 °C,
b) erst bei 110 °C?
c) Gib je ein Beispiel an.

10. Wie funktioniert ein Schnellkochtopf?

11. Wie lässt sich mit Wasser Kraft übertragen?

12. a) Du drückst den Kolben in eine luftgefüllte, verschlossene Spritze. Warum schnellt der Kolben von selbst heraus, wenn du ihn loslässt?
b) Wie verhält sich der Kolben, wenn die Spritze voll Wasser ist?

13. Eine Schleuse ist ein System von zwei verbundenen Gefäßen. Beschreibe eine Talfahrt, wenn ein Schiff vom Oberwasser durch die Schleuse in das Unterwasser gelangt.

14. Kann ein Körper, der in Sand eintaucht, einen Auftrieb erfahren?

15. Bei welchem Körper ist der Auftrieb in Wasser größer?
a) Zwei quaderförmige Körper haben gleiche Höhe, sind aber verschieden dick.
b) Zwei Körper haben gleiches Volumen, sind aber verschieden geformt.

16. Was kannst du über Auftrieb und Gewichtskraft eines Korken sagen, der unter Wasser gedrückt wurde?

17. Wie ändert sich der Auftrieb eines Schiffes, wenn es entladen wird?

413

System

Bewegungen und

Wechselwirkung

Geschwindigkeit

Trägheit

📖 **2. a)** Beschreibe die **Wechselwirkung** zwischen Windkraft und Segelboot.
b) Wie wirkt sich die Trägheit von Schiffen auf ihren Bremsweg aus?

📖 **3.** Warum ist der Start einer Rakete erst auf Grundlage des newtonschen Grundgesetzes actio = reactio möglich?

Kraft und Gegenkraft

📖 **1. a)** Nenne verschiedene technische **Erfassungssysteme**, mit denen die momentane Geschwindigkeit und die Durchschnittsgeschwindigkeit angezeigt werden können.
b) Bei welchen **Systemen** wird nur die momentane Geschwindigkeit des Fahrzeuges angezeigt?

Druck

📖 **4.** Beschreibe die **Wechselwirkung** zwischen der Gewichtskraft eines Körpers mit seiner Standfläche und dem Untergrund.

Schweredruck

Auftriebskraft

📖 **5. a)** Warum sind Tauchboote sehr kompakt und mit vielen Rundungen gebaut?
b) Wie wird bei einem U-Boot der Auftrieb gesteuert?

Basiskonzepte

hre Ursachen

Struktur der Materie

Energie

Potenzielle Energie (Höhenenergie)

📖 **6.** In welchem Verhältnis steht die potenzielle **Energie** eines Körpers auf der Erde zur potenziellen **Energie** dieses Körpers auf dem Mond?

Masse, Volumen, Dichte

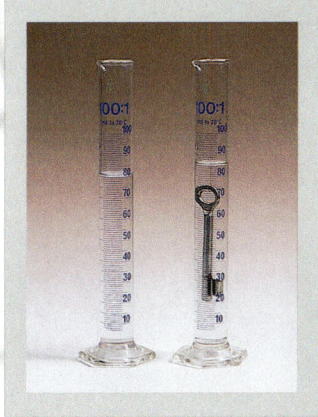

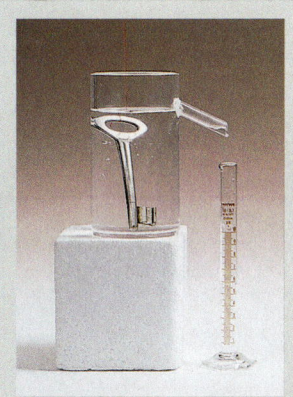

📖 **8.** Erkläre mit der inneren **Struktur** eines Körpers, worauf seine Dichte zurückzuführen ist.

Kinetische Energie (Bewegungsenergie)

📖 **7. a)** Von welchen Größen ist die kinetische **Energie** eines Körpers abhängig?
b) Wie beeinflussen die abhängigen Größen die kinetischen **Energie**?

415

Lösungen zu „Zeig, was du kannst"

Seite 57   Licht und Bild

1.

G = 2 cm   g = 5 cm   b = 5 cm   B = 2 cm

2. a) Brennpunktstrahl, achsenparalleler Strahl, Mittelpunktstrahl
b) – Der Brennpunktstrahl verläuft vor der Reflexion durch den Brennpunkt und wird nach der Reflexion am Spiegel zum achsenparallelen Strahl.
– Der achsenparallele Strahl verläuft vor der Reflexion parallel zur optischen Achse und wird nach der Reflexion am Spiegel zum Brennpunktstrahl.
– Der Mittelpunktstrahl verläuft durch den Krümmungsmittelpunkt des Hohlspiegels und wird bei der Reflexion am Spiegel in sich selbst reflektiert.
3. Das Bild ist reell, umgekehrt und wird immer größer. Steht der Gegenstand in F, entsteht kein Bild. Steht der Gegenstand zwischen F und S, entsteht ein virtuelles, vergrößertes und aufrechtes Bild.
4. Wölbspiegel: verkleinerte, aufrechte, virtuelle Bilder.
5. Sie treffen sich im Bildpunkt.
6. Das Licht, das aus dem Wasser kommt, wird an der Oberfläche gebrochen. Durch die Brechung wird der Teil, der sich unter Wasser befindet, scheinbar angehoben. Dadurch sieht der Gegenstand aus, als wenn er einen Knick an der Wasseroberfläche hätte.
7. a) Sie werden zu Brennpunktstrahlen.
b) Der Lichtstrahl verläuft hinter der Linse parallel zur optischen Achse.
c) Der Mittelpunktstrahl wird nicht gebrochen.
8. a)

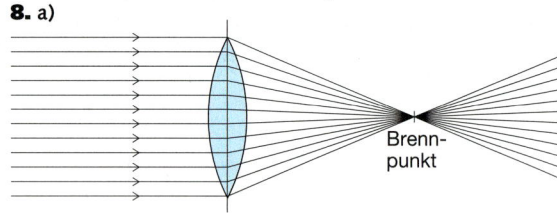

Brennpunkt

b) Der Brennpunkt wird deutlich.
c) Die Entfernung des Brennpunktes F zur Linse heißt Brennweite f.
9. $B = 3$ cm, $b = 4$ cm
(Konstruktion: siehe Seite 31, Fall 2)
10. Das Licht strebt hinter der Zerstreuungslinse auseinander. Es verläuft so, als ob es vom scheinbaren Brennpunkt F' käme.
11. a) $B = 1$ cm, $b = 2$ cm; **b)** $B = 1{,}5$ cm, $b = 1{,}5$ cm;
c) $B = 2$ cm, $b = 1$ cm
(Konstruktion: siehe Seite 32, Bild 4)
12. a) $V = 25$ **b)** $V = 10$ **c)** $V = 6{,}25$ **d)** $V = 0{,}5$
13. a) $f = 12{,}5$ cm, **b)** $f = 5$ cm **c)** $f = 2{,}5$ cm
14. – Bei Kurzsichtigen ist der Augapfel zu lang. Sie brauchen als Brille eine Zerstreuungslinse, damit das Bild auf die Netzhaut fällt und nicht davor.

– Bei Weitsichtigen ist der Augapfel zu kurz. Sie brauchen als Brille eine Sammellinse, damit das Bild auf die Netzhaut fällt und nicht dahinter.
15. a) Das astronomische Fernrohr besitzt als Okular eine Sammellinse. Das Bild ist umgekehrt.
Das galileische Fernrohr besitzt als Okular eine Zerstreuungslinse. Das Bild ist aufrecht.
b) Vor das Okular muss eine Sammellinse mit einer passenden Brennweite gebaut werden. Jetzt ist das Bild aufrecht.
16.

Objektiv	Vergrößerung des Bildes
Okular	weitere Vergrößerung
Objektivrevolver	Einstellen verschiedener Objektive
Stativ	Halterung zum Tragen und zur allgemeinen Stabilität
Fuß	Standfestigkeit
Objekttisch	Ablagefläche für Objektträger
Beleuchtung	gibt Licht
Blende	reguliert Lichtmenge und Kontrast
Grob- und Feintrieb	zum Scharfstellen des Bildes

17. $V_{ges} = V_{Objektiv} \cdot V_{Okular} = 40 \cdot 12 = 480$
18. Das Mikroskop besitzt wie das astronomische Fernrohr zwei Sammellinsen. Die Sammellinsen des Mikroskops haben aber kleinere Brennweite als die beim Fernrohr. In beiden Geräten wird ein Zwischenbild erzeugt, das mithilfe einer Lupe, dem Okular, noch einmal vergrößert wird.
19. Weißes Licht muss auf ein Prisma fallen.
20. UV-Strahlung kann auf der Haut zu Verbrennungen und zu Hautkrebs führen. Sie kann die Netzhaut am Auge schädigen.
Schutz durch Bekleidung oder Sonnencremes und durch eine getönte Sonnenbrille, die UV-Strahlung nicht durchlässt.
21. Hinter das erste Prisma ein zweites Prisma halten. Dieses lenkt das Spektrum ab, zerlegt aber die Farben nicht weiter.
22. a) Aus dem Spektrum des weißen Lichtes wird eine Farbe herausgenommen. Der Rest wird zu einer Farbe vereinigt.
b) Verschiedene farbige Lichtbündel fallen auf eine Stelle. Dadurch ergibt sich eine andere Farbe.
c) Farbaddition: Mischen von Farben aus dem Malkasten, Drucken von farbigen Bildern, Farbfilter
Farbsubtraktion: Farbfernsehen, Herausfinden von Komplementärfarben
23. Körperfarben sind die Farben, in denen ein Körper im weißen Licht erscheint. Sie entstehen durch Farbsubtraktion.
24. Im Hauptregenbogen ist die Reihenfolge von innen nach außen violett, blau, grün, gelb, orange und rot. Im Nebenregenbogen ist die Reihung umgekehrt.
25. a) Das weiße Licht der Sonne wird durch Staub- und Wasserteilchen in der Erdatmosphäre gestreut und dabei in farbiges Licht zerlegt. Fällt das Licht von oben ein, so wird das blaue Licht in den unteren Bereichen der Atmosphäre stärker gestreut als die anderen Farben. Deshalb ist der Himmel blau.
b) Steht die Sonne niedrig und fallen die Lichtstrahlen flach auf die Atmosphäre, so wird das rote Licht stärker gestreut. Es entstehen Morgen- und Abendrot.

Lösungen

Seite 83   Das Weltall – unendliche Weiten

1. a) Die Beobachtung der Himmelskörper. Sie diente der Einteilung der Zeit, bestimmte den Lebensrhythmus und führte zur Entstehung der ersten Kalender. Seefahrer und Handelsreisende konnten sich mithilfe von Sternkarten orientieren. Später wurden wichtige Gesetze der Himmelsmechanik gefunden.
b) Heutige Aufgaben sind die Erforschung der physikalischen Eigenschaften, der chemischen Zusammensetzung, des Aufbaus, der räumlichen Verteilung, der Bewegungen sowie der Entstehung und Entwicklung kosmischer Objekte.
2. Bis zum 16. Jahrhundert konnte nur mit dem bloßen Auge beobachtet werden. Um 1600 erweiterten sich die Möglichkeiten durch die Benutzung von Fernrohren. Heute wird vor allem die Strahlung untersucht, die von den kosmischen Objekten ausgeht. Dabei liefern Beobachtungssatelliten außerhalb der Erdatmosphäre umfassende Ergebnisse.
3. Geozentrisches Weltbild: Die Erde ruht im Mittelpunkt; Sonne, Mond und Planeten umlaufen sie auf Kreisbahnen
Heliozentrisches Weltbild: Die Sonne steht im Mittelpunkt, Erde und Planeten umlaufen sie auf elliptischen Bahnen, nur der Mond umläuft die Erde
4. Merkur, Venus, Erde, Mars, Jupiter, Saturn, Uranus, Neptun
5. Eine astronomische Einheit (1 AE) entspricht der mittleren Entfernung von Erde und Sonne: 1 AE = $149{,}6 \cdot 10^6$ km
Ein Lichtjahr (1 Lj) entspricht der Strecke, die das Licht innerhalb eines Jahres im Vakuum zurücklegt:
1 Lj = $9{,}5 \cdot 10^{12}$ km
6.

Erde, lat. terra	
Radius am Äquator	6378 km
Durchmesser	12756 km
Masse	$5{,}976 \cdot 10^{24}$ kg
Volumen	$1{,}083 \cdot 10^{12}$ km³
Dichte	$5{,}52 \, \frac{g}{cm^3}$
Fallbeschleunigung	$9{,}81 \, \frac{m}{s^2}$
Umdrehungsdauer	23 h 56 min 4,09 s
Oberflächentemperatur	– 68 °C bis 58 °C
Abstand zur Sonne	$147{,}1 \cdot 10^6$ km bis $152{,}1 \cdot 10^6$ km
Magnetfeld	vorhanden
Alter	ca. $4{,}55 \cdot 10^9$ Jahre
Bahngeschwindigkeit	$30{,}3 \, \frac{km}{s}$

7. Die Erde dreht sich in 24 h einmal um sich selbst. Die sonnenbeschienene Seite hat Tag, die andere Seite hat Nacht.
8. Die Umlaufzeit beträgt 1 Jahr = 365 Tage.
9. Die Südhalbkugel hat dann Frühling.
10. Tiefebenen, genannte Mare, Hochebenen, Krater
11. Die Gezeiten entstehen durch die Gravitation zwischen Sonne, Erde und Mond.
12. Es entstehen täglich zweimal Niedrigwasser und zweimal Hochwasser.
13. – Bei einer Nippflut bilden die Positionen von Sonne, Erde und Mond einen rechten Winkel, sodass sich die Anziehungskräfte von Sonne und Mond schwächen. Der Tidenhub ist am kleinsten.
– Bei einer Springflut stehen Sonne, Mond und Erde in einer Linie, sodass sich de Anziehungskräfte von Sonne und Mond überlagern und den größten Tidenhub erzeugen.
14. Der Zeitraum beträgt 12 h und 24 min.
15. Polarstern zeigt die Nordrichtung.
Frühlingsdreieck: Regulus, Spika, Arktur
Sommerdreieck: Deneb, Wega, Atair
Herbstviereck: Pegasus-Viereck aus einem Andromeda-Stern und drei Pegasus-Sternen.
Wintersechseck: Rigel, Kastor/Pollux, Sirius, Prokyon, Kapella und Aldebaran
16. Die Ekliptik ist eine gedachte Linie durch die 12 Sternbilder des Tierkreises. Sie beschreibt die von der Erde aus zu beobachtende scheinbare Bewegung der Sonne.
17. Fische, Widder, Stier, Zwillinge, Krebs, Löwe, Jungfrau, Waage, Skorpion, Schütze, Steinbock, Wassermann
18. a) Alle Körper, die sich um einen Stern herum bewegen, bilden ein Sonnensystem. Eine große Anzahl von Sonnensystemen bilden eine Galaxie. Galaxien sind Teil eines Galaxienhaufens, diese werden in Superhaufen zusammengefasst.
b) Die Erde ist Teil des Systems unserer Sonne. Das komplette System gehört zur Galaxie Milchstraße, die ein Teil des Galaxienhaufens Lokale Gruppe ist und zum Lokalen Superhaufen gehört.
c) Zu unserem Sonnensystem gehören die Sonne, die acht Planeten und ein Zwergplanet mit ihren Monden, die Kleinkörper Asteroiden, Meteore und Kometen und außerdem Gase und Staub.
19. Meteoride sind sehr kleine Himmelskörper, die sich um die Sonne bewegen. Wenn sie in die Erdatmosphäre eindringen, verglühen sie. Diese verglühenden Himmelskörper werden Meteore genannt. Kreuzt die Erde die Staubteilchen, die ein Komet hinterlässt, dann entstehen Meteorschauer. Größere Meteoroiden können die Erdoberfläche erreichen. Sie werden dann Meteoriten genannt.
20. Galaxien können eine elliptische oder spiralförmige Struktur haben.
21. Die Milchstraße ist eine Spiralgalaxie.
22. Im Inneren befindet sich ein Kern. Die Scheibe, die aus mehreren Spiralarmen besteht, umschließt den Kern. In den Armen befinden sich helle Sterne, offene Sternhaufen, Gase und Staub. Der kugelförmige Halo umfasst Kern und Scheibe und besteht vor allem aus Kugelsternhaufen. Den äußeren Abschluss bildet die Korona, die aus nicht leuchtendem Material besteht.

Seite 137   Messungen im elektrischen Stromkreis

1. Ich fahre mit einer Glimmlampe über den Körper. Wenn ein Faden der Glimmlampe aufleuchtet, ist der Körper elektrisch geladen.
2. a) Die beiden Platten sind elektrisch ungleich geladen. Die Linien sind Feldlinien. Sie stellen das elektrische Feld zwischen den beiden geladenen Platten dar.
b) Die rechte Platte besitzt positive Ladung und die linke Platte negative Ladung oder umgekehrt.
3. – Elektronenüberschuss bedeutet, dass ein Körper negativ geladen ist.
– Elektronenmangel bedeutet, dass der Körper positiv geladen ist.

4. Elektronen können nur fließen, wenn eine Verbindung zwischen einem Teil mit Elektronenüberschuss und einem Teil mit Elektronenmangel hergestellt ist. Die negativ geladenen Elektronen strömen vom negativen Pol zum positiven Pol und nehmen elektrische Ladungen mit.

5. a) Ein Atom besteht aus einem positiv geladenen Atomkern und einer negativ geladenen Atomhülle.
b) Die Anzahl der negativ geladenen Elektronen ist gleich der Anzahl der positiven Ladungen im Atomkern.
c) Durch äußere Einwirkungen wie das Reiben des Körpers mit einem Wolltuch

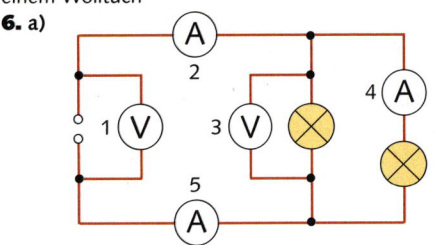

6. a)

– Strommessgeräte: 2, 4, 5;
– Spannungsmessgeräte: 1, 3
b) Nr. 1: Spannung an Stromversorgungsgerät
Nr. 2: Stromstärke des Stromkreises
Nr. 3: Spannung an der ersten Glühlampe
Nr. 4: Stromstärke an der zweiten Glühlampe
Nr. 5: Stromstärke des Stromkreises

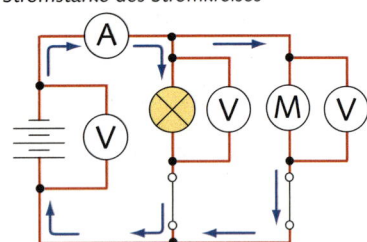

7.

8. An der Stromquelle muss eine Spannung von 8,8 V eingestellt werden.
9. Kupfer hat einen geringeren spezifischen Widerstand als Konstantan. Damit besitzt ein Leiter aus Kupfer die größere elektrische Leitfähigkeit.
10. Der spezifische Widerstand ist eine Angabe zur Materialeigenschaft eines Leiters.
😊 **11.** Jeder Einzelwiderstand hat einen Wert von 44 995 Ω ≈ 45 kΩ.
12. Eine Sicherung oder ein Sicherungsautomat schützt den Stromkreis.
13. a) $P = U \cdot I$
$P = 12\text{ V} \cdot 3\text{ A} = 36\text{ W}$
Das Netbook hat eine elektrische Leistung von 36 W.
b) $E = P \cdot t$
$E = 36\text{ W} \cdot 4\text{ h} = 144\text{ Wh} = 0{,}144\text{ kWh}$
Das Netbook benötigt 0,144 kWh an elektrischer Energie.
14. $P = U \cdot I$
$P = 230\text{ V} \cdot 0{,}05\text{ A} = 11{,}5\text{ W}$
Die elektrische Leistung des Motors beträgt 11,5 W.
15. a) Die Glühlampe leuchtet nicht so hell.
b) Die Glühlampe leuchtet sehr hell und kann kaputt gehen.
16. Intelligente Energiezähler melden per Internet viertelstündlich an den Energielieferanten die Menge der genutzten Energie eines Haushaltes. Die Nutzer können diese Messungen sekundengenau am Computer verfolgen.

Haushaltsgeräte mit hohen Energieaufnahmewerten können dann zu Zeiten niedriger Energiekosten genutzt werden.
17. Die Kategorie A steht für den geringsten, die Kategorie G für den höchsten Energieeinsatz.
18. a) Primär- und Sekundärbatterien
b) – Primärbatterien können nur einmal genutzt werden.
– Sekundärbatterien sind wieder aufladbar. Sie werden auch Akkus genannt.
c) Batterien enthalten giftige Schwermetalle wie Cadmium, Quecksilber und Blei. Diese Gifte dürfen nicht in die Umwelt gelangen. Durch Batterierecycling können wichtige Inhaltsstoffe zurückgewonnen werden, die dann wieder eingesetzt werden können. Dadurch wird die Umwelt geschont und wertvolle Ressourcen können gespart werden.

Seite 191   Kräfte

1. Die Geschwindigkeit v hängt ab vom zurückgelegten Weg s und der dazu benötigten Zeit t.
2. Windkraft, Muskelkraft, Wasserkraft
3. Es ist der Rückstoß.
4. Schmieren oder Ölen vermindert die Reibung.
5. Eine Kraft ist durch Angriffspunkt, Richtung und Größe gekennzeichnet.
6. 150 g ≙ 1,5 N
370 g ≙ 3,7 N
1,2 kg ≙ 12 N
😊 **7. a)** Bei einer Schraubenfeder ist die Kraft proportional zur Verlängerung der Feder.
b) $D = \frac{F}{\ell}$
Die Federkonstante ist materialabhängig. Ist der Wert niedrig, handelt es sich um eine weiche Feder. Ist der Wert hoch, handelt es sich um eine harte Feder.
8. Beim Hochsteigen wird die Geschwindigkeit des Balles immer kleiner, bis sie im Umkehrpunkt null ist. Dann zieht die Erdanziehungskraft allein den Ball wieder nach unten.
9. Die Masse ist zwar genauso groß wie auf der Erde, dafür ist aber die Gewichtskraft nur $\frac{1}{6}$. Aus diesem Grund können die Astronauten trotz ihrer schweren Schutzanzüge ziemlich große Sprünge auf dem Mond machen.
10. a) Bei einem Aufprall auf ein Hindernis wird ein Auto schlagartig gebremst. Aufgrund ihrer Trägheit werden die Fahrzeuginsassen nach vorne geschleudert. Auf sie wirkt eine große Kraft.
b) Sicherheitsgurt, Airbag
11. Meine Gewichtskraft wirkt auf die Waage. Dabei wird die Feder in der Waage gespannt. Die dadurch auftretende Spannkraft der Feder wirkt meiner Gewichtskraft entgegen.
12. Der Körper wirkt mit seiner Gewichtskraft auf die Erde. Die Erde wirkt mit einer gleich großen Kraft entgegen. Diese Kraft spüre ich durch Schmerzen in meinen Füßen.
13. a) 250 N; **b)** 250 N; **c)** 125 N
14. $F = 500\text{ N}$; $s = 8\text{ m}$
15. $F = 1{,}6\text{ N}$
16. Die Goldene Regel der Mechanik
– lose Rolle: Flaschenzug am Kran oder an Baumschere
– Hebel: Flaschenöffner, Schubkarre
– schiefe Ebene: Serpentinen, Auffahrt für Rollstühle
17. $E = F_G \cdot h = 650\text{ N} \cdot 12\text{ m}$
$E = 7800\text{ Nm}$
18. – Höhenenergie: Schlitten vor der Abfahrt, Apfel am Baum

– Bewegungsenergie: Wasser in Flüssen, geworfener Stein
– Spannenergie: gedehntes Gummiband, aufgezogene Feder einer Uhr

19. Die Spannenergie der Feder wird in Bewegungsenergie des Wägestückes übertragen. Die Bewegungsenergie wandelt sich danach wieder in Spannenergie um. Bei jedem Dehnen und Zusammenziehen der Feder entsteht Wärme in der Feder. An der Aufhängung zwischen Wägestück/Feder bzw. Feder/Stativstange entsteht ebenfalls Wärme, die entwertete Energie ist.

20. Die Summe aller an der Energieumwandlung beteiligten Energien bleibt gleich. Dabei entsteht bei der Energieumwandlung immer Wärme.

21. Der Stabhochspringer überträgt die gesamte Bewegungsenergie auf den Stab. Darin ist sie als Spannenergie enthalten. Der Stab wandelt sie dann in Höhenenergie um.

22. Wirkungsgrad $\eta = \frac{\text{nutzbare Energie}}{\text{zugeführte Energie}} \cdot 100\%$

23. $E = F_G \cdot h$
a) Die Energie verdoppelt sich: $2E = F_G \cdot 2h$
b) Die Energie verdreifacht sich: $3E = 3F_G \cdot h$
c) Die Energie versechsfacht sich: $6E = 3F_G \cdot 2h$

24. $E = F_G \cdot h$
$E_1 = 60\,N \cdot 2\,m = 120\,Nm$
$E_2 = 2 \cdot 60\,N \cdot \frac{2}{2}\,m = 120\,N \cdot 1\,m = 120\,Nm$
Die Höhe des Körpers muss halbiert werden, also auf $h = 1\,m$.

25. $E = F_G \cdot h = \frac{1000\,N}{4} \cdot 10\,m = 2500\,Nm$
$P = E : t = 2500\,Nm : 8\,s = 312{,}5\,W$

26. 1 PS = 735,5 W
30 PS = 22 065 W ≈ 22,1 kW

Seite 217 Elektrische Energie

1. Bohrmaschine, Akkuschrauber, Lokomotive einer Modelleisenbahn, Föhn

2. Rotor, Stator, Gehäuse, Schleifkontakte, Halbschalen

3. Kommutator

4. a) Der Rotor ist ein Magnet, der im drehbar gela-gerten Gehäuse befestigt ist. Der Stator ist eine Spule, die fest mit der Achse des Fahrrades verbunden ist.
b) Es entsteht Wechselspannung.
c) Sie kann mit einem Messgerät auf Stellung ~ oder mit einem Oszilloskop angezeigt werden.

5. Je schneller die Bewegung des Magneten in der Spule erfolgt, desto höher ist die erzeugte Spannung.

6. Die Schleifringe vertauschen die Anschlüsse der Rotorspulen jeweils, wenn sich in den Spulen die Richtung der induzierten Spannung ändert.

7. Spannung und Strom wechseln die Richtung.

8. Magnet und Spule müssen vorhanden sein, Bewegung eines Teiles muss erfolgen.

9. – Je größer die Geschwindigkeit ist, mit der die Spule und Magnet gegeneinander bewegt werden, desto höher ist die induzierte Spannung.
– Je höher die Windungszahl der Spule ist, desto höher ist die induzierte Spannung.
– Je stärker der Dauermagnet ist, der mit gleicher Geschwindigkeit in der Spule bewegt wird, desto höher ist die induzierte Spannung.

10. a) Ein Transformator besteht aus zwei Spulen und einem Eisenkern. Die Spulen sind nicht leitend miteinander verbunden.

b) Der Eisenkern leitet das Magnetfeld aus der Eingangsspule in die Ausgangsspule.

11. Auch im Verhältnis 1:4, die Verhältnisse sind gleich.

12. n_A ist das 5-fache von n_E, also muss die Ausgangsspannung U_A das 5-fache der Eingangsspannung sein, $U_A = 1150\,V$.

13. $\frac{U_E}{U_A} = \frac{n_E}{n_A}$; $\frac{230\,V}{6\,V} = \frac{1200}{n_A}$; $n_A = 32$
Der Trafo hat auf der Ausgangsseite 32 Windungen.

14. Auch im Verhältnis 5:1, die Verhältnisse sind gleich. Die Stromstärken verhalten sich umgekehrt.

15. Es gibt nur den Eisenkern. Er kann kleiner sein als der U-Kern mit Joch. Es wird Material gespart.

16. Bei einem Hochspannungstrafo ist die Windungszahl der Ausgangsspule sehr viel höher als die der Eingangsspule. Bei einem Hochstromtrafo hat die Eingangsspule viele Windungen, die Ausgangsspule nur wenige, aber aus dickem Draht.

17. Auf der Ausgangsseite liegt eine hohe Spannung an. Beim Berühren der Pole kann ein Mensch durch hohen Strom gefährdet werden.

18. a) Bei einer Übertragung mit hoher Spannung lassen sich die Verluste durch Wärme reduzieren.
b) Je größer die Stromstärke ist, desto mehr elektrische Energie wird bei der Übertragung in Wärme umgewandelt.

19. Die Verlustleistung beträgt ca. 1,5 MW.

20. Die Stromstärke steigt auf den 36-fachen Wert.

Seite 259 Fossile und regenerative Energieversorgung

1. Kohle wird verbrannt und Wasser wird erhitzt.
chemische Energie → Wärme
Der heiße Wasserdampf treibt Turbinen an.
Wärme → Bewegungsenergie
Die Turbine treibt den Generator an.
Bewegungsenergie → elektrische Energie

2. Pflanzen – Torf – Braunkohle – Steinkohle – Anthrazit

3. Voraussetzungen für den Inkohlungsprozess: Luftabschluss, großer Druck und hohe Temperaturen

4. Braunkohle wird im Tagebau abgebaut.
– Vorteile: Einsatzmöglichkeit eines Baggers, keine Stollen nötig
– Nachteil: Zerstörung der Landschaft, Umsiedlung von Menschen

5. Da die Steinkohleflöze tief unter der Erde liegen, muss die Kohle im Untertagebau abgebaut werden.

6. Im Kühlturm wird dem Kühlwasser durch Versprühen Wärme entzogen.

7. Stickstoff, Wasser, Gips

8. a) $\eta = \frac{400\,kW}{500\,kW} \cdot 100\% = 80\%$
Der Wandler hat einen Wirkungsgrad von 80 %.
b) $0{,}8 = \frac{80}{100}$

9. Der Wirkungsgrad kann niemals größer als 100 % sein, weil das Gerät dann mehr Energie abgeben müsste als ihm zugeführt würde.

10. Der Heizwert eines Brennstoffes ist die Energiemenge, die bei der vollständigen Verbrennung einer bestimmten Masse eines Bennstoffes frei wird.

11. Der Brennwert setzt sich zusammen aus der durch die vollständige Verbrennung freiwerdenden Energie aus 1 kg eines Brennstoffes und der Kondensationswärme aus den Abgasen dieser Menge.

12. a) Erdöl, Erdgas, Wasserstoff
b) Wärme durch Reibung, Schall, Licht
13. 1. Takt: Ansaugen; 2. Takt: Komprimieren; 3. Takt: Arbeiten; 4. Takt: Ausstoßen
14. – Gemeinsamkeiten: Reihenfolge des Ablaufes (Ansaugen, Komprimieren, Arbeiten, Ausstoßen); ein Kraftstoff-Luft-Gemisch verbrennt; ein Kolben wird bewegt
– Unterschiede: beim 2-Takt-Motor werden jeweils 2 Takte zusammengefasst; er funktioniert ohne Ventile; der Kolben hat eine besondere Form; ein Kraftstoff-Luft-Gemisch wird angesaugt
– Dieselmotoren arbeiten ohne Zündkerzen.
15. – Vorteile: jeweils 2 Takte laufen gleichzeitig ab, nicht so hohe Drücke notwendig
– Nachteile: schlechterer Wirkungsgrad, da unvollständige Verbrennung; dadurch hohe Umweltbelastung
16. Die Luft wird im Kolben so stark zusammengedrückt (50 bar), dass eine Temperatur von 900 °C erreicht wird. Diese Temperatur reicht aus, dass sich der eingespritzte Dieselkraftstoff selbst entzündet.
17. Elektrische Energie und Wärme
18. a) Eine Brennstoffzelle besteht aus einer Anode und einer Kathode, die mit einem Katalysator beschichtet sind. Zwischen den beiden befindet sich eine Membran.
b) PEM = Proton-Exchange-Membran.
19. Solarzelle, Elektrolyseur mit Gasspeicher, Brennstoffzelle
20. a) $2 H_2 \rightarrow 4 H^+ + 4 e^-$
b) $O_2 + 4 e^- \rightarrow 2 O^{2-}$ und $4 H^+ + 2 O^{2-} \rightarrow 2 H_2O$
21. Die Sonnenenergie kann mit Solarzellen und Sonnenkollektoren genutzt werden.
22. a) Solaranlagen sind dort wirtschaftlich, wo zur Versorgung mit elektrischer Energie sehr lange Leitungen verlegt werden müssten.
b) Auf einem Haus sollte die Anlage nach Süden und senkrecht zur Sonne ausgerichtet sein, damit möglichst lange Sonnenlicht einfällt.
23. Holz, Sonnenblumen, Raps
24. Kohlekraftwerke und Kernkraftwerke erzeugen jeweils einen Wärmeanteil von etwa 60 %.
25. Bei einem Kraftwerk mit Kraft-Wärme-Kopplung wird zusätzlich die Abwärme genutzt.
26. Kohlekraftwerke über 50 %, Kernkraftwerke 30 %, Wasserkraftwerke 5 %, Windkraftwerke, Solaranlagen und andere 15 %
27. a) Laufwasser-, Braunkohle- und Kernkraftwerke
b) Steinkohlekraftwerke
c) Speicher- und Pumpspeicherkraftwerke, Erdgas betriebene Kraftwerke
28. LED-Lampen werden künftig den geringsten Energiebedarf bei den Leuchtmitteln haben.

Seite 299 Radioaktivität und Kernenergie

1. Stoffe sind radioaktiv, wenn sich ihre Atome von selbst in andere Atome umwandeln. Dabei senden sie radioaktive Strahlung aus.
2. a) Die Impulsrate ist die Anzahl der Impulse in einer Minute.
b) Die Aktivität von Stoffen ist erst dann vergleichbar, wenn die Anzahl der Kernumwandlungen in einer konstanten Zeit angegeben wird. Die Aktivität ist die Anzahl der Kernumwandlungen in einer Sekunde.

3. a) Jeder Ort der Erde ist einer Umgebungsstrahlung ausgesetzt. Die Summe dieser Impulse in einer Minute ist die Nullrate.
b) Die Nullrate muss bei jeder Messung von dem Messwert subtrahiert werden.
4. a) Die Umgebungsstrahlung setzt sich aus der Eigenstrahlung des menschlichen Körpers, der terrestrischen und der kosmischen Strahlung zusammen.
b) – Eigenstrahlung des menschlichen Körpers: Sie ist auf die radioaktiven Stoffe zurückzuführen, die jeder menschliche Körper mit der Nahrung oder der Atemluft zu sich nimmt.
– terrestrische Strahlung: Sie geht von Baustoffen und von den radioaktiven Stoffen aus, die sich in der Erde befinden.
– kosmische Strahlung: Sie trifft aus dem Weltall auf die Erde.
5. Die Massenzahl A ist die Summe der Anzahl der Protonen und der Neutronen im Kern eines Atoms.
6. Isotope eines Elementes sind Atome, deren Kerne jeweils die gleiche Anzahl Protonen, aber verschieden viele Neutronen haben.
7. $^{238}_{92}U \rightarrow {}^{234}_{90}Th + {}^{4}_{2}He$
8. – α-Strahlung: zweifach positiv geladene Heliumkerne, geringe Durchdringungsfähigkeit
– β-Strahlung: Elektronen, negativ geladen, mittlere Durchdringungsfähigkeit
– γ-Strahlung: Energiestrahlung, elektrisch neutral, große Durchdringungsfähigkeit
9. α-Strahlung ist am wenigsten gefährlich, γ-Strahlung ist am gefährlichsten
10. physikalische Halbwertszeit
11. Die biologische Halbwertszeit gibt an, nach welcher Zeit in den Körper aufgenommene radioaktive Stoffe zur Hälfte vom Körper ausgeschieden wurden.
12. Otto Hahn, Fritz Strassmann und Lise Meitner
13. U235
14. Yttrium96, da die Ordnungszahlen zusammen 92 und die Nukleonenzahlen zusammen 233 ergeben.
15. ${}^{1}_{0}n + {}^{235}_{92}U \rightarrow {}^{236}_{92}U \rightarrow {}^{137}_{55}Cs + {}^{96}_{37}Rb + 3\,{}^{1}_{0}n$
Es entstehen 3 freie Neutronen.
16. a) Bei der unkontrollierten Kettenreaktion nimmt die Anzahl der Spaltneutronen exponentiell zu. Dadurch wird eine große Menge Energie frei.
b) Bei der unkontrollierten Kettenreaktion werden ständig weitere Kerne gespalten. Es kommt zu einer lawinenartigen Vermehrung von Neutronen.
Bei der kontrollierten Kettenreaktion werden Neutronen eingefangen, sodass immer nur eine bestimmte Anzahl von Kernen gespalten wird.
c) In Kernkraftwerken finden kontrollierte Kettenreaktionen statt.
17. Es gibt Materialien, die Neutronen einfangen können.
18. Außenhülle und Reaktordruckgefäß verhindern, dass Radioaktivität nach außen dringt.
19. Die Regelstäbe dienen zum Neutroneneinfang. Werden sie in den Reaktorkern eingefahren, nimmt die Kettenreaktion ab. Werden sie aus dem Reaktorkern herausgefahren, steigt die Kettenreaktion an.
20. Das Wasser im Primärkreislauf ist radioaktiv. Deshalb muss es vom Sekundärkreislauf getrennt sein und darf nicht in die Umwelt gelangen.
21. Die Regelstäbe hängen über dem Reaktor an Elektromagneten. Fällt der Strom aus, verlieren die Elektromagnete ihr Magnetfeld. Deshalb fallen bei der automatischen Schnellabschaltung die Regelstäbe von oben in den Reaktorkern hinein.

22. a) Ein Moderator bremst schnelle Neutronen ab, sodass sie weitere Kerne spalten können.
b) leichtes Wasser, schweres Wasser, Grafit
c) Grafit ist brennbar.
23. Es dient als Kühlmittel und als Moderator.
24. ① Brennstoff-Kristallgitter, ② Brennstabhülle, ③ Reaktordruckbehälter, ④ biologischer Schild, ⑤ Sicherheitsbehälter, ⑥ Reaktorgebäude
25. a) bei Kernkraftwerken, in der Nuklearmedizin
b) In Deutschland gibt es zwei Zwischenlager für Atommüll. Außerdem bestehen Zwischenlager an den Atomkraftwerken. Eine weitere Möglichkeit besteht in der Wiederaufbereitung des Atommülls in La Hague in Frankreich.
26. GAU ist die Abkürzung für größter anzunehmender Unfall.
27. – Gemeinsamkeiten: Dampferzeuger, Turbine, Generator, Transformator
– Unterschiede: Brennstoff, Aufbau des Kraftwerkes
28. Im Manhattan-Project entwickelten amerikanische Wissenschaftler die ersten Atombomben während des zweiten Weltkrieges.
29. Die kritische Masse ist die notwendige Menge Uran oder Plutonium, die gebraucht wird, um eine Kettenreaktion in Gang zu setzen.

Seite 345 Informationsübertragung

1. In Metallen bilden die kleinsten Teilchen ein Kristallgitter. Darin befinden sich freie Elektronen, die das Metall zum elektrischen Leiter machen.
In Nichtleitern gibt es keine freien Elektronen, daher sind sie Isolatoren.
Im Halbleiter werden die Atome durch Elektronenpaarbindung aneinander gekoppelt. Es gibt keine freien Elektronen, daher sind sie Nichtleiter. Durch Erwärmung können sie zu Leitern werden, weil dadurch Elektronen frei geschüttelt werden können.
2. Es eignen sich solche Elemente, die drei oder fünf Elektronen auf der Außenschale haben.
3.

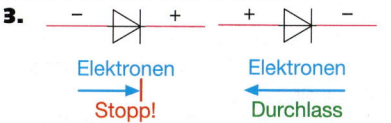

– ▷|+   +|◁ –
  Elektronen   Elektronen
    Stopp!   Durchlass

4. Durch eine geeignete Schaltung von vier Dioden können bei der Zweiweggleichrichtung beide Halbwellen genutzt werden. So entsteht ein ständiger Elektronenstrom in eine Richtung, also ein Gleichstrom. Bei der Einweggleichrichtung wird nur die Energie einer Halbwelle genutzt.
5. a) Eine LED wird mit Gleichstrom betrieben. Sie hat einen Plus- und einen Minuspol. Es sind verschiedene Lichtfarben möglich.
b) Die LED ist kleiner als eine Glühlampe und wird nicht so warm. Die Stromstärke ist deutlich geringer als bei einer Glühlampe mit vergleichbarer Helligkeit. Die LED benötigt weniger elektrische Energie.
6. Die Schwellenspannung gibt den Spannungswert an, bei dem die Diode leitend wird.
7. Der Vorwiderstand muss einen Wert von 300 Ω haben.
8. a) Der p-n-p-Transistor besteht aus einem p-leitenden, einem n-leitenden und einem p-leitenden Halbleiter.
b) An der Basis muss der Minuspol der Batterie angeschlossen sein, damit Elektronen zwischen Emitter und Basis fließen können.
9. Ein Transistor kann als Schalter einen Arbeitskreis schalten. Er kann dafür sorgen, dass durch den Arbeitskreis mehr Elektronen fließen als durch den Steuerkreis, er kann also Strom verstärken.
10. Der Steuerkreis ist der Stromkreis des Transistors, in dem die Basis liegt. Der Arbeitskreis enthält Emitter und Kollektor. Mit dem Strom im Steuerkreis kann der Transistor den Strom im Arbeitskreis verändern, also steuern. Im Arbeitskreis liegen die elektrischen Bauteile, die elektrische Energie umsetzen, also arbeiten.
11. Der Arbeitspunkt wird mithilfe der Basisspannung im I_B-I_C-Diagramm festgelegt.
12. Der Arbeitspunkt liegt beim Verstärken in der Mitte des Grafen des I_B-I_C-Diagramms.
13. Solarzelle und Diode sind aus dem gleichen Halbleitermaterial aufgebaut. Beide lassen einen Elektronenfluss nur in eine Richtung zu.
14. Durch Reihenschaltung kann die Gesamtspannung erhöht werden. Eine Parallelschaltung erhöht die mögliche Gesamtstromstärke.
15. a) hohe Spannungen: durch Reihenschaltung der einzelnen Zellen
b) hohe Stromstärken: durch Parallelschaltung vieler in Reihe geschalteter Zellen zu Modulen
16. Die Höhe der Stromstärke ist abhängig von
– der Größe der Fläche der Zelle,
– der Intensität der Lichteinstrahlung,
– dem Einstrahlungswinkel des Lichtes.
17. Daten sind Zeichen aus einem Zeichenvorrat.
18. a) Der Code ist eine Zuordnungsvorschrift.
b) Jedes Zeichen eines Zeichenvorrates wird in ein entsprechendes Zeichen eines anderen Zeichenvorrates übertragen.
19. Redundanz ist ein Vervielfältigen von Daten gleichen Inhalts.
20. Die Darstellung der Temperatur mithilfe eines Flüssigkeitsthermometers durch die Flüssigkeitssäule ist analog. Die Werte an der Skala sind digital dargestellt.
21. Die analoge Darstellung ist die ursprüngliche Darstellungsform. Wird bei deren Codierung auf einen Teil von Daten verzichtet, entsteht die digitale, stufenförmige Darstellungsform.
22. Beim Lautsprecher wird elektrische Energie in Bewegungsenergie umgewandelt. Bewegungsenergie wird in Schall umgewandelt. Beim Mikrofon wird Schall in Bewegungsenergie und diese in elektrische Energie umgewandelt.
23. In der Spule wird Spannung induziert.
24. a) Wechselspannung
b) Membran
25. Im Kehlkopf wird elektrische Energie in Schall umgewandelt. Im Ohr wird Schall in elektrische Energie umgewandelt. Auf der Netzhaut des Auges wird Licht in elektrische Energie umgewandelt.
26. Auf Licht.
27. Informationen können durch Licht mit Flaggensignalen, mit Scheinwerfersignale oder durch Rauchsignale übertragen werden. Die Signale müssen codiert und decodiert werden. Werden Informationen mit Lichtleitern übertragen, müssen diese erst in Lichtsignale umgewandelt und beim Empfänger zurückverwandelt werden.

28. Mit Schall werden Daten mit Schallgeschwindigkeit in Luft, also mit 340 $\frac{m}{s}$ transportiert. Mit Licht werden Daten mit Lichtgeschwindigkeit, also mit nahezu 300 000 $\frac{km}{s}$ transportiert.
29. Wellenlänge λ = 3,3 m
Es handelt sich um eine Ultrakurzwelle.
30. λ = 10 m → f = 30 MHz; λ = 100 m → f = 3 MHz

Seite 391   Bewegte Körper und ihre Energie

1. a) $s = \frac{1}{2} \cdot a \cdot t^2$
$s = \frac{1}{2} \cdot 3 \frac{m}{s^2} \cdot 36\ s^2 = 54\ m$
b) $v = a \cdot t$
$v = 3 \frac{m}{s^2} \cdot 6\ s$
$v = 18 \frac{m}{s}$
c) $t = \sqrt{2 \cdot \frac{s}{a}}$
$t = \sqrt{2 \cdot \frac{24\ m}{3 \frac{m}{s^2}}}$
$t = 4\ s$

2. a) $v = v_0 - a \cdot t$
$v = 18 \frac{m}{s} - 2 \frac{m}{s^2} \cdot 3\ s$
$v = 12 \frac{m}{s}$
b) Er hat dann wieder seine Anfangsgeschwindigkeit.
c) Die Verzögerung ist die Umkehrung der Beschleunigung.
3. Es kann eine gleichförmige Bewegung dargestellt worden sein. Dann müsste die Hochachse mit s beschriftet werden. Es läge dann ein t-s-Diagramm vor.
Es kann aber auch eine gleichmäßig beschleunigte Bewegung vorliegen. Dann müsste die Hochachse mit v beschriftet werden.
Es läge dann ein t-v-Diagramm vor.
4. a) gleichmäßig verzögerte Bewegung
b) gleichförmige Bewegung
c) gleichmäßig beschleunigte Bewegung
5. Alkohol, Medikamente, Drogen, Telefonieren, laute Musik
6. Der Anhalteweg setzt sich zusammen aus dem Reaktionsweg und dem Bremsweg.
7. Der Sicherheitsabstand soll dafür sorgen, dass der Reaktionsweg beim Bremsen ausreicht.
8. Der Sicherheitsabstand soll halbe Tachoanzeige in Metern betragen, hier also 70 m.
9. Das Auto hat die dreifache Geschwindigkeit. Seine Bewegungsenergie beträgt das Neunfache.
10. Im luftleeren Raum führen frei fallende Körper eine gleichmäßig beschleunigte Bewegung aus.
11. Die Fallbeschleunigung beträgt
a) 9,81 $\frac{m}{s^2}$
b) 9,78 $\frac{m}{s^2}$
c) 9,83 $\frac{m}{s^2}$

12. a) $v = g \cdot t$ $s = \frac{1}{2} \cdot g \cdot t^2$
$t = \sqrt{2 \cdot s : g}$
$t = \sqrt{80\ s^2}$
$t = 8,9\ s$
$v = 9,81 \frac{m}{s^2} \cdot 8,9\ s$
$v = 87,3 \frac{m}{s}$
$v = 314 \frac{km}{h}$
Die Regentropfen würden mit einer Geschwindigkeit von 314 $\frac{km}{h}$ auf den Boden schlagen.
b) Durch den Luftwiderstand werden die Regentropfen sehr stark abgebremst.

13. a) $v = g \cdot t$
$v = 9,81 \frac{m}{s^2} \cdot 4\ s$
$v = 39,24 \frac{m}{s}$
Die Anfangsgeschwindigkeit des Steins betrug etwa 39 $\frac{m}{s}$.
b) $s = \frac{1}{2} \cdot g \cdot t^2$
$s = \frac{1}{2} \cdot 9,81 \frac{m}{s^2} \cdot 16\ s^2$
$s = 78,5\ m$
Der Stein steigt 78,5 m hoch.
14. Der senkrechte Wurf nach oben ist eine gleichmäßig verzögerte Bewegung.
15. Die Masse wird in Kilogramm (kg), die Schwere in Newton (N) gemessen.
16. a) Jeder Körper will wegen seiner Trägheit in seinem Bewegungszustand bleiben.
b) Durch Krafteinsatz kann die Trägheit des Körpers überwunden werden.
17. Trägheitsgesetz, Kraftgesetz, actio = reactio
18. Beim Trampolinspringen treten Spannenergie und potenzielle Energie auf. Beim Flipperspiel treten Spannenergie und kinetische Energie auf.
19. Potenzielle Energie in 1 min:
$E_{pot} = m \cdot g \cdot h = 5\ kg \cdot 9{,}81 \frac{m}{s^2} \cdot 1\ m = 49{,}05\ J$.
Potenzielle Energie an einem Tag:
49,05 J · 60 · 24 = 70,632 kJ.
Es müssen pro Tag 70,6 kJ an potenzieller Energie geliefert werden.
20. $E_{kin} = \frac{1}{2} \cdot m \cdot v^2 \Leftrightarrow$
$m = 2 \cdot \frac{E_{kin}}{v^2} = 2 \cdot \frac{3250\ J}{(10 \frac{m}{s})^2} = 65\ kg$.
Die Masse von Nina beträgt 65 kg – 15 kg = 50 kg.
21. a) $E_{kin} = \frac{1}{2} \cdot m \cdot v^2$
$E_{kin} = \frac{1}{2} \cdot 2000\ kg \cdot (55{,}56 \frac{m}{s})^2$
$E_{kin} = 3\,086\,913{,}6\ Nm$
b) $E_{pot} = E_{kin}$
$m \cdot g \cdot h = \frac{1}{2} \cdot m \cdot v^2$
$h = \frac{1}{2} \cdot \frac{v^2}{g}$
$h = \frac{1}{2} \cdot \frac{(55{,}56 \frac{m}{s})^2}{9{,}81 \frac{m}{s^2}}$
$h = 157{,}34\ m$
Der Pkw müsste aus einer Höhe von 157,34 m herabfallen.
c) Kölner Dom, der eine Höhe von 157,38 m hat, Berliner Funkturm hat die Höhe von etwa 146 m.
22. Die Gewichtskraft des Fahrers mit dem Motorrad wirkt in Richtung des Erdmittelpunktes. Die Straße drückt auf die Reifen und erzeugt so die Zentralkraft, die in Richtung Kurvenmittelpunkt zeigt. Die Zentrifugalkraft wirkt entgegengesetzt der Zentralkraft, also vom Mittelpunkt der Kurve weg. Durch das Hineinlegen des Motorradfahrers in die Kurve schafft es der Fahrer, sicher durch die Kurve zu fahren.
23. Die gegenseitige Anziehung von Erde und Mond allein aufgrund ihrer Massen wird Gravitation genannt. Sie sind von einem Gravitationsfeld umgeben. Erde und Mond üben gegenseitig Gravitationskräfte aus. Da die Erde die größere Masse und damit das stärkere Gravitationsfeld besitzt, wird der Mond auf eine Bahn um die Erde gezwungen.

Seite 413 Druck in Flüssigkeiten und Gasen

1. Je größer die wirkende Kraft ist, desto größer muss bei gleich bleibendem Druck die Fläche sein.
Je kleiner die Fläche ist, desto größer wird der Druck bei gleich bleibender wirkender Kraft.
Je größer die wirkende Kraft ist bei gleichgroßer Fläche, desto größer ist der entstehende Druck.

2. Als Hilfsmittel werden Körper mit großen Flächen benutzt, zum Beispiel liegende Leitern, breite Reifen, Skier.

3. a) Beim Tauchen nimmt der Schweredruck auf das Trommelfell des Ohres mit zunehmender Wassertiefe zu.
b) Beim Seilbahnfahren nimmt der Luftdruck auf das Trommelfell des Ohres mit zunehmender Höhe ab.

4. Der Luftdruck in 10 000 m Höhe ist für den Menschen zu niedrig. Aus diesem Grund wird der Luftdruck in der nach außen dichten Kabine technisch erhöht.

5. Zwischen den Saugnäpfen und der Glasfläche herrscht Unterdruck. Dadurch drückt der äußere, normale Luftdruck die Saugnäpfe so fest an das Glas, dass die Glasplatten problemlos transportiert werden können.

6. Vor ca. 60 Mio. Jahren, im Tertiär, begann die Hauptphase der Auffaltung der Alpen und dauerte etwa 40 Mio. Jahre.

7. Bei der künstlichen Diamantherstellung wird Grafit bei hohen Temperaturen und sehr hohem Druck zusammengepresst.

8. – Überdruck entsteht, wenn mehr Luft in einem geschlossenen Gefäß vorhanden ist als bei normalem Luftdruck.
– Unterdruck ergibt sich, wenn weniger Luft im Gefäß ist als bei normalem Luftdruck.

9. a) Wasser siedet bereits bei 90 °C, wenn über der Wasseroberfläche ein Unterdruck herrscht.
b) Wasser siedet erst bei 110 °C, wenn über der Wasseroberfläche ein Überdruck herrscht.
c) – Ein Unterdruck wird erreicht, wenn z. B. ein offenes Gefäß auf einem hohen Berg steht. Der Luftdruck ist dort niedriger als der normale Luftdruck.
– Ein Überdruck wird erreicht, wenn das Wasser in einem geschlossenen Gefäß wie einem Schnellkochtopf erhitzt wird. Der Luftdruck ist dann darin höher als der normale Luftdruck.

10. Der Schnellkochtopf muss fest verschlossen sein. Beginnt das Wasser zu sieden, entsteht Wasserdampf. Er kann nicht entweichen und sammelt sich über dem Wasser. Im Topf herrscht nun ein Druck, der höher ist als der äußere Luftdruck, ein Überdruck. Dadurch siedet das Wasser erst bei einer Temperatur über 100 °C. Ventile schützen davor, dass der Druck im Topf zu hoch wird. Vor dem Öffnen des Topfes muss ein Druckausgleich zwischen dem Druck innen und dem äußeren, normalen Luftdruck hergestellt werden.

11. Das Wasser befindet sich in einem geschlossenen Gefäß. Mit einem Kolben muss eine Kraft auf das Wasser ausgeübt werden, dann entsteht ein Druck. Dieser ist überall gleich. An einer anderen Stelle kann der Druck auf einen zweiten Kolben wirken. Der Kolben wird dann mit der vorher wirkenden Kraft nach außen gedrückt.

12. a) Luft lässt sich zusammendrücken. Durch den entstandenen Druck kann sie den Kolben wieder herausdrücken.
b) Wasser lässt sich nicht zusammendrücken. Dadurch kann der Kolben nicht in die Spritze gedrückt werden.

13. Das Schiff fährt bei einer Talfahrt vom Oberwasser direkt in die gefüllte Schleusenkammer. Das Tor zum Unterwasser ist geschlossen. Das Tor zum Oberwasser wird geschlossen. Der Ablasskanal zum Unterwasser wird geöffnet und der Wasserspiegel in der Schleusenkammer sinkt, bis er die gleiche Höhe wie das Unterwasser annimmt. Das untere Schleusentor wird geöffnet und das Schiff kann aus der Schleusenkammer in das Unterwasser einfahren.

14. Nein, auf den Körper wirken oben und unten gleich große Kräfte oder gar keine.

15. a) Beim dickeren Körper ist der Auftrieb größer, weil er mehr Wasser verdrängt.
b) Wenn sie gleiches Volumen haben, verdrängen sie gleich viel Wasser. Dann ist der Auftrieb bei beiden gleich.

16. Wenn die Kraft zum Untertauchen nicht mehr wirkt, gleitet der Korken nach oben. Dann ist der Auftrieb größer als seine Gewichtskraft.

17. Da das Schiff schwimmt, gilt $F_A = F_G$. Beim Entladen wird die Gewichtskraft des Schiffes kleiner. Das Schiff schwimmt im Wasser höher auf und damit wird das Volumen der verdrängten Wassermenge kleiner. Der Auftrieb verkleinert sich also im gleichen Verhältnis zu F_G, denn es gilt nach wie vor $F_A = F_G$.

Stichwortverzeichnis

f. = die folgende Seite
ff. = die folgenden Seiten

A

α-Strahlung 278 f.
α-Teilchen 278
α-Zerfall 278
Abbildungsgesetz 37
Abbildungsmaßstab 37
Abfall, radioaktiver 290
Abgaskatalysator 231
Abschirmung 274
Absorption 18
Absorptionsvermögen 279
Abstand 274
Abwärme 225
Achse, optische 20 f.
achsenparalleler Strahl 20, 23, 30 ff.
actio = reactio 372
Airbag 167, 362
Akkumulator (Akku) 134, 322
Aktivität 272
analog 324
Anhalteweg 359 f.
Antenne 340 f.
Antriebsarten 376 f.
Arbeit 180
Arbeitskreis 312
Arbeitspunkt 314
Asteroid 66
Astrologie 81
Astronomie 64, 81
Astronomische Einheit 70
Astro-Spektroskopie 73
Atombombe 296 f.
Atomhülle 91, 272
Atomkern 91, 272
Atomwaffensperrvertrag 297
Auftrieb 408 f.
Auftriebskraft 409
Auge 40 ff.
Ausbreitungsgeschwindigkeit 341
Ausgleichsgerade 115
Autobremsanlage 403
Azimut 75

B

β-Strahlung 278 f.
β-Teilchen 278
β-Zerfall 278
Barometer 395, 399
Batterie 104, 123, 134 f.
– Entladungskurve 134
– Recycling 135
Beamen 79
Beamer 39
Bernstein 88
Beschleunigung 355 f., 371
Bewegung 146 f., 164
–, beschleunigte 364
–, gleichförmige 143 f.
–, gleichmäßig beschleunigte 355 ff.
–, scheinbare 61, 74
–, ungleichförmige 351
–, verzögerte 358
Bewegungsenergie 182, 361, 379 ff.
BHKW 250
Bild, farbiges 329
–, reelles 21, 29
–, virtuelles 21, 29
Binärsystem 304, 324
Biogaskraftwerk 245 f.
Biotreibstoff 246
Bit 324
Blitzableiter 107
Blockheizkraftwerk 250
Blu-ray Disc (BD) 325
Blutdruck 397
Braunkohle 222 f.
Brechkraft 33
Brechung 24 f.
Brechungswinkel 25
Bremsweg 359 f.
Brennelement 286
Brennglas 28
Brennpunkt 20 f., 28
–, scheinbarer 23, 32
Brennpunktstrahl 20, 23, 30 ff.
Brennstab 286
Brennstoff, fossiler 235, 260
–, nachwachsender 235
Brennstoffzelle 236 ff.

Brennweite 20 f., 28
Brennwert 227
Brille 41
Byte 324

C

C14-Methode 281
Cäsium 281
Castoren 290, 383
CD 325
CERN 283
Codierung 324
Computerschrott 335
Containment 288
Crash-Test 151

D

Daten 324
Datenübertragung
– Funk 342
– Licht 328, 336 f.
– Schall 330
– Wärme 327
Datenwandler 327
Diagramm 144, 158, 357
Dichte 67, 406 f., 409
Diesel-Motor 229
Differenzmethode 406
digital 324
Digitalisierung 304
Digitalkamera 42
Diode 304, 308 f.
– Kennlinie 308
Diodenschutzschaltung 309
Dioptrien 33
Dipol 342
divergent 32
Dopplereffekt 352
Dosenbarometer 399
Dosimeter 275, 287
Dotierung 306
Drehmoment 170 f.
Drehwiderstand 117
Druck 396
–, hydrostatischer 404
Druckfestigkeit 159

Druckluftwerkzeuge 403
Druckwasserreaktor 286
Dualsystem 324
Dünnfilmtransistor 333
Durchdringungsfähigkeit 279
Durchlassrichtung 307
Durchlassspannung 307
Durchschnittsgeschwindigkeit 351
DVD 325
Dynamomaschine 206

E

Ebbe 69
Ebene, schiefe 174 ff.
Eigenstrahlung 270
Einfallswinkel 25
Einkristall 306, 316
Einweggleichrichtung 308
Ekliptik 72
elektrisch negativ 89
elektrisch neutral 88, 92
elektrisch positiv 89
Elektrizität 204
Elektrizitätszähler 128 f.
Elektrolyse 236 f.
Elektromotor 198 ff., 376
Elektronen 88 ff., 123
–, freie 92, 305
Elektronenbewegung 92, 119
Elektronenleitung 306
Elektronenmangel 89
Elektronenmikroskop 38
Elektronenüberschuss 89
Elektroskop 89, 275
Elementarladung 276
Elementarteilchen 276
Ellipse 65
Empfangsdipol 342
Endoskop 27, 336
Energie, elektrische 129, 132 f., 338
– Transport 212 ff.
–, entwertete 186
–, erneuerbare 244 f.
–, kinetische 379 ff.
–, magnetische 338

–, mechanische 180 f.
–, potenzielle 379 ff.
–, regenerative 244 f.
Energieeffizienzklasse 130
Energieentwertung 220, 379
Energieerhaltungssatz 186, 384
Energieform
–, erwünschte 220
–, mechanische 182
–, unerwünschte 220
Energie-Label 130, 257
Energiemessgerät 130
Energienutzung 185, 187, 226
Energierechnung 131
Energiesparen 256 f.
Energiesparlampe 131, 256
Energiestrahlung 278
Energieträger, fossiler 222
–, nicht erneuerbarer 222
Energieübertragung 181, 214 f.
Energieumwandlung 183, 186, 220, 383
Energieverschiebung 180
Energieversorgung 260 ff.
Energiewandler 220
Entschwefelung 225
Entstaubung 225
Entstickung 225
Erdanziehungskraft 146, 164
Erdbeschleunigung 364 ff.
Erde 65, 68
Erneuerbare-Energien-Gesetz 243
Erregermaschine 206
Ersatzwiderstand 120 f.
EU-Label 130, 257

F

Fadenpendel 186
Fahrgastzelle 167
Fahrradcomputer 353
Fahrradlichtmaschine 104
Fahrtschreiber 353
Fall, freier 364 f., 367
Fallout 289, 297
Farbaddition 51, 332
Farbbilder 50
Farbcodetabelle 113

Farben 46 ff.
Farbfehler 53
Farbfernsehen 332
Farbfilter 50, 329
Farbkreis 52
Farbsubtraktion 50, 329
Faustregeln 360
Federkonstante 154, 156
Fehler, systematischer 115
–, zufälliger 115
Fehlerstrom-Schutzschalter 126
Feinsicherung 125
Feinstaub 230
Feld, elektrisches 90, 278, 338, 340 ff., 389
Feld, elektromagnetisches 389
Feld, magnetisches 278, 338, 340 ff., 389
Feldlinien 90, 389
Fernrohr 44
–, astronomisches 34
–, Bedienung 63
–, galileisches 34
Fernsehen 331
Filmdosimeter 275
FI-Schalter 126
Fixstern 71
Flachbildschirm 333
Flaschenzug 169, 173
Flashspeicher 325
Flüssigkristallanzeige 332
Flut 69
Fotoapparat 42
Fotodiode 328
Fotografie, digitale 43
Fotovoltaik 244, 320
Fotowiderstand 328
Frequenz 341
Fresnellinse 39
Funk 340
Fusionskraftwerk 294

G

γ-Strahlung 278 f., 343
Galaxie 66
Galaxienhaufen 77
Gasplanet 67
GAU 289
Gegenkraft 146
Geiger-Müller-Zähler 270, 273
Generator 202 ff.

Geothermalkraftwerk 245
Gesamtwiderstand 120 f.
Gesamtwirkungsgrad 385
Geschwindigkeit 142 ff., 350 ff.
Geschwindigkeitskontrolle 352 f.
Gesetz, hookesches 154 ff.
–, ohmsches 112 f.
Gesteinsplanet 67
Gewichtskraft 152, 164 f., 370, 408
Gewitter 106 ff.
– Entfernung 111
Gezeiten 69
Glasfaser 26 f., 336
Gleichgewicht 170 f.
Gleichrichter 308
Gleichspannung 104
Gleichstrom 104 f.
Glimmlampe 88
Glühlampe 131, 256
Goldene Regel der Mechanik 176 f.
Gravitation 69, 388
Gravitationsdrehwaage 388 f.
Gravitationsfeld 388 f.
Gravitationsgesetz 375
Gravitationskraft 388 f.
Grenzschicht 307
Grenzwinkel 26
Grundgesetze, newtonsche 372
Grundlast 255

H

Halbleiter 305
Halbleiterchip 325
Halbleiterdiode 307
Halbschatten 65
Halbwertszeit
–, biologische 281
–, physikalische 280
Hauptregenbogen 54
Hauptstern 71
Hausanschlusskasten 125
Hebebühne 403
Hebel, einseitiger 171
–, zweiseitiger 170
Hebelgesetz 170
Heißleiter 327
Heizkosten 261
Heizwert 227

Himmelskugel, scheinbare 74
Himmelsnordpol 75
Hochdruckgebiet 399
Hochspannungsleitung 215
Hochspannungstransformator 210
Hochstromtransformator 210
Höhe 75
Höhenenergie 182, 379 f.
Hohlspiegel 20 ff.
Holzhackschnitzelkraftwerk 245 f.
hookesches Gesetz 154
Horizont 74
Horizontsystem 75
Hubarbeit 180
Hybridauto 234
Hybridkollektor 242

I, J

IC 304
IMIS 274
Impulsrate 270
Induktion, elektromagnetische 196 f., 204
INES 288
Influenz 91
Information 324, 342
Infrarot (IR)-Strahlung 46, 48 f.
Inkohlung 222
Inkorporation 281
Integralbremssystem 363
Internet 12, 14, 108
Iod 281
Ionisation 273
Isolator 305
Isotop 277
Jupiter 19, 65

K

Kaleidoskop 44
Kaltleiter 327
Katalysator 230 f., 237
Kernenergie 292
Kernfusion 294
Kern-Hülle-Modell 91, 272
Kernkräfte 276

Kernkraftwerk 252, 286 ff.
Kernladungszahl 276
Kernreaktionsgleichung 284
Kernschatten 65
Kernspaltung 284
Kettenreaktion
–, kontrollierte 285
–, unkontrollierte 285
Kleinkörper 66
Klima 232 f.
Klimamodelle 233
Knautschzone 151, 383
Kohle 222 f.
Kohlekraftwerk 224, 252, 291
Komet 66
Kommutator 199
Kompetenzen 8 f.
Komplementärfarben 51
Komprimieren 402
Kondensator 338
Kondensor 28, 39
Konkavlinse 32
Konkavspiegel 20 ff.
Konstantan 119
Kontaktlinsen 41
konvergent 30
Konvexlinse 28
Konvexspiegel 23
Körper, beleuchteter 65
–, elastischer 150
–, plastischer 150
–, selbstleuchtender 64
Körperfarbe 50
Kraft 146 ff., 370 ff., 396
– Addition 161
–, elektrische 146, 389
–, magnetische 146, 389
– Subtraktion 161
– Vektor 160
Kräfteparallelogramm 162
Kräftezerlegung 162 f.
Kraftgesetz 371 f.
Kraftmesser 152 f.
Kraftübertragung 402 f.
Kraftwandler 168 ff.
Kraft-Wärme-Kopplung 250
Kraftwirkung 376 f.
Kreisbewegung 386 f.
Kristallgitter, Metalle 92, 119, 305
Krümmungsmittelpunkt 20 f.
Kühlturm 225

Kühlwasser 225, 287
Kurzschluss 124 f.
Kurzsichtigkeit 41

L

Ladung, elektrische 88, 305
Ladungstransport 92
Ladungstrennung 106
Lageenergie 182
Lambda-Sonde 231
Lands 325
Laser 41, 47
Lautsprecher 330
LCD-Anzeige 96, 332
LDR 328
LED 256, 310
Leistung
–, elektrische 129, 132 f.
–, mechanische 188 f.
Leiter, elektrischer 305
Leitfähigkeit, elektrische 113
Leitungsnetz 212 ff.
Leuchtdiode 117, 310
– Kennlinie 310
Licht, divergentes 32
–, infrarotes 46 f.
–, konvergentes 30
–, monochromatisches 47
–, paralleles 28 f.
– Teilchen 19
–, ultraviolettes 46 ff.
–, wahrnehmbares 343
– Welle 19
Lichtgeschwindigkeit 19, 341
Lichtjahr 70
Lichtleiter 336 f.
Lichtstrahlen, ausgezeichnete
– Hohlspiegel 20
– Sammellinse 30 f.
– Wölbspiegel 23
– Zerstreuungslinse 32
Lichtweg 20
Linienspektren 73
Linsen 29
Linsengesetz 37
Linsenkombination 33
Lithium-Ionen-Batterie 134
Loch, schwarzes 78
Löcherleitung 306

Lochkamera 45
Lot 25
Luftdruck 395, 398 ff.
Luna 69
Lupe 28

M

Magdeburger Halbkugeln 395
Magnetismus, remanenter 206
Manhattan-Project 296 f.
Manometer 397
Mars 65
Masse 165, 370 ff.
–, kritische 297
–, träge 166
Masseneinheit, atomare 276
Massenzahl 276
Maßstab 64
Materialprüfung 159
Meereswellenkraftwerk 245
Meinungsbildung 292
Merkur 65
Messbereich 96, 152
Messfehler 115
Metall-Gittermodell 92, 119, 305
Meteor 66
Mikrofon 330
Mikroskop 35, 45
Mikrowellen 343
Milchstraße 66, 77 f.
Mittellast 255
Mittelpunktstrahl 20, 23, 30 ff.
Modell 15
– Feldlinien 389
– Metallgitter 92, 119
– Verkehrsstrom 95
– Wasserkreislauf 94
Moderator 287
Momentangeschwindigkeit 351
Mond 65, 69
Motorrad-Schutzhelm 362
Mutation 295

N

Nabendynamo 202

Nadir 75
Nanospeicher 325
n-Dotierung 306
Nebelkammer 275
Nebenregenbogen 54
Negativ 43
Neptun 65
Netzfrequenz 254
Netzhaut 40
Neutron 276
Neutronenstern 78
Niedertemperaturtechnik 227
Niedrigenergiehaus 265
n-p-n-Transistor 315
NTC-Widerstand 327
Nukleonen 276
Nuklide 277
Nuklidkarte 277, 434
Null-Energie-Haus 265
Nullrate 270

O

Objektiv 34
ohmsches Gesetz 112 f.
Okular 34
OLED-Bildschirm 334
Ordnungszahl 276
Ortsfaktor 165
Oszilloskop 104, 333

P, Q

Parabelflug 368
Parabolspiegel 22
Paradoxon, hydrostatisches 404
Parallaxenfehler 115
Parallelschaltung
– Spannung 103
– Stromstärke 101
– Widerstand 121 f.
Passivhaus 265
p-Dotierung 306
PEM-Brennstoffzelle 236 f.
Periskop 44
Photonen 19, 47
Pits 325
Planet 64
–, erdähnlicher 67
–, jupiterähnlicher 67
Planetarium 74
Planetensystem 67, 388

Anhang

Plasma 294
– Bildschirm 332, 334
p-n-p-Transistor 315
Pointillismus 52
Polaritätsprüfer 311
Positiv 43
Potentiometer 116
Präsentation 15
Primärbatterie 134
Primärenergie 226
Primärkreislauf 286
Prinzip
–, archimedisches 409
–, dynamoelektrisches 206
Prisma 46 f.
Proton 276
Protonenzahl 276
PTC-Widerstand 327
Pulsar 78
Quanten 19
Quarks 283
Quecksilber-Barometer 395

R

Radar 343
Radio 318 f.
Radioaktivität 271 f.
Radiocarbonmethode 281
Radiographie 282
Radiowellen 338, 343
Radium 271
Rastertunnelmikroskop 38
Rauchgasreinigung 224 f.
Raumfahrt 80
Raumsonde 80
RCD-Schalter 126
Reaktionsweg 359 f.
Reaktionszeit 359
Referat 13, 374
Reflexionsgesetz 18
Regelstab 286
Regenbogen 54 f.
Regolith 69
Reibung 147 f., 371
Reichweite 279
Reihenschaltung
– Spannung 102
– Stromstärke 100
– Widerstand 120, 122
Renaturierung 223
Rezeptoren 326
Röhre, braunsche 333
Rohstoffe

–, nachwachsende 246
Rolle, feste 168 f., 172
–, lose 168 f., 172
Röntgenpass 282
Röntgenstrahlung 271, 282, 343
Rotor 198
Rückstoß 146, 149
Rußfilter 230

S

Sachtext 14
Sammellinse 28 ff., 53
Satellit 80, 340 f.
Saturn 65
Schäden, genetische 295
–, somatische 295
Schalter, elektronischer 312
Schaltkreis, integrierter 304
Scheibenbremse 363
Schiebewiderstand 116
Schlag, elektrischer 88, 93
Schmelzsicherung 124
Schnellabschaltung
–, automatische 287
Schnellkochtopf 401
Schrittspannung 110
Schutzleiter
–, gelb-grüner 126
Schutzwiderstand 117, 310
Schweben 408 ff.
Schwellenspannung
– Diode 308
– Transistor 313
Schwere 370
Schweredruck 394, 405
Schwerelosigkeit 368
Schwermetall 135
Schwimmen 408 f.
Schwingkreis 338, 342
Schwingung
–, elektromagnetische 338
Sechs-Barrieren-System 288
Sehfehler 41
Sehweite, deutliche 28
Sehwinkel 40
Sehzellen 40
Sekundärbatterie 134
Sekundärenergie 226
Sekundärkreislauf 286

Selbsterregung 206
Sensoren 326 ff.
Sicherheitsabstand 359
Sicherheitsgurt 167
Sicherheitsregeln 10 f.
Sicherung 124 ff.
Sicherungsautomat 125
Sicherungskasten 125
Siedetemperatur 400 f.
Silicium 316 f., 305
Simulation 293
Simultankontrast 52
Sinken 408 f.
Sinuskurve 104
Siphon 405
Solaranlage 242, 253
Solarkraftwerk 244, 323
Solarladegerät 134, 311
Solarzelle 242, 320
–, amorphe 321
– Kurzschlussstromstärke 320 f.
– Leerlaufspannung 320 f.
–, monokristalline 321
– Parallelschaltung 321
–, polykristalline 321
– Reihenschaltung 321
Sonne 220
Sonnenkollektor 240 f.
Sonnensystem 66, 77
Spannenergie 182, 184
Spannung, elektrische 94
Spannungsübersetzung 209
Spektralfarben 46 f.
Spektroskopie 73
Spektrum 46 f.
–, elektromagnetisches 343
–, kontinuierliches 73
Sperrrichtung 307
Sperrspannung 307
Spinthariskop 275
Spitzenlast 255
Spule 196 ff., 208 ff., 338
Stäbchen 40, 42
Stator 198
Steinkohle 222 f.
Stern 64, 78
Sternbild 64, 71
Sternenhimmel
–, nördlicher 71 f.
–, südlicher 71
Sternkarte 64
–, drehbare 76
Sternschnuppe 66

Steuerkreis 312
Störfall 287
Strahlenbelastung 295
Strahlendosimeter 287
Strahlendosis 295
Strahlenschutzverordnung 274, 287
Strahlung, kosmische 270
–, radioaktive 297, 270 ff.
–, natürliche 270
–, terrestrische 270
Strecke 142 ff.
Strom, elektrischer 92
– Schutzmaßnahmen 126 f.
Stromrichtung 105
Stromstärke, elektrische 95
Stromstärkenübersetzung 209
Stromversorgungsgerät 11
Superhaufen 77
Supernova 78
Szintigramm 282

T

Tagebau 223
Tageslastkurve 255
Tageslichtprojektor 39
Tauchen 408 f.
Teilchen, negative 89
Temperatur 119
TFT-Technik 333 f.
Tiefdruckgebiet 399
Tierkreis 72
TNT-Äquivalent 297
Torf 222
Totalreflexion 26 f.
Totpunkt 199
Trägheit 166, 370, 386
Trägheitsgesetz 372
Transformator 208 ff., 224
Transistor 304, 312 ff.
– Arbeitspunkt 314
– Herstellung 317
– Kennlinie 313 f.
– Verstärkungsfaktor 314 f.
Treibhauseffekt
–, natürlicher 232
–, zusätzlicher 232
Treibhausgas 232
Trommelanker 200
Tschernobyl 289

Turbine 224
Typenschild 128 f.

U

Überdruck 401
Überlastung 124
Überlaufmethode 406
Überspannungsschutz 111
Ultraviolett (UV)-Strahlung 46, 48
Umgang mit radioaktiven Stoffen 10
Umgebungsstrahlung 270
Umweltplakette 230
Umweltzone 230
Unterdruck 400
Untertagebau 223
Uranus 65
Urheberrecht 108
Urknalltheorie 77
U-Rohr-Manometer 397

V

Vakuum 395
VDE-Zeichen 125
Vektor 160
Ventil 308
Venus 65
Verbrennungsmotor 228 ff., 376 f.
Verbundgefäße 405

Verbundnetz 254
Verformung 146, 150, 164
–, elastische 155
–, plastische 155 f.
Verformungsenergie 182
Vergrößerung
– Fernrohr, astronomisches 34
– Lupe 28
– Mikroskop 35
Verhalten
– bei Gewitter 110
– beim Experimentieren 11
– im Fachraum 10
Verstärkung 312, 314
Verzögerung 358
Vielfachmessgerät
–, analoges 96 f.
–, digitales 96 f., 118
Viertakt-Otto-Motor 228
Visitenkarte 68

W

Wafer 316 f.
Wagenheber 403
Wandelstern 71
Wärme 49, 213, 240, 361, 379
Wärmedurchgang 264

Wärmekapazität, spezifische 262
Wärmemenge 262
Wärmepumpe 262
Wärmetauscher 224, 286
Warp-Geschwindigkeit 79
Wasserkraftwerk 244, 253
Wechselspannung 104
Wechselstrom 104 f.
Weg 354 f.
Weitsichtigkeit 41
Welle 19
–, elektromagnetische 338
–, hertzsche 338 ff.
Wellenlänge 19, 340 ff.
Weltall 64 ff.
Weltbild, geozentrisches 60 ff., 369
–, heliozentrisches 60 ff., 369
–, kopernikanisches 60 ff.
–, ptolemäisches 60 ff.
Widerstand, elektrischer 113, 119 ff.
–, spezifischer 114
Widerstandsmessung 118
Widerstandsthermometer 119
Wiederaufarbeitung 290
Windkraftwerk 244, 248, 253
Windstärke 145
Wirkung, ionisierende

273, 282
Wirkungsgrad 187, 226, 385
Wölbspiegel 23
Wurf, senkrechter 365

X, Z

X-Strahlen 271
Zapfen 40, 42
Zeit 142 ff., 354 f.
Zelle, heiße 290
Zenit 75
Zentralkraft 386 f.
Zentrifugalkraft 387
Zentripetalkraft 386
Zerfall, radioaktiver 278
Zerfallsreihe 280
Zerstreuungslinse 29, 32 f.
Zirkumpolarstern 72
Zoomobjektiv 33
Zugfestigkeit 159
Zweikreisbremsanlage 363
Zweitakt-Otto-Motor 229
Zweiweggleichrichtung 309
Zwerg, weißer 78
Zwergplanet 70
Zwischenbild 35
Zwischenlager 290
Zylinder 228

Namensverzeichnis

ALCUBIERRE, MIGUEL 79
AMPÈRE, ANDRÉ M. 123
ARCHIMEDES 409
ARISTOTELES 395
ARMSTRONG, NEIL 80
BEAUFORT, SIR FRANCIS 145
BECQUEREL, ANTOINE H. 271 f.
BINNING, GERD 38
BRAUN, FERDINAND 333, 339
BRAUN, WERNHER VON 80
BUNSEN, ROBERT W. 73
CURIE, MARIE 271
CURIE, PIERRE 271
DAGUERRE, LOUIS J. M. 43
DAY, JOSEPH 229
DIESEL, RUDOLPH 229
DOPPLER, CHRISTIAN 352
EINSTEIN, ALBERT 19, 296

FARADAY, MICHAEL 197, 207
FIZEAU, ARMAND H. 19
FRANKLIN, BENJAMIN 107
GAGARIN, JURI 80
GALILEI, GALILEO 34, 61, 369
GALVANI, LUIGI 123
GROVE, SIR WILLIAM R. 236, 239
GUERICKE, OTTO VON 395
HAHN, OTTO 284
HALSKE, GEORG 207
HERTZ, HEINRICH 338 f., 341, 343
HOOKE, ROBERT 154
HUBBLE, EDWIN 77
JOULE, JAMES P. 180, 221
KEPLER, JOHANNES 61 f.
KIRCHHOFF, GUSTAV R. 73

KNOLL, MAX 38
KOPERNIKUS, NIKOLAUS 60 ff., 369
LEMAITRE, GEORGES 77
LIBBY, WILLARD F. 281
MARCONI, GUGLIELMO 339
MAXWELL, JAMES C. 339
MAYER, JULIUS R. VON 221
MEITNER, LISE 284
NEWTON, SIR ISAAC 146, 371 ff., 388
NIÉPCE, JOSEPH N. 43
NIPKOW, PAUL 331
OERSTED, CHRISTIAN 123, 197, 389
OHM, GEORG S. 113, 123
OPPENHEIMER, ROBERT 296
OTTO, NICOLAUS A. 228
PIXII, HYPPOLITE 207

PLANCK, MAX 19
PTOLEMÄUS, CLAUDIUS 60 ff.
ROEMER, OLE 19
ROHRER, HEINRICH 38
RÖNTGEN, CONRAD W. 271
RUSKA, ERNST 38
SCHÖNBEIN, CHRISTIAN F. 239
SEURAT, GEORGES 52
SIEMENS, WERNER VON 206 f.
SIEVERT, ROLF 295
STRASSMANN, FRITZ 284
TALBOT, WILLIAM H. F. 43
THALES VON MILET 60
TORRICELLI, EVANGELISTA 395
VERNE, JULES 79
VOLTA, ALESSANDRO 123
WATT, JAMES 188
ZUSE, KONRAD 304

Übersicht

Methoden

Sicherheitsregeln in der Physik	10
Internetrecherche – gewusst wie	12
Ein Referat vorbereiten und halten	13
Einen Sachtext lesen	14
Arbeitsergebnisse präsentieren	15
Umgang mit dem Fernrohr	63
Visitenkarten von Himmelskörpern erstellen. .	68
Informationen suchen.	108
Erstellen einer Sachmappe.	109
Fehlerbetrachtung.	115
Grafische Darstellung von gleichförmigen Bewegungen	144
Umgang mit Wertetabellen und Grafen . . .	157
Diagramme mit dem Computer erstellen . . .	158
Ein Informationsplakat entsteht	172
Eine Folie handschriftlich erstellen.	173
Gespräche leiten	247
Sammeln von Fakten zur Meinungsbildung . .	292
Erstellen von Folien am PC	366
Präsentieren von Folien mit dem PC.	367
Referate in schriftlicher Form erstellen. . . .	374
Eine wissenschaftliche Entdeckung vorstellen .	375
Teamarbeit präsentieren.	407

Lernen im Team

Bau von optischen Geräten	44
Anzeigegeräte für Elektrizität	99
Hebel und Rollen in der Technik und in der Natur	178
Bau von Elektrofahrzeugen	205
Energiesparen mit Verstand	256
Energieversorgung eines Wohnhauses.	260
Bau eines Radios	318

Erläuterung der Schaltzeichen

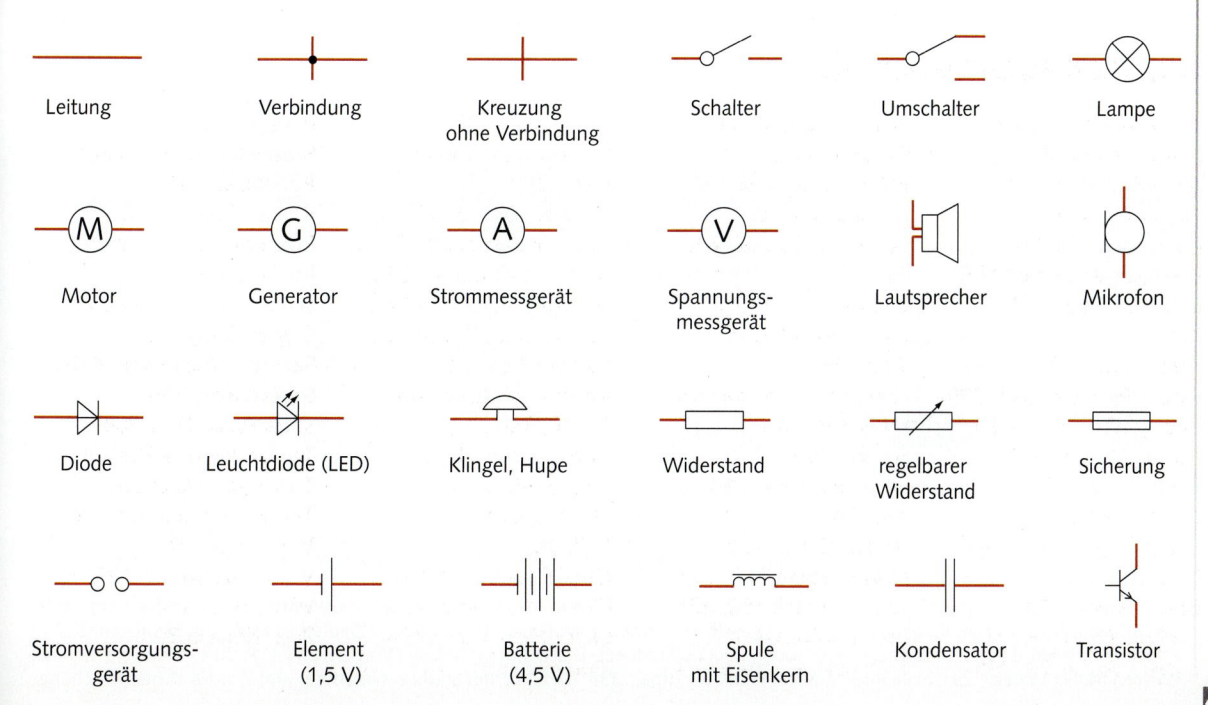

Leitung	Verbindung	Kreuzung ohne Verbindung	Schalter	Umschalter	Lampe
Motor	Generator	Strommessgerät	Spannungsmessgerät	Lautsprecher	Mikrofon
Diode	Leuchtdiode (LED)	Klingel, Hupe	Widerstand	regelbarer Widerstand	Sicherung
Stromversorgungsgerät	Element (1,5 V)	Batterie (4,5 V)	Spule mit Eisenkern	Kondensator	Transistor

Bildquellenverzeichnis

Cover (Tacho) 8.1, 436.1: fotosearch.com (Stock Foto); Cover (Teleskop): iStockphoto, Calgary (Rafael Pacheco); Cover (Mädchen): Getty images, München (Catherine Ledner); Cover (Solarzellen): fotolia.com (Thorsten Greszer); 10.1: Phywe, Göttingen; 13.1: LEGO Central Europe, Grasbrunn; 13.2, 13.3: LEGO Central Europe, Grasbrunn; 15.1: Albert Steinkamp, Reken; 15.2: Phywe, Göttingen; 16.2: Klaus G. Kohn, Braunschweig; 16.3: Christoph Papsch Fotografie, Bonn; 16.Topic: bildmaschine.de, Berlin (Wodicka); 17.1: BilderBox, Thening; 17.2: teamwork text und foto, Hamburg (Achim Duwentaester); 18.1: imago, Berlin (imagebroker); 20.3: Corbis, Düsseldorf (Image Source); 22.1: Picture-Alliance, Frankfurt (dpa); 22.2: Dietmar Gust, Berlin; 23.1: mauritius images, Mittenwald (Albinger); 27.1: Heine Optotechnik, Herrsching; 27.2: Klaus Rose, Iserlohn; 27.3: Deutsche Telekom AG, Bonn (Michael Ebert); 38.1: mauritius images, Mittenwald (Brand X Pictures); 38.2: Ruhr-Universität Bochum, Bochum (Prof. Christof Wöll); 39.2A: Getty Images, München (Altrendo Images); 41.2: Foto Begsteiger, Gleisdorf; 41.3: F1online, Frankfurt (cw.fotodesign); 41.4: Getty Images, München (Dorling Kindersley); 42.1: Karin Mall, Berlin; 42.2: Nikon, Düsseldorf; 43.1: Deutsches Museum, München (Gernsheim, The history of Photography, 1955); 43.2: ullstein bild, Berlin; 43.3: Fotomuseum im Münchner Stadtmuseum, München (Dauerleihgabe des Bayerischen Nationalmuseums); 43.4: ullstein bild, Berlin; 48.1: Dr. Lothar Reinbacher, Kempten; 48.2: imago, Berlin (Gustavo Alabiso); 48.3: Visum, Hamburg (Ilja C. Hendel); 48.4: teamwork text und foto, Hamburg (Achim Duwentaester); 49.1A-B: Dipl.-Ing. Hagen Marx, Andernach; 49.2: imago, Berlin (Jochen Tack); 49.3: Picture-Alliance, Frankfurt (dpa/W. Langenstrassen); 51.1A: vario images, Bonn; 52.3: akg-images, Berlin (Erich Lessing); 52.4: Corbis, Düsseldorf (Francis G. Mayer); 16.1, 18-56.Ikon: die bildstelle, Hamburg (Rex Features Ltd.); 54.1: F1online, Frankfurt (Naturbild); 55.1: Keystone Pressedienst, Hamburg; 57.1: Picture-Alliance, Frankfurt (dpa – Bildarchiv/Patrick Pleul); 58.1: ASTROCOM, Martinsried; 58.Topic: Astrofoto, Sörth (Andreas Walker); 59.1: Astrofoto, Sörth (Bernd Schatzmann); 61.1, 62.1: Picture-Alliance, Frankfurt (akg-images/Erich Lessing); 62.2: Picture-Alliance, Frankfurt (dpa); 65.2: Astrofoto, Sörth; 67.2: Astrofoto, Sörth (NASA); 67.3: Astrofoto, Sörth (AURA/STScI/NASA); 68.1A: TV-yesterday, München; 68.1B: Frank Boxler, Lauf-Simonshofen; 68.3, 83.1: creativ collection Verlag, Freiburg; 70.1: Astrofoto, Sörth (Detlev van Ravenswaay); 59.2, 60-82.Ikon: Astrofoto, Sörth (NASA); 71.1: Astrofoto, Sörth (Vehrenberg); 74.3: Planetarium, Jena; 75.4: Astrofoto, Sörth; 77.1A: Astrofoto, Sörth (Bernd Koch); 77.1B-C: Astrofoto, Sörth (Numazawa); 78.1, 78.2: Astrofoto, Sörth (Bernd Koch); 78.3: Astrofoto, Sörth (NASA); 79.1, 79.2: pwe Kinoarchiv Hamburg, Hamburg (DEFD, Hamburg); 81.1: Astrofoto, Sörth (Bernd Koch); 81.2A: Astrofoto, Sörth (Lutz Lange); 81.2B: Astrofoto, Sörth (Ralf Schoofs); 82.1, 82.2, 82.3: Astrofoto, Sörth; 82.4: Astrofoto, Sörth (Numazawa); 83.1, 83.2: Astrofoto, Sörth; 66.1, 84.4: Astrofoto, Sörth; 69.1, 84.3: Astrofoto, Sörth (Bernd Koch); 86.2: Olaf Kowalzik, Hamburg; 86.Topic: alimdi.net, Deisenhofen (Michael Jäger); 87.1: bildmaschine.de, Berlin (www.BilderBox.com); 93.1: Okapia, Frankfurt (Helmut Göthel); 93.2: Okapia, Frankfurt (Hans Reinhard); 100.1A: mauritius images, Mittenwald (Ludwig Mallaun); 100.2: Albert Steinkamp, Reken; 101.1A: Conrad Electronic SE, Hirschau; 101.2, 102.2: Albert Steinkamp, Reken; 103.1: Conrad Electronic SE, Hirschau; 103.2: Albert Steinkamp, Reken; 105.2: Okapia, Frankfurt (Oliver Giel); 106.1: Christian Schöps; 107.1: akg-images, Berlin; 107.2: Siemens AG, Erlangen; 107.3: Picture-Alliance, Frankfurt (Helga Lade); 111.2: FIRE Foto, München (Thomas Gaulke); 111.3: mauritius images, Mittenwald (imagebroker.net); 111.4: Christian Schöps; 117.1A-B, 117.2B: Conrad Electronic SE, Hirschau; 117.3: Albert Steinkamp, Reken; 123.1, 123.3-7: Deutsches Museum, München; 125.1B: bluemagenta, Berlin; 125.2B: DTI, Düsseldorf; 125.6: mauritius images, Mittenwald (imagebroker.net); 126.2: Albert Steinkamp, Reken; 129.6: Bernhard Classen, Lüneburg; 130.1: Arco Images, Lünen (Diez); 132.1: Getty Images, München (Frank Whitney); 133.1: E.ON Kraftwerke, Hannover (Dieter Abresch, Osnabrück); 134.1: alimdi.net, Deisenhofen (Klaus Wagenhaeuser); 134.2: Panasonic Industrial Europe, Hamburg; 134.3: Verlagsgruppe Weltbild, Augsburg; 86.1, 86-136.Icon: Olaf Kowalzik, Hamburg; 135.1: Varta Autobatterie, Hannover; 135.2: GRS-Batterien, Hamburg; 137.2: Keystone, Hamburg (Volkmar Schulz); 140.1: alimdi.net, Deisenhofen (Bahnmueller); 140.2, 413.6: mauritius images, Mittenwald (Hans-Peter Merten); 142.1, 142.3: mauritius images, Mittenwald; 142.2, 192.5: TopicMedia Service, Ottobrunn (Richner); 145.1: mauritius images, Mittenwald (Steve Bloom); 145.2: bildagentur-online, Burgkunstadt; 146.1: mauritius images, Mittenwald (age); 146.2, 192.3: ullstein bild, Berlin (ullstein-JOKER/Ausserhofer); 147.1: auto motor und sport, Stuttgart; 147.4: Gruner + Jahr, Hamburg (Peter Thomann); 147.3, 192.2: Volkswagen, Wolfsburg; 148.1: Intro, Berlin (Stefan Kiefer); 148.2: Picture-Alliance, Frankfurt (ZB/Hanschke); 148.3: Astrofoto, Sörth (Bernd Koch); 148.4: vario images, Bonn; 149.1: Phywe, Göttingen; 150.2: mediacolors, Zürich (Miller); 151.1A-C, 151.2, 192.6: Volkswagen, Wolfsburg; 154.1: Albert Steinkamp, Reken; 155.2: LOOK-foto, München (Holger Leue); 159.1: BAM Bundesanstalt für Materialforschung und -prüfung, Berlin (BAM-Fachgruppe V.22: Werkstoffmechanik der Hochleistungskeramik und der Fertigungsprozesse); 159.2: BAM Bundesanstalt für Materialforschung und -prüfung, Berlin (BAM-Fachgruppe VII.1: Baustoffe); 159.3: Uvex Winter Holding, Fürth; 163.1: Helga Lade, Frankfurt (BAV); 163.2: mauritius images, Mittenwald (Mehlig); 164.2: Astrofoto, Sörth; 165.1: Phywe, Göttingen; 165.2: Astrofoto, Sörth; 167.1, 167.2: Volkswagen, Wolfsburg; 169.2: MTD Products Aktiengesellschaft, Betzdorf; 171.4: Corbis, Düsseldorf (Floto and Warner/Arcaid); 175.3: Helga Lade, Frankfurt (Tetzlaff); 177.2: ADAC, München (Ernst Höhne, Unterschleißheim); 177.3: Okapia, Frankfurt (Martin Wendler); 181.1: Carsten Matthaes, Berlin; 182.1: Picture-Alliance, Frankfurt (dpa/dpaweb/Rolf Haid); 184.1: PhotoPress, Stockdorf (Kuh); 140.Topic, 142-190.Icon: Westend 61, München (Wolfgang Weinhäupl); 185.1A: Okapia, Frankfurt (Herbert Schwind); 185.1B: Werner Otto, Oberhausen (TerraVista); 185.1C: E.ON, Düsseldorf; 185.1D: Okapia, Frankfurt (Oswald Eckstein); 185.1E: mauritius images, Mittenwald (Geisser); 185.1F: mauritius images, Mittenwald (Hubertus Blume); 185.1G: Picture-Alliance, Frankfurt (akg/Russian Picture Service/Yuri Maslyaev); 185.1H: Picture-Alliance, Frankfurt (dpa/Horst Pfeiffer); 187.1, 193.1: Peter Roggenthin, Nürnberg; 189.1: Picture-Alliance, Frankfurt (dpa/Bernd Weissbrod); 189.2: Helga Lade, Frankfurt (Kirchner); 189.2: MAN Diesel & Turbo SE, Augsburg; 197.2: Deutsches Museum, München; 200.3: Graupner, Kirchheim/Teck; 204.1: mauritius images, Mittenwald; 204.3: Siemens, Erlangen; 204.4: Robert Bosch, Gerlingen-Schillerhöhe/Stuttgart; 205.2: OPITEC Handel, Giebelstadt-Sulzdorf; 206.1: Siemens, Konzernzentrale, München; 206.2A, 207.1: Deutsches Museum, München; 207.2: bpk, Berlin (Walter Bayer); 211.1: Albert Steinkamp, Reken; 211.2: Volkswagen, Wolfsburg; 211.3, 211.4, 215.1: Albert Steinkamp, Reken; 216.2: Bildagentur Huber, Garmisch-Partenkirchen; 194.Topic, 196-216.Icon: REpower Systems; 217.1: Max Wagner Elektromotoren, Zürich-Altstetten; 217.2: Neckarwerke, Stuttgart; 217.4: E.ON Energie, München; 218.1: Picture-Alliance, Frankfurt (ZB); 218.2: mauritius images, Mittenwald (imagebroker); 220.1: mauritius images, Mittenwald (Profimedia); 220.2: F1online digitale Bildagentur GmbH, Frankfurt am Main; 220.3: bildagentur-online, Burgkunstadt; 220.4: Keystone, Hamburg (Volkmar Schulz); 221.1: Deutsches Museum, München; 221.2: Bridgeman, Berlin; 229.2: Volkswagen, Wolfsburg; 230.2: alimdi.net, Deisenhofen (Michael Weber); 231.1: Picture-Alliance, Frankfurt (Wissen Media Verlag); 231.2: Picture-Alliance, Frankfurt (dpa); 233.1A-E: Norddeutsches Klimabüro – Institut für Küstenforschung,

Anhang

Helmholtz Zentrum, Geesthacht (Meinke, I., Gerstner, E.-M., von Storch, H., Marx, A., Schipper, H., Kottmeier, Ch., Treffeisen, R., Lemke, P., 2010: Regionaler Klimaatlas Deutschland der Helmholtz-Gemeinschaft informiert im Internet über mögliche künftigen Klimawandel. DMG Mitteilungen 2-2010, 5-7); 235.2: AGQM Arbeitsgemeinschaft Qualitätsmanagement Biodiesel, Berlin; 235.1, 267.3: Caro, Berlin (Hoffmann); 238.1: Daimler Chrysler, Stuttgart; 238.2: Shanghai Pearl hydrogen power source technology Co., ltd, Shanghai; 238.3: Fraunhofer Institut für Keramische Technologien und Systeme, Dresden; 238.4A-B: Vaillant, Remscheid; 239.1: wikipedia.org; 239.3: mauritius images, Mittenwald (Spectrum); 239.4: alimdi.net, Deisenhofen (Christian Handl); 242.1, 242.2: solarhybrid, Brilon; 243.1: Picture-Alliance, Frankfurt (Jasper Juinen/dpa); 244.1: mauritius images, Mittenwald (dieKleinert); 244.3: Visum, Hamburg (euroluftbild.de); 244.4: DLR Deutsches Zentrum für Luft- und Raumfahrt, Köln; 244.2, 267.2: Visum, Hamburg (Ralf Niemzig); 245.1: Corbis, Düsseldorf; 245.4: Picture-Alliance, Frankfurt (Jens Büttner); 245.2, 267.1: Picture-Alliance, Frankfurt (Patrick Pleu); 246.1A: bildagentur-online, Burgkunstadt; 246.1B: Joker, Bonn (Hartwig Lohmeyer); 246.1C: Visum, Hamburg (Manfred Goergens); 246.1D: mauritius images, Mittenwald (Michael Runkel); 246.1E: mauritius images, Mittenwald (age); 248.2: Picture-Alliance, Frankfurt (Christian Hager); 248.1, 266.3: mauritius images, Mittenwald (Jochen Tack/imagebroker); 249.1-2: Albert Steinkamp, Reken; 250.1: vario images, Bonn (Oed); 250.2: photoplexus, Dortmund (Einar Bangsund); 251.1: Lothar Sprenger, Dresden; 252.1: Blickwinkel, Witten (T. Mohr); 252.2: F1online, Frankfurt (euroluftbild); 253.4: Arco Images, Lünen (B. Boensch); 253.5: Visum, Hamburg (Thomas Langreder); 253.6: argum Fotojournalismus, München (Thomas Einberge); 256.1: Getty Images, München (Don Farall); 256.2: Wildlife, Hamburg (D.Harms); 256.3: fotolia.com, New York (dermarco); 257.4: Corbis, Düsseldorf (Elizabeth Whiting & Associates); 257.5: Deutsche Energie-Agentur (dena), Berlin; 259.1: mauritius images, Mittenwald (Ypps); 259.2: Corbis, Düsseldorf (Julia Waterlow/Eye Ubiquitous); 260.1: photoplexus, Dortmund (Dirk Bauer); 260.2: bildagentur-online, Burgkunstadt (Kroener); 261.4: Westend 61 GmbH, München; 262.5: Conrad Electronic SE, Hirschau; 262.6: photoplexus, Dortmund (Hans-Guenter Wessely); 263.7: mauritius images, Mittenwald (Anton Luhr/imagebroker); 263.8: Caro, Berlin (Riedmiller); 263.9: Caro, Berlin (Ruffer); 264.10A-B: Albert Steinkamp, Reken; 218.Topic, 220-264.Icon: Astrofoto, Sörth (Bernd Koch); 265.11: Dipl.-Ing. Hagen Marx, Andernach; 265.12: Helga Lade, Frankfurt (H. R. Bramaz); 268.1: Stefan Kiefer, Regensburg; 270.1: Bundesamt für Strahlenschutz, Salzgitter; 271.1: Prof. Dr. Werner Schüttmann, Bad Schlema; 271.2: akg-images, Berlin; 271.3A: Picture-Alliance, Frankfurt (akg-images); 271.3B: Picture-Alliance, Frankfurt (Selva/Leemag); 273.3: GAMMA-SCOUT, Schriesheim (Gamma-Scout); 268.Topic, 270-298.Icon: bildagentur-online, Burgkunstadt (W. Diederich); 275.3: ELWE Technik, Cremlingen/Schandelah; 275.4: Antje Eichelberger, Berlin; 279.3: wikipedia.org; 281.1A-B: Niedersächsisches Landesmuseum, Hannover; 282.2: Siemens, Erlangen; 282.3, 300.1: Landkreis Hannover Gesundheitsamt Röntgenabteilung, Hannover; 283.1A-B, 283.2: CERN, Geneva 23; 285.1: F1online, Frankfurt (Udo Kroener/allover); 286.1: Siemens, Konzernzentrale, München; 289.1: Picture-Alliance, Frankfurt (dpa); 290.1: Aufwind-Luftbilder/Visum, Hamburg; 290.3: Picture-Alliance, Frankfurt ; 290.2, 301.2: Picture-Alliance, Frankfurt (Chris Gossmann); 293.1: AF-Colenco, Baden; 293.2: Corbis, Düsseldorf (Frederic Pitchal/Sygma); 296.1: Okapia, Frankfurt (S. Camazine/OSF); 296.2: Okapia, Frankfurt (Gerhard Stief); 299.1: Picture-Alliance, Frankfurt (Chris Gossmann); 302.1: Helga Lade, Frankfurt (© H.R. Bramaz); 303.1: vario images, Bonn; 303.2: Astrofoto, Sörth; 306.1: Wacker Chemie, München; 309.1: Joker, Bonn (Karl-Heinz Hick); 310.3: Albert Steinkamp, Reken; 310.1, 347.1: fotolia.com, New York (Anatoly Abyshev); 311.1: Evestar, Willich; 311.2, 311.3: Albert Steinkamp, Reken; 311.4: Conrad Electronic SE, Hirschau; 316.1A-C: Wacker Chemie, München; 316.1E: Siemens, Konzernzentrale, München; 317.2A: Infineon Technologies, Neubiberg; 302.Topic, 304-344.Icon: Caro, Berlin (Muhs); 321.5: Picture-Alliance, Frankfurt (Fotoreport); 321.6A-B: Solar World, Bonn; 321.6C: Focus, Hamburg (Volker Steger/STL); 322.1, 322.2: Albert Steinkamp, Reken; 323.1: CRIMEX, Osnabrück; 323.2: Intelli Solar, Köln; 323.3: SCOTTEVEST INC., Ketchum, Idaho; 323.4: fotolia.com, New York (Lars Koch); 324.1, 346.2: STS Top Time Marketing + Vertrieb, Salzburg; 325.1: iStockphoto, Calgary; 329.4: Meade Instruments Europe, Rhede; 330.2, 330.3: Conrad Electronic SE, Hirschau; 332.2, 346.3: Phywe, Göttingen; 332.3, 332.4: Samsung Electronics, Schwalbach am Taunus; 333.1: Avnet Technology Solutions, Nettetal; 334.1: mauritius images, Mittenwald (Haag + Kropp); 334.2: bildagentur-online, Burgkunstadt; 334.3: Hewlett-Packard, Böblingen; 334.4: SONY Deutschland, Köln; 335.1: imagetrust, Koblenz (Michael Hauri); 336.1: Project Photos, Walchensee (Reinhard Eisele); 339.1A: Deutsches Museum, München; 339.1B: Astrofoto, Sörth; 339.2A-B, 339.3: Deutsches Museum, München; 340.1: Astrofoto, Sörth; 340.2: Joker, Bonn (Marcus Gloger); 341.4: Astrofoto, Sörth; 344.3: Keystone, Hamburg (Jochen Zick); 345.1: Sunways, Konstanz; 346.5: Joker, Bonn (Marcus Gloger); 349.1: Visum, Hamburg (Gustavo Alabiso); 349.2: Visum, Hamburg (Alfred Buellesbach); 352.1: Landesbetrieb Mess- und Eichwesen NRW, Köln; 352.2, 414.1: alimdi.net, Deisenhofen (Christian Prandl); 353.2: Erwin Werthebach, Siegen; 353.3: Matthias Lüdecke, Berlin; 354.2: Okapia, Frankfurt (Manfred Uselmann); 356.1: Picture-Alliance, Frankfurt (dpa/Arianespace); 359.1: FIRE Foto, München (Thomas Gaulke); 361.1: argus, Hamburg (Hartmut Schwarzbach); 361.2: Technische Universität, Berlin (UDV/TU Berlin); 362.1A-B: Schuberth-Helme, Braunschweig; 362.2A-B: Hostettler, Müllheim; 362.3: DEKRA Automobil, Stuttgart; 368.1: Okapia, Frankfurt (Manfred Uselmann); 368.2: SPIEGEL-Verlag, Hamburg; 370.2, 414.2: mauritius images, Mittenwald; 372.1, 414.3: Picture-Alliance, Frankfurt (dpa); 373.1: Deutsches Museum, München; 373.2: bpk, Berlin; 375: Astrofoto, Sörth; 376.1A: Bridgeman, Berlin; 376.1B: Corbis, Düsseldorf (Car Culture); 376.1C: imagetrust, Koblenz (Michael Loewa); 376.1D: Picture-Alliance, Frankfurt (dpa); 376.1E: imago, Berlin (imagebroker); 376.1F: Herbert Freisen, Bielefeld; 376.1G: ALDI SÜD, Mülheim an der Ruhr; 348.Topic, 350-390.Icon: F1online, Frankfurt (RFJohnér); 377.1H: imago, Berlin (McPHOTO); 377.1I: wikipedia.org (Adrian Pingstone); 377.1J: Corbis, Düsseldorf (Christian Hartmann); 377.1K: Manfred Münch, Poppenhausen; 380.3: Heide-Park Soltau, Soltau; 381.4: Jens Hadel, Bremerhaven; 381.5, 415.1: mauritius images, Mittenwald (Anton Luhr/imagebroker); 382.1: Daimler Chrysler, Stuttgart; 383.1: Kai-Uwe Och, Kista; 383.2: pixelio, München (Irene Wyrsch); 383.3: Caro, Berlin (Ruffer); 383.4: Picture-Alliance, Frankfurt (Hans-Jürgen Wege/dpa); 384.1: Heide-Park Soltau, Soltau; 385.1: Bernhard Classen, Lüneburg; 385.2, 385.3, 385.4, 385.5: Volkswagen, Wolfsburg; 385.6: Friedrich Stark, Dortmund; 385.7: vario images, Bonn; 387.1: Motor-Presse International (HDS); 387.2: mauritius images, Mittenwald; 387.3: Fotex, Hamburg (Raimund); 392.1: STOCK4B, München (unlike); 392.Topic, 394-412.Icon: argum Fotojournalismus, München (Thomas Einberger); 393.1: Picture-Alliance, Frankfurt (ZB); 394.2, 414.4: Visum, Hamburg (Marc Steinmetz); 395.1: Picture-Alliance, Frankfurt (ZB); 397.1: Okapia, Frankfurt (Jeffrey Telner); 399.1A: Intro, Berlin (Peter Himsel); 399.2: Deutscher Wetterdienst, Offenbach; 401.2: Silit, Riedlingen; 401.3: Picture-Alliance, Frankfurt (ZB/Stefan Sauer); 403.1: Helga Lade, Frankfurt ; 405.2: Phywe, Göttingen; 405.4: bluemagenta, Berlin; 408.1: Visum, Hamburg (Bernd Euler); 410.1: Biosphoto, Berlin (Cole Brandon); 410.3: Joker, Bonn (Walter B. Allgoewer); 410.2, 414.5: Xinhua, Berlin; 413.1: O. Gremblewski-Strate, Laatzen; 413.2: Bildagentur Schapowalow, Hamburg (art of nature); 413.3: Werner Otto, Oberhausen; 413.4: Glasfischer Glastechnik, Isernhagen; 413.5: WMF Württembergische Metallwarenfabrik, Geislingen/Steige.

Trotz entsprechender Bemühungen ist es nicht in allen Fällen gelungen, den Rechteinhaber ausfindig zu machen. Gegen Nachweis der Rechte zahlt der Verlag für die Abdruckerlaubnis die gesetzlich geschuldete Vergütung.

Tabellen zur Physik

Name	Größe	Name der Einheit	Einheit	Gesetz	Umrechnungen
Länge Weg, Strecke	l s	Meter	m		1 km = 1000 m; 1 m = 100 cm; 1 cm = 10 mm;
Zeit	t	Sekunde	s		1 h = 60 min = 3600 s; 1 min = 60 s
Geschwindigkeit	v	Meter je Sekunde; Kilometer je Stunde	$\frac{m}{s}$ $\frac{km}{h}$	$v = \frac{s}{t}$ $s = v \cdot t$	$1 \frac{m}{s} = 3{,}6 \frac{km}{h}$
Beschleunigung Fallbeschleunigung	a g	Meter je Quadratsekunde	$\frac{m}{s^2}$	$a = \frac{v}{t}$; $v = a \cdot t$; $s = \frac{1}{2} a \cdot t^2$	$g = 9{,}81 \frac{m}{s^2}$
Masse	m	Kilogramm	kg		1 kg = 1000 g; 1 g = 1000 mg
Volumen	V	Kubikmeter; Liter	m³; l	$V = l \cdot b \cdot h$	1 m³ = 1000 dm³; 1 dm³ = 1 l; 1 l = 1000 ml; 1 ml = 1 cm³
Dichte	ρ	Kilogramm je Kubik- meter; Gramm je Kubikzentimeter; Gramm je Liter	$\frac{kg}{m^3}$ $\frac{g}{cm^3}$ $\frac{g}{l}$	$\rho = \frac{m}{V}$	$1 \frac{g}{cm^3} = 1 \frac{kg}{dm^3} = 1000 \frac{kg}{m^3}$; $1 \frac{kg}{m^3} = 0{,}001 \frac{g}{cm^3}$
Kraft	F	Newton	N	$F = m \cdot a$	$1 \text{ kg} \cdot 1 \frac{m}{s^2} = 1 \text{ N}$
Federkonstante	D	Newton je Meter	$\frac{N}{m}$	$D = \frac{F}{l}$ hookesches Gesetz: $F = D \cdot l$	
Drehmoment	M	Newtonmeter	Nm	$M_1 = M_2$ $F_1 \cdot s_1 = F_2 \cdot s_2$ ($F \perp s$)	
Fläche	A	Quadratmeter	m²	$A = a \cdot b$	1 m² = 100 dm² = 10 000 cm²
Druck	p	Pascal	Pa	$p = \frac{F}{A}$ hydrostatischer Druck: $p = \frac{F_G}{A}$	$1 \frac{N}{m^2} = 1 \text{ Pa}$ 100 Pa = 1 hPa = 1 mbar 1 bar = 1000 hPa = 100 000 Pa
Hubarbeit	W	Newtonmeter	Nm	$W = F_G \cdot h$	
Energie, mechanische Energie, potenzielle Energie, kinetische	E	Newtonmeter	Nm	$E = F_G \cdot h$; $E = F \cdot s$ $E_{pot} = m \cdot g \cdot h$ $E_{kin} = \frac{1}{2} m \cdot v^2$ Energieerhaltung: $E_{ges} = E_{pot} + E_{kin} + $ Wärme	1 Nm = 1 J = 1 Ws $1 \text{ Nm} = 1 \text{ kg} \cdot 1 \frac{m^2}{s^2}$
Spannenergie	E	Newtonmeter	Nm	$E = \frac{1}{2} F \cdot s$	
Spannung, elektrische	U	Volt	V	in Reihe: $U_{ges} = U_1 + U_2$ parallel: $U_{ges} = U_1 = U_2$	
Stromstärke, elektrische	I	Ampere	A	in Reihe: $I_{ges} = I_1 = I_2$ parallel: $I_{ges} = I_1 + I_2$	$1 \text{ A} = \frac{6{,}241 \cdot 10^{18} \text{ Elektronen}}{1 \text{ s}}$
Leistung, elektrische	P	Watt	W	$P_{el} = U \cdot I$	$1 \text{ V} \cdot 1 \text{ A} = 1 \text{ W}$; 1000 W = 1 kW; 1 000 000 W = 1000 kW = 1 MW
Energie, elektrische	E	Wattsekunde Kilowattstunde	Ws kWh	$E_{el} = P_{el} \cdot t$ $E_{el} = U \cdot I \cdot t$	1 Ws = 1 J; 1000 Ws = 1 kWs; $1 \text{ kWh} = 3{,}6 \cdot 10^6 \text{ Ws}$
Widerstand, elektrischer	R	Ohm	Ω	$R = \frac{U}{I}$ in Reihe: $R_{ges} = R_1 + R_2$ parallel: $\frac{1}{R_{ges}} = \frac{1}{R_1} + \frac{1}{R_2}$	
Widerstand, spezifischer	ρ	Ohm mal Quadrat- millimeter je Meter	$\Omega \cdot \frac{mm^2}{m}$	$R = \rho \cdot \frac{l}{A}$	
Transformator				$\frac{U_E}{U_A} = \frac{n_E}{n_A}$, $\frac{I_A}{I_E} = \frac{n_E}{n_A}$	
Wirkungsgrad	η			$\eta = \frac{\text{nutzbare Energie}}{\text{zugeführte Energie}} \cdot 100\%$	
Temperatur	T	Grad Celsius Kelvin	°C K		−273,15 °C = 0 K
Wärme	Q	Joule	J	$Q = c \cdot m \cdot \Delta T$ $Q_{auf} = Q_{ab}$	$c_{Wasser} = 4186 \frac{J}{kg \cdot K}$
Vergrößerung (Lupe)	V			$V = \frac{25 \text{ cm}}{f_{Lupe}}$ (f in cm)	
Aktivität	A	Becquerel	Bq	$A = \frac{\text{Anzahl der Kernumwandlungen}}{1 \text{ s}}$	$1 \text{ Bq} = \frac{1 \text{ Kernumwandlung}}{1 \text{ s}}$

Energieeinheiten

	J = Nm	kWh	cal*
1 J = 1 Nm	1	$2{,}7777 \cdot 10^{-7}$	0,2388
1 kWh	$3{,}6000 \cdot 10^{6}$	1	$0{,}8598 \cdot 10^{6}$
1 cal*	4,1868	$1{,}1630 \cdot 10^{-6}$	1

* veraltete, nicht mehr zugelassene Einheit

Spezifischer Widerstand bei 18 °C

Stoff	ρ in $\Omega \cdot \frac{mm^2}{m}$	Stoff	ρ in $\Omega \cdot \frac{mm^2}{m}$
Silber	0,016	Germanium	900
Kupfer	0,017	Silicium	1200
Gold	0,023	Meerwasser	200 000
Aluminium	0,028	dest. Wasser	10^{10}
Wolfram	0,049	Polystyrol	$5 \cdot 10^{18}$
Nickel	0,07	Glas	$10^{16} \dots 10^{19}$
Eisen	0,1 … 0,5	Porzellan	$10^{19} \dots 10^{20}$
Konstantan	0,5	Hartgummi	$10^{19} \dots 10^{21}$
Kohle	50 … 100	Bernstein	$>10^{22}$

Farbcode bei Festwiderständen

Farbe	1. Ring	2. Ring	3. Ring	4. Ring
schwarz	0	0		
braun	1	1	0	±1 %
rot	2	2	00	±2 %
orange	3	3	000	
gelb	4	4	0000	
grün	5	5	00 000	
blau	6	6	000 000	
violett	7	7	0 000 000	
grau	8	8	00 000 000	
weiß	9	9	000 000 000	
gold			:10	±5 %
silber			:100	±10 %

Massen und Längen

Masse in kg		Länge in m	
Sonne	$1{,}99 \cdot 10^{30}$	Weltall Ø	$\approx 10^{26}$
Erde	$5{,}98 \cdot 10^{24}$	1 Lichtjahr	$9{,}46 \cdot 10^{15}$
Mond	$7{,}3 \cdot 10^{22}$	Erde Ø	$1{,}28 \cdot 10^{7}$
Lufthülle der Erde	$2 \cdot 10^{18}$	Berlin Ø	$\approx 10^{5}$
Mensch	70	Mensch	1,75
1 l Wasser	1	Bakterie	$\approx 10^{-6}$
Fliege	$\approx 10^{-3}$	Atom	$\approx 10^{-10}$
Uranatom	$4 \cdot 10^{-25}$	Atomkern	$\approx 10^{-14}$
Elektron	$9{,}1 \cdot 10^{-31}$	Elektron	$1{,}4 \cdot 10^{-15}$

Eigenschaften von festen Körpern

Festkörper	Dichte in $\frac{g}{cm^3}$	Schmelz-temperatur in °C	Siede-temperatur in °C
Aluminium	2,70	660	2450
Blei	11,40	327	1750
Diamant	3,51	3540	≈ 4000
Eisen	7,86	1537	2730
Grafit	2,25	3800	4347
Jenaer Glas	2,50	–	–
Gold	19,30	1063	2700
Holz (Eiche)	0,80	–	–
Kupfer	8,93	1083	2350
Magnesium	1,74	650	1105
Platin	21,45	1770	3300
Plutonium	19,7	640	3200
Silber	10,51	960	2150
Uran	19,1	1133	≈ 3600
Wolfram	19,30	3380	5900
Zink	7,14	419	907

Eigenschaften von flüssigen Körpern

Flüssigkeiten	Dichte in $\frac{g}{cm^3}$ bei 20 °C, 1013 hPa	Schmelz-temperatur in °C	Siede-temperatur in °C bei 1013 hPa
Benzol	0,879	5,5	80,1
Ethanol	0,791	–114	78,3
Glycerin	1,260	18	290,5
Petroleum	0,85	–	–
Quecksilber	13,55	–39	357
Wasser	0,998	0	100

Eigenschaften von gasförmigen Körpern

Gase	Dichte in $\frac{g}{l}$ bei 0 °C, 1013 hPa	Schmelz-temperatur in °C	Siede-temperatur in °C bei 1013 hPa
Ammoniak	0,771	–77,7	–33,4
Argon	1,784	–189	–186
Chlor	3,214	–102	–34
Helium	0,17	–272	–269
Kohlenstoffdioxid	1,98	–78 (sublimiert)	
Krypton	3,708	–157	–153
Neon	0,90	–249	–246
Sauerstoff	1,429	–219	–183
Stickstoff	1,251	–210	–196
Wasserstoff	0,0899	–259	–253
Wasserdampf 100 °C	0,6	–	–
Xenon	5,89	–112	–108

Nuklidkarte (Ausschnitt)

Legende

Elemente: B, 10,811 — Elementsymbol, Atommasse in u

α-Zerfall: Ra 226, 1600 a, $T_{1/2}$, α: 4,7843, γ: 0,186 — α-Energie¹) in MeV, γ-Energie¹) in MeV

β⁻-Zerfall: Pb 214, 26,8 min, $T_{1/2}$, 0,7; 1,0, 0,352 — Maximalenergien der β-Spektren in MeV

β⁺-Zerfall: Na 22, 2,603 a, 0,5; 1,8, 1,275 — statt β⁺-Zerfall ist auch Elektroneneinfang möglich (gekennzeichnet durch den Buchstaben ε)

Stabile Nuklide: Pb 208, 52,4 — Elementsymbol und Nukleonenzahl, Häufigkeit des Vorkommens im natürlichen Element

Häufigkeit der Zerfallsarten: Ac 226, 29 h, ε 0,34, β⁻ 0,5; 1,1, γ 0,23 — Die farbigen Flächen sind ein Maß für die Häufigkeit der jeweiligen Zerfälle

---

1) Bei α- und γ-Strahlen ist jeweils nur die Energie des am häufigsten vorkommenden Zerfalls angegeben. Weiterhin bedeutet

γ: – kein γ-Quant beobachtet
α, β⁻, β⁺, γ ohne Zahlenangabe: Nachgewiesene Übergänge unbekannter Energie
sf: Spontane Spaltung (**s**pontaneous **f**ission)

β⁻-Zerfall (heißt im Buch auch β-Zerfall)

(Ausschnitt: B, Be, Li-Bereich)

α-Zerfall

(Ausschnitt: U 235–U 240, Pa 234–Pa 238, Th 233–Th 236, Ac 232 Bereich)

β⁺-Zerfall (Positron-Zerfall, im Buch nicht erklärt)

(Ausschnitt: O, N, C-Bereich)